范国睿　[美] 托马斯·S. 波普科维茨（Thomas S. Popkewitz）主编

邓晓莉 等译

教育政策研究手册（上卷）

价值、治理、全球化与方法论

HANDBOOK of EDUCATION POLICY STUDIES

Values, Governance, Globalization, and Methodology, *Volume 1*

上海教育出版社
SHANGHAI EDUCATIONAL PUBLISHING HOUSE

作者介绍 | About the Author

范国睿，教育学博士，教育部长江学者特聘教授，华东师范大学二级教授、教育学部博士生导师，华东师范大学科学研究委员会副主任、教育治理研究院院长。兼任国家教师教育咨询专家委员会委员、全国教育专业学位研究生教育指导委员会副主任委员、中国教育学会常务理事、中国教育学会教育政策与法律研究分会副理事长、上海市教育学会副会长等职。获霍英东教育基金会第七届高校优秀教师奖、国家图书奖、上海图书奖、上海市决策咨询研究成果奖一等奖、北京师范大学"明远教育奖"、上海市教育科学研究优秀成果奖、上海市优秀教学成果奖等。入选教育部新世纪优秀人才支持计划、上海市领军人才。长期从事教育学原理、教育政策与治理、学校变革与发展等研究。先后主持国家社科基金重大项目、重点项目等国家和省部级教育研究项目 30 余项，发表学术论文 200 余篇，出版《教育生态学》《学校管理的理论与实务》《教育系统的变革与人的发展》《教育政策的理论与实践》《教育政策与教育改革（上卷）：本土探索》《从规制到赋能：教育制度变迁创新之路》《教育治理的逻辑：基于管办评分离的教育变革》《教育治理的战略：教育治理现代化的未来之路》等著作。

托马斯·S. 波普科维茨（Thomas S. Popkewitz），美国威斯康星大学麦迪逊分校课程与教学系终身教授，先后获得瑞典于默奥大学（1989）等五所大学的荣誉博士学位，当选俄罗斯教育科学研究院资深国际院士（1996）、芬兰科学院赫尔辛基高等研究杰出院士（2004）、美国教育研究协会会士（2014）。先后获哥伦比亚大学师范学院杰出校友奖（2005）、美国教育研究协会课程研究分会终身成就奖（2008）、威斯康星大学麦迪逊分校教育学院杰出教师奖（2008）、《卡潘》国际荣誉教育学会荣誉勋章（2016）。是近些年来活跃在国际教育研究领域的知名教育学者，迄今已出版和主编 40 余本著作，发表 300 余篇学术论文，其中部分成果被译为包括中文在内的 17 种语言，对世界教育研究作出重大贡献。

译者介绍 | About the Translator

邓晓莉，教育学博士，主要从事教师教育、教育政策等方面的研究。曾主持广西研究生教育创新计划项目厅级课题"特级教师工作坊对教师全专业属性影响的研究——以广西区为例"，参与国家社科基金教育学重大课题"中国特色社会主义教育制度优势及转化为治理效能的实现路径研究"等。在《教师教育研究》、*Beijing International Review of Education* 等期刊发表《基于特级教师工作坊的教师专业发展：表征、向度与优化策略》、*The Distinguished Teacher Workshop Mode of Professional Learning Communities in Guangxi* 等论文。

美国威斯康星大学课程与教学系

中国华东师范大学基础教育改革与发展研究所

华东师范大学教育治理研究院

联合研究成果

在不确定的世界里重构人类教育
（中文版序言）

范国睿

自从海费兹（Ronald Heifetz）等人 2009 年将这个世界描绘成一个由多变性（volatility）、不确定性（uncertainty）、复杂性（complexity）和模糊性（ambiguity）定义的 VUCA 时代（Heifetz, Grashow, & Linsky, 2009）以来，"VUCA"便成为商业、政治和社会领域的研究者用以描述当今社会环境的复杂性和不确定性以及组织面临的挑战的概念。2020 年，在我和美国威斯康星大学麦迪逊分校波普科维茨（Thomas S. Popkewitz）教授共同为英文版《教育政策研究手册》（*Handbook of Education Policy Studies*）撰写"导言：变革世界中的教育政策与教育改革"（Introduction：Education Policy and Reform in the Changing World）（Fan & Popkewitz, 2020a, 2020b）时，尽管我们也注意到当代世界变化对人类生存与发展、对教育系统的变革与发展的影响，但时至今日，当本书中文版出版之际，我们发现，突如其来的新冠疫情、俄乌冲突以及发展迅猛的人工智能技术，各种重大事件迭出，对整个世界的政治、经济、文化、教育乃至人们的日常生存和生活方式，都造成了前所未有的影响，影响速度之快、范围之广、程度之深，远超我们两位主编、本书所有作者以及诸多关注当代社会 VUCA 现象的研究者之想象。对人类学习与教育、成长与发展、工作与生活的变化而言，这些影响危及现代社会组织与人类生存和生活方式的根基，颠覆工业革命后建立起来的现代教育系统的根基，促使人类教育发生革命性变革。

一、 不确定性日益增强的世界

当代世界正步入加速度发展的时代，社会变化速度持续加快，全球经济增长波动、政治不稳定、自然灾害等环境变化的速度越来越快,幅度越来越大,各种社会因素及其耦合结构越来越不稳定;社会因素的复杂多变以及政治、经济、技术等未知突发事件的持续发生,使政府、企业、社会与个人的发展越来越难以预测,决策难度越来越大,未来方向越来越难以判断;各利益主体间彼此关联,主体间关系、主体与环境关系日益复杂;反映主体间复杂关系的信息、数据越来越不准确、不透明,使决策所依赖的信息缺乏清晰度、一致性与确定性,各种社会要素间的复杂关系日益模糊、难以辨析和厘清(Doheny, Nagali, & Weig, 2012; Bennett & Lemoine, 2014; Nandram & Bindlish, 2017; Kok & van den Heuvel, 2019)。回溯近年来的政治经济发展与社会生活变革,新冠疫情的冲击、以俄乌冲突为代表的国际政治冲突、全球经济衰退以及由此造成的劳动力市场的整体恶化,这一切又都与以生成式人工智能(generative AI)①为核心的智能技术发展共同发挥着交互、叠加效应,正以有组织的调控手段和难以控制的样态影响着人类整体的生存与发展。

(一) 新冠疫情的冲击及其持久影响

2020 年 3 月世界卫生组织(World Health Organization,简称 WHO)在经多轮评估后正式宣布,新冠肺炎(COVID‑19)是一种"在世界范围内,广泛地人传人的新疾病",世界进入"全球大流行"(pandemic)时代(WHO, 2020)。之后,持续三年的新冠疫情蔓延至全球 200 多个国家和地区,成为继第二次世界大战以来人类社会遭受的最严重的公共卫生安全事件。这场全球性危机,不仅严重威胁人们的身体健康和生命安全,造成大量病患伤亡(夺走数百万人的生命),导致人们心理健康恶化,焦虑、抑郁和孤独感倍增,还使餐饮业、零售业、旅游业遭受重创,许多人因就业不稳定和贫困而遭受苦难,进而使产业链、供应链重组,经济活动减少,经济逆全球化、去全球化趋势加剧(Nicola et al. ,2020)。鉴于公共卫生专家"开放教育机构会导致病毒进一步扩散"的建议,疫情暴发期间,几乎所有国家都认为抗击疫情的主要手段之一是关闭学校,让学生待在家中。尽管不同国家和地区根据疫情发展的情况,不断调整重新开放(reopened)学校、开展远程(remote)学习以及实施

---

① 生成式人工智能学习数据中的联合概率分布,在分析已有数据的基础上作合逻辑的归纳总结,进行模仿式、缝合式创作,生成全新的内容表达。

补救(remedial)等"3R"措施,以尽可能地减轻疫情对儿童学习和身心发展的不良影响,但相关封控措施已在很大程度上直接导致全世界被称为"新冠一代"(generation COVID)(Duffy,2021)的10亿儿童的未来岌岌可危(Gill & Saavedra,2022)。

如今,虽然世界各国大面积的疫情封控已解除,人们的生活与经济活动正逐步恢复和重建,但我们仍然很难评估疫情对青少年的学习与学业、职业选择及身心健康造成的直接的持久性影响,以及疫情所导致的全球范围内的经济、政治、文化、社会与家庭生活等方面系统的、深刻的、持久的严重影响所带来的间接影响。正如联合国在其报告《我们的共同议程》中所指出的:"新冠疫情对教育系统造成了史无前例的破坏,全世界90%以上的儿童被迫中断教育。对许多学生尤其是女童和女青年而言,这一中断可能变成长期的,并有可能对其权利、平等以及后代的发展带来不利影响。即使在新冠疫情暴发前,传统的教育系统依然无法覆盖全世界约2.58亿儿童和青年,甚至无法为许多学生提供阅读和数学等基本的基础技能。发展中国家和发达国家的学生都表示,他们在离开教育系统时,仍未掌握适应瞬息万变的世界并大有作为所需的工具,包括数字素养、全球公民意识和可持续发展能力。在大多数国家,对个人和全社会都至关重要的幼儿教育和终身学习仍然只是奢望,这更使情况雪上加霜。"(The United Nations,2021:40)

(二)国际环境不安全趋势上升

自第一次工业革命以来,受制于各种复杂因素,全球化与逆全球化的趋势一直交替出现。当代政治关系错综复杂,国家和地区间的信任以及"二战"以来的国际政治秩序遭遇前所未有的危机,随着地缘政治格局的变化,在地区热点问题上,局部冲突对抗加剧,俄乌冲突呈现长期化趋势,中东地区深陷多重困境,亚太地区的安全形势等更加错综复杂,安全风险不断上升,当代国际政治关系正遭遇"二战"以来最严峻的挑战。其中,2022年2月以来的俄罗斯和乌克兰之间的持续冲突,无疑是当代国际政治生活中最严重的事件,北溪天然气管道爆炸、克里米亚大桥被炸等事件令冲突持续升级,俄乌冲突呈现长期化和复杂化的发展趋势,对两个当事国的当下与未来产生深刻影响,其溢出效应导致俄罗斯与北约国家乃至整个西方国家之间长期以来缺乏战略互信的局面更加严重,双边关系紧张与恶化,更对国际社会和人类发展产生重大影响。

俄乌冲突的长期化,不仅导致欧洲内部出现分裂,右翼势力抬头,冲突带来的能源价格暴涨直接导致欧洲能源密集型企业减产甚至中断生产,使法德两国工业基础遭受冲击,加剧人们对欧洲"去工业化"风险的担忧,还导致美欧关系出现分歧和更多不稳定因素。在亚太地区,朝鲜半岛安全面临进一步恶化的巨大风险,南海地区面临更为激烈的多国博弈,台海局势紧张,安全风险持续上升。俄乌冲突及其日益放大的持续影响,在使欧洲各国遭受能源危机之苦的同时,也使欧洲或将更加强调经济全球化和多边主义,力图建立更加稳定可靠的多边供应链体系,并重新强化战略自主,谋求自身的发展与国际地位。在对全球政治经济影响举足轻重的中美关系上,从"贸易战"到"科技战",美国对华战略调整,中美战略竞争持续演进,不但使得两国日常双边贸易、文化教育交流与合作受阻,而且导致国际秩序在全球、地区和双边层面的不确定性迅速增加,中美双方管控竞争需求不断上升(Zhao,2022;王帆,2023)。

总之,当代世界之变、时代之变、历史之变,推动世界格局和国际体系正发生剧烈而深刻的变化:数十年来经过无数人努力形成的共同利益、共同价值、共同命运正面临巨大的挑战;"冷战"思维和集团政治回潮,单边主义、贸易保护主义、霸权主义、强权政治威胁上升,安全与发展问题突出;国家间对国际秩序的认知、地缘政治利益、价值观等战略理念层面存在严重对立,战略互信基础日益削弱,人权、网络安全等议题上的对抗色彩持续加重,大国关系出现加速分化重组态势,使人类社会走到一个新的十字路口。受此影响,贸易保护主义和科学技术禁运限制了国家和地区间的科学与技术知识流动,限制了学生和研究人员的合作和交流,对国家和地区间的教育交流、国际留学教育、合作研究以及科学技术教育的发展都产生了不可估量的负面影响。人类社会亟待重构全球化的价值观,突破原有模式的桎梏和局限,让世界重回尊重彼此差异、追求共同发展的确定性轨道。

(三) 全球经济增长持续低迷

全球经济正在遭受新冠疫情反复的重创及其持续影响、俄乌冲突以及由此导致的地缘政治紧张、对投资和贸易等经济活动的持续扰乱、被压抑经济需求的释放将逐渐耗尽,以及各国财政和货币宽松政策将逐步退出等财务压力,一系列政治经济因素的影响使全球经济正进入一个漫长的"滞胀"(stagflation)——高通胀(high inflation)与低增长(low growth)——风险日趋升高的时代,主要经济体增长疲软、全球增长持续乏力、高通胀、供应链中断(Cebr,2023),经济增长低迷、融资条件收紧和高债务率又进一步导致投资下降,触发企业债务违约;新兴市场和发展中经济体地区正面临多种阻力,货币政策紧缩和金融条件趋紧正在拖累经济增长,发达经济体的增长放缓将通过贸易溢出效应对东亚太平洋地区以及欧洲中亚地区造成尤其明显的影响,进而给中等收入和低收入经济体带来伤害。

2023 年 1 月,世界银行预测,2023 年的全球经济增长预计会大幅下降至近 30 年来经济增长率的倒数第三个低位(1. 7%)(The World Bank Group, 2023b)。 2023 年发达经济体的增幅将从 2022 年的 2.5% 降至 0.5%,这种大幅下滑往往是全球经济衰退的先兆;2023 年美国经济增长率将降至 0.5%,比之前的预测低 1.9 个百分点,这将是自 1970 年以来除官方认定的衰退期以外美国经济增长表现最差的一年;2023 年欧元区的增长率为零,比上次预测下调了 1.9 个百分点。预计 2023 年中国经济将增长 4.3%,较之前的预测低 0.9 个百分点;新兴市场和发展中经济体的增长率预计将从 2022 年的 3.8% 降至 2023 年的 2.7%(The World Bank Group, 2023b)。 世界银行行长马尔帕斯(David Malpass)警告说,“由于世界大部分地区的投资疲软,低迷的增长可能会持续整整十年。许多国家的通货膨胀率目前处于数十年来的高位,供应预计将缓慢增长,通货膨胀率可能会长期保持较高风险”(The World Bank Group, 2022)。 经济增长的持续低迷,将加剧贫困和不平等等一系列社会问题。“随着全球资本被面临极高政府债务水平和利率上升的发达经济体吸收,新兴国家和发展中国家正面临着由沉重的债务负担和疲软的投资驱动的多年缓慢增长期。经济增长和商业投资的疲软将加剧教育、健康、贫困和基础设施方面已经出现的破坏性逆转,以及气候变化带来的日益增长的需求。” (The World Bank Group, 2023a)

(四) 智能技术的挑战与机遇

图灵(Alan Turing)1950 年发表的划时代的论文围绕“机器能思考吗?”展开论证,并以“图灵测试”(Turing test)预言了创造出具有真正智能的机器的可能性 (Turing, 1950)。 1956 年,由麦卡锡(John McCarthy)、明斯基(Marvin Lee Minsky)、罗切斯特(Nathaniel Rochester)、香农(Claude Elwood Shannon)发起的达特茅斯学院夏季研讨会围绕“如何用机器模拟人的智能”展开研讨(McCarthy, Minsky, Rochester, & Shannon, 1955),成为提出“人工智能”(artificial intelligence, 简称 AI)概念、催生人工智能学科诞生、引发人工智能革命的重要事件。近 70 年来，人工智能的发展经历了低迷与发展的跌宕起伏的历程。2011 年以来，随着互联网、大数据、深度学习的发展，人工智能也由侧重于模仿人类完成记忆、感知和解决简单问题等基本任务的弱人工智能［weak artificial intelligence，简称 weak AI，或称狭义人工智能(narrow AI)］，向学习完成人类或其他动物可以完成的所有智力任务，能以与人类大致相同的处理方式解决所有问题的强人工智能［strong AI，或称通用人工智能（artificial general intelligence，简称 AGI）/高级人工智能（advanced human intelligence）］转变。2016 年，人工智能技术全面爆发，推荐系统、计算机视觉、自然语言处理等决策式/分析式人工智能（discriminant/analytical AI）①开始大规模应用，创造了巨大市场；新近崛起的以 ChatGPT 为代表的生成式人工智能正对人类社会生活的各个方面产生更加富有革命性的冲击和挑战。

美国人工智能研究实验室 OpenAI 于 2022 年 11 月底发布 ChatGPT（Chat Generative Pretrained Transformer），使用基于 GPT - 3.5、GPT - 4 架构的大型语言模型并以此强化学习训练，可以根据输入的文本自动生成类似的文本（剧本、歌曲、企划等），可以根据输入的问题自动生成答案，根据用户指令编写和调试计算机程序。ChatGPT 上线 5 天即拥有 100 万用户，两个月时用户已达 1 亿，从而引发全球性人工智能热潮。此后，OpenAI 不断更新，增加视觉输入能力、插件功能（ChatGPT Plugins），使得 ChatGPT 的文本处理能力、高级推理能力有了大幅提升，可以使用工具、联网，科学、医学、法律等特定领域的知识面大幅扩充，"胡说八道"的概率降低 60%。ChatGPT 在协助客服、聊天机器人、语音交互、语言翻译、智能搜索、智能推荐、智能诊断、分析预测、决策支持、文本自动写作等诸多领域的超强功能，可以大幅提高工作效率，受到用户青睐，得以广泛应用。

海量数据的积累与运算使得人工智能的生产力获得革命性提升。但是，自互联网诞生之日起就始终萦绕左右的数据安全、隐私保护等问题，也成为人工智能大模型相伴相生、无法回避的风险。例如，在知识产权保护方面，训练 ChatGPT 的过程需要摄入海量公开数据和人类反馈，使用 ChatGPT 进行创作时，有可能涉嫌使用未经原创作者同意的内容而引发所有权和版权争议；在涉嫌抄袭方面，不少教育工作者担心学生很容易使用 ChatGPT 撰写论文、完成作业并因此涉嫌学术成

---

① 决策式/分析式人工智能学习数据中的条件概率分布，根据已有数据进行分析、判断、预测，主要用于推荐系统和风控系统的辅助决策、自动驾驶和机器人的决策智能体。

果抄袭；在隐私保护方面，人们在与 ChatGPT 进行交互时所提交的内容隐私并不能得到很好的保护。实际上，2023 年 3 月下旬，ChatGPT 陆续曝出平台用户对话数据和付款服务支付信息丢失，开源公开库出现错误导致部分用户聊天记录被泄露，甚至韩国三星企业因误用与滥用 ChatGPT 导致半导体设备测量资料、产品良率等内容或已被存入 ChatGPT 学习资料库的严重事件。3 月 29 日，包括特斯拉首席执行官马斯克（Elon Reeve Musk）在内的 18 000 余人（截至 4 月 9 日）签署公开信，呼吁暂停训练比 GPT–4 更强大的人工智能系统至少 6 个月。这封信立即引起各界关于人工智能伦理和风险的激烈争论（Bengio，Russell，Musk，et al.，2023）。培育了 ChatGPT 等聊天机器人的核心技术、被誉为"人工智能之父"的辛顿（Geoffrey Hinton）离职谷歌，以便自由地分享他对人工智能可能对世界造成严重伤害的担忧，讨论人工智能的风险（Metz，2023）。针对用户部分数据丢失等情况，意大利数据保护局（Italian Data Protection Authority）认定 OpenAI 在意大利开展业务、收集分析用户数据的行为中，违反欧盟《通用数据保护条例》（General Data Protection Regulation，简称 GDPR），没有遵守告知用户、履行收集数据的审核流程等当地法规，并宣布禁止使用 ChatGPT，限制 OpenAI 处理意大利用户信息，并着手立案调查。法国数字部长巴罗（Jean-Noël Barrot）表示，人工智能聊天机器人 ChatGPT 没有遵守隐私法，但法国不会像意大利那样，以违反欧盟《通用数据保护条例》为由禁用 ChatGPT，而是采取"构建创新管理，使其符合我们所依附的原则"的更温和的方法，将根据 ChatGPT，更新早在 2021 年 11 月就发布的关于"对话代理人"人工智能的意见，让用户清楚地感知这些应用程序的机器特性，而不是试图将它们人性化（Kayali，2023）。

对人类而言，生成式人工智能究竟是天使还是魔鬼，它对青年一代的影响究竟是助力还是损害，教育究竟应该如何应对它所引发的革命性挑战等一系列问题，都需要我们强烈关注与思考。

二、 内忧外患的教育系统

教育系统是社会系统的一个重要组成部分，两者间的关系是相互作用、相互渗透的。无论是西方教育还是东方教育，至少早期的教育都是私人化的事情，教育活动多限于个体家庭，传授生产生活经验与社会规范，同时也存在为培养未来国家公职人员而对少数权贵阶层子弟进行的政治与道德教化。随着现代社会的发展、现代国家的形成,以及现代制度化的学校系统的建立与完善、义务教育的普及化发展,教育与社会生活的联系日益紧密,教育与社会之间的双向互动日益频繁和复杂(Enarson,1967)。在今天这样一个不确定性日益增强的时代,教育系统的发展正受到来自系统内部发展活力衰减等因素的困扰,也正面临来自系统外部社会环境的巨大挑战,这导致现代学校教育系统越来越不适应社会发展的需求。

(一)与生俱来的保守性使学校教育系统愈来愈难以适应不断变化的社会发展需求

作为社会子系统之一的教育系统,尤其是学校教育系统,自产生之日起,就具有不可回避的保守性,这种保守性自然与教育的知识传递功能紧密相关,"教育体系负有传递传统价值的职责",其"基本功能之一就是重复,重复地把上一代从祖先那里继承下来的知识传给下一代",因此,教育体系具有自我保存功能(self-perpetuating function),本质上是保守的(nature conservative)、内向的(inward)和后退的(backward),而且具有强大的内在惯性(with a considerable built-in inertia)(Faure et al.,1972:57)。随着学校教育系统的不断发展,其作为一个系统的组织化、制度化水平不断提高,愈来愈缜密,从而使整个系统陷于封闭与机械。就教育系统与外部关系而言,制度化教育所依据的标准与规范为自己构筑起了坚实的壁垒,将自身与社会经济、产业等其他子系统或其他形式的教育严格区分开来,从而身陷孤立之境,缺乏推动教育改进的外部力量,使系统本身日益狭隘和僵化。就制度化教育系统内部而言,为了保持稳定和平衡,制度化教育严格规定了各级学校的上下衔接关系,这种紧密的衔接关系严重阻碍了大中小学教育、普通教育与职业教育等学校教育系统内部各要素的互动、改进与创新。教育系统的这种内在自组织能力,一方面可以不断提高教育教学效率、教育组织管理效率,但另一方面,这种日益组织化、制度化的演化机制及其演化成果,又使其内在的组织活力不断消耗和衰减,也使其为适应外部环境变化进行自我革新的能力持续减弱。当社会发展变化缓慢时,学校教育系统尚能适应发展需求,一旦社会发展速度加快,甚至如当下所发生的人工智能动摇整个工业体系的技术基础从而引致社会剧变时,学校教育系统不适应社会发展需求的现象就会愈加突出。

（二）经济社会发展的不确定性导致教育改革发展的社会支持力量衰减

由新冠疫情大流行、产业发展的技术基础的迭代升级所导致的全球经济衰退，使政府税收锐减，预算赤字增加，给教育投资带来了挑战，不仅对包括美国、英国、德国和法国在内的诸多发达国家造成重大影响，对低收入国家的教育发展而言，更带来了灾难性的打击。尽管在新冠疫情大流行时期，世界主要国家都积极采取措施，利用紧急拨款等方式增加教育投入，以应对疫情封控对教育系统的影响以及疫情大流行所导致的对数字学习工具和在线教育的需求增长，但这些投入远不足以抵消由于经济发展低迷、税收减少而不得不进行的预算削减，更难以化解流行病对教育的长期影响。2020—2021 学年，美国至少有 25 个州大幅削减教育预算，一些州的削减幅度高达 10%；世界银行与联合国教科文组织的联合报告《教育金融观察 2022》表明，自疫情暴发以来，三分之二的低收入和中低收入国家实际上已经削减了公共教育预算（The World Bank Group & UNESCO，2022）。有四分之一的国家没有任何计划来帮助儿童弥补在疫情大流行期间落下的知识，另外四分之一的国家则没有足够的追赶策略（Economist，2022）。

（三）劳动力市场的整体恶化倒逼教育改革

地缘政治紧张、疫情恢复不均衡以及全球经济衰退，使得劳动力市场整体恶化，2020 年全球就业率相较 2019 年下降了 4.7 个百分点；随着疫情的逐步消解，就业形势虽有所缓和，但 2023 年全球就业率仅增长 1%，不到 2022 年的一半。全球就业增长疲软的同时，失业人数在 2023 年则将小幅上升至 2.08 亿，全球失业率将达到 5.8%。除失业问题外，就业质量也逐步走低。全球经济放缓可能会迫使更多的工人接受质量较低、收入不高、缺乏就业保障和社会保护的工作，从而凸显出因疫情而加剧的不平等现象，妇女和青年在劳动力市场的处境更糟糕。2023 年的劳动力市场前景存在明显差异：非洲和阿拉伯国家的就业增长率应该能达到 3% 左右或者更高，在亚太地区以及拉美和加勒比地区，就业增长率预计在 1% 左右；而北美 2023 年的就业增长率将会更低，甚至为零，同时失业率还会上升（ILO，2023）。

健康的劳动力市场将吸收不同专业、不同层级和水平的劳动者，并最大限度地减少技能与工作不匹配的情况。经济扩张，会缩小优势群体与弱势群体之间长期存在的经济差距；在日益以知识为基础的全球经济中，对高水平技能人才的需求会史大。经济的持续低迷，将使那些低技能水平的人面临更大可能的失业风险，新冠疫情以及持续的经济衰退，将使优势群体与弱势群体的就业差距不断拉大。随着生成式人工智能的商用化水平日益成熟，劳动力市场对知识型人才的需求将锐减，这无疑使劳动力市场雪上加霜。

分类数据中心（Sortlist Data Hub）的调查还表明，生成式人工智能的大量使用会催生"裁员潮"，尽管不同职业、不同年龄的员工对此的认识与遭遇并不相同；39%的受访者担心，一旦用 ChatGPT 取代人工客服，对话会变得呆板而冰冷，无法与客户建立真正的情感联系，失去人与人之间沟通的人情味（Gaëlle，2023）。高盛的研究报告显示，如果生成式人工智能真的发挥其承诺的效能，那么将会大幅打乱劳工市场，取代全球各大经济体 3 亿名全职员工的工作量，其中最容易被取代的就是律师和行政人员。美国将有大约 63% 的工作、30% 的户外和体力工作会受到影响，可能会有部分形式的工作内容自动化；由于发展中国家的手动工作比例比较高，全球约有五分之一的工作可能会被人工智能取代；美国与欧洲有三分之二的工作会受到人工智能自动化的影响，大部分人近一半的工作量会被自动化取代。"大约三分之二的当前工作存在一定程度上的人工智能自动化风险，生成式人工智能可以替代多达四分之一的当前工作。"（Hatzius，Briggs，Kodnani，& Pierdomenico，2023）所有这一切，都倒逼教育行政当局和学校管理者、广大教师不得不反思：未来，社会究竟需要什么样的教育？或者说，未来教育改革发展路在何方？

（四）基于工业主义以传授确定性知识为核心的教育体系正面临来自生成式人工智能的革命性挑战

始于 18 世纪 60 年代的工业革命的发展得益于自然科学的发展和应用，也促进近代科学技术的发展。科学技术的发展一方面更新了生产技术，提高了生产率；另一方面也对大工业生产中工人的文化素质提出了更高的要求，从而刺激了教育的发展和普及。200 多年来，自然科学的发展在使社会生产力和科学水平得到进一步发展的同时，也促使学校教育不断更新课程与教学内容，教师教与学生学的效率不断提高，成为供给人的生存、发展与成功所需的知识、技能和价值观的主要平台，成为社会生产发展与社会进步的重要工具。学校取代家庭成为接受教育的重要场所，学校里开设了几乎所有与实用知识相关的课程，这些科学技术知识被转化为标准化的、确定性的、具有内在逻辑关系的学校课程，并以班级授课的方式集中传递给学生，经批量"生产"掌握了现代科学技术知识的毕业生适应并促进了工业化生产。

然而，全球教育地区间发展的不均衡导致一些地区的教育发展并不尽如人意，普及教育的虚假繁荣遮蔽了教育质量低下的事实。1950年，全球只有大约50%的成年人接受过教育，现在至少有85%的成年人受过教育；2000年至2018年，未入学学龄儿童比例从26%降至17%。而与此同时，许多学生在学校度过数年却几乎没有学到什么东西。世界银行2019年的统计表明，发展中国家（占世界儿童的90%）只有50%的10岁儿童小学毕业后能够阅读和理解（Economist，2022）。

随着社会的发展，以确定性知识为中心的教育实践，导致学校课程与社会发展需求严重脱节，学校系统培养的学生不具备必要的技能和知识，难以适应当代工作环境要求，现行学校教育制度越来越不能跟上当代社会、政治、经济、技术和文化建设的步伐。而生成式人工智能在确定性知识的记忆、筛选、比较分析、集成、结构化表达等方面都已远超人类，工业革命后建立起来并不断巩固和完善的这种以传授确定性知识为核心的现代教育体系，其赖以存在并发展的基础正在被瓦解。当生成式人工智能以不可阻挡之势被广泛应用于社会生产和生活各领域时，社会所需要的将不再是以学习和记忆确定性知识见长的人，而是以创造性地转化和应用确定性知识解决各种实际问题的人。

一方面，毫无疑问，时至今日，大多数学校中知识教授的方法依然是十分传统的以教师讲授为主的教学和死记硬背，为了学习的"有效"，教师还不断地对学生进行强化学习，通过持续地重复训练，提高学生在那些"再现式"考试中的成绩，这在很大程度上挫伤了学生学习的兴趣、积极性与创造力；另一方面，尽管一些教师对教育中新技术的应用拥有极大热情，但学校教育系统仍是借助数字技术、智能技术使其主要实践活动取得实质性改进的最薄弱的领域，学校不仅在数字技术、智能技术设施设备装备上尚不尽如人意，而且学校在将数字技术和智能技术应用于课堂教学、教师应用新技术改善学与教的体验等方面也存在诸多不足（Minchekar，2019；Gray & Lewis，2021），单一僵化的学习与教育方法正面临被摒弃的境遇。

三、 重构促进人的健康与可持续发展的教育系统

"我们必须学会与不确定的时代和不稳定的生活共处……释放人类的潜力将

需要让灵活性、创造性、团结和包容引导我们去想象和创造茁壮成长的未来。"（Conceição，2022：191）身处 VUCA 时代，无论是个人还是组织，其生存与发展都必须借助更具灵活性与创新能力的新技术、新方法、新策略与新发展模式，以快速适应和创新应对不断变化的环境。人类学家墨菲（Robert F. Murphy）在讨论文化的价值时宣称"文化将人际交往中的不确定性降低到最低程度"（Murphy，1989：2），教育同样具有提高人的素养，使人具有应对各种社会不确定性的态度、意志与能力之作用。快速变化的环境带来的不确定性造成对人类生存与发展模式的冲击与破坏，但也为创新、增长与竞争优势提供了机遇（Bennett & Lemoine，2014；Nandram & Bindlish，2017；Kok & van den Heuvel，2019）。实际上，教育在"为一个尚未存在的社会培养着新人"。而"当教育的使命是'替一个未知的世界培养未知的儿童'时，环境的压力便要求教育工作者刻苦思考，并在这种思考中构成一幅未来的蓝图"（Faure et al.，1972：13）。为此，人类必须变革与创新教育模式，并努力实现"教育先行"（education precedes）——使教育在全世界的发展先于经济的发展（Faure et al.，1972：12），重构以促进人的健康与可持续发展为核心的教育新体系、新秩序、新生态，以便我们有足够的德性与智慧应对各种不确定性。

（一）重塑新人文主义教育

面对如此纷繁复杂和急剧变化的社会环境，"要塑造我们想要的未来，教育本身必须改变"（UNESCO，2021：7），必须承认，优质教育（包括幼儿教育）作为一项基本人权、促进社会平等的一个重要工具，不仅是让青年有能力行使发言权并为社会契约作出贡献的先决条件，还是宽容、和平、人权和可持续性的基石（The United Nations，2021：40）。由此，指向优质教育的教育变革的核心便是重构新人文主义教育价值，既要超越经济主义，回归以人为本的教育价值，又要重构基于理解、信任与合作的新教育契约。

重构超越经济主义、回归育人根本的教育价值。无论是舒尔茨（Schultz，1963）从宏观上通过估算美国 1929—1957 年国民经济增长判定约有 33% 是由教育形成的人力资本作出的贡献，还是贝克（Becker，1993）从微观上对人力资本与个人收入分配关系的论证，人力资本理论都高扬教育的经济价值；这虽然促使一些国家和地区的教育投资增长，但其"经济人"假设的立论依据，关注到人追求经济利益的"理性"，不断追求教育的工具性价值，忽视了人的伦理性、情感性与审美性。

无独有偶，由经济合作与发展组织（Organisation for Economic Co-operation and Development，简称 OECD）开展的国际学生评估项目（Programme for International Student Assessment，简称 PISA）作为一项针对 15 岁学生参与社会所需的知识与技能的国际测评项目，旨在通过分析学生测评成绩数据与学生个人特征，以及学校内外影响学习的关键因素之间的关系，发现不同背景的学生、学校之间以及学生在不同类型的教育体系之间的成绩差异，并找出那些取得好成绩并且教育机会分配公平的学校和教育体系的特点，来指导各国教育改革。而今，PISA 已在世界主要国家产生广泛而深刻的影响，形成通过数据或指标进行治理（Bogdandy & Goldmann，2012）的数字治理模式，OECD 甚至被奉为"全球教育治理的仲裁者"（Meyer & Benavot，2013：9），这无疑更加强化了教育的工具性。

"各国及其教育体系都在拼命追求国家的利益，正在不经意地抛弃民主国家活力所需的技能。这种倾向若发展下去，世界各国很快就会培养一代代有用的机器，而不是能独立思考、批判传统、理解他人苦难与成就的意义的完整公民"（Nussbaum，2010：2），"'全面的经济增长'不能再被视为调和物质进步与公平、尊重人类地位和尊重自然资产的理想方式"（Delors，1996），面向未来的教育的根本宗旨应是"维护和增强个人在他人和自然面前的尊严、能力和福祉"（UNESCO，2015：38）。这就要求重构教育的人文主义价值观，超越狭隘的功利主义和经济主义，超越"人力资本"的掣肘，在发挥教育的经济功能之外，实现联合国可持续发展目标 4（Sustainable Development Goal 4）所要求的"确保包容和公平的优质教育，让全民终身享有学习机会"（The United Nations，2015：19-20），回归教育本来的育人价值，观照人的发展本身，直面生命，"尊重生命和人类尊严"（UNESCO，2015：38），洞察人性，为所有人提供机会，"确保所有男女童完成免费、公平和优质的中小学教育，并取得具有现实意义的、卓有成效的学习成果"，"确保所有进行学习的人都掌握可持续发展所需的知识和技能"（The United Nations，2015：19-20；Boeren，2019），"教导人们学会如何在承受压力的地球上生活；教育必须重视文化素养，立足于尊重和平等尊严"（UNESCO，2015：3），使每个人的潜能得以充分发挥和释放，学会认知（learning to know）、学会做事（learning to do）、学会共同生活（learning to live together）、学会生存（learning to be）（Delors，1996：chapter 4；UNESCO，2015：39），使每个人实现有尊严、有价值的人生，过上有意义、可持续的生活。

重构基于共同利益，以理解、信任、包容与合作为核心的新教育契约。在今天这样一个逆全球化、去全球化思潮泛滥，国际秩序正面临严峻挑战的历史时刻，"国家教育合作在一个日益不稳定的世界秩序中进行，一个以共同的普遍价值为基础的世界社会的概念被严重侵蚀"（UNESCO，2021：136）。如联合国开发计划署署长施泰纳（Achim Steiner）所言，"在一个充满不确定性的世界中，我们需要以一种新的全球团结意识来应对相互关联的共同挑战"（UNDP，2022）。国际社会为推动世界多极化、国际关系民主化发展，超越分歧和束缚，坚持稳定、互惠、开拓、向上，践行真正的多边主义，维护世界和平、稳定、繁荣，正在作出积极的努力。为此，急需以一种全新的全球化理念——包容性全球化（inclusive globalization），建立以包容（inclusion）、凝聚力（cohesion）与问责（accountability）为核心的新社会契约，促进商品、金融、人员与思想的全球化自由流动，从而促进人类的可持续发展（Gacitúa-Marió，Andrew，& Georgieva，2009：46）。

兰德公司在共享财富（shared prosperity）的意义上讨论包容性全球化（Kumar，2021），卡内基欧洲研究所（Carnegie Europe）专门探讨"促进包容性世界的全球化"（globalization for an inclusive world）（Carnegie Europe，2022），上海论坛2023将以"包容性全球化：亚洲的新责任"为主题，从国际格局与地缘政治变化、高科技发展、全球经济复苏、数字化转型、气候变化、公共健康、中西方文明文化交融互鉴、国家发展动力等多元角度展开跨学科、跨领域的深入讨论（复旦发展研究院，2023）。"包容性全球化"是基于"和而不同"的文化观，在维护多元文化基础上增进理解与互信，共谋发展、共求繁荣、共享和平的文化多样性包容；是倡导因地制宜、基于本土传统与发展现实状况探索多元化发展路径，不同发展道路自由对接的尊重具体发展模式的包容；是秉持"开放包容"和"平等互利"理念和"共商、共建、共享"原则，平等参与建设与发展，协商解决全球性生存与发展问题的共同发展包容；是兼顾基层和弱势群体，帮助欠发达地区改善生活条件，实现互联互通、创造多样化发展机会，消除贫困、改善民生的包容；是共同关注环境问题、推进生态文明、倡导人与自然和谐发展的可持续发展包容。

基于"包容性全球化"的教育变革，需要深入推进联合国教科文组织自1946年以来就在全球倡导推广的国际理解教育（education for international understanding），需要持续开展以青少年为主体的教育交流与合作。国际理解教育旨在增进不同文化背景、种族、宗教信仰和不同区域、国家、地区的人们之间相互了解，理解并尊重文化、社会乃至我们生活的世界的差异性与多样性，使每个人都能够通过对世界的进一步认识来了解自己和他人，增进相互信任、相互认同、相互宽容与包容，求同存异；旨在帮助儿童和青少年理解人类共同利益的内涵与价值，增强全球意识，培养关心人类共同发展的情操，提高为建设我们共同的未来而实现团结和共担责任的意识（UNESCO，2015：38），具有开放意识和国际视野，认识到相互依赖对人类共同处理全球社会存在的重大共同问题、对人类自身的生存与发展的基础性价值。

儿童与青少年是世界的未来，需要以作为全球共同利益的教育和知识来引领其成长与发展。为此，需要摒弃因为经济竞争、意识形态差异而导致的限制，阻断教育交流与合作的意识、思维、政策与行动，主动开展双边、多边教育交流，扩大国际留学教育，吸引与组织儿童和青少年积极参与跨文化教育交流，使青年一代在多样化的文化教育交流活动中提高其跨文化沟通能力和担负"世界公民"的责任与义务的能力，了解人类文明进程和世界发展动态，关注人类面临的全球性挑战，以便通过有意识的团结、互助、合作，直面、思考和化解共同面临的生存与发展难题，维护人类共同生活的家园，促进人类的可持续发展。

（二）建构应对智能技术挑战的新教育模式

无论是为了应对工业发展对掌握现代科学技术基本知识的工人的需求而不断完善的"3R"（reading，writing，arithmetic）教育，还是 20 世纪 50 年代后期美国为应对苏联卫星上天而加强数学、自然科学和外国语教学的后卫星时代教育（post-Sputnik education），这种以确定性知识的传授为核心的工业主义教育体系正受到智能技术的挑战。在世纪之交的几年里，许多国家和国际组织（以 OECD 为例，例如，Salganik，Rychen，Moser，& Konstant，1999；Rychen & Salganik，2001；Rychen & Salganik，2003；Rychen，Salganik，& McLaughlin，2003）都力图在预测和描绘未来教育愿景的过程中回答"今天的学生需要什么知识、技能、态度和价值观，才能在 2030 年茁壮成长，塑造自己的世界？""教学系统如何能有效地发展这些知识、技能、态度和价值观？"等"教/学什么""怎样教/学"这一经典性的教育改革发展难题（OECD，2018）。

联合国教科文组织 2021 年发布的《人工智能与教育：政策制定者指南》（*AI and education: Guidance for policy-makers*）（Miao，Holmes，Huang，& Zhang，2021），力图帮助人们了解教育领域应用人工智能技术所可能产生的机遇与挑战，以及人工智能时代社会所需的核心技能，帮助教育决策者为制定基于人工智能的教育政策做好准备。显然,数字教育内容的开发与利用成为国际组织和许多国家应对人工智能挑战进行教育数字化转型改革的重要选项,联合国教科文组织在 2022 年教育变革峰会(Transforming Education Summit in 2022,简称 TES 2022)期间与联合国儿童基金会共同启动"公共数字学习门户计划"(Gateways to Public Digital Learning,简称 GPDL)(UNESCO & UNICEF, 2022),同时敦促各国建立并迭代改进数字学习平台,提供高质量、与课程相匹配的教育资源,确保数字教育资源的可访问性、免费、开放、共享,尊重语言和学习方法的多样性,满足不同群体的多样化教育需求,同时确保用户隐私和数据安全。数字教育内容、数字技术、智能与虚拟教育空间等环境物理基础设施建设固然重要,但是如今,这种挑战又因生成式人工智能的广泛应用而变得更加严峻。一个直接的、现实性的挑战在于,我们需要重新思考教育体系,建构新的教育方法、机制与模式,"让那些工作被计算机算法取代的人重新获得技能"(Lynch, 2017)。

由知识本位教育转向能力本位教育。我们正在面临前所未有的挑战,未来是不确定的,无法预测,但挑战也蕴含着新的发展机遇,需要我们以开放的心态为之做好准备,为那些今天尚未被发明的技术做准备,为那些今天尚不能预见的问题做准备(OECD, 2018)。生成式人工智能的迭代升级与日臻完善,使其在知识的存储、筛选、比较分析与逻辑表达等方面都远远超越人类智能。学校不仅需要在认识与观念上自我革命,超越知识教育的窠臼,真正实现从以传授确定性知识为主向以培养批判性思维和促进创造力提高为主的转变,还需要培养学生更加关注适应变化、处理多元价值冲突、自控自省等"变革能力"(transformative competencies)(OECD, 2019)。人类的创造活动都是从对已有经验、结论、认知模式的质疑与否定开始的。学校需要基于社会发展需求,重新检视知识体系,扬弃基于系统知识的课程建构模式,重构有助于人的思维与创造力培养、有助于知识在不同社会情景中转化应用的课程体系,开发基于问题、吸引学生参与、激活学生思维的实践性教学活动,建构以思维教学与创造力培养为核心的新教育模式,着力培养学生的选择、数字信息加工处理、知识转化和应用等能力,培养学生学会学习的能力,创意、创造、创新的意识、精神与能力。

学校教育自然要夯实学生的阅读、计算、数字素养、数据素养等认知基础,但在这一过程中,在持续的基于问题与情景的教育活动中,尤为重要的是,需要尊重学生的好奇心,维护和培育学生的批判性思维,使其能够能动地、持续地、辩证地、细致地比较分析、思考、反思、洞察任何形式的观念、经验、知识及其进一步指向的结论，以及佐证、支持这些观念、经验、知识的理由和逻辑论证方式，形成超越例行工作所需、不被人工智能取代的高阶能力，提高学生的问题解决能力和创造新价值的能力，形塑产出新知识、新见解、新思路、新技术、新策略和新解决方案的思维范式、思维习惯与行动；帮助学生以系统的、综合的思考和行动，平衡多元化的价值、利益与需求，提高应对压力与困境的能力；帮助学生不断加强自我调节、自我控制，形成勇于冒险并从失败中学习的愿望、能力与意志力，增强责任意识和自我效能感，提高问题解决的风险评估能力与承担后果的责任伦理能力。

智能技术赋能学习与教学。技术的进步是教育变革的重要力量。随着互联网、移动通信、大数据、云计算、物联网、区块链、元宇宙、人工智能等新兴技术的发展，信息技术的教育应用早已超越计算机辅助教学（computer aided instruction，简称 CAI）、计算机辅助学习（computer assisted learning，简称 CAL）、计算机软硬件支持的教育教学过程评价、数字化教学资源建设的发展阶段，数字化、网络化、智能化、多元化、协同化的技术迭代升级与集群突破，语音识别、图像识别、机器阅读理解、知识图谱等人工智能技术的教育应用日益广泛，使学校教育面临着一轮又一轮的挑战，也为从教育向学习转型、促进个性化学习创造了新的可能。尽管以 ChatGPT 为代表的人工智能生成内容（artificial intelligence generated content，简称 AIGC）技术存在基于互联网数据的偏见、缺乏人类情感、影响学生自主学习和独立思考等缺陷和风险，但面对生成式人工智能技术被广泛应用这一不争的事实，人类唯有在以技术创新与迭代升级促进人工智能不断完善的同时，加强人工智能的伦理、法律、制度、政策建设，规范人工智能技术在不同场景的合伦理的应用，而智能技术赋能学习与教育、推动教育变革与发展，也将成为当下以及未来教育的变革与发展方向。

AIGC 技术利用人工智能技术中的"自然语言处理""机器学习""深度学习"等算法技术，对大量语言数据进行分析、学习和模拟，从而实现对自然语言的理解和生成。AIGC 技术与虚拟数字人的进一步融合，更加智能化、拟人化的虚拟数字教师助理，将越来越广泛地应用于教育场；基于虚拟现实（virtual reality，简称 VR）、增强现实（augmented reality，简称 AR）、元宇宙（metaverse）技术的虚拟实验学习场景的建立与应用，教育与学习的情景性、交互性、体验性将不断增强，帮助学生体验并探究复杂的实验过程及其原理。随着 AIGC 技术的不断发展，未来可以实现更加个性化的内容生成，满足教师和学生的个性化学习需求；文字、图片、视频等多模态内容生成技术的不断完善,将极大地拓展 AIGC 技术的教育场景应用范围,提高学习者参与学习的兴趣;随着人机对话生成的智能水平的不断提高,通过对用户的语言数据进行分析和学习,AIGC 技术与用户的对话将更加自然、流畅,从而极大地提高人机交互的效率和质量。实际上,ChatGPT 备受用户欢迎,许多教师和科研人员经常用这一大型语言模型来修改论文,还用它来帮忙检查代码,写演讲稿、出考卷,"很多人把 ChatGPT 作为数字秘书或数字助理"(Stokel-Walker & Van Noorde,2023)。相信在未来的日子里,学生成年后与人工智能系统一起学习、工作、游戏将是不争的事实。学校和教育者需要进一步解放思想,与时俱进,跟踪、研究智能技术发展前沿,主动应对智能技术挑战,具体研究 ChatGPT 的信息集成、运算、表达的优势与不足,转"危"为"机",深度改进教学,将其作为一种提供个性化服务的教学辅助工具(Roose,2023)。

可以想见,AIGC 技术将在以下教育场景得到广泛应用:（1）个性化教学与学习：使用自然语言处理理解教师和学生提出的问题,根据教师和学生的兴趣、教学与学习风格、学生的认知水平与学习能力以及个性化需求,快速生成并提供相应的学习资源、个性化的学习建议和指导,创建个性化的学习体验,提高教与学的效率与质量,提供问题解决的示例和方案。（2）在线答疑与辅导：学生可以在任何时间利用 AIGC 技术提出问题,并能即时得到回答;AIGC 技术可为学生提供学科知识解答、学习方法指导、学习计划制订等多种辅导服务与支持。（3）学生评估：AIGC 技术可以对学生进行测验、问卷调查等多种形式的评估,以帮助教师更好地了解学生的学习进展与需求。（4）教师支持：AIGC 技术可以为教师提供教学资源分享、教学方法指导、批改作业、课程计划建议、学生反馈分析等多种支持服务,为教师的集体备课、教研活动与个性化教学提供帮助,帮助教师提高教学效率和质量。（5）情感支持：AIGC 技术可以为学生提供心理咨询、情感支持等服务,帮助学生克服学习和生活中的困难。（6）语言学习：AIGC 技术可以创设语言环境,使用自然语言处理来理解学生语言练习、情景对话、语法提示和词汇测验等学习新语言的要求和疑问,即时反馈。（7）资源共享：AIGC 技术可以为学生和教师提供教学视频、课件、试题等学习资源共享平台,方便学生与教师的学习和教学。

（三）建构开放且充满活力的教育体系

日趋封闭与稳定的学校教育体系,在遭遇来自互联网、智能技术等外部力量挑战的同时,也面临制度化教育系统以内部治理变革摆脱封闭、机械窘境的要求,建构开放且充满活力的教育体系,既要摆脱制度化教育系统的封闭性桎梏,建构学校-家庭-社会融合、线上线下混合的泛在教育体系(ubiquitous learning,简称 U-Learning),又要克服制度化学校教育体系内部条块分割独立的损害,建构一体化贯通的终身学习体系,更要以教育治理现代化激发学校发展活力,促进教育的健康持续发展。

摆脱制度化教育系统的封闭性桎梏,建构学校-家庭-社会融合、线上线下混合的泛在教育体系。无论从学校教育系统培养的人之于社会发展的适应性而言,还是从该系统自身的健康持续发展而言,学校都应该是一个面向社会的开放系统,只是学校系统的制度化过程加剧了系统本身的封闭性;庞大的互联网数据资源以及虚拟学校、MOOC 等多样化的专业化线上教育资源以及各种智能技术为学习过程提供的支持,不仅客观上使得学校之外的学习成为可能,而且也为学校系统的开放提供了可能。学校系统的这种开放在两个方面发展。

一方面,就社会现实情况而言,促进学校-家庭-社会(社区)教育的融合,使学校教育、家庭教育、社会(社区)教育形成合力,已成为促进人的健康、全面、持续发展的现实需求;一个充满活力的学校教育系统,同样需要来自社会系统的支持并最终以其培养的人为社会服务。一个快速变化的社会,其经济与产业结构、不同社会职业对人的素养的要求也同样在快速变化,对趋于稳定、失之保守的学校教育系统而言,无论自身改革的愿望多么强烈,相关的改革策略多么繁多,都难以实现"学校适应社会""社会欢迎毕业生"的愿望,"促进人的可持续发展"更是奢谈。学校系统自然需要自我革命,这种"革命"的动力源于科技创新的推动,源于经济与产业技术和结构的升级;学校系统需要建立健全自我革新的机制,建立健全科技创新、经济发展、产业结构调整、社会进步的预测 反应机制,经验共享机制,社会力量参与教育的人才引进机制。

另一方面,就技术维度而言,移动通信、互联网/物联网、智能教学/学习软件、智能学习终端等各种数字学习技术装备支持的日常学习环境,使泛在学习大行其道(Ogata, Matsuka, El-Bishouty, & Yano, 2009),为学习者即时提供学习资源并促进互动(Hwang, Tsai, & Yang, 2008)。线上线下混合学习不仅意味着学习者可以自主选择虚拟学校、MOOCs 等专业化的线上学习平台及其教育资源,也意味着实体学校可以通过购买线上教育资源为学生的学习与发展提供便利,这些都使固定的人在固定时间、固定地点、学习固定内容的制度化学校教育正在消解,任何人

（any one）在任何时刻（any time）、任何地点（any where）利用任何智能终端设备（any device）学习任何内容（any content）的泛在教育方兴未艾,学习的即时化、个性化使教育正在被重新定义,学习无处不在,每时每刻都在发生。

克服制度化学校教育体系内部条块独立割裂的弊端,建构一体化贯通的终身学习体系。传统的制度化教育,不仅将人的一生划分为接受教育、工作和安享晚年几个阶段,而且在人接受学校教育的过程中,各级各类教育（学校）亦因其自身的组织化与制度化而彼此隔阂,这种条块独立、割裂的教育体系,使人的受教育过程被人为地切割。终身学习是人"一生中进行的所有学习活动,目的是在从个人、公民、社会和/或就业相关的角度提高知识、技能和能力"（Commission of the European Communities, 2001）。建构一体化贯通的终身教育体系,需要以终身教育理念重新设计和建构完整教育系统及其各个组成部分,使之彼此衔接、互联互通。这不仅意味着学习不能再以获取知识的地点和时间（学校）与应用所学知识的地点和时间（工作场所）区分（Fischer, 2000）,意味着大中小学在形式与内容上衔接贯通、普通教育与职业教育的彼此融通,意味着正式学习（formal learning）、不正规学习（non-formal learning）与非正式学习（informal learning）①的交互与融通,意味着学习贯穿于人持续求索人生不可预知的世界的全过程,人在每一阶段（场景）的知识学习、思维形塑、能力养成,都成为此后学习与发展的基础,并对全人生发展具有启迪、引领作用。

以教育治理现代化激发学校发展的生机与活力,促进教育的健康持续发展。制度化教育体系的机械僵化,固然与其自身的组织化、封闭性与内卷化直接相关,更与诸如政府和教育行政系统等强大的外部力量的控制与干预作用紧密相关,集权化的教育行政系统不仅负责学校管理者的任命、教师的任用、教材的选择,甚至干预学校课程与教学等具体活动与事务的安排。"在推行基于标准的教育改革的过程中,统一的国家标准不仅威胁地方活力,还威胁学校活力"（Gittell, 1996）。由此,激发学校发展的生机与活力,首先需要转变政府和教育行政部门的教育管

---

① 正式学习（formal learning）指在有明确教学目的、有系统的组织化的教育活动的学习机构（如小学、中学、大学,以及在职工作期间接受的有组织的继续教育和培训）中,在经过训练的教师的系统指导下进行的学习;不正规学习（non-formal learning）指学校之外的各种有组织的学习,如课外足球训练、合唱训练等,通常这类学习与学校里的考试、学分并无联系;非正式学习（informal learning）指在有组织的学习之外,通过非教学性的社会交往活动传递和渗透知识的学习活动,是一种没有明确的目的性、在日常生活中自然发生的学习,大都由学习者自己主动发起、自我调控、自行负责。

理职能，由管制转向宏观领导、服务与支持，简政放权，在法理上、观念上、政策上确立学校自主办学的主体地位，放权、授权、赋权给学校，进一步扩大学校办学自主权，促进学校自主发展。对学校而言，则需要在"受权"的同时，通过多元参与、共同治理方式，用好自主办学权。

激发学校内部发展的生机与活力是培养富有创新活力的新一代、应对不确定时代挑战的重要保障因素。在新冠疫情趋于结束，学校逐步重新开放，校园生活逐步恢复和重建的日子里，要以富有远见和战略的领导力，倡导自我保障，抚慰创伤，传播希望，拥抱公平，倡导集体效能，激发每一个具体个人和学校的活力，从而引领发展（Mason，Patschke，& Simpson，2023）。布兰德（Carole J. Bland）等人将教师与（教育）机构（学校/学院）的活力发展聚焦于"旨在促进教师对实现其自身目标和机构目标的承诺和能力的努力"（Bland et al.，2002），的确反映了教师管理与教师发展是学校治理的核心。从某种意义上说，所有的创造性行为及其成果在不同领域/情景的有效转化应用，都依赖于自由探索。学校需要确立广大教师作为学校主人翁的地位，进一步优化学校治理结构，逐步完善学校协商民主决策机制，鼓励和支持广大师生员工积极参与学校公共事务，成为民主的学校；积极营造宽松、民主、自由的学校文化，激发广大教师组织与参与教育教学的积极性和创造性，鼓励创新，包容失败，形成师生才智充分涌流、学校活力竞相迸发的局面。

结束语： 教育政策研究者的责任

在如此纷繁复杂、充满不确定性的世界，坚守建构优质教育、促进人的发展、共营幸福美好生活的教育理想，自然是一种美好的守望，但是，教育政策研究者的责任与使命远不止于此。普朗蒂（John J. Prunty）批判了当前教育政策分析中存在的概念模糊、忽视价值观和道德问题、技术理性影响政策制定以及政策分析未能有效改进教育与社会的现实问题等诸多现象，主张一种基于批判社会理论（critical social theory）的教育政策研究（Prunty，1985）。莱昂纳多（Zeus Leonardo）则认为，批判在探索和建构优质教育的过程中发挥着独到的作用，不仅可以培养学生的批判精神，使其具有创造性地摆脱各种困境的能力，还能促进人与社会的互动，促进人与社会的双重解放（Leonardo，2004）。教育政策研究者需要从自己所坚守的教育理想出发，批判地审视当前的教育改革与社会变革现实状态，以敏锐的学术眼光发现并且敢于直面教育改革发展中的"真问题"，进而进行一种基于"真问题"的批判性分析。韦弗-海托华（Marcus B. Weaver-Hightower）呼吁从复杂性的立场出发进行教育政策分析（Weaver-Hightower，2008），那就是从人的发展、教育改革与社会系统对教育系统和人的生存与发展的影响等多元维度，通过循证研究，系统分析导致某个教育"真问题"产生、发展的原因，寻求当下教育政策与教育实践对于解决"真问题"的可能与存在的差距，进而超越批判立场，以建构的立场寻求解决"真问题"的教育政策策略与实践路径。教育政策研究者理应摆脱本土视野的局限，寻求基于全球共同利益的国际合作，共同为促成新的教育社会契约提供智力支持（UNESCO，2021：136）。

我们将《教育政策研究手册》的导言命名为"变革世界中的教育政策与教育改革"，意在为读者提供当代世界的教育与社会政治、经济、文化、技术之间，以及教育系统内部诸要素之间多维互动的波澜壮阔的丰富画面；来自14个国家的49位作者提供的38篇论文通过对教育问题的国际比较的、历史的和跨学科的政策分析，呈现了教育政策研究的多样性与教育改革的复杂性。相信读者不仅能够立足不同视角和立场，从共同面对的教育政策问题的研究中获益，也能从那些呈现区域特征的个性化教育问题分析与教育政策策略中得到启发。

参考文献

Becker, G. S. (1993). *Human capital: A theoretical and empirical analysis, with special reference to education* (3rd ed.). Chicago: University of Chicago Press.

Bengio, Y., Russell, S., Musk, E., et al. (2023). *Pause giant AI experiments: An open letter*. Retrieved from https://futureoflife.org/open-letter/pause-giant-ai-experiments/

Bennett, N., & Lemoine, G. J. (2014). What a difference a word makes: Understanding threats to performance in a VUCA world. *Business Horizons*, 57(3), 311–317.

Bland, C. J., Seaquist, E., Pacala, J. T., Center, B., & Finstad, D. (2002). One school's strategy to assess and improve the vitality of its faculty. *Academic Medicine*, 77(5), 368–376.

Boeren, E. (2019). Understanding sustainable development goal (SDG) 4 on "quality education" from micro, meso and macro perspectives. *International Review of Education*, (65), 277–294.

Bogdandy, A. V., & Goldmann, M. (2012). Taming and framing indicators: A legal reconstruction of the OECD's Program for International Student Assessment (PISA). In K. E. Davis, A. Fisher, B. Kingsbury, & S. E. Merry (Eds.), *Governance by indicators: Global power through quantification and rankings*. Oxford: Oxford

University Press.

Carnegie Europe. (2022). *Globalization for an inclusive world*. Retrieved from https://carnegieeurope. eu/2022/09/05/globalization-for-inclusive-world-event-7927

Cebr. (2023). *World economic league table 2023*. Retrieved from https://cebr. com/wp-content/uploads/2022/12/WELT-2023. pdf

Commission of the European Communities. (2001). *Making a European area of lifelong learning a reality*. Retrieved from http://eur-lex. europa. eu/LexUriServ/LexUriServ. do?uri＝COM：2001：0678：FIN：EN：PDF

Conceição, P. (Ed.). (2022). *Human development report 2021－22: Uncertain times, unsettled lives: Shaping our future in a transforming world*. New York：UNDP. Retrieved from https://hdr. undp. org/system/files/documents/global-report-document/hdr2021-22pdf_1. pdf

Delors, J. (1996). *Learning: The treasure within*. Paris：UNESCO.

Doheny, M., Nagali, V., & Weig, F. (2012). Agile operations for volatile times. *McKinsey Quarterly*. Retrieved from http://www. mckinsey. com/insights/operations/agile_operations_for_volatile_times

Duffy, B. (2021). Generation Covid：What the pandemic means for young people's futures. *New Scientist*. Retrieved from https://www. newscientist. com/article/mg25133524-300-generation-covid-what-the-pandemic-means-for-young-peoples-futures/

Economist. (2022). Governments are ignoring the pandemic's disastrous effect on education. *Economist*. Retrieved from https://www. economist. com/leaders/2022/07/07/governments-are-ignoring-the-pandemics-disastrous-effect-on-education

Enarson, H. L. (1967). Education and the wealth of nations：An examination of the contribution of effective educational planning to the economic growth of a nation. *Monthly Labor Review*, *90*(3), 21－24.

EU. (2016). *General data protection regulation*. Retrieved from https://gdpr-info. eu/

Fan, G., & Popkewitz, T. S. (Eds.). (2020a). *Handbook of education policy studies: Values, governance, globalization, and methodology, volume 1*. Singapore：Springer Nature.

Fan, G., & Popkewitz, T. S. (Eds.). (2020b). *Handbook of education policy studies: School/university, curriculum, and assessment, volume 2*. Singapore：Springer Nature.

Faure, E., Herrera, F., Kaddoura, A. -R., Lopes, H., Petrovsky, A. V., Rahnema, M., & Ward, F. C. (1972). *Learning to be: The world of education today and tomorrow*. Paris：UNESCO.

Fischer, G. (2000). Lifelong learning：More than training. *Journal of Interactive Learning Research*, *11*(3/4), 265－294.

Gacitúa-Marió, E., Andrew, N., & Georgieva, S. V. (Eds.). (2009). *Building equality and opportunity through social guarantees: New approaches to public policy and the realization of rights*. Washington, DC：World Bank.

Gaëlle, A. (2023). *Employers think ChatGPT means +74% productivity: 51% of resulting job losses in marketing*. Retrieved from https://www. sortlist. com/datahub/reports/chat-gpt-statistics/

Gill, I., & Saavedra, J. (2022). *We are losing a generation*. Retrieved from https://www. brookings. edu/blog/future-development/2022/01/28/we-are-losing-a-generation/

Gittell, M. (1996). National standards threaten local vitality. *The Clearing House*, *69*(3), 148－150.

Gray, L. , & Lewis, L. （2021）. *Use of educational technology for instruction in public schools: 2019 – 20* （NCES 2021 – 017）. U. S. Department of Education. Washington, DC: National Center for Education Statistics. Retrieved from https://nces. ed. gov/pubsearch/pubsinfo. asp?pubid = 2021017

Green, A. （2013）. *Education and state formation: Europe, East Asia and the USA* （2nd ed. ）. New York, NY: The Palgrave Macmillan.

Hatzius, J. , Briggs, J. , Kodnani, D. , & Pierdomenico, G. （2023）. *The potentially large effects of artificial intelligence on economic growth*. Retrieved from https://www. ansa. it/documents/1680080409454_ert. pdf

Heifetz, R. , Grashow, A. , & Linsky, M. （2009）. Leadership in a （permanent） crisis. *Harvard Business Review*, July-August 2009, pp. 1 – 7. Retrieved from https://hbr. org/2009/07/leadership-in-a-permanent-crisis

Hwang, G. -J. , Tsai, C. -C. , & Yang, S. J. H. （2008）. Criteria, strategies and research issues of context-aware ubiquitous learning. *Educational Technology & Society*, *11*（2）, 81 – 91.

ILO. （2023）. *World employment and social outlook: Trends 2023*. Geneva: International Labour Office. Retrieved from https://www. ilo. org/wcmsp5/groups/public/---dgreports/---inst/documents/publication/wcms_865332. pdf

Kayali, L. （2023）. *French digital minister: ChatGPT doesn't respect privacy laws*. Retrieved from https://www. politico. eu/article/french-digital-minister-chatgpt-doesnt-respect-privacy-laws/

Kok, J. , & van den Heuvel. , S. C. （Eds. ）. （2019）. *Leading in a VUCA world: Integrating leadership, discernment and spirituality*. Switzerland: Springer Nature.

Kumar, K. B. （2021）. *Shared prosperity: The crying need for inclusive globalization*. Retrieved from https://www. rand. org/blog/2021/02/shared-prosperity-the-crying-need-for-inclusive-globalization. html

Leonardo, Z. （2004）. Critical social theory and transformative knowledge: The functions of criticism in quality education. *Educational Researcher*, *33*（6）, 11 – 18.

Lynch, S. （2017）. *Andrew Ng: Why AI is the new electricity*. Retrieved from https://www. gsb. stanford. edu/insights/andrew-ng-why-ai-new-electricity

Mason, C. Y. , Patschke, M. D. , & Simpson, K. （2023）. *Leading with vitality and hope: Embracing equity, alleviating trauma, and healing school communities*. Washington, DC: Rowman & Littlefield Publishers.

McCarthy, J. , Minsky, M. L. , Rochester, N. , & Shannon, C. E. （1955）. *A proposal for the Dartmouth summer research project on artificial intelligence*. Retrieved from http://www-formal. stanford. edu/jmc/history/dartmouth/dartmouth. html

Metz, C. （2023）. "The godfather of A. I. " leaves Google and warns of danger ahead. *The New York Times*, May 1, 2023. Retrieved from https://www. nytimes. com/2023/05/01/technology/ai-google-chatbot-engineer-quits-hinton. html

Meyer, H. -D. , & Benavot, A. （2013）. Introduction. In H. D. Meyer & A. Benavot （Eds. ）, *PISA, power and policy: The emergence of global educational governance*. Oxford: Symposium Books.

Miao, F. , Holmes, W. , Huang, R. , & Zhang, H. （2021）. *AI and education: Guidance for policy-makers*. Paris: UNESCO. Retrieved from https://unesdoc. unesco. org/ark:/48223/pf0000376709

Minchekar, V. （2019）. Construction and development of academic stress scale for college and university students. *The Learning Curve*, Vol. VIII, pp. 3 – 9. The Department of Psychology, Lady Shri Ram College, University of Delhi.

Murphy, R. F. (1989). *Cultural and social anthropology: An overture.* Englewood Cliffs, NJ: Prentice Hall.

Nandram, S. S., & Bindlish, P. K. (Eds.). (2017). *Managing VUCA through integrative self-management: How to cope with volatility, uncertainty, complexity and ambiguity in organizational behavior.* Switzerland: Springer Nature.

Nicola, M., Alsafi, Z., Sohrabi, C., Kerwan, A., Al-Jabir, A., Iosifidis, C., Agha, M., & Agha, R. (2020). The socio-economic implications of the coronavirus and COVID – 19 pandemic: A review. *International Journal of Surgery, 78*, 185 – 193.

Nussbaum, M. C. (2010). *Not for profit: Why democracy needs the humanities.* Princeton, NJ: Princeton University Press.

OECD. (2018). *The future of education and skills: Education 2030.* Paris: OECD. Retrieved from https://www.oecd.org/education/2030/E2030%20Position%20Paper%20(05.04.2018).pdf

OECD. (2019). *Transformative competencies for 2030.* Retrieved from http://www.oecd.org/education/2030-project/teaching-and-learning/learning/transformative-competencies/Transformative_Competencies_for_2030_concept_note.pdf.

Ogata, H., Matsuka, Y., El-Bishouty, M. M., & Yano, Y. (2009). LORAMS: Linking physical objects and videos for capturing and sharing learning experiences towards ubiquitous learning. *International Journal of Mobile Learning and Organisation, 3*(4), 337 – 350.

Prunty, J. J. (1985). Signposts for a critical educational policy analysis. *Australian Journal of Education, 29*(2), 133 – 140. Retrieved from https://doi.org/10.1177/000494418502900205

Roose, K. (2023). *Don't ban ChatGPT in schools. Teach with it.* Retrieved from https://www.nytimes.com/2023/01/12/technology/chatgpt-schools-teachers.html

Rychen, D. S., & Salganik, L. H. (Eds.). (2001). *Defining and selecting key competencies.* Paris: OECD.

Rychen, D. S., & Salganik, L. H. (Eds.). (2003). *Key DeSeCo publications key competencies for a successful life and a well-functioning society.* Paris: OECD.

Rychen, D. S., Salganik, L. H., & McLaughlin, M. E. (Eds.). (2003). *Contributions to the second DeSeCo symposium.* Paris: OECD.

Salganik, L. H., Rychen, D. S., Moser, U., & Konstant, J. (1999). *Projects on competencies in the OECD context: Analysis of theoretical and conceptual foundations.* Paris: OECD.

Schultz, T. W. (1963). *The economic value of education.* New York and London: Columbia University Press.

Stokel-Walker, C., & Van Noorde, R. (2023). The promise and peril of generative AI. *Nature, 614*(9), 214 – 217.

The United Nations. (2015). *Transforming our world: The 2030 agenda for sustainable development* (A/RES/70/1). Retrieved from https://sustainabledevelopment.un.org/content/documents/21252030%20Agenda%20for%20Sustainable%20Development%20web.pdf

The United Nations. (2021). *Our common agenda—Report of the secretary-general.* New York, NY: The United Nations. Retrieved from https://www.un.org/en/content/common-agenda-report/assets/pdf/Common_Agenda_Report_English.pdf

The World Bank Group. (2022). *Global economic prospects, June 2022.* Washington, DC: The World Bank. Retrieved from https://thedocs.worldbank.org/en/doc/18ad707266f7740bced755498ae0307a-0350012022/

original/Global-Economic-Prospects-June-2022. pdf

The World Bank Group. （2023a）. *Sharp, long-lasting slowdown to hit developing countries hard*. Retrieved from https：//www. worldbank. org/en/news/press-release/2023/01/10/global-economic-prospects

The World Bank Group. （2023b）. *Global economic prospects, January 2023*. Retrieved from https：// openknowledge. worldbank. org/server/api/core/bitstreams/254aba87-dfeb-5b5c-b00a-727d04ade275/content

The World Bank Group & UNESCO. （2022）. *Education finance watch 2022*. Retrieved from https：//unesdoc. unesco. org/ark：/48223/pf0000381644_eng

Turing, A. （1950）. Computing machinery and intelligence. *Mind*, *59*(236), 433 – 460.

UNDP. （2022）. *UNDP releases its new human development report highlighting heightened global uncertainty and calling for new development course forward*. Retrieved from https：//www. undp. org/china/press-releases/undp-releases-its-new-human-development-report-highlighting-heightened-global-uncertainty-and-calling-new-development-course

UNESCO. （2015）. *Rethinking education: Towards a global common good*. Paris：UNESCO.

UNESCO. （2021）. *Reimagining our futures together: A new social contract for education*. Paris：UNESCO.

UNESCO & UNICEF. （2022）. *Gateways to public digital learning*. Retrieved from https：//www. un. org/en/transforming-education-summit/gateways-public-digital-learning

Weaver-Hightower, M. B. （2008）. An ecology metaphor for educational policy analysis：A call to complexity. *Educational Researcher*, *37*(3), 153 – 167.

WHO. （2020）. *WHO Director-General's opening remarks at the media briefing on COVID – 19 – 11 March 2020*. Retrieved from https：//www. who. int/dg/speeches/detail/who-director-general-s-opening-remarks-at-the-media-briefing-on-covid-19---11-march-2020

Zhao, S. （2022）. The US-China rivalry in the emerging bipolar world：Hostility, alignment, and power balance. *Journal of Contemporary China*, *134*(31), 169 – 185.

复旦发展研究院. （2023）. *上海论坛 2023 圆桌承办征集启事*. https：//fddi. fudan. edu. cn/72/b7/c18989a488119/page. htm

王帆. （2023）. 动荡世界中的稳定之锚与繁荣之源——2022 年国际形势与中国外交. *当代世界*, （1）, 10 – 15.

The Reconfiguration of Human Education
in an Uncertain World

(The Preface to the Chinese Version)

Guorui FAN

In 2009, Heifetz et al. posited that the world had entered an era of constant volatility, uncertainty, complexity, and ambiguity, commonly referred to as VUCA. Since then, the concept has been widely adopted in business, political, and social studies to depict the intricate and unpredictable nature of the current social landscape and the challenges faced by organizations. In 2020, during the collaborative authorship of the introduction to the *Handbook of Education Policy Studies*, entitled "Introduction: Education Policy and Reform in the Changing World," with Professor Thomas S. Popkewitz of the University of Wisconsin-Madison (Fan & Popkewitz, 2020a, 2020b), we acknowledged that the flux in the contemporary world influences human survival and progress as well as the reform and development of education. However, as the Chinese edition of this book was being published, a series of unforeseen major events unfolded, including the outbreak of the COVID – 19 pandemic, the Russo-Ukrainian conflict, and the exponential advancement of artificial intelligence (AI) technology, which heightened our awareness of the unprecedented influence they exerted on global politics, economy, culture, education, and people's livelihoods and lifestyles. Certainly, the speed, the scale and the depth of such influence are beyond imagination — be that my own or that of my fellow editor, contributing authors, and the community of researchers who have dedicated their attention to the VUCA phenomenon in contemporary society. In terms of human learning and education, growth and development, and work and everyday lives, such influence shakes the foundations of modern social organizations, human survival, and human lifestyles. It also upends the underpinnings of the modern education system established during the Industrial Revolution, fueling revolutionary changes in human education.

I. A World of Increasing Uncertainty

As the contemporary world progresses into an age of accelerated development, it encounters a confluence of rapid societal changes, heightened environmental dynamics encompassing global economic growth and volatility, political instability, and natural disasters, as well as escalating societal and structural instabilities. The complexity and volatility of societal factors, combined with an onslaught of unprecedented emergencies in areas such as politics, economics, and technology, have intensified the unpredictability of governmental, corporate, societal, and individual development, the difficulty of decision-making, and the elusiveness of future directions. For stakeholders, their interconnected relationships with one another and the environment are becoming increasingly complicated, while information and data that could shed light on these complex stakeholder interactions are becoming increasingly distorted and opaque. As a result, the information crucial for decision-making is muddled, inconsistent, and uncertain, exacerbating the already ambiguous and intricate connections between societal factors (Doheny, Nagali, & Weig, 2012; Bennett & Lemoine, 2014; Nandram & Bindlish, 2017; Kok & van den Heuvel, 2019). In retrospect, recent years have witnessed significant transformations in socioeconomic development and daily life, including the impact of the COVID − 19 pandemic, international political conflicts marked by the Russo-Ukrainian conflict, global economic recession, and the subsequent labor market deterioration in general. All of these transformations have created an interactive and additive effect with the development of intelligence technology centered on generative AI,[①] shaping the overall survival and development of humanity

---

① Generative AI learns the joint probability distribution of data for logical inductions and summarization based on analyses of existing data and creates imitative and composite works to generate new content expressions.

by means of both organized control and modalities beyond control.

(1) The Impact of COVID – 19 and Its Prolonged Ramifications

In March 2020, the World Health Organization (WHO) formally declared that COVID – 19 met the criteria of a "worldwide spread of a new disease" from human to human, marking the start of the so-called "pandemic" era (WHO, 2020). Spanning approximately three years, the COVID – 19 pandemic spread across more than 200 countries and regions, emerging as the most catastrophic public health and safety event encountered by human society since the Second World War (1939 – 1945). While posing a significant threat to individuals' physical health and safety and causing a staggering number of infections and a death toll reaching the millions, this global crisis precipitated a marked deterioration in mental well-being and drastically amplified levels of anxiety, depression, and loneliness. Furthermore, the devastation wrought on industries such as food and beverage, retail, and tourism resulted in heightened job insecurity and increased poverty rates, and necessitated industry and supply chain restructuring, a slowdown in economic activities, and a rising trend of de-globalization among economies (Nicola et al., 2020). Within the field of education, public health experts recommended the closure of educational institutions as a measure to curb the virus's transmission. As a result, almost all countries opted to suspend in-person schooling, compelling students to remain at home in an attempt to combat. Although various countries and regions actively adjusted their measures — a blend of the so-called "3Rs" of reopened schools, remote learning, and remedial programs — in response to the evolution of the pandemic to minimize its adverse effects on children's learning and physical and mental development, the lockdowns and restrictions jeopardized the future prospects of a billion children (Gill & Saavedra, 2022), now referred to as the "generation COVID" (Duffy, 2021).

The worldwide relaxation of lockdown measures has initiated a gradual recovery of people's daily lives and economic activities. However, comprehensively assessing the enduring ramifications of the pandemic on adolescents' educational achievements, career decisions, and overall physical and mental well-being proves challenging.

Likewise, it is equally arduous to gauge the indirect consequences stemming from the pandemic's systematic, protracted, and profound impacts on various domains, including global economy, political landscape, cultural fabric, and social and familial spheres. This aligns with a United Nations (UN) report titled "Our Common Agenda," which declared:

> Over 90 per cent of children in the world have had their education interrupted by COVID - 19, the largest disruption of education systems in history. For many students, especially girls and young women, this break may become permanent, with potential consequences for their rights, equality and development for future generations. Even prior to COVID - 19, traditional education systems were still not reaching some 258 million children and young people in the world and were failing to provide many students with even basic foundational skills such as reading and mathematics. Students in developing and developed countries alike tell us that they leave the education system without the tools that they need to adapt and thrive in a rapidly changing world, including digital literacy, global citizenship and sustainable development. This situation is exacerbated by the fact that both early childhood education and lifelong learning, so crucial for individuals and society at large, remain an aspiration in most countries. (The United Nations, 2021: 40)

(2) A Rising Trend of Global Insecurity

Bounded by a multitude of intricate factors, the trends of globalization and de-globalization have alternated since advent of the first Industrial Revolution. Contemporary political relations are characterized by intricate complexities, as both trust among nations and regions and the international political order since the Second World War face an unprecedented crisis. Geopolitical transformations have accompanied the rise of localized conflicts and confrontations, primarily concentrated in regional hotspots. Shifts in the geopolitical landscape have been accompanied by escalating local conflicts and confrontations concentrated around regional hotspots, with the Russo-Ukrainian conflict turning into a prolonged confrontation, the Middle East embroiled in multiple dilemmas, and increasingly complicated issues surrounding Asia-Pacific security. Amid mounting security risks, international relations in contemporary politics face their gravest challenge since the conclusion of the Second World War. Among these events, the ongoing conflict between Russia and Ukraine since February 2022, is unequivocally the most serious incident in contemporary international political life. As the conflict continues to escalate amid episodes such as the Nord Stream pipeline and Crimean Bridge explosions, it appears to follow a trajectory characterized by prolonged and complicated development, exerting a profound influence on the present and future trajectories of the involved countries. Its spillover effect has aggravated the longstanding absence of strategic trust between Russia and NATO member states, and even with the broader Western community, This escalating tension and deterioration in bilateral relations significantly impact both international society and human development.

The prolonged conflict between Russia and Ukraine has not only sown internal divisions among European nations and contributed to the rise of right-wing powers, but has impacted energy costs and consumption as well. Indeed, conflict-induced surge in energy prices has directly compelled energy-intensive firms in Europe to curtail or even halt their production, thereby unsettling the foundations of industries in France and Germany. This has deepened concerns regarding the risk of a " de-industrialized" Europe, engendering divergence and heightened uncertainties in US-European relations. In the Asia-Pacific region, the security situation on the Korean Peninsula is at substantial risk of further deterioration, while the multifaceted strategic maneuvering in the South China Sea continues to intensify. Coupled with the escalating tensions in the Taiwan Strait, these developments have contributed to an escalation in security risks. The ramifications of the protracted Russo-Ukrainian conflict, particularly in terms of the energy crisis, may prompt Europe to prioritize economic globalization and multilateralism, commit itself to building a more stable and reliable multilateral supply chain system, and reaffirm its strategic autonomy in pursuit of self-development and international standing. Concurrently, in the realm of US-China relations, which wield a fundamental role in global politics and global economy, the United States has undergone adjustments to its China strategy. Shifting from a trade war to a technology war, strategic competition between the two nations continues to evolve, stifling daily bilateral trade, cultural and educational exchanges, as well as cooperative endeavors. In light of the escalating global, regional, and bilateral uncertainties within the international order, an ever-growing imperative emerges for the United States and China to effectively manage their competition (Zhao, 2022; Wang, 2023).

In sum, the contemporary world is undergoing a transformation that entails intense and profound shifts in the international alignment and system. The collective interests, values, and aspirations that have been painstakingly forged over decades by numerous individuals are facing immense challenges — from the resurgence of a Cold War mentality and bloc politics, rising threats of unilateralism, trade protectionism, hegemony, and power politics, to prominent security and development concerns. Countries are sharply polarized on strategic ideologies, including their perceptions of the international order, geopolitical interests, and values. This is eroding the foundations of mutual strategic trust and ascribing an increasingly adversarial undertone to issues such as human rights and cybersecurity. As relations among major powers increasingly diverge, human society finds itself at a critical juncture. Under the sway of such dynamics, trade protectionism and the imposition of restrictions on science and technology exports have impeded the flow of scientific and technological knowledge between countries and regions, as well as collaboration and exchanges among students and researchers. The adverse repercussions on educational exchanges between countries and regions, study abroad programs and international education, collaborative research, and the development of science and technology education are immeasurable. As such, there exists an urgent imperative to reconfigure the values of globalization, transcend the limitations and boundaries of existing paradigms, and restore a world order that respects differences while fostering mutual development.

(3) Prolonged Slowdown of Global Economic Growth

The global economy is under financial strain due to several factors, including the recurrent devastation wrought by the pandemic and its enduring impacts, the Russo-Ukrainian conflict and the resultant geopolitical tensions, ongoing disruptions in investment, trade, and other economic activities, the release of pent-up demand nearing its point of dissipation, and the gradual withdrawal of fiscal and monetary easing policies around the world. Affected by a chain of politico-economic factors, the global economy is entering a prolonged period fraught with heightened stagflation risks, characterized by simultaneous high inflation and low growth. Amid weakening growth in major economies, persistently sluggish global economic growth, high inflation, and supply chain disruptions (Cebr, 2023), the combination of sluggish growth, tightening financing conditions, and mounting debt ratios is poised to engende a further decline in investment and an uptick in corporate defaults. Emerging markets and developing economies and regions also face multiple headwinds as contractionary monetary policies and ever-tightening financing conditions weigh on economic growth. Consequently, trade spillovers stemming from growth slowdown in developed economies will exert a particularly pronounced impact on the regions of East Asia, Pacific, Europe, and Central Asia, thereby detrimentally affecting middle- and low-income economies.

In January 2023, the World Bank forecast that global economic growth would decline drastically to 1.7%, its third weakest pace of growth observed in nearly three decades (World Bank Group, 2023b). Growth in developed economies is projected to drop from 2.5% in 2022 to 0.5% in 2023. A decline of such magnitude is often a harbinger of global recession. Notably, the United States is predicted to witness a slowdown in economic growth, reaching a meager 0.5% in 2023, marking its worst performing year in terms of economic growth outside officially declared recessions since 1970. In the euro area, growth is expected to remain stagnant at zero in 2023, reflecting a downward revision of 1.9 percentage points since the last forecast. In China, the economy is set to grow by 4.3% in 2023, 0.9 percentage points below previous forecasts. China, on the other hand, is projected to achieve a growth rate of 4.3% in 2023, which is 0.9 percentage points below previous forecasts. As for emerging markets and developing economies, growth is projected to decelerate from 3.8% in 2022 to 2.7% in 2023 (The World Bank Group, 2023b). David Malpass, the President of the World Bank, has issued a warning regarding this subdued growth: "Subdued growth will likely persist throughout the decade because of weak investment in most of the world. With inflation now running at multi-decade highs in many countries and supply expected to grow slowly, there is a risk that inflation will remain higher for longer" (The World Bank Group, 2022). Persistently low economic growth will exacerbate a host of social issues, including poverty and inequality. As noted in the latest World Bank report,

> Emerging and developing countries are facing a multi-year period of slow growth driven by heavy debt burdens and weak investment as global capital is absorbed by advanced economies faced with extremely high government debt levels and rising interest rates. Weakness in growth and business investment will compound the already-devastating reversals in education, health, poverty, and infrastructure and the increasing demands from climate change. (The World Bank Group, 2023a)

(4) Challenges and Opportunities Presented by Artificial Intelligence

In his seminal paper published in 1950, Alan Turing published a paper centered on the question, "Can machines think?" By proposing the Turing test, he posited the potential for creating a machine that possesses genuine intelligence (Turing, 1950). Building upon Turing's ideas, John McCarthy, Marvin Lee Minsky, Nathaniel Rochester, and Claude Elwood Shannon initiated a summer seminar at Dartmouth in 1956 to discuss topics surrounding how to imitate human intelligence with machines (McCarthy, Minsky, Rochester, & Shannon, 1955). The seminar became a seminal event in shaping the conceptualization of AI, the advent of AI-related disciplines, and the emergence of the AI revolution. Over the last seven decades, AI development has been on an uneven journey full of ebbs and flows. Since 2011, advancements in the Internet, big data, and deep learning technology have propelled AI shift from "weak AI" also known as "narrow AI" to "strong AI," commonly referred to as "artificial general intelligence" (AGI) or "advanced human intelligence." While the former focuses on imitating the human performance of basic tasks such as memorization, perception, and simple problem-solving, the latter endeavors to accomplish any intellectual task that human beings or other animals can undertake, employing similar problem-solving approaches. In 2016, a watershed in AI technology development ushered in the widespread application of discriminant/analytical AI,[①] including recommender systems, computer vision, and natural language processing, creating an enormous market for AI technology. Exemplified by ChatGPT, new and emerging generative AI solutions are poised to exert a profound influence on various facets.

In late November 2022, OpenAI, a AI research laboratory based in the United States, launched Chat Generative Pretrained Transformer or ChatGPT, a large language model leveraging the GPT-3.5 and GPT-4 frameworks to enhance its learning and training. By processing textual inputs, ChatGPT can automatically generate texts of a similar nature (e.g., scripts, songs, and proposals), produce automatic responses to user questions, and even generate and debug computer programs based on user's prompts. Amassing a million users in the first five days and reaching 100 million users in the span of just two months, ChatGPT set off a global AI boom. OpenAI has since released regular updates to ChatGPT, incorporating new features such as visual input capabilities and ChatGPT Plugins, introducing a quantum leap in ChatGPT's text processing and advanced reasoning capabilities as well as support for the use of tools and web browsing. Furthermore, OpenAI has substantially expanded ChatGPT's knowledge based in specific domains such as science, medicine, and law, reducing the likelihood of generating inaccurate or irrelevant responses by 60%. With its remarkable capabilities spanning various fields including customer service support, chatbot functionality, voice interaction, language translation, smart search, personalized recommendations, intelligent diagnostics, predictive analytics, decision support, and automatic text generation, ChatGPT has become an invaluable tool widely adopted by

---

① Discriminant / analytical AI learns the conditional probability distribution of data to perform analyses and make judgments and predictions based on existing data; it is mainly applied to decision aids in recommender and risk management systems, autonomous driving, and intelligent decision-makers in robotics.

users seeking to enhance efficiency and productivity.

The revolutionary improvement in AI technology's productivity is due to the enormous scale of data accumulation and computations. That said, issues such as data security and privacy protection, which have plagued the Internet since its creation, are inevitable and concomitant risks embedded in the foundation models of AI. Intellectual property (IP) protection provides an illustrative example of these concerns. ChatGPT, in its training process, relies on extensive open data and human feedback. Consequently, employing it for creative purposes raises the potential for disputes regarding IP ownership and copyright, particularly when content is used without the original creator's consent. In terms of plagiarism concerns, many educators worry about the likelihood of students leveraging ChatGPT to produce papers and complete assignments by replicating the academic output of others. As for privacy protection, the privacy of content submitted by individuals when interacting with ChatGPT may not be properly protected. As a matter of fact, in late March 2023, news surfaced of ChatGPT suffering a number of major breaches, including losing users' conversation data and payment details and leaking certain users' chat histories, due to a bug in its open source library. Reports even surfaced regarding the misuse and abuse of ChatGPT by the South Korean company Samsung, which may have led to the storage of content such as semiconductor equipment measurement data and product yield within ChatGPT's learning database. On 29 March, a notable collective, including Elon Reeve Musk, the CEO of Tesla, signed an open letter calling for the temporary suspension of the training of AI systems more powerful than GPT-4 for at least six months. The letter garnered over 18,000 signatories by April 9, promptly igniting fervent debates on the ethics and risks associated with AI across all walks of life (Bengio, Russell, Musk et al., 2023). Geoffrey Hinton, often regarded as the "Godfather of AI" due to his pivotal contributions to the core technology underlying chatbots like ChatGPT, resigned from Google to openly express his concerns regarding the potential perils and destructive implications of AI (Metz, 2023). Hailed the "Godfather of AI" who nurtured the core technology underpinning chatbots like ChatGPT, Geoffrey Hinton resigned from Google to openly express his concerns over the potential perils and destructive implications of

AI （Metz, 2023）. In response to the breaches involving the loss of certain users' data, the Italian Data Protection Authority （DPA） ruled that ChatGPT, by conducting its operations in Italy and collecting and analyzing user data, had infringed upon the European Union's General Data Protection Regulation （GDPR）, as well as local laws and regulations pertaining to user notification and data collection approval processe. Consequently, the DPA also banned the use of ChatGPT, imposed restrictions on its processing of Italian users' data, and launched an investigation into the case. However, it is noteworthy that not all countries shared the same stance on the issue. France's Digital Minister, Jean-Noël Barrot, remarked that although ChatGPT did not respect privacy laws, France would not ban it on the grounds of GDPR infringement. Instead, the country opted for a more moderate approach of "regulating innovation to ensure that it conforms to the principles we hold dear." Barrot also asserted that France would review its November 2021 opinion on AI-based "dialogue agents" in light of ChatGPT, with particular emphasis on encouraging users to recognize the machine nature of these applications rather than trying to humanize them （Kayali, 2023）.

The significant strides in AI technology and development of ChatGPT elicit a host of profound inquiries: Is generative AI an angel or a devil to humankind? Is its influence a boon or a bane to the younger generation? How should the education sector respond to the revolutionary challenges it presents? All of these questions demand our utmost scrutiny and thoughtful consideration.

II. An Education System Beset by Internal and External Woes

The education system is an integral part of the social system, with the two interdependent and mutually influential. Initially, in both the West and East, education was primarily a private matter, predominantly confined to individual families responsible for imparting practical knowledge, life experiences and societal norms. Meanwhile, political and moral education was offered to a select few offspring of dignitaries with the goal of nurturing the state functionaries of the future. With the development of modern society, the institutionalized modern school system was established and refined, accompanied by the universalization of compulsory education. As a result, education and social life became progressively intertwined, interacting in increasingly frequent and complex ways (Enarson, 1967). Now, in an age of increasing uncertainty, the development of the education system is beset by both endogenous factors, including a deceleration in its rate of progress, and significant exogenous challenges originating from the social environment. Consequently, the modern schooling system is increasingly ill-equipped to effectively address the needs of social development.

(1) Inherent Conservatism in the Schooling System Hinders its Ability to Adapt to the Changing Needs of Social Development

As a subsystem within society, the education system, and the schooling system in particular, has inherently exhibited a conservative nature since its inception. Such conservatism is naturally and tightly interwoven with the knowledge transmission function of education. The education system holds the responsibility of imparting traditional values, with one of its core functions being the repetition and preservation of knowledge across generations, inherited from their predecessors. The education system holds the responsibility of imparting traditional values, with one of its essential functions being that of repetition — "to repeat to each generation the knowledge that the previous generations inherited from their forebears" (Faure et al., 1972: 57). Therefore, the system serves a self-perpetuating function and is by nature conservative, inward, backward, and imbued with considerable built-in inertia (Faure et al., 1972: 57). As they develop, school systems become increasingly adopt more organized, institutionalized, and complex structures on a systemic level. Consequently, the entire system has become enclosed and mechanical in nature. In terms of its relationship with the external world, institutionalized education has constructed firm boundaries through its standards and norms, rigorously separating itself from other subsystems — such as socioeconomic and industrial ones — or other forms of education, leaving it isolated and removed from any external force that could drive educational improvements. As a result, the system itself has become increasingly narrow and rigid over time. Internally, to maintain its stability and balance, the institutionalized education system has strictly regulated the transitions between different levels of schooling. However, this close-packed transitional relationship has hamstrung the interaction, improvement, and innovation of internal factors within schooling systems, spanning primary, secondary, tertiary, general, and vocational education. On the one hand, this self-organizing ability is an endogenous characteristic of the education system, enabling improvements in teaching efficiency and organizational management. On the other hand, this increasingly organized and institutionalized mechanism of evolution and its outcomes are constantly consuming and withering the internal organizational vitality of the education system, undermining its capacity for innovation and adaptation to external environmental changes. Indeed, the schooling system struggles to effectively meet the evolving developmental needs amid gradual changes in social development. Once social development accelerates — or, in the present case, when radical social transformation is ushered in by the development of AI technology that has shaken the technological foundations of the entire industrial system — the maladaptation of the schooling system to social developmental needs will grow increasingly prominent.

（2）Uncertain Socioeconomic Development Diminishes Social Support for Education Reforms and Development

The global economic recession triggered by the COVID‒19 pandemic, coupled with iterative upgrades of the technological foundations of industrial development, has precipitated a sharp cut in tax revenue and an increase in budget deficits, presenting a major challenge to investment in education. While developed countries like the US, the UK, Germany, and France have experienced notable impacts, the consequences have been even more devastating for education development in low-income countries. Amid the COVID‒19 pandemic, leading countries took active steps to counter the impact of lockdowns and restrictions on the education system and address the sudden increase in demand for digital learning tools and online education, often involving the allocation of emergency funding to scale up investments in education. However, these investments proved insufficient in offsetting the budgetary cuts necessitated by the economic downturn and reduced tax revenue. Moreover, they fell short of effectively addressing the long-term effects of the pandemic on the education sector. For the 2020 – 2021 academic year, at least 25 states in the US drastically cut their education budgets, with some states instituting cuts of up to 10%. According to the Education Finance Watch 2022, a joint report published by the World Bank and UNESCO, two-thirds of low- and lower-middle-income countries have cut their public education budgets since the outbreak of the COVID – 19 pandemic. Disturbingly, a quarter of surveyed countries lacked plans to help children compensate for the knowledge lost due to the pandemic, while another quarter lacked any adequate strategies for educational catch-up (Economist, 2022).

(3) Overall Deterioration of the Labor Market Forces Education Reforms

The confluence of geopolitical tensions, uneven recovery from the pandemic, and the global economic recession has deteriorated the overall condition of the labor market. In 2020, global employment rate dropped by 4.7 percentage points compared with that of 2019. Although employment improved with the gradual waning of the pandemic, global employment growth is projected to be just 1% in 2023, less than half the level recorded in 2022. According to an International Labor Office (ILO) forecast (2023), amid the decline in global employment growth, the number of unemployed individuals is expected to increase slightly to 205 million in 2023, corresponding to a global unemployment rate of 5.8%. Meanwhile, the quality of employment is also trending downward. The global economic slowdown is compelling more workers to accept lower-quality and lower-paying jobs lacking job security or social protection, underscoring the inequalities inflamed by the pandemic — a dire situation for all, but especially for women and young people in the labor market. The prospects of the labor market in 2023 are marked by stark disparities: while employment growth in Africa and the Arab States is expected to be around 3% or more, it is estimated to be around just 1% in the Asia-Pacific region, Latin America, and the Caribbean. Meanwhile, Northern America is poised to witness minimal or no employment growth and simultaneous rise in the unemployment rate in 2023 （ILO, 2023）.

A healthy labor market will absorb workers with varying levels of expertise and experience to different degrees, while effectively aligning skills with job requirements. Economic expansion will subsequently narrow the longstanding socioeconomic disparities between the privileged and the marginalized. Meanwhile, in an increasingly knowledge-based global economy, the demand for highly skilled talents is expected to intensify. However, as low-skilled individuals are more susceptible to the risk of unemployment during prolonged periods of economic downturn, the ongoing economic recession combined with the ramifications of the COVID－19 pandemic will likely exacerbate existing employment disparities between the advantaged and the disadvantaged. Moreover, with the increasingly sophisticated commercialization of generative AI, the demand for knowledge-based talents may experience a decline, compounding labor market woes.

Indeed, according to a recent survey by Sortlist Data Hub, the extensive use of generative AI is expected to catalyze a wave of layoffs, with employment decisions varying across occupations and age cohorts. Among the respondents, 39% expressed concerns that replacing human customer service with ChatGPT would lead to a loss of human touch in interpersonal communication, resulting in robotic and apathetic conversations incapable of establishing true emotional connections with customers （Gaëlle, 2023）. Further insights presented in a research report by Goldman Sachs, Hatzius et al. （2023） revealed that, if generative AI truly fulfills its performance promises, it will completely disrupt the labor market and replace the equivalent workload of 300 million full-time employees across all major economies in the world, with lawyers and administrative staff at the highest risk of being displaced. In the United States alone, approximately 63% of all jobs and 30% of outdoor and manual work would be affected and are likely to see some form of automation of their job content. As developing countries tend to have a higher proportion of manual labor in their workforce, around one-fifth of jobs worldwide are at risk of being replaced by AI. In the United States and Europe, two-thirds of jobs would be affected by AI automation, with most having nearly half of their workload replaced by automation. According to Hatzius et al. (2023), "roughly two-thirds of current jobs are exposed to some degree of AI automation," with generative AI potentially substituting as much as one-quarter of current work. These changes are prompting education administrative bodies, school administrators, and the wider community of teachers to ponder the question: What kind of education does future society need? In other words, we need to reassess and determine where the future of education reforms and development lie.

(4) Generative AI Presents Revolutionary Challenges to the Industrialism-Based Education System Centered on Teaching Definite Knowledge

Initiated in the 1760s, the Industrial Revolution was driven by the advancement and application of natural sciences, promoting the development of modern science and technology in turn. Scientific and technological development has given rise to updated productive technology that boost productivity. Moreover, ithas also imposed higher demands on the cultural literacy of workers in large-scale industrial production, thereby stimulating the evolution and widespread availability of education. For more than two centuries, the development of natural sciences has facilitated improvements in the productivity and scientific capabilities of society, while driving schools to constantly renew their curricula and teaching contents and enhance both teaching and learning efficiency. As a result, schools have become the primary platform for imparting knowledge, skills, and values crucial for human survival, development, and success, making them a pivotal instrument advancing the development of social production and progress. By supplanting the family as the primary locus of education, schools began offering a near-exhaustive array of programs related to practical knowledge, with scientific and technological knowledge converted into standardized and definite school curricula with inherent logical connections. Such knowledge is transmitted to students through centralized class-based instruction, "mass-producing" graduates with a good grasp of modern scientific and technological knowledge who can adapt to and promote industrial production.

However, the global development of education has been characterized by significant regional disparities, leading to unsatisfactory educational progress in certain areas. Indeed, the glittering façade of a universal education boom has masked the fact that the quality of education is frequently subpar. On the surface, significant strides have been made in education. Globally, at least 85% of contemporary adults have been educated, compared to approximately 50% in 1950. Between 2000 and 2018, the proportion of school-age children not yet enrolled in school fell from 26% to 17%. However, recent reports have revealed an unsettling truth: despite attending school for several years, a significant number of students have made minimal educational progress. Indeed, according to a 2019 statistical report by the World Bank, in developing countries — home to 90% of children worldwide — only 50% of ten-year-old children were able to read and comprehend a simple story upon completion of primary school (Economist, 2022).

With the advance of society, the prevailing educational practices, which primarily revolve around the transmission of definite knowledge, have caused school curricula to become notably detached from the needs of social development. Consequently, students trained via the schooling system are ill-equipped and lack the essential skills and knowledge necessary to thrive in and adapt to contemporary workplace environments. The prevailing schooling system is struggling to keep up with the pace of contemporary social, political, economic, technological, and cultural development. At the same time, generative AI has far surpassed humans in terms of its capacity to memorize, filter, comparatively analyze, integrate, and structurally express definite knowledge, upon which the modern education system was established. Indeed, with its focus on imparting definite knowledge, AI is undermining the foundations on which the modern education system was built and upon which its survival depends. As the widespread application of generative AI becomes an unstoppable trend permeating all aspects of social production and everyday life, the type of talents needed by society are no longer those whose strengths lie in the acquisition and retention of definite knowledge, but those who can creatively convert and apply such knowledge to solve a diverse range of practical problems.

Most schools still impart knowledge via the highly traditional means of lecture-based instruction and rote learning. In pursuit of the "effectiveness" of learning, teachers are also constantly subjecting students to reinforcement learning, which serves to improve their performance in "reproductive" examinations through ongoing and repeated training. Unfortunately, these practices have considerably dampened students' interest and creativity in and enthusiasm for learning. Meanwhile, although some teachers are passionate about integrating new technologies into education, the schooling system itself remains a weak link in terms of leveraging digital and intelligence technology to achieve substantive improvements in its key practical activities. Not only do disparities persist in terms of access to digital and intelligence technology facilities, equipment, and devices, but schools also lag behind in areas such as technology integration in classrooms and enhancing learning and teaching experiences through the utilization of innovative technologies (Minchekar, 2019; Gray & Lewis, 2021). As a result, rigid and monotonous learning and educational approaches are on the verge of obsolescence.

III. Reconfiguring the Education System to Promote Health and Sustainable Human Development

"We must learn to live with uncertain times and unsettled lives," a recent UN report concluded, "Unlocking our human potential will require us to let flexibility, creativity, solidarity and inclusion guide us to imagine and create futures in which we thrive" (Conceição, 2022: 191). In the VUCA era, both individuals and organizations are compelled to harness the potential of more versatile and innovation-capable technologies, methods, strategies, and development models in order to adapt to and survive in an environment characterized by constant change. In his discourse on the value of culture, anthropologist Robert F. Murphy (1989: 2) asserted that culture would reduce the uncertainty in interpersonal communication to the lowest level possible. Education serves a similar function in fostering individual literacy, ensuring that they possess the attitude, will, and abilities necessary to navigate diverse social uncertainties. Despite its disruptive impact on humanity's patterns of survival and development, the uncertainty associated with a fast-changing environment presents opportunities in terms of innovation, growth, and competitive advantages (Bennett & Lemoine, 2014; Nandram & Bindlish, 2017; Kok & van den Heuvel, 2019). Noting that education is "engaged in preparing men for a type of society which does not yet exist," Faure et al. asserted, "At a time when the mission of education should be to train 'unknown children for an unknown world', the force of circumstances demands that educationists do some hard thinking, and that in so doing they shape the future" (1972: 13). Therefore, we must reform and innovate the education model, while striving to realize a world in which "education precedes" — actively fighting for the prioritization of education development over economic development (Faure et al., 1972: 12). A new education system, order, and ecology centered on promoting healthy and sustainable human development must be constructed, so that we can be morally and intellectually prepared to address a variety of uncertainties.

(1) Reshaping New Humanistic Education

In such a complex and rapidly changing social environment, it is imperative for education to undergo transformation in order to shape the desired future (UNESCO, 2021: 7). As both a basic human right and a fundamental tool for fostering social equality, quality education, including early childhood education, is "a prerequisite for young people to be equipped to exercise their voice and contribute to the social contract, and a foundation for tolerance, peace, human rights, and sustainability" (The United Nations, 2021: 40). Consequently, education reform focusing on quality education essentially involves reconfiguring the values of new humanistic education. Such reform must transcend the narrow confines of economic considerations and reinstate return to the human-centric values of education, while constructing a novel social contract in education that is founded on principles of understanding, trust, and cooperation.

Reconfiguring the values of education to go beyond economism and return to human-centered education. From Schultz's (1963) macro-level estimation that human capital formed by education contributed to around 33% of the US national income growth between 1929 and 1957, to Becker's (1993) micro-level argument regarding the relationship between human capital and personal income distribution, the discourse surrounding human capital theory has always highlighted the economic value of education. Despite stimulating growth in education investments in some countries and regions, the "economic man" assumption underpinning human capital theory focuses on the human "rationality" of chasing economic benefits and prioritizes the instrumental value of education Regrettably, this emphasis often overlooks the ethical, sentimental, and aesthetic sensitivities inherent in human nature.

In 1997, the Organisation for Economic Co-operation and Development (OECD) launched the Program for International Student Assessment (PISA), an international assessment that measures the knowledge and skills essential for participating in society among 15-year-old students. By analyzing students' test results, personal characteristics, and the relationships between key factors shaping their learning within and beyond school walls, PISA aims to identify the variations in student performance across diverse backgrounds, schools, and education systems of various types. In doing so, it seeks to identify the characteristics of schools and education systems capable of achieving high performance levels and providing equitable distribution of learning opportunities, thus guiding national education reforms around the world. PISA has had an extensive and profound influence on leading countries, forming a model of digital governance based on governing through data or indicators (Bogdandy & Goldmann, 2012). The OECD has thus been hailed as the "arbiter of global education governance" (Meyer & Benavot, 2013: 9), which has indisputably reinforced the instrumentality of education.

However, there are staunch critics of the attitude and approach espoused by PISA. As Nussbaum (2010) asserts,

> Thirsty for national profit, nations, and their systems of education, are heedlessly discarding skills that are needed to keep democracies alive. If this trend continues, nations all over the world will soon be producing generations of useful machines, rather than complete citizens who can think for

themselves, criticize tradition, and understand the significance of another person's sufferings and achievements. (Nussbaum, 2010: 2)

In this respect, Delors (1996) argued that "all-out economic growth" should no longer be deemed the ideal way of reconciling material progress with equity, respect for the human condition, and respect for the natural environment, which we need to safeguard for future generations. On the contrary, the fundamental principle of future-forward education should be to sustain and enhance "the dignity, capacity and welfare of the human person in relation to others, and to nature" (UNESCO, 2015: 38). As such, there are calls to reconfigure the humanistic values of education beyond the narrowness of utilitarianism and economism and the boundaries of "human capital." Apart from fulfilling the economic function of education, it is vital to meet the UN's fourth Sustainable Development Goal, namely, to "ensure inclusive and equitable quality education and promote lifelong learning opportunities for all" (The United Nations, 2015: 19 - 20). In this respect, education should return to its original human-centered value, observe human development itself, take a direct look at life, and express "respect for life and human dignity" (UNESCO, 2015: 38). It should gain deep insight into human nature and provide opportunities for all. Significantly, education should "ensure that all girls and boys complete free, equitable, and quality primary and secondary education leading to relevant and effective learning outcomes," while guaranteeing that "all learners acquire the knowledge and skills needed to promote sustainable development" (The United Nations, 2015: 19 - 20; Boeren, 2019). According to UNESCO (2015: 3), education must teach people how to "live on a planet under pressure" and emphasize "cultural literacy, on the basis of respect and equal dignity," allowing every individual to fully reach and unlock their potential across the social, economic, and environmental domains of sustainable development. Simply put, education must provide students with the means to learn to know, do, live together, and be (Delors, 1996: chapter 4; UNESCO, 2015: 39). It should empower everyone to live a meaningful and sustainable life with dignity and value.

Reconfiguring a new contract in education based on collective interests and

centered on understanding, trust, inclusion, and cooperation. In an age inundated with ideas of de-globalization, the international order is at a particularly challenging historical juncture. As UNESCO (2021: 136) noted, "International educational cooperation operates within an increasingly precarious world order with the notion of a world society anchored in common universal values profoundly eroded." In the words of Achim Steiner, Administrator of the United Nations Development Program (UNDP): "In a world defined by uncertainty, we need a renewed sense of global solidarity to tackle our interconnected, common challenges" (UNDP, 2022). International society has actively worked to promote a multipolar world and the democratization of international relations. Its efforts aim to transcend differences and limitations, advocating for a stable, reciprocal, open, and progressive trajectory. This pursuit necessitates the practice of genuine multilateralism, fostering global peace, stability, and prosperity. To this end, there is urgent imperative to promote sustainable human development by creating a new social contract centered on inclusion, cohesion, and accountability and fostering the free global movement of commodities, finance, people, and ideas based on an entirely new notion of globalization: namely, inclusive globalization (Gacitúa-Marió, Andrew, & Georgieva, 2009: 46).

Various approaches and interpretations of inclusive globalization exist among different organizations. While the RAND Corporation approaches inclusive globalization in the sense of shared prosperity (Kumar, 2021), Carnegie Europe has narrowed the discussion to "globalization for an inclusive world" (Carnegie Europe, 2022). The forthcoming Shanghai Forum 2023 will feature in-depth interdisciplinary and cross-sectoral discussions on the theme "Inclusive Globalization: Asia's New Responsibilities" from a diverse range of perspectives, including changes in international alignment and geopolitics, advancements in high-technology development, global economic recovery, digital transformation, climate change, public health, fusion and mutual learning between Eastern and Western civilizations and cultures, and drivers of national development (Fudan Development Institute, 2023). Fundamentally, inclusive globalization can be understood as a cultural perspective grounded in respect for differences. It is inclusive in the sense of maintaining cultural diversity, the premise on which it promotes understanding and mutual trust and seeks shared development, prosperity, and peace. It also advocates respect for individual development models — promoting the exploration of diverse development pathways in line with specific contexts, local traditions, and developmental realities, and encouraging different pathways to converge freely. It involves inclusion in such a way as to support mutual development — upholding the ideologies of "openness and inclusion" and "equality and reciprocity" as well as the principles of "extensive consultation," "joint contribution," and "shared benefits"; embracing equal participation in construction and development; and addressing global survival and developmental problems through consultation. It also involves eliminating poverty and improving livelihoods. In this respect, inclusive globalization takes low-income and disadvantaged groups into consideration, helps underdeveloped regions improve their living conditions, achieves interconnectivity, and creates diverse opportunities for development. Finally, inclusive globalization pertains to sustainable development. In other words, it harbors a shared concern for environmental issues, advances ecological civilization, and espouses harmonious coexistence and balanced development between man and nature (Fudan Development Institute, 2023).

Education reforms rooted in inclusive globalization necessitate a deepening and advancement of education for international understanding — a notion championed and promoted globally by UNESCO since 1946 — as well as constantly initiate educational exchanges and collaboration targeted at adolescents. Education for international understanding aims to facilitate understanding between individuals across diverse cultural backgrounds, races, religious beliefs, countries, and regions, as well as promote the appreciation and respect for the differences and diversity of cultures, society, and By enabling a better understanding of the world, such education is intended to help individuals understand themselves and others, foster their mutual trust, recognition, tolerance, and inclusion, and encourage the seeking of common ground while respecting individual differences. For children and adolescents, such education should elucidate our common interests and values, increase global awareness, foster a sentimental concern for the shared development of humanity, and heighten feelings of solidarity and shared responsibility for our common future (UNESCO, 2015:

38）. Education premised on inclusive globalization will also equip individuals with an open mindset and an international outlook, educating them on the fundamental value of interdependency in the collective effort to resolve major common problems in global society as well as of human survival and development itself.

The future of our world rests in the hands of children and adolescents. Therefore, it is imperative that their growth and development be guided by education and knowledge, both matters of common global interest. As such, it is necessary to abolish ideas, thoughts, policies, and actions that restrict or block educational exchanges and collaboration due to economic competition and ideological differences. Instead, efforts should focus on initiating bilateral and multilateral exchanges, expanding the scope of study abroad programs, and facilitating active participation of children and adolescents in cross-cultural exchanges. A diverse range of cultural and educational exchange activities should be organized to help the younger generation improve their abilities to communicate across cultures and fulfill the duties and responsibilities of a global citizen, understand the progress of human civilization and global development trends, and concern themselves with the global challenges they face. As a result, future generations will be able to confront, contemplate, and resolve survival and developmental challenges collectively through mutual aid and cooperation, protecting the world while fostering sustainable human development.

（2）Constructing a New Education Model in Response to Challenges from Intelligence Technology

Intelligence technology is challenging the industrialism-based education system focused on teaching definite knowledge. Indeed, from the "3Rs" of education (i. e., reading, writing, and arithmetic), a model refined to equip workers with the basic know-how in modern science and technology required by the industrial development, to post-Sputnik education — the US effort to enhance mathematics, natural sciences, and foreign language education in response to the launch of satellites by the former Soviet Union in the late 1950s — the tenets of traditional education are being undermined. At the turn of the millennium, countries and international organizations seeking to predict and depict the future of education （ e. g. , Salganik, Rychen, Moser, & Konstant, 1999; Rychen & Salganik, 2001; Rychen & Salganik, 2003; Rychen, Salganik, & McLaughlin, 2003） sought to answer tricky questions surrounding the classic "what" and "how" of learning/teaching in relation to education reforms and development — such as "what knowledge, skills, attitudes, and values will today's students need to thrive and shape their world in 2030? " and "how can instructional systems develop these knowledge, skills, attitudes, and values effectively?" （OECD, 2018）

In 2021, UNESCO released a comprehensive report titled *"AI and Education: Guidance for Policy-Makers"* （Miao, Holmes, Huang, & Zhang, 2021） with the aim of equipping decision- and policymakers with the necessary knowledge to formulate effective AI-based education policies. This report shed light on the potential opportunities and challenges that may arise from the integration of AI technology in education, as well as the essential competencies that society needs to cultivate in the AI era. Evidently, for numerous international organizations and countries, the development and the use of digital education content have become an important option for the digital transformation and reform of education in response to the challenges posed by AI. During the 2022 Transforming Education Summit （TES 2022）, UNESCO kickstarted a program called "Gateways to Public Digital Learning" （GPDL） in conjunction with the United Nations Children's Fund （UNICEF） （UNESCO & UNICEF, 2022）, calling on countries to establish and iteratively improve digital learning platforms, provide high-quality and curriculum-aligned education resources, and ensure the accessibility, free access, openness, and sharing of digital education resources. Countries were also urged to respect the diversity of languages and learning methods and satisfy the diverse educational needs of different communities, while ensuring users' privacy and data security. While the construction of environmental and physical infrastructure such as digital education content, digital technology, and intelligent and virtual spaces is crucial, we now face even greater challenges due to the widespread application of generative AI. Here, one of the most direct challenges is the need to rethink the education system and construct new education methods, mechanisms, and models in order to "reskill people whose jobs are taken by computer algorithms" （Lynch, 2017）.

Shifting from knowledge-based to competency-based education. We face unprecedented challenges. While the future is uncertain and unpredictable, challenges elicit new opportunities for development. We need to be open to and ready for such opportunities, and prepare ourselves for technologies yet to be invented and problems we cannot yet anticipate (OECD, 2018). As a result of its iterative upgrading and growing sophistication, generative AI outpaces human intelligence in its capacity to store, filter, comparatively analyze, and logically express knowledge. Therefore, schools need to reform themselves conceptually to overcome the boundaries of knowledge-based education and shift from imparting definite knowledge to promoting critical thinking and creativity. They also have to train students' awareness of "transformative competencies," including the ability to adapt to changes, reconcile multiple conflicting values, and discipline themselves and reflect upon their own actions (OECD, 2019). All creative human activities stem from questioning and negating existing experience, conclusions, and cognitive patterns. Schools need to review their knowledge systems in tune with the needs of social development, relinquish curriculum-building models based on systematic knowledge, and reconstruct a curriculum system that promotes individuals' thinking, creativity, and the transformative application of knowledge in different social scenarios. They should also develop hands-on and problem-based teaching activities that can encourage student participation and stimulate their thinking, while building a new education model centered on teaching that promotes thinking and creativity. The latter should focus on fostering students' abilities to make choices, process digital information, transform and apply knowledge, and learn, as well as their creative, inventive, and innovative awareness, spirit, and capabilities.

Naturally, it is vital that school education solidify students' cognitive bases in reading, computing, and digital and data literacy. That said, problem- and scenario-based educational activities also need to respect students' curiosity and bolster and nurture their critical thinking. Doing so will enable them to actively, continuously, dialectically, and granularly compare and analyze, contemplate, reflect on, and discern concepts, experience, knowledge, and inferred conclusions, as well as the reasoning and logical arguments substantiating or supporting such conceptions, experience, and knowledge. As a result, students will be able to acquire advanced skills that transcend the needs of routine work, placing them in a position where they cannot be replaced by AI. Such education will also enhance their abilities to solve problems and create new values, and develop thinking paradigms, habits, and actions that lead to new knowledge, insights, ideas, technologies, strategies, and solutions. This will help students balance diversified values, interests, and needs using systematic and comprehensive thinking and actions and better reconcile tensions and dilemmas. Moreover, through the constant reinforcement of self-regulation and self-control, students will develop the desire, ability, and resolve to take risks and learn from failures, thus enhancing their sense of responsibility and self-efficacy, risk-assessment and problem-solving abilities, as well as ethical responsibility to face consequences.

Empowering learning and teaching with intelligence technology. Technological advancement is a key driver of education reforms. With the development of emerging technologies like the Internet, mobile communications, big data, cloud computing Internet of Things（IoT）, blockchain, metaverse, and AI, the application of information technology in education has long moved beyond the developmental stages of computer aided instruction（CAI）, computer assisted learning（CAL）, teaching process evaluation enabled by computer software and hardware, and the construction of digital teaching resources. With the iterative upgrades and cluster breakthroughs of digital, network, intelligence, diverse, and collaborative technologies, AI technologies — such as voice recognition, image identification, machine reading comprehension, and knowledge graph — are gaining increasingly extensive applications in education. Although this has exposed school education to a series of challenges, it has also opened up new possibilities for the transition from education to learning and the development of personalized learning. Despite the fact that the technology behind artificial intelligence generated content（AIGC）is flawed — with a list of shortcomings and risks that include biased Internet data, lack of human emotions, and adverse impacts on students' independent learning and thinking — the widespread application of generative AI is undeniable, as exemplified by the popularity of ChatGPT. Our only option is to continuously optimize AI through technological innovation and iterative upgrades, while enhancing its ethical, legal, institutional, and policy configuration and regulating its ethical applications in different settings. Meanwhile, using AI to empower learning and education and to advance education reforms and development is a key direction for current and future education reforms and development.

AIGC utilizes algorithmic technologies such as natural language processing, machine learning, and deep learning in AI to analyze, learn, and simulate a large amount of language data for natural language understanding and generation. In education settings, its further integration with digital humans in order to develop more intelligent and human-like virtual and digital teaching assistants will become increasingly extensive. With the development and application of virtual experimental learning scenarios based on virtual reality (VR), augmented reality (AR), and metaverse, education and learning will become increasingly situational, interactive, and experiential, allowing students to experience and explore complex experimental processes and their underlying rationale. As AIGC technology continues to advance, more personalized content generation may be realized in order to satisfy the personalized learning needs of teachers and students. Continuous technological improvements in multimodal content generation involving texts, images, videos, and other media will also significantly expand the applications of AIGC in educational settings and stimulate engagement in learning. As technologies generating human-machine dialogues grow increasingly intelligent, so AIGC-powered dialogue with users based on the analysis and learning of users' language data will become more natural and seamless. As a result, the efficiency and quality of human-machine interactions will drastically improve. Indeed, ChatGPT is so popular among users that many teachers and researchers are now regularly using its large language model to edit manuscripts and help them check codes, write speeches, and design examination papers. As Stokel-Walker and Van Noorde (2023) note, "Many people are using [ChatGPT] as a digital secretary or assistant." A future in which students learn, work, and play alongside AI systems is likely to become a living reality. Schools and educators need to open their minds to this likelihood and stay abreast of the times by tracking and studying the frontiers of intelligence technology development, stepping up to the challenges it poses, and conducting comprehensive research on the advantages and disadvantages of ChatGPT in respect to information integration, computing, and expression. Schools need to turn this crisis into an opportunity to deepen and improve teaching and use ChatGPT as a teaching aid to offer personalized services (Roose, 2023).

It is likely that AIGC will gain widespread applications in seven educational settings: personalized teaching and learning, online Q&A and counseling, student assessment, teacher support, emotional support, language learning, and resource sharing. First, in terms of personalized teaching and learning, natural language processing will be adopted to understand questions raised by teachers and students and rapidly generate and provide relevant learning resources and personalized learning advice and guidelines based on their areas of interest, teaching and learning styles, as well as students' cognitive levels, learning abilities, and personalized needs. It will also be used to create personalized learning experiences, enhance the efficiency and quality of learning and teaching, and offer examples and solutions for problem-solving. Second, in respect to online Q&A and counseling, AIGC technology will enable students to ask questions and receive immediate responses anytime as well as provide access to a variety of counseling services and support, including help with questions on subject knowledge, guidelines on learning methods, and formulation of learning plans. Third, in student assessment, AIGC will be used to assess student performance in various ways, such as tests and questionnaire surveys, to provide teachers with a better understanding of their learning progress and needs. Fourth, in terms of teacher support, AIGC can help teachers enhance their teaching efficiency and quality by providing them with a range of support services facilitating their group-based lesson preparations, teaching research activities, and personalized teaching, including the sharing of teaching resources, guidelines on teaching methods, support in marking homework, suggestions for curriculum planning, and analysis of student feedback. Fifth, AIGC can be utilized effectively to provide emotional support, including psychological consultations, emotional support, and other services that can help students overcome obstacles in learning and everyday life. Sixth, for language learning, AIGC can build a language environment in which natural language processing is used to understand and offer real-time feedback to students, effectively addressing students' needs and questions related to different aspects of learning a new language, such as language exercises, situational dialogues, grammar tips, and vocabulary tests. Finally, in respect to resource sharing, AIGC can offer teachers and students a platform for sharing a variety of learning resources — including instructional videos, courseware, and test questions — in order to facilitate their teaching and learning.

(3) Building An Open and Dynamic Education System

Given its increasingly closed-off and stable nature, the schooling system is facing challenges from both external forces such as the Internet and intelligence technology and the need for the institutionalized system to overcome its closed and mechanical nature through internal governance reforms. To build an open and dynamic education system, we need to liberate the institutionalized system from the shackles of its own closedness and create a system of ubiquitous learning. Also known as "u-learning," ubiquitous learning involves the integration of school, home, and social education and blended online/offline learning. It is also imperative that we overcome the detrimental internal compartmentalization and division within the institutionalized schooling system and establish an integrated and coherent system of lifelong learning. Most importantly, we need to modernize the governance of education in order to inject vitality into school development and promote the healthy and sustainable development of education.

Liberating the institutionalized system from its own closedness and creating a system of u-learning involving the integration of school, home, and social education and blended online/offline learning. Schooling systems need to be open and socially-forward in order to ensure that they can equip individuals with the ability to adapt to social development and promote the healthy and sustainable development of the system itself. However, institutionalization has compounded the inherent closedness of the schooling system. That said, together, the abundance of data and resources available online, diversity of specialized online education resources like virtual schools and MOOCs, and different types of intelligence technologies, have supported the learning process in such a way as to make off-campus learning an objective possibility and provided opportunities for opening up the schooling system. This opening-up is unfolding in the social and technological dimensions.

First, in the social dimension, promoting the integration of school, home, and society (or community) education in a synergistic way has become a pragmatic need on the road to achieving healthy, holistic, and sustainable human development. A dynamic schooling system requires support from the social system and ultimately serves society through the individuals it has nurtured. In a fast-changing society, shifts in the economic and industrial structure result in rapidly changing demands on human literacy. However, regardless of the desire for reform or number of reform strategies, in an increasingly stable and overly conservative schooling system, it is nearly impossible to realize the visions of social adaptability and sustainable human development. Propelled by advancements in scientific and technological innovation and the upgrading of economic and industrial technologies and structures, the schooling system is in dire need of reform. In this respect, the schooling system needs to establish a sound mechanism to reform and innovate itself; a solid prediction-reaction mechanism for scientific and technological innovation, economic development, industrial restructuring, and social progress; a sharing mechanism of experience; as well as a mechanism for attracting talents to engage social forces in education.

Second, in the technological dimension, u-learning has been popularized by everyday learning environments supported by digital learning technologies and devices such as mobile communications, the IoT, intelligent teaching/learning software, and intelligent learning terminals (Ogata, Matsuka, El-Bishouty, & Yano, 2009). Such environments provide learners with real-time learning resources and promote interactions (Hwang, Tsai, & Yang, 2008). Blended online/offline learning allows learners to choose their own specialized online learning platform and education resources such as virtual schools and MOOCs. It also enables brick-and-mortar schools to make students' learning and development more convenient by purchasing online education resources. Such developments are eroding the institutionalized schooling system, in which the "who," "when," "where," and "what" of learning are fixed. There is a burgeoning trend of u-learning, which is premised on the notion that anyone can use any device to learn any content anytime, anywhere. The immediacy and individuality of learning are redefining education, and learning is taking place everywhere and at every moment.

Overcoming the detrimental effects of internal compartmentalization and division within the institutionalized schooling system and establishing an integrated and coherent system of lifelong learning. Traditional institutionalized education divides an individual's life into three stages: education, work, retirement. In the first stage, various levels and types of education (schools) are disconnected from one another due to their increasingly organized and institutionalized nature. This compartmentalized and divided education system leads to the artificial fragmentation of the education process. Lifelong learning is defined as "all learning activity undertaken throughout life, with the aim of improving knowledge, skills and competences within a personal, civic, social and/or employment-related perspective" (Commission of the European Communities, 2001). To build an integrated and coherent system of lifelong learning requires redesigning and constructing a complete education system and its various components based on the philosophy of lifelong education in order to ensure their continuity and interconnectivity. This means that learning can no longer be dichotomized into the place and time to acquire knowledge (i. e. , school) and the place and time to apply knowledge (i. e. , the workplace) (Fischer, 2000). It also infers the coherent continuity between primary, secondary, and tertiary education in terms of format and content, the bridging of general and vocational education, and the interaction and integration between formal, non-formal, and informal learning. [1] In other words, learning permeates the entirety of humanity's ongoing exploration of the

---

① Formal learning refers to learning that takes place under the systematic guidance of trained teachers in institutions with structured and organized educational activities that have a clear teaching purpose (e. g. , elementary schools, high schools, universities, and organized further education and training received on an on-the-job basis). Non-formal learning encompasses various types of organized learning that occurs outside the school setting, such as extra-curricular soccer training and choir practice; this type of learning is usually unrelated to school examinations or credits. Informal learning refers to learning activities that transmit and diffuse knowledge through non-instructional social interactions outside organized learning. It is a largely self-initiated, self-regulated, and self-directed form of learning by learners; it has no clear purpose and takes place spontaneously in everyday life.

unpredictable world. How humans acquire knowledge, shape their thinking, and build capacities in each stage (setting) set the foundation for their future learning and development and play a guiding role in their lifespan development.

Modernizing education governance to inject life and vitality into school development and promote the healthy and sustainable development of education. While the rigid and mechanical property of the institutionalized education system is directly tied to its inherently organized, closed, and involuted nature, it is also closely interlinked with the control and intervention of powerful external forces such as governmental departments and education administration systems. In addition to being responsible for the appointment of school administrators and teachers and the selection of teaching materials, education administration systems with centralized power have the authority to intervene in the school curriculum, teaching, and other matters related to schooling. When implementing standards-based education reforms, uniform national standards not only threaten local vitality, they imperil the vitality of schools (Gittell, 1996). Therefore, to inject life and vitality into school development, governments and education administrative bodies first need to shift their functions in education management from that of control and regulation to leadership, service provision, and support on a macro level. To promote schools' independent development, government and administration bodies need to streamline administration and delegate more power to lower-level governments, cement schools' operational autonomy at the legal, conceptual, and policy levels, and empower schools by expanding their autonomy through the delegation of power and authority. While on the receiving end of such delegation, schools need to exercise their operational autonomy effectively through diverse participation and shared governance.

Injecting life and vitality into the internal development of schools is an important way of guaranteeing that the new generation is equipped with a capacity for innovation and addressing the challenges posed by uncertain times. As the COVID - 19 pandemic began nearing its end, schools gradually reopened and campus life began to recover and rebuild. With visionary and strategic leadership, education should embody a philosophy that advocates self-assurance, facilitates healing, fosters hope, upholds fairness, promotes collective efficacy, and ignites the vitality of every individual and school, thus spearheading the path to development (Mason, Patschke, & Simpson, 2023). Bland et al. (2002) defined the vitality development of faculty and (educational) institutions (i. e. , schools/colleges) as "efforts designed to facilitate faculty members' commitment to and ability to achieve both their own goals and their institution's goals." In this regard, teacher management and development are integral to school governance. In a sense, all creative behaviors and the effective conversion and application of their outcomes in various domains and scenarios rely on the freedom of exploration. Schools need to cement teachers' status as the pillars of the institution; optimize the school governance structure; progressively refine their consociational decision-making mechanism; encourage and support teachers, students, and employees to actively participate in their public affairs; and transform themselves into democratic schools. Active steps should also be taken to foster a relaxed, democratic, and free culture in schools. Teachers should be motivated to organize and engage in education and teaching actively and creatively. Meanwhile, schools should encourage innovation and embrace failure to create a world in which the talents and wisdom of teachers and students are cultivated enabling the school to thrive with vitality and enthusiasm.

Concluding Remarks: The Responsibilities of Education Policy Researchers

In a complex world full of uncertainty, being able to uphold the ideal of quality education that promotes human development and a shared life of happiness is admirable. However, the responsibilities and objectives of education policy researchers exceed such practice. Advocating for a form of education policy studies based on critical social theory, Prunty (1985) highlighted several shortcomings of educational policy analysis, including conceptual vagueness, the disregard for values and ethical issues, the implications of technical rationality for policymaking, and the failure of policy analysis to alleviate actual socio-educational problems effectively. Meanwhile, Leonardo (2004) contended that criticism serves a unique role in the search for and development of quality education, arguing that it not only cultivates students' critical spirit and equips them with the ability to overcome various dilemmas, but promotes the interaction between individuals and society and the emancipation of both. Education policy researchers need to examine the current realities of education reforms and social transformations through a critical lens based on the educational ideal they hold dear, pinpoint and confront the "real issues" of education reforms and development with shrewd academic acumen, and engage in critical analysis based on these "real issues." Similarly, Weaver-Hightower (2008) called for educational policy analysis from a complexity perspective. More specifically, evidence-based research should be conducted based on various dimensions — such as human development, education reforms, and the impact of social systems on education systems and human survival and development — to systematically analyze why a certain "real issue" occurs in education and identify possible solutions and gaps in current education policies and education practices. By doing so, researchers can move beyond the critical standpoint to embrace a constructivist approach and seek educational policy strategies and practical pathways that can tackle the "real issue." Education policy researchers should free themselves from the confines of the local perspective and seek international cooperation based on global interests in a concerted effort to provide intellectual support for catalyzing a new social contract for education (UNESCO, 2021: 136).

The introduction to *Handbook of Education Policy Studies* is titled "Education Policy and Reform in the Changing World" because it seeks to present a rich picture of the multidimensional interactions between contemporary global education and socio-politics, economics, culture, and technology, as well as those between the internal factors within the education system. Through the internationally comparative, historical, and interdisciplinary policy analyses of educational issues, the 38 papers contributed by 49 authors from 14 countries reflect the diversity of education policy studies and complexity of education reforms. We believe that our readers will be able to build on these different perspectives, benefit from the research on education policy issues that we are all facing, and draw inspiration from the regional characteristics observable in the analyses of personalized educational issues and educational policy strategies.

References

Becker, G. S. (1993). *Human capital: A theoretical and empirical analysis, with special reference to education* (3rd ed.). Chicago: University of Chicago Press.

Bengio, Y., Russell, S., Musk, E., et al. (2023). *Pause giant AI experiments: An open letter.* Retrieved from https://futureoflife. org/open-letter/pause-giant-ai-experiments/

Bennett, N., & Lemoine, G. J. (2014). What a difference a word makes: Understanding threats to performance in a VUCA world. *Business Horizons, 57*(3), 311 – 317.

Bland, C. J., Seaquist, E., Pacala, J. T., Center, B., & Finstad, D. (2002). One school's strategy to assess and improve the vitality of its faculty. *Academic Medicine, 77*(5), 368 – 376.

Boeren, E. (2019). Understanding sustainable development goal (SDG) 4 on "quality education" from micro, meso and macro perspectives. *International Review of Education,* (65), 277 – 294.

Bogdandy, A. V., & Goldmann, M. (2012). Taming and framing indicators: A legal reconstruction of the OECD's Program for International Student Assessment (PISA). In K. E. Davis, A. Fisher, B. Kingsbury, & S. E. Merry (Eds.), *Governance by indicators: Global power through quantification and rankings.* Oxford: Oxford University Press.

Carnegie Europe. (2022). *Globalization for an inclusive world.* Retrieved from https://carnegieeurope. eu/2022/ 09/05/globalization-for-inclusive-world-event-7927

Cebr. (2023). *World economic league table 2023.* Retrieved from https://cebr. com/wp-content/uploads/2022/ 12/WELT-2023. pdf

Commission of the European Communities. (2001). *Making a European area of lifelong learning a reality.* Retrieved from http://eur-lex. europa. eu/LexUriServ/LexUriServ. do? uri = COM: 2001: 0678: FIN: EN: PDF

Conceição, P. (Ed.). (2022). *Human development report 2021 – 22: Uncertain times, unsettled lives: Shaping our future in a transforming world.* New York: UNDP. Retrieved from https://hdr. undp. org/system/files/ documents/global-report-document/hdr2021-22pdf_1. pdf

Delors, J. (1996). *Learning: The treasure within.* Paris: UNESCO.

Doheny, M., Nagali, V., & Weig, F. (2012). Agile operations for volatile times. *McKinsey Quarterly.* Retrieved from http://www. mckinsey. com/insights/operations/agile_operations_for_volatile_times

Duffy, B. (2021). Generation Covid: What the pandemic means for young people's futures. *New Scientist.* Retrieved from https://www. newscientist. com/article/mg25133524-300-generation-covid-what-the-pandemic-means-for-young-peoples-futures/

Economist. (2022). Governments are ignoring the pandemic's disastrous effect on education. *Economist.* Retrieved from https://www. economist. com/leaders/2022/07/07/governments-are-ignoring-the-pandemics-disastrous-effect-on-education

Enarson, H. L. (1967). Education and the wealth of nations: An examination of the contribution of effective educational planning to the economic growth of a nation. *Monthly Labor Review, 90*(3), 21 – 24.

EU. (2016). *General data protection regulation.* Retrieved from https://gdpr-info. eu/

Fan, G. , & Popkewitz, T. S. (Eds.). (2020a). *Handbook of education policy studies: Values, governance, globalization, and methodology, volume 1.* Singapore：Springer Nature.

Fan, G. , & Popkewitz, T. S. (Eds.). (2020b). *Handbook of education policy studies: School/university, curriculum, and assessment, volume 2.* Singapore：Springer Nature.

Faure, E. , Herrera, F. , Kaddoura, A. -R. , Lopes, H. , Petrovsky, A. V. , Rahnema, M. , & Ward, F. C. (1972). *Learning to be: The world of education today and tomorrow.* Paris：UNESCO.

Fischer, G. (2000). Lifelong learning：More than training. *Journal of Interactive Learning Research, 11*(3/4), 265 – 294.

Gacitúa-Marió, E. , Andrew, N. , & Georgieva, S. V. (Eds.). (2009). *Building equality and opportunity through social guarantees: New approaches to public policy and the realization of rights.* Washington, DC：World Bank.

Gaëlle, A. (2023). *Employers think ChatGPT means +74% productivity: 51% of resulting job losses in marketing.* Retrieved from https：//www. sortlist. com/datahub/reports/chat-gpt-statistics/

Gill, I. , & Saavedra, J. (2022). *We are losing a generation.* Retrieved from https：//www. brookings. edu/blog/future-development/2022/01/28/we-are-losing-a-generation/

Gittell, M. (1996). National standards threaten local vitality. *The Clearing House, 69*(3), 148 – 150.

Gray, L. , & Lewis, L. (2021). *Use of educational technology for instruction in public schools: 2019 – 20* (NCES 2021017). U. S. Department of Education. Washington, DC：National Center for Education Statistics. Retrieved from https：//nces. ed. gov/pubsearch/pubsinfo. asp? pubid = 2021017

Green, A. (2013). *Education and state formation: Europe, East Asia and the USA* (2nd ed.). New York, NY：The Palgrave Macmillan.

Hatzius, J. , Briggs, J. , Kodnani, D. , & Pierdomenico, G. (2023). *The potentially large effects of artificial intelligence on economic growth.* Retrieved from https：//www. ansa. it/documents/1680080409454_ert. pdf

Heifetz, R. , Grashow, A. , & Linsky, M. (2009). Leadership in a (permanent) crisis. *Harvard Business Review*, July-August 2009, pp. 1 – 7. Retrieved from https：//hbr. org/2009/07/leadership-in-a-permanent-crisis

Hwang, G. -J. , Tsai, C. -C. , & Yang, S. J. H. (2008). Criteria, strategies and research issues of context-aware ubiquitous learning. *Educational Technology & Society, 11*(2), 81 – 91.

ILO. (2023). *World employment and social outlook: Trends 2023.* Geneva：International Labour Office. Retrieved from https：//www. ilo. org/wcmsp5/groups/public/---dgreports/---inst/documents/publication/wcms_865332. pdf

Kayali, L. (2023). *French digital minister: ChatGPT doesn't respect privacy laws.* Retrieved from https：//www. politico. eu/article/french-digital-minister-chatgpt-doesnt-respect-privacy-laws/

Kok, J. , & van den Heuvel. , S. C. (Eds.). (2019). *Leading in a VUCA world: Integrating leadership, discernment and spirituality.* Switzerland：Springer Nature.

Kumar, K. B. (2021). *Shared prosperity: The crying need for inclusive globalization.* Retrieved from https：//www. rand. org/blog/2021/02/shared-prosperity-the-crying-need-for-inclusive-globalization. html

Leonardo, Z. (2004). Critical social theory and transformative knowledge：The functions of criticism in quality education. *Educational Researcher, 33*(6), 11 – 18.

Lynch, S. (2017). *Andrew Ng: Why AI is the new electricity.* Retrieved from https：//www. gsb. stanford. edu/

insights/andrew-ng-why-ai-new-electricity

Mason, C. Y., Patschke, M. D., & Simpson, K. (2023). *Leading with vitality and hope: Embracing equity, alleviating trauma, and healing school communities.* Washington, DC: Rowman & Littlefield Publishers.

McCarthy, J., Minsky, M. L., Rochester, N., & Shannon, C. E. (1955). *A proposal for the Dartmouth summer research project on artificial intelligence.* Retrieved from http://www-formal. stanford. edu/jmc/history/dartmouth/dartmouth. html

Metz, C. (2023). "The godfather of A. I." leaves Google and warns of danger ahead. *The New York Times*, May 1, 2023. Retrieved from https://www. nytimes. com/2023/05/01/technology/ai-google-chatbot-engineer-quits-hinton. html

Meyer, H. -D., & Benavot, A. (2013). Introduction. In H. D. Meyer & A. Benavot (Eds.), *PISA, power and policy: The emergence of global educational governance.* Oxford: Symposium Books.

Miao, F., Holmes, W., Huang, R., & Zhang, H. (2021). *AI and education: Guidance for policy-makers.* Paris: UNESCO. Retrieved from https://unesdoc. unesco. org/ark:/48223/pf0000376709

Minchekar, V. (2019). Construction and development of academic stress scale for college and university students. *The Learning Curve*, Vol. Ⅷ, pp. 3 - 9. The Department of Psychology, Lady Shri Ram College, University of Delhi.

Murphy, R. F. (1989). *Cultural and social anthropology: An overture.* Englewood Cliffs, NJ: Prentice Hall.

Nandram, S. S., & Bindlish, P. K. (Eds.). (2017). *Managing VUCA through integrative self-management: How to cope with volatility, uncertainty, complexity and ambiguity in organizational behavior.* Switzerland: Springer Nature.

Nicola, M., Alsafi, Z., Sohrabi, C., Kerwan, A., Al-Jabir, A., Iosifidis, C., Agha, M., & Agha, R. (2020). The socio-economic implications of the coronavirus and COVID - 19 pandemic: A review. *International Journal of Surgery*, 78, 185 - 193.

Nussbaum, M. C. (2010). *Not for profit: Why democracy needs the humanities.* Princeton, NJ: Princeton University Press.

OECD. (2018). *The future of education and skills: Education 2030.* Paris: OECD. Retrieved from https://www. oecd. org/education/2030/E2030%20Position%20Paper%20(05. 04. 2018). pdf

OECD. (2019). *Transformative competencies for 2030.* Retrieved from http://www. oecd. org/education/2030-project/teaching-and-learning/learning/transformative-competencies/Transformative_Competencies_for_2030_concept_note. pdf

Ogata, H., Matsuka, Y., El-Bishouty, M. M., & Yano, Y. (2009). LORAMS: Linking physical objects and videos for capturing and sharing learning experiences towards ubiquitous learning. *International Journal of Mobile Learning and Organisation*, 3(4), 337 - 350.

Prunty, J. J. (1985). Signposts for a critical educational policy analysis. *Australian Journal of Education*, 29(2), 133 - 140. Retrieved from https://doi. org/10. 1177/000494418502900205

Roose, K. (2023). *Don't ban ChatGPT in schools. Teach with it.* Retrieved from https://www. nytimes. com/2023/01/12/technology/chatgpt-schools-teachers. html

Rychen, D. S., & Salganik, L. H. (Eds.). (2001). *Defining and selecting key competencies.* Paris: OECD.

Rychen, D. S., & Salganik, L. H. (Eds.). (2003). *Key DeSeCo publications key competencies for a successful life and a well-functioning society.* Paris: OECD.

Rychen, D. S., Salganik, L. H., & McLaughlin, M. E. (Eds.). (2003). *Contributions to the second DeSeCo symposium.* Paris: OECD.

Salganik, L. H., Rychen, D. S., Moser, U., & Konstant, J. (1999). *Projects on competencies in the OECD context: Analysis of theoretical and conceptual foundations.* Paris: OECD.

Schultz, T. W. (1963). *The economic value of education.* New York and London: Columbia University Press.

Stokel-Walker, C., & Van Noorde, R. (2023). The promise and peril of generative AI. *Nature, 614*(9), 214 – 217.

The United Nations. (2015). *Transforming our world: The 2030 agenda for sustainable development* (A/RES/70/ 1). Retrieved from https://sustainabledevelopment. un. org/content/documents/21252030% 20Agenda% 20for%20Sustainable%20Development%20web. pdf

The United Nations. (2021). *Our common agenda—Report of the secretary-general.* New York, NY: The United Nations. Retrieved from https://www. un. org/en/content/common-agenda-report/assets/pdf/Common_Agenda_ Report_English. pdf

The World Bank Group. (2022). *Global economic prospects, June 2022.* Washington, DC: The World Bank. Retrieved from https://thedocs. worldbank. org/en/doc/18ad707266f7740bced755498ae0307a-0350012022/ original/Global-Economic-Prospects-June-2022. pdf

The World Bank Group. (2023a). *Sharp, long-lasting slowdown to hit developing countries hard.* Retrieved from https://www. worldbank. org/en/news/press-release/2023/01/10/global-economic-prospects

The World Bank Group. (2023b). *Global economic prospects, January 2023.* Retrieved from https:// openknowledge. worldbank. org/server/api/core/bitstreams/254aba87-dfeb-5b5c-b00a-727d04ade275/content

The World Bank Group & UNESCO. (2022). *Education finance watch 2022.* Retrieved from https://unesdoc. unesco. org/ark:/48223/pf0000381644_eng

Turing, A. (1950). Computing machinery and intelligence. *Mind, 59*(236), 433 – 460.

UNDP. (2022). *UNDP releases its new human development report highlighting heightened global uncertainty and calling for new development course forward.* Retrieved from https://www. undp. org/china/press-releases/undp- releases-its-new-human-development-report-highlighting-heightened-global-uncertainty-and-calling-new development-course

UNESCO. (2015). *Rethinking education: Towards a global common good.* Paris: UNESCO.

UNESCO. (2021). *Reimagining our futures together: A new social contract for education.* Paris: UNESCO.

UNESCO & UNICEF. (2022). *Gateways to public digital learning.* Retrieved from https://www. un. org/en/ transforming-education-summit/gateways-public-digital-learning

Weaver-Hightower, M. B. (2008). An ecology metaphor for educational policy analysis: A call to complexity. *Educational Researcher, 37*(3), 153 – 167.

WHO. (2020). *WHO Director-General's opening remarks at the media briefing on COVID – 19 – 11 March 2020.* Retrieved from https://www. who. int/dg/speeches/detail/who-director-general-s-opening-remarks-at-the- media-briefing-on-covid-19---11-march-2020

Zhao, S. (2022). The US-China rivalry in the emerging bipolar world: Hostility, alignment, and power balance. *Journal of Contemporary China*, *134*(31), 169 – 185.

Fudan Development Institute. (2023). *Call for Shanghai forum 2023 roundtable hosts*. Retrieved from https://fddi. fudan. edu. cn/72/b7/c18989a488119/page. htm

Wang, F. (2023). Anchor for stability and source of prosperity in a fluctuating world: International situation in 2022 and China's diplomacy. *Contemporary World*, (1), 10 – 15.

目 录 CONTENTS

第三编 政府与教育治理

第五编　教育政策研究方法论

导言： 变化世界中的教育政策与教育改革

　　自公共教育体系出现以来,世界范围内的教育改革方兴未艾,进展日益显著。包括"进步教育运动""课程与教学改革""教育体制改革""教育选择""教育公平""全纳教育""终身教育""智慧教育"等在内的一系列改革促进了世界各国和各地区教育事业的发展,为不同国家、地区、文化的人们提供了广泛的交流与学习机会,引发了世界范围内对教育面临的共同挑战和教育改革的共同价值的思考与讨论。现代教育涉及与社会的一系列复杂关系,教育是复杂社会系统中的子系统,对教育与社会关系的考察取决于我们对两者关系的认识与理解。100 多年前,杜威(John Dewey)在评论柏拉图(Plato,前 428/427—前 348/347)的教育哲学时指出,柏拉图的教育哲学之所以会失败,是因为他不相信这样的事实:教育的逐步改进能造就更好的社会,而这种更好的社会又能改进教育,如此循环进步以至无穷(Dewey,1916/1980:97)。无独有偶,法国社会学家涂尔干(Émile Durkheim)也认为,教育的转型始终是社会转型的结果与征候,要从社会转型的角度入手来说明教育的转型。要想让一个民族在一个特定的时间节点上感受到改变教育体系的需要,就必须有新的观念、新的需要浮现出来,使此前的体系无法满足当前的需要(Durkheim,1977/2006:166 - 167)。正是基于这样一种教育与社会关系的观点,杜威告诫我们:"任何时候我们想要讨论教育上的一个新运动,都必须具有比较宽阔的或社会的观点。"(Dewey,1900:20)

　　社会系统或教育系统是一个不断发展的生态系统,它的各组成部分在这个系统中共存(范国睿,2000;范国睿,等,2011)。基于此,我们考察教育改革与发展,需要将其置于社会变革的宏观背景下加以省察。20 世纪中叶以来,随着战后恢复、重建以及对社会与教育的重新构想,这些关系呈现出鲜明特征。教育与社会的关系开始显现出一种相互影响、相互促进的特征。此外,日益丰富和多元的教育政策研究也加强了教育政策的推进和教育改革的实践。

社会变革中的教育改革与发展

古希腊哲学家赫拉克利特（Heraclitus，约前 535—约前 475）曾认为："没有人两次踏入同一条河，因为这条河不再是同一条河，他也不再是同一个人。"他以此来阐明万物皆变的道理。我们每个人每时每刻都在变化，我们赖以生存的自然与社会环境也在每时每刻发生变化。教育，自产生之时起，其形态、功能、运行机制一直在变化。人类早期教育是私人化的事情，教育活动多限于基于家庭的个别化教育，相关的研究也囿于微观领域教与学的活动（Confucius et al.，1885/1967；Comenius，1632/1967），以及伴随其中的师生交往关系等问题，教育理论被认为是"把一切事物教给一切人的普遍的艺术"（Comenius，1632/1967）。随着现代社会的发展、现代国家的形成，以及现代制度化的学校系统的建立和完善，义务教育的普及和发展，教育与社会生活的联系日益紧密，教育与社会之间的双向互动日益频繁和复杂（Enarson，1967；Green，2013；Marshall & Tucker，1993）。

第二次世界大战后，全球格局发生巨变，一系列重大事件引发了世界范围内各国的人才和教育竞争。1957 年苏联成功发射人造卫星，加剧了美国与苏联之间的技术和军备竞争。美国于 1958 年通过了《国防教育法》（National Defense Education Act of 1958），其宗旨是"以各种形式向个人、各州及其下属机构提供大量援助，以保证训练有素、数量充足的人力，满足美国国防需要"（The 85th United States Congress，1958）。美国历史上第一次将教育发展与国家安全联系起来。20 世纪 60 年代后，亚非拉第三世界国家（Tiers Monde）的崛起和独立，以及美苏两大阵营的出现，使得国际社会产生了巨大的动荡、分化和重组，当时，"三个世界"共存的新格局初见端倪（Solarz，2012），教育也因此被赋予了民族解放、独立和发展的使命。在此后的半个世纪里，教育改革越来越多地体现出一个国家的意志和行政权力，教育开始成为维护国家安全和利益、实现国家发展的重要机制。

20 世纪 80 年代后，随着 1989 年东欧剧变和 1991 年苏联解体，美苏冷战基本结束，而其他事件，包括中国改革开放、欧洲一体化、俄罗斯经济发展计划、日本经济迅速发展等，使世界走向多极化。在这一过程中，国家间的竞争已经从军事领域的竞争转向经济、技术和综合国力的竞争，教育已经成为每个国家改善甚至是维持经济福利能力的重要组成部分（Benjamin，1998）。

社会在持续冲突中不断发展。德洛尔（Jacques Delors）曾描述技术、经济和社会变革所造成的一系列社会紧张关系，包括全球与地方、普遍性与特殊性、传统与现代、精神与物质、长期考虑与短期考虑、竞争的需要与机会平等的理想、知识的扩展与我们吸收知识的能力等之间的紧张关系（Delors，1996）。进入 21 世纪以来，政治民主化、全球化、信息与通信技术的普及这三大社会发展趋势以不同的方式深刻地影响着教育的改革与发展。

"民主"一词来源于希腊语"demos"，意为人民。民主建立在多数人决策的基础上，同时基于尊重个人和少数人权利的原则，是制度化自由的体现。在民主制度下，对国家和公共事务的管理是全体公民直接自行或由自由选举产生的代表行使权利和履行义务。因此，民主意味着对公民的尊重，这体现了政府管理方式由集权向分权的转变。在这一过程中，教育始终被视为实现政治民主的重要载体。例如，杜威的经典著作《民主主义与教育》（*Democracy and Education*）除了阐述教育与民主社会的关系外，还通过教育实验引导我们来构建一个更加民主的社会（Dewey，1916/1980）。在教育领域，20 世纪 50 年代末的学生运动提出了教育民主化，将平等接受教育作为教育民主化的首要任务。此后，在联合国教科文组织（United Nations Educational，Scientific and Cultural Organization，简称 UNESCO）等国际组织的努力下（Faure et al.，1972：70 - 80），教育民主化概念的内涵在不断更新，从入学机会均等到教育资源获取机会均等、教育结果均等，再进一步到师生关系的民主化，以及教育活动、教育方法、教育内容的民主化和公平化，这些都有助于增加学生根据个人需要进行自由选择的机会。

在"新公共管理"（new public management）等理论思潮的影响下，国家层面的教育管理领域迫切需要以分权、多元参与的教育治理来取代建立在政府权威和集权基础上的教育管理。根据其倡导的自由市场原则，弗里德曼（Milton Friedman）的"自由选择"理论成为自由主义教育改革的一个关键理论框架（Friedman & Frideman，1979）。为了促进教育竞争，教育券、特许学校、校本管理等一系列教育政策和改革的实施，使家长享有了择校权，同时在很大程度上打破了政府和教育行政部门对教育的垄断，调整了学校制度和组织结构，进而激发了学校和教师的活力。虽然还需要进行更多的研究，以找出其对提高教育质量存在影响的证据，但这些改革正在促使人们深刻反思如何克服传统公共教育体制的弊端，同时又符合社会文化自主性、地方性和多元化的趋势,如何激发学校、教师、家长、社区成员、地方学区和各级政府的积极性、主动性和创造性,以共同的愿景投入到建设更好的公共教育的进程中。

在莱维特(Theodore Levitt)首次提出"全球化"(globalization)概念时,虽然这个词基本上仅见于市场领域(Levitt, 1983),人们对"全球化"概念的理解也可能不尽相同,但它仍成为一个焦点概念,代表着各国在政治、经济、贸易领域的相互依存和全球联系的日益紧密,反映了全球范围内人类生活的发展和全球意识的崛起。全球化已经成为影响全球经济、政治、文化的一种社会思潮和社会现象。

毋庸置疑,国与国之间互联互通的增强带来了经济繁荣、人们生活水平和生活质量的全面提高。然而,全球化带来的资本和商品的流动以及随之而来的一体化全球市场,对人类的信念和能力提出了深刻的挑战(Brown & Lauder, 1996)。同时,全球化所形成的文化、科学、技术的交流与合作以及人才的全球流动,促进了教育的繁荣,也使人们的信念和能力发生了相应的变化。全球化的发展迫使各国加强国际教育交流与合作,鼓励国际师生交流,完善国际教育服务贸易,扩大留学生教育规模,共同扶持欠发达地区的儿童,为全球教育治理添砖加瓦。要将教育促进可持续发展的理念和变革行动纳入国家各级教育战略和行动计划。为此,我们应加强国际理解与合作教育,培养积极向上、有知识的公民,以建立一个人道、平等的国际社会,加深国际理解,使人们认识到尊严是全人类的共同需要。尽管全球化面临着来自保护本土产业和本土文化等方面的质疑和批评,甚至还有来自"反全球化"(anti-globalization)趋势的挑战,但从全球教育改革的角度来看,基于"全球共同利益"(global common good)的人文主义教育观仍将深刻地影响许多国家的教育变革与进步(UNESCO, 2015)。正如联合国教科文组织总干事博科娃(Irina Bokova)所言:"世界在改变——教育也必须改变。世界各地的社会都在经历深刻的变革,这就需要新的教育形式来培养社会和经济在今天和明天所需要的能力。这意味着要超越识字和算术的范畴,把重点放在学习环境和新的学习方法上,以实现更高程度的公正、社会公平和全球团结。通过教育,学会如何在一个充满压力的星球上生活。它必须是在尊重和平等、尊严的基础上进行的文化扫盲,将可持续发展的社会、经济和环境编织在一起。"(UNESCO, 2015:3)我们相信,不同国家的政治家和教育政策制定者都会从本国国情出发,为全球化和本土化的均衡发展制定本国的教育目标,调整教育政策,加快推进教育事业的发展(Ayyar,

1996；McGinn，1996；Bakhtiari，2011；范国睿，2018）。

技术是人类社会进步的动力。在人类社会演进过程中，一种新技术的出现，无论是语言、文字、蒸汽机、电子技术、计算机技术，还是移动通信技术，都不可避免地使人类的生活、工作和学习发生革命性的变化。众所周知，技术的革新和进步也必然会带来教育过程和教育生态的变化。以前，语言和文字的出现、纸张的发明、印刷术的发展，使教学过程得以通过语言和文字的媒介来实现。新技术的发明也在很大程度上改变了教育目标、机制和运作形式。当前，互联网、大数据、区块链、人工智能、5G 通信等多种信息与通信技术正引领人类社会进入新时代。技术的创新和进步在很大程度上改变了工业革命中形成的以知识掌握和技能熟练为基础的工作模式。人工智能已经在一系列领域取代人类完成了大量程序性和重复性的工作，未来人类的工作将更多涉及指导和管理机器的复杂任务。

智能技术对教育的影响首先表现在对人格素养（human literacies）要求的变化上。掌握"读、写、算"（reading, writing, arithmetic，简称 3R）已经成为必不可少的素养，但这远远不够（European Commission，2018）。自 20 世纪 90 年代以来，关于 21 世纪教育应该培养什么样的人才的讨论日盛。德洛尔（Delors，1996）的报告提出了 21 世纪教育的四大支柱——学会认知、学会做事、学会共同生活、学会生存（learning to know, learning to do, learning to live together, and learning to be）。在过去的 20 年里，世界各国无一例外地主动探索 21 世纪技能或横贯能力（transversal competencies）①的概念，以提高公民未来工作和生活的能力（Care，2017）。为了培养具有 21 世纪技能的终身学习者，包括美国、欧盟（European Union，简称 EU）、经济合作与发展组织（Organisation for Economic Co-operation and Development，简称 OECD）、芬兰、新加坡和中国在内的众多国家和国际组织都提出了各自的 21 世纪素养、技能或能力框架，共同强调跨文化能力（cross-cultural competence）、创新能力（creativity competence）和批判性能力（critical competence）（OECD，2001；NEA，2002；Finnish National Agency for Education，2004；European Commission，2006；Trilling & Fadel，2009；Ministry of Education，2014；林崇德，2016）。

电子白板、虚拟现实、电子书包、云技术等新兴技术所蕴含的巨大变革力和想象力进一步推进了教育改革，尤其是教育形式的改革。以慕课（massive open

---

① 横贯能力（transversal competencies），又可译为"横越能力"，即跨学科的通用能力。

online course,简称 MOOC)为代表的广泛网络阅读和互联网教育平台催生了新的教育形式。多种在线教育形式不断涌现,与信息与通信技术、人工智能相结合的教育呈现出深度学习、跨学科融合、人机协作、自适应学习、智能监控、教学过程评价等新特点。与传统的正规学校教育相比,技术支持下的非正式学习被认为更能够赋予年轻人学习的能力(而不是必须在学校学习的方式)(Ito et al., 2009)。教育的日益开放,使教育从以教学为中心向真正以学习者学习为中心的转变成为可能。未来的教育将从儿童、青少年时期延伸到一个人的一生,将从制度化的学校教育扩展到整个社会,将从线下的学校教育发展为更广泛的网络教育,教师将成为学习的分析者、学习者信念和价值观的引导者、个人的导师、社会学习的陪伴者、心理和情感发展的看护者(范国睿,2018)。

教育政策研究的视角与范式

哈贝马斯(Habermas, 1968/1971)对人类利益的哲学分析探讨了研究的复杂关系,认为研究具有不同的人类利益观念,这些观念表现在组织社会科学实践的理解对象、反思模式和变革观念上。这种分析有利于我们理解教育改革与教育政策研究之间的逻辑关系。当这种人类利益、范式或"推理风格"(styles of reasoning)的概念被应用于理解教育科学的变革问题时,其多样性在教育研究和评价的思考中就会显现出来(Popkewitz, 1984/2012)。关于社会科学研究的范式,存在多种"推理风格"(Hacking, 1992;Popkewitz & Lindblad, 2000;Lindblad & Popkewitz, 2004)。

在过去 20 年中,教育改革在很大程度上已经成为一种全球性的现象或运动,政策投入力度大,产生了较强的影响力(Zajda, 2015)。教育改革作为一种实践活动,其实就是教育政策的逻辑展开。随着义务教育的普及、教育规模的扩大、国家在教育中的作用的加强,教育所包含的社会公共事务特征愈来愈多。国家有权利和义务来经营和管理教育。因此,"教育政策"自然属于"公共政策"的范畴,是教育治理与促进教育改革发展的工具。作为公共政策在教育领域的具体表现,教育政策秉持公益性的价值取向与具体社会历史条件和政治团体的教育目的,以公权力为依托,以各种具有国家强制力的行为为工具,规范和管理教育实践活动,解决教育领域出现的各种复杂问题,分配、调整和规范不同社会群体在教育活动中的长远利益与当下利益的关系。教育政策是破解教育问题、化解教育矛盾、确立和调整教育关系的行为准则或措施，如法规、准则、计划、纲要、通知、文件、方案或措施等。教育政策不仅是静态的存在，还是在教育活动过程中产生、存在和调整的有组织的动态发展过程，是静态与动态的统一；教育政策是一种行为准则，是规范性的存在，是政策主体用以治理教育事业的工具；教育政策具有时效性，是针对特定时期内教育领域存在的和出现的问题，为满足特定时期的发展需要而制定的（范国睿，2016）。

自 20 世纪 80 年代以来，一批高校和教育研究机构相继成立了教育政策研究中心或相关政策研究机构。通过对"2014—2015 年里克·赫斯美国教育学者公众影响力排名"（The 2014–2015 RHSU Edu-Scholar Public Influence Rankings）中具有显著公共影响力的教育研究领域领军人物进行研究，发现在 200 名入围学者中，有 71 名学者专门从事教育政策研究，并具有广泛的社会影响（范国睿，杜明峰，曹珺玮，魏叶美，2016）。不难看出，教育政策几乎已成为所有国家教育机构的一个重要研究领域。虽然教育政策研究机构相对独立，但教育政策研究方法和研究课题越来越全面和多样化。在一项教育改革的实际推进过程中，无论是基于具体教育问题的决策，还是对教育政策实施过程的监测，抑或是对教育政策实施效果的评价，如果没有教育研究的支持，教育几乎不可能推进改革。教育政策的发展和教育改革总是与教育政策研究相互作用、相互促进。教育政策研究的意义在于行使责任（entailing）、展现关怀（caring）、融入实践，而在教育改革实践中，与教育政策相关的研究成果始终引领和支持教育改革的实践，实现教育改革的目标，保障教育改革的价值，从而促进教育的发展。研究、政策、改革之间的这种复杂关系一直是政策研究领域内外学术研究的焦点。总之，教育政策研究总是指向教育实践。近年来，教育政策研究正呈现出以数据为基础的实证研究趋势。然而，学者们一直在强调量化研究在教育政策研究中的局限性，以及历史和文化视角在教育政策研究中的重要性（Wirt, Mitchell, & Marshall, 1988; Phillips & Ochs, 2004; Kofod, Louis, Moos, & van Velzen, 2012）。

问题解决的研究

教育政策与教育改革的出台，不仅是为了解决教育系统内部的各种矛盾冲突，也是为了应对特定时期的社会变革，协调教育与社会的关系。随着公共政策研究的成熟与教育政策研究的兴起，教育政策与教育改革的关系日益密切和复杂。人们将政策发展和制定视为解决问题的尝试,并试图确保制定政策的人接受描述行动的特定价值观(Ward et al. , 2016),力图通过教育政策与教育改革,在变革的世界中不断寻求教育系统内部诸要素以及教育与社会关系发展的和谐、平衡。因此在教育事业发展过程中,教育改革越来越频繁,教育政策对教育改革的引领作用越来越显著。

毋庸置疑,当我们在不断变化发展的社会背景下思考教育改革问题时,很容易就能发现,不同国家和地区在不同时代面临的教育问题,既有共同的方面,又有各自具体的独特的问题,基于这些问题的教育政策自然也就互有参差。这集中体现了全球化时代各国教育改革发展的共同特征与个性化的地方特色。

库姆斯(Fred S. Coombs)将教育问题分为六类,包括"谁付钱、付多少钱、付什么钱"的财政问题,"应该教什么"的课程问题,选择哪些学生接受某种教育的机会问题,"谁应该教学和管理体系"的人事问题,"学校应该如何组织和办学"的学校组织问题,解决"谁应该制定政策和谁对教育体系的表现负责"的治理问题(Coombs,1983:595-597)。从他的观点来看,不可否认的是,教育问题不仅涉及国家和政府,还涉及学校内部的各个组成部分。如果我们认为当代的政策和研究需要"问题解决装置"(problem-solving apparatus),那么所强调的就是将教师的专业发展和教师教育作为学校改进的一种手段。富兰(Michael Fullan)基于对学校系统的复杂性的考察,认为教师是变革的动力(Fullan,1993,1999,2003)。诚然,近来的教育变革实践表明,教育改革更倚重学校内部的力量,强调通过对学校人员的教育或构建新的学校文化促进变革的发生,基于学校情境的、主要由学校人员进行的问题解决模式运用越来越广泛。但是,无论从改革的实施范围还是从发挥的作用而言,政府主导的自上而下的改革在教育改革发展过程中占有重要份额。政府主导的教育改革,是借由教育政策制定与执行来实现的,而各种教育政策的制定需要对具体教育实践与问题进行考察和研究。

经验分析的研究

政策作为一种跨学科研究,涉及统计学、哲学、经济学、政治学、社会学、人类学、心理学、历史学等学科的原理和方法。随着教育研究与其他学科研究的融合,教育政策研究的方法论日趋多样化。从早期的定性研究,到以定量研究为主,到定性研究与定量研究相结合,以及人种志的广泛运用(Halpin & Troyna,1994:

198），再到越来越多地采用混合研究方法（Burch & Heinrich，2016），以期通过循证方式研究教育政策执行的成效，建立在政策制定者与教育者互信基础上的随机且严格匹配的实验，成为教育政策和实践的基础（Slavin，2002）。

在政策研究中，数字和统计作为一种说出真相的方式，似乎独立于历史环境和社会历史条件，即具有所谓的机械客观性（mechanical objectivity）。如上所述，研究的一个重要因素是统计学的重要性，最近更强调的是度量和算法，以确定改革和促进、约束或限制变革的制定规则。没有数字的学校教育几乎是不可能的，如儿童的年龄及其所在年级、对儿童成长和发展的测量、成绩测试、学校的排名表，以及关于人口代表性和成功率的用以确定公平的统计程序。

就科学与政策之间的关系而言，越来越多地使用统计手段的原因有很多。数字已经成为提高透明度和问责的一部分，以确定哪些是有价值的，而哪些不是重要的。例如，波特（Theodore Porter）关于社会领域统计历史的重要著作探讨了数字如何成为通信系统的一部分，数字技术似乎可以总结复杂的事件和交易（Porter，1995）。数字是中立且精确的，通过表格、图片或百分比，以简洁可见的形式给出了强有力的表述。数字的机械客观性似乎遵循先验规则（a priori rules），该规则体现了公平性和公正性，其中数字被视为排除了判断，并减少了主观性。

然而，与此同时，由数据驱动的教育政策调整，如国际学生评估项目（Programme for International Student Assessment，简称 PISA）也诱发了数字治理的负面后果（Lingard，2011）。有学者指出，用数字来描述国家学校教育体系和儿童教育"真相"的方式是为了在全球范围内对国家进行区别和划分（Popkewitz，2011：32-36）。这种用数字信息构建和代表世界的方式看似客观中立，实际上掩盖了 PISA 的理论假设（Poovey，1998：237）。最终，许多国家为了追求以经济增长为核心目标的功利价值而改革教育体系，试图提高自己的排名，而忽视了教育对人的成长的内在价值。在未来的教育政策研究中，上述问题的出现值得关注。

历史与文化研究

如果说之前提及的关于政策和研究的问题解决式或经验分析式的推理风格与组织和管理社会事务的理性、科学的启蒙信念相关，那么另一种应运而生并在国际上受到关注的推理风格可称为"知识问题论"（knowledge problematic）。对作为研究对象的"知识"的关注，在一个层面上将注意力引向理性的历史体系，这个体系支配着思想、言语和行动。但对学校教育知识的研究重点并不仅仅是关于思想和"话语"，而是将注意力集中在"看"（seeing）的分类和排序，以及制度和技术纠缠在一起的历史条件，从而赋予当代教育物质性。拉图尔（Latour，2004）在社会和科学研究的不同语境中表达了对研究和政策研究问题的重新思考。拉图尔认为，研究是为了将注意力从被假定为关注的问题转移到关注什么是重要的问题上。进入人们视野的是一种特殊的科学概念，它与马克思（Karl Heinrich Marx）在分析资本主义时所涉及的科学传统、韦伯（Max Weber）对科层制进行的研究以及涂尔干对集体归属感的兴趣相结合，这些都与异化问题有关。在当代人文和社会科学领域，当代政策研究部分借鉴了科学研究、后基础研究和福柯研究。

进入 20 世纪，公共教育权力的变化给教育政策带来了巨大的挑战。在市场机制下追求教育活动的私人利益可能会损害教育的公益性。此外，实现教育公平也因市场和社会对教育的干预而变得更加复杂。

在特定的历史条件下，由于多元文化的发展，政策声明、研究报告以及表格和图片的分类，都被视为一种文化的记载。学校学习和儿童发展的对象被赋予了历史实质；它们被看作文化的人工制品来分析事物的多重性状态，以了解那些可以被说出来、被保存、被重新激活、被制度化的规则群体（Foucault，1991）。

这种推理风格的核心是当代研究实践中流传的历史性和哲学性。关乎在学校改革中形成的不同时空关系的多样性，"寻求将起源和结构与科学中所体现的一些问题调和起来，这些问题假装是为了保障未来"（Deleuze，1968/1994：20）。研究中的历史化，就是要引导人们注意思考网格（grid）或多条不同的历史线，它们在特定的时间和空间聚集在一起产生变革的对象。以这种方式思考，研究的问题就变成了考虑各种测量技术、理论、文化、制度和社会实践的交汇，这些技术和理论在不平衡的历史线上传播，但在特定的时间和空间上连接在一起（Popkewitz，2020）。因此，在公平、效率、自由的教育价值观下，教育政策应遵循新公共管理的基本原则，考虑特定的历史文化背景，将公平作为政策的基本价值目标，兼顾效率与质量，加强对民族文化的尊重和认同，不断追求有意义、有价值的教育政策研究。

本书的结构和主要内容

邀约国际知名学者编撰一部《教育政策研究手册》（*Handbook of Education*

Policy Studies）的动议萌发于 2014 年春天某个阳光明媚的日子,最初的想法是将教育政策研究领域的经典文献和已发表的高频被引论文汇编成册。后来,在与邀请的部分国际咨询委员和出版商的协商、讨论中,不断修正编辑主旨,变成现在辑录以研究当代教育问题为核心的原创作品为主。我们无意于为读者提供系统的教育政策研究经典知识,而是要提供面对当代教育问题的政策分析与思考。我们想让读者看到的是,一方面,在这个充满不确定性的世界,教育是影响个人发展与社会存续的重要社会子系统,被世界各国视为社会进步、国家持续发展之动力;另一方面,社会的政治、经济、科技、文化诸因素,都表现出前所未有的多样性和不确定性,正全面影响着人们的学习、工作和生活。各国已经进行、正在进行和即将进行的教育改革,尤其是国家和区域层面的宏观教育改革,都源于基于当时重大教育问题解决之需求的教育政策分析,"变化世界中的教育政策与教育改革",蕴含了当代世界教育与社会政治、经济、文化、技术之间,以及教育体系内部诸要素之间多维互动的波澜壮阔的丰富画面。

教育政策研究不是一个单一的整体。相反,它涉及不同的社会和文化原则,这些原则会随着时间的推移而变化。《教育政策研究手册》通过对教育政策研究进行国际、历史和跨学科的分析,将来自多个学科的广受国际尊敬的学者的最新研究成果汇集到一本书中,在有效突破国家与学科界限的同时,向读者展现了当代教育政策研究的新理论、新技术和新方法,展现了各国为应对持续变化的挑战而进行的教育政策与教育改革实践。

两卷本《教育政策研究手册》分别从两个不同的研究方向出发,呈现了政策研究的多样性以及研究教育的不同方式和设计方法,阐明了教育在国家内部,在跨国趋势日益显著的社会和历史舞台上的具体解决方案与行动计划。我们试图通过《教育政策研究手册》,将不同的推理风格汇集在一起,以展现出政策研究的国际多样性,并且探究如何用不同的方法判断哪些是重要的问题,如何使学校存在的场域易于理解,以及如何得出结论并提出改进建议,从而为教育变革提供可能性。

《教育政策研究手册(上卷):价值、治理、全球化与方法论》(*Handbook of Education Policy Studies: Values, Governance, Globalization, and Methodology, Volume 1*),着眼于国家宏观教育政策变迁,在分析教育政策与教育改革性质的基础上,重思教育改革的价值观与教育质量观;从历史与国际比较的视角,考察各国教育政策与教育改革的辩证关系,剖析当代教育管理从管制走向多元治理过程中的理论与实践问题;透析全球化对国家教育改革的影响以及国家间的相互依存关系。上卷还汇集了当代多元视野中教育政策研究的方法论成果,全面揭示了当代教育改革与社会变革之间的复杂关系,探讨了当代社会、政治、经济制度与教育政策研究和实践之间关系的新复杂性,为学习和把握当代教育改革宏观趋势提供了一个全景式画面。

《教育政策研究手册(下卷):学校/大学、课程与测评》(*Handbook of Education Policy Studies: School/University, Curriculum, and Assessment, Volume 2*),着眼于微观领域的教育政策变迁,着重考察学校与教学情境中的政策和变革问题。对学校变革的考察,展现了不同国家和地区的 K–12 学校和大学,在化解传统与现代化矛盾和冲突过程中面临的不同挑战和采取的差异化政策,展现了以教师为主体的不同利益相关者的角色变化;在课程与教学领域,各国围绕"教什么"和"怎样教"进行了有益的变革性实践探索;以 PISA 为代表的国际教育测评,不仅促进了教育评估与测验技术的改进与广泛应用,还给各国教育政策和教育改革带来了深远的影响。下卷全面揭示了教育系统内部的学校组织、教师、课程、教学、评估等多元素间动态互动的复杂关系,展现了当代学校及课程和教学改革的最新生态情境。

范国睿

华东师范大学　中国上海

托马斯·S. 波普科维茨(Thomas S. Popkewitz)

威斯康星大学麦迪逊分校　美国威斯康星州麦迪逊

-- 参考文献 --

Ayyar, R. V. V. (1996). Educational policy planning and globalization. *International Journal of Educational Development, 16*(4), 347–354.

Bakhtiari, S. (2011). Globalization and education: Challenges and opportunities. *International Business & Economics Research Journal, 5*(2), 95–101.

Benjamin. L. (1998). An epidemic of education policy: (What) can we learn from each other? *Comparative Education, 34*(2), 131–141.

Brown, P., & Lauder, H. (1996). Education, globalization, and economic development. *Journal of Education*

Policy, 11(1), 1 – 25.

Burch, P. (2007). Educational policy and practice from the perspective of institutional theory: Crafting a wider lens. *Educational Researcher, 36*(2), 84 – 95.

Burch, P., & Heinrich, C. J. (2016). *Mixed methods for policy research and program evaluation.* Singapore: SAGE publications.

Care, E. (2017). *Global initiative around assessment of 21st century skills.* Retrieved from http://bangkok. unesco. org/content/global-initiative-around-assessment-21st-century-skills

Comenius, J. A. (1967). *The great didactic of John Amos Comenius* (M. W. Keatinge, Trans.). New York: Russell & Russell. (Original work published 1632).

Confucius et al. (1967). In D. Sheng (Ed.), *The book of rites* (J. Legge, Trans.). New Hyde Park, NY: University Books. (Original work published in 1885).

Coombs, F. S. (1983). Education Policy. In S. S. Nagel (Ed.), *Encyclopedia of policy studies* (pp. 589 – 616). New York: Marcel Dekker.

Deleuze, G. (1994). *Difference and repetition* (P. Patton, Trans.). New York: Columbia University Press. (Original work published in 1968).

Deleuze, G., & Parnet, C. (1987). *Dialogues* (H. Tomlinson & B. Habberjam, Trans.). New York: Columbia University Press. (Original work published in 1977).

Delors, J. (1996). *Learning: The treasure within: Report to UNESCO of the International Commission on Education for the Twenty First Century.* Paris: UNESCO.

Department for Education and Skills, UK. (2003). *The future of higher education.* Retrieved from www. dfes. gov. uk

Dewey, J. (1900). *The school and society.* Chicago, IL: The University of Chicago Press.

Dewey, J. (1980). *Democracy and education.* In J. A. Boydston (Ed.), *John Dewey, the middle works, 1899 – 1924* (Vol. 9), Carbondale: Southern Illinois University Press. (Original work published in 1916).

Dror, Y. (1968). *Public policymaking reexamined.* Chicago: Chandler Pub. Co.

Dror, Y. (1971a). *Design for policy sciences.* New York: Elsevier Science Ltd.

Dror, Y. (1971b). *Ventures in policy sciences: Concepts and applications.* New York: Elsevier Science Ltd.

Durkheim, É. (2006). *The evolution of educational thought. Lectures on the formation and development of secondary education in France* (P. Collins, Trans.). London: Routledge. (Original work published in 1977).

Enarson, H. L. (1967). Education and the wealth of nations: An examination of the contribution of effective educational planning to the economic growth of a nation. *Monthly Labor Review, 90*(3), 21 – 24.

European Commission. (2006). *Key competence: A European reference framework.* Retrieved from https://www. erasmusplus. org. uk/file/272/download

European Commission. (2018). *Key competences for lifelong learning, proposal for council recommendation.* Retrieved from https://eur-lex. europa. eu/legal-content/EN/TXT/PDF/? uri = CEL EX: 52018SC0014& from = EN

Faure, E., et al. (1972). *Learning to be: The world of education today and tomorrow.* Paris: UNESCO.

Finnish National Agency for Education. (2004). *National Core Curriculum 2004.* Retrieved from https://

www. oph. fi/english/curricula_and_qualifications/basic_education/curricula_2004

Foucault, M. (1991). Governmentality. In G. Burchell, C. Gordon, & P. Miller (Eds.), *The Foucault effect: Studies in governmentality: With two lectures by and an interview with Michel Foucault* (pp. 87 – 104). Chicago: University of Chicago Press.

Freire, P. (1970). *Pedagogy of the oppressed.* New York: Continuum.

Friedman, M., & Frideman, R. (1979). *Free to choose.* New York: Harcourt Brace Jovanovich.

Fullan, M. (1993). *Change forces: Probing the depths of educational reform.* New York: The Falmer Press.

Fullan, M. (1999). *Change forces: The sequel.* Philadelphia, PA: The Falmer Press.

Fullan, M. (2003). *Change forces with a vengeance.* London: Routledge Falmer.

Green, A. (2013). *Education and state formation: Europe, East Asia and the USA* (2nd ed.). New York: The Palgrave Macmillan.

Habermas, J. (1971). *Knowledge and human interest* (J. Shapiro, Trans.). Boston: Beacon Press. (Original work published in 1968).

Hacking, I. (1992). "Style" for historians and philosophers. *Studies in History and Philosophy of Science, 23*(1), 1 – 20. https://doi. org/10. 1016/0039 – 3681(92)90024 – Z

Halpin, D., & Troyna, B. (Eds.). (1994). *Researching education policy: Ethical and methodical issues.* London: The Falmer Press.

Ito, M., et al. (2009). *Living and learning with new media: Summary of findings from the Digital Youth Project.* Cambridge, MA: The MIT Press.

Kofod, K., Louis, K. S., Moos, L., & van Velzen, B. (2012). Historical perspectives on educational policy and political cultures. In K. S. Louis & B. van Velzen (Eds.), *Educational policy in an international context: Political culture and its effects* (pp. 29 – 47). New York: Palgrave Macmillan.

Latour, B. (2004). Why critique has run out of steam: From matters of fact to matters of concern. *Critical Inquiry, 30,* 225 – 248.

Levin, B. (1998). An epidemic of education policy: (What) can we learn from each other? *Comparative Education, 34*(2), 131 – 141.

Levitt, T. (1983, May – June). The globalization of markets. *Harvard Business Review* (pp. 92 – 102).

Lindblad, S., & Popkewitz, T. (Eds.). (2004). *Educational restructuring: International perspectives on traveling policies.* New York: Information Age Publishers.

Lingard, B. (2011). Policy as numbers: Ac/counting for educational research. *The Australian Educational Researcher, 38*(4), 355 – 382.

Marshall, R., & Tucker, M. (1993). *Thinking for a living: Education and the wealth of nations.* New York: Basic Books.

McGinn, N. F. (1996). Education, democratization, and globalization: A challenge for comparative education. *Comparative Education Review, 40*(4), 341 – 357.

Ministry of Education, Singapore. (2014). *Framework for 21st century competencies and student outcomes.* Retrieved from https://www. moe. gov. sg/education/education-system/21st-century-competencies

NEA. (2002). *Partnership for 21st century learning.* Retrieved from http://www. nea. org/home/34888. htm

OECD. (2001). *Definition and selection of competencies: Theoretical and conceptual foundation.* Retrieved from http://www. oecd. org/education/skills-beyond-school/41529556. pdf

OECD. (2005). *The definition and selection of key competencies. Executive summary.* Retrieved August 30, 2018, from https://www. oecd. org/pisa/35070367. pdf

OECD. (2019). *Trends Shaping Education 2019 Centre for Educational Research and Innovation.* Paris: OECD Publishing. https://doi. org/10. 1787/trends_edu-2019-en

Petersson, K., Olsson, U., & Krejsler, J. (2015). The social question revised: The reconfiguration of the social dimension in the European Educational Social Space. In T. S. Popkewitz (Ed.). *The "reason" of schooling: Historicizing curriculum studies, pedagogy, and teacher education* (pp. 200 – 214). New York: Routledge.

Phillips, D., & Ochs, K. (Eds.). (2004). *Educational policy borrowing: Historical perspectives.* Oxford: Symposium Books.

Poovey, M. (1998). *A history of modern fact. Problems of knowledge in the sciences of wealth and society.* Chicago: University of Chicago Press.

Popkewitz, T. (2011). PISA: Numbers, standardizing conduct, and the Alchemy of school subjects. In M. A. Pereyra, H. G. Kotthoff, & R. Cowen (Eds.), *PISA under examination. Changing knowledge, changing tests, and changing schools.* Rotterdam: Sense.

Popkewitz, T. (2012). *Paradigm and ideology in educational research: Social functions of the intellectual.* London: Falmer Press (republished in Routledge Library Edition, 1984).

Popkewitz, T. (2020). Historicizing how theory acts as "the retrieval" in methods: Romancing the archival or some thoughts on intellectual practices. In T. Fitzgerald (Ed.), *International handbook of historical studies in education.* New York: Springer.

Popkewitz, T. S., & Lindblad. S. (2000). Educational governance and social inclusion and exclusion: Some conceptual difficulties and problematics in policy and research. *Discourse, 21*(1), 5 – 54.

Porter, T. (1995). *Trust in numbers: The pursuit of objectivity in science and public life.* Princeton: Princeton University Press.

Sellar, S., & Lingard, B. (2013). Looking east: Shanghai, PISA 2009 and the reconstitution of reference societies in the global education policy field. *Comparative Education, 49*(4), 464 – 485.

Slavin, R. E. (2002). Evidence-based education policies: Transforming educational practice and research. *Educational Researcher, 31*(7), 15 – 21.

Solarz, M. W. (2012). 'Third World': The 60th anniversary of a concept that changed history. *Third World Quarterly, 33*(9), 1561 – 1573.

The 85th United States Congress, USA. (1958). *National Defense Education Act of 1958* (Public Law, 85 – 864). Retrieved from http://wwwedu. oulu. fi/tohtorikoulutus/jarjestettava_opetus/Troehler/NDEA_1958. pdf

Trilling, B., & Fadel, C. (2009). *21st century skills: Learning for life in our times.* San Francisco, CA: Jossey-Bass.

UNESCO. (2015). *Rethinking education: Towards a global common good?* Paris: NESCO.

Ward, S., Bagley, C., Lumby, J., Hamilton, T., Woods, P., & Roberts, A. (2016). What is "policy" and what is "policy response"? An illustrative study of the implementation of the leadership standards for social justice in Scotland. *Educational Management, Administration and Leadership, 44*(1)，43－56.

Wirt, F., Mitchell, D., & Marshall, C. (1988). Culture and education policy：Analyzing values in state policy systems. *Educational Evaluation and Policy Analysis, 10*(4)，271－284.

Zajda, J. (Ed.) (2015). *Second international handbook on globalization, education and policy research.* Dordrecht, The Netherlands：Springer.

范国睿.(2000). *教育生态学*.北京：人民教育出版社.

范国睿.(2016).教育政策与教育改革的逻辑展开. *教育科学研究*,(9),33－36.

范国睿.(2018).智能时代的教师角色. *教育发展研究*,(10),72－73.

范国睿, 等.(2011). *共生与和谐：生态学视野下的学校发展*.北京：教育科学出版社.

范国睿, 等.(2018). *从规制到赋能：教育制度变迁创新之路*.上海：华东师范大学出版社.

范国睿,杜明峰,曹珺玮,魏叶美.(2016).研究引领变革：美国教育研究新趋向——基于美国教育学者公共影响力排名的研究领域与领军人物分析. *教育研究*,37(1),126－142,156.

林崇德.(2016). *21世纪学生发展核心素养研究*.北京：北京师范大学出版社.

著作者

尤安·奥尔德(Euan Auld),中国,香港教育大学

莱斯利·A. 贝尔(Leslie A. Bell),英国,莱斯特大学/林肯大学

戴维·C. 伯利纳(David C. Berliner),美国,亚利桑那州立大学

路易斯·米格尔·卡瓦略(Luis Miguel Carvalho),葡萄牙,里斯本大学

郑燕祥(Yin Cheong Cheng),中国,香港教育大学

姜添辉(Tien-Hui Chiang),中国,郑州大学

伊内斯·达塞尔(Inés Dussel),墨西哥,墨西哥国立理工学院

范国睿(Guorui Fan),中国,华东师范大学

范洁琼(Jieqiong Fan),中国,华东师范大学

丹尼尔·S. 弗里德里克(Daniel S. Friedrich),美国,哥伦比亚大学师范学院

索蒂里亚·格雷克(Sotiria Grek),英国,爱丁堡大学

埃丽卡·罗森菲尔德·霍尔沃森(Erica Rosenfeld Halverson),美国,威斯康星大
　学麦迪逊分校

理查德·霍尔沃森(Richard Halverson),美国,威斯康星大学麦迪逊分校

玛格达莱娜·希门尼斯-拉米雷斯(Magdalena Jiménez-Ramirez),西班牙,格拉纳
　达大学

凯瑟琳·L. 基尔希加斯勒(Kathryn L. Kirchgasler),美国,堪萨斯大学

约翰·贝内迪克托·克雷斯勒(John Benedicto Krejsler),丹麦,奥胡斯大学

劳凯声(Kaisheng Lao),中国,首都师范大学

布拉德利·A. 莱文森(Bradley A. Levinson),美国,印第安纳大学

李琳(Lin Li),中国,华东师范大学

斯韦克·林德布拉德(Sverker Lindblad),瑞典,哥德堡大学

安东尼奥·卢森(Antonio Luzón),西班牙,格拉纳达大学

玛西娅·阿帕雷西达·阿马多尔·马夏（Márcia Aparecida Amador Mascia），巴西，圣保罗大学

罗穆亚尔德·诺尔芒（Romuald Normand），法国，斯特拉斯堡大学

珍妮弗·T. 奥兹加（Jennifer T. Ozga），英国，牛津大学

米格尔·A. 佩雷拉（Miguel A. Pereyra），西班牙，格拉纳达大学

丹尼尔·彼得松（Daniel Pettersson），瑞典，耶夫勒大学

托马斯·S. 波普科维茨（Thomas S. Popkewitz），美国，威斯康星大学麦迪逊分校

饶从满（Congman Rao），中国，东北师范大学

杰里米·拉普利（Jeremy Rappleye），日本，京都大学

朱莉娅·雷斯尼克（Julia Resnik），以色列，耶路撒冷希伯来大学

柴田政子（Masako Shibata），日本，筑波大学

伊韦塔·西洛瓦（Iveta Silova），美国，亚利桑那州立大学

金永熙（Kyunghee So），韩国，首尔国立大学

睦依凡（Yifan Sui），中国，浙江大学

玛格丽特·萨顿（Margaret Sutton），美国，印第安纳大学

汤家伟（Chia-Wei Tang），中国，台湾中山大学

莫妮卡·托雷斯（Mónica Torres），西班牙，格拉纳达大学

恒吉僚子（Ryoko Tsuneyoshi），日本，东京大学

王习（Xi Wang），中国，浙江大学

杰夫·惠蒂（Geoff Whitty, 1946—2018），英国，伦敦大学

特蕾莎·温斯泰德（Teresa Winstead），美国，圣马丁大学

埃玛·威斯比（Emma Wisby），英国，伦敦大学学院

吴政达（Cheng-Ta Wu），中国，台湾康宁大学/台湾政治大学

吴华（Hua Wu），中国，浙江大学

邬志辉（Zhihui Wu），中国，东北师范大学

余文森（Wensen Yu），中国，福建师范大学

袁振国（Zhenguo Yuan），中国，华东师范大学

约瑟夫·佐伊道（Joseph Zajda），澳大利亚，澳大利亚天主教大学

张琳（Lin Zhang），中国，华东师范大学

致　谢

　　两卷本《教育政策研究手册》，从酝酿到出版，历经 5 年时间，受惠于许多人的关心和支持。

　　本书的顺利出版，得益于我十分尊敬的前辈与伙伴、美国威斯康星大学麦迪逊分校课程与教学系（Department of Curriculum and Instruction, University of Wisconsin-Madison）前主任托马斯・S. 波普科维茨（Thomas S. Popkewitz）[①]教授持续的鼎力支持。我与汤姆相识于 8 年前。2012 年秋，浙江大学的何珊云博士陪同汤姆访问华东师范大学。我时任教育科学学院院长，有幸接待汤姆，并主持他的演讲。出于对教育问题的历史和文化研究的共同兴趣，汤姆成为我敬佩的许多西方教育学者中独特的一位。当时，我们正在筹建一个联合国内外学者的开放性研究平台——教育政策研究协同创新中心（后来发展为华东师范大学国家教育宏观政策研究院），汤姆成为该机构首聘的海外特聘教授。此后，汤姆多次访问华东师范大学，曾为研究生开设短期的教育理论研究课程，在华东师范大学"大夏讲坛"做过主旨报告。自 2014 年春我和汤姆共同萌发了编辑一部国际教育政策研究手册的创意以来，从选题策划，到邀约作者，到与每位作者反复讨论以及文本的修改，汤姆总是在关键时刻给予中肯的意见和建议。无论是在美国的威斯康星和华盛顿，还是在中国的上海、北京、广州、南京、杭州，与汤姆的无数次交流，都能碰撞出智慧的火花，从而有效地保证了本书的出版与质量。感谢汤姆一直以来的支持！

　　收入本书的 38 篇论文由 49 位作者完成，他们来自澳大利亚、巴西、中国、丹麦、法国、以色列、日本、墨西哥、葡萄牙、韩国、西班牙、瑞典、英国、美国共 14 个国

---

　　①　昵称为汤姆。——译者注

家,都是在教育政策某一研究领域已有突出且独特贡献的一流学者,他们的著述不仅彰显了教育政策研究的多样性,还呈现了教育改革的复杂性。正是这种既尊重区域特征又呈现全球化趋势的多样化研究立场与研究发现,彰显了本书所具有的独特的国际视野。感谢各位作者为本书作出的独到贡献,尤其感谢大家宽容我在此过程中的不断催促,以及不厌其烦地反复修改。

十分遗憾的是,在本书编辑过程中,英国伦敦大学教育学院(Institute of Education, University of London)杰夫·惠蒂(Geoff Whitty, 1946—2018)教授因病过世。惠蒂是我的老朋友,2012年他曾受邀参加华东师范大学基础教育改革与发展研究所主办的"公平与质量:政策视野下的教育改革"国际学术会议,我还将他的文章翻译并编入我主编的《教育政策观察(第4辑)》①。2018年7月,伦敦大学教育学院为惠蒂祝寿,我因故未能前往,曾遥寄一张精心制作的生日贺卡,未曾想,他竟在几个月后与我们永远告别。所幸,本书收录了他与伦敦大学学院教育学院(Institute of Education, University College London)政策和公共事务主管埃玛·威斯比(Emma Wisby)合作的文章,这是惠蒂贡献给这个世界的最后智慧,成为我们对他的最好纪念。

我所供职的华东师范大学的许多机构和同事都为本书的编辑出版给予了不同形式的帮助和支持:人文与社会科学研究院、基础教育改革与发展研究所、国家教育宏观政策研究院、教育治理研究院、教育学系、教育学部。在本书的编辑过程中,华东师范大学外国语学院的张琳女士、华东师范大学课程与教学研究所的陈霜叶教授在英文文稿的润饰方面给予了大力支持;曾在美国威斯康星大学麦迪逊分校跟随汤姆学习两年的博士研究生刘雪莲在我与汤姆及各位作者的联络、商讨过程中做了大量具体工作;感谢华东师范大学宣传部的董盈盈女士、陈颖女士以及国际汉语学院的吴晓隆先生,他们允许我将拍摄的华东师范大学的经典建筑——群贤堂的照片用于本书的封面设计,这座建于1930年,蕴含中西文化元素的爱奥尼亚柱式(Ionic order)建筑,恰当地体现了本书汇通中西文化教育的编辑宗旨。

感谢斯普林格(Springer)出版公司的张森女士,她的执着、耐心与宽容,总是

---

① 杰夫·惠迪,杰克·安德斯. (2013). 缩小社会经济水平差距: 英国经验. 张淑萍, 范国睿, 译. 载于范国睿. 教育政策观察（第4辑）. 上海: 华东师范大学出版社, 3-41.

让我心生惭愧而又信心满满地继续坚持;同时要感谢李煜雯女士为本书出版所做的大量编辑工作。

华东师范大学教育治理研究院院长

2019 年 6 月 1 日

Part I
Values，Quality，
and Education Policy

第一编

价值、质量与教育政策

第 一 章

超越西方视野：重新审视教育、
价值观与政策转移

伊韦塔·西洛瓦　　杰里米·拉普利　　尤安·奥尔德
（美国　亚利桑那州立大学）　（日本　京都大学）　（中国　香港教育大学）

1.1　引言

在过去的四十年里,关于教育政策的主流理解发生了巨大变化。过去,教育政策被视为一个国家特定历史、政治、社会、经济和文化结构的反映。现在,越来越多的人认识到,教育政策受到国际势力的巨大影响,以致"他国"政策都被视为可能的改革选择。当今,许多教育政策的主导趋势便由此引发:由经济合作与发展组织(Organisation for Economic Co-operation and Development,OECD,简称"经合组织")统筹的国际学生评估项目(Programme for International Student Assessment,PISA,简称"PISA""PISA 测试")、关于最佳实践(best practice)的广泛讨论、世界银行(World Bank)在发展中国家的主导地位,以及那些甚至试图借鉴表现出色国家的经验来改革本国教育的政策和实践。此类例子还包括众人皆知的英国借鉴中国上海的数学教育实践,美国不断努力引进日本的课程研究,以及全球范围的政策制定者逐渐热衷于将虚幻的"芬兰 PISA 测试奇迹"迁移到不同的教育环境中。

然而,这种观点早已存在。所有现代教育制度的产生都是相互关联的,无论是有意识地学习他国制度,还是通过殖民势力强行灌输。前者的典型案例是美国学习普鲁士教育体系[贺拉斯·曼(Horace Mann)],日本考察美国制度[岩仓使团(Iwakura Mission)];后者如英国在印度[麦考莱(Macaulay)]和中国香港地区、美国在菲律宾和夏威夷、日本在韩国和中国台湾地区实行教育殖民。从更大的历史跨度来看,从国家以外的视角进行政策研究并不是一项新发展,而是重新认识到现代教育和教育政策都不可避免地与他国相互影响。

不同之处在于对全球化的认识程度。可以说，大多数非西方国家都会参考西方世界的教育或教育政策，这是无法回避的：一是因为西方殖民的影响仍然很大，入侵带来的发展不断引发与西方的比较；二是因为用来解读教育的分析框架仍然充斥着西方经验。在此背景下，世界上大多数国家都是如此——教育政策不可避免地、自发地在更广阔的世界中引发比较和语境化（contextualization）。相比之下，大多数西方国家在全球化等相关因素影响下，缺乏对教育政策的认知。从未经历过殖民统治（即接收端）的少数国家认为其分析框架是普遍的而非特殊的，直到现在才认识到教育的比较性和全球维度。这就是西方倾向于认为过去几十年的政策全球化趋势新奇的原因所在，事实上它们只经历了非西方国家自现代教育开始以来就经历的问题：在更广阔的全球背景下思考教育的必要性。

西方学术主导与西方殖民经历缺失这二者结合所导致的后果是：用于解读教育政策的分析框架往往缺乏全球维度。这同我们在下文展开深入讨论的另一个研究领域一样即关注国家层面以外的教育转移（educational transfer），也被称为借入或输入（borrowing）和借出或输出（lending）（Steiner-Khamsi & Waldow，2012；Steiner-Khamsi，2004）。然而，即使是在教育转移的研究中，分析框架也很少涉及更广泛的全球意义，从而形成了一套简单的概念性比喻：如学术性/应用性（academic/applied）、真实性/想象性（real/imagined）、全球性/本地性（global/local），等等（Silova & Rappleye，2015）。虽然这项研究仍然很重要，但本章的目标是用与以往不同的视角来审视教育政策，特别是教育转移的议题。我们认为，日益变化的研究主体需要重新置于更广阔的全球意义背景之中，这也不可避免地要求作为研究者的我们认真思考支撑自身的学术价值观，并反思所开展的研究将要为怎样的全球未来作出贡献。

1.2 现有研究的局限

20世纪50年代的美国无意间经历了一个巧合，这个巧合引发了教育政策研究中的全球性矛盾。帕森斯（Talcott Parsons）的结构功能主义在当时的社会科学中占主导地位。结构功能主义认为，包括教育在内的制度会根据特定国家的特定历史、社会、经济和文化结构而改变。与此同时，美国努力在全球范围内扩展其模式，并在"冷战"背景下，开始以现代化理论的形式积极推广，以期能够替代马克思主义（Rostow，1971；Rappleye，2018）。人们深信，美国正引领全球走向繁荣和平的未来。深层次的矛盾在于，人们对教育的理解仅限于狭隘的本国层面，而变革的动力显然来自国际，即西方主导的国际发展机构，如美国国际开发署（United States Agency for International Development）、联合国教育、科学及文化组织（United Nations Educational，Scientific，and Cultural Organization，UNESCO，简称"联合国教科文组织"）和世界银行。除此之外，人们对教育的理解还受长期存在的西方殖民主义思想残余的影响（我们很容易忘记，早在 20 世纪 50 年代中期就已经存在几十个西方殖民地）。在志同道合的学者和当地合作者的帮助下，西方官僚和殖民地管理者开始着手研究如何制定高效的教育政策，使各国朝着西方设想的未来迈进。

这一决策"逻辑"在随后的几十年里愈演愈烈，西方的解决方案在全球几乎享有统治地位，以至于教育政策研究将重点聚焦在为预先确定的"进步"形象寻找狭隘的"解决方式"上。如今最典型的例子就是经合组织和世界银行牵头的项目了。这些项目收集大量数据，并应用最先进的统计技术进行分析，找出提高学生成绩的有效方法（Auld & Morris，2016）。即使全民教育（Education for All）、联合国千年发展目标（Millennium Development Goals）和联合国可持续发展目标（Sustainable Development Goals）等倡议，也表现出类似的对细微技术问题的关注，而没有认真讨论更大的方向和未来的课程［例如，如何衡量联合国可持续发展目标中第四项教育目标（Sustainable Development Goals 4）的进展，而不是厘清关键术语"可持续性"的含义］。尽管批判派学者很容易将这些尝试贬得一文不值，但事实上，教育政策研究领域仍然与功能主义研究议程紧密相连：试图用一种扎根于西方未来的信念来"修复"教育，而这种信念是未经检验的。

在更广泛的教育政策研究领域，与此趋势背道而驰的是政策转移（policy transfer）。长期以来，政策转移一直秉持与功能主义学派相反的观点，认为教育不可以单独用本国的政策术语去解读。政策转移专注于政策的跨国转移，并认识到全球局势的错综复杂，运用世界文化理论、世界系统理论等理论框架，积极倡导超越功能主义。从这个意义上讲，政策转移研究至少正在西方语境中引导人们走出功能主义遗留下来的地方主义。

然而，我们认为政策转移研究仍然过于局限，由于没有意识到其隐含假设的狭隘性,从而影响我们理解教育政策方式的深层次变化。具体来说,政策转移研究往往试图跳出功能主义的框架来定义自己,倒退到学术研究和应用研究之间的简单区分上。与应用研究者相比,政策转移学者声称要"客观地"解释转移是如何发生的,过程中经历了哪些阶段,涉及哪些参与者,以及哪些影响更大的社会力量在发挥作用(Phillips,2006)。这种所谓的"客观性"被视为优于应用研究者的规范性工作,他们试图真正干预"现实世界"。

在这群学术研究者中,随后又出现了分化,有的侧重于全球性研究(例如,为国际组织服务并作出最高决策),有的侧重于本地性研究(例如,如何将政策转化为实践,如何在此过程中重新诠释政策或如何随着政策的变化而变化)。在过去20年中,这种"全球性/本地性"概念一直是最具有定义性的分析类别之一,加强了之前的二分法,如东/西和南/北(Larsen & Beech,2014;Takayama,2015;Silova,2012)。一些研究者甚至在这个过程中进一步区分了"真实性"和"想象性",指出仅仅采用全球语境并不代表真正的"借入"(Steiner-Khamsi,2004)。尽管有人驳斥这种二分法,认为它已使我们的研究进入"死胡同"(Silova & Rappleye,2015;Silova,Millei,& Piattoeva,2017),但它仍然存在。

正因如此,这些概念工具虽然曾经在理解"借出"和"借入"过程的细微差别和清晰性方面起到很大作用,但在过去20年里,这些概念工具不仅在反复使用的过程中成为一种趋势,而且还继续掩盖了具有全球意义的更大问题。在推动人们变得比单纯的功能主义描述更"客观"的过程中,有关政策转移的研究失去了更大的根基。为什么政策转移分析如此重要? 政策转移研究对哪个更大的项目有贡献?我们能从政策转移研究中想象出什么样的未来? 尽管政策转移研究从功能主义的狭隘性中抽离了出来,但它从未尝试将研究升华到更有意义的维度。也就是说,其复杂性增加了,但基本上未能解决其潜在的地方主义。

放弃教育政策研究潜在的西方地方主义之后,我们能否继续进行政策转移研究? 这样的研究会带来什么? 基于米格诺罗(Mignolo,2011)的研究成果,我们提出了一个新框架来理解教育政策研究的本质,其中包括五条主要研究轨迹,这些研究轨迹正在塑造全球的未来。米格诺罗(Mignolo,2011)描述了五条共存的但互相竞争的研究轨迹:(1) 再西方化(re-westernization);(2) 全球左派再定位(global reorientation to the left);(3) 去西方化(de-westernization);(4) 去殖民化(de-coloniality);(5) 精神性(spirituality)(如图1.1所示)。

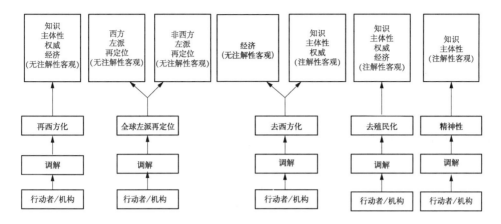

图 1.1 塑造全球未来的五条主要研究轨迹示意图

资料来源：Mignolo（2011：35）

在这一点上,我们同意米格诺罗（Mignolo,2011：33）提出的"在未来几十年里,世界秩序将在五条和而不同的研究轨迹之间的斗争、谈判、竞争和合作中重建——在这一过程中没有赢家"。本章的主要目标不是主张一个特定的立场或观点,而是呼吁关注当代世界正在开展的多个项目。如果政策转移研究能够成功地重新立足于这幅更大、更多样化的世界历史地图——考恩（Cowen,1996）称之为"宇宙"（kosmos）——我们相信研究将变得更为立体,并将引发百家争鸣。此外,我们作为研究者也会澄清自己的价值观。接下来先简要描述这五条研究轨迹,然后再呈现基于这五条研究轨迹的政策转移研究在应然状态下的模样。

再西方化意味着开支的削减和西方自由主义模式的扩张。在新自由主义政策的幌子下,再西方化最广为人知的目的是通过科学技术的复兴、重塑和改造来拯救资本主义。米格诺罗着重指出美国在推动这一主要经济项目方面的主导作用,特别是在知识层面："'发展的知识'（knowledge for development）是美国在其当前世界'再西方化'计划中毋庸置疑的方向,这在达沃斯世界大学论坛（World University Forum）上也是显而易见的。"（Mignolo,2011：36）米格诺罗还提醒人们注意,在这条研究轨迹中主体性是如何从"公共和多元未来"转变为"消费主义和个人主义"的。

全球左派再定位则意味着对再西方化的挑战。全球左派再定位的一半内容延续了西方思想在西方领域的现有轨迹：世俗主义和实现普遍性的野心,它仍希望从资本主义的支配中夺回"公地"，或改造现有的制度，以促进更大的物质平等。全球左派再定位的另一半内容也有类似的目的，范围锁定在西欧之外："拥有马克思主义背景的左派，是在殖民地国家和次大陆引入并展现出来的。"（Mignolo，2011：41）米格诺罗认为，从这个角度出发的学者面临着与西方类似的挑战，因此"必须考虑西方政治理论和政治经济学以及西方大学（作为机构和课程）在多大程度上应该成为社会经济组织及教育的典范"（Mignolo，2011：44）。

去西方化最初看起来像是与前两种研究轨迹所选择的西方框架的彻底决裂，但实际上仍保留并试图完善其中一半内容：一种普遍主导的经济轨迹（资本主义）。这一突破性提议基于西方认识论及其预测手段：虽然去西方化和再西方化都与资本主义有关，但在殖民权力矩阵（colonial matrix of power）的其他层面，如权威、知识和主体性领域（Mignolo，2011：47）仍然存在不同。米格诺罗强调，中国可以被看作是这一情况的典型案例——随着中国对自身全球领导地位的信心逐渐增强，中国将不理会华盛顿的指令。

去殖民化的选择就是要摆脱在殖民主义过程中被强加的西方知识形态。这里的关键词是"脱钩"，就是从认识论和主观性出发，同西方经济政治权威脱钩。去殖民化的一个重要特征是"注解性客观"（objectivity is in parentheses），这意味着关于"未来终极蓝图"这一普遍认识的终结（Mignolo，2011：52）。去殖民化"既意味着它是一个揭示殖民地逻辑的分析概念，也意味着它为建设一个多界共存的世界作出前瞻性贡献"（Mignolo，2011：54）。去殖民化的核心是另一个组织的存在——一个不会将对自己有利的观点强加于其他人的组织，创造出在打破自己原有框架同时又提出替代性方案的一种可能。

最后，精神性是一种更深层次的去殖民化尝试，以知识、主体性和宗教三位一体为中心。"精神性"这个词（如下文所述，我们对使用这个词犹豫不决，认为最好将其理解为本体论）使米格诺罗认识到，现代派的世俗主义假设仍旧在去殖民化的讨论中发挥作用。因此，有必要使"宗教去殖民化，以解放精神"（Mignolo，2011：62）。为避免被理解为仅仅是从更大的唯物主义情结和责任范围中脱离出来，米格诺罗认识到，重新思考精神基础对于跳脱西方现代性的总体方向至关重要："所有这些重塑'精神性'的共同点是，人们憧憬找到一种超越资本主义的全新道路，资本主义营造出来的'现代性'和'发展'会赋予所有人幸福的梦幻世界，会让大部分贫穷的人在泥沼中越陷越深。"（Mignolo，2011：62）更有建设性的见解是，精神性为"被现代性、资本主义和西方文明优越性所挟持（殖民化）"的想法凿开了一个通道。

基于对米格诺罗（Mignolo，2011）全球多元未来的简要总结，我们现在根据其中隐含的逻辑对教育政策转移的实证研究进行分类。重要的是，我们假设任何人无论在何处思考和写作，都可以参与到任何一条研究轨迹当中。也就是说，去殖民化不是为前殖民地的学者保留的，任何地方的学者都可以进行。同时，再西方化可同时在本地治里①和巴黎进行。米格诺罗写道："行动者和研究轨迹之间没有一对一的关系，尽管行动者在个人经历、欲望和现有选项的交集中作出了选择。"（Mignolo，2011：69）这突出了一个关键点，我们作为教育政策学者，应该让研究更为立体，更为多元化，探究我们的研究适用于哪些方面。我们现在正在进行的教育政策转移研究，其本身就是一种对未来的决策，米格诺罗称之为调解："知识争端是在调解层面进行的，因为决策是在知识的缔造和论证中作出的。"（Mignolo，2011：67）我们认为，教育研究者不能再从全球范围退缩回研究领域的舒适区，应把问题放到世界的高度看，直面关于全球未来的决策。

1.3 迈向多样化的全球轨迹：教育政策研究议程

接下来将分别讨论每一条走向全球未来的研究轨迹，重点关注教育政策转移研究，同时要记住，这些研究轨迹并非完全不同，可能以各种方式重叠。

1.3.1 再西方化

由于西方文明的历史基础以及基督教和殖民主义的传播，再西方化计划试图通过保护和重塑过去500年获得的特权以维持西方的全球霸权（Mignolo，2011）。虽然公开殖民在政治上已不再可行，但再西方化仍然通过新的政治、经济、社会和种族进行重组，从现代化和国际发展进步，到人道主义和反恐运动，都在继续着西方文明的使命。再西方化的核心是确保资本主义、市场经济和民主的全球未来，以及支撑它的自由主义哲学宗旨。它试图重建全球对美国和西欧领导地位的信心。

---

① 本地治里（Pondicherry），印度地名。——译者注

尽管全球经济政策讨论的重点（特别是自 2008 年全球金融危机以来）是"拯救资本主义"或"重新构想"其未来的目标（Mignolo，2011），但教育方面的再西方化努力已转化为通过"知识促进发展"的全球政策，也就是通过知识促进经济发展和增长。随着物质和政治方面的资源越来越有限，很明显，"控制科学技术知识成为西方国家攥在手中用来继续发挥作用的牌"，以保持其全球竞争力和控制能力（Mignolo，2011：49）。事实上，1998 年世界银行（World Bank）的《世界发展报告》（*World Development Report*）在 20 多年前就非常清楚地阐明了这一点："经济持续增长和改善人类福祉的关键是知识，而非资本。"在另一次迭代中，开创性的报告《构建知识社会：高等教育的新挑战》（*Constructing knowledge societies: New challenges for tertiary education*）提出，"社会和经济进步主要是通过知识的进步和应用来实现的"（World Bank，2002；Rappleye & Un，2018）。

"知识促进发展"这一概念的基础是一系列与新自由主义概念相关的假设，即认为市场应在确定教育目的、优先发展事项和政策方面发挥根本作用。新自由主义教育改革议程没有将教育视为一种公共产品，而是将教育重新定义为服务个人利益，将教育目标限制在追求提高个人生产力和经济增长（Ball，2007，2012；Rizvi & Lingard，2010；Morris，2016）。该议程由许多强有力的支持者推动，包括企业（如培生集团）、国际金融机构（如世界银行和国际货币基金组织）、欧洲联盟（European Union，EU，简称"欧盟"）、联合国教科文组织、经合组织以及私营部门联盟网络（如惠普基金会和盖茨基金会）。

新自由主义再西方化议程实质上是由比较政策研究（通常是由世界银行和经合组织）提供的，他们声称对 PISA 等全球学习评估进行改进（即增加被称为"21世纪技能"的"知识"），随之而来的是国内生产总值（gross domestic product，GDP）增长率的提升（Hanushek & Kimko，2000；Hanushek & Woessmann，2007，2010，2012，2015，2016）。世界银行的工作充分基于"教育创造人力资本，人力资本转化为经济增长"的前提（World Bank，2018：41）。同样，经合组织通过许多出版物推动新自由主义议程，如《知识型经济中的就业与发展》（*Employment and Growth in the Knowledge-Based Economy*）（Foray & Lundvall，1996）、《知识型经济》（*The Knowledge Economy*，1996），同时也利用 PISA 增强教育与经济增长之间的联系。随后，世界银行"教育绩效的系统研究"（Systems Approach for Better Education Results）测评和经合组织发布的系列报告《教育概览》（*Education at a Glance*）都被作为正确解读数据集的指南,整理有关参与社会的信息,为判断何为最佳实践和启动政策转移提供一个来源。

与此同时,教育政策企业家、专家和咨询顾问也作为媒介,将 PISA 数据转化为最佳实践,在全球范围推动新自由主义改革的实施并从中获利(Auld & Morris, 2014;Verger, 2012;Silova, 2012)。经合组织(OECD, 2018)提出的"学习框架2030"(Learning Framework 2030)将进一步扩大这一规模并使其合法化,该框架与联合国 2015 年后发展目标一致,是经合组织"发展新范式"愿景的一部分。"新"愿景使用通用指标来设定国家的"改善路径",并在此过程中得到全球政策网络和私人组织伙伴的支持。值得注意的是,这条轨迹并不在"外部"领域:其潜在逻辑经常被随意地复制到学术环境中,既包括旨在影响政策的咨询项目,也包括供学术读者阅读的研究论文。因此,这种由学者、顾问和国际机构组成的网络对再西方化本身的科学合法化和实际实施是有所助益的。

尽管世界银行、经合组织和其他国际机构继续推行再西方化项目和与此相关的新自由主义教育议程,但世界各地许多教育研究者和决策者对此一直持批判态度。特别是,他们围绕这一"新"项目和教育议程发出不同的声音,因为它强制以西方为中心的视角来理解不同背景下的教育(Silova,2012),将市场原则引入公共教育环境(Verger & Moschetti, 2016;Verger, 2012;Robertson, Mundy, Verger, & Menashy,2012),将教育复杂性转化为(西方)最佳实践(Auld & Morris,2016),坚持以标准化摧毁文化生态多样性(Gorur, 2016),加深社会经济和性别不平等(Stromquist, 2016;Unterhalter, 2017),以及忽略了其他的政策方案(Edwards & Loucel,2016;Silova,2010)。

更重要的是,研究者对学生考试成绩与经济增长之间的所谓因果关系的整体有效性提出了质疑,这种因果关系是当今再西方化计划的基石。他们认为学生考试成绩的变化与随后时期的经济增长之间的关系"往好了说是不清楚的,往坏了说是可疑的"(Komatsu & Rappleye,2017:170)。从广义上讲,这意味着支撑再西方化教育制度的政策逻辑不仅在伦理、教育、经济和政治上存在问题,而且在实践上也存在缺陷。政策制定者和研究人员应谨慎对待这类研究,他们发现自己面临着压力,不得不以经济增长的名义来推行国际金融机构建议的教育政策改革,进而参与再西方化项目。

1.3.2 全球左派再定位

迄今为止，对再西方化最强烈的批评之一来自一个与之竞争的研究轨迹——全球左派再定位，它涵盖了寻求可替代的非资本主义未来愿景的不同左派立场。在米格诺罗（Mignolo，2011）之后，这些立场包括世俗的马克思主义左派、作为对世界贸易组织（World Trade Organization，WTO）成立的回应而出现在世界社会论坛（World Social Forum）上的全球左派，以及在前殖民背景下出现的现代性/殖民性左派（南美洲、加勒比、中东等）。支撑这些不同左派立场的理论基础是依附理论和世界体系分析，其目的是解释在财富、资源和福祉分配不均的情况下，"处于世界经济不同等级结构的民族国家所拥有的不同权力"（Griffith & Arnove，2015：95；Clayton，1998；Wallerstein，1983，1995）。在此背景下，全球左派再定位项目旨在制定"有助于创造更和平、公正和民主的未来教育政策和实践"（Griffith & Arnove，2015：90）。

教育政策转移的比较研究中，全球左派再定位的踪影在那些直接批判再西方化项目和绘制全球左派探寻教育替代轨迹的实证研究中随处可见。这种双管齐下的方法使研究者和政策制定者能够将"批判语言"（language of critique）转变为"可能性语言"（language of possibility）①（Giroux，1997：108）。特别是对南北教育转移中固有的不平等权利动态的持续批判，促使许多研究者在研究"南南合作"和基层动员时，尽可能在教育政策和实践的借出者和借入者之间建立更为对称的关系（Chisholm & Steiner-Khamsi，2008；Jules & Morais de sá e Silva，2008；Morais de sá e Silva，2009）。在国际发展的背景下，"南南转移"（South-South transfer）②被概念化为"教育发展中摆脱依赖陷阱的一种方式"，提供了新的集体动员形式来克服全球不平等（Steiner-Khamsi，2009：242）。

学者们从多个角度研究"南南转移"问题：从国家层面的合作倡议，到跨国社会运动，再到社区主导的政治动员形式。例如，希克林-哈德森（Hickling-Hudson，2004：308）呼吁关注政府于"冷战"后在世界范围内开展的"南南合作"。她特地

---

① 可能性语言（language of possibility）是指人类敢于根据现实描绘对未来的希望与梦想，通过批判能力与社会行动力，团结力量共同行动，从而逐步迈向梦想的美好未来，并根据实践不断批判性地调整方向。 批判性教育学强调"可能性语言"（参见：Zhang, Chan, & Kenway, 2015）。 ——译者注

② "南"（South）指的是发展中国家，因为发展中国家大多在南半球和北半球的南部，故以"南"指代。 ——译者注

考察了古巴为牙买加和纳米比亚学校提供的国际教育援助,并将其作为"南南合作"的一个例子,这种合作完全不同于传统的指导模式或原有接受来自富裕的发达国家"北"(North)①的资助。在这种关系中,发展中国家试图通过相互帮助建立"彻底的新关系",以此来减少对发达国家的依赖,这是确保在教育和其他领域独立于发达国家的必要条件。例如,一些加勒比地区的政府以互助和贸易的方式协助古巴,而古巴拥有较高的科学家比例和较强的研究能力,在分担费用的基础上向拉丁美洲地区的国家提供了数百项高等教育奖学金和教师交流机会。尽管希克林-哈德森认识到古巴的教育模式是"不完善的现代主义模式",但她仍然认为,这样的模式有可能"激发非传统性后殖民思维,这是促进建设高质量'全民教育'的必经之路"(Hickling-Hudson,2004:309)。

　　除了政府间努力寻求替代资本主义的社会愿景之外,许多研究还把重点放在草根阶层为响应新自由主义而推行的左派议程的倡议上。从进步的左派观点来看,市场经济的参与再现了新自由主义的社会秩序,加剧了父权制、种族主义和性别歧视等各种压迫制度(Edwards & Klees, 2012;Stromquist, 2016;Apple, 2010;Torres,2002)。这意味着,需要以"超越市场参与者的方式"重新定义"参与"本身的概念,应赋予权力,这样的权力体现在"人民之间更加公正和民主的关系"当中,同时促使"普通民众参与到与自身生活息息相关的政策制定和执行过程中去"(Edwards & Klees,2012:59)。在这一研究轨迹中,学者们研究了各种旨在挑战资本主义制度的替代性教育参与形式,从巴西的无地农民运动(Landless Workers' Movement)②(Tarlau, 2012;McCowan, 2003),到哥伦比亚的新学校模式(Escuela Nueva)③(Luschei, 2004)和孟加拉国复兴援助委员会(Bangladesh Rehabilitation Assistance Committee)的非正式小学教育项目(Non-Formal Primary Education

---

①　"北"(North)指的是发达国家,因发达国家大多在北半球的北部,故以"北"指代。——译者注

②　巴西是世界上土地所有权最集中的国家,1%的土地所有者拥有巴西46%的土地,而巴西的"无地农民"则多达2 000余万,约有400万户农村家庭没有土地。 为此,农民们进行了自发的抗争,并于1984年正式形成"无地农民运动"。 该运动援引巴西1988年宪法,认为农民拥有占领"荒地"的合法权利。——译者注

③　新学校模式是1975年在哥伦比亚发起的,旨在通过建立一种新型教育模式来解决哥伦比亚存在的农村教育问题,包括学生基础教育接受不完整、辍学率和留级率高、学校与社区沟通脱节、教师使命感不强、教师培训机制不完善和学习资源缺乏等问题。——译者注

Program）（Nath，2002）①。尽管这些运动的性质、立场、范围不同，但目的都是在当地环境中开发和实施以市场为基础的再西方化教育的替代方案，并在收获成效后，将其经验移植到其他国家。

在全球范围内，民间社会组织、非政府组织、公民协会和教师工会已动员起来，组成跨国倡议网络，以大规模应对国际金融机构的新自由主义议程。例如，孟迪和墨菲（Mundy & Murphy，2001）描述了 1993 年"国际教育组织"（Educational International）这一全球教师工会协会的建立，它标志着"教师工会的日趋国际化，新联盟的诞生"，以及"国际工会协会与其他国际非政府组织合作新时代的到来"。尽管教师工会的主要关注点历来都围绕着教师地位的国际标准，但国际教育组织重新明确其宗旨，以应对 20 世纪 90 年代末通货紧缩和新政策议程对教师和公共教育造成的威胁。1999 年，国际教育组织与乐施会（Oxfam）、行动援助组织（Action Aid）联合成立了一个新的跨国联盟来主导全球教育运动，试图实现全球教育治理的民主化（Edwards & Klees，2012；McPhearson，2016；Mundy & Murphy，2001）。正如孟迪和墨菲所言，这种跨国倡议网络极有可能通过重新定义全球教育需求和重塑国际教育合作领域的决策过程，促进全球范围文明和民主的发展（Mundy & Murphy，2001：126）。

尽管这些项目在全球左派再定位中存在差异，但有一个共同点：它们都努力创造非资本主义的未来愿景，为"21 世纪社会主义"提供替代的普遍主义逻辑（Mignolo，2011：39）。所有人都倾向于认为，全球左派再定位是挑战西方资本主义霸权最有希望的方式。然而，正如米格诺罗（Mignolo，2011：354）所敏锐指出的，任何面向未来的战略，无论是社会主义的、资本主义的或其他的，都必须避免"隐藏在现代性和帝国主义修辞之下的普遍性的诱惑"。鉴于资本主义和社会主义形态都源于自称具有普遍性的西方现代性根基，米格诺罗认为，将全球左派再定位重新设想为一个新的普遍性形态，"意味着在更换地毯的同时又回到老房子里"（Mignolo，2011：354）。换言之，全球左派再定位并没有为设想中的西方现代性之外的替代世界和世界观留下太多空间。

---

① 孟加拉国复兴援助委员会的非正式小学教育项目为小学辍学或未进入小学的儿童提供学习机会。 ——译者注

1.3.3　去西方化

米格诺罗（Mignolo，2011：47）指出，去西方化现象在东亚和东南亚最为显著。这些地区的许多国家一直以来都与西方的认识论和"发声结构"（即仍然由欧洲和白人支配着的知识形态）存在冲突。尽管如此，这些地区的氛围并不是完全反西方的，因为去西方化与资本主义和现代性有着相同的潜在意蕴："这不是一场反西方的运动，而是一场自我肯定的运动。"

这些地区教育政策转移的实证案例印证了上述观点。由于去西方化的实证案例数量远远少于上面谈到的两条研究轨迹，因此我们只关注两个最典型的案例。芝田（Shibata，2006：655）举例说明了20世纪80—90年代马来西亚政治精英是如何通过引进政策、政策专家以及开展培训计划，发起以日本为学习对象的"向东看"（Look East）运动的。乍一看，这似乎是与西方世界的决裂，但事实上这种引进政策更多的是充当加速政治、经济和社会巩固的政治工具："'向东看'以及'向日本学习'是反西方和亲亚洲地区政策的政治隐喻。这些隐喻有助于马来西亚人民了解他们必须追求的目标以及可能获得的成果，而不是抽象的政治思想或意识形态概念。"这里，"儒家文化"的大旗加速了资本主义和统治精英的政治计划，推动了合法知识的"非正式社会化"，但它并不是重新思考资本主义或现代性的更具挑战性的举措。

新加坡可以说走得更远。阿凡纳（Avenall，2013）以新加坡如何发起一场"向日本学习"（Learn from Japan）的运动为例，详细介绍了诸如日本交番制度（Koban）和质量管理小组的实际引入情况。新加坡还试图开展工人生产力运动，并尝试日式劳资关系，二者都旨在以勤劳和谐的日本人形象塑造新加坡工人。在教育方面，新加坡还采取了一系列举措来加强道德教育。所有这一切的关键是新加坡总理李光耀大力倡导的"亚洲价值观"论述，它围绕"亚洲人"更喜欢社会和谐、更重视集体并坚持对权威的忠诚这一思想展开［参见《曼谷宣言1993》（Bangkok Declaration 1993）］。然而，阿凡纳（Avenall，2013：45）的结论是："向日本学习"运动以及相关的借鉴，与其说是摆脱资本主义和现代国家地位的关键性突破，不如说是"提供了一种意识形态效用，教导新加坡人要有生产力、爱国心和顺从，使权威治理和新自由主义发展经济学的坚持合法化"。也就是说，新加坡政府主导的从日本转移政策的运动是为了实现资本主义和西方的现代性，但实际却是以自己的方式进行的，同时，在资本主义趋同扩张和加速的过程中，坚守并肯定了自己的知识。

虽然研究已经阐明了政策转移作为实体和话语在去西方化的政治过程中是如何被利用的，但也有可能在不考虑经验对象的基础上，设想学术研究在去西方化的框架内运作。例如，中国比较教育的领军人物顾明远在 1995 年发表的一篇名为《互学互鉴：中日教育比较研究》(*Learning from Each Other: A comparative study of education in China and Japan*)的文章中指出：

> 德智体全面发展是中日两国教育制度的共同目标。特别是两国非常重视道德发展。这是东方文化的传统，可以追溯到儒家思想。道德教育或个人品格的完善是儒家德性的核心。(Gu,1995［2001］：202)

虽然这初看起来与马来西亚和新加坡的讨论相同，但事实上，当时儒家思想还不是中国政府鼓励的话题。迄今为止，中国并不存在"向日本学习"的主张。相反，顾明远提倡对于向日本学习的做法进行去西方化的解读。然而，仅将注意力放在道德发展上，就隐含了对现有经济目标的承诺。这里的重点是双重且微妙的：对学者来说，去西方化始终是一个更大的框架，在这个框架内，不管政治话语有多大，都可以将政策转移置于其中。然而，去西方化的定义（尤其是与去殖民化相比）是对潜在的经济和政治现状的接受，以及对自我的肯定，而不是与西方现代性对抗。这种内在的矛盾是去西方化研究经常受到批评的一个原因：有时很难解释其自我肯定行动的更深层次的驱动力，即用"本地话"符号替代现有结构的外包装。

1.3.4　去殖民化

去殖民化代表着与任何形式的资本主义、社会主义或其他抽象普遍主义现代性的直接决裂。去殖民化包括"与殖民权力完全脱钩"，西方帝国就是在这个殖民权力的基础上建立并在全球扩张的(Mignolo,2011：52)。由于殖民性是现代性的组成部分，追求"去殖民化"不仅需要改变对话的内容，而且需要改变对话的术语(Mignolo,2007：459)。在现代殖民世界的历史上，对话的内容实际上已经被基督教（如解放神学）、自由主义（如美国在"冷战"期间支持非洲和亚洲去殖民化）、马克思主义（在"冷战"期间同样支持非洲和亚洲去殖民化）改变了许多次。然而，这些对话内容的变化并没有挑战西方现代性的霸权，也没有破坏其殖民基础和运作逻辑。因此，与现代性/殖民性脱钩需要从认识论和本体论的转变开始，以便将知识、理解和存在的其他原则带到前景中。米格诺罗(Mignolo,2007)谈到，这种转变最终将导致多元世界（pluriversality），为理解世界、社会、教育和存在的多种方式开辟空间。

认识论脱钩的一个例子是陈光兴的《作为方法的亚洲：去帝国化》（*Asia as Method: Toward Deimperialization*）（Chen，2010：XV），它提供了一个去殖民、去帝国和去"冷战"三位一体的分析框架，其研究超越了以西方为中心的历史阐释，并使学者能够透过"亚洲"这个想象的停泊点，改变原有对于自我的理解，在此基础上向前推进一步，提出"亚洲的历史经验及实践也有可能成为另一种视野、另一种境界、另一种方法，对世界历史提出不同的问题"。基于沟口雄三（Mizoguchi Yūzō，1966/1989）的《作为方法的中国》和竹内好（Takuchi Yoshimi，1960）的《作为方法的亚洲》，陈光兴（Chen，2010：8）提出，亚洲既是一个地理区域，也是一个复杂的文化政治空间，在这个空间内部，充斥着过去积累的各种复杂的、有争议的历史关系，而它们的共同对象是既抽象又具体的"西方"。通过重新设定传统的以西方为主的参考点，转而关注亚洲区域内知识的"相互参照"，陈光兴（Chen，2010：66）将亚洲重新定义为"一个新知识流动的中心源"，从而有效地阻止西方知识的霸权，提供了一种新的全球历史观。此外，陈光兴还提出探索"'本地历史'是如何在与殖民力量和其他历史力量辩证互动的过程中，一方面改变了内在结构，另一方面被结合到全球资本结构里"的建议[①]。换句话说，"亚洲方法"开辟了一条将多种历史呈现给大众的道路，同时揭示了全球不同空间的相互关系和相互依存性。

在教育领域，"亚洲方法"激发了科学技术领域（Anderson，2012）、教师准备（Ma，2014）、课程咨询（Lin，2012；Daza，2013）、儿童研究（Burman，2019；Millei，Silova，& Piattoeva，2018；Yelland & Saltmarsh，2013）、全球公民教育（Abdi，Shultz，& Pillay，2015）以及比较国际教育（Zhang，Chan，& Kenway，2015；Takayama，2016；Silova，Piattoeva，& Millei，2018）的研究灵感。教育中"亚洲方法"的不同表述表明，去殖民化不仅要关注地理问题，还要改变教育研究中的分析方法。例如，在儿童研究中，比尔曼（Burman，2019）遵循陈光兴的框架，发展"儿童作为方法"的概念，批判性地审视西方儿童发展和教育模式，并探索其他替代性的理论框架。特别是比尔曼（Burman，2019：77）认为，受西方新自由主义影响，地方、国家和国际政策都将儿童视为一种指标，一种"文明"和"现代性"的象征，并且还是"灌输这

---

① 此处作者想强调的是殖民史在特定的历史时刻将本地历史与世界史串联到了一起。 ——译者注

种文明的关键舞台"。通过挑战主流叙事，即将儿童塑造成"他者"的形象——无论"他者"是无辜的、低人一等的，还是越界的，通过心理和社会化教育，都可以使其发展成为一个完整的人——比尔曼（Burman，2019）提出，通过将注意力转移到不同背景下儿童的个人和文化政治主体上，将儿童视为"当下的存在"（而不是"将来的存在"），旨在破坏西方儿童发展理论中隐含的目的论和线性史观（例如，"慢慢成长"的观点）。比尔曼加入到"酷儿"（queer）①儿童和教育理论家的队伍中，这些理论家试图从"横向成长"（growing sideways）②的角度去理解儿童经历的多样性（Stockton，2009），或通过"有所侧重"（telling it slantwise）的形式去研究儿童叙事的决定因素（Przybylo & Ivleva，2018）。因此，"儿童作为方法"这样的方法使研究人员能够在研究和日常生活中增加对童年的文化想象，可以让以前沉寂的故事和历史沿着非西方的不同的轨迹展开。

除了受"作为方法的亚洲"启发而进行的研究外，重要的去殖民化还包括南方理论（Connell，2007；Takayama，Sriprakash，& Connell，2017a，b）、南方认识论（Santos，2014；Esteva，Babones，& Babcicky，2013；Earle & Simonelli，2005）、后社会主义/后殖民主义（Silova，Millei，& Piattoeva，2017）以及其他去殖民化项目学者的研究。从理论观点、方法和重点地理领域来看，这些不同的研究有两个共同点：其一，既没有主张普遍性，也没有提供"未来的最佳蓝图"（Chen，2010：52），这些去殖民化项目并不是用另一种或其他的认识论取代一种认识论，而是创造一个空间，在这个空间中，许多不同的世界和世界观可以在非等级基础上共存（Tlostanova，2012；Tlostanova，Thapar-Bjorkert，& Koobak，2016）。其二，它们的目标——无论是个人还是集体——从根本上转变了知识结构、内容和生产，以及"文化、思想、欲望和身体"（Chen，2010：X）。这些去殖民化项目有力地说明，知识生产的去殖民化要求学者们将其主体性去殖民化，以便可以"改变对自我的理解，重建主体性"（Chen，2010：212）。对于那些在知识和主体性上继续忍受殖民和现代

---

① "酷儿"（queer）是音译，原来是西方主流文化对同性恋者的贬义称呼，有"怪异"之意，后被性激进派借用，用来概括他们的理论，其中不无反讽之意。"酷儿"这一概念作为对一个社会群体的指称，包括所有在性倾向方面与主流文化和占统治地位的社会性别规范或性规范不符的人。"酷儿儿童"在斯托克顿（Stockton）《古怪的孩子》（The Queer Child）一书中，指彻头彻尾或潜意识里的同性恋。——译者注

② 斯托克顿（Stockton）对社会学家、法律理论家和历史学家的研究提出了挑战，他创造了"横向成长"（growing sideways）这个词，用来描述一种违背常规的、不规则的成长方式。——译者注

后遗症后果的学者们而言,这意味着让他们取回知识主体的地位,在得到合法性认证的前提下,根据自己的起源和现实生活来解释世界(Silova, Millei, & Piattoeva, 2017)。在这里,我们找到了有趣的暗示,这种"抵抗"(resistance)不需要重新定义为理所当然的、积极的、个性化的概念,竹内(Takeuchi)称之为被动的"东方抵抗"(oriental resistance)①(Calichman, 2004)。最终,主观性的去殖民化鼓励研究者向外看,通过"成为他人"的实践,寻求替代性的和多种形式的身份认同(Zhang, Chan, & Kenway, 2015：26)。在这个过程中,新的知识地缘政治不断涌现,扰乱了现代性/殖民性的逻辑,并接受了反映多元性的全球观点。

1.3.5　精神性

精神性是这五条研究轨迹中最不详细的一条,对我们来说,米格诺罗(Mignolo, 2011：62)简要描述它的方式是有问题的。米格诺罗认为,"从根本上说,精神性主张通过去殖民化宗教以解放精神",旨在"找到超越资本主义及其现代性的新生活方式"。不幸的是,这个粗略的定义暗示,精神性——强调灵性(spirit)是一种主观性,是个人追求的东西,而宗教(从来没有定义)在某种程度上干扰了它。这似乎是摆脱资本主义和殖民主义的一种方式,但令人失望的是,米格诺罗的描述仍然含糊不清。然而,他清楚地看到了一些东西:通过支持世俗的分析视角,"进步的知识分子间接地支持资本主义的现代性和发展论主张"(Mignolo, 2011：62-63)。为了避免这些,我们选择将精神性解读为一种超越唯物主义的运动,或者更具挑战性地将精神性视为本体论关注重要性的一种表达。于是,我们尝试重新定义精神性。精神性建立在这样一种观点上,即假设一个物质世界中存在着可以被"客观"认识的本体离散的物体,这是西方科学和资本主义的基础,也是一种特定宗教世界观(基督教)的衍生品。在本文中,精神性开启了新的本体论的可能性,或者说,如果有些人更喜欢形而上学的宇宙,那么他们也就拒绝了作为研究起点和终点的世俗的、唯物主义的世界观。精神性与关于后世俗化(Wu & Wenning, 2017；Habermas, 2008)、本体转向论(Jensen, 2017；Holdbraad &

---

①　后殖民主义理论大师萨义德(Edward Waefie Said)认为,"东方"是欧洲人凭空创造出来的地方,是与位于"中心"的西方相对应的,代表原始、神秘、落后的"他者"。"东方"形象强化了西方的优越感,使西方文化的地位进一步稳固,东方文化进一步被边缘化。 ——译者注

Pederson，2017）的讨论部分重叠，并与在研究院中以精神性为中心的工作有着更紧密的联系（Shahjahan，2004，2005；Edwards，2016，2020）。

我们选出三个例子来展示我们是如何在政策转移的相关研究中实现这一研究轨迹的。第一个例子探讨了美国的正念（mindfulness）技术的起源和动因（Rappleye，forthcoming）。首先探索参与者、机构和议程是如何将佛教冥想技术引入美国公立学校的，以及两个关键角色——美国国会议员瑞安（Tim Ryan）和卡巴特-津恩教授（John Kabat-Zinn）是如何细致地将这些非西方的冥想技术重新组织成经过检验的科学语言，强调它们的实际益处，同时淡化宗教色彩，强调其与主流基督教实践的相似性的。通过不宣扬正念技术的非西方性和它的宗教起源，帮助正念技术在美国主流社会获得一席之地。尤其是卡巴特-津恩教授在《醒悟：通过正念治愈我们自己和世界》（*Coming to our senses: Healing ourselves and the world through mindfulness*，2015）一书中，将正念这种精神实践"导入"到世俗现代机构并与超越资本主义和承认气候变化的未来联系起来。如果转移研究转向关注正念和瑜伽等新举措，那么这些新举措已经从（通常是非西方的）宗教领域发展到精神领域，然后进入到世俗领域（如学校），我们就可以预见，研究会揭示以非物质问题为基础的新世界观。

第二个例子是我们关于时间性、自我和虚无主义的研究（Rappleye & Komatsu，2016）。分析的核心是一种普遍存在的感觉，即生命没有意义——虚无主义——这种感觉源于线性时间，起源于基督教神学在过去 500 年中的传播。这个研究不是源自大量的统计数据和历史的广泛范围，而是从与读者的潜在联系中获得的。以日本为例，我们分析了线性时间概念是如何被"借来"应对西方殖民主义威胁的，并在很大程度上通过现代教育进行传播。为了分析这个案例，我们不再从西方理论家，而是从善于综合西方思想和东亚传统的思想家（如京都学派）那里获取思想。这自然而然提供了一个精神性的理论视角，迫使读者将注意力从物质结构转移到诸如自我关注和寻找人生的意义上。虽然这最初看起来与学术工作职责背道而驰，但实际上，它的目的是释放支持"主体性"，即自我概念本身的核心范畴。从这个意义上说，它甚至比米格诺罗（Mignolo，2011）看起来更为激进——它提出这样的问题，即我们用于批判（如主观性）的基本范畴是何时和如何出现的，以及为什么我们未能看到其他历史上特定的形态（如时钟时间），从而错过了它对我们的"精神"影响。

我们的第三个例子通过研究苏联之前的时期、苏联时期和苏联解体时期拉脱维亚早期识字课本和儿童文学中以自然为中心的精神性来关注非西方世界和世界观（Silova，2019）。研究表明，以自然为中心的精神在拉脱维亚文化和日常生活中仍然存在。然而，从理性、逻辑和合理性角度看，它们几乎是无形的，尤其是在社会科学和教育政策研究领域。这种明显的不可见并不意味着替代性世界和世界观消失在人们的生活中并失去其重要性。相反，这意味着我们（作为研究人员）需要重新聚焦我们的目光，以便意识到所存在的先前未知或不可见的维度。一旦我们生活在这个空间，我们就可以看到自然界的神灵继续生活在文化（和教育）实践中，神话意识通过民间故事和童话得以在儿童文学中显现，而精神性通过日常活动在人们的日常活动中展现出来。通过对时间和空间的思考，西洛瓦（Silova）的研究集中在这些精神领域，打破空间和时间、激情和理性、成人和儿童、动物和人类、自我和其他之间的既定界限，从而为西方视野之外的（重新）想象教育和儿童开辟一个空间。

精神性可以说是五条研究轨迹中发展最差的一条。原因有三：批判派学者通常具有现代马克思主义模式的特征，认为宗教只是政治欺骗的"鸦片"；后现代主义学者愿意质疑一切，除了他们自己未经检验的世俗主义和理论优越性；西方世界的学术界仍然缺乏从不同本体论世界观衍生出的思维方式。此外，认识论的讨论主导了本体论的思考，促使沙贾汗（R. Shahjahan）等人发出诗意的哀叹：

> 在采用不同的认识论方面，这种朝着"可能的前进方向"的运动倾向于保持在我们试图超越的相同的本体论内，因为它依赖于相同的投入需求，再次重现了分散注意力的循环：我们试图改变认识，而不改变我们的生存方式。（Shahjahan，Ramirez，& Andreotti，2017：566）

未来的研究必须仔细研究这条研究轨迹，将不同的认知视角引入对话，而不将其中的任何一部分置于神话或主观信仰的范畴内。在这里，我们提出了围绕类似方法的可能性：聚焦于一个更具"精神"性质的物体，并试图利用最初并非源于西方世俗唯物主义世界观的理论框架（因此，与去殖民化观点的自然联系将我们带到了西方视野之外），但肯定还有更多的可能性等待着我们。

1.4 未来研究面临的挑战

"选择倍增，而非消失，是……全球未来的方向。"（Mignolo，2011：39）

上述五条研究轨迹都以对真理和客观性的不同理解为前提，因此对教育政策转移的研究方法也不同。特别是，尽管它们的政治、社会和经济方向截然不同，但再西方化和全球左派再定位都建立在"无注解性客观"假设的基础上，也就是说，假设有一个客观和普遍的真理是基于一个本体论现实的。在教育政策转移研究领域，这种对抽象普遍主义的信仰通常被转化为对"最佳政策和实践"的追求，这种政策和实践被认为具有全球相关性、适用性和可转移性。尽管去西方化选择在霸权之外的知识、主体和权威领域寻求自我肯定，但它仍然受普遍真理观念的束缚，因此将教育政策转移的研究局限于功能主义的范式。相比之下，去殖民化和精神性选择则是基于"注解性客观"的假设，承认不是只有一个（客观的）真理，而是有很多。正如马图拉纳（Maturana，1985）所解释的，秉承中庸之道，容忍不同的经历，理解每个人的观点都是不同的，那么多元宇宙中的所有观点、所有诗句都同样有效。"理解了这一点，你就失去了改变另一个人的热情"（Mignolo，2011：27）。从这个角度来看，不再需要寻找和捍卫普遍真理，重点是承认未来的多种共存轨迹。

尽管上述五条研究轨迹的目标和方向不同，但它们中的四条——去西方化、全球左派再定位、去殖民化和精神性——有一个共同的目标，即在知识和主观性上削弱西方霸权。它们提供了通往全球未来的不同方式，这种方式并非完全由再西方化主导，而是与之脱钩并朝着多元发展。根据米格诺罗（Mignolo，2007：459）的观点，脱钩需要经济、政治、哲学和道德重新构建对话表达方式，这使得"《圣经》、史密斯（Adam Smith）和马克思（Karl Marx）成为必要条件（因为西方的思想范畴是通过殖民主义的逻辑和现代性的修辞而全球化的），但这还远远不够"。换句话说，西方霸权的衰落并不意味着它完全被其他意识形态抹杀或取代。与其用一个"真理"取代另一个"真理"，不如创造一个"开放的多元化视野"，让多元世界和世界观可以在去帝国和去等级的基础上共存（Mignolo，2011：275）。这既需要学习现代性/殖民性知识生产的修辞，也需要学习协调、参与多个相互关联（始终有关系的）的世界。

因此，走向多元化对教育政策研究者提出了几个挑战。当前研究的两个主要特征是：继续致力于功能主义（尽管并不总是很明确地致力于功能主义），以及长期存在的二分法思维倾向（例如，全球性/本地性、真实性/想象性、客观性/主观性）。面对如今关于价值观以及对未来的思考默不作声的现状，现有的政策研究必须重新从根本上思考其方法，才能促进多元性。这里，我们提出两个必须采取的行动来取代目前的功能主义和二分法思维倾向。

第一，了解自己的价值观，以及自己的研究如何体现这种规范性立场。它不需要与"应用型"研究人员形成鲜明对比的"客观性"，而是要意识到价值观在我们参与的任何形式的研究中是如何固有的。正如所讨论的，研究对象的选择是"中介"：选择固有的规范性立场有利于一个或另一个可能的未来。思考这些选择有助于我们了解自己：质疑我们所创造的物质、认识论和本体论结构，反过来又创造了我们的一部分，这意味着质疑我们自己（Schultz，2017：137）。如果我们转变，我们到底应该是谁？通过功能主义的视角，一个客观的世界在一个熟练的政策分析师的精雕细琢下呈现出来，不幸的是，同样的镜头不仅使价值观不可见，而且也暗示着变化只需要发生在"外部"世界。

第二，与此密切相关的是，从二分法到关系性的转变。二分法意味着两种选择，两种选择都同样雄心勃勃地宣称它们具有普遍性。在由普遍性的视野围绕的二元景观中，我们的集体能量在对"另一方"发动战争或完全远离彼此时被消耗掉了。到目前为止，这已然不是什么秘密，已经有这么多的二元体系在构建现有的教育工作甚至自诩的批判性工作中，仍然建立在现代性的长河中根深蒂固的对立点上：男人/女人、自然/文化、主观/客观。相比之下，多元宇宙承认两个以上的选择，承认彼此之间的空间，以及不止一个本体论的现实。同时，多元宇宙认识到，未来研究轨迹上的"中介"只与不同的中介有关。也就是说，我们不仅需要关注关系性的研究，还需要关注从关系性中衍生出来的研究。若只关注关系性研究，就是退回到客观主义的自负中，并使得未来是对抗的而不是共生的（Haraway，2016）①。

1.5　结论

在本章，我们试图超越以往看待教育政策和其中教育转移主题的方式，试图

---

① 由于空间的限制，我们无法将讨论完全扩展到其后人类中心主义的含义以及它与环境的明显联系中。然而，我们同意哈瓦维（Haraway）等学者的观点，即关系的界限必然超出人类内部的视野。未来几年，我们将在相对性和环境方面寻求发展方向的一些指示，参见 Silova，Rappleye，& You（2020）；Komatsu，Rappleye，& Silova（2019）；Komatsu & Rappleye（2017）。

在新的世界观和认识论的可能的范围内，替代现有研究中隐含的、未经思考的背景——这是一个公认的雄心勃勃的举措，以取代现有研究的宇宙和认识论（Cowen，1996），建立多样性的可能性。基于米格诺罗（Mignolo，2011）的研究，我们将研究更名为"中介"：决定我们要什么类型的未来。然后，我们回顾了现有的研究，提供了阐明不同研究轨迹的研究实例。

所有这些没有说明本章标题的含义：我们为什么要超越西方视野来创造多元宇宙？这类研究将意味着什么？在这里，我们设想了三种不同的含义，尽管它们都是在最基本的层面上交织和相互联系的。第一个含义毫无疑问是当前多元宇宙面临的最大威胁，即再西方化进程的加速，随着每一个新的经合组织指标的推出——从"国际早期学习和儿童福利研究"（International Early Learning and Child Well-being Study）到"延伸到发展中国家"（Extending to the Developing World），再到"改善学校在线计划"（The Online Programme for School Improvement），以及与这些新指标相关的每一个新的最佳实践的转移，多重含义变得越来越不明显。这并不是说这些含义实际上被抹去了，而是说它们被藏在一层西方符号之下而变得更难看清。具体地说，我们可以在 PISA 测试排行榜上看到日本教育，但这些熟悉的符号暴露了当下的复杂现实，诱使我们把符号误认为所指的符号。然而，摆脱差异的唯一方法是超越西方符号的视界，拒绝再西方化叙述所提供的认识。我们很难想象在一个已经被再西方化优先调解过的地方会出现一个多元的世界。

第二个含义需要认识到，西方视野不仅仅是一个正在进行的政治项目（即再西方化），还是在我们的认识论和方法论选择中嵌入的一系列观点。正如引言中所述，大多数教育政策学者的分析工具都源于帕森斯的结构功能主义，并通过将自身与非批判的、应用的研究视角进行比较，从而获得合法性。但是这个分析工具是不确定的，它是在西方历史、社会学和文化经验的基础上发展起来的，因此限制了我们在其之外看到和理解多元世界和世界观的能力。例如，教育政策研究方法论的民族主义是由功能主义分析视角产生的一种非关系性虚构。要想理解这一观点，实际上是不可能的，除非你找到与不同的非西方文化体验相关的分析工具，甚至后现代主义（例如，政府理念、政策框架）所提供的工具也是如此。我们不应忘记一个深刻的例子，尼采的项目在通过韦伯（Max Weber）和福柯（Michel Foucault）等社会科学名人之手时（Owen，1994），产生了如此多的新思想，它从非西方思想中获得了巨大的动力（参见 Figl，1991；Scheiffele，1991；Rappleye，2020）。

最后,西方视野在一个更基本的层面被许多教育政策研究者认为是自我的概念。在选择分析工具和研究对象之前,对于"存在"(be)意味着什么或(在我们的例子中)要"作为学者存在"(be a scholar)意味着什么有着一套隐含的假设。大多数在西方高等学府进修过的学者都赞同西方启蒙主义的自我观:康德的"超验自我"(transzendantales Ich)。贝亚特(Biesta,2006：127)写道:"康德对民主需要什么样的主观性这个问题的回答被认为是使民主可行的必要条件,其关注的是个人在没有他人指导的情况下利用自己的理性的能力。"启蒙自我既是理性的又是自主的("自主"的英文 autonomous 来自希腊文 auto,意思是"自我"),这些品质与我们在本章中所表现的相对性和交感性是对立的。

这凸显了西方视野在我们内部的程度和结构——在这里作为一种新的观念呈现的东西,实际上是当西方主体性的视界放宽时可见的东西。归根究底,向多元文化的转变可以从政治和分析层面开始,但要想获得动力,就必须以"主观性"为基础。鉴于西方知识分子仍然如此彻底地受康德的主体性影响,实现这一目标的唯一途径就是超越西方视野。只有在超越西方界定的空间,多元性才成为可能,为不同认识论和本体论领域的对话和相互学习提供无限机会。

参考文献

Abdi, A. A. , Shultz, L. , & Pillay, T. (2015). *Decolonializing global citizenship education*. Rotterdam：Sense Publishers.

Anderson, W. (2012). "Asia as method" in science and technology studies. *East Asian Science*, *Technology and Society*, *6*(4), 445−451.

Apple, M. (2010). *Globalization*, *social justice*, *and education*. New York：Routledge.

Auld, E. , & Morris, P. (2014). Comparative education, the "New Paradigm" and policy borrowing：Constructing knowledge for education reform. *Comparative Education*, *50*(2), 129−155.

Auld, E. , & Morris, P. (2016). PISA, policy and persuasion：Translating complex conditions into education "best practice". *Comparative Education*, *52*(2), 202−229.

Avenall, S. (2013). Beyond mimesis：Japan and the uses of political ideology in Singapore. In P. Morris, N. Shimazu, & E. Vickers (Eds.), *Imagining Japan in Post-War East Asia: Identity politics*, *schooling*, *and popular culture* (pp. 29−48). London：Routledge.

Ball, S. (2007). *Education PLC: Understanding private sector participation in public sector education*. London：Routledge.

Ball, S. (2012). *Global education Inc. : New policy networks and the neoliberal imaginary*. New York：Routledge.

Biesta, G. (2006). *Beyond learning: Democratic education for a human future*. New York: Routledge.

Burman, E. (2019). Child as method: Implications for decolonising educational research. *International Studies in the Sociology of Education*, 28(1), 4–26.

Calichman, R. (2004). *Takeuchi Yoshimi: Displacing the west*. Ithaca: Cornell East Asia Series.

Chen, K. H. (2010). *Asia as method: Toward deimperialization*. Durham: Duke University Press.

Chisholm, L., & Steiner-Khamsi, G. (2008). *South-South cooperation in education & development*. New York: Teachers College Press.

Clayton, T. (1998). Beyond mystification: Reconnecting world-systems theory for comparative education. *Comparative Education Review*, 42(4), 479–496.

Connell, R. (2007). *Southern theory: The global dynamics of knowledge in social sciences*. Crows Nest: Allen & Unwin.

Cowen, R. (1996). Last past the post: Comparative education, modernity, and perhaps late modernity. *Comparative Education*, 32(2), 151–170.

Daza, S. L. (2013). Reading texts, subtexts, and contexts: Effects of (post)colonial legacies in/on curricular texts in different contexts. *Qualitative Research in Education*, 2(3), 206–212.

Earle, D., & Simonelli, J. M. (2005). *Uprising of hope: Sharing Zapatista journey to alternative development*. Lanham: Altamira Press.

Edwards, S. (2016). Seeking collective wisdom: A spiritual-dialogic approach. In J. Lin, R. L. Oxford, & T. Culham (Eds.), *Towards a spiritual research paradigm: Exploring new ways of knowing, researching, and being* (pp. 257–273). Charlotte: Information Age Publishing.

Edwards, S. (2020). Allowing ourselves to reimagine ecologically responsible futures for education research and practice globally: Critiquing the limitations imposed by christian hegemony. *East China Normal Review of Education*, 3(1), 164–168.

Edwards, D. B., & Klees, S. (2012). Participation in development and education governance. In A. Verger, M. Novelli, & U. Kosar-Altinyelken (Eds.), *Global education policy and international development: New agendas, issues and programmes* (pp. 55–76). New York: Continuum.

Edwards, D. B., & Loucel, C. (2016). The EDUCO program, impact evaluations, and the political economy of global education reform. *Education Policy Analysis Archives*, 24(92), 1–45.

Esteva, G., Babones, S., & Babcicky, P. (2013). *The future of development: A radical manifesto*. Chicago: Policy Press.

Figl, J. (1991). Nietzsche's early encounters with Asian thought. In G. Parkes (Ed.), *Nietzsche and Asian thought* (pp. 51–63). Chicago: University of Chicago Press.

Foray, D., & Lundvall, B. (1996). *The knowledge-based economy: From the economics of knowledge to the learning economy*. Paris: OECD.

Giroux, H. (1997). Rewriting the discourse of racial identity: Towards a pedagogy and politics of whiteness. *Harvard Educational Review*, 67(2), 285–321.

Gorur, R. (2016). Seeing like PISA: A cautionary tale about the performativity of international assessments. *European Educational Research Journal*, 15(5), 598–616.

Griffith, T. , & Arnove, B. (2015). World culture in the capitalist world-system in transition. *Globalisation, Societies, and Education*, *13*(1), 88 – 108.

Gu, M. Y. (2001). *Education in China and abroad: Perspectives from a lifetime in comparative education.* Hong Kong: Hong Kong University Press.

Habermas, J. (2008). Secularism's crisis of faith: Notes on post-secular society. *New Perspectives Quarterly*, *25* (4), 17 – 29.

Hanushek, E. A. , & Kimko, D. D. (2000). Schooling, labor-force quality, and the growth of nations. *American Economic Review*, *90*(5), 1184 – 1208.

Hanushek, E. A. , & Woessmann, L. (2007). *Education quality and economic growth.* Washington: World Bank.

Hanushek, E. A. , & Woessmann, L. (2010). *The high cost of low educational performance: The long-run economic impact of improving PISA outcomes.* Paris: OECD.

Hanushek, E. A. , & Woessmann, L. (2012). Schooling, educational achievement, and the Latin American growth puzzle. *Journal of Development Economics*, *99*(2), 497 – 512.

Hanushek, E. A. , & Woessmann, L. (2015). *The knowledge capital of nations: Education and the economics of growth.* Cambridge: MIT Press.

Hanushek, E. A. , & Woessmann, L. (2016). Knowledge capital, growth, and the east Asian miracle. *Science*, *351*(6172), 344 – 345.

Haraway, D. (2016). *Staying with the trouble: Making kin in the Chthulucene.* Durham: Duke University Press.

Hickling-Hudson, A. (2004). South-South collaboration: Cuban teachers in Jamaica and Namibia. *Comparative Education*, *40*(2), 289 – 311.

Holbraad, M. , & Pedersen, M. A. (2017). *The ontological turn: An anthropological exposition.* Cambridge: Cambridge University Press.

Jensen, C. B. (2017). New ontologies? Reflections on some recent "turns" in STS, anthropology and philosophy. *Social Anthropology*, *25*(4), 525 – 545.

Jules, T. D. , & Morais de sá e Silva, M. (2008). How different disciplines have approached South-South cooperation and transfer. *Society for International Education Journal*, *5*(1), 45 – 64.

Komatsu, H. , & Rappleye, J. (2017). A new global policy regime founded on invalid statistics? Hanushek, Woessman, PISA, and economic growth. *Comparative Education*, *53*(2), 166 – 191.

Komatsu, H. , Rappleye, J. , & Silova, I. (2019). Culture and the independent self: Obstacles to environmental sustainability. *Anthropocene*, *26*. Retrieved from https://doi. org/10. 1016/j. ancene. 2019. 100198

Larsen, M. , & Beech, J. (2014). Spatial theorizing in comparative education. *Comparative Education Review*, *58* (2), 191 – 214.

Lin, A. M. (2012). Towards transformation of knowledge and subjectivity in curriculum inquiry: Insights from Chen Kuan-Hsing's "Asia as method". *Curriculum Inquiry*, *42*(1), 153 – 178.

Luschei, T. F. (2004). Timing is everything: The intersection of borrowing and lending in Brazil's adoption of *Escuela Nueva.* In G. Steiner-Khamsi (Ed.), *The global politics of educational borrowing and lending.* New York: Teachers College Press.

Ma, W. (Ed.). (2014). *East meets west in teacher preparation: Crossing Chinese and American borders.* New

York： Teachers College Press.

Maturana, H. (1985). Interview. *Minding Ecology*. Retrieved from http://www. oikos. org/maten. htm

McCowan, T. (2003). Participation and education in the landless people's movement of Brazil. *Journal for Critical Education Policy Studies*, *1*(1), 1 – 18.

McPhearson, I. (2016). An analysis of power in transnational advocacy networks in education. In K. Mundy, A. Green, B. Lingard, & T. Verger (Eds.), *The handbook of global education policy* (pp. 401 – 418). New York： Wiley-Blackwell.

Mignolo, W. (2007). Delinking. *Cultural Studies*, *21*(2), 449 – 514.

Mignolo, W. D. (2011). *The darker side of western modernity: Global futures, decolonial options*. Durham, NC： Duke University Press.

Millei, Z. , Silova, I. , & Piattoeva, N. (2018). Towards decolonizing childhood and knowledge production. In I. Silova, N. Piattoeva, & Z. Millei (Eds.), *Childhood and schooling in (post) socialist societies: Memories of everyday life* (pp. 231 – 256). New York： Palgrave Macmillan.

Morais de sá e Silva, M. (2009). South-South transfer cooperation： Past and present conceptualization and practice. In L. Chisolm & G. Steiner-Khamsi (Eds.), *South-South cooperation in education and development* (pp. 39 – 62). New York： Teachers College Press.

Morris, P. (2016). *Education policy, cross-national tests of pupil achievement, and the pursuit of world-class schooling: A critical analysis*. London： IOE Press.

Mundy, K. , & Murphy, L. (2001). Transnational advocacy, global civil society? Emerging evidence from the field of education. *Comparative Education Review*, *45*(1), 85 – 126.

Nath, S. (2002). The transition from non-formal to formal education： The case of Brac, Bangladesh. *International Review of Education*, *48*(6), 517 – 524.

OECD. (2018). *The future of education and skills: Education 2030*. Paris： OECD.

Owen, D. (1994). *Maturity & modernity: Nietzsche, Weber, Foucault, and the ambivalence of reason*. London： Routledge.

Phillips, D. (2006). Investigating policy attraction in education. *Oxford Review of Education*, *32*(5), 551 – 559.

Przybylo, E. , & Ivleva, P. (2018). Teaching it straight： Sexuality education across post-state-socialist contexts. In I. Silova, N. Piattoeva, & Z. Millei (Eds.), *Childhood and schooling in (post) socialist societies: Memories of everyday life* (pp. 183 – 203). New York： Palgrave Macmillan.

Rappleye, J. (forthcoming). *Borrowing Buddhism? Mindfulness in American classrooms, ontology in comparative education* [Under Review].

Rappleye, J. (2018). Borrowings, modernity, and de-axialization： Rethinking the educational research agenda for a global age. In A. Yonezawa, Y. Kitamura, B. Yamamoto, & T. Tokunaga (Eds.), *Japanese education in a global age: Sociological reflections and future directions* (pp. 53 – 74). Singapore： Springer-Nature.

Rappleye, J. (2020). Comparative education as cultural critique. *Comparative Education*, *56*(1), 39 – 56.

Rappleye, J. , & Komatsu, H. (2016). Living on borrowed time： Rethinking temporality, self, nihilism, and schooling. *Comparative Education*, *52*(2), 177 – 201.

Rappleye, J. , & Un, L. (2018). What drives failed policy at the World Bank? An inside account of new aid modalities to higher education: Context, blame, and infallibility. *Comparative Education*, *54*(2), 250 – 274.

Rizvi, F., & Lingard, B. (2010). *Globalizing education policy*. London: Routledge.

Robertson, S. L., Mundy, K. E., Verger, A., & Menashy, F. (2012). *Public private partnerships in education: New actors and modes of governance in a globalizing world*. Cheltenham: Edward Elgar.

Rostow, W. W. (1971). *The stages of economic growth*. Cambridge: Cambridge University Press.

Santos, B. (2014). *Epistemologies of the south. Justice against epistemicide*. Boulder: Paradigm Publishers.

Scheiffele, E. (1991). Questioning one's "own" from the perspective of the foreign. In G. Parkes (Ed.), *Nietzsche and Asian thought* (pp. 31 – 47). Chicago: University of Chicago Press.

Schultz, K. A. (2017). Decolonizing political ecology: Ontology, technology and "critical" enchantment. *Journal of Political Ecology*, *24*(1), 125 – 143.

Shahjahan, R. (2004). Centering spirituality in the academy: Towards a transformative way of teaching and learning. *Journal of Transformative Education*, *2*(4), 294 – 312.

Shahjahan, R. (2005). Spirituality in the academy: Reclaiming from the margins and evoking a transformative way of knowing the world. *International Journal of Qualitative Studies in Education*, *18*(6), 685 – 711.

Shahjahan, R., Ramirez, G. B., & Andreotti, V. D. O. (2017). Attempting to imagine the unimaginable: A decolonial reading of the global university rankings. *Comparative Education Review*, *61*(S1), S51 – S73.

Shibata, M. (2006). Assumptions and implications of cross-national attraction in education: The case of "learning from Japan". *Oxford Review of Education*, *32*(5), 649 – 663.

Silova, I. (Ed.). (2010). *Post-socialism is not dead: (Re)reading the global in comparative education*. Bingley: Emerald Publishing.

Silova, I. (2012). Contested meanings of educational borrowing. In G. Steiner-Khamsi & F. Waldow (Eds.), *World yearbook of education 2012: Policy borrowing and lending in education* (pp. 229 – 245). New York: Routledge.

Silova, I. (2019). Toward a wonderland of comparative education. *Comparative Education*, *55*(4), 444 – 472.

Silova, I., Millei, Z., & Piattoeva, N. (2017). Interrupting the coloniality of knowledge production in comparative education: Postsocialist and postcolonial dialogues after the cold war. *Comparative Education Review*, *61*(S1), S74 – S102.

Silova, I., Piattoeva, N., & Millei, Z. (2018). *Childhood and schooling in (post)soviet societies: Memories of everyday life*. London: Palgrave Macmillan.

Silova, I., & Rappleye, J. (2015). Beyond the world culture debate in comparative education: Critiques, alternatives, and a noisy conversation. *Globalisation, Societies, and Education*, *13*(1), 1 – 7.

Silova, I., Rappleye, J., & You, Y. (Eds.). (2020). Beyond the western horizon in educational research: Towards a deeper dialogue about our interdependent futures [special issue]. *ECNU Review of Education*, *3*(2), 1 – 179.

Steiner-Khamsi, G. (2004). *The global politics of educational borrowing and lending*. New York: Teachers College Press.

Steiner-Khamsi, G. (2009). A way out from the dependency trap in educational development? In L. Chisolm & G. Steiner-Khamsi (Eds.), *South-South cooperation in education and development* (pp. 241 – 258). New York:

Teachers College Press.

Steiner-Khamsi, G. , & Waldow, F. (2012). *The world yearbook of education 2012: Policy borrowing and lending in education*. New York: Routledge.

Stockton, K. B. (2009). *The queer child, or growing sideways in the twentieth century*. Durham: Duke University Press.

Stromquist, N. (2016). Using regression analysis to predict countries' economic growth: Illusion and fact in education policy. *Real-World Economics Review*, *76*, 65 – 74.

Takayama, K. (2015). Provincialising the world culture theory debate: Critical insights from a margin. *Globalisation, Societies, and Education*, *13*(1), 34 – 57.

Takayama, K. (2016). Deploying the post-colonial predicaments of researching on/with "Asia" in education: A standpoint from a rich peripheral country. *Discourse: Studies in the Cultural Politics of Education*, *37*(1), 70 – 88.

Takayama, K. , Sriprakash, A. , & Connell, R. (2017a). Rethinking knowledge production and circulation in comparative and international education: Southern theory, postcolonial perspectives, and alternative epistemologies. *Comparative Education Review*, *59*(1), 5 – 8.

Takayama, K. , Sriprakash, A. , & Connell, R. (2017b). Toward a postcolonial comparative and international education. *Comparative Education Review*, *61*(S1), S1 – S24.

Tarlau, R. (2012). Coproducing rural public schools in Brazil: Contestation, clientelism, and the landless workers' movement. *Politics and Society*, *41*(3), 395 – 424.

Tlostanova, M. (2012). Postsocialist ≠ postcolonial? On post-soviet imaginary and global coloniality. *Journal of Postcolonial Writing*, *48*(2), 130 – 142.

Tlostanova, M. , Thapar-Bjorkert, S. , & Koobak, R. (2016). Border thinking and disidentification: Postcolonial and postsocialist feminist dialogues. *Feminist Theory*, *17*(2), 211 – 228.

Torres, C. A. (2002). Globalization, education, and citizenship: Solidarity versus markets? *American Educational Research Journal*, *39*(2), 363 – 378.

Unterhalter, E. (2017). A review of public-private partnerships around girls' education in developing countries: Flicking gender equality on and off. *Journal of International and Comparative Social Policy*, *33*(2), 181 – 199.

Verger, A. (2012). Framing and selling global education policy: The promotion of public-private partnerships for education in low-income contexts. *Journal of Education Policy*, *27*(1), 109 – 130.

Verger, A. , & Moschetti, M. (2016). *Public-private partnerships as an education policy approach: Multiple meanings, risks and challenges*. Paris: UNESCO.

Wallerstein, I. (1983). *Historical capitalism*. London: Verso.

Wallerstein, I. (1995). *After liberalism*. New York: The New Press.

World Bank. (1998). *World development report 1998/1999: Knowledge for development*. New York: Oxford University Press.

World Bank. (2002). *Constructing knowledge societies: New challenges for tertiary education*. Washington: World Bank. Retrieved from http://siteresources.worldbank.org/INTAFRREGTOPTEIA/Resources/Constructing _

Knowledge_Societies. pdf

World Bank. （2018）. *World development report: Learning to realize education's promise.* Washington：World Bank.

Wu, J. , & Wenning, M. （2017）. The postsecular turn in education：Lessons from the mindfulness movement and the revival of Confucian academies. *Studies in the Philosophy of Education*, *35*, 551 – 571.

Yelland, N. , & Saltmarsh, S. （2013）. Ethnography, multiplicity and the global childhoods project：Reflections on establishing an interdisciplinary, transnational, multi-sited research collaboration. *Global Studies of Childhood*, *3*(1), 2 – 11.

Zhang, H. , Chan, P. W. K. , & Kenway, J. （Eds. ）. （2015）. *Asia as method in education studies: A defiant research imagination.* Abingdon：Routledge.

作者简介

伊韦塔·西洛瓦（Iveta Silova） 美国亚利桑那州立大学（Arizona State University）玛丽·卢·富尔顿师范学院全球教育高级研究中心教授、主任，美国哥伦比亚大学(Columbia University)艺术与科学研究院比较教育和政治社会学博士。 主要研究全球化、后社会主义转型以及教育中的知识生产和知识转移。 西洛瓦一直在探索比较教育中后社会主义、后殖民化和去殖民化观点的交叉，以展望超越西方现代性的教育。

杰里米·拉普利（Jeremy Rappleye） 日本京都大学教育研究院副教授，英国牛津大学(University of Oxford)博士。 曾在中国中山大学雅礼协会和台湾大学任教。 早期的研究工作主要集中于在新制度主义（世界文化理论）的广泛辩论背景下，探讨东亚教育转移的政治和过程。 研究兴趣集中在两个方面： 克服哲学和实证社会科学之间的分歧；克服西方（主要是英国和美国）观点和非西方观点之间的分歧。

尤安·奥尔德（Euan Auld） 中国香港教育大学助理教授，英国伦敦大学学院(University College London)教育学院国际和比较教育博士。 其研究主要集中在借鉴哲学观点和叙事理论来研究国际大规模评估及其对教育研究和治理的影响。

（邓晓莉 译）

第 二 章

教育政策的开发与实施
——以人力资本为例

莱斯利·A. 贝尔

（英国　莱斯特大学/林肯大学）

2.1　教育政策与政策过程

　　教育始终或明或暗地蕴含着政治议题（Bell & Stevenson，2013）。教什么，不教什么，如何教以及如何组织教育机构，基本上都是政治问题。教育不能脱离所处社会的更广泛看法。因此，通过教育再生产和强化现存的内容都具有潜在的政治意味，不亚于明确动员起来的彻底的变革。政策关注的重点是保留或改变的程度，这在很大程度上取决于对占主导地位的主流话语的政治反应。正是这样的教育政策，把许多在个别教育机构中发生的事情框定出来，并影响了在这些教育机构学习和工作的人的发展。然而，更准确地了解政策的含义是很重要的。

　　传统的政策分析方法往往认为，政策包含一系列价值分配、处理问题或实现既定目标的复杂过程。政策的一个简洁定义是："政策是政府选择做或不做的事。"（Adams，2014：24）哈曼（G. Harman）扩展了这一定义，将政策定义为：

　　　　在处理一个公认的或备受关注的问题时，对公认的问题所采取的有针对性的行动并将方针具体化，旨在达成一系列预期或向往的目标。

（Harman，1984：13）

　　但是，这种视政策为政府行为产物的观点过于局限。它要么忽略政策与行动或实施之间的关系，要么将政策制定与实施理解为一个线性过程，在这个过程中，政策从构思到执行都是在一条直线上顺利进行的。持此传统观点的科根（Kogan，1975）认为，最好将政策理解为具有操作性的价值观。科根明确了四个影响教育政策的关键价值观——教育、社会、经济与制度。不仅如此，科根指出，可以进一步将价值观区分为一阶价值观与二阶价值观。一阶价值观包括教育、社会与经济。这些价值观不需要多作解释，那些相信它们的人自然会认为它们是正确的。而二阶价值观被认为是支持性的，侧重于手段而不是目的。这种区分是在第二次世界大战后达成社会共识的基础上形成的，所谓的"社会共识"，是关于社会关键目标及其实现途径的广泛一致性（Tomlinson，2001）。后来，所有这样的社会共识都瓦解了，新自由主义在全球范围内成为新的正统学说。正如铃木（Suzuki，2000）所指出的，近几十年来，日本的教育管理观与美国、英国所倡导的全球范围内的新自由主义观密切相关。尽管这些观点占主导地位，但很难说其中一个共识已经取代了另一个共识。政策往往备受争议，支撑政策的价值观无法再像科根（Kogan，1975）描述的那样自我证成（self-justified）了。

　　因此，对教育政策的理解需要摒弃政治多元化的整齐逻辑。政策关乎意图与结果，具有目的性，旨在达成特定的具体目标。正如沃德等人（Ward et al.，2016）所指出的，政策开发与政策实施应该被视为一种尝试，既要解决问题，又要确保政策实施者接受那些界定行动的特定价值。沃德等人还反对人为地、无益地分离政策开发与政策实施。政策很少以完全形成的状态呈现，政策制定过程涉及修订、重新排序以及重新制定。因此，政策制定过程并非井然有序，而是一个混乱的过程，在此过程中，参与者会在政策周期的任一阶段，就政策执行与实施结果进行磋商。政策不断被制定和重新制定，形成和重新形成，因为参与政策制定过程的人会有不同的解释并产生不同的影响。因此，政策可以被认为是意义冲突的实现。在某些情况下，政策本质上可能是相对无关紧要和无争议的，而且在政策实施过程中基本上没有问题。但是在其他情况下，政策可能反映出价值观之间、手段与目的之间的巨大分歧。在这种情况下，政策的争议性质更加凸显，教育政策的话语中，不同价值观之间相互博弈的现象愈加突出。

2.2　政策开发与政策实施

　　为了探索政策、政策开发与政策实施的影响因素之间的复杂关系，有必要引入一种较为复杂的分析形式（如图 2.1 所示）。本章提出的框架试图呈现一种综合的方法，该方法既能反映中央机构（例如各国中央政府）在推动、制定政策议程中的重要性,又能意识到政策开发与政策实施环节可能会面临的引发争论与妥协的情况。在一些政策分析方法中,经常使用"政策制定"(policy formulation)与"政策执行"(policy implementation)等术语(Bell & Stevenson,2006),这里我们采用不同的术语——用"开发"(development)与"实施"(enactment)取代"制定"(formulation)与"执行"(implementation),这是因为,作为术语的"制定"和"执行"强化了"它们是政策开发过程中的离散要素,两者相互联系,但形式过于简化"的错误观点(Bowe,Ball,& Gold,1992)。在本章提出的框架中,"政策开发"一词质疑政策"是以合理的方式制定的"这一观念。出于类似的原因,"执行"一词已被鲍尔等人(Ball,Maguire,& Braun,2011)用"实施"取代,因为"实施"传达了政策实施的争议性质。鲍尔等人(Ball,Maguire,& Braun,2011)提到了政策实施的复杂过程,通过这个过程,不同类型的政策将被阐释、转译、重构,并在不同却相似的环境中再制定。因此,"实施"这个术语将一个富有争议的过程描绘出来,在此过程中,预期的结果与经历的现实往往是不同的。

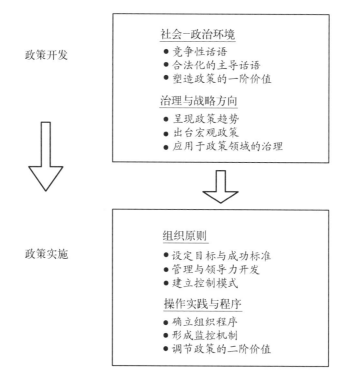

图2.1 从政策开发到政策实施

政策开发的第一个要素,即社会-政治环境,是政策构建的背景。更广阔的社会-政治环境为意识形态和哲学议题提供了平台,并为教育组织的衍生提供竞争性话语。更广阔的社会-政治环境塑造政策开发与政策实施的背景,并将新兴的政策开发话语纳入其中,特别关注政策问题的具体表现方式。因此,当时的主导话语构成了政策开发的总体指导原则,并成为政策表达的合法化的主导话语,以及政策合法化和评估的标准。这些主导话语反映在这个框架的后三个层面上。

随着政策开始以更加明确的形式出现,此时应该适当考虑治理与战略方向了。战略方向是指社会-政治环境中越来越清晰的政策趋势,确定政策范围,确立政策优先事项,出台宏观政策。这种宏观政策是在特定的政策领域制定和实施的。在这里,政策提供了教育机构组织形成的治理结构。主要政策话语的影响可见于建立的治理模式和组织教育机构的战略方向。然而,随着政策的形成与重塑,这类主要政策话语的分析与其表现方式之间的界限往往模糊不清,甚至具有渗透性。

一旦阐明了教育治理结构,随之而来的组织原则便开始关注政策塑造教育机构性质的具体方式,并提供管理和领导力发生的组织背景。在这个阶段,有时候政策会变得更加清晰,成功标准通常会越来越明确。划定角色并明确边界,设定目标,建立国家、地方甚至机构的控制程序与控制模式,确定与实施有关的国家责任和地方灵活性。不同形式的组织结构会发生变化,这些组织形式以及在不同背景下制定这些组织形式的政策对领导者、管理人员都会产生影响。然而,如果认为目标与手段之间存在不匹配,或者存在来自其他价值观的重大挑战,那么政策实施可能演变为具有争议的过程。

框架中的最后一项是操作实践与程序,在政策范围内制定的管理框架和战略方向借此可在一些在个体机构工作和学习的人士的日常活动和经验中体现出来。制定并保障体制政策,形成监督机制,这些都受很多因素的影响,如组织性质、领导与管理模式。这里,二阶价值为解决政策中产生的分歧找到了办法。在这一点上,制定了"在此之上"开发政策的经验并"在此之下"实施(Stevenson & Tooms,2010)。框架内的线性顺序表明这些过程基本上是自上而下的,但并不能否认政策的重塑和反抗程度,也不能把根据地方的特殊性对政策进行多种解释的程度最小化,教育工作者的工作性质、他们的专业性、领导与管理所采用的程序,其中任何一个都可能对政策的实施提出挑战。

该框架的线性特质及其自上而下的结构反映了人们感知与体验政策的主要方式。这并不是说政策不能自下而上形成，或者来自"下层"的阻力不能从根本上挑战"上层"的政策。相反，它承认上层机构在制定政策议程方面的主导权力，并且具有决定性影响。在这个框架中，隐含的权力绝不是单向的，但重要的是要认识到权力在系统内集中的程度。此外，这个框架无意传达框架内各级与任何级别的治理结构之间清晰对应的关系。相反，有必要在这个框架内认识到全球话语的主导地位与当地文化背景的抵抗之间的紧张关系。例如，民族国家的作用显然举足轻重，但个别民族国家的机构以何种方式与更广泛的全球权力问题有关？在民族国家，中央政府和地方、地方和个人机构治理的权力关系如何？

该框架证明了教育政策的复杂性。通过应用此框架，可以探索许多不同的问题，其中最重要的是塑造教育政策话语中的紧张局面：

- 全球化与民族国家的需求之间。
- 福利价值与新自由主义之间。
- 集权与分权的竞争性需求之间。

这些紧张局面和话语创造了颇具争议的、具有挑战性的环境。在这些环境中，公共教育的政策、治理、领导与管理以及教育机构中的工作都位于其中。因此，可以看出，对社会-政治环境中引发教育政策的辩论进行分析，可以促进对政策开发与实施过程的细致理解。战略方向与组织原则可进一步洞悉政策文本、政策目标与政策宗旨，而对操作实践的审查将重点放在政策诠释与执行的结果上。因此，这里提出的政策概念很少适用于整洁和简单的模式。

2.3　政策与目的

塑造教育政策的话语往往来源于对教育过程整体目的的看法。斯普林（Spring, 2011）通过确定目的的三个不同维度（政治、社会和经济）来解决教育目的的问题。他认为，教育的政治目的是帮助年轻人成为社会政治结构中的积极参与者，并能够在自由民主制度下发挥公民的作用。教育的社会目的与教育塑造社会形式和社会结构等方面有关，其中可能包括减少不平等或促进社会凝聚力。教育的经济目的集中在发展个人、集体层面的劳动力。资本需要适量的劳动力，他们需要具备适当的才能，教育体系在满足这些需求方面起着关键作用。这些议题在不同国家和不同教育阶段都有广泛的应用。它们不仅具有普适性,能为任何地方的教育过程提供参照重点,同时还具备全球性,能使全球范围内的此类问题逐渐得到解决。理解全球话语与各个学校、学院或大学的教育工作者和学生的生活经历之间的联系是政策分析的本质。

由此可见,关于教育的更广泛问题是:教育是什么? 它的目的何在? 为了最有效地实现这些目标,如何组织起来最好? 这些问题毫无疑问是政治性的,因为它们与更广泛的社会问题有着根本联系。因此,很重要的一点是要认识到,无论各方考虑的是什么样的细节,到底是由政府部长决定法定课程的内容,还是由任课教师决定第二天在课堂上教授的内容,分析这些问题的出发点来自一个更加根本的问题——教什么? 什么可以算作官方知识(Apple,2000)? 而且关键是,谁来决定? 这两个问题关注教育的内容,第三个问题所关注的更多是过程的问题。教育决策机制是什么? 政府部长和任课教师之间的权力如何平衡? 还有谁可能在教育决策中有发言权——企业、社区、家长还是学生? 这些利益应该如何体现?

然而,支撑这些问题的价值差异往往得不到承认,目前的教育规定,无论教育可能是什么,教育都是一种理想的规范。教育往往被认为仅仅是向学生传递中立的知识。在这个论述中,学校教育的基本作用是让学生掌握必要的知识,以便尽可能经济高效地在当今迅速变化的世界中竞争。因此,在社会-政治环境中,有许多重要的主题影响着教育政策的辩论,并由此衍生出价值与话语。例如,发展人力资本、促进公民意识和追求社会正义,以及问责制、自治权和选择权等问题,必须放在一个更为广泛的国际环境中,放在一个由社会和经济共同体主导主题形成的全球化环境中(Bell & Stevenson,2006)。

2.4　全球化与教育政策

理解教育政策分析所提出的问题的核心是理解"全球化"这个术语,以及"全球化"对教育过程的重要性。最好将"全球化"视为:

增进经济、政治和文化领域中人民、领土和组织之间相互依存的过程。(Verger,Novelli,& Altinyelken,2012:5)

当教育被看作是生存与发展的核心时,无论是对个人还是对整个国家来说,寻求行之有效的方法以及最大限度地获得投资回报都成为至关重要的问题。在知识被认为是核心竞争力的全球经济中,实现经济跨越的关键是教育。同时,在这个瞬息万变的大千世界,教育被视为使青年人为他们所生活的世界做好准备的必要条件。因此,检视世界各国政府的教育政策目标,往往会揭示语言和愿望方面存在的明显的共性。在新加坡这个全球公认的教育高水平国家,政府认为,中小学校与高等院校的任务是让青年人有机会发展技能、培养品格和树立正确的价值观,这将使他们为新加坡的未来添砖加瓦(Singapore Ministry of Education, 2012)。肯尼亚教育部希望开展优质教育,培养具有全球竞争力的肯尼亚人,从而提供必要的人力资源,使肯尼亚在 2030 年达到中等收入水平(Kenya Ministry of Education,2008)。基于此,越来越多的教育政策的目的是为全球化做准备,但教育本身也日益受全球化考虑的影响。全球需求正势不可挡地影响着地方供给(Rizvi & Lingard,2010)。尽管如此,国家政府在商定各国教育供给方面仍发挥着关键作用。

如果像韦尔热等人(Verger, Novelli, & Altinyelken, 2012)所认为的,全球化是建立在增强国际依存的基础上,那么全球化如何为那些制定和实施教育政策的人界定议题框架呢? 简单来说,全球化可能被认为是一个"不断缩小的世界",身处世界各地的人们生活日益融合。因此,通过全球范围内的决策、贸易与通信网络,任何一个地方的事件都会对其他地方产生影响(Giddens,1990)。国际贸易的概念或世界各地人口流动都不是什么新鲜事了。然而,这些发展的巨大影响力、速度和规模都标志着全球化是一种与众不同的新鲜事物(Held & McGrew,1999)。如果真是这样,那么就需要对全球化现象有更细致的了解。可以通过区分文化、政治与经济的全球化来佐证。

- 文化全球化被形容为文化在全球各个角落的扩张,促进支持消费主义和资本积累的特殊价值观(Olssen,Codd,& Neill,2004)。文化全球化趋势往往与标准化程度的提高有关。全球品牌的形象和市场支配地位能够最直观地说明这一点,这些品牌在塑造我们作为消费者身份的认知方面发挥了强大的影响。

- 政治全球化的一个重要特征是超国家治理机构的出现,其权力与影响一直以牺牲个别国家为代价。这些机构可能包括联合国、世贸组织和欧盟。因此,有人认为,主权决策权已转移到职权范围超国家的机构,削弱了个别政府的权力。许多与政治全球化有关的机构,如世界银行(World Bank)和国际货币基金组织(International Monetary Fund),都有非常明显的经济作用,它们强调需要将经济和政治职能深度融合。

● 经济全球化在很大程度上与推动扩大原材料、零部件产品、成品和服务的市场有关。因此,当代全球化的一个特点是世界贸易的扩大,尤其是资本流动的增加,以及世界各地劳动力的扩充都达到了前所未有的规模。其中很大一部分是由基于市场的比较优势理论驱动的,人们坚信不受贸易壁垒限制的国际竞争和专业化将推动经济增长、创新与发展。(Bottery,2000;Olssen,Codd,& Neill,2004)

批评者认为,全球经济的盈利压力导致了不可持续的消费水平,市场需要不平等,全球化的市场加剧了全球不平等。对于某些人而言,全球化:

> 是新自由主义的一种功能,强加了政府教育政策和实践……教育已被扭曲成管理社会劳动分工和促进市场意识形态的工具。(Peim,2012:294)

因此,全球化不是一个统一而协调的运动,而是由若干松散且相互关联的全球趋势构成的,这些趋势似乎对许多国家教育政策的形成产生了重大影响。其中最重要的是经济全球化,它为其他形式的全球化奠定了基础,因为它的语言越来越多地用于描述其他领域的全球化活动——经济全球化掌握了话语权(Bottery,2004)。

2.5 经济全球化与人力资本

经济全球化对许多国家产生了深远的影响,部分原因是,不存在除此之外的任何可以允许其他活动和组织形式存在的全球体系,这也导致跨国公司和国家愈加重视经济增长。因此,私营组织与公共部门都日益关注经济效率和效益,同时也关注作为消费者的个体。这与传统的公共部门的关怀、信任与公平价值形成鲜明对比。在这种情况下,基于教育的人力资本方法建立了一套兼具内隐性、外显性与系统性的行动方案。日益凸显的全球化影响迫使国家提高劳动力的技能水平。反过来,这也导致了对国家教育制度的全面审查。这种形式的全球化对教育

产生了重要影响,原因如下:

经济的必要性主导了很多根本不同的概念议题,如教育的议题,通过其语言与价值重新解释教育(Bottery,2000)。这使社会与经济价值合法化,从而产生了教育与制度价值以及随之而来的行动。这些价值观和行动多源于经济必要性,而不是教育原则和程序。经济上的迫切需要也影响国家的财政状况以及维持适当福利服务(包括教育服务)的能力。这表明,教育政策所依据的价值层级重新排序,其中来自人力资本理论的价值观成为一阶价值,而教育和个人价值则被降至二阶价值。

经济学家普遍认为,一切形式的资本都是通过市场化网络向个人、团体、公司和社区提供的资源,人可以在这些网络中理性行事并发挥同等的作用(McClenaghan,2003)。因此,如果物质资本是通过改变原材料创造的,那么人力资本就是通过改变人来创造的,是通过给予人所需的技能和/或知识来创造的(Ream,2003)。正如舒尔茨(Schultz,1997)所说,人力资本由技能、知识和类似的属性组成,这些属性会影响人从事特定生产工作的能力。它有助于确定个人的收入能力及其对所在国家经济表现的贡献。通常通过接受者(如公司成员或在校学生群体)的技能和知识水平来衡量。

经济全球化对国家教育政策的影响是深远的。全球商业竞争加剧给各个国家带来了相应的压力,要求投资人力资本和知识生产以保持自身竞争力。在全球化的知识经济中,教育被视为开发人力资本和保证竞争优势的关键手段。知识生产和具有市场价值的智力资本也非常重要,对这些问题的关注在政策方面具有相当大的意义。因此,全球竞争的加剧为投资技能和发展提供了关键推动力。

然而,必须澄清的是,经济的需求远比给定数量的、具有一定技能的工人要复杂得多。它可能需要对所处工作环境有正确态度、价值观和倾向的潜在的工人。例如,资本主义作为一种既定的社会形式,鼓励既定类型的工人行为——这可能是"企业主义",即接受管理权威,或者往大了说是接受利润动机作为指导社会资源分配决策的合法手段。教育在发展和强化这些观念方面发挥着关键作用,这可能被认为是实现再生产功能的关键部分。简言之,教育在经济方面的作用远远超出了提供工业所需的原始劳动力。它在劳动再生产方面还具有重要的意识形态功能。

2.6　人力资本与教育政策

经济学家一直认为,人是国家财富的重要组成部分。这个观点假设,人的自身利益将通过个人投资获得的资格和相关经验而得以保存。因此,在个人层面,以人力资本为基础的教育方法表明,人们根据对未来盈利潜力和人力资本投资可能带来的所有可预见利益的想法,在教育中投入自己认为应该投入的时间和精力。在国家层面,对教育政策采取人力资本方法的前提是,通过教育和受过教育且技能熟练的劳动力,国家可以获得经济利益。正如利德贝特(Leadbetter,1999)所说,知识的产生、应用和开发正在推动现代经济增长,因此有必要释放创造潜力并使知识口口相传。尽管围绕获得哪些技能和知识、由谁作出这些决定的问题往往尚未澄清,但在许多社会系统中,教育正被视为可能发生这种转变的主要过程。教育被视为对人力资本的投资,它既能为受过教育的人带来直接回报,也能为整个社会带来间接效益。那么,人力资本理论是如何影响教育政策的呢?

论及人力资本理论对教育政策的影响,可以通过考察为政策制定提供动力的社会-政治环境来确定,大多数情况下,教育政策的合法性源于此。用于呈现和证明教育政策合法性的语言反映了社会-政治环境中的主导话语(Bell,1990)。因此,在过去的半个世纪,大多数多元社会中,社会-政治环境中的话语一直被经济个人主义和社会集体主义之间的斗争支配,这些斗争是社会组织的决定因素。因此,教育政策是由更广泛的社会-政治环境中的辩论结果决定的。该政策所表达的语言直接源于其主导话语。在这种背景下,一系列社会和政治影响力相结合,使得经济功能成为主导话语,而这种话语主要是在两种信念——市场力量可以有效调解社会组织机制以及教育可以为社会提供适当的熟练劳动力——的基础上,通过引用个人主义合法化语言来进行的。就教育而言,这一结果的例证源于经济学原理,特别是人力资本理论衍生出的原理,从而使教育政策合法化,并为许多国家运用市场因素进行决策和资源分配奠定基础。

这种教育政策的性质、总体内容以及决定政策形态的战略方向,也来自更广泛的环境。例如,人们普遍认识到,在教育受市场力量支配的大多数国家中,市场并不等同于完全解除管制意义的自由市场。教育市场是一个准市场,要在国家发挥重要作用的整个体系内运作。如果教育市场的运作以人力资本理论为依据,那么国家的作用是确定国家所需技能和知识的性质,同时仍然保留市场力量的要素,例如,资源分配机制、学校之间的竞争以及家长选择的能力。在制定成功的标准时,主要依靠经济学语言,如经常提到的效率、效益、质量、性价比、选择与经济发展。人力资本理论特别强调个人选择、劳动力市场对特定技能或知识的需求和经济增长之间的相互关系。

组织原则定义了自治限度、问责模式以及评估和质量控制程序。教育机构必须对中央的具体要求作出响应,培养具有一定技术和能力的学生,以维持和促进国家的经济发展。为了实现这一目标,国家将对教育实行某种形式的中央控制,其中可能包括严格定义和评估课程内容与教学方法、大范围的检查、详细的流程报告、对学生学习成果和教师表现进行评估考察,或所有这些因素的组合。在这里,政策的内容与结果是重叠的,因为教学方法、课程内容和评估形式必须与产生的结果相适应。

操作实践与这些通常由中央决定的组织原则相联系。操作实践有助于制定学校内部政策,使学校能够培养一批身有所长且训练有素的学生;有助于学校的日常组织;有助于作出具体的决策;有助于确定责任下放的性质和范围。因此在学校内,确定操作实践的性质和责任构成的关键因素是校长与教师的关系,以及学校的决策安排。一旦确立上述内容,就可以确立课程的性质、课程的内容、教学方法与评估、教师个人的作用、向家长汇报和家长参与机制、学校的内部管理,以及与外部环境建立关系的机制(如图 2.2 所示)。

所有这些主要的制度后果是,把教育建设成一个市场的思想行动,在一定程度上取得了成功。同时,学校必须根据考试成绩等绩效指标来提升正面形象。这意味着学生和家长都是教育事业的合作伙伴。因此,在教育市场中,曾经被视为被动支持者的家长变成了知情消费者和积极参与者。教育已成为个人与国家的商品,个人寻求个人利益最大化,国家寻求经济增长与发展最大化。教育政策对人力资本的依赖基于这样一个的假设,即教育是任何社会通过推进就业人口技能提升、实现社会经济福祉的最有效途径。因此,教育被认为是一种生产性投资,而不是本身就具有内在价值的东西。

然而,实际上,教育与国民经济成功之间的关系并不简单(Miidlewood & Abbott,2017)。虽然技能对就业和经济发展的重要性在很多教育政策制定中占有重要地位,但在这些政策中,对适当的价值观和相关技能的定义仍然存疑(Bowl,

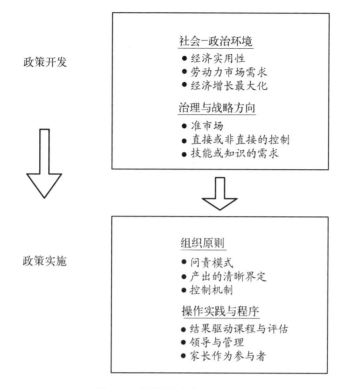

图2.2 政策付诸实践：人力资本

2012）。这在一定程度上是因为，正如鲍尔斯与金蒂斯（Bowles & Gintis, 1976）所主张的，基于人力资本的教育政策密切反映了工业社会对具有特殊技能的工人的需求，也说明了国家在确保培养这样的劳动力方面的作用。然而，这些感知到的需求可能不能准确反映实际需求，而实际需求往往过于动态，无法准确预测。即使可以作出准确的预测，教育过程也可能过于僵化，无法培养出一支技术和能力达到精准平衡的劳动力队伍。因此，人力资本和教育政策之间的相互关系有其局限性，这可以在分析模型的四个层面中找到，并且足以使人们对人力资本教育方法作为构建大多数社会教育过程的合法性进行质疑。

在社会-政治环境层面，人力资本理论的基本原理在多大程度上与教育过程有关是一个值得怀疑的问题。从额外或特定形式的教育投资中获得经济利益，或教育的确能对经济增长和发展作出重大贡献，目前还远不能确定：

  通过学校教育、培训持续时间和水平测量发现，相对成功的经济体
可能会对人的教育进行更多投资，但这个结果在一定程度上可能是经济

成功的结果,而不是经济成功的原因。(Killeen et al.,1999:99)

教育支出与国家经济表现之间的关系在很大程度上是一种相关关系,而非因果关系。在这方面,很可能存在一些干预变量,如基础设施投资或研发投资。尤其难以确定的是人力资本投资的确切性质和价值。经济合作与发展组织(Organisation for Economic Co-operation and Development,OECD,简称"经合组织")的报告认为,虽然教育投资确实构成资本的形式,但其价值难以确立(OECD,1996)。蒙泰伊(Monteils,2004)进一步研究了10个国家两年时间的调查数据,没有发现教育投资与经济增长之间存在任何正相关关系。因此,在社会层面,人们可能会对这些政策出现的背景以及基于人力资本理论的教育在多大程度上可以实现其既定成果等系列问题进行质疑。

关于教育政策对个人的影响也有类似的问题。例如,教育能在多大程度上提高个人的生产力?教育并不能带来这样的增长,教育只是一种选择手段,使雇主能够识别那些具有特殊能力或个人特征的潜在劳动力,并使他们进一步提高效率(Woodhall,1997)。即使情况并非如此,教育系统也可能无法成功培养出雇主所需的熟练劳动力。选择机制在一定程度上起阻碍作用,因为个人选择可能受有限的知识和资源的限制,或者现有的选择受不完全理解未来技能的要求的限制。在任何社会,选择和机会都是如此之多,以至于有大量因素会影响到个人选择。个人可以选择接受教育和培训的程度,但前提是知道自己可以获得教育和就业机会,并且知道所需知识和技能的类型和水平。与此同时,家庭支持和压力、财政资源以及现实愿望的局限性,都限制了自由选择的范围,使任何个人都无法从教育中获得最大利益(Hodkinson,Sparkes, & Hodkinson,1996)。

然而,重要的不仅仅是获取有限的资源。不平等的相对程度将影响家庭福祉,并影响家庭作出的选择。此外,虽然人力资本理论最初是为了支持国家增加教育投资的论点,但新自由主义经济学家却用它来证明将投资责任从国家转移到个人身上的合理性,这给那些不能或不愿意投资教育的人带来了严重的问题,同时使许多雇主使用基本无关的资格来筛选求职者,而不是专注于技能和经验(Bowl,2012)。这种对选择机制的限制,可能产生与政策制定者的期望背道而驰的结果——产生更多的社科类学生,而不是更多的工程师。任何社会都应具备将其教育系统培养的人力资源与劳动力市场的需求相匹配的能力,但目前这种人力资源供需对接的能力,往轻了说是不够完善,往重了说可能会损害本应持续发展的经济。正如布尔曼（Bulmahn,2000）所言,那些在社会政治层面将人力资本理论作为使教育合法化的唯一或主要途径,并因此仅从国家经济利益角度考虑教育的人,将无法为未来制定长期政策。

在战略层面,基于人力资本理论的经济功利主义不仅有鼠目寸光的嫌疑,而且可能完全适得其反。正如阿博（Agbo,2004）所指出的,在一些非洲国家,它可以促进建立一个受过良好教育的精英阶层,这些精英在社会上的流动性对整个社会不利,或者为了探索全球认可的技术,导致一个社会失去其文化根源。它还可能在全球经济竞争中对国家产生不良影响。鉴于进入培训计划和完成培训计划之间的时间差,一方稍微滞后,市场对某一特定类型培训的需求可能就会发生变化,从而导致工作岗位的缺乏。在竞争激烈的全球市场中,这样的情况极有可能发生。同样,随着产品需求的变化和技术创新的影响,目前蓬勃发展的行业未来可能会衰落。雇主主导的培训计划可能并不包含维持必要的高技能基础所需的愿景（Halsey, Lauder, Brown, & Wells,1997）。所以,我们才会说这些政策的结果可能是适得其反的。把教育重点圈定得太紧或过度控制课程、内容与教学方法,都会使那些训练有素的人无法开诚布公地、批判地思考未来将面临的问题（Lauder, Jamieson,& Wikeley,1998）。在战略层面,单纯以人力资本理论为基础得以合法化的教育过程,其是否有能力培养具有适当技能的劳动力,是值得怀疑的。

人力资本与教育之间的关系所依据的组织原则,一般建立在以技术理性主义方法研究教育的基础上,特别是作为教育机构的学校组织的基础上。这显然没有考虑教育除经济效用之外的益处。这种对经济理性主义的强调意味着教育价值观已经被边缘化,从而使教育与社会和文化背道而驰。人力资本的应用限制了从更加自由化的教育中可能获得的更广泛的收益,并使可能影响教育机构性质和整个教育事业的教育道德伦理层面边缘化。事实上,在追求狭义的学业成就时,与学校作为一种社会和道德组织有关的、在一个多样化的社区与其他人相处的问题,以及更广泛的社会正义问题可能会被忽视。因此,社会与道德服从于经济与功利主义。这种未能充分考虑教育更广泛目的与益处的局面,使得决策者可以推导出复杂问题的简单化解决方案,并根据与经济功利主义、人力资本结果相关的有限的和限制性政策目标,开发出服务于非常狭隘的目的的办法。

此外,人力资本理论与教育机构之间关系的组织原则是:由政府或雇主识别启动与维持经济发展所需的技能与知识,并由教育机构提供服务。这些组织原则可能会受到挑战。它假定教师会对组织内部的奖励和制裁作出回应，以确保提供适当的课程，并且它还假定儿童的可塑性极大，能够对学校的组织结构和流程作出回应，或者假定儿童充分理解自身利益，以便遵循学校创造的激励措施（Lauder, Jamieson, & Wikeley, 1998）。这忽略了这种教育政策的核心，即国家认为经济上可取的东西和个人认为适当的个人发展之间的紧张关系。因此，人们是否有能力应对生活中不断变化的挑战，将注意力完全集中在满足国家眼前的工具性需求上，这是值得怀疑的。

许多教育机构存在类似的紧张局面，这些教育机构是根据人力资本理论的组织原则来制定其运作程序的。这些操作实践往往建立在确定性、可预测性和规则运行的基础上。它们通常是不灵活的、不近人情的、严重官僚化的、受规则约束的，根据组织内严格的职责划分责任，这些责任的等级安排是排他性的，而不是包容性的（Zohar, 1997）。这些组织高效、可靠。对于相对稳定、可预测但充满竞争的环境来说，它们是理想的选择。只要遵守规则和程序，它们就可以顺利运作，一切井然有序，同时还具备自如且不失规划地应对未来的能力。然而，在所有事情都按照特定的、已知的和预定的规则进行操作，并且认为行动应该是合理的、可预测的和可控的，基于秩序、简单性和一致性的组织形式中，许多重要的过程却被边缘化了。因此，学习根植于牛顿式的科学范式，即通过分解进行分析，使各个部分能够被分离并加以理解，这样，应该学习的东西就和工具性东西一样了。这是以线性方式进行的个人主义的过程，主要以经验证据为基础进行分析与概括性建构。它阻碍了创造力、想象力思维和创业精神的发展，而这些往往是维持经济发展所必需的。

如果教育系统或教育系统内部的机构高度标准化和僵化，那么这些教育系统和教育系统内部的机构就不能培养出足以面对更高灵活性和创造性要求的学生（Bottery, 2004）。因此，学校在迅速而广泛的变化时期难以考虑外部环境的力量，也没有足够的创造性和灵活性来应对这些力量。然而，人们普遍承认，学校必须在创造力和创新能力的基础上发展学生的知识和技能。在环太平洋国家，学生缺乏批判性思维、创造力和创新能力已经成为一个主要问题。缺乏这些能力被普遍认为是致使"四小虎"经济衰退的一个重要因素（OECD, 1996）。正如贝西（Bassey, 2001）所认识到的，人力资本理论过度强调教育在促进经济竞争力中的作用，导致了一套与学校改进、学校效能的狭义概念相关的教学策略，这些教学策略最终与高技能经济体的需求相悖。换言之,当将人力资本应用于教育时,这本身就孕育了失败的种子。因此,从人力资本的角度来看,学习管理本身就成了问题,因为它可以导致:

- 还原论:课程分为有限的几个关键领域。
- 实证主义:在课程中以牺牲艺术和人文为代价,让科学和数学变得突出。
- 理性主义:形成价值观成为课程的附属品而不是核心部分。
- 量化:课程和评估关注的是可量化的内容……可量化的内容比无形的内容更安全……因此,直观的、可表达的、不可测量的、主观的,以及强烈的个人之物,从未在课程中找到令人满意的栖息之所。(Beare,2001:39 - 40)

因此,强调人力资本教育方式所产生的教学管理过程,并未认识到学校组织的复杂性,也未看到有效教学与学习的发展。这种还原论的教育观根植于人力资本对整个教育事业的正当性。

因此,教育、人力资本和经济发展之间的联系产生了过度功利的教育方式,这种方式可能导致强调国家经济竞争力,而不适当地缩小了教育目标与教育过程(Kam & Gopinathan,1999)。教育供给结构的人力资本正当性在课程中产生了过度的工具主义:

工具主义产生了能力/素养活动;它影响了课程,产生了像"关键学习领域"(key learning areas)这样的概念,就好像学习是不合法的,除非它是由信息驱动并且被包装成传统学科……它促成了成果导向的学校教育方法,专注于测试、报告学校结果与"排行榜"。(Bcare,2001:18)

这些操作实践都是控制手段,迫使学校和学院专注于与经济生产力和劳动力市场需求相关的功利性结果。因此,年龄尚小的儿童必须熟练精通读写和算术的基本技能,而年长的儿童则需要提高信息技术、科学和数学方面的技能。在高等院校,教育重点转向以知识为基础的经济和终身学习,以应对工作场所日新月异的需求(Bassey,2001)。例如,新加坡教育重点的缩小显然有助于建立一个教育体系,该教育体系可以培养出考试成绩优异但在创造性思维和企业发展方面比较欠缺的学生(Ng,1999)。新加坡教师联盟(Singapore Teachers Union)指出,在新加坡的教育中,"重点在于成绩。我们养育了一代聪明的新加坡人……但我们却杀死了学习的乐趣"（Singapore Teachers Union, 2000: 1）。

因此，目前全球对于在市场或经济发展模式下发展人力资本的重视，是建立在一种很多方面都存在严重缺陷的教育政策基础上的。在社会政治层面，关于人力资本合法化的论述令人生疑：一是个人到底在多大程度上能够根据人力资本标准作出教育选择；二是能否相信人力资本投资对经济发展的贡献程度。在战略层面，以牺牲教育的许多其他方面的贡献为代价，把注意力集中在教育的经济效用上，可能会对社会及个人产生不利后果。塑造人力资本与教育之间关系的组织原则产生了一种组织结构，这种组织结构减慢了为应对未来的经济挑战而可能需要的技能的发展速度，而相关的操作实践导致了领导形式不当、教学方法简化，涉及领导的伦理层面以及学校层面的道德和社会正义等更广泛的问题。因此，人力资本作为教育过程的唯一合法化依据，在任何社会都具有较大的局限性，并可能会事与愿违。

2.7 结论

由此可见，将人力资本理论应用于教育过程，会导致教育在个人和国家层面被视为私人消费品、日用品或地位商品①（Bottery, 2004）。教育改革和结构调整的基本原理主要来自经济方面，特别是在准备劳动力和重新定位国家经济以应对国际竞争方面影响显著（Levin, 2003）：

> 导致管理流程和组织结构、各级机构文化、教学、资源管理和对外关系等各个层面的教育视角的变化。（Foskett, 2003: 180）

然而，如上所述，人力资本理论作为教育政策唯一合法理论，具有严重的局限性，诸如它得到的结果可能适得其反。它造成了这样一种局面，即仅仅将教育看作提高人类劳动价值的一种方式。它没有认识到教育和劳动力不仅是商品，还是

---

① 地位商品（positional good），又译"位置商品"，由英国沃里克大学经济学教授赫希（Fred Hirsch）于 1976 年在其专著《增长的社会限制》（*Social Limits to Growth*）中提出。赫希将人类消费的个人产品和公共产品分为物质商品和地位商品。他认为，当人们的衣食住行等物质商品需求得到满足以后，家庭支出中用于地位商品或带有地位商品特性的物品和劳务的比重就会增加。地位商品的特点就是使用时能产生满足感，而这种满足感正来源于其稀缺性。常用来举例的地位商品包括知名团体的成员身份、高档餐厅的预订座位、名气，等等。地位商品不能被创造，而只能被重新分配，因此对地位商品的竞争是零和博弈。——译者注

价值驱动的社会过程。因此,人力资本话语需要被另一种合法理论取代,或通过纳入另一种合法理论的关键方面来使其产生重大影响。教育不仅仅是生产人力资本,它关乎价值观和信仰、道德、社会正义和社会的本质。正如希尔斯(Hills)所说,未来教育的基础不是"事实和数据……互联网、教科书或讲台上的显性知识,因为这些知识很快就会被淘汰,而且常常成为新思想的障碍。未来教育的基础是从经验或案例研究中获得的隐性知识,因为这些是价值观、道德和品格的基础。它们让人们做好准备,以应对意外和困难的决定"(Hills,2004:27)。

本章提出的四级政策分析框架,可以通过探究在更广泛的社会-政治环境中明显存在的合法化政治话语的确切性质,突出许多教育政策中固有的基本矛盾。通过将这些话语与政策制定中不断演变的治理和战略方向联系起来,该框架有助于确定政策制定过程中的一致性和不一致性。通过探讨从政策的总体战略方向中衍生出的组织原则,该框架有助于阐明政策制定过程中可能出现的冲突。它还可以通过某种方式来确定组织原则与操作实践之间的一致性和不一致性,并显示教育政策的复杂性和争议性。

参考文献

Adams, P. (2014). *Policy and education*. London: Routledge.

Agbo, S. (2004). *The Dialectics of Education for Modernization and the African Diaspora: Unstated features of the university as a vehicle for national development in Africa*. Paper presented at Athens Institute for Education and Research 6th International Conference on Education, Athens, May 21 – 23, 2013.

Apple, M. (2000). *Official knowledge: Democratic education in a conservative age*. London: Routledge.

Ball, S. J., Maguire, M., & Braun, A. (2011). *How schools do policy: Policy enactment in secondary schools*. London: Routledge.

Bassey, M. (2001). The folly of the global phenomenon of economic competitiveness as the rationale for educational development. *Research Intelligence*, *76*(June), 30 – 36.

Beare, H. (2001). *Creating the future school: Student outcomes and the reform of education*. London: Routledge.

Bell, L. (1990). *Control and Influence in a Teaching Union: A study of branch level activities*. Sheffield: Sheffield City Polytechnic.

Bell, L., & Stevenson, H. (2006). *Educational policy: Process, themes and impact*. London: Routledge.

Bell, L., & Stevenson, H. (2013). Introduction: Organizing public education. In L. Bell & H. Stevenson (Eds.), *Organizing public education* (Major Works Series) (Vol. 1). London: Sage.

Bottery, M. (2000). *Education, policy and ethics*. London: Continuum.

Bottery, M. (2004). *Education and globalisation: Redefining the role of the educational professional*. Inaugural Professorial Lecture, University of Hull.

Bowe, R., Ball, S. J., & Gold, A. (1992). *Reforming education and changing schools*. London: Routledge.

Bowl, M. (2012). Post-compulsory, higher education and training. In J. Arthur & A. Peterson (Eds.), *The Routledge companion to education*. London: Routledge.

Bowles, S., & Gintis, H. (1976). *Schooling in capitalist America*. London: Routledge.

Bulmahn, E. (2000). Address to the American Association for the Advancement of Science. Retrieved from http://www.bmbf.de/reden.htm

Foskett, N. (2003). Market policies, management and leadership in schools. In B. Davies & J. West-Burnham (Eds.), *Handbook of educational leadership and management*. London: Pearson Longman.

Giddens, A. (1990). *The consequences of modernity*. Stanford: Stanford University Press.

Halsey, A. H., Lauder, H., Brown, P., & Wells, A. S. (1997). *Education: Culture, economy, society*. Oxford: Oxford University Press.

Harman, G. (1984). Conceptual and theoretical issues. In J. R. Hough (Ed.), *Educational policy: An international survey* (pp. 13 – 27). London: Croom Helm.

Held, D., & McGrew, A. (1999). *Globalization/Anit-globalization: Beyond the great divide*. London: Polity.

Hills, G. (2004). Making the grade. *Royal Society of Arts Journal*, *4*, 26 – 27.

Hodkinson, P., Sparkes, A. C., & Hodkinson, H. (1996). *Triumphs and tears: Young people, markets and the transition from school to work*. London: David Fulton.

Kam, H. W. K., & Gopinathan, S. (1999). Recent developments in Singapore. *School effectiveness and improvement*, *10*(1), 99 – 118.

Kenya Ministry of Education. (2008). *Strategic plan 2008 – 2012*. Retrieved from http://www.education.go.ke/Documents.aspx?docID=1650

Killeen, J., Turton, R., Diamond, W., Dosnon, O., & Wach, M. (1999). Educational policy and the labour market: Subjective aspects of human capital. *Journal of Educational Policy*, *14*(2), 99 – 116.

Kogan, M. (1975). *Educational policy-making: A study on interest groups and parliament*. London: Allen & Unwin.

Lauder, H., Jamieson, I., & Wikeley, F. (1998). Models of effective schools: Limits and capabilities. In R. Slee, G. Weiner, & S. Tomlinson (Eds.), *School effectiveness for whom? Challenges to the school effectiveness and improvement movements*. London: Falmer Press.

Leadbetter, C. (1999). *Living in thin air*. London: The Viking Press.

Levin, B. (2003). Education policy: Commonalities and differences. In B. Davies & J. West-Burnham (Eds.), *Handbook of educational leadership and management*. London: Pearson Longman.

McClenaghan, P. M. (2003). Response to "social capital: An analytical tool for exploring lifelong learning and community development". *British Educational Research Journal*, *29*(3), 435 – 439.

Miidlewood, D., & Abbott, I. (2017). Developing a culture for sustainability in educational organisations. In R. Papa & A. Saiti (Eds.), *Building for a sustainable future in our schools: Brick by brick*. New York: Springer.

Monteils, M. (2004). *The analysis of the relation between education and economic growth*. Paper presented at

Athens Institute for Education and Research 6th International Conference on Education, Athens, May 21 – 23, 2013.

Ng, S. -W. (1999). Home-school relations in Hong Kong: Separation or partnership. *School Effectiveness and Improvement*, *9*(4), 551 – 560.

OECD. (1996). *Measuring what people know: Human capital accounting for the knowledge economy.* Paris: OECD.

Olssen, M., Codd, J., & O'Neill, A. (2004). *Education policy: Globalization, citizenship and democracy.* London: Sage.

Peim, N. (2012). Globalization. In J. Arthur & A. Peterson (Eds.), *The Routledge companion to education.* London: Routledge.

Ream, R. K. (2003). Counterfeit social capital and Mexican-American underachievement. *Educational Evaluation and Policy Analysis*, *25*(3), 237 – 262.

Rizvi, F., & Lingard, B. (2010). *Globalizing education policy.* London: Routledge.

Schultz, T. W. (1997). Investment in Human Capital. In J. Karabel & A. H. Halsey (Eds.), *Power and ideology in education.* New York: Oxford University Press.

Singapore Ministry of Education. (2012). *Our education system.* Retrieved from http://www. moe. gov. sg/ education/

Singapore Teachers' Union. (2000). *Towards a world class education system through enlightened school management/leadership and meaningful educational activities.* Singapore: Singapore Teachers Union.

Spring, J. (2011). *American education.* New York: McGraw-Hill.

Stevenson, H., & Tooms, A. (2010). Connecting "up there" with "down here": Thoughts on globalisation, neo-liberalism and leadership praxis. In A. Normore (Ed.), *The development, preparation, and socialization of leaders of learning-learners of leadership: A global perspective* (pp. 3 – 22). Bingley: Emerald.

Suzuki, S. (2000). Japanese education for the 21st century: Educational issues, policy choice and perspectives. In Y. C. Cheng & T. Townsend (Eds.), *Educational change and development in the Asia-Pacific Region: Challenges for the future.* Lisse: Swets & Zeitlinger.

Tomlinson, S. (2001). *Education in a post-welfare society.* Buckingham: Open University Press.

Verger, A., Novelli, M., & Altinyelken, H. (2012). Global education policy and international development: An introductory framework. In A. Verger, M. Novelli, & H. Altinyelken (Eds.), *Global education policy and international development: New agendas, issues and policies.* London: Bloomsbury Press.

Ward, S., Bagley, C., Lumby, J., Hamilton, T., Woods, P., & Roberts, A. (2016). What is "policy" and what is "policy response"? An illustrative study of the implementation of the leadership standards for social justice in Scotland. *Educational Management, Administration and Leadership*, *44*(1), 43 – 56.

Woodhall, M. (1997). Human capital concepts. In A. H. Halsey, H. Lauder, P. Brown, & A. S. Wells (Eds.), *Education: Culture, economy, society.* Oxford: Oxford University Press.

Zohar, D. (1997). *Rewiring the corporate brain: Using the new science to rethink how we structure and lead organisations.* San Francisco: Berrett-Koehler Publishers.

作者简介

莱斯利·A. 贝尔（Leslie A. Bell） 英国莱斯特大学（University of Leicester）和林肯大学（University of Lincoln）教育领导学荣誉教授。 早年在英国考文垂教育学院（Coventry College of Education）教育系教授教育社会学，随后在英国华威大学（University of Warwick）教育系担任文学硕士课程主任。 1994 年任英国教育和社区研究院（School of Education and Community Studies）院长，后任英国利物浦约翰·摩尔斯大学（Liverpool John Moores University）教育、健康与社会研究学院院长。 1999 年被任命为英国莱斯特大学教育管理系主任，并教授中东、东南亚和英国的教育博士课程。 2006 年从莱斯特大学退休。 后受邀兼任林肯大学教育领导学荣誉教授，其间贡献颇丰。 2016 年 6 月从林肯大学退休。 曾在世界各地的会议上发表重要讲话，并积极促进广泛的专业发展计划。 在教育管理与领导力，尤其是在模糊理论、变革管理、在充满挑战的环境中领导学校、教育领导力的新发展、政府政策的制定和实施及其对学校的影响方面撰写了大量的文章和著作。

（闻凌晨　邓晓莉　译）

第 三 章

精英与专业知识： 政策知识生产的物质条件变化

珍妮弗·T. 奥兹加

（英国　牛津大学）

3.1　引言：精英、专业知识、知识、政策

政策制定者在当前的讨论中,教育和其他领域的政策制定的学术文献中,都经常使用"专家""专业知识"和"知识"等术语,尽管这些术语的定义往往莫衷一是或相互矛盾。专家往往被认为是信息自由流动的敌人,是反民主和为既得利益者服务的人,是为了保护经济和政治精英免受其权力和利益的掣肘而与其密谋与社会作对的人。虽然政策制定者经常援引专家的观点来支持具体的政策方向,但由于专家未能提供同条共贯、无可争辩和"可操作"的知识,因此,政策制定者也会严厉批评专家(Grundmann & Stehr,2012：19)。与此同时,政策制定者常常自信地告诉公众,现在的政策牢固地建立在客观的科学事实基础上,社会"已经有足够的专家"[参见时任英国教育大臣戈夫(Michael Gove)的言论,引自 Clarke & Newman 2017：1]。

对"专业知识"的反感,体现在当前民众和媒体对执政精英和常规政治(normal politics)①的敌意上,英国"脱欧"以及接踵而来的事情,在英国引起了广泛关注,其中包括政治、媒体和公众对欧洲联盟(European Union,EU,简称"欧盟")官僚以及那些寻求维护欧盟四项基本权利的人的敌意。官僚主义——或者更准确地说是技术官僚主义——在媒体和平民主义的话语中得到了体现,这些话语被经济议程和官僚逻辑主导,而在这样一个背景下,国家似乎不太能够独立于全球

---

①　在常规政治的过程中,政客和官僚只不过是在做间隙性改革,而不去追问根本性的原则。具体可参见[美]布鲁斯·阿克曼的《我们的人民：奠基》(2013)一书。——译者注

资本行事，取而代之的是日益服从超国家机构的权威（Jessop，Fairclough，& Wodak，2008；Bevir，2013；Grek，2015；Hartong，2015）。

我要指出的是，此处既不是讨论科学知识的性质，也不是讨论知识和政策关系的竞争模式。卫生与教育中的知识和政策（knowledge and policy in health and education，knowandpol）①项目研究表明，决策者和科学家遵循的是相反的逻辑：正如德姆斯基和纳赛希所说，科学是基于"辩论、怀疑和拒绝知识主张"，而政策：

> ……遵循一种截然相反的逻辑。政策是一种作出可见和可甄别的决策的实践，这些决策能够改变我们的世界。在这样的背景下，承认怀疑是致命的。（Demszky & Nassehi，2014：113）

该项目还认为，最好将包括科学知识在内的所有知识理解为是社会建构的，至少在一定程度上是由产生知识的环境和知识所嵌入的社会关系塑造的。

接下来，我想深入研究专业知识生产的背景以及表达知识的客体和人工产物，重点放在不同形式的知识生产上，比较和对比 20 世纪 70 年代和 80 年代决策者们所能利用的形式，并在当前条件下集中讨论这些问题。在将教育作为一个知识生产可能随时间推移而受到质疑的政策领域来审视时，我认为，我们可以发现知识和政策关系的性质和强度方面发生的重大变化，至少部分是由知识生产的爆炸性增长、知识数据编码的方式，以及知识越来越快的传播能力所致。正如经济合作与发展组织（Organisation for Economic Co-operation and Development，OECD，简称"经合组织"）所言："关键问题是，在复杂的教育系统中，治理和知识如何相互构成并相互影响？"（Fazekas & Burns，2012：6）

自 2006 年起，我与多位同事②合作开展了"相互构成的"当代治理模式的研究，该研究项目获得了资助。许多主要研究成果可以在已出版的作品中找到（例如，Ozga，2016；Lawn & Grek，2012；Grek & Lindgren，2015；Ozga & Grek，2012；Ozga & Lawn，2014；Ozga，Dahler-Larsen，Segerholm，& Simola，2011；Grek & Ozga，2010）。描述这项研究的主要研究成果可能有助于阐述本文的论点，现将其总结如下，以便讨论：

---

① 网址：www.knowandpol.eu

② 许多人参与了这项研究，这里无法一一列举，但我要特别感谢卡瓦洛（Luis Miguel Carvalho）、克拉克（John Clarke）、格雷克（Sotiria Grek）、劳恩（Martin Lawn）、林格伦（Joakim Lindgren）、隆伯格（Linda Ronnberg）和曼格斯（Eric Mangez）。

（1）治理变革和知识变革是相互依存的。

（2）在新自由主义的想象中，社会越来越多地被组织在通过比较知识和数据的流动来构建与维持的网络中。

（3）随着治理变得越来越网络化、灵活和相互关联，知识也在变化，从学科孤岛转变为更基于问题的形式，涉及生产中的新参与者。

（4）有价值的政策知识确定了需要做什么，或"什么是行之有效的"。

（5）专家、顾问以及教育的主要参与者（如督察员）负责翻译编码的知识，并且还要根据数据编码。

（6）因此，他们的工作逐渐成为"政治工作"，但其政治性隐藏在知识生产和交流的过程中。

具体来说，以国家为中心的治理正在衰落，等级组织和正式监管正逐渐被网络和标准取代，正式的政策行动者正被多样化的行动者、公私混合的行动者和非正规行动者（消费者、第三部门成员和媒体）取代，并以数据为行动指南。随着新的行动者，尤其是像培生（Pearson）和麦肯锡（McKinsey）这类公司行动者越来越多地参与数据生产和使用，数据系统使政府和其他权威部门之间的关系得以建立，提供形成和维持这些关系的方法，并提供设备和使战术目标切实可行的技巧（Rose & Miller，1992）。数据系统创建控制程序集，这些控制程序集塑造个体行为，同时显然可以进行自主的选择活动。这些数据是公开的——也被称为"透明的"，它们不再是为政治家和公务员，即官僚精英产生和分配的，而是为更广泛的从事政治工作的人群产生和分配的。过去不受公众和中央政府监督的地方政府和学校，现在变得可见和可评估了（Ozga, Dahler-Larsen, Segerholm, & Simola, 2011：92）。以公开排名、排行榜和国际学生评估项目（Programme for International Student Assessment，PISA，简称"PISA"或"PISA 测试"）成绩表示的数据都是"官方和大众"的知识形式。因此，正如皮亚特娃（Piattoeva，2014）所说，我们可以将其视为从事政治工作，例如，加强对包括地方政府、学校和教师在内的广泛的行动者和机构网络的控制。

他们所从事的大众工作就是以某种方式与公民/学习者/学生个体建立联系，以便指导或调解他们在经济、家庭领域和日常生活等其他方面的决策和行动（参见 Rose & Miller，1992：180）。数据使人们凸显出来，并鼓励人们以特定的方式思考自己——进行自我分类。在学校教育中，数据通过其预测能力对个人和群体产生强有力的影响，个人接受并利用这些数据信息，从事他们自己的生产。数字数据将学校建设为"计算"项目。在这个项目中，通过数字数据对教育进行"建模"，培养了一种算法驱动的"系统思维"意识，通过这种"系统思维"，与教育相关的复杂（和无法解决的）社会问题可被视为复杂（但可解决的）统计问题。

这种新的治理和知识的关系，对处于知识生产和实际问题解决交汇点的特定行动者群体提出了新的技能和工作类型的需求。这些工作需要将信息转化为实践知识、调解冲突和促进利益的技能（Clarke, Bainton, Lendvai, & Stubbs, 2015）。关于专家网络的影响、相互联系和工作的研究越来越多（Ball & Junemann, 2012; Shiroma, 2014），专家网络在大量信息的简化过程和国际比较主导的政策基础上，促进决策者之间达成共识（Ozga, 2015）。由于数据知识迅速扩展，教育方面的专家、建议者和顾问也迅速增多；简化加强了比较的趋势，加强了从比较数据的模式中寻找"可操作知识"的趋势，同时提高了分析师的影响力，并赋予那些能够解释数据并甄别"行动杠杆"的人相当大的权力（Grundmann & Stehr, 2012：20–21），使政治行动更容易。

这些专家"不仅是思想的传播者，他们还利用自己作为各国政府和国际组织政策顾问的丰富经验，开发概念知识，促进教育改革"。此外，"专家和顾问的身份往往掩盖了他们从事政策知识生产活动时的意识形态和政治立场"（Shiroma, 2014：2）。

尽管大数据支持者（例如，参见 Anderson, 2008）声称，数据本身不能说明问题，但是数据中包含了政策选择，因此需要解释。正如城间（Shiroma）指出的那样，因为"专家"这个标签赋予了一个人科学地位和权威，因此常常掩盖其解释的政治性质。隐藏"专家"解释的政治性质是有可能的，因为围绕数据的许多操作涉及应用规则、算法和技术公式中包含的标准与过程，这可以调动"专家"的特定偏好，使专家在应用时并不需要明示他们的选择（Higgins & Larner, 2012：7）。威廉姆森明确指出："数字软件技术、数据系统，以及实施这些技术的编码和算法在教育治理中已经具有较强的影响力，但这些影响力在很大程度是难以看见的。"（Williamson, 2016：4）

关注数据中隐藏的政治问题，使人们注意到数据在为政策服务时至关重要的中介和转化过程，并注意到在特定机构中从事这类工作的专家，特别是那些有自己的工作文化、技术能力和兴趣的专家。这种形式的专业知识的增长被认为是一种跨国现象，越来越多的专家在跨国领域工作，并声称自己是"新的统治精英"（Stone，2013：41；Lawn & Grek，2012：75），也称自己为"有影响力的地方行政长官"（Lawn & Lingard，2002：292）和新"欧洲技术官僚"（Normand，2016：129）。

这些专家在全球范围内开展活动，通过构建号称兼具有效、高效和公平的教育系统模式，促进教育政策趋同。教育和文化世界的全球融合被认为是现代化的一个必然方向，由技术、科学以及最终依赖于科学进步理念的逻辑驱动，调用科学权威来支持这种方法。但是，正如戴尔（Dale，2000：445）所言，这里调用的科学概念未能认识到"科学权威"本身并不能保证模型被接受，除非参照"推进模型的政治条件"。同时，也没有注意到科学知识是在特定背景下产生、被普遍接受和广泛争论的（Connell，2007；Demszky & Nassehi，2014）。

在下一节，我想比较以上总结的研究成果，这些研究成果来自绩效数据对教育治理影响的研究，揭示了数据塑造关系和实践的速度和力量，以及 20 世纪 40—80 年代政策制定研究环境中几乎无数据的情况。这里我使用了从 20 世纪 70 年代开始对决策者进行访谈的数据库，其中有些是回顾性的，有些内容后来结集出版（例如，参见 Gewirtz & Ozga，1990，1994）。回到那个时期，需要注意戴尔所发现的知识生产的政治条件的变化，也要注意知识生产的物质条件的变化，更要注意知识技术的变化，即从纸质知识向数字知识的转变对教育政策精英的性质和构成产生的影响。所谓"知识生产的物质条件"，是指：（1）构成工作（包括知识生产）的社会、政治和经济关系；（2）被视为知识"关键载体"的工具和人工产物（Freeman & Sturdy，2014）。

3.2　前数字时代的政策知识生产

通过对访谈和文本数据的探索和重新分析，我们回到 20 世纪 40—80 年代的政策世界，这也是对我作为研究者和管理者经历的一次重温。20 世纪 70 年代，我曾是英国全国教师联盟（National Union of Teachers）主管部门的管理者，80 年代，我曾是开放大学（Open University）的研究员。在这两个工作环境中，我对决策者进行了访谈，并将访谈内容记录下来。开放大学是英国教育政策研究机构之一，我在全国教师联盟的一部分工作是收集和分析相关数据，以便为工会官员提供帮助。全国教师联盟的工作在组织实践和文化方面与政府机构的工作有许多共同之处，我们往往以公务员制度规范和实践为蓝本。全国教师联盟是 20 世纪 70 年代英国政策的主要参与机构，但是不久之后它进入了一个动荡时期，影响力也逐渐小了。后来，全国教师联盟被调整为与英国教育部（后改称英国教育署）平行的机构。全国教师联盟的职责与英国教育部相同，其地方机构的职责与地方教育当局相同，负责在当地提供教育和教育服务。在他们的设想中，全国教师联盟的工作实践反映了英国教育部的工作方式，全国教师联盟的管理者为全国教师联盟当选官员的实际决策活动提供客观的知识资源（正如白宫官员们所说的，他们的行动是没有偏见的，但借鉴了情报政客的经验）。

在考虑当时的知识生产时，重要的是要记住，20 世纪 70 年代是前数字化时代。那时没有互联网，没有电子邮箱，没有电话、邮件。信件通常是手写或口述的，由文书（负责保存档案和档案副本的人）打印。复印工作既杂乱又乏味，大量生产资料（政策文件、研究报告）必须在不能进行简单修正或修改的系统中打印出来。20 世纪 80 年代出现了复印技术，80 年代中后期出现了激光打印技术，文字处理技术则从 20 世纪 90 年代开始普及。信息技术的这些发展给组织工作带来了巨大的变化（例如，Fox & O'Connor，2015；Zammuto et al.，2007）。但直到 20 世纪 80 年代末，知识积累和传播的主要工具仍是纸质材料。纸质材料很重，不像轻巧、灵活、可传输的互联网数据材料，纸质材料需要实际操作和分类才能完成存储和检索等工作。存储和检索以纸张为载体的数据是一项既苛刻又耗时的技能，需要关注和设计与工作组织层级相关的重要层级。因此，例如，教育"设备"（建筑物和器材）清单和工资成本构成了管理系统的基本数据：考试数据的记录不集中，也不包括全体学校人员。纸是收集信息的媒介。例如，全国教师联盟经常开展调查，以引导政策方向，并与 30 万名成员保持联系，这些调查必须以纸质形式编制、分发和分析。

这些过程塑造了知识生产类型，例如，全国教师联盟成员或地方官员对教育政策作出回应的过程。这些调查以信件的形式提交，必须对其进行记录和分类，以便能指向适当的信息来源，以及起草一份有正式签名的答复。答复也需要分类和记录。从事这项活动者逐渐建立起知识库，他们对当前问题的政策"路线"有了深入了解。

重要的是，这一知识库在很大程度上依赖于判例（precedent）。判例也指导了全国教师联盟委员会的决定,也许判例的力量在全国教师联盟年会得到了最生动的体现。它曾经是现在仍然是英国全国教师联盟主要的政策制定论坛,联盟成员和官员在年会上热烈地讨论和决定政策方向。20 世纪 70 年代,行政人员负责把与当前讨论有关的所有相关材料都装在大柳条筐里运到会议现场,让与会者拿到指导行动的材料。

这里的重点是,教育部和地方教育当局典型的知识生产形式所依据的是过去的判例。过去的判例是当前行动的指导源泉,未来则不那么重要。知识生产所依据的是指导当前的非常具体的知识形式(文件、备忘录、日志)。这些具体的知识形式是"沉重的",但不是"惰性的"。通过纸质档案[用弗里曼(Richard Freeman)和斯特迪(Steve Sturdy)的话说,就是"写在纸上的知识"]与经验丰富的管理人员和官员所拥有的具身性知识的互动,这些具身性的知识形式变得可行(Freeman & Sturdy,2014)。

通过考察英国教育部/教育署 20 世纪 80 年代以前的知识生产过程,我们发现,知识生产和传播的首选形式是行政备忘录(administrative memorandum)。这些文件是冗长、优雅、广博的论文,围绕着教育治理的关键原则,建立并表达了共识。这些关键原则主要致力于维护学校等级制度,以选择和维持一小部分精英阶层。文件的写作规则在很大程度上是隐晦的,与牛津大学本科论文的写作规则类似。通过审查公务员和地方政府官员之间的私人信件以及会议记录和谈话记录,我们发现,一些关注度较高的突出问题,往往是通过避免争议的非正式协议来解决(Gewirtz,1988)。

制作备忘录的能力和制作其他纸质表格的能力被认为要依赖过去的工作经验,工作经验越多,能力发展得越好。通过社会化招聘的工作人员,其标准做法就是"在工作中学习"。工作经验很重要。我的访谈数据提供了一些案例。这是1962—1972 年间新闻部常务副秘书韦弗(Toby Weaver)爵士介绍的该部门管理人员的工作情况:

> 作为教育管理者职业生涯的一部分,您必须对新闻部的工作和困扰教育界的问题有广泛了解。当您在新闻部工作多年后,您就会熟悉各种理事会、委员会和工作组的主要报告,这些报告对问题的分析和解决问题的建议是制定政策的主要资料来源之一。

> 例如,作为教育管理者,您肯定熟悉《普洛登报告》(Plowden Report)

中关于幼儿教育的内容。您要了解法律对该主题有何规定以及教育部过去如何解释该主题。您要遵守与之有关的所有规定。您要熟悉教育部过去和现在的政策，随时准备好解释和捍卫它，了解它的局限性。您要尽最大努力通过书籍、期刊和研究文章去了解专家对该主题的思考及其发展和演变的过程。您要阅读每天放在您办公桌上的剪报，以期发现任何与之相关的内容……最后，您最好时刻关注国务卿对这个问题的看法。

从我们目前的情况来看，这些程序似乎极其缓慢，并开始与公众（或与公众代表）的联系脱节。事实上，即使在 20 世纪 70 年代，尤其是在 1979 年石油危机之后，庄严的教育官僚机构也面临着变革的压力。这些压力来自经合组织，该组织把 20 世纪 70 年代英国的教育政策制定描述为秘密的、保守的、致力于维持现状的以及与其他政策发展（尤其是与就业、技能和经济有关的政策发展）脱节的。随后，在石油危机最严重的时候，议会特别委员会进行了调查，要求改革数据加密标准（data encryption standard，DES）。议会特别强调，教育与经济之间的联系需要更多协商和开放。对此，韦弗（Weaver，in House of Commons 1975 - 1976）再次答复说，数据处理站（data processing station，DPS）没有就数据加密标准进行过多磋商，因为它"不希望鼓励过早投机"。

3.3 变革中的知识生产

这种对外部批评的反应基调，以及它传达出的假设——依赖已知事物并且不愿想象未来——在整个 20 世纪 70 年代关于学校教育结构及其满足不同需求（首先是性别平等，然后是种族平等）的辩论中受到挑战。在这段辩论和混乱的时期之后，英国的改革议程当然也包括教育部和地方政府的重大变革。20 世纪 80 年代中期，前商人雷纳（Derek Rayner）成立了公务员效率敦促部门（Civil Service Efficiency Unit），旨在推动白厅的组织文化变革，将技术专长放在首位，并招募"行动导向的思想家——能够完成任务的人"。政府鼓励公务员学院与工商界的最高管理层建立联系，新一代的政治顾问开始让人们感受到他们的存在。随着文字处理的普及，电子表格成为知识交流的新形式，新的公共管理思想通过这些技术传播，这些技术打破了公共部门、科室、地方教育当局以前有严格界限的教育知识体系。在这里，我们看到在治理中得到重视的知识和专业知识的变化——向通用管理转变（Cutler & Waine，1998）。在这种情况下，公共部门应用普遍原则，要求公务员具有通用的知识和技能。官僚机构被妖魔化为受规则约束和判例驱动，易被生产者俘虏。知识生产新技术的发展使得新管理实践和信念的传递和接受成为可能，并打破了判例和等级制度的既定模式。

由判例和共同文化习俗实践塑造、受规则约束、等级分明的组织，被另一个精英群体——皇家督学团（Her Majesty's Inspectorate）取代。对学校进行督察是一种特别有趣的基于知识的治理实践。总之，在英国，过去和现在都是直接观察学校和教学实践的。也就是说，就学校教育而言，督察员有权（也必须）进入学校，观察学校内部发生的事情。因此，它是具身性评价，即督察员是独特的代理人，他必须出现在督察现场，并且具有知识检查力、判断力和权威性。此外，这也是一种定性评估形式，涉及行使判断力，而不（仅仅）是统计规律性或偏离绩效标准和目标的方法，尽管绩效数据与判断之间的关系有所加强（Ozga，2015）。

在英国，从皇家督学团的传统、独立和精英地位到英国政府机构教育标准局（Office for Standards in Education，Ofsted）的转变，很好地说明了在改变知识生产政策的过程中政治条件关键因素的一致性。这是女王陛下的前首席督察员布朗（Sheila Browne）1974年的描述：

督察一直是由具有适当经验和相关原则框架的人以开放的心态进行的密切观察。

在1992年创建教育标准局时，这种优先考虑具身性和经验性知识的方法被搁置，因为在20世纪80—90年代后期从事改革的政府看来，皇家督学团（包括杰出的教育家）的工作重点更多地放在影响政府而不是学校上，并且较容易受生产者掣肘。事实上，皇家督学团的组织文化给人留下了非常深刻的印象，督察团的这位前首席督察员在回忆皇家督学团改革前的文化时写道：

……这是一种我称之为军国主义和等级的风格——它是由进入督察机构的人驱动的，当然是在战后时期……它非常强大。我认为，这是一种非常强大的手段，可以引导人们并在检查业务时给予他们非常好的专业基础。同时，我也有点担心。我担心在业务检查时会采取一套相当保守的态度和价值观……

我认为，您几乎必须辨别出编码知识中的某些内容，因为它从未被真正教授过……当你观察那些实际上来自金字塔尖的教育或社会阶层的高级官员时，你会发现，那些拥有独立学校背景的人占了绝大多数——占相当大的比例——这远远超出你的正常预期。

于是，皇家督学团就行使了一种以知识为基础的权力，通过对话和报告进行管理，这与他们的精英地位、他们的专业团体，以及他们作为能够联系不同学校和教学实践的唯一机构的运作意义有关。他们对权威的诉求建立在对个别学校的认知上，这些知识存在于笔记、档案、报告和信件中，并通过他们的网络和出版物传播。20世纪70年代，皇家督学团为英国国家基测（National Primary Surveys）提供了研究和取样技术，并出版了检查报告的分析性研究，称自己是"关于当前教育问题有见地、有建设性的小册子中资料来源最广的一个"（Allen，1960）。1992年前，英国督察员们表示坚决支持这样的观点，即督察员的鉴赏能力或艺术能力是判断学校教育的最适当依据。督察员判断的有效性取决于"他们的背景、培训、经验以及集体判断的内化标准"。

然而，负责英国现代化《教育改革法》（Education Reform Act）（1986）的英国前国务卿贝克（Kenneth Baker）谴责督察机构"植根于进步的正统主义、平均主义和综合学校制度。它极度反优秀、反选择、反市场……如果公务员是这种文化的守护神，那么皇家督学团的教育督察员就是它的司祭团"（Baker，1993：168）。

虽然皇家督学团设在政府部门内部，有一定程度的专业和文化联系，但教育标准局与它实际上是分开的。教育标准局是一个更分散的组织，核心规模较小，外包工作量很大。在知识生产方面，皇家督学团强调观察和经验，同时有强大的社会化和共同的工作文化，教育标准局使用观察模板，开始向标准化迈进，并且从20世纪90年代末开始越来越多地使用绩效数据来设置检查参数。正如我们的研究所发现的，这些形式的知识生产对经验性或具身性知识的引用和调动产生了实质性的限制：

> 想想看，在英国，我们有太多的数据，而很多督察员并不真正理解这些数据……我的意思是——你可以让数据说出任何你想说的话，而这些话是很难通过视察来反驳的，或者你也可以说一些与数据不同的话……你处在左下象限。你很难在报告中说："……嗯，是的，数据是这样的，但实际上学校比数据好得多，这是有原因的……"但是，教育标准局会说，数据表明了这一点。（Contract Inspector 14）

我认为最后一个框架是最不专业的，几乎不给督察员使用他们专业判断的机会……因为其中的算法。好吧，如果 x 是一年级而 y 也是一年级，则 z 必须是一年级。（Contract Inspector 11）

从 20 世纪 80 年代开始，对当前政治状况的关注凸显了大多数工作形式的变化——在全球化生产的背景下，越来越多的技术专家将工作合理化，新自由主义原则占主导地位，推动了新的工作文化和与之相伴的关系，包括增加雇员的依赖性、有利于跨国雇主的限制性和惩罚性的合同关系、要求工人加强生产投入、工人的风险和不安全感加剧，以及利益的非集体化和与历史上根深蒂固的价值观的疏离。然而，在"知识丰富、不断学习、动态创新的组织"中，工作应该是为知识经济创造资源（Casey，2013：201）。正统的政策是，为了创新和增长——"雇主需要积极、不断寻找有新的和更好的做事方法的工人、更高的技能水平，以及雇主和雇员之间新的、信任的关系"（European Commission，2020）。

我们对 2012—2014 年间英国监察局工作关系和实践进行的研究发现，劳动力的特征是分散和分裂、需要监督和缺乏信任。随着数据使用增多，工作条例限制了专业判断并导致更大的压力：

……你确实获得了数据。但是当你真正进入学校时，你经常会发现，数据跟实际情况并不完全匹配。但是，你要做的就是——这对一些督察员来说是困难所在——在发现学校的实际情况跟数据不匹配时，让一切说得通。

如果数据与学校的情况不匹配的话，怎样才能让数据发挥作用？如何让一切说得通？

这时就需要专业判断了。但是，由于存在风险因素，通常人们会谨慎使用数据。当你缺乏自信，缺少经验时……风险因素是常见的，这可能让专业判断变得很难。（Contract Inspector 25）

高风险工作条件支持并将继续支持日益增加的对数据的依赖。在其他领域也是如此，既定的专业知识受到攻击，政治影响在政策中占据主导地位。在 20 世纪 80 年代，政治顾问作为一个群体出现，迅速成为政策知识的强大来源。此后，政治顾问的数量和影响力不断增加。以下内容摘自 20 世纪 80 年代对塞克斯顿（Stuart Sexton）的采访，他从 1979 年起担任六位国务卿的政治顾问，在将市场原则引入教育方面非常有影响力。塞克斯顿解释了他和其他跟随者是如何影响政策走向的：

我的角色实际上是提出、开发、研究我们为 79 次选举制定的教育政策。后来，我被任命为国务卿的特别顾问，贯彻、执行并进一步发展这个政策——我可能是 20 世纪 70 年代唯一的顾问，20 世纪 80 年代后，其他人也加入进来。

此外，我还在经济事务研究所（Institute of Economic Affairs）出版了相关著作，这些著作广泛呈递给部长、议员以及所谓的意见领袖，也出现在诸如出版物、大型讨论会、研讨会和许多非正式会议中。

著名的保守派政治哲学家斯克鲁顿（Roger Scruton）在 20 世纪 80 年代接受采访时，描述了他所建立的希尔盖特集团（Hillgate Group）的影响：

希尔盖特集团是一个私人的小型俱乐部，成员都关注教育系统的问题，特别担忧公立学校的发展。我们的目的是，在政府开始考虑和关注这些问题的关键时刻，撰写一本见解独到、一针见血的小册子以供参考。你也可以这样理解，我们希望赢得制定新政策的话语权。

这些访谈强调，纸质出版物是经济事务研究所和希尔盖特集团这类团体政治顾问传播思想的主要形式，但这些访谈也提醒人们注意"意见领袖"的重要影响力，以及新政策使用的政治化语言。这些新政策不是官僚机构内部相互独立的交流，也不采用"一针见血"的小册子所采用的行政备忘录的语言风格。事实上，在这一时期，有影响的支持教育"改革"的著作的特点是缺乏证据，观点表达也缺乏力度，又不受判例和历史的影响。

正如前任教育总督评论政治顾问影响力的增强：

他们真是太可怕了。因为他们通常是经验不足的人。他们雄心勃勃，而且非常固执己见。这只是前进路上的一步。他们对到底需要做什么有自己的看法，并受媒体和公众舆论的影响，而不受历史的影响。从 1974 年到 1979 年，教育部的负责人是旧式的公务员，他们清楚地记得事情的发生和经过。我是说，现在任何历史感都消失了，从公务员制度中消失了。

这个评论与我们多年来收集的知识生产性质不断变化的数据一样，强调所涉及的专业知识变化的性质、媒体日益增长的影响力，以及对"可操作性"知识的重视，包括向"真实"世界转化和协商（Issakyan，Lawn，Ozga，& Shaik，2008；Ozga & Lawn，2014）。这与行政备忘录的封闭世界相去甚远，正如该部门一位高级公务员所表达的：

> 我深度参与了……数据的解释、管理、使用和未来。我参与了目标制定和国家课程结果的评估……我是一名全职公务员，但引进的一些外部专业知识构成了政策的现实基础。
>
> 我有一些优秀的教师和顾问，他们先和孩子们交谈，直接和孩子了解出了什么问题，我认为这是一份专业的工作，而不是公务员的工作。

3.4 讨论

本章参考的一些研究为政策知识生产物质条件方面发生的显著变化提供了证据。从静态的、集中控制的、存储在大型文件中并依据判例来指导政策的知识生产方式，转向去中心化的、面向未来的、网络化的、过程化的、自主的和流动的知识生产方式（Issakyan，Lawn，Ozga，& Shaik，2008）。政策知识生产方式网络化的性质（在某种意义上，政策是由不同的决策者、专家和实践者共同制定的）使它更容易交流，因此它的运行也为新自由主义经济的市场化提供了主要驱动力（Thrift，2005）。这些变化也意味着新政策参与者的出现，这些新政策参与者通过网络组织起来，转化和协商日益密集的数字化信息。问题是，这些政策参与者是否能成为新的精英？

目前，精英理论在某种程度上被忽视了。但是，在我研究开始的 20 世纪 70 年代，无论是在教育学术研究中，还是在那些将自己定义为政策制定者的人当中，精英理论（至少在英国）已经坚定地建立起来。政策精英被认为是一个相当明确的群体，他们通过教育、经验以及家庭背景、阶级、性别和宗教相互联系。对这一时期政策制定者的"假设世界"的研究，描述了他们的社会身份和专业身份是如何交织在一起的。格林纳威（Greenaway，1988）对英国公务员精英的政治教育进行了研究，强调教育在塑造一个以正直、超脱和团队合作为特征的全能模范公务员方面的影响。主要的公立学校和传统的大学被视为接受这种教育的理想培训场所，也是培养友谊、忠诚和尊重传统的场所（Kelsall，1954）。实际上，萨维奇（Gail Savage）发现，在 1940—1969 年，英国教育部/教育署官员中有 60% 毕业于公学和牛津、剑桥这类大学，社会同质性很高（Savage，1983）。在 1900—1986 年，每 5 个常任秘书中就有 3 个曾就读于克拉伦登公学（Clarendon Public School），其中，75% 是 1965—1986 年就读于牛津、剑桥的男性。高级公务员之间的密切关系从学龄早期一直延续到整个工作生涯。正如赫克罗（Heclo）与怀尔德夫斯基（Wildavsky）的经典研究——"公共资金的私人管理"中引用的财政官员的一句话：

英国的公务部门是由一群从小一起长大的人组成的。（Heclo & Wildavsky，1974：76）

我和格维茨（Sharon Gewirtz）在20世纪80年代对英国退休官员和积极参与"二战"后重建的官员进行了文献分析和访谈，这些文献分析和访谈揭示了（通过特定的公学和通婚建立的）密切的社交网络。这种友谊源远流长、互惠互利，同时会延续到下一代。这些政策制定者在实际的政策制定过程中，往往持有一个共同的信念，即来自不同学校的人能力不同，就像智商测试所表明的那样。政策制定的特点是参照判例，只有对来自"底层"的变革压力的焦虑（特别是在战后的那些年里），才会打破这种例判（Lawn，1996）。

根据先前的研究（Gewirtz & Ozga，1990），最好将战后教育政策理解为由一群高度关联的人管理的一个系统，他们努力保持政策的连续性，同时要维持他们的权力和控制地位。在经典的马克思主义术语中，这叫作"位置精英"，即通过结构上的统治和共享，更确切地说，是隐晦的意识形态信念，来确保其持续的统治地位。这些精英都有在统治结构（包括教育系统）中工作的能力，他们追求他们的物质利益和社会利益，特别是那些能让他们在面对来自"底层"的挑战时维持自己地位的利益。

近来，精英理论对结构分析提出了挑战，并着重于横向的、基于文化的权力和控制形式，以及分布式的社会关系。事实上，精英理论已经更专注于文化精英及其共同的教育经历（例如，van Zanten，Ball，& Darchy-Koechlin，2015）。然而，在扩大精英的参与范围方面大有可为，包括通过专业知识的视角和政策知识的生产，以凸显精英知识生产策略的变化，并说明它们如何与治理形式相关联。当前的争论和民粹主义话语中所表达的对精英的敌视所产生的一个影响是——重新审视这一领域的理论和实证工作，正如政治科学家和政策社会学家试图理解经济、文化和政治资本的占有与咨询、技术和新的治理网络增长之间的关联一样（Ball & Junemann，2012；Normand，2016）。在英国，斯科特（Scott，2008）的研究始终关注精英阶层通过掌权来行使结构性权力的能力，同时也观察和认识到统治结构的流动性以及其作为动态制度结构发挥作用的能力，这种能力会随时间的推移和发展而变化。用里德（Reed，2012：210）的话说，通过知识与政策的关系，这种对精英的态度将"掌权"与"行使权力"结合起来。

在本章中,我试图结合数据的增长及其在政策制定中的主导地位,探索新精英(专家)的发展。2006 年以来,研究开始追踪数据的增长,政策制定者越来越依靠数据来提供"可操作的知识",咨询服务并行增长。在对欧洲数据兴起的研究中,我们发现了技术专业知识的增长以及技术官僚在制定政策及解决方案方面的强大力量(Ozga & Grek,2012)。研究表明,正在开发"认知"治理的欧洲技术官僚利用其技能来巩固和扩大其权威和权力(Normand,2016:129)。

如果我们把焦点放在弗里曼所说的"真实事物,即人们在政策实践中使用的客体、工具、手段和人工产物"上,那么与 20 世纪 70 年代"无数据"时期的对比则一目了然。正如我试图表明的,这些人工产物不是毫无生气的,而是结构性实践的(Fenwick & Edwards,2014)。人工产物或客体——行政备忘录、算法——表达和塑造知识,传递知识并将其编码。它或明或暗地传递了一些信息,在 20 世纪 70 年代,是经验和判例的重要性,而在当代背景下,则是速度和前瞻性思维的必要性。这里讨论的人工产物确实表明精英们已经发生了变化,专业知识分布于不同的地方,并且采取了不同于英国主流的形式。但是,这样一个关于精英本质的大问题,在如此简短而又稍有侧重的研究报告中是无法回答的。我的建议是,拓宽我们对政策这一主题的研究方法,纳入思里夫特(Thrift,2005)所称的"世俗材料"(mundane materials)及其在生产和构成政策知识方面的积极作用,这将为我们理解专家和精英在政策制定中的作用提供一个新的维度。

参考文献

Allen, G. C. (1960). H. M. Inspectors of schools: A personal impression. *International Review of Education*, 6 (2), 235 – 239.

Anderson, C. (2008, June 23). The end of theory: The data deluge makes the scientific method obsolete. *Wired*. Retrieved from www. wired. com/2008/06/pb-theory/

Baker, K. (1993). *The turbulent years*. London: Faber & Faber.

Ball, S. , & Junemann, C. (2012). *Networks, new governance and education*. Bristol: Policy Press.

Bevir, M. (2013). *A theory of governance*. Global, Area, and International Archive Books, Open Access Publications from the University of California. Retrieved from http://escholarship. org/uc/item/2qs2w3rb

Casey, C. (2013). Workers, citizens and lifelong learning: The search for sociocultural Innovation. In F. Garibaldo, M. Baglioni, C. Casey, & V. Telljohan (Eds.), *Workers, citizens, governance*. Frankfurt am Main: Peter Lang.

Clarke, J., & Newman, J. (2017). People in this country have had enough of experts: Brexit and the paradoxes of populism. *Critical Policy Studies*, *11*(1), 101–116.

Clarke, J., Bainton, D., Lendvai, N., & Stubbs, P. (2015). *Making policy move: Towards a politics of translation and assemblage*. Bristol: Policy Press.

Connell, R. (2007). *Southern theory: The global dynamics of knowledge in social science*. Cambridge: Polity Press.

Cutler, T., & Waine, B. (1998). *Managing the welfare state: Text and sourcebook*. Oxford: Berg.

Dale, R. (2000). Globalisation and education. *Education Theory*, *50*(4), 427–449.

Demszky, A., & Nassehi, A. (2014). The role of knowledge in scientific policy advice. In T. Fenwick, E. Mangez, & J. Ozga (Eds.), *World Yearbook of Education: Governing knowledge: Comparison, knowledge-based technologies and expertise in the regulation of education* (pp. 113–127). London: Routledge.

European Commission. (2020). *Europe 2020: A strategy for smart, sustainable and inclusive growth*. http:// utenti. dea. univpm. it/sterlacchini/Economics%20of%20Innovation/Readings/Europe2020_2015. pdf

Fazekas, M., & Burns, T. (2012). Exploring the complex interaction between governance and knowledge in education. *OECD education working papers*, No. 67, OECD Publishing. Retrieved from https:// doi. org/ 10. 1787/5k9flcx2l340-en

Fenwick, T., & Edwards, R. (2014). Network alliances: Precarious governance through data, standards and code. In T. Fenwick, E. Mangez, & J. Ozga (Eds.), *Governing knowledge: Comparison, knowledge-based technologies and expertise in the regulation of education* (*world yearbook of education 2014*) (pp. 101–113). London: Routledge.

Fox, K., & O'Connor, J. (2015). *Five ways work will change in the future*. Retrieved from https:// www. theguardian. com/society/2015/nov/29/five-ways-work-will-change-future-of-workplace-ai-cloud-retirement-remote

Freeman, R., & Sturdy, S. (2014). *Knowledge in policy: Embodied, inscribed, enacted*. London: Policy Press.

Gewirtz, S., & Ozga, J. (1990). Partnership, pluralism and education policy: A reassessment. *Journal of Education Policy*, *5*(1), 37–48.

Gewirtz, S., & Ozga, J. (1994). Interviewing the education policy elite. In G. Walford (Ed.), *Researching the powerful in education*. London: UCL Press.

Greenaway, J. (1988). The political education of the civil service mandarin elite. In R. Fieldhouse (Ed.), *The political education of servants of the state*. Manchester: Manchester University Press.

Grek, S. (2015). Seeing from the top of the tower: PISA and the new governing panoramas in Europe. *Compare: A Journal of Comparative and International Education*, *45*(3), 479–481.

Grek, S., & Lindgren, J. (Eds.). (2015). *Governing by inspection: School inspection in Scotland, Sweden and England*. Oxford: Routledge.

Grek, S., & Ozga, J. (2010). Re-inventing public education: The new role of knowledge in education policy-making. *Public Policy and Administration*, *25*(3), 271–288.

Grundmann, R., & Stehr, N. (2012). *The power of scientific knowledge*. Cambridge: Cambridge University Press.

Hartong, S. (2015). Global policy convergence through "distributed governance"? The emergence of "national" education standards in the US and Germany. *Journal of International and Comparative Social Policy*, *31*(1), 10 – 33.

Heclo, H. , & Wildavsky, A. (1974). *The private government of public money*. London: Macmillan.

Higgins, V. , & Larner, W. (Eds.). (2012). *Calculating the social: Standards and the reconfiguration of governing*. London: Palgrave Macmillan.

House of Commons. (1975 – 1976). *Tenth report of the Expenditure Committee: Policy-making in the Department of Education and Science* (pp. 6 – 7). London: HMSO.

Issakyan, I. , Lawn, M. , Ozga, J. , & Shaik, F. (2008). *The social and cognitive mapping of policy: The education sector in Scotland*. KNOW & POL Orientation 1, Final Report. Retrieved from http://www. knowandpol. eu/fileadmin/KaP/content/Scientific_ reports/Orientation1/O1 _ Final _ Report _ Scotland _ educ. pdf

Jessop, B. , Fairclough, N. , & Wodak, R. (2008). *The knowledge-based economy and higher education in Europe*. London: Routledge.

Kelsall, R. K. (1954). The social background of the higher civil service. *The Political Quarterly*, *25*(4), 382 – 389.

Lawn, M. (1996). *Modern times? Work, professionalism and citizenship in teaching*. London: Routledge.

Lawn, M. , & Grek, S. (2012). *Europeanizing education: Governing an emerging policy space*. Oxford: Symposium.

Lawn, M. , & Lingard, B. (2002). Constructing a European policy space in educational governance: The role of transnational policy actors. *European Educational Research Journal*, *1*(2), 290 – 307.

Normand, R. (2016). *The changing epistemic governance of European education*. Rotterdam: Springer.

Ozga, J. (2015). Working knowledge: Data, expertise and inspection in the governing of education. In H. -G. Kotthoff & E. Klerides (Eds.), *Governing educational spaces: Knowledge, teaching, and learning in transition* (pp. 15 – 35). Rotterdam: Sense Publishers.

Ozga, J. (2016). Trust in numbers? Digital education governance and the inspection process. *European Educational Research Journal*, *15*(1), 69 – 82.

Ozga, J. , & Grek, S. (2012). Governing through learning: School self-evaluation as a knowledge-based regulatory tool. *Recherches sociologiques et anthropologiques*, *43*(2), 83 – 103.

Ozga, J. , & Lawn, M. (2014). Frameworks of regulation: Evidence, knowledge and judgement in inspection introduction to special issue of *Sisyphus. Journal of Education*, *2*(1), 7 – 16.

Ozga, J. , Dahler-Larsen, P. , Segerholm, C. , & Simola, H. (Eds.). (2011). *Fabricating quality in education: Data and governance in Europe*. London: Routledge.

Ozga, J. , Baxter, J. , Clarke, J. , Grek, S. , & Lawn, M. (2012). The politics of educational change: Governance and school inspection in England and Scotland. *Swiss Journal of Sociology*, *39*(2), 205 – 224.

Piattoeva, N. (2014). Elastic numbers: National examinations data as a technology of government. *Journal of Education Policy*, *30*(3), 316 – 334.

Reed, M. (2012). Masters of the universe: Power and elites in organization studies. *Organization Studies*, *33*(2), 203 – 221.

Rose, N. , & Miller, P. (1992). Political power beyond the state: Problematics of government. *The British Journal of Sociology*, *43*(2), 173-205.

Savage, G. (1983). Social class and social policy: The civil service and secondary education in England during the interwar period. *Journal of Contemporary History*, *18*(2), 261-280.

Scott, J. (2008). Modes of power and the reconceptualisation of elites. In M. Savage & K. Williams (Eds.), *Remembering elites*. Oxford: Blackwell Publishing.

Shiroma, E. O. (2014). Expert consultants and knowledge production. In T. Fenwick, E. Mangez, & J. Ozga (Eds.), *Governing knowledge: Comparison, knowledge-based technologies and expertise in the regulation of education* (*World Yearbook of Education 2014*) (pp. 101-113). London: Routledge.

Stone, D. (2013). *Knowledge actors and transnational governance: The private-public policy nexus in the global agora*. Hampshire: Palgrave Macmillan.

Thrift, N. (2005). *Knowing Capitalism*. London: Sage.

Williamson, B. (2016). Digital methodologies of education governance: Pearson plc and the remediation of methods. *European Educational Research Journal*, *15*(1), 34-54.

Zammuto, R. , Griffith, T. , Majchrzak, M. , Dougherty, D. , & Faraj, S. (2007). Information technology and the changing fabric of organization. *Organisation Science*, *18*(5), 749-762.

van Zanten, A. , Ball, S. , & Darchy-Koechlin, B. (Eds.). (2015). *Elites, privilege and excellence: The National and Global Redefinition of Educational Advantage* (*World Yearbook of Education 2015*). London: Routledge.

作者简介

珍妮弗·T. 奥兹加(Jennifer T. Ozga) 英国牛津大学（University of Oxford）教育系名誉教授，2010—2015 年任该校社会学教授；英国爱丁堡大学（University of Edinburgh）社会与政治科学学院（School of Social and Political Sciences）名誉教授和客座研究员。 在任教于牛津大学之前，曾任爱丁堡大学教育社会学中心（Centre for Educational Sociology）主任。 英国科学院（British Academy）和英国社会科学院（Academy of Social Sciences）院士，芬兰赫尔辛基大学（Helsinki University）访问学者。 目前获莱弗休姆荣誉基金（Leverhulme Emeritus Fellowship）资助，对"治理教育：1986 年以来英格兰和苏格兰的知识与政策"进行研究。 该研究调查了 1986 年以来知识与政策在治理教育中不断变化的关系，重点关注政策参与者可利用的知识形式的变化，以及这些变化的知识形式（例如，统计、数字媒体和数据的增长）对该工作过程和关系的影响。

（张曦琳　邓晓莉　译）

第四章

教育质量的国家观念

袁振国

（中国 华东师范大学）

教育质量长期以来是教育哲学家们争论的话题,他们争论什么是好的教育（Burbules,2004）。在全球实践中,许多国家都在探索如何使学习者获得良好的教育。在经济合作与发展组织（Organisation for Economic Co-operation and Development,OECD,简称"经合组织"）发布的《2015 年教育政策展望》（*The Education Policy Outlook 2015*）中,约 16% 的经合组织成员国的教育改革措施关注教育质量和公平。

自 2013 年以来,"提高教育质量"已成为国家教育改革的战略主题。这同样也是《中华人民共和国国民经济和社会发展第十三个五年规划纲要》对教育工作的总要求,"十三五"是中国着力提高教育质量,进入教育强国行列的一个重要时间节点。以提高教育质量为主线,是中国教育发展到一个新的发展阶段的历史要求。[①]

改革开放以来,中共中央关于教育工作有几个最重要的历史性文件,如 1985 年的《中共中央关于教育体制改革的决定》、1993 年的《中国教育改革和发展纲要》和 2010 年的《国家中长期教育改革和发展规划纲要（2010—2020 年）》。在这三个文件中,"质量"一词出现的频率分别是 4 次、20 次、51 次,这很典型地反映了教育质量在我国教育发展过程中的地位变化。目前,中国教育正处在从教育大国向教育强国加快发展的重要时期。面对世界格局更加复杂、国际竞争日益激烈、

---

① 根据教育部发布的《2020 年全国教育事业发展统计公报》，2020 年学前教育毛入学率 85.2%，比 2012 年增长了 20.7%，超过了中等收入和高收入国家的平均水平。 小学学龄儿童净入学率 99.96%，初中阶段毛入学率 102.5%。 九年义务教育巩固率为 95.2%，比 2012 年提高 1.6 个百分点，高于高收入国家平均水平。 高中阶段毛入学率 91.2%，比 2012 年提高 6.2 个百分点；高等教育毛入学率 54.4%，比 2012 年提高 24.4 个百分点，均超过中、高收入国家的平均水平。

创新驱动成为核心动力的新时期,中国教育以提高教育质量为统领,实现教育更好发展,可谓适逢所需、适逢其时。

教育质量的含义很丰富,从不同角度可以有不同的阐释。什么叫教育质量?怎么提高教育质量?从学生、教师、学校、地区和国家等不同层面考虑,有不同的回答和侧重,提高教育质量自然也有不同的任务和策略。例如,学校最关心的可能是学校的学业成就、招生和毕业率等方面的质量。而从国家战略层面来说,教育质量更关注数量、结构、公平、教师和创新。本章重点讨论后一种观点,即教育质量的"国家概念"。

教育质量的核心最终取决于人才的培养(Hill, Lomas, & Macgregor, 2003)。从国家的角度来看,衡量人才培养质量的根本标准有两个:一是看能否适应经济社会发展的需要,既满足社会当下对人才数量和规格的需求,又为未来发展做好必要的人才储备;二是看能否适应人的发展需要,既能保证对公民基本素质的培养,又能提供个性化的发展空间。而从国家战略层面来看,有五个关键因素影响和决定教育质量,提高教育质量首先要通过深化改革,使这五个因素不断得到改善。

4.1　适当的教育数量是提高教育质量的基础

改革开放 40 余年来,教育能力的快速增长是我国教育发展最大的特点和成就。在此期间,我国全面实现了免费九年义务教育,高中阶段毛入学率从 20% 提高到 91.2%;与此同时,高等教育毛入学率从 3% 提高到 54.4%。[①] 正是由于教育事业的快速发展,我国才实现了从人口大国向人力资源大国的转变。现在,我们有世界上最大的教育规模,有数量最多的高校在校生。除入学率外,各级各类教育的毕业率、通过率和优秀率也逐步提升。其中特别值得一提的是,与全体国民素质相关的义务教育年限得到了充分延长。

但是,我国教育数量发展的任务并没有完成,从培养未来高素质国民劳动力的角度来看,教育质量受到了削弱。义务教育是现代国民教育的基础和起点,是一个国家文明发展水平的重要标志。义务教育的普及年限在很大程度上决定着

---

① 这些统计数据来自《2020 年全国教育事业发展统计公报》,各项统计数据均未包括香港特别行政区、澳门特别行政区和台湾地区。

国民素质和人力资源水平的高低。纵观世界发展的历史,发达国家无不把普及义务教育作为国民素质不断提升和经济持续增长的重要动力。目前,世界义务教育平均年限为 9.24 年,我国的九年义务教育年限低于世界平均水平,更低于同属中高收入国家的 9.5 年的平均水平。通过对成功跨越"中等收入陷阱"[①]的国家的历史进行分析发现,具有较长的义务教育年限是成功跨越"中等收入陷阱"国家的共同特征。我国正处于成功跨越"中等收入陷阱"的关键时期,适时延长义务教育年限十分必要。综合我国教育社会发展水平和阶段性特征,借鉴国际经验,建议将义务教育年限延长到 10 年,向下(即学前教育)延长一年。如果分阶段实施的话,可以考虑从农村、边远地区开始,逐步推进,以利于缩小差距,充分发挥教育平衡器的作用,促进社会公平,助力全面建成小康社会。

4.2 合理的结构是教育质量的骨架

结构是整体各部分的衔接和布局。有什么样的结构就有什么样的功能。教育结构即各级各类教育之间的衔接和布局,它决定着人才培养种类的数量和规格。教育结构有类型结构、层次结构、布局结构、学科结构、专业结构等。[②] 从整体结构来看,数量并不是越多越好,即使是高层次教育,也不是越多越好,结构不良的教育会导致社会浪费甚至社会灾难(例如,大规模的结构性失业);合理的教育结构与就业结构、产业结构有良好的契合关系,能有效促进经济社会发展,提高国家竞争力(贾继娥,褚宏启,2012)。整体结构决定了教育质量。例如,韩国 2012年高等教育入学率已经达到 84%,却出现了毕业生大量失业,同时技术工人严重缺乏的矛盾。为了化解这一矛盾,韩国决定将高等教育入学率下调到 73%。所以,比例恰当、适合经济社会发展需要的教育量才刚好(袁振国,2013)。

---

① 世界银行的《东亚经济发展报告(2006)》(East Asia Economic Development Report 2006)提出了"中等收入陷阱"的概念。它的基本前提是,很少有中等收入经济体能够成功成为高收入国家。相反,大多数中等收入经济体的经济增长陷入停滞,因为它们无法在工资方面与低收入国家竞争,也无法在前沿技术发展方面与高收入国家竞争。

② 学校类型包括公立教育、民办教育、公立—民办教育等。教育层次是指学前教育、基础教育、中等教育、高等教育等。布局是指不同地区、不同城市、不同农村之间的教育发展布局。学科结构主要是指各学科均衡发展所需的比例。专业结构是指专业人才在人口中所占的比例。

　　基础教育与高等教育、普通教育与职业教育、职前教育与职后教育、公办教育与民办教育的合理布局是优化教育结构最基本的内容。进入 21 世纪以来，基础教育阶段着力推进义务教育的均衡发展和高中教育的特色发展，高等教育阶段以一流大学、一流学科的"双一流"建设为抓手，大力提高高等教育质量，基础教育与高等教育相互衔接，得到了平衡推进。各级政府对职业教育和继续教育给予了更高重视，职业教育与普通教育、学校教育与继续教育的差距有所缩小，民办教育也不断发展。但相对于普通教育、职前教育和公办教育，职业教育、职后教育和民办教育发展环境不利，有待改善。

　　职业教育的重要性已越来越成为政府和社会的共识，但职业教育总体上仍然处于"政府热，民间冷"的状态。从理论上讲，职业教育和普通教育只是类型不同，而非等级之分，但事实上，职业教育仍然存在"二流教育"的嫌疑。近年来，职业教育经费大幅增加，高中阶段职业教育和普通教育的生均经费已经相差不大。根据我国政府发布的教育统计数据，2006—2013 年，职业教育投资总额从 1 141 亿元增加到 3 450 亿元，年均增长率达 17.1%。然而，由于欠账太多，标准不同，不利于职业教育发展的政策限制远未全部消除，职业教育离受人尊敬、成为人们志愿选择的目标还非常遥远。[①] 在高等职业教育阶段，差距更大。因此，调整相关政策，制定职业教育的办学标准，增加财政投入，降低收费标准，十分迫切。

　　职后教育[②]在很大意义上尚未纳入国民教育体系，所以在通常情况下，我们说到教育，基本上讲的都是职前教育[③]。随着知识社会、智能社会的日益逼近，从事知识经济人群的日益扩大，职后再教育的意义将越来越凸显。经合组织的一份研究报告告诉我们，经济危机过程中，年轻人就业率普遍下降，员工收入普遍降低，但高技能工人的收入反而提升，就业反而供不应求。他们的研究表明，在经济、科技、人口等多种因素中，一个国家的核心竞争力最重要的不是其他，而是在职人员的劳动技能和在职人员新劳动技能的培训水平。劳动技能能不能发展，在职人员能不能掌握新的劳动技能，是一个国家的核心竞争力（OECD，2012）。与职后教育

---

　　① 职业教育分为中等职业教育和高等职业教育。

　　② 职后教育的主要目的是帮助职工获得专业知识和技能，培养职业道德，这是他们在工作中取得更大的成功和生产力所必需的。

　　③ 职前教育的对象是即将开始工作的人。职前教育内容主要包括以下四个方面：基本工作能力、心理素质、社会常识和基本礼仪。

的重要性相比,我国对职后教育的重视就太不成比例了,在职教育尚缺乏明确的法律规定,在教育系统中尚处于边缘化的状态,经费、人员、主管责任等都还非常模糊,在财政预算中甚至还没有明确的科目。

民办教育与公办教育的比重发生了复杂的变化,在"促进发展"和"加强管理"的博弈上,"促进"不足,"管理"有余,存在"国进民退"的现象。1995—2005 年的十年间,通过办学体制、筹资体制的改革,我国教育经费大幅度增长并实现了来源渠道的多元化:全社会教育总投入占国内生产总值的比例从 3.09% 增长到 4.55%,提升了 1.46 个百分点,其中财政性投入贡献了 0.47 个百分点,非财政性投入贡献了 0.99 个百分点。而 2005—2014 年的九年间,国家加强了对各级教育的经费保障力度,财政性投入大幅增长,非财政性多渠道教育经费投入的贡献度却不断下滑:全社会教育总投入占国内生产总值的比例由 4.55% 增长为 5.15%,财政性投入贡献了 1.36 个百分点,非财政性投入却下降了 0.76 个百分点。根据国际经验,随着经济发展和居民收入水平的提高,物质消费占居民总消费的相对比重逐步下降,非物质的教育卫生消费比重逐步上升。据中国统计年鉴资料,2013 年我国城镇居民的恩格尔系数比 2000 年下降了 4.4 个百分点,农村居民的恩格尔系数下降了将近 12 个百分点,可是,2000—2013 年,我国居民消费的结构呈相反趋势:城乡居民的医疗保健、交通通信、衣着等方面的消费支出占比呈现不同的上升趋势,但教育消费支出所占比例不但没有上升,城市反而从 7.3% 下降为 4.7%,农村由 10.5% 下降为 5% 左右(国家统计局,2013)。改善服务,提供选择,拉动消费,是一举多得的事,当前还是要把鼓励、支持作为促进民办教育政策的重点,把中央"十三五"建议中要求的"支持和规范民办教育发展,鼓励社会力量和民间资本提供多样化教育服务"落到实处。在考虑民办教育营利性与非营利性分类管理的时候,要把有利于民办教育发展放在重要位置,在条件成熟的时候稳步推进。

4.3 教育公平是教育质量的有机组成部分

教育公平是社会公平在教育领域的体现和重要内容。一个国家的教育质量是全体国民的质量,而不是部分人更不是少数人的质量,没有质量的公平是低质量的公平,没有公平的质量是少数人的质量。实际上,公平和质量是一枚金币的两面,相互依存、相辅相成。教育公平是一个不断努力无限接近的目标,在历史的进程中分为梯度推进的四个阶段:机会公平、条件公平、过程公平和结果公平(袁振国,2015)。科尔曼提出,现代教育的一个作用是授予与社会经济地位无关的有价值的证书,即社会流动的机会(Coleman,1968)。据此,普费弗提出从教育机会均等的角度来评价教育质量(Pfeffer,2015)。

机会公平的本质是学校向每个人打开大门——有教无类;条件公平的本质是办好每一所学校——均衡发展;过程公平的本质是平等地对待每个学生——一视同仁;结果公平的本质是为每个学生提供适合的教育——因材施教。这四个阶段相互关联、相互促进、相辅相成。

"有教无类"是2 500年前孔子提出的教育主张,《中华人民共和国教育法》规定:"公民不分民族、种族、性别、职业、财产状况、宗教信仰等,依法享有平等的受教育机会。"但要完全做到这一点,需要艰苦的努力。能不能上学是前提,是教育公平的起点,进不了学校的大门,什么机会、福利都无从谈起。然而,有学上与上什么学,差别很大,同样是九年义务教育,不同地方、不同学校可能有着完全不同的办学水平。中国在促进教育公平方面作出了巨大的努力。但是,中小学的择校现象仍然普遍,反映了学校办学条件之间不容忽视的差距。学生在不同的学校受到的教育不同,在同一所学校甚至坐在同一间教室也未见得就能享受同样的教育。从政府责任的角度说,促进教育公平的主要措施是合理配置公共教育资源,缩小城乡、区域、学校之间的差距,创造条件公平的环境。但是,对每个具体的学生来说,学校内、班级内的不公平对个体发展的影响更大、更直接,后果更严重。怎样把保障每个公民平等接受教育的权利这一现代教育的基本理念落到实处,怎样确保平等对待每个学生,保障每个学生得到平等的学习机会和发展机会,这是过程公平的问题,更需要细心维护,需要教育观念和教师素质的更大进步。

结果公平并不是让所有的人取得同样的成绩,获得同样的结果,因为这是不可能的,也是不应该的,教育公平并不是让大家一样,更不是把高水平拉到低水平。所谓结果公平,是指为每个人提供适合的教育,即因材施教,使每个人尽可能得到最好的发展,使不同家庭背景的学生受到同样的教育,缩小社会差距的影响,阻断贫困的代际传递。

要强调的是,在上述四个阶段中,都有一个正义公平的问题,即特殊人群受到特殊对待,教育资源向弱势人群适当倾斜。"十二五"期间各级政府采取"一揽子"

计划,多管齐下,教育公平迈出了重大步伐,义务教育均衡发展水平明显提高,城乡、区域、校际差距不断缩小,家庭经济困难学生、农民工子女和残障儿童等弱势群体得到更多关爱。相比较而言,农民工子女公平接受教育问题难度大、进展慢且政策力度小,近千万农民工子女的义务教育尚未得到应有保障。特别是人口流入重点城市,受教师编制、学校用地、经费总量的限制,农民工子女的教育水平与当地教育水平反差很大。农民向城市转移,农民转为市民是大势所趋。我们一定要明白,今天的农民工子女就是明天的市民,他们的素质和心态决定着未来市民的素质和对社会的态度。需要综合各方面的力量,站在社会协调发展的高度,下决心解决。

4.4 优秀的教师是提高教育质量的关键

教师是 21 世纪教育质量的关键(Darling-Hammond & Lieberman,2012)。教育质量归根结底取决于教师质量,教师队伍中优秀人才能否进得来、留得住、有发展,对教育质量具有关键意义。培养和聚集一流教育人才,不仅是发展教育、加快教育强国建设的需要,也是提高各级各类人才质量、建设人才强国的需要。但一个不容乐观的现象是,教师收入在我国十九大行业中一直徘徊在中等偏下水平。由于教师工作负担重(除了教学工作外还有大量重复的工作)、工作时间长(大多数教师每周工作时间在 54 小时以上),教师职业的荣誉感和吸引力有所下降(陈鹏,李以,2016)。近年来,师范专业录取分数线逐渐下降,特别是农村教师生活环境改善明显滞后,农村教师老龄化严重、结构失调,制约了教育质量的提高。进一步采取有力措施提高教师待遇,改善教师工作和生活环境,保持教师对中等水平之上高级人才的吸引力,关系着国家的未来。基于我国的现状,通过优秀教师来保持和提高教育质量迫在眉睫。

一是大力提高教师队伍整体素质。我国有 1 700 多万专任教师,他们是人才培养的主要依靠。近年来,我国教师队伍整体学历水平提升了一个层次,中学教师实现了本科化,小学教师也有相当比例达到了本科水平。但面对社会发展千变万化,创新经济、信息化、国际一体化进程深入推进,知识不断更新的形势,加强教师的继续教育和岗位进修,不断提高学历的"保鲜度",才能不断提高教师队伍的整体素质。

二是吸引优秀人才进入教师队伍。吸引优秀人才是教师队伍可持续发展的保证。20世纪90年代以来,我国教师收入水平不断提高,生活和工作条件不断改善,但教师收入在我国十九大行业中仍然处在中等偏下水平。由于教师工作压力不断加大,教师职业的吸引力有所下降,贫困地区教师吸引力更加不足。为此,要在全社会进一步营造尊师重教的氛围,提高教师工资和福利待遇,特别是继续改善贫困地区教师的待遇和条件,保持教师队伍建设的后劲。

三是促进教育家队伍壮大成长。教育家办学是提高办学水平和育人水平的内在要求。现在我们已经到了群体教育家诞生的时代：教育信息化、终身化、国际化已基本实现,具备先进教育理念、把握教育规律、富有创新意识、形成独特风格的优秀教师和优秀校长成批涌现。从农业社会到工业社会,从工业社会到知识社会,从纸质信息到网络信息,教育已经从社会边缘走向社会中心,我们需要更新观念,改进评价和激励机制,为群体教育家的诞生创造更好的制度环境和文化氛围。

四是激励优秀教育人才向中西部和艰苦边远地区流动。经济的落后是暂时的,文化的落后、教育的落后才是更严重的落后。21世纪以来,国家加大了对中西部和边远贫困地区的支持力度,但由于经济原因,这些地区的优秀教师仍然不断向发达地区倒流,人才流失是这些地区发展的最大障碍。为此,要以更大的力度支持农村,东部反哺西部,以多种灵活有效的机制吸引优秀教育人才到西部和农村去。此外,可以设计和建立各种灵活和有效的机制,以吸引更多各领域的优秀教育人才。

4.5 教育创新是提高教育质量的核心

当今世界,知识经济方兴未艾,逐渐成为世界主导经济；经济全球化深入推进,国际竞争日益加剧；信息网络化全面普及,知识和技术不断推陈出新。中国正处于转型升级的关键时期,创新是引领发展的第一动力。国家"十三五"规划要求"必须把创新摆在国家发展全局的核心位置",创新人才是关键,教育是基础。但创新能力不足和创新人才培养乏力正是我们最大的软肋,可以说是我们的"阿喀琉斯之踵"(Achilles' heel)。

2009年和2011年,上海两次参加了经合组织实施的国际学生评估项目(Programme for International Student Assessment, PISA,简称"PISA"或"PISA测

试"),取得了令人瞩目的成绩,数学、科学、阅读三个领域的得分均名列世界第一,受到世界高度关注,但同时,我国学生的学习时间最长和解决问题、想象力得分偏低同样令人印象深刻。尽管中国学生花在学习上的时间最长,但解决问题和想象力的分数却相对较低,缺乏解决问题的能力和想象力(OECD,2012)。

自从 1977 年恢复高考制度以来,全国各省共产生了 3 600 多名"状元",按照我们的评价和选拔标准,这些都是最优秀的人才,经过大学和研究生教育进入社会以后,取得骄人业绩也在情理之中。但事实情况完全不符合人们的预期,在各行各业的杰出人才当中,至今还没有这些"状元"的身影。学生问题意识弱,综合解决问题的能力不足,动手能力不强,想象力不丰富,创新精神和创新勇气不足,"高分低能"成为我国特有的一种现象。

目前,国家改革了高考制度,鼓励地方政府和学校探索自身办学特色。在培养学生创新能力的系统改革中,课程、教学方法、评估和学校管理的创新也被考虑在内,这已被视为国家教育体系质量的关键指标。

参考文献

Burbules, N. C. (2004). Ways of thinking about educational quality. *Educational Researcher*, *33*(6), 4 - 10.

Coleman, J. S. (1968). The concept of equality of educational opportunity. *Harvard Educational Review*, *38*, 7 - 22.

Darling-Hammond, L., & Lieberman, A. (2012). *Teacher Education around the world: Changing policies and practices*. London and New York: Routledge.

Hill, Y., Lomas, L., & Macgregor, J. (2003). Students' perceptions of quality in higher education. *Quality Assurance in Education*, *11*(1), 15 - 20.

OECD. (2012). *PISA 2012 Results*. Retrieved from https://nces. ed. gov/surveys/pisa/pisa2012/pisa2012highlights_11. asp

OECD. (2015). *Education policy outlook 2015: Making reforms happen*. Retrieved from https://www. oecd. org/edu/EPO%202015_Highlights. pdf

Pfeffer, F. T. (2015). Equality and quality in education: A comparative study of 19 countries. *Social Science Research*, *51*, 350 - 368.

国家统计局. (2013). *2013 年中国统计年鉴(第 32 卷)*. 北京: 中国统计出版社.

贾继娥, 褚宏启. (2012). 教育发展方式转变的三条路径. 教育发展研究, *32*(03), 1 - 6.

陈鹏, 李以. (2016 年 11 月 10 日). 中小学教师职业状况调查②: 收入不高 压力不小 责任重大. 光明日报, 第 5 版.

袁振国.（2013）.*跨越中等收入陷阱国家教育变革的重大启示*.北京：科学教育出版社.

袁振国.（2015）.*以改革促进教育公平*.*基础教育*，*12*（3），39－41.

作者简介

袁振国　华东师范大学教育学部主任，国家督学，中国教育学会副会长。曾在教育部工作十余年，任教育部师范教育司、社会科学司副司长。曾任中国教育科学研究院院长，国家教育咨询委员会秘书长，国家教育体制改革领导小组办公室副主任等。

Part II
Education Policy
and Reform

第二编

教育政策与教育改革

第 五 章

教育改革万象： 多元困境的类型学分析①

郑燕祥

（中国　香港教育大学）

5.1　引言

自20世纪90年代末起,世界各地由政策制定者发起的教育改革数不胜数,旨在应对全球化、国际竞争、技术革新以及经济转型带来的挑战(Cheng & Townsend,2000)。过去的20年间,在政策强势推进的背景下,教育改革在很大程度上已经成为一种全球性的现象或运动(Zajda,2015)。对不同文化、社会与经济背景的国家而言,教育改革的制定和实施可能是多样化的,但总的来说,在许多国家和地区,尤其是亚太地区,例如澳大利亚、柬埔寨、中国、印度、日本、韩国、新西兰、菲律宾、泰国、新加坡等,从宏观、中观和操作层面看,呈现出九种共同趋势(例如,Baker,2001;Caldwell,2001;Castillo,2001;Cheng,2001a,2001b;Rajput,2001;Rung,2001;Sereyrath,2001;Shan & Chang,2000;Sharpe & Gopinathan,2001;Suzuki,2000;Tang,2001;Townsend,2000;Yu,2001)。

郑燕祥(Cheng,2005a)以及郑燕祥与汤森(Cheng & Townsend,2000)的研究发现,宏观层面教育改革的主要趋势是:重建新的国家战略与教育目标;重构不同层次的教育体制;教育市场化、民营化和多元化。中观层面的主要趋势是:促进家长与社区参与教育及管理。机构层面的主要趋势是:确保教育品质、标准与问责;加大简政放权和校本管理力度;提高教师素质,促进教师、校长的终身专业发展。操作层面的主要趋势是:在学习与教学环节使用信息技术,将信息技术运用于管理,

---

① 本章部分内容改编自郑燕祥（Cheng, 2005a, 2015a, 2015b; 郑燕祥, 2017）和郑燕祥, 张志强和吴顺荣（Cheng, Cheung, & Ng, 2016）。

在学习、教学与评估中实现范式转换。

这些趋势几乎涵盖了教育体制的所有关键要素，几乎每一种趋势本身都可能涉及政策制定、实施与评估等许多举措和努力。这意味着在一次系统的教育改革中，可能会实施各种各样的新举措和变革。作为一种现象，各国的教育改革呈现出如下一些饶有深意的特点。

为了应对激烈的国家竞争，当一个国家抱着提升人力资本与竞争实力的目的推进教育改革时（Beetham & Sharpe, 2013；Longworth 2013；Ramirez & Chan-Tiberghein, 2003），它所在地区的竞争者通常也会进行教育改革，启动更多教育体制改革举措以赶超竞争对手。过去20年来，学校教育的国际学生评估项目（Programme for International Student Assessment, PISA, 简称"PISA"或"PISA 测试"）（OECD—PISA, 2006, 2009, 2012），以及高等教育的国际排名[如《泰晤士高等教育》（*Times Higher Education*）2014—2015 年世界大学排名]，事实上强化了这种趋势，并驱动了本土与国际教育改革。

鉴于上述背景，教育改革作为全球化或国际运动的一部分，在世界各国和地区之间相互影响、广泛传播之下，具有一些共同的趋势和相似的改革模式，这并不稀奇。例如教育问责制（education accountability）、质量保证审查（quality assurance review）、校本管理（school-based management）和教育市场化（marketization in education），这些都是世界范围内教育改革的共同举措（Figlio & Loeb, 2011；Gawlik, 2012；Keddle, 2015；OECD, 2011）。

假设所有改革举措的初衷是良好的，都是可以实现的，而不考虑文化和实际情况，政策制定者通常会进行全方位的改革，实施很多并行举措，但计划在很短的时间内实现。可能他们担心如果不尽快推行改革举措，就会失去国家竞争力（Amdam, 2013；Baumann & Winzar, 2016；Fitzsimons, 2015）。这可能是许多国家推行如此多的教育改革计划的原因，涵盖了过去20年大多数教育改革的趋势（Cheng, 2005a：Chap. 7）。

经过近20年的发展，亚太地区的大多数国家和其他地区都在教育改革中投入了巨大的资源，以期给社会各界带来实质性改变（Cheng & Townsend, 2000；Savage & O'Connor, 2015；Lee & Gopinathan, 2018）。遗憾的是，时至今日，许多国家或地区的改革成效并不令人满意，它们的教育体制在培养新一代方面也令人沮丧。比如，中国台湾地区1995年开始大规模的教育改革，中国香港特别行政区在

2000 年推出教育改革蓝图,但是经过 15 年至 20 多年的实施,两地都报告在教育体制改革中遭遇严重的挫折和失败(郑燕祥,2017;Chou,2003)。

无论是家长还是社会人士,都未能看到教育改革当初承诺的成效如期而至。相反,他们常常对新举措感到困惑失望,对学校教育逐渐失去信心。一些经济条件较好的家庭干脆把孩子送到国外接受教育。与此同时,大部分教师、校长被巨大的压力搞得焦头烂额。香港特区就是一个典型的例子,市场化带来的过度竞争、问责制带来的严密控制、众多并行措施带来的工作量增加、过度管理和监督带来的去专业化、教育环境的不确定性和模糊性带来的高压力,都成为教育改革中的隐忧,潜在地影响教师的幸福感与工作境况(如被不必要的繁忙工作所累,教师职业地位下降,教学质量下降等)(Cheng,2009;郑燕祥,2017)。

鉴于教育改革在过去 20 年间产生深远影响,在政策分析中,如果能知道为什么教育改革的初衷那么美好,但是最终却未带来预期的结果,甚至失败,会是很有趣且富有意义的。我们可以从过去这么多年的教育改革中汲取哪些经验教训,来避免在未来的政策规划与实施过程中重蹈覆辙?值得一提的是,在教育改革中,哪些是主要关注的问题、张力及矛盾?政策制定者、教育者、变革推动者和其他利益相关者在政策规划与实施中应该注意什么?

为了解决此类难题,本章旨在提供一个初步分析,阐述可能影响教育改革成功的关键困境。在弥合理论与实践的鸿沟过程中,给研究、政策制定与实践带来些许启示。

基于笔者对 20 世纪 90 年代末到 2017 年全球范围内教育改革现象的研究分析(Cheng,1996;2005a,b;2007;2009;2014;2015a,b;郑燕祥,2017;Cheng, Cheung & Ng,2016;Cheng & Creany,2016;Cheng, Ko, & Lee, 2016;Cheng & Townsend, 2000),本章将探讨分析以下七种类型的困境:(1)全球化与本土化之间的取向困境(orientation dilemmas);(2)教育改革浪潮中的范式困境(paradigm dilemmas);(3)公共利益与私有化之间的财政困境(financial dilemmas);(4)并行改革举措之间的资源困境(resources dilemmas);(5)各阶段规划与实施的知识困境(knowledge dilemmas);(6)多元利益相关者之间的政治困境(political dilemmas);(7)校本管理与中央知识平台之间的功能困境(functional dilemmas)。如果不能理解、处理这些多元困境与相关的紧张关系,许多愿望良好的教育改革最终可能会在实施中失败。

5.2 全球化与本土化之间的取向困境

迅速全球化是过去20年最突出的特征之一。教育如何回应全球化的趋势与挑战，成为近些年政策制定过程中的一大关注点（Stromquist & Monkman, 2014; Zajda, 2015; Verger, Lubienski, & Steiner-Khamsi, 2016）。此外，面对21世纪个体与地方社区日益增长的各种发展需要，在当前的教育改革中，不仅要实现全球化，本土化与个体化也是必要的。在一些国家，教育向全球化、本土化与个体化的范式转变的趋势愈发猛烈（Cheng, 2005a: Chap. 3）。

全球化为共享知识、技术、社会价值和行为规范创造了很多机会，促进不同国家、个人、组织、社群与社会等不同层次的发展。尤其是全球化的优势包括以下几个方面（Brown, 1999; Cheng, Cheung, & Ng, 2016; Spring, 2014; Waters, 1995）：

- 在全球范围内，共享知识、技能与智力资产，这对于个体、地方社区与国际社会的多元发展尤为必要。

- 互相扶持，创造协同效应，以促成全球各国、社区与个体的各种发展。

- 通过全球共享、相互扶持来创造价值、提升效率、提高生产率，以此服务于地方需求与人类发展。

- 促进国际理解与合作，构建和谐关系，尊重各国与各地区的文化多样性。

- 促进各组织、国家与地区之间的多向交流和多文化欣赏。

作为全球化的有力证据，21世纪以来，教育尤其是高等教育的国际化在国际宣言、国家政策声明、高校战略计划以及学术文章中，都得到了核心关注或具有战略优先地位（Knight, 2014a）。一般来说，人们往往认为国际化的过程和结果有助于培养学生的全球能力、经济竞争力、创收、国家软实力建设、高等教育部门的现代化，以及向知识/创新社会转型（Altbach & Knight, 2007; Knight, 2014b; Mohsin & Zaman, 2014; Yeravdekar & Tiwari, 2014）。世界各地国际留学生数量突飞猛进，国际教育在过去20年成为一项蓬勃发展的事业（Institute of International Education, 2008a, b, c; 2014）。国际学生的数量有望从2012年的450万攀升至2025年的800

万（OECD，2014）。

对许多国家而言，全球化与国际化似乎不可避免。诸多相关项目已在教育改革中得以推进，其宗旨就是在全球化的过程中抓住机会，促进社会发展，提高人民素质。然而，近些年全球化对本土与国家发展的消极影响愈加显著（Cheng，2005a：Chap. 3）。诸多社会，尤其是发展中国家发起抵制全球化威胁的运动与宣言（Porta, et al., 2015；Fominaya，2014；Martell，2016）。人们认为全球化的危险后果是多种多样的，包括政治、经济与文化的殖民化，发达国家对发展中国家的压倒性影响，以及贫富地区间迅速扩大的鸿沟。具体而言，全球化的潜在负面影响包括以下几个方面（Brown，1999；Stiglitz，2002；Waters，1995；Martell，2016）：

- 加大了发达国家与欠发达国家间的技术鸿沟，阻碍了获取平等分享的机遇。

- 为一些发达国家在经济、政治上殖民化其他国家创造了更多显而易见的合法机会。

- 剥削当地资源（包括物质资源与人力资源），损坏欠发达地区的本土文化来使一些发达国家受益。

- 加剧了不同区域、不同文化间的不平等与冲突。

- 推崇一些发达地区的主流文化与价值观，加速发达地区对欠发达地区的文化移植。

许多人相信，在不可避免的全球化进程中，教育作为关键要素之一可以调适全球化的一些重要影响，使之由消极变为积极，将威胁转化为机遇来促进个人与地方社区的发展（Green，1999；Henry, Lingard, Rizvi, & Taylor，1999；Jones，1999）。鉴于以上的探讨，在教育的全球化和本土化之间，特别是对发展中国家来说，可能存在政策导向上的两难或张力。比如，如何让全球化的积极影响最大化，消极影响最小化，就是摆在当代教育改革面前的首要难题。

具体到教育领域，我们如何在不产生负面影响的前提下，通过全球化促进个人与本土知识的发展？在全球化势不可挡的背景下，地方教育体制及其实践以何种方式将全球知识和世界级技能本土化，培养学生面向 21 世纪的能力？遗憾的是，尽管本地和国际上进行了大量的教育改革，但探讨这些重要困境和问题的研究并不多。

5.3 教育改革浪潮中的范式困境

自 20 世纪 80 年代以来,世界范围内的教育改革经历了三次浪潮,包括高效教育运动(effective education movement)、优质教育运动(quality education movement)以及世界级教育运动(world-class education movement)。根据郑燕祥(Cheng,2005a)的观点,每一次教育改革浪潮都是在自己的范式内对教育的本质进行概念化,并制定相关举措,在操作、现场和系统层面改变教育实践。从一次浪潮到另一次浪潮的更迭,在学习、教学与领导的概念化与实践环节中,范式转换随之产生(Abbas,Bharat,& Rai,2013;Beetham & Sharpe,2013;Cheng,2011,2014;Cheng & Mok,2008;Kiprop & Verma,2013)。

这三次教育改革的范式各不相同,它们对背景假设、改革运动、效能的理解、教育机构的角色、学习的本质、教学的本质的假设都不尽相同(Cheng,2015b)(见表5.1)。

表 5.1 教育改革的三种范式

主要特征	第一种范式	第二种范式	第三种范式
背景假设	• 工业社会 • 相对稳定与确定 • 中央规划教育供给	• 商业社会和消费社会 • 不稳定,同时存在不确定性与竞争 • 教育供给由竞争和市场驱动	• 终身学习与多元发展的社会 • 快速变革的社会,包括全球化与技术革新 • 教育供给与内容以全球化、本土化与个性化为特征
改革运动	**高效教育运动** 改善内部过程,促进教育机构的表现,旨在提高达成教育目标的效能	**优质教育运动** 确保教育服务的优质性与公众对教育的问责,以满足多元利益相关者的期望与需求	**世界级教育运动** 确保世界级教育标准,以保证学生的多元持续发展
效能的理解	**内部效能** 达到预期的目标成就,改善学习、教学与学校管理的内部过程,传授知识、技能与价值观	**外部效能** 利益相关者对教育服务的满意度、公众的问责和教育服务在市场中的竞争力	**未来效能** 将教育与学生未来的发展和社会的长远进步相关联

续　表

主要特征	第一种范式	第二种范式	第三种范式
教育机构的角色	**传递的角色** 在一个相对稳定的工业社会，通过教师与课程，传授预先规划好的知识、技能与文化价值观	**服务的角色** 在竞争市场中提供教育服务，以满足利益相关者的期望与需求	**促进的角色** 在全球化与变革的背景下，促进学生与社会多元和持续地发展
学习的本质	**学生是受训者** 学生从教师和课程那里接受知识、技能与文化价值的过程	**学生是客户或利益相关者** 学生接受教育机构和教师提供的教育服务的过程	**学生是自发的情境多元智能学习者** 学生发展情境多元智能以及 21 世纪可持续发展能力的过程
教学的本质	**知识传授/教学** 教师教授知识、技能与文化价值的过程	**提供服务** 教师提供教育服务以满足利益相关者的期望与需求的过程	**促进多元的和持续的发展** 培养学生情境多元智能以及 21 世纪可持续发展能力的过程

改编自：Cheng(2005a,2015b)

第一次教育改革浪潮。高效教育运动代表了第一次教育改革浪潮，旨在改善学习、教学与管理的内部过程，提高内部效能（Cheng，2011）。诸多举措，包括学校管理、教师质量、课程设计、教学方法、评价方法、资源分配以及教学环境等方面的变革，都旨在提高内部效能（Cheng，2005b；Ghani，2013；Gopinathan & Ho，2000；Kim，2000；MacBeath，2007）。

在第一次教育改革浪潮中，教育机构扮演传递的角色，即在一个相对稳定的工业社会，传授预先规划好的知识、技能与文化价值观。第一次教育改革浪潮强调学习是一个接受的过程，在这个过程中，学生主要是接受知识、技能和文化价值，以谋求社会生存的受训者。教师则是知识、技能与文化价值的传授者或指导者（Cheng，2014）。

第二次教育改革浪潮。为了回应公众对教育的问责，满足利益相关者期望的教育质量以及 20 世纪 90 年代对教育市场化的关切，全球教育陆续出现了从第一次教育改革浪潮到第二次教育改革浪潮的范式转变。为了确保教育服务的优质性与公众对教育的问责，以满足多元利益相关者的期望与需求，各种教育改革相继启动（例如，Figlio & Loeb，2011；Gawlik，2012；Keddie，2015；OECD，2011）。在此过程中，出现了迈向优质教育或竞争性学校（quality education or competitive schools）的趋向，它强调品质保证、学校监控与评价、家长选择权、学生券、市场化、家长社区参与治理以及基于绩效的拨款机制（Cheng，2015b；Cheng & Townsend，2000；Mukhopadhyay，2001；Pang et al.，2003）。

在第二次教育改革浪潮中，教育机构扮演服务的角色，即在商业社会和消费社会的竞争市场中提供教育服务，而且教育服务的品质要满足关键利益相关者——学生、家长、雇主以及其他社会群体的期望与需求。第二次教育改革浪潮强调外部效能，即利益相关者对教育服务的满意度、公众的问责和教育服务在市场中的竞争力。学生是接受教育机构和教师提供的教育服务并通过学习逐渐成为劳动力市场上具有竞争力一员的客户和利益相关者。教师则是提供教育服务以满足利益相关者期望与需求的教育服务提供者。

第三次教育改革浪潮。21世纪以来，教育改革的第三次浪潮开始涌现，它尤其关注未来效能，将教育与学生未来的发展和社会的长远进步相关联。鉴于全球化与国际竞争的冲击，第三次教育改革浪潮由世界级教育运动驱动。根据世界级标准研究与测量教育绩效，通过全球比较，促进学生在一个充满挑战与竞争的时代获得多元和持续的发展。

第三次教育改革浪潮强调情境多元智能（contextualized multiple intelligences）、全球化、本土化和个性化（Cheng，2015b；Maclean，2003；Baker & Begg，2003）。诸多改革举措提出了新的教育目标，即培养学生的情境多元智能以及21世纪可持续发展能力，强调终身学习，促进全球网络化与国际视野，提升信息和通信技术在教育中的广泛应用（Finegold & Notabartolo，2010；Noweski et al.，2012；Salas-Pilco，2013；Kaufman，2013）。在第三次教育改革浪潮中，学习被视为一个发展过程，在这个过程中，学生是自发的情境多元智能学习者，发展他们的情境多元智能和21世纪可持续发展能力，以便在快速变化的时代获得多元的和可持续的发展。教师则是培养学生情境多元智能以及21世纪可持续发展能力的促进者。

鉴于上述论及的三次教育改革浪潮背后的范式是不同的，在教育改革政策的酝酿和实施过程中就出现了如下的困境。

一些政策制定者与教育人士无视不同范式的关键特征。他们时常跟随教育改革潮流采纳新举措，而不了解相关的范式在社会、文化和技术上是否与现存的情境条件、发展阶段和社会背景相契合。换言之，在现存改革与情境背景之间存在困境，导致不同层次的教育改革实施遇到困难。

已实施的改革措施与拟定的教育目的和目标之间存在范式困境，这也是很常见的，这同时也阻碍了教育改革。比如，无视第二次教育改革浪潮和第三次教育改革浪潮之间的范式鸿沟，香港的政策制定者采用了众多第二次教育改革浪潮中的计划举措（比如市场化、竞争、问责手段等），旨在达成第三次教育改革浪潮的教育目的。过去十几年的教育改革已经产生许多冲突并遇到很多困难（郑燕祥，2017；Cheng，2018），如何弥补这种范式鸿沟（困境），确保同一范式内各项举措和目标的一致性，应该是教育改革规划和实施的重要议题。

从一次教育改革浪潮到下一次教育改革浪潮的范式转变，不仅涉及技术与操作方面的变革，而且涉及意识形态与文化方面的变革，表现在个人、团体、学校与系统的各个层面。这种转换十分复杂，并且是动态的，包括不同类型的困境和张力的处理与解决。比如，如何使介入的团体改变最初的思维模式、实践模式，完成由第一次教育改革浪潮、第二次教育改革浪潮到第三次教育改革浪潮的范式转换？确保范式转换成功的主要因素或驱动力是什么？在本土化与国际化层面，学习、教学与领导力范式转换的主要特征有哪些？成功经验是什么？在不同水平的教育中，范式转换的问题何在？所有这些问题构成了有待探索的新领域（Cheng，2015b）。

5.4 公共利益与私有化之间的财政困境

一般来说，随着全球化、国际竞争和社会转型，为了满足本地与国家的多样化需求，政策制定者在制定政策时面临巨大的财政压力。有鉴于公共资源短缺，财政模式可能会因公共利益与私人利益等目的差异而有所不同（Labaree，1997；Bloom，Hartley，& Rosovsky，2007；Le Grand & Robinson，2018）。在教育改革拨款上就时常存在两难问题，当教育服务不仅仅属于私人利益，也属于公共利益的时候，常常会出现纷争。

在教育改革中，政策制定者试图改变教育财政模式，从单一的公共资助模式转变为私有化或市场化模式，以此来拓展教育资源的来源，使其多样化，满足人们日益增长的期望。比如，在席卷中国的发展潮流中，市场经济发挥了主导作用。中国在发展其教育系统以满足巨大、多元的教育需求时，正面临更加复杂的、严峻的财政制约,需要考虑扩展多元财政来源(Tang & Wu,2000;Smith & Joshi,2016)。

为了在异常激烈的劳动力市场占据一席之位,越来越多的人开始期望获得高等教育,高等教育私营化遍地开花,尤见于韩国、中国、日本、菲律宾等国家。大家普遍认为,私营化有助于教育机构在物质和人力资源使用方面的灵活性。如何营造市场化或半市场化的环境来促进教育机构之间的竞争,成为改革中的重要议题。一些国家(如澳大利亚)尝试鼓励学校自我发展和校际竞争的拨款模式。其他一些国家和地区(如新加坡与中国香港)则尝试不同类型的家长选择计划(Taylor,2018;Böhlmark,Holmlund,& Lindahl,2016)。

财政模式的转换能否保证一般学生特别是弱势学生的教育公平与质量,是教育改革政策制定中的重要议题。教育市场化、私营化往往更有利于富有者,不利于贫穷者获得优质教育机会。因此,如何在新的资助政策中确保弱势群体获得平等的优质教育机会,这是摆在亚太地区诸多发展中国家面前的典型问题(Cheng,Ng,& Mok,2002)。

公立教育扮演多元角色,服务于国家目标与战略,并为学生的未来做准备(Cheng & Yuen,2017),而民办教育可能是由市场力量而非国家目标驱动的,因此市场力量与国家战略之间可能存在两难或张力。政策制定者与教育工作者如何确保地方或社会层面的市场力量运作能够与国家发展战略保持一致? 在何种程度上,政策框架能够保证教育私营化既符合国家发展目标,又不妨碍教育发展的市场活力?

在财政模式变革规划过程中,上述议题与困境都有待研究,以在公共利益与私有化、平等与品质之间寻求适当平衡。

5.5 并行改革举措之间的资源困境

如前所述,教育改革包括许多新的并行举措。在最近 20 年间,许多政策制定者急于在短时间内进行系统性变革,同时实施许多教育改革举措。

任何教育改革往往都需要大量资源。改革的规模越大,所需要的资源就越多。然而,可以利用的资源往往是有限的,尤其是宝贵的人力、专家资源与时间资源。特别是大规模的课程与考试改革,需要在短时间内实施,因此需要额外的巨大成本。但谁来为这些买单呢? 况且,教育改革的目的往往是为了达到一些高尚的目标,例如平等、公平、效率、有效性、包容、问责,以及满足每一个学生的个人发展需要。然而,一线教师和学生是在有限的资源和支持下来实现这些高尚的目标的。师生的时间和能力已非常有限,却被要求实行大量新的教育改革举措,结果,他们疲于奔命、心灰意冷,无法应对变化,最终,此类变革变得一团糟。这就是有限的资源与大量并行改革举措之间的困境,它影响了教育改革的顺利实施。

香港教育改革中的瓶颈效应(bottleneck effect)解释了资源困境的成因(Cheng,2009;2015a)。瓶颈效应是指,任何带有良好愿望的教育改革举措都可能成为教师与学校的额外负担,而且这些教育改革举措也会在"瓶颈"处卡住或堵住,阻碍其他新改革的实施(如图5.1所示)。教育改革措施越多,卡在"瓶颈"处的阻碍就越大,教师和学校承受的压力就越大。为什么香港的教育改革会出现这种瓶颈效应?

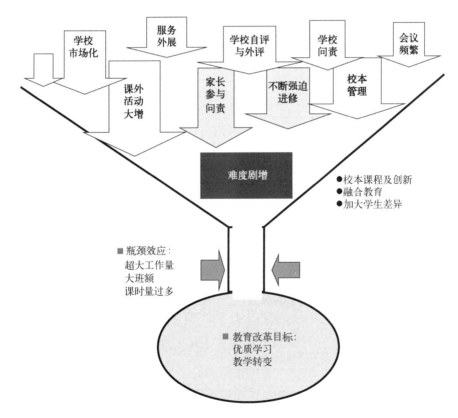

图5.1 香港教育改革中的瓶颈效应

资料来源:Cheng(2015a)

在教育改革之前,香港教师的工作量已经很大,每周要上 30 节课(通常每节课 40 分钟)。正常每个班的班额为 35—40 人。如此重的工作负担和大班额对教师的教学方法与策略构成了严重的限制。不幸的是,教育改革并未关注这一结构性制约,成为教学向优质教育转变的"瓶颈"阻碍(Cheng,2015a)。

为了减少标签效应,改革将中学招收学生的学业质量等级由 5 档减少到 3 档,短时间内,学校、班级内部的个体差异急剧加大。这种结构性变革大幅加剧了教师教学以及学生发展的困难与负担。

融合教育(inclusive education)作为一项新举措,在实施过程中缺乏充足的支持,也会大幅加剧班级内部的个体差异,加大教师相关工作的难度。此类结构性变革通常也要求教师付出更多的努力、时间与精力。

校本管理、校本课程、校本创新以及综合课程,这些几乎要求所有教师放弃自己熟悉的教材、教法、课程和工作风格。这些新鲜事物要求教师从头开始,根据新的课程框架、校本需求来准备新的课程与教学素材。这不可避免地增加了教师所需应对的挑战、困难和工作压力,超出了教师的能力范围。

由于学校教育改革中存在瓶颈效应,许多抱有良好愿望的教育改革举措却给教师、学校带来了沉重的负担,这些教育改革举措通常"卡"在瓶颈处。正如图 5.1 所示,这些教育改革举措包括学校自评与校外评议、家长参与学校管理、学校市场化深入地方社区、向家长与社群延伸的专业服务、更多的联课活动责任、多样化质量保证与报告、教师参与校本管理和发展等。

鉴于多元、并行的教育改革举措需要教师投入大量的时间和精力,政策制定者、变革推动者如何处理资源困境以及瓶颈效应带来的难题,应该是关系到系统性教育改革成败的关键问题。

5.6 各阶段规划与实施中的知识困境

如上所述,教育改革往往改变了整个教育体系的关键环节,涉及许多新的举措。教育改革的范围如此之大,变化的性质如此之根本,确实需要一个强大的、综合性的知识体系来支持大规模教育改革的形成与实施。可惜的是,很多时候,我们没有这样一个知识体系来支持相关教育改革举措的规划和实施。原因何在?

就以香港为例,在大规模教育改革之前,曾采取了一个策略,就是利用研究来助力政策制定，提供信息，包括教育委员会（Education Commission，1997）第七号报告书中提出的"从以往经验、香港内外部研究中吸取教训，研究与审查有关的具体问题"。

但实际上，利用研究来助力政策制定对香港来说既是件稀罕物，也是件奢侈品（Cheng，Mok，& Tsui，2002）。比如，教育委员会有一个为期仅一两年的紧迫计划，但是要评估整个教育体制并且要制定数不胜数的决议。这着实是一个两难的困境：一方面，要利用研究和知识引领教育改革；另一方面，教育改革规模庞大，而实施改革的时间紧迫。除了政策制定者及推行者自己的经验和想法，以及一些没有经过严格分析的国外经验，他们还能期待什么样的研究和知识？ 在如此短的时间内，香港教育改革往往缺乏全面而相关的知识体系来支持政策的制定，以及实施大规模的有影响力的改革措施（Cheng，2005a；Chap. 8；郑燕祥，2017）。

香港是一个人口约741万的小地方，虽然有一些大专院校，但只有4所院校设有教育学院和教育学系。与教育改革的规模、要改革的众多不同层次的教育范畴相比，各个教育领域的学术人员、专家或研究人员数量确实太少了。换句话说，在各个关键领域，可能没有足够的教育专家提供必要的专业知识、智力和知识基础来支持改革。特别是，香港没有任何中央设立的研究机构来统筹这些独立的研究和专业力量，为改革中多重并行的改革举措提供服务。

香港教育咨询委员会或督导委员会已邀请高等教育研究者、学校从业人员和社区领袖作为成员，为教育改革的决策提供建议和意见。这些委员会的主席通常是由政府任命的商界或非教育界的领袖。这样的任命安排是一项传统，旨在鼓励非教育界人士广泛参与政策制定工作。然而，近些年，教育的范畴与本质以及相关变革是如此复杂多变，这些委员会的工作变得极具挑战性，其要求甚至远远超过了全职工作。很多成功的主要领导人可能在全职工作之外还要承担好几份甚至更多的社会责任。从这个角度来看，此类大规模改革的政策制定是在"兼职或外行"的领导和建议下进行的。

自20世纪90年代以来，教育署的最高领导层在几个月或两三年间频繁更迭，而其他高级官员也经常被调任到不同的办公室。过去多年慢慢积攒的技术官僚式知识与智慧，正因人事的流动和领导层的频繁更迭而迅速消失。鉴于技术官僚式知识与智慧不断流失的情况，新举措的出台与实施变得更加临时、不稳定和不可靠，并且时常忽视政策环境，最终在并行改革举措众多的情况下，影响教育改革的成功实施（Cheng & Cheung, 1995；Cheng, Mok, & Tsui, 2002）。

通过上述讨论，我们可以看出知识困境影响教育改革，这不仅体现在相关研究与知识的匮乏、教育改革与并行改革举措的规模以及改革的紧迫性方面，还体现在关键领域专业人士的欠缺，由"兼职或外行"统领，以及技术官僚式知识与智慧不断流失等方面。

5.7 多元利益相关者之间的政治困境

教育改革涉及家长、学生、教师、校长、督学、教育官员、教育工作者、变革者、社区领袖、用人单位、工会、公共媒体等多个利益相关者的短期或长期利益。在改革进程中，这些多元利益相关者可能有不同的关注点、竞争性的需求，甚至冲突的愿景。他们可能根据自己的需要行使自己的政治和社会权利来影响政策制定。以香港学校教学媒介（medium of instruction, MOI）的政策改革为例，多年来，各利益相关者一直各持己见，彼此间矛盾甚深，这对香港的发展产生了重大影响（郑燕祥，2017：第7章）。因此，在教育改革中经常会出现政治困境和斗争，影响教育改革的方向、实施和结果。那么，如何让多元利益相关者对一项教育改革有一个理性的、全面的认识，不受既有的偏见和观点影响，达成共识呢？

比如，教师或教育工作者强调毕业生的公民素质；家长更加关注孩子是否通过考试，是否获得就业所需的资格；雇主则经常疑虑毕业生是否具备在工作岗位上发挥作用的知识和技能。有鉴于这些期望分歧，制度层面应如何确定这些主要利益相关者的期望，并在制定改革政策时给予优先考虑呢？从系统层面来看，在教育改革的目标、内容、过程、结果等环节，学校实践工作者能否应对多元利益相关者多样化的期待甚至互相冲突的价值追求？以上是一些在不同层面出现政治困境的例子，必须加以解决和处理。

在过去几十年间，家长和社会对教育的期待值日渐增加，对子女在学校的表现要求越来越高。此外，由于教育主要是由公共资金资助的，因此公众对教育的问责和物有所值的要求也越来越高（Figlio & Loeb, 2011；Gawlik, 2012；Keddie, 2015）。不可避免的是，学校、地区和国家层面的教育领导者必须为家长和社区参与学校治理提供更直接的渠道。

在加拿大、美国等一些发达国家，家长参与学校教育的传统由来已久。在韩国、马来西亚、泰国和中国香港与台湾等亚洲国家和地区，人们已经逐渐意识到家长和社区参与学校教育的重要性（Wang,2000）。尽管很少有立法保障家长参与学校教育，但越来越多的人认为应该给予家长这种权利。

除了家长外，地方社区以及工商行业也是教育中的直接利益相关者。他们的经验、资源、社会网络与知识对教育的发展与实施非常有用。从积极的视角来看，社区可以为教育提供更多的当地资源、支持以及治理经验，尤其是面对与日俱增而又多样化的优质教育需求时。家长与社区领袖分担学校管理责任，加强家庭、社区与学校的沟通，调动教师的积极性，监督学校运作，甚至协助学校抵挡社区的消极影响（Goldring & Sullivan,1996）。

尽管家长与社区的参与有着诸多益处，但是如何处理多元利益相关者的政治困境，仍然是当前教育改革中的核心议题。这样的参与无疑会增加学校政治领域的复杂性、模糊性和不确定性。学校领导层如何引领多元利益相关者构筑共同体，平衡各方不同利益，处理多元利益冲突？由此催生的政治困境与难题，是否耗费教师与学校领导的宝贵时间与精力，耽误本该服务于学生的这一中心工作？

许多亚洲国家缺乏这样一种参与文化，他们不能接受和支持家长与社区的介入。传统上，教师在社会上受人爱戴。人们都认为教师与校长通常是对学校教育事务负责的人，家长也视他们为教育专家。家长与社区的介入通常被视为对教师、校长不信任的表现，让家长参与进来被视为让专业人员"丢面子"。政策制定者与教育工作者如何改变这种文化，妥善处理这样的困境，以鼓励更多的家长与社区参与，这对政策制定与改革推进而言，意义深远。

5.8 校本管理与中央知识平台之间的功能困境

教育行政管理从外部控制转向校本管理，以有效利用资源，促进教育中人的主动性，这一趋势在20世纪90年代开始显现，时至今日仍然延续。中央集权化管理常常忽视校本需求和人的主动性，往往过于僵硬，难以适应学校不断变化的需求（Cheng,1996）。作为世界潮流之一的教育分权运动（decentralization in education）试图寻求校本革新，以达成教育发展与效能提升（Townsend,2000;Kim,2000;Lee,2000;Gopinathan & Ho,2000;Tang & Wu,2000）。

在实践中，校本自治与外部控制之间往往存在一些功能困境。一种功能困境在于,将权力下放到学校层面后,如何让自主管理的学校和教师对其提供的教育质量和公共资金的使用负责? 在政策制定和实践中,权力下放和问责制往往是一个两难选择。

另一种功能困境存在于校本管理与教育公平之间。人们通常认为,自主权大了,好一点的学校可能会占据优势,能够招收到更好的学生与教师,获取更好的机会和更多的外部资源。因此,这对弱势人群来说,是增加了教育不平等(Townsend,1996)。

还有一种功能困境存在于校本革新与零星知识之间。自实施校本管理以来,学校被认为要自主发展、管理、改进自己的活动和运作。许多教师与学生往往以校本方式,从头开始积攒经验与知识,尤其在开展校本革新的时候更是如此。举例来说,香港有很多学校自行开发多媒体素材和教学软件。尽管教师很用心,花了很多时间去学习、准备和制作,但可惜教材质量不高,其中使用的技术与积累的知识较为单薄零碎,大部分是在重复前人的成果。如果教师将稀缺的时间和精力用在这些地方,而不是直接帮助和指导学生,那么这不仅是无效的,更是可悲的。

如果有一个由最先进的技术和软件、世界一流的教育资源和一揽子计划、前沿专业知识和经验支持的中央知识平台来指导校本管理举措,教师就可以在更高的专业水平上构建自己的教学方式,同时可以省下大量时间来培养学生。为了解决校本管理与零碎知识之间的功能困境,应开发一个更高层次的中央知识平台,服务于以下功能(Cheng,2005a:Chap. 8):

- 在学校革新和教育活动的实践中,师生可以从一个能提供最先进知识和技术的高层次中央知识平台出发,集中时间和精力利用这个平台开展教育实践和办学,而不是浪费时间从头开始。当然,从校本管理的精神出发,他们也可以灵活自主地决定如何更有效地利用这个平台来满足校本需求。

- 中央知识平台万物互联,可提供大量的智力资源和知识,产生新的思想、知识和技术来支持教育改革和学校教育,并确保政策制定和教育实践与未来的相关性。

- 中央知识平台本身可以单独、局部和全球联网,以扩大智力的临界量,使智力资源的可用性最大化,并为不同教育水平的持续的智力发展创造大量机会。

如何建设中央知识平台,促进学校与教师发挥高水平的作用,确实是当前世界范围内教育改革中需要进一步探索的战略问题。中央知识平台是资本密集型、智力/知识密集型与技术密集型的平台,因此,开展国家、地区甚至国际合作是必要的。

无论是中央知识平台还是校本管理,都有各自的优势和局限。前者可以用于提高教育实践者的智慧、知识以及技术的运用水平,避免零碎、重复、无用的努力;后者可以用来提高人们在学习、教学、管理过程中的主动性,满足实践层面的多样化发展需求。总的来说,两者对于教育改革来说是举足轻重、缺一不可的。

5.9 结论：多元困境的类型

通过上述讨论,我们可以看出在过去20年间,世界上众多教育改革在政策制定和实施过程中经历了不同类型的困境,遇到了各种挫折和困难。如若不了解这些困境的本质与特征,即便是抱着良好动机的教育改革,也可能在实施环节遇到困难,以失败告终。有鉴于此,本章讨论了普遍发生的教育改革现象的趋势和相关困境。

表5.2列出了三类困境群集,总结了上述七种困境类型。第一类为方向群集（direction cluster）,包括全球化与本土化之间的取向困境和第一次教育改革浪潮、第二次教育改革浪潮、第三次教育改革浪潮中的范式困境。方向群集的困境主要关注大方向、取向、战略、目标、概念和范式。从方向群集中得到的启示可以归纳如下:

- 通过全球化促进本土知识与人类发展,避免其消极影响。
- 将全球知识和世界级知识本土化,服务于本地社群。
- 弥补采纳的改革举措与情境背景之间的鸿沟。
- 减少已实施的改革举措与预先设定的目标之间的范式差距。
- 消除教育改革实施过程中不同教育改革浪潮更迭背后的范式

鸿沟。

第二类为支持群集（support cluster）,包括公共利益与私有化之间的**财政困境**,并行改革举措之间的**资源困境**,以及不同层面的规划与实施中的**知识困境**。支持群集的困境主要关注资源分配和资金分配中的问题和张力,并行改革举措追逐有限资源所导致的竞争,以及运用知识和研究支持教育改革和相关举措所带来的知识困境。从支持群集的困境中得到的启示可以归纳如下:

表5.2　教育改革中多元困境的类型学分析

困境群集	困境类型	涉及的关键要素	对改革与困境的启示
方向群集	取向困境	全球化与本土化	通过全球化促进本土知识与人类发展,避免其消极影响;将全球知识和世界级知识本土化
	范式困境	第一次教育改革浪潮、第二次教育改革浪潮与第三次教育改革浪潮	弥补改革举措与情境背景之间的鸿沟;减少改革举措与目标之间的差距;消除不同教育改革浪潮之间的范式鸿沟
支持群集	财政困境	公共利益与私有化	在改革拨款体制的同时,确保教育的公平与质量;在政策制定过程中,确保市场力量与国家战略的平衡
	资源困境	并行改革举措	通过减少或优先某类并行举措来减缓瓶颈效应;保持多元举措与师生的承担能力水平相匹配
	知识困境	不同层面的规划与实施	使用相关知识与研究支撑教育改革,尤其是大规模教育改革;在相关领域,形成关键数量的专家队伍;确保领导的工作得到知识与智能的支撑
实施群集	政治困境	多元利益相关者	妥善处理多元利益相关者多样化的需求与矛盾的期望;使家长、社区参与的积极影响最大化
	功能困境	校本管理与中央知识平台	妥善处理校本自主与社会的优质、问责之间的张力;依托高水准的中央知识平台,进行校本革新;建立知识密集型、技术密集型的中央知识平台

- 在改革拨款体制,实现私有化与市场化的同时,确保教育的公平与质量。
- 在政策制定过程中,确保市场力量与国家战略的平衡。
- 通过减少并行措施或优先某类并行措施来消除瓶颈效应的弊端。
- 调整或削减多元举措,不超出教师、学生的能力范围。
- 确保相关知识和研究为教育改革(特别是大规模的教育改革)服务。
- 积累相关专业知识,支持关键领域的改革。
- 确保领导层和官方机构拥有丰富的知识和强大的智慧,以规划和实施教育改革。

第三类为实施群集(execution cluster)，包括多元利益相关者之间的政治困境，以及校本管理与中央知识平台之间的功能困境。实施群集的困境主要关注诸多教育改革、多元利益相关者在改革实施过程中的冲突、困难、效能与效率。从实施群集的困境中得到的启示可以归纳如下：

- 妥善处理多元利益相关者多样化的需求与矛盾的期望。
- 使家长、社区参与的积极影响最大化，使消极影响最小化。
- 妥善处理校本自主与社会的优质、问责之间的张力。
- 依托高水准的中央知识平台，进行校本革新。
- 在本土、区域和国际合作的基础上，建立知识密集型、技术密集型的中央知识平台。

本章的分析及所提出的多元困境的类型学，为教育者、政策制定者、研究者和变革者提供了一个初步的概念框架，帮助分析、理解多元困境及其对教育改革中政策制定与实行的复杂影响。基于政策研究的宗旨，教育改革中的困境分析可能关注到一些特定类型、群集或混合困境的关键特征与影响。期待未来全球教育改革会从困境类型学以及相关的分析和启示当中受益。

参考文献

Abbas, Z., Bharat, A., & Rai, A. K. (2013). Paradigm shift from informative learning to transformative learning: A preliminary study. *International Journal of Innovative Research and Development*, 2(12), 167–172.

Altbach, P., & Knight, J. (2007). The internationalization of higher education: Motivation and realities. *Journal of Studies in International Education*, 11(3/4), 290–305.

Amdam, R. P. (2013). *Management, education and competitiveness: Europe, Japan and the United States*. London: Routledge.

Baker, R. (2001, February 14–16). *A challenge for educational transformation: Achieving the aim of "thinking and acting locally, nationally and globally" in a devolved education system*. Plenary speech presented at the International Forum on Education Reforms in the Asia-Pacific Region "Globalization, Localization, and Individualization for the Future", HKSAR, China.

Baker, R., & Begg, A. (2003). Change in the school curriculum: Looking to the future. In J. P. Keeves & R. Watanabe (Eds.), *International handbook of educational research in the Asia-Pacific region* (pp. 541–554). Dordrecht: Kluwer Academic.

Baumann, C., & Winzar, H. (2016). The role of secondary education in explaining competitiveness. *Asia Pacific*

Journal of Education, *36*(1), 13 – 30.

Beetham, H., & Sharpe, R. (Eds.). (2013). *Rethinking pedagogy for a digital age: Designing for 21st century learning*. London: Routledge.

Bloom, D. E., Hartley, M., & Rosovsky, H. (2007). Beyond private gain: The public benefits of higher education. In J. F. Forest, & P. G. Altbach (Eds.). *An International handbook of higher education* (pp. 293 – 308). Dordrecht: Springer.

Böhlmark, A., Holmlund, H., & Lindahl, M. (2016). Parental choice, neighbourhood segregation or cream skimming? An analysis of school segregation after a generalized choice reform. *Journal of Population Economics*, *29*(4), 1155 – 1190.

Brown, T. (1999). Challenging globalization as discourse and phenomenon. *International Journal of Lifelong Education*, *18*(1), 3 – 17.

Caldwell, B. (2001, February 14 – 16). *Setting the stage for real reform in education*. Plenary speech presented at the International Forum on Education Reforms in the Asia-Pacific Region "Globalization, Localization, and Individualization for the Future", HKSAR, China.

Castillo, E. S. (2001, February 14 – 16). *Educational reform: The PCER strategy and findings/recommendations*. Plenary speech presented at the International Forum on Education Reforms in the Asia-Pacific Region "Globalization, Localization, and Individualization for the Future", HKSAR, China.

Cheng, Y. C. (1996). *School effectiveness and school-based management: A mechanism for development*. London: Routledge.

Cheng, Y. C. (2001a, February 14 – 16). *Towards the third wave of education reforms in Hong Kong: Triplization in the new millennium*. Plenary speech presented at the International Forum on Education Reforms in the Asia-Pacific Region "Globalization, Localization, and Individualization for the Future", HKSAR, China.

Cheng, Y. C. (2001b). *Education reforms in Hong Kong: Challenges, strategies, & international implications*. Retrieved from https://www.semanticscholar.org

Cheng, Y. C. (2005a). *New paradigm for re-engineering education: Globalization, localization and individualization*. Dordrecht: Springer.

Cheng, Y. C. (2005b). Globalization and educational reforms in Hong Kong: Paradigm shift. In J. Zaida, K. Freeman, M. Geo-JaJa, S. Majhanovich, V. Rust, & R. Zajda (Eds.), *The international handbook on globalization and education policy research*. (pp. 165 – 187). Dordrecht: Springer.

Cheng, Y. C. (2007). Future developments of educational research in the Asia-Pacific Region: Paradigm shifts, reforms and practice. *Educational Research for Policy and Practice*, *6*, 71 – 85.

Cheng, Y. C. (2009). Educational reforms in Hong Kong in the last decade: Reform syndrome and new developments. *International Journal of Educational Management*, *23*(1), 65 – 86.

Cheng, Y. C. (2011). Towards the 3rd wave school leadership. *Revista de Investigacion Educativa*, *29*(2), 253 – 275.

Cheng, Y. C. (2014). Measuring teacher effectiveness: Multiple conceptualizations and practical dilemmas. In O. Tan & W. Liu (Eds.), *Teacher effectiveness: Capacity building in a complex learning era* (pp. 17 – 50). Singapore: Cengage.

Cheng, Y. C. (2015a). Globalization and Hong Kong educational reforms. In J. Zajda (Ed.), *Second international handbook on globalization, education and policy research* (pp. 219 - 242). Dordrecht: Springer.

Cheng, Y. C. (2015b). Paradigm shift in education: Towards the third wave research. In L. Hill & F. Levine (Eds.), *World Education Research Yearbook 2014* (pp. 5 - 29). New York: Routledge.

Cheng, Y. C. (2018). What impact systemic education reforms have made on key aspects of the education systems? In J. Zajda (Ed.), *Globalization and education reforms*. Dordrecht: Springer.

Cheng, Y. C., & Cheung, W. M. (1995). A framework for the analysis of educational policies. *International Journal of Educational Management*, 9(6), 10 - 21.

Cheng, Y. C., Cheung, A. C. K., & Ng, S. W. (2016). Internationalization of higher education: Conceptualization, typology and issues. In Y. C. Cheng, A. C. K. Cheung, & S. W. Ng (Eds.), *Internationalization of higher education: The case of Hong Kong* (pp. 1 - 20). Singapore, Heidelberg, New York, Dordrecht and London: Springer.

Cheng, Y. C., & Greany, T. (2016). International study of school autonomy and learning: An introduction. *International Journal of Educational Management*, 30(7), 1166 - 1170.

Cheng, Y. C., Ko, J., & Lee, T. (2016). School autonomy, leadership and learning: A reconceptualization. *International Journal of Educational Management*, 30(2), 177 - 196.

Cheng, Y. C., & Mok, M. M. C. (2008). What effective classroom: Towards a paradigm shift. *School Effectiveness and School Improvement*, 19(4), 365 - 385.

Cheng, Y. C., Mok, M. M. C., & Tsui, K. T. (2002). Educational reforms and research in Hong Kong: A request for comprehensive knowledge. *Educational Research for Policy and Practice*, 1(1), 7 - 21.

Cheng, Y. C., Ng, K. H., & Mok, M. M. C. (2002). Economic considerations in educational policy making: A simplified framework. *International Journal of Educational Management*, 16(1), 18 - 39.

Cheng, Y. C., & Townsend, T. (2000). Educational change and development in the Asia-Pacific region: Trends and issues. In T. Townsend & Y. C. Cheng (Eds.), *Educational change and development in the Asia-Pacific region: Challenges for the future* (pp. 317 - 344). Lisse: Swets & Zeitlinger.

Cheng, Y. C., & Yuen, T. W. W. (2017). Broad-based national education in globalization: Conceptualization, multiple functions and management. *International Journal of Educational Management*, 31(3), 265 - 279.

Chou, C. -I. (2003). *The great experiment of Taiwanese education (1987—2003)*. Taibei: Psychology Publishing.

Education Commission. (1997). *Education Commission Report No. 7: Quality school education*. Hong Kong: Government Printer.

Figlio, D., & Loeb, S. (2011). School accountability. In E. A. Hanushek, S. Machin, & L. Woessmann (Eds.), *Handbook of the Economics of Education* (Vol. 3, pp. 384 - 416). Amsterdam: North Holland.

Finegold, D., & Notabartolo, A. S. (2010). 21st century competencies and their impact: An interdisciplinary literature review. *Transforming the US workforce development system: Lessons from research and practice*. Retrieved from http://www.hewlett.org/uploads/21st_Century_Competencies_Impact.pdf

Fitzsimons, P. (2015). Human capital theory and education. In M. A. Peters (Ed.), *Encyclopedia of educational philosophy and theory* (pp. 1 - 4). Singapore: Springer.

Fominaya, C. F. (2014). *Social movements and globalization: How protests, occupations and uprisings are changing the world*. London: Palgrave MacMillan.

Gawlik, M. A. (2012). Moving beyond the rhetoric: Charter school reform and accountability. *The Journal of Educational Research*, *105*(3), 210 – 219.

Ghani, M. F. A. (2013). Development of effective school model for Malaysian school. *International Journal of Academic Research*, *5*(5), 131 – 142.

Goldring, E. B., & Sullivan, A. V. (1996). Beyond the boundaries: Principals, parents, and communities shaping the school environment. In K. Leithwood, J. Chapman, D. Corson, P. Hallinger, & A. Hart (Eds.), *International handbook of educational leadership and administration* (pp. 195 – 222). Dordrecht: Kluwer Academic.

Gopinathan, S., & Ho, W. K. (2000). Educational change and development in Singapore. In T. Townsend & Y. C. Cheng (Eds.), *Educational change and development in the Asia-Pacific region: Challenges for the future* (pp. 163 – 184). Lisse: Swets & Zeitlinger.

Green, A. (1999). Education and globalization in Europe and East Asia: Convergent and divergent trends. *Journal of Education Policy*, *14*(1), 55 – 71.

Henry, M., Lingard, B., Rizvi, F., & Taylor, S. (1999). Working with/against globalization in education. *Journal of Education Policy*, *14*(1), 85 – 97.

Institute of International Education. (2008a). *Global destinations for international students at the post-secondary (tertiary) level 2007*. New York: Institute of International Education.

Institute of International Education. (2008b). *IIE study abroad white paper series*. New York: Institute of International Education.

Institute of International Education. (2008c). *Open doors: Statistics on international study mobility*. New York: Institute of International Education.

Institute of International Education. (2014). *Open doors: International students*. Retrieved from http://www.iie.org/Research-and-Publications/Open-Doors/Data/International-Students/Enrollment-Trends/1948-2014

Jones, P. W. (1999). Globalisation and the UNESCO mandate: Multilateral prospects for educational development. *International Journal of Educational Development*, *19*(1), 17 – 25.

Kaufman, K. J. (2013). 21 ways to 21st century skills: Why students need them and ideas for practical implementation. *Kappa Delta Pi Record*, *49*(2), 78 – 83.

Keddie, A. (2015). School autonomy, accountability and collaboration: A critical review. *Journal of Educational Administration and History*, *47*(1), 1 – 17.

Kim, Y. H. (2000). Recent changes and developments in Korean school education. In T. Townsend & Y. C. Cheng (Eds.), *Educational change and development in the Asia-Pacific region: Challenges for the future* (pp. 83 – 106). Lisse: Swets & Zeitlinger.

Kiprop, J. M., & Verma, N. (2013). Teacher education and globalization: Implications and concerns in the 21st century. *Educational Quest: An International Journal of Education and Applied Social Sciences*, *4*(1), 13 – 18.

Knight, J. (2014a). Is internationalisation of higher education having an identity crisis? In A. Maldonado-Maldonado & R. M. Bassett (Eds.), *The forefront of international higher education* (pp. 75 – 87). Dordrecht:

Springer.

Knight, J. (2014b). International education hubs: Collaboration for competitiveness and sustainability. *New Directions for Higher Education*, *168*, 83 – 96.

Labaree, D. F. (1997). Public goods, private goods: The American struggle over educational goals. *American Educational Research Journal*, *34*(1), 39 – 81.

Le Grand, J., & Robinson, R. (2018). *Privatisation and the welfare state*. London: Routledge.

Lee, M. N. N. (2000). The politics of educational change in Malaysia: National context and global influences. In T. Townsend & Y. C. Cheng (Eds.), *Educational change and development in the Asia-Pacific region: Challenges for the future* (pp. 107 – 132). Lisse: Swets & Zeilinger.

Lee, M. H., & Gopinathan, S. (2018). Fostering economic competitiveness, national identity and social equity through education reforms: The cases of Singapore and Hong Kong. In J. Zajda (Ed.), *Globalisation and education reforms* (pp. 181 – 203). Dordrecht: Springer.

Longworth, N. (2013). *Lifelong learning in action: Transforming education in the 21st century*. London: Routledge.

MacBeath, J. (2007). Improving school effectiveness: Retrospective and prospective. In T. Townsend, B. Avalos, B. Caldwell, Y. C. Cheng, B. Fleisch, L. Moos, L. Stoll, S. Stringfield, K. Sundell, W. M. Tam, N. Taylor & C. Teddlie (Eds.), *International handbook on school effectiveness and improvement* (pp. 57 – 74). Dordrecht: Springer.

Maclean, R. (2003). Secondary education reform in the Asia-Pacific region. In J. P. Keeves & R. Watanabe (Eds.), *International handbook of educational research in the Asia-Pacific region* (pp. 73 – 92). Dordrecht: Kluwer Academic.

Martell, L. (2016). *The sociology of globalization* (2nd ed.). New York: Wiley.

Mohsin, A., & Zaman, K. (2014). Internationalization of Universities: Emerging trends, challenges and opportunities. *Journal of Economic Info*, *3*(1), 1 – 21.

Mukhopadhyay, M. (2001). *Total quality management in education*. New Delhi: National Institute of Educational Planning and Administration.

Noweski, C., Scheer, A., Büttner, N., von Thienen, J., Erdmann, J., & Meinel, C. (2012). Towards a paradigm shift in education practice: Developing twenty-first century skills with design thinking. In H. Plattner, C. Meinel & L. Leifer (Eds.), *Design thinking research* (pp. 71 – 94). Berlin, Heidelberg: Springer.

OECD. (2011). School autonomy and accountability: Are they related to student performance? *PISA in Focus*, No. 9, OECD Publishing. Retrieved from https://doi. org/10. 1787/5k9h362kcx9w-en

OECD. (2014). *Education at a glance: OECD indicators*. Paris: OECD.

OECD – PISA. (2006, 2009, 2012). *Programmes for International Student Assessment* (*PISA*). Retrieved from http://www. oecd. org/pisa/

Pang, I., Isawa, E., Kim, A., Knipprath, H., Mel, M. A., & Palmer, T. (2003). Family and community participation in education. In J. P. Keeves & R. Watanabe (Eds.), *International handbook of educational research in the Asia-Pacific region* (pp. 1063 – 1080). Dordrecht: Kluwer Academic.

Porta, D. D. , Andretta, M. , Calle, A. , Combes, H. , Eggert, N. , Giugni, M. G. , Hadden, J. , Jimenez, M. , & Marchetti, R. (2015). *Global justice movement: Cross-national and transnational perspectives*. London: Routledge.

Rajput, J. S. (2001, February 14 – 16). *Reforms in school education in India*. Plenary speech presented at the International Forum on Education Reforms in the Asia-Pacific Region "Globalization, Localization, and Individualization for the Future", HKSAR, China.

Ramirez, F. O. , & Chan-Tiberghein, J. (2003). Globalisation and education in Asia. In J. P. Keeves & R. Watanabe (Eds.), *International handbook of educational research in the Asia-Pacific region* (pp. 1095 – 1106). Dordrecht: Kluwer Academic.

Rung, K. (2001, February 14 – 16). *Educational reform in Thailand: Implementation and strategy*. Plenary speech presented at the International Forum on Education Reforms in the Asia-Pacific Region "Globalization, Localization, and Individualization for the Future", HKSAR, China.

Salas-Pilco, S. Z. (2013). Evolution of the framework for 21st century competencies. *Knowledge Management & E-Learning: An International Journal*, *5*(1), 10 – 24.

Savage, G. C. , & O'Connor, K. (2015). National agendas in global times: Curriculum reforms in Australia and the USA since the 1980s. *Journal of Education Policy*, *30*(5), 609 – 630.

Sereyrath, S. (2001, July 30 – August 2). *Major movements of education reform in Cambodia*. Country report at the First International Forum on Education Reform: Experiences of Selected Countries, Bangkok, Thailand.

Shan, W. J. , & Chang, C. C. (2000). Social change and educational development in Taiwan, 1945—1999. In T. Townsend & Y. C. Cheng (Eds.), *Educational change and development in the Asia-Pacific region: Challenges for the future* (pp. 185 – 206). Lisse: Swets & Zeitlinger.

Sharpe, L. , & Gopinathan, S. (2001, February 14 – 16). *After effectiveness: New directions in the Singapore school system?* Plenary speech presented at the International Forum on Education Reforms in the Asia-Pacific Region "Globalization, Localization, and Individualization for the Future", HKSAR, China.

Smith, W. C. , & Joshi, D. K. (2016). Public vs. private schooling as a route to universal basic education: A comparison of China and India. *International Journal of Educational Development*, *46*, 153 – 165.

Spring, J. (2014). *Globalization of education: An introduction*. London: Routledge.

Stiglitz, J. E. (2002). *Globalization and its discontents*. London: Penguin.

Stromquist, N. P. , & Monkman, K. (2014). Defining globalization and assessing its implications for knowledge and education, revisited. *Globalization and Education: Integration and Contestation Across Cultures*, *1*, 1 – 21.

Suzuki, S. (2000). Japanese education for the 21st century: Educational issues, policy choice, and perspectives. In T. Townsend & Y. C. Cheng (Eds.), *Educational change and development in the Asia-Pacific region: Challenges for the future* (pp. 57 – 82). Lisse: Swets & Zeitlinger.

Tang, X. (2001, February 14 – 16). *Educational reform and development in the People's Republic of China: Issues and trends*. Plenary speech presented at the International Forum on Education Reforms in the Asia-Pacific Region "Globalization, Localization, and Individualization for the Future", HKSAR, China.

Tang, X. , & Wu, X. (2000). Educational change and development in the People's Republic of China: Challenges for the future. In T. Townsend & Y. C. Cheng (Eds.), *Educational change and development in the Asia-*

Pacific region: Challenges for the future (pp. 133 – 162). Lisse：Swets & Zeitlinger.

Taylor, C. (2018). *Geography of the "new" education market: Secondary school choice in England and Wales.* London：Routledge.

Times Higher Education. (2015). *World University Rankings 2014—2015.* Retrieved from http：//www. timeshighereducation. co. uk/world-university-rankings/2014-15/world-ranking

Townsend, T. (1996). The self managing school：Miracle or myth. *Leading and Managing*, 2(3), 171 – 194.

Townsend, T. (2000). The challenge to change：Opportunities and dangers for education reform in Australia. In T. Townsend & Y. C. Cheng (Eds.), *Educational change and development in the Asia-Pacific region: Challenges for the future* (pp. 229 – 266). Lisse：Swets & Zeitlinger.

Verger, A. , Lubienski, C. , & Steiner-Khamsi, G. (Eds.). (2016). *World yearbook of education 2016: The global education industry.* London：Routledge.

Wang, Y. (Ed.). (2000). *Public-private partnership in the social sector.* Tokyo：Asian Development Bank Institute.

Waters, M. (1995). *Globalization.* London：Routledge.

Yeravdekar, V. R. , & Tiwari, G. (2014). Internationalization of higher education and its impact on enhancing corporate competitiveness and comparative skill formation. *Procedia-Social and Behavioral Sciences*, 157, 203 – 209.

Yu, F. Z. (2001, July 30 – August 2). *Education development and reform in China.* Country report at the First International Forum on Education Reform：Experiences of Selected Countries, Bangkok, Thailand.

Zajda, J. (Ed.). (2015). *Second international handbook on globalization, education and policy research.* Dordrecht：Springer.

郑燕祥. (2017). *香港教改：三步变奏.* 香港：中华书局.

作者简介

郑燕祥　中国香港教育大学荣休教育讲座教授，亚太领导及变革研究中心高级研究员，曾任顾问（学术发展）、研究讲座教授、讲座教授、副校长（研究与发展）及署理校长。曾获选世界教育研究学会（World Education Research Association）会长（2012—2014）、亚太教育研究学会（Asia-Pacific Education Research Association）会长（2004—2008）。曾获任大学资助委员会委员、研究资助局专责委员、优质教育基金督导委员等。曾任田家炳基金会咨议局主席。研究旨趣包括范式转变、教育改革、领导力发展、学校管理、教师教育和高等教育。著作等身，部分著作除被译为中文和英文外，还被译为希伯来文、韩文、西班牙文、捷克文、泰文和波斯文。

（闻凌晨　邓晓莉　译）

第 六 章

中国教育制度变迁： 1978—2020
——基于国家视野的教育政策与法律文本分析

范国睿

（中国　华东师范大学）

本章回顾了重要的历史文献和改革事件,概述了中国 40 余年中社会、政治和经济变革的宏观背景下的教育改革和发展。美国学者裴宜理（E. J. Perry）指出,在比较政治和公共政策研究领域研究改革开放以来的当代中国具有重要意义,"自改革开放以来,中国政府不仅从各种困境中挺了过来,而且还以更为欣欣向荣的态势发展了 30 多年。因此,这一现象旋即吸引了比较政治和公共政策研究领域的广泛关注,并对其进行了严肃的学理探究"（Perry,2014）。"经过长期努力,中国特色社会主义进入了新时代"（习近平,2017）。我们借助历史文献,把中国教育改革与发展放在 40 余年中国社会、政治和经济变革的宏观背景下考察,结合具有标志性的重大教育政策与教育改革事件,回顾、总结和反思中国教育制度要素与制度体系变迁与创新的曲折过程,全面检视中国教育制度变革与创新历程。通过分析,我们发现,贯穿 40 余年教育事业发展的主线是改革开放,而改革开放的根本目的是突破教育体制机制障碍,促进教育事业健康持续发展。在这当中,在教育制度层面突破"一放就乱、一收就死"的"魔咒",关键在于恰当处理不同教育制度要素间的关系,探寻彼此间的合适张力,以适度的张力激发教育要素与教育系统的活力。

6.1　教育制度研究的方法论

影响教育制度变迁与创新的因素,既有教育系统之外的社会、政治和经济因素,又有教育系统内部事业发展的矛盾与任务等因素,更有教育制度系统自身的逻辑因素,因此,对 40 余年中国教育制度变迁与创新历程的研究是一个复杂的工程。在研究过程中,我们遵循以下方法论原则,化繁为简,条分缕析。

历史与逻辑的统一。教育制度的变迁与重塑是历史发展的结果。恩格斯指出："历史从哪里开始，思想进程也应当从哪里开始，而思想进程的进一步发展不过是历史过程在抽象的、理论上前后一贯的形式上的反映。"（恩格斯，1995：603）改革开放40余年来教育制度的变迁是一个曲折前进的过程，对教育制度变迁逻辑的考察，自然与教育变革的历史进程相统一，这就需要把教育改革与制度建设的重大事件与逻辑放在改革开放的历史进程中加以考察，还原教育变革的历史真实。

教育制度分析与社会系统分析的统一。在社会系统中，教育与政治、经济、文化等社会因素紧密联系、相互作用。教育制度变迁是教育政策与教育变革的结果，教育变革与社会、政治和经济变革紧密联系、相互影响。教育制度，实际上是政府管理的国家教育制度，是"致力于正规教育、整体控制和监督，至少部分由政府负责，组成部分和过程相互联系的全国范围的和多样化的学校教育机构的总和"（Archer，1979：54）。中国特色社会主义教育制度的发展变化，尤其与政党政治、国家体制改革紧密相关，在改革开放40余年的较长的历史时期内，以经济建设为中心的发展战略直接影响着社会各要素的变革与发展。因此，对教育制度变迁的考察，需要把教育制度与教育变革放在动态发展的社会系统中，放在教育与社会政治、经济诸要素的结构性变革和发展中，借助党和国家领导人的讲话，中共中央、国务院的相关政策文件，国家相关法律法规，教育部和地方政府及教育行政部门的教育法律、法规、规章、政策文本，加以系统考察。

教育制度变迁与教育事业发展的统一。教育制度的建立与完善，旨在理顺各种教育元素之间的关系，其根本目的是促进教育事业健康发展。然而，在教育事业的发展进程中，在不同的历史发展阶段，教育事业发展的主要矛盾与主要任务不同。相应地，也就需要不同的教育制度予以保障。由此，在梳理教育制度变迁的过程中，就需要结合对教育事业发展的考察。

教育制度的系统建构与重大教育改革事件分析的统一。教育制度是一个由办学体制、教育体制、学校领导与管理体制、教育人事制度、教育财政制度、考试招生制度等一系列制度要素构成的复杂系统。在不同的教育发展阶段，教育事业发展的主要矛盾与主要任务的差异，导致不同历史时期会有不同的重大教育改革事件。这些重大教育改革事件既与某一教育制度要素高度相关，又与整个教育制度系统的完善相关。由此，在研究过程中，需要以点带面，把重大教育改革事件放在整个教育制度的系统建构中加以考察。

教育制度的顶层设计与实践过程的统一。面对教育事业发展的突出矛盾与任务,国家和地方政府以及教育行政部门会通过一系列决策行为,寻求制度化的措施,破解教育问题的解决方案。在实践过程中,由于社会与教育自身的发展变化,又需要根据实际情况对这种制度化的顶层设计进行调适,以创新和完善制度设计。因此,在研究过程中,需要将教育制度的顶层设计与教育变革的执行、修正、调整和完善等实践过程统一起来,加以系统考察。

6.2 教育制度变迁的历史脉络

改革开放 40 余年来的教育改革与教育制度变迁,经历了拨乱反正、恢复与重建教育制度,全面启动教育改革,探索以基于市场机制的制度变革促进教育事业发展,调整教育政策、从追求效率走向关注公平,以及推进教育领域综合改革、加快教育治理体系与治理能力现代化建设等不同发展阶段。

6.2.1 教育制度的恢复与重建（1978—1984）

中共十一届三中全会后,教育领域面临的迫切任务是拨乱反正,恢复与重建被十年"文革"破坏殆尽的教育制度,发展教育事业。通过否定 1971 年《全国教育工作会议纪要》的"两个估计",打破禁锢广大教师、知识分子的精神枷锁,为教育、科技界的拨乱反正扫清了重要障碍;通过倡导"尊重知识,尊重人才"（邓小平,1977:40—41）,激发了全社会尊师重教的风尚;通过借鉴 20 世纪 60 年代的教育经验、修订和颁发大、中、小学暂行工作条例①,恢复和重建教育秩序;提出"三个面向"②的教育方针和"四有新人"③的培养目标,为教育改革与发展指明了方向。高

---

① 1961 年,中共中央颁布《教育部直属高等学校暂行工作条例（草案）》（即"高教 60 条"）,1963 年颁布《全日制中学暂行工作条例（草案）》（即"中学 50 条"）和《全日制小学暂行工作条例（草案）》（即"小学 40 条"）。 三个条例对于当时规范教育秩序、提高教育质量、促进教育事业发展,发挥了重要作用。1978 年 9—10 月,教育部参照"文革"前 17 年的相关文件,重新修订和颁发《全日制中学暂行工作条例（试行草案）》《全日制小学暂行工作条例（试行草案）》《全国重点高等学校暂行工作条例（试行草案）》,整顿和恢复大、中、小学各项工作制度。

② "三个面向",即"教育要面向现代化,面向世界,面带未来"（邓小平,1983:35）。

③ "四有新人",即"有理想、有道德、有文化、有纪律",源于邓小平 1980 年 5 月 26 日给《中国少年报》和《辅导员》杂志的题词:"希望全国的小朋友,立志做有理想、有道德、有文化、有纪律的人,立志为人民做贡献,为祖国做贡献,为人类做贡献。"（邓小平,1980）

等学校统一招生考试制度的恢复,成为恢复与重建教育制度,使中国教育走向新秩序、走向现代化的新开端。在国家建设亟需专门人才而教育资源又不足的情况下,根据"办教育要两条腿走路,既注意普及,又注意提高,要办重点小学、重点中学、重点大学"(邓小平,1977：40—41),恢复重点学校制度,为"多出人才、快出人才",满足国家和社会对高素质人才的需求,发挥了历史性的重要作用。

6.2.2　教育制度变革的展开：简政放权（1985—1991）

20世纪80年代初,中共中央连续发布《中共中央关于经济体制改革的决定》《中共中央关于科学技术体制改革的决定》和《中共中央关于教育体制改革的决定》三个重要文件,构成这一时期以体制改革为特征的社会改革与发展的总框架,从而大大推动了中国社会的现代化进程。在教育领域,《中共中央关于教育体制改革的决定》旨在通过改革,更好地调动各级政府、广大师生员工和社会各方面的积极性,促进教育事业发展。在教育改革的价值伦理上,《中共中央关于教育体制改革的决定》提出了"教育必须为社会主义建设服务,社会主义建设必须依靠教育"的论断,回应了党的十一届三中全会后"以经济建设为中心"的发展战略。

教育体制改革的核心被定义成为"简政放权,扩大学校的办学自主权"。在中央和地方的教育管理权责关系上,"改革管理体制,在加强宏观管理的同时,坚决实行简政放权,扩大学校的办学自主权"。在基础教育领域,"除大政方针和宏观规划由中央决定外,具体政策、制度、计划的制定和实施,以及对学校的领导、管理和检查,责任和权力都交给地方","实行基础教育由地方负责、分级管理的原则"。为了促进义务教育发展,《中共中央关于教育体制改革的决定》首次提出了教育投入体制的"两个增长"原则,即"中央和地方政府的教育拨款的增长要高于财政经常性收入的增长,并使按在校学生人数平均的教育费用逐步增长"。在学校领导制度上,《中共中央关于教育体制改革的决定》规定,"学校逐步实行校长负责制",进而明确了学校党支部、校长、校务委员会、教职工代表大会之间的权责关系,建立了现代学校制度的基本架构。

6.2.3　教育制度变革的探索：市场机制的引入（1992—2002）

1992年,中国共产党第十四次全国代表大会提出建立社会主义市场经济体制的经济体制改革的目标,中国社会由此走上了建立具有中国特色社会主义市场经济的新发展道路。这一时期的教育制度变革有三个重点。

第一，建立与社会主义市场经济体制相适应的教育管理体制。1993 年《中国教育改革和发展纲要》指出，"初步建立起与社会主义市场经济体制和政治体制、科技体制改革相适应的教育新体制"。教育实行"分级办学，分级管理"的管理体制，这种体制将农村义务教育的责任落实到乡镇，有助于调动地方办学的积极性，增强基础教育发展的动力和活力。但由于这种体制过于"地方化"（陈彬，1996），客观上造成义务教育对乡镇财政的依赖，加重了欠发达地区的教育财政负担。1994 年实行分税制后，乡镇财力更为薄弱。由于地方经济发展水平的差异较大，义务教育发展产生区域（县域内）不平衡。

第二，多渠道筹措教育经费。1992 年，中国共产党第十四次全国代表大会提出，"各级政府要增加教育投入"，同时，"鼓励多渠道、多形式社会集资办学和民间办学，改变国家包办教育的做法"（江泽民，1992）。《中国教育改革和发展纲要》指出，"要逐步建立以国家财政拨款为主，辅之以征收用于教育的税费、收取非义务教育阶段学生学杂费、校办产业收入、社会捐资集资和设立教育基金等多种渠道筹措教育经费的体制"。这种基于制度性教育经费短缺的多渠道筹措教育经费，不可避免地产生教育乱收费等现象，客观上增加了农民经济负担。

第三，公办学校转制改革。1994 年国务院《关于〈中国教育改革和发展纲要〉的实施意见》指出，"鼓励企事业单位和其他社会力量按国家的法律和政策多渠道、多形式办学。有条件的地方，也可实行'民办公助'、'公办民助'等形式"。从1993 年开始，我国一些省区开始开展不同形式的公办中小学转制试点，借助市场机制，兴办了一批转制学校，对特定历史时期多渠道筹措教育经费、改善学校办学条件、促进基础教育快速发展、扩大优质教育资源、满足人民群众多样化教育需求等，发挥了积极作用。显然，从教育为无产阶级政治服务，转向教育为经济建设服务，不能不说受到人力资本理论的影响（Schultz，1997）。但是，相对于一些发达国家在全球化过程中通过标准化的教育培养具有竞争力的人才从而实现经济目的的做法（Singapore Ministry of Education，2012），直接把教育作为产业的做法（张铁明，1993），剥夺了教育在人的发展中的意义与价值（Bulmahn，2000）。

6.2.4 教育制度变革的持续：从效率走向公平（2003—2009）

以经济建设为中心的发展方式使中国经济社会发展取得长足进步，但也不可避免造成经济与社会发展不平衡、不协调等深层次问题。2003 年起，随着"科学发展观"的提出，"以人为本""全面、协调、可持续的"发展模式逐步取代以经济建设为中心的发展模式，教育变革的重心由对教育发展数量、规模和速度的追求转向对教育公平的关注。

第一，治理教育乱收费。基于市场机制的多渠道筹措教育经费，导致教育"乱收费"现象日益严重。自 1996 年起，开始"健全收费管理的规章和制度"（国家教委，国家计划委员会，财政部，1996）。此后，陆续通过教育收费公示制度、义务教育学校"一费制"（教育部，国家发展改革委，财政部，2004）、高中教育择校收费"三限"制度①等一系列措施，加大治理学校乱收费工作的力度（国务院办公厅，2001；国家计委，财政部，教育部，2002）。

第二，清理规范公办转制学校。针对 20 世纪 90 年代由于法制不健全造成的公办中小学改制行为不规范、收费过高、公共教育资源流失等问题，2005 年起，国家开始调整公办中小学办学体制改革政策，依法规范办学行为，全面停止审批新的改制学校和新的改制学校收费标准，同时采取"有进有退"的策略，对改制学校进行全面调查，清理规范（教育部，2005；国家发展改革委，教育部，2005）：所谓"进"，就是向前迈进一步，按照民办学校机制运行，与公办学校剥离；所谓"退"，就是恢复学校的公办属性。

第三，积极推进义务教育均衡发展。自 2002 年教育部提出"积极推进义务教育阶段学校均衡发展"起，"均衡发展"成为"义务教育的战略性任务"，进而实现由"均衡发展九年义务教育"到"统筹推进县域内城乡义务教育一体化改革发展"的转变（胡锦涛，2012；国务院，2016），逐步建立起农村义务教育经费保障机制，建立和完善中央和地方分项目、按比例分担的保障义务教育均衡发展的公共财政体制，落实义务教育经费投入"三个增长"②，实施"两免一补"③政策（国务院，2005）。

---

① 所谓"三限"制度，是指政府举办的公办高中在完成本年度招生计划的前提下，可以招收一定数量的择校生，但必须严格限分数（不准违反规定录取低于最低录取分数线的新生）、限人数（不准超过国家规定的班额，择校生数量不得超过当地政府规定的比例）、限钱数（择校生交费标准，由教育行政部门提出，经省级人民政府批准后向社会公布，学校不得擅自提高标准）（国务院办公厅，2001）。

② 义务教育经费投入"三个增长"，即"国务院和地方各级人民政府用于实施义务教育财政拨款的增长比例应当高于财政经常性收入的增长比例，保证按照在校学生人数平均的义务教育费用逐步增长，保证教职工工资和学生人均公用经费逐步增长"（全国人民代表大会常务委员会，2006）。

③ "两免一补"，即免除农村义务教育阶段学生学杂费，对贫困家庭学生免费提供教科书并补助寄宿生生活费。

6.2.5　教育制度变革的深化：从管理走向治理（2010年至今）

"经过长期努力,中国特色社会主义进入了新时代"（习近平,2017）,中国社会的主要矛盾由改革开放之初的"人民日益增长的物质文化需要同落后的社会生产之间的矛盾"（中共中央,1981）转化为"人民日益增长的美好生活需要和不平衡不充分的发展之间的矛盾"（习近平,2017）。在教育领域,这一新矛盾表现为人民群众接受优质教育的需要与教育发展不平衡不充分之间的矛盾。中国教育进入"深化教育领域综合改革"（胡锦涛,2012）、推进教育治理体系与治理能力现代化的新阶段。新时代教育制度变革的核心任务是,深入推进管办评分离,扩大省级政府教育统筹权和学校办学自主权,完善学校内部治理结构（中共中央,2013）。深化教育体制机制改革的目标是：到2020年,教育基础性制度体系基本建立,形成充满活力、富有效率、更加开放、有利于科学发展的教育体制机制,人民群众关心的教育热点难点问题进一步缓解,政府依法宏观管理、学校依法自主办学、社会有序参与、各方合力推进的格局更加完善,为发展具有中国特色、世界水平的现代教育提供制度支撑（新华社,2017）。

6.3　教育制度变迁：寻求适度的张力与激发活力

改革是生产关系、利益关系的调整。如果说改革开放前30年按照"效率优先"的原则着力推进经济建设并积累了大量的社会财富,那么,进一步改革面临的问题就是利益关系的重新调整,是对社会财富按"公平"原则进行再分配,以促进全社会和谐持续发展。因此,全面深化改革,就是要"坚决破除一切不合时宜的思想观念和体制机制弊端,突破利益固化的藩篱"（习近平,2017）。对于中国社会而言,改革开放的40余年,是恢复和重建社会秩序,突破体制藩篱,激发社会活力,从计划经济走向市场经济,从统一集中的统制型管理走向建构多方参与的治理体系的过程,各利益主体之间的冲突、博弈与妥协贯穿其中。

沿着这条发展轨迹,教育制度变迁与创新必然涉及集权与分权、计划与市场、政府与社会、政府与学校、学校与社会等一系列复杂关系,教育变革的过程,就是寻求多方关系的平衡与和谐的过程,以便在维持理性秩序的同时,激发各方的激情与活力。

6.3.1　调适央地关系，促进教育制度变迁的顶层设计与地方探索相结合

自改革开放之初,教育体制改革的核心就是"更好地调动各级政府、广大师生员工和社会各方面的积极性",在政府教育管理过程中,核心是"调动各级政府办学的积极性",改革的举措之一是"把发展基础教育的责任交给地方"(中共中央,1985)。但是,当教育管理权责层层下放到乡镇时,便产生了区域教育发展严重失衡的问题。2001年,国务院发布《关于基础教育改革与发展的决定》,改变了历时15年以乡镇为主的农村义务教育管理体制,明确"实行在国务院领导下,由地方政府负责、分级管理、以县为主的体制"。省级统筹、以县为主的教育管理体制的建立与完善,成为深化教育体制改革,促进区域教育均衡发展的有益探索。

以课程改革为例,40余年来,寻求国家课程的权威性与地方课程、学校课程的灵活性之间的合适张力,平衡国家与地方、学校之间教育权力关系,一直没有间断。中华人民共和国成立后,在中小学课程教材制度上,基本上实行的是国家统一制定教学计划、教学大纲,统一编写教材,全国使用统编教材的制度。改革开放之初,在《中共中央关于教育体制改革的决定》有关"简政放权"的教育改革背景下,1988年国家教育委员会给予上海进行中小学课程改革试验的特殊政策,上海启动"一期课改",力图改变以升学为中心的"应试教育"课程教材体系,改变以必修课为主体的课程教学模式,实现减轻负担、提高质量,加强基础、培养能力,提高素质、发展个性的"三大突破"。经过五年努力,上海编制出适合经济发达地区使用的中小学课程设置方案、课程标准、教材及教学辅助软件等,并进行相应实验(孙元清,徐淀芳,张福生,赵才欣,2016:25),为全国的基础教育课程改革提供了有益的经验。20世纪90年代,教育部提出普通高中课程由中央、地方和学校三级管理,规定了各级管理权限;"建立课程教材三级管理模式,是为了保障和促进课程对不同地区、学校和学生的适应性,实行有指导地逐步放权"(全国课程专业委员会秘书处,2001:90)。21世纪初启动的基础教育课程改革,要求"改变课程管理过于集中的状况,实行国家、地方、学校三级课程管理,增强课程对地方、学校及学生的适应性"(教育部,2001)。三级课程管理体制的实施,将原先国家层面过于集中的课程权力下放给地方和学校,使地方和学校参与课程开发,进而形成国家课程、地方课程和学校课程并存的局面,使课程更加适合地方和学校的具体教育教学情境,反映了课程管理制度从集权走向有限度分权的趋势。课程问题不仅涉及"什么

知识最有价值"的经典问题（Spencer，1860：21—97），更涉及"谁的知识最有价值"的关键问题①。为了全面贯彻党的教育方针，把培育和践行社会主义核心价值观融入国民教育全过程，从2012年开始，教育部统一组织编写义务教育道德与法治、语文和历史三科教材，并于2017年9月秋季学期开始在全国各地起始年级投入使用；在教材审查制度上，首次实行学科审查、综合审查、专题审查和终审制度的四审制度，确保教材整体质量和水平。2017年3月，教育部成立教材局，负责课程教材规划、建设与管理。2017年7月，国务院成立国家教材委员会，指导和统筹全国教材工作。

在推进教育治理体系现代化建设的进程中，"推进局部的阶段性改革开放要在加强顶层设计的前提下进行，加强顶层设计要在推进局部的阶段性改革开放的基础上来谋划"（习近平，2012）。正如《关于深化教育体制机制改革的意见》所提出的，坚持顶层设计与基层探索相结合，既加强系统谋划，又尊重基层首创精神，充分调动地方和学校改革的积极性、主动性、创造性，及时将成功经验上升为制度和政策（新华社，2017）。

新时代教育制度变革的显著特征是加强顶层设计，诸如深化考试招生制度改革、现代职业教育体系建设、一流大学和一流学科建设、一揽子修改教育法律等重大教育改革，均经国务院常务会议审议，再报中央全面深化改革领导小组会议和中央政治局会议审议，最后由国务院和相关部委全面推进、具体实施。2018年3月，为加强党中央对教育工作的集中统一领导，根据中国共产党第十九届三中全会《深化党和国家机构改革方案》，组建中央教育工作领导小组，作为党中央决策议事协调机构，其主要职责是，研究提出并组织实施在教育领域坚持党的领导、加强党的建设方针政策，研究部署教育领域思想政治、意识形态工作，审议国家教育发展战略、中长期规划、教育重大政策和体制改革方案，协调解决教育工作重大问题等。这对于加强教育改革的顶层设计，有效处理中央和地方、全局与局部关系，增进改革的系统性、整体性、协同性，形成整体效应，具有重要意义。随着我国教育改革进入"深水区"，许多地区和学校从实际出发，坚持问题导向，总结提炼出许

---

① 美国威斯康星大学麦迪逊分校课程与教学系和教育政策研究系教授阿普尔（Michael W. Apple）在所著《意识形态与课程》（*Ideology and Curriculum*）中，力图运用意识形态与霸权的概念，揭示教育中知识与权力间的复杂关系，批判性地审视某一特定历史时期、特定制度背景下特定社会集团或阶级的"合法性知识"（参见 Apple，1990）。

多改革探索的新经验，一些被推广和实践证明行之有效的改革经验，为国家层面的宏观决策提供了重要的实践支持。青岛市 2014 年起着力推进依法治校、建设现代学校制度的改革试验，梳理自主办学权力清单，全面落实与下放给公办学校。在此基础上，2017 年 2 月，青岛市市政府颁布《青岛市中小学校管理办法》，以地方法律规章的形式，规范了"校长可以按照规定提名、聘任副校长"，学校"自主招聘紧缺专业和高层次人才""自主设置内设机构，按照规定选任机构负责人"等学校办学自主权。近年来，上海作为全国率先启动教育综合改革的试点地区，在国家宏观教育改革的顶层设计指导下，积极探索，提出了许多新思路、新举措。2017 年 12 月，上海市第十四届人民代表大会常务委员会制定并通过了全国首部地方性高等教育法规《上海市高等教育促进条例》，将所取得的新成就、新经验上升为教育法规，以法律的形式固化下来，为上海高等教育治理体系的现代化建设和高等教育的健康持续发展提供强有力的法治保障（范国睿，2018）。

未来的教育改革，有关国家教育法律、教育制度、教育标准、教育战略规划等全局性改革与创新，需要由国家层面统筹规划、统一实施；涉及重点难点问题的教育改革，需要在局部试点基础上逐步推开，动态调整；有关区域和学校层面的改革，则需要充分发挥基层教育改革的积极性、主动性，鼓励地方和学校大胆创新，勇于探索，进而形成顶层设计与基层探索、全面推进与重点突破、法治建设与改革创新相结合的教育制度变革与创新机制。

6.3.2　理顺府际关系，建立和完善政府统筹、府际协商的治理机制

府际关系，指政府之间在垂直和水平上的纵横交错关系，以及不同地区的政府间关系。对同一地区而言，主要涉及同级政府内设部门间的横向府际关系。在政府教育治理体系内部，除主管教育事务的教育行政部门以外，发展和改革委员会、组织部、财政部、人力资源和社会保障部、自然资源部、住房和城乡建设部、科学技术部、国有资产监督管理委员会、经济和信息化委员会、税务局等部门，均有自身的治理逻辑并负有相应的教育管理职责。

但是，长期以来存在的部门间各自为政、多头行政局面，教育行政部门与其他政府职能部门之间屡屡发生的沟通不畅、相互扯皮推诿的现象，对学校办学秩序造成严重影响。在改革实践过程中，一些地区尝试由教育行政部门统筹政府相关职能部门的教育管理活动。《上海市高等教育促进条例》提出，"本市建立高等教育改革发

展议事协调机制,审议高等教育改革发展的重大方针和政策,协调解决高等教育发展中的重大问题和重大事项""本市设立高等教育投入评估咨询委员会,对高等教育重大投入政策提出咨询和评估,对经费使用情况进行督导和检查"。《青岛市中小学校管理办法》规定,"有关部门开展与中小学校有关的评审、评比、评估、竞赛、检查等活动的,应当于每年 11 月底前向教育行政部门提报次年计划,由教育行政部门编制目录并于次年年初向学校公布"。这些实践探索,为深化政府教育治理体系改革,建立和完善政府统筹、府际协商的教育治理机制,积累了有益经验。

6.3.3 简政放权,放管服结合,重构新型政府—学校关系

1985 年《中共中央关于教育体制改革的决定》提出,"改革管理体制,在加强宏观管理的同时,坚决实行简政放权,扩大学校的办学自主权",重新进行教育权力配置,使传统的教育行政法律关系发生了很大变化。此后,扩大学校办学自主权一直是教育改革的主线。2017 年,中共中央办公厅、国务院办公厅印发《关于深化教育体制机制改革的意见》,将"学校依法自主办学"作为"充满活力、富有效率、更加开放、有利于科学发展"的教育治理格局的重要组成部分(新华社,2017)。学校自主办学权源于政府的放权。对于政府而言,需要科学规划国家和区域教育事业发展的类型、规模与速度,使每一所学校都有科学合理的发展定位;需要建立健全系统化的教育标准体系,使学校在自主办学过程中有标准可依;需要通过清单管理,把该下放给学校的权力下放给学校,使学校有权可用;需要加强事中事后监管,监督和保障学校依法用好办学权力;需要为学校合理配置教育资源,提供专业化服务,使学校健康持续发展。

6.3.4 积极稳妥地发挥社会组织、市场参与教育的作用

20 世纪 90 年代,出于公众对教育质量的不满而寻找教育供给市场化,通过市场机制提高教育质量,重视教育绩效责任的教育改革在全球陆续出现(Goertz & Duffy,2001;Headington,2000;Heller,2001;Mahony & Hextall,2000)。在此过程中,出现了迈向优质教育或竞争性学校的趋向,强调教育质量管理与质量保障、学校监控与评价、父母选择权、教育券、市场化、父母及社区参与治理,以及绩效为本的拨款机制等改革热点(Cheng,2015:5—29;Cheng & Townsend,2000:317—344;Mukhopadhyay,2001;Pang,et al.,2003:1063—1080)。

随着我国市场经济的发展，在深化经济体制改革过程中，市场在资源配置中的作用由"基础性作用"转为"决定性作用"（习近平，2017）。在推进管办评分离、放管服结合的治理体系现代化建设过程中，除参与办学外，社会组织正以其自身的专业化优势，以市场机制参与包括教育在内的公共事务。正如《中共中央关于全面深化改革若干重大问题的决定》所指出的，"推广政府购买服务，凡属事务性管理服务，原则上都要引入竞争机制，通过合同、委托等方式向社会购买"（中共中央，2013）。"创新提供公共教育服务方式，健全政府购买教育服务机制，在决策咨询、学校管理、提供义务教育和学前教育学位、师资培训、特殊人群服务、教育质量和办学绩效评价等领域推广政府购买服务，提高公共教育服务的质量和效率"（教育部，2015）。各种线上教育资源、相关体育艺术团体、教育管理公司、教育评估事务以及卫生、安全等专业机构，正以丰富的教育资源、专业化的服务资质，参与教育服务、支持、监督与评价等事务。

6.3.5　扩大学校依法自主办学权，激发学校教育活力

如前所述，"扩大学校的办学自主权"是 1985 年《中共中央关于教育体制改革的决定》提出并延续至今的教育改革命题。《中共中央关于教育体制改革的决定》提出，"学校逐步实行校长负责制"，建构了由学校党支部、校长、校务委员会、教职工代表大会组成的学校组织框架，其中，"学校中的党组织要从过去那种包揽一切的状态中解脱出来，把自己的精力集中到加强党的建设和加强思想政治工作上来"；"有条件的学校要设立由校长主持的、人数不多的、有威信的校务委员会，作为审议机构。要建立和健全以教师为主体的教职工代表大会制度，加强民主管理和民主监督"（中共中央，1985）。随着教育改革的不断深化，我国的学校领导体制不断发生变化。为进一步加强和完善党对学校的领导，公办高等学校坚持和完善党委领导下的校长负责制，在中小学、民办学校充分发挥基层党组织的政治核心作用（中共中央办公厅，2014）。

学校是一个生态系统，作为外部环境的教育管理体制与管理机制，影响和制约着学校活力；学校活力也取决于学校内部自组织机制的建立与完善。学校活力表现为学校领导与广大教职员工共同拥有的育人价值追求、教育理想、责任与使命，表现为学校制度与运行机制激发、促进和保障学校内部组织与个体充分发挥积极性、创造性，表现为学生在教师引导、帮助下，在学校及师生共同设计的各种

学习与活动中主动学习、自主学习和自主发展。

6.4 教育制度变迁与法治保障

教育制度是合理配置各种教育利益主体关系的保障，改革是社会规制（social regulation）形成过程的组成部分（Popkewitz，1991）；教育制度的变迁与创新，客观上需要教育法治予以保障和促进。从根本上讲，改革开放 40 多年的教育制度变迁过程，也是我国教育改革不断法治化的过程。1980 年第一部教育法规《中华人民共和国学位条例》出台，我国走上教育法治建设的轨道（全国人民代表大会常务委员会，1980）。此后，《中华人民共和国义务教育法》和《中华人民共和国教师法》相继出台。1995 年 3 月《中华人民共和国教育法》的颁布标志着我国教育法治建设向综合法治的阶段过渡。

进入 21 世纪以来，《中华人民共和国职业教育法》《中华人民共和国高等教育法》《中华人民共和国民办教育促进法》以及一大批行政法规和地方性法规相继出台，我国法律体系的框架基本形成，教育立法进入全面、系统的阶段。在教育立法进程中，1993 年《中国教育改革和发展纲要》提出"争取到本世纪末，初步建立起教育法律、法规体系的框架"（中共中央，国务院，1993）；2010 年《国家中长期教育改革和发展规划纲要（2010—2020 年）》提出了"按照全面实施依法治国基本方略的要求，加快教育法制建设进程，完善中国特色社会主义教育法律法规"的要求，以及"修订教育法、职业教育法、高等教育法、学位条例、教师法、民办教育促进法，制定有关考试、学校、终身学习、学前教育、家庭教育等法律"的"六修五立"具体任务。相关教育法律、规章的出台与修订，为推进教育事业有法可依、依法治教发挥了重要作用。在中国社会步入中国特色社会主义新时代的今天，各种教育利益主体之间的矛盾与法律关系日益复杂，不同教育主体间的张力只有通过教育法律关系来调适。因此，面对教育改革需要回应国家发展重大需求、回应人民群众的教育需求的艰巨任务，教育立法、修法和执法工作任重道远。

6.5 结束语

改革开放以来的教育改革，是教育体制机制改革不断深化的过程，也是中国特色社会主义教育制度体系不断完善的过程，是一个从以教育政策和规章推进点状改革到以法律规范教育秩序，推进教育制度建设与完善的过程，一个探索教育权力与利益合理博弈与配置的过程，更是一个重建教育秩序进而力图突破规制、以法治赋权、推进协商共治、激发教育利益主体活力的过程，一个从规制走向赋能的过程。

新时代教育体制机制改革的主要任务是：建构与完善"政府依法宏观管理、学校依法自主办学、社会有序参与、各方合力推进的格局"，从而使教育"充满活力、富有效率、更加开放、有利于科学发展"。未来教育发展的任务是进一步促进教育均衡发展，解决好不平衡不充分的问题，满足人民日益增长的享受更公平更高质量教育的需求（蔡继乐，2017）。

面向未来，我们正步入一个基于互联网的新技术全面普及和渗透的时代。互联网以及基于互联网的大数据、人工智能，正全面、深入地影响着我们每一个人的生活、工作、学习以及思维方式，基于网络的学习资源使学校教育已不再是知识的唯一来源，浸润式学习使学习和教育在任何情境下每时每刻都可能发生。

改革开放40余年来的教育制度变革是以制度化学校教育为基础的教育变革，当制度化、体系化、规范化的学校教育系统及其功能发生了革命性变化，基于线上线下混合学习的新教育业态成为教育"新常态"时，必然呼唤全新的教育制度与教育治理机制服务，来保障和促进这种"新常态"的教育。

⋯⋯⋯⋯⋯⋯⋯⋯⋯⋯⋯⋯　参考文献　⋯⋯⋯⋯⋯⋯⋯⋯⋯⋯⋯⋯

Apple, M. W. (1990). *Ideology and curriculum*. New York：Routledge.

Archer, M. S. (1979). *Social origins of educational systems*. London：Sage.

Bulmahn, E. (2000). *Address to the American Association for the advancement of science*. Retrieved from http://www. bmbf. de/reden. htm

Cheng, Y. C., & Townsend, T. (2000). Educational change and development in the Asia-Pacific region：Trends and issues. In T. Townsend & Y. C. Cheng (Eds.), *Educational change and development in the Asia-Pacific region: Challenges for the future*. Lisse：Swets & Zeitlinger.

Cheng, Y. C. (2015). Paradigm shift in education：Towards the third wave research. In L. Hill & F. Levine (Eds.), *World Education Research Yearbook 2014*. New York：Routledge.

Goertz, M. E., & Duffy, M. C. (2001). *Assessment and accountability systems in the 50 States, 1999 - 2000*. CPRE Research Report. Retrieved from https://repository. upenn. edu/cpre_researchreports/13

Headington, R. (2000). *Monitoring, assessment, recording, reporting and accountability: Meeting the standards.* London：David Fulton.

Heller, D. E. (Ed.). (2001). *The states and public higher education policy: Affordable, access, and accountability.* Baltimore：John Hopkins University Press.

Mahony, P., & Hextall, I. (2000). *Reconstructing teaching: Standards, performance and accountability.* London：Routledge.

Mukhopadhyay, M. (2001). *Total quality management in education.* New Delhi：National Institute of Educational Planning and Administration.

Pang, I., Isawa, E., Kim, A., Knipprath, H., Mel, M. A., & Palmer, T. (2003). Family and community participation in education. In J. P. Keeves & R. Watanabe (Eds.), *International handbook of educational research in the Asia-Pacific region.* Dordrecht：Kluwer Academic.

Perry, E. J. (2014). Growing Pains：Challenges for a Rising China. *Daedalus: Journal of the American Academy of Arts & Sciences, 143*(2), 5–13.

Popkewitz, T. S. (1991). *A political sociology of educational reform: Power/Knowledge in teaching, teacher education, and research.* New York：Teachers College Press.

Schultz, T. W. (1997). Investment in Human Capital. In J. Karabel & A. H. Halsey (Eds.), *Power and ideology in education.* New York：Oxford University Press.

Singapore Ministry of Education. (2012). *Our education system.* Retrieved from http://www.moe.gov.sg/education/

Spencer, H. (1860). *Education: Intellectual, moral and physical.* New York：D. Appleton and Company.

蔡继乐. (2017年10月20日). 教育改革进入"全面施工内部装修"阶段. *中国教育报*, 第1版.

陈彬. (1996). 教育地方化：成就、问题与前瞻. *教育与经济*, (1), 44—47.

邓小平. (1977年5月24日). 尊重知识，尊重人才. 载于中共中央文献编辑委员会. (1983). 邓小平文选(第2卷). 北京：人民出版社.

邓小平. (1980). 邓小平为《中国少年报》和《辅导员》杂志社题词. 1980–05–26. http://cpc.people.com.cn/GB/69112/69113/69672/4719717.html

邓小平. (1983年10月1日). 为景山学校题词. 载于中共中央文献编辑委员会. (1993). 邓小平文选(第3卷). 北京：人民出版社.

恩格斯. (1995). 卡尔·马克思《政治经济学：第一分册》. 载于中共中央马克思恩格斯列宁斯大林著作编译局. 马克思恩格斯选集(第2卷). 北京：人民出版社.

范国睿. (2018年3月16日). 为上海高等教育治理现代化提供法律保障. *文汇报*. https://www.whb.cn/zhuzhan/xue/20180316/192324.html

国家发展改革委, 教育部. (2005). 国家发展改革委 教育部关于做好清理整顿改制学校收费准备工作的通知(发改价格〔2005〕2827号). 2005–12–30. http://www.moe.gov.cn/jyb_xxgk/gk_gbgg/moe_0/moe_1133/moe_1147/tnull_14529.html

国家计委, 财政部, 教育部. (2002). 国家计委、财政部、教育部关于印发《教育收费公示制度》的通知(计价格〔2002〕792号). 2002–05–27. http://www.moe.gov.cn/jyb_xxgk/moe_1777/moe_1779/tnull_27743.html

国家教委，国家计划委员会，财政部．（1996）．普通高级中学收费管理暂行办法（教财〔1996〕101 号）．1996－12－16．http：//www. moe. gov. cn/srcsite/A02/s5911/moe_621/199612/t19961216_81879. html

国家中长期教育改革和发展规划纲要工作小组办公室．（2010）．国家中长期教育改革和发展规划纲要（2010—2020 年）．2010－07－29．http：//www. moe. gov. cn/srcsite/A01/s7048/201007/t20100729_171904. html

国务院．（1994）．国务院关于《中国教育改革和发展纲要》的实施意见（国发〔1994〕39 号）．中华人民共和国国务院公报，16(765)，715－730．http：//www. gov. cn/gongbao/shuju/1994/gwyb199416. pdf

国务院．（2005）．国务院关于深化农村义务教育经费保障机制改革的通知（国发〔2005〕43 号）．2005－12－24．http：//www. gov. cn/gongbao/content/2006/content_185157. htm

国务院．（2016）．国务院关于统筹推进县域内城乡义务教育一体化改革发展的若干意见（国发〔2016〕40 号）．2016－07－02．http：//www. gov. cn/zhengce/content/2016-07/11/content_5090298. htm

国务院办公厅．（2001）．国务院办公厅转发国务院纠正行业不正之风办公室关于 2001 年纠风工作实施意见的通知（国办发〔2001〕23 号）（根据《国务院关于宣布失效一批国务院文件的决定》（国发〔2015〕68 号），此文件已失效）．2001－04－06．http：//www. gov. cn/zhengce/content/2016-09/30/content_5114267. htm

胡锦涛．（2012）．坚定不移沿着中国特色社会主义道路前进 为全面建成小康社会而奋斗——在中国共产党第十八次全国代表大会上的报告．2012－11－08．http：//www. gov. cn/ldhd/2012-11/17/content_2268826. htm

江泽民．（1992）．加快改革开放和现代化建设步伐，夺取有中国特色社会主义事业的更大胜利——在中国共产党第十四次全国代表大会上的报告．1992－10－12．http：//cpc. people. com. cn/GB/64162/64168/64567/65446/4526308. html

教育部．（2001）．教育部关于印发《基础教育课程改革纲要（试行）》的通知（教基〔2001〕17 号）．2001－06－08．http：//www. moe. gov. cn/srcsite/A26/jcj_kcjcgh/200106/t20010608_167343. html

教育部．（2002）．教育部关于加强基础教育办学管理若干问题的通知（教基〔2002〕1 号）．2002－02－26．http：//www. moe. gov. cn/s78/A06/jcys_left/moe_706/s3321/201006/t20100608_88981. html

教育部．（2005）．教育部关于进一步推进义务教育均衡发展的若干意见（教基〔2005〕9 号）．2005－05－25．http：//www. moe. gov. cn/srcsite/A06/s3321/200505/t20050525_81809. html

教育部．（2015）．教育部关于深入推进教育管办评分离促进政府职能转变的若干意见（教政法〔2015〕5 号）．2015－05－04．http：//old. moe. gov. cn/publicfiles/business/htmlfiles/moe/s7049/201505/186927. html

教育部，国家发展改革委，财政部．（2004）．教育部 国家发展改革委 财政部关于在全国义务教育阶段学校推行"一费制"收费办法的意见（教财〔2004〕7 号）．2004－03－17．http：//www. moe. gov. cn/srcsite/A05/s7052/200403/t20040317_181246. html

青岛市人民政府．（2017）．青岛市中小学校管理办法（政府令第 252 号）．2017－02－04．http：//www. qingdao. gov. cn/n172/n68422/n68424/n31280899/n31280909/170216151912598134. html

全国课程专业委员会秘书处．（2001）．21 世纪中国课程研究与改革．北京：人民教育出版社．

全国人民代表大会常务委员会．（1980）．中华人民共和国学位条例．中华人民共和国国务院公报，329(2)，42－43．http：//www. gov. cn/gongbao/shuju/1980/gwyb198002. pdf

全国人民代表大会常务委员会. (2006). 中华人民共和国义务教育法. 2006‑06‑29. http://www. gov. cn/
　　govweb/gongbao/content/2006/content_363602. htm

上海市人民代表大会常务委员会. (2018). *上海市高等教育促进条例*. 2018‑03‑15. https://
　　law. sfj. sh. gov. cn/#/detail? id=25723da445e83af184cf12a4f89326b8

孙元清，徐淀芳，张福生，赵才欣. (2016). *上海课程改革 25 年(1988—2013)*. 上海：上海教育出版社.

习近平. (2012). 改革开放只有进行时没有完成时. 载于习近平. (2018). *习近平谈治国理政(第一卷)*
　　(pp. 67‑69). 北京：外文出版社.

习近平. (2017). *习近平：决胜全面建成小康社会 夺取新时代中国特色社会主义伟大胜利——在中国共产
　　党第十九次全国代表大会上的报告*. 2017‑10‑18. http://www. gov. cn/zhuanti/2017-10/27/content_
　　5234876. htm

新华社. (2017). *中共中央办公厅 国务院办公厅印发《关于深化教育体制机制改革的意见》*. 2017‑09‑
　　24. http://www. gov. cn/xinwen/2017-09/24/content_5227267. htm

张铁明. (1993). 教育科学研究的一个全新视野：教育产业论. 广州教育，(4)8‑11.

中共中央. (1981). *关于建国以来党的若干历史问题的决议*. 1981‑06‑27. http://cpc. people. com. cn/
　　GB/64162/71380/71387/71588/4854598. html

中共中央. (1984). 中共中央关于经济体制改革的决定. *中华人民共和国国务院公报*. 447(26). 889‑916.
　　http://www. gov. cn/gongbao/shuju/1984/gwyb198426. pdf

中共中央. (1985). 中共中央关于科学技术体制改革的决定(中发〔1985〕6 号). *中华人民共和国国务院公
　　报*. 461(9)，201‑209. http://www. gov. cn/gongbao/shuju/1985/gwyb198509. pdf

中共中央. (1985). 中共中央关于教育体制改革的决定. *中华人民共和国国务院公报*. 467(15)，467‑477.
　　http://www. gov. cn/gongbao/shuju/1985/gwyb198515. pdf

中共中央. (2013). *中共中央关于全面深化改革若干重大问题的决定*. 2013‑11‑12. http://
　　cpc. people. com. cn/n/2013/1115/c64094-23559163. html

中共中央. (2018). 深化党和国家机构改革方案. 2018‑03‑21. http://www. gov. cn/zhengce/2018-03/21/
　　content_5276191. htm#1

中共中央，国务院. (1992). 中共中央、国务院关于加快发展第三产业的决定(中发〔1992〕5 号). *中华人民
　　共和国国务院公报*，703(18)，682‑686. http://www. gov. cn/gongbao/shuju/1992/gwyb199218. pdf

中共中央，国务院. (1993). 中国教育改革和发展纲要(中发〔1993〕3 号). *中华人民共和国国务院公报*，
　　722(4)，143‑160. http://www. gov. cn/gongbao/shuju/1993/gwyb199304. pdf

中共中央办公厅. (2014). 中共中央办公厅关于坚持和完善普通高等学校党委领导下的校长负责制的实施
　　意见(中办发〔2014〕55 号). 2014‑10‑15. http://www. gov. cn/xinwen/2014-10/15/content_
　　2765833. htm

作者简介

范国睿　教育部长江学者特聘教授，国务院政府特殊津贴专家，华东师范大学教育学部教
育学系教授、教育部人文社会科学重点研究基地华东师范大学基础教育改革与发展研究所研究员，

教育治理研究院院长、国家宏观教育政策研究院首席专家。 曾任华东师范大学师资管理办公室主任、研究生院副院长兼培养处副处长、教育科学学院院长、教育学部常务副主任等。 现兼任全国教育专业学位研究生教育指导委员会副主任委员、国家教师教育咨询专家委员会委员、中国教育学会教育政策与法律研究分会副理事长、中国教育发展战略学会教育政策专业委员会副理事长、上海市教育学会副会长、华东师范大学科学研究委员会副主任等。 长期从事教育学原理、教育政策与治理、学校变革与发展等研究。 著有《教育生态学》（2000）、《学校管理的理论与实务》（2003）、《教育系统的变革与人的发展》（2008）、《教育政策的理论与实践》（2011）、《教育政策与教育改革（上卷）： 本土探索》（2016）、《从规制到赋能： 教育制度变迁创新之路》（2018）等，主编《教育政策观察》《中国教育政策蓝皮书》等。

电子邮箱： grfan@ecnu.edu.cn。

第七章

当前西班牙教育政策中青年的社会融合和排斥与社会变革的修辞和象征性幻象

玛格达莱娜·希门尼斯-拉米雷斯　安东尼奥·卢森

米格尔·A.佩雷拉　莫妮卡·托雷斯

（西班牙　格拉纳达大学）

在 20 世纪的最后 25 年,西班牙教育经历了一个完整的历史周期,这与西班牙在这一时期所经历的深刻的政治变革密切相关。在佛朗哥时期(Francoism),西班牙的社会与经济结构发生了很大的变化,因此,在 20 世纪 60 年代及其最后几年,该政权的社会基础逐渐缩小(尤见于人们对天主教会的态度从一开始的非常支持转向后来的逐渐不满)。20 世纪 70 年代,独裁者佛朗哥在 1975 年病逝,西班牙基于主要政党和社会团体的协议,开始完整、和平的政治过渡进程。人们普遍认为,这是一个"成功的故事",也是一个国家重新崛起,并成为国际舞台上一个受欢迎的、有作用的重要参与者的过程。这是一种所谓的交易式过渡(Gillespie,2017),由政权内外的政治精英以即兴的方式进行,甚至在新安排的压力下迅速有效地作出回应。然而,这种多年来一直备受赞扬的"审慎的实用主义"(Tzortzis,2017),如今却被许多人认为是整个进程中最为致命的弱点之一,也是在不久的将来,在公民特别是新一代人中产生历史遗忘感的一种手段。

这一进程的第一个成果是形成了一部新宪法(1978 年经普选批准)。这部宪法建立了一个新的政治制度,即议会君主制,类似于其他一些欧洲国家的制度。因此,欧盟于 1986 年接纳西班牙为其正式成员国。在西班牙历史上首次实施了声势浩大的权力下放项目,将国家划分为具有相当程度自治权的自治区(Judt,2006)。

我们必须在这些和其他政治变革的基础上,加上一个迅速而相对成功的现代化进程,这一进程始于 20 世纪 50 年代末,在经历了最专制的岁月之后。当时,西班牙通过 1959 年由世界银行(World Bank)监督的"经济稳定计划",开启了一个新纪元,并在 20 世纪 60 年代通过所谓的"经济和社会发展计划"(按照法国战后时代"指示性"经济规划的模式制定,并由与"主教"有联系的高级官员精英以技术官僚方式实现)(Balfour,2000)。佛朗哥去世后,随着民主制度的到来,各政党、工会和企业家签署了所谓的"蒙克洛亚社会契约"(Social Pact of La Moncloa)后,现代化进程明显加快,对国家社会生活的各个方面都产生了重大影响。20 世纪 90 年代,西班牙成功跻身世界最发达国家之列,经济指标优异,社会结构和生活方式发生了转变。在教育领域,不同意识形态取向的历届政府推动了一系列重大改革,显然,这在很多方面与其他西方国家的情况相似,不同的是,西班牙的这些进程发生了历史性加速(McNair,1984;Boyd-Barrett & O'Malley,1995;Bonal,1998;Escolano,2002;Cuesta,2005;de Puelles,2016)。

我们的目标是分析这一关键时期的教育政治,特别是关注社会党执政期间(1982—1996)在 1990 年发生的 20 世纪最后一次重大改革。2004 年 3 月,马德里恐怖爆炸事件发生后,社会党重新执政,这项重大改革的影响一直持续到今天。从这个意义上说,我们的"历史性"言论其实是相当当代的。我们的目的不是描述已完成的事情,而是分析不同的社会行动者对这场社会主义改革结果所做的解释、描述与评价。

我们主要分析他们关于教育治理的变革对社会融合和排斥进程影响的论述,并特别关注青年人在中等教育中所起的作用。必须记住,这项改革从一开始就以平等、民主、参与和创新等强有力的社会言论为基础。研究将从语言作为现实表征的创造者的角度出发,我们设想"话语不仅代表了世界的本来面目(或者更确切地说是世界被认为的样子),它们还是映射性的、想象性的,代表了与现实世界不同的可能世界,并与改变世界特定方向的项目联系在一起"(Fairclough,2003:124)。这里澄清一下,有必要指出,在话语的产生过程中,在对它们进行论证的逻辑面前,还可以产生另一种逻辑,即表象的逻辑,在这种逻辑中,信念和说服问题以其意识形态的立场发挥着重要作用。

7.1 当代西班牙教育政策建构中的历史与政治

让我们先回到这个历史周期的开始,回到佛朗哥政权的最后阶段。从 20 世纪 60 年代开始,反对独裁政权的声音越来越大,在当代欧洲背景下,独裁被视为不合法且过时。这种反对的态度在大学和劳工界蔓延开来，他们都清楚地意识到西班牙人没有获得最基本的政治权利的事实。西班牙的政治和战略地理位置使其在工业和旅游业方面都获得了外国投资，在这些年里，西班牙的经济发展迅速，一个以农村为主的国家转变为一个现代化的工业化国家，国民生活水平接近大多数欧洲先进国家水平。

一方面，在 20 世纪 60 年代，西班牙的年经济增长率与工业产值在所有经济合作与发展组织（Organisation for Economic Co-operation and Development，OECD，简称"经合组织"）成员国中名列前茅，而且自此翻了一番多，这主要是因为在欧洲国家工作的移民汇款数额非常大（Krasikov，1983：5-6）；另一方面，在独裁统治的最后阶段，佛朗哥政权也意识到，面对西班牙社会正在经历的变化，许多机构（包括教育机构）的作用正在减弱。因此，该政权在 1970 年通过《普通教育法》（General Law of Education），发起了一场大规模教育改革，这是自 19 世纪中叶以来西班牙教育制度面临的最大变革，被当作实施上述"经济和社会发展计划"的下一步行动。同样，由天主事工会（Opus Dei）领导的新教育改革实际上是西班牙近乎奇迹般现代化的推动者，它在内部寻求更好的掩饰，目的是通过用蓄意策划的矛盾心理，将现代化与该政权连贯、反动、天主教的反自由主义的源头联系起来（我们不能忘记，它是法西斯主义在当时拼命保存的法西斯主义政权的一部分）。因此，西班牙无论是在国内全国人民面前还是在国际社会舞台上，都被视为一个具有韦伯式成功伦理取向的现代"欧洲化"国家，这些都是天主事工会的策略言论和认真安排的结果（Saz Campos，2004；对从一开始就具有影响力的天主事工会在佛朗哥政权中的作用的分析，参见 Casanova，1982，1983；Estruch，1995；Camprubí，2014）。

7.1.1 寻求独裁统治的补偿合法性

根据联合国教育、科学及文化组织（United Nations Educational, Scientific, and Cultural Organization，UNESCO，简称"联合国教科文组织"）、经合组织和世界银行的报告，在 20 世纪 60 年代人力资本理论的前提下（根据这一理论，教育在西班牙开始被视为投资和消费），佛朗哥政权通过技术官僚改革，试图采用一种渐进式的社会变革辞令，以便尽可能地维持和扩大其岌岌可危的国家和国际信誉，在加入欧洲共同市场之际，寻求其真正缺失的政治合法性。在这个意义上，在所谓的《比利亚-帕拉西法》（Villar-Palasí Law）中颁布的改革，是由一个开创性的大众媒体宣传计划推动的,试图通过对社会现代化的神秘表达来推动一种新的社会变革语言(Ortega,1994),被恰如其分地称为"政治奇观"(Edelman,1988)。这一过程的特点是,在构建需要合法化的有效教育政策的过程中,使用基于权威的有效工具,即相互支持的说服、激励和控制,可以将其理解为韦勒(Weiler,1983)在分析西班牙教育改革的成功时所说的补偿合法化(compensatory legitimation)过程的一个例子(Morgenstern de Finkel,1991,1993)。当这一最重要的改革(实际上不是在佛朗哥政权时期,而是在不同政治党派达成全国协议的民主过渡时期发展起来的)在不到两年的时间里迅速实施时,独裁者已经垂垂老矣。

具有讽刺意味的是,1970 年改革的这一政治战略特点在西班牙没有得到足够的分析和关注。然而,这场改革最终深刻地改变了传统的精英主义制度,通过经合组织和联合国教科文组织的建议,在教育全球化的新兴进程中,受斯堪的纳维亚模式(Scandinavian model)启发,建立了一个独特而有效的综合学校体系,并带来了广泛的课程改革。

佛朗哥去世后,在所谓的向民主过渡的背景下,西班牙进行了许多教育改革,暴露出各种政治、社会和专业选民背后的根本分歧。议会关于新宪法的辩论在讨论教育问题时特别激烈。一般来说,右派人士支持天主教会的立场,因为传统上天主教会对西班牙的公共教育有着非同寻常的影响,并且仍然控制着很大一部分私立教育。左派人士试图加强国家对学校的控制,主张鼓励家长参与教育机构的管理,并试图通过社会融合方案加强教育制度的平等。对左派人士来说,政治民主必须转化为教育民主。正如 19 世纪和西班牙第二共和国期间(1931—1936)已经发生的那样,人们开始谈论"学校战争"(school war)。这种紧张的教育气氛在随后的整个政治阶段一直存在,而且实际上一直持续到今天。

7.1.2 政治民主与教育民主

1982 年,社会党以压倒性优势赢得了大选。这是一个历史性的时刻,因为这个在 20 世纪 30 年代第二共和国期间发挥了决定性作用的政党,在佛朗哥政权时期经历了长期的秘密活动,并于 20 世纪 70 年代重新崛起。由冈萨雷斯(Felipe González)领导的新一代年轻社会主义者在 1996 年之前掌控着西班牙政府。执政后不久,他们制定《教育权组织法》(Organic Law of the Right to Education)(LODE,1985),发展了 1978 年《宪法》的一些基本要点。这一极富争议性的法律明确将"教育界成员参与原则"作为教育政策的一个关键因素,国家制定了防止歧视性做法的控制措施,这甚至适用于私立学校。可以预见的是,教育机构的新规定受到学校经营者与私立部门一些家长协会的严厉批评。街头和媒体经常举行抗议活动,议会批准法律的程序缓慢而曲折。私立教育的捍卫者,包括天主教会,认为这项法律是国家对家庭权利和教学自由的一种不可接受的干预,而新宪法也承认这一点。

1990 年,社会党(在发起了一些反对政府经济政策的批判性社会运动之后,例如对没有经验的青年人实行新的更灵活的合同,最终在全国范围内成功举行了总罢工)对西班牙教育制度进行了新的现代化改革。这实际上是 1970 年改革以来的第一次改革,它更强调学校的全面性,避免制定明确的跟踪政策(Bonal,1998;Fernán dez-Mellizo,2003;Fernández-Mellizo & Martínez-García,2017)。这项新的改革正式成为《教育系统总体规划法》(Law of General Planning of the Education System)(LOGSE,1990)。义务教育延长至 16 岁,课程也进行了广泛的改革。在这些变化中,最重要的是引入了所谓的跨课程研究领域和关于性别、多元文化和环境的新社会学习领域(Boyd-Barrett & O'Malley,1995)。

社会主义改革所设计的课程在理论上是以认知建构主义为基础的,并通过培养适当的道德价值观和态度来捍卫新型的学校文化,建立新教育共同体[事实上,改革是由教育心理学(而不是人们经常认为的教育学)著名教授在全面心理学化的层面上设计的,在这个层面上,语言中有意识地渗透了"建构主义、能力、心理多样化,……而不是社会阶层、种族主义、文化偏见、学校失败……"。对这项改革是专门为中产阶级设计的这一煽动性理解,参见 Torres,2007:121;Varela,1991]。随着学校冲突的加剧,"共同生活"(living together)逐渐成为人们优先关注的焦点,就像"多元文化"伴随着越来越多的移民(主要来自非洲、拉丁美洲和东欧)涌入一样。在这种情况下,"价值观教育"和"跨文化教育"在社会主义改革中逐渐占有一席之地,并成为众所周知和频繁讨论的话题。

然而,在 20 世纪 80 年代大力推动改革的初期阶段,当左翼的旧意识形态传统的言论占主导地位时,社会党逐渐对最初倡导的一些改革失去了热情。从实用主义的角度来看,执政的工人社会党开始考虑,他们所强调的社会参与等问题更接近于 20 世纪 70 年代的乌托邦思想,而不是他们认为一个执政党的行动应该具有的负责任的务实作风。这些论点有时被用来为认为是必要的实用主义辩护,一些社会党领导人开始重新考虑他们早先提出的一些改革。对于最严厉但也是最有说服力的批评家来说,这种转变代表着在新自由主义潮流开始淹没世界其他地方的教育领域或"市场"时放弃了原则(社会党冈萨雷斯执政时,最后一任教育部部长所推行的西班牙教育改革案例,参见 Rozada, 2002)。

7.2 新的政治变革和新的教育变革以失败告终

1996 年,保守的人民党在大选中获胜,在组建了新政府后,立即开始调整社会党教育政策的主要目标(历史上第一次对教育制度进行了全国性评估,参见 García Garrido, et al. , 1998)。在 2000 年的选举中再次获得多数席位后,人民党在议会上通过了《教育质量法》(Law of Educational Quality),该法公开质疑先前改革的整个根基,即对义务教育阶段进行了一些实质性的改革,但大部分改革并没有实施(Rambla, 2006)。[①] 仿佛在一片混乱的课堂氛围中,不断有人要求恢复失去的权威和秩序,在这种气氛下,政府开始采取一些措施来改善这种状况。

如上所述,尽管在保守的人民党第一届政府期间(1996—2000),《教育系统总体规划法》仍然有效,但下面的分析完全集中在历届政府(1982—1996)的社会主义改革的应用和发展上。在冈萨雷斯时代,社会党试图建立一个全面的、一体化的制度来解决当时西班牙的社会不平等问题。在这种情况下,综合学校的发展受到严重的阻碍,许多不同的研究都集中在修辞形象、问题或口号的持久后果上,例如,20 世纪 90 年代社会主义改革所产生的"社会救赎"问题(Peruga & Torres, 1997;San Segundo, 1998;Carabaña, 1999;Echevarría, 1999;Rambla & Bonal, 2000; Bolívar & Rodríguez-Diéguez, 2002;Sevilla, 2003)。

当社会党在 2004 年重新掌权时,新一轮的改革开始了(当时已经包括了意识形态的"混合"与来自新自由主义的信仰假设)(García Yanes, 2017:221 - 222)。2012 年之后,当保守的人民党重新执政时,又在 2013 年推出了更具争议和更为保守的义务教育制度和义务教育后的中学教育"组织法",即所谓的《教育质量改进组织法》(Organic Law for the Improvement of Educational Quality),取代了 2006 年的

---

① 2004 年 3 月,社会党重新执政。社会党重新执政后的优先事项之一是停止实施《教育质量法》,并根据《教育系统总体规划法》的基本前提进行改革。2006 年 4 月,西班牙议会批准了新的《教育组织法》(Organic Law of Education)。人民党投票反对新的改革。新法引入的为数不多的重要创新之一是发展 3—6 岁儿童的免费教育。

《教育组织法》。自 2018 年 5 月以来,随着新的社会党政府在民族主义者和左翼政党的支持下成立,《教育质量改进组织法》很可能很快就会修订,尽管新政府似乎只是要减少一些保守的改革举措,代之以其他举措,旨在加强公立学校教育的作用,削弱私立学校的作用。

研究者用英语对不同的主要教育改革进行了一般性分析,如试图对西班牙民主制度化以来所阐述的四项"组织法"(在所有州强制执行)进行一些理论理解,不过这些理解不是很深刻(Jover,Prats,& Villamor,2017)。然而,也有研究者从多学科方法的视角,对这些主要法律既定的、明确的意识形态进行分析,重点在于分析认知语言模型中存在的因果关系和意向性(这对于构建社会和话语之间的联系,通过文本传播是必要的),也使用批判性话语分析(critical discourse analysis)的方法(García Yanes,2017:221 - 222)。

通过重构分析每一个文本引发的情境模式,从人民党批准的两部法律,特别是 2013 年的《教育质量改进组织法》,可以看出,它们似乎充斥着将个人视为社会行动者的概念,但这完全是由其在教育体系内履行的职能决定的(在保守党的法律中,63.5%的法律提到个人,而在社会党的法律中,仅 32.9%的法律提到个人)。人民党在提到作为教育体系行动主体的人时,往往完全根据其学校成绩进行概念化,而不考虑其余个人特征和维度(García Yanes,2017:94 - 96)。[①]

在这整个背景下,其结果与其说是削弱了西班牙双轨制,不如说是强化了这一双轨制,从而在种族、性别或社会边缘化等因素之外,增加了另一个无可争辩的社会排斥来源。当然,我们指的是公立学校逐渐贬值,而私立学校逐渐发展。根据欧洲联盟(European Union,EU,简称"欧盟")统计局的数据,2015 年,西班牙68%的入学学生就读于公立学校(欧洲平均水平为81%),而60%的中小学生就读

---

① 作为一种改革观点,《教育质量改进组织法》指出,如果不实施建议的教育改革,对个人（社会排斥）和国家（竞争力下降）都会产生社会和经济后果。 但是,这项法律（以及以前的《教育质量法》）从其清单中排除了人们的理想品质属性,如身份或个性。 与一般的社会党法律的情况不同,这两项法律主要给人赋予更多工具性的特征,目的是创造个人价值,满足多样化需求,促使个体成熟和具有更高的"就业能力"（期望通过"将教育置于社会和经济中心的新的行为模式"来实现培养在国际市场成功竞争的能力和应对未来挑战的目标）（García Yanes, 2017: 108, 146, 173）。 此外,我们注意到,在《教育质量改进组织法》中抹去了之前社会党《教育质量法》对移民议题的关注。 因为有了这种论点,《教育质量改进组织法》最终在社会等级观念方面推行了保守的意识形态,在这种意识形态中,社会的不平等和等级制度被认为是正常的。

于由政府资助的私立学校,其中许多私立学校依赖于天主教会及其宗教规定。总的来说,公立学校正在成为社会和经济条件最差的儿童的学校,而中产阶级则垄断了政府资助的私立学校。这种在西班牙教育中历史悠久的平行的双轨制(Boyd,1997),正在公共制度中再现,这可能是自治原则的一个欺骗性的后果。特别是在城市地区,公共教育网络正在学校的地理位置、学生的出身和上学时间的长短方面逐步瓦解。很明显,有些边缘化的公立学校只吸引住在附近的家庭,也有一些著名的公立学校受到教师和家长的追捧,尽管他们可能住在离学校较远的地方。实际上,二者代表了完全不同的阶层。住在郊区或贫困地区的移民人口到质量较低的学校就读,从而加剧了他们本已复杂的问题(Fundación Encuentro,1998)。西班牙教育制度这一持续的双轨制过程是社会排斥的主要来源之一(McAll,1995)。

考虑到这一双轨制过程越来越复杂(更详细、综合的描述,参见 Pereyra,González-Faraco,Luzón,& Torres,2009),我们可以说,社会排斥是不同阶层社会行动者之间相互作用的结果,而不能归因于特定人群或群体的最终状态或条件。从这个意义上讲,可以以越来越多样化的方式来理解社会排斥,它是在不同的社会领域,特别是在教育领域上演的一种过程性、累积性、多维度的社会现实(Littlewood & Herkommer,1999;Moreno,2000;Goguel d'Allondans,2003)。在本文中,我们将以上述改革为参照,分析不同教育行动者关于当今西班牙学校建设的那些话语中存在的关键概念——他们对学校的想象及其问题。①

---

① 为此,我们基于"欧洲教育治理和社会融合与排斥"(Education Governance and Social Integration and Exclusion in Europe)项目的理论范畴,以问卷的形式对 788 名青年人进行调查。"欧洲教育治理和社会融合与排斥"项目是 1998 年至 2002 年间进行的一个国际比较研究项目,是欧洲委员会第十二届研究总局在欧洲委员会第四框架计划内一个有针对性的社会经济学研究(Targeted Socio-Economic Research)项目。调查主要在安达卢西亚(Andalusia)和加那利群岛(Canary Islands)进行,这两个地区的特点可能是,它们在欧盟内地处偏远,而且按照西班牙的标准,其经济发展水平不高(Lindblad & Popkewitz,1999,2000,2001;Lindblad,Popkewitz,& Strandberg,1999)。西班牙语版本的西班牙案例的最终报告载于卢恩格(Luengo,2005:Chap.7)的著作中。

欧盟委员会出版的官方出版物《欧洲关于青年支持青少年充分参与社会的研究》(European Research on Youth Supporting Young People to Participate Fully in Society)多次提到"欧洲教育治理和社会融合与排斥"项目以及 1996 至 2013 年欧盟第四至第七框架计划资助的其他青年相关项目(http://ec.europa.eu/research/social-sciences/pdf/policy_reviews/policy-review-youth_en.pdf)。

7.3　西班牙青年人的社会教育意识

　　"欧洲教育治理和社会融合与排斥"项目在青年学生中开展了一项调查,问题涉及对教育的重视程度、对工作的评价、对义务教育后学习的选择,以及青年人自己对未来社会融合或排斥的看法。多年来,"欧洲教育治理和社会融合与排斥"项目是教育研究中最早提出"教育治理"和政策研究中"社会融合和排斥"这两个当代最重要概念的先驱之一。在此基础上,"政策研究与政策制定者对研究主要议题的界定挂钩,'避免'在没有任何严谨学术审查的情况下,对政府政策的范畴和议题进行界定"。这种教育政策研究领域的开创性介绍是在理论取向的基础上进行的,这些理论取向最初并没有与 21 世纪初巩固的基础相融合。这是由于领导"欧洲教育治理和社会融合与排斥"项目的理论领袖们对当代教育系统治理观念进行概念化,并直接将其应用于青年的融合和排斥机制,而当时的社会理论仍然被称为"后现代主义",并将福柯(Michel Foucaut)的新思想作为一个独特的方向(Popkewtiz & Lindblad,2000：6)。

　　　　"欧洲教育治理和社会融合与排斥"项目是第四框架计划的三个"有针对性的社会经济学研究"项目之一,该项目在教育体系治理的背景下调查欧洲青年的社会融合与排斥问题。在该项目中,社会排斥是作为社会科学中的一个概念提出来的,这一概念来自法国的共和主义思想,指的是社会纽带或团结的破裂。

　　　　其他项目包括重要的"青年失业和社会排斥"(Youth Unemployment and Social Exclusion)项目(2000 年已结项)。该项目重点调查 6 个北欧和南欧国家弱势群体中青年失业者在失业环境下的社会排斥概念,这些国家对被社会排斥或边缘化的历史和社会理解各不相同。还有"企业及其转移以消除社会排斥"(Enterprise and its Transfer to Combat Social Exclusion)项目(2002 年已结项)。在该项目中,匈牙利、西班牙、以色列和英国的大学合作伙伴在华威大学教育和工业中心(Centre for Education and Industry at Warwick University)及其主任哈德尔斯顿(Prue Huddleston)的领导下得出结论,认为针对青年人的创业教育将有助于他们面对这种风险,因为它对青年人的动机、自信心和控制点等情感领域影响深远。"青年失业和社会排斥"项目由德国不来梅大学(University of Bremen)工作、失业和健康心理学研究所(Institute for Psychology of Work, Unemployment, and Health)所长基塞尔巴赫(Thomas Kieselbach)领导,该项目出版了一本重要著作,介绍了心理学家、社会学家和社会工作者的研究成果(Kieselbach, 2000)。"欧洲教育治理和社会融合与排斥"项目和"企业及其转移以消除社会排斥"项目最终没有出书。

尽管"青年失业和社会排斥"项目对社会排斥的概念作了非常详尽的阐述,但我们认为,"欧洲教育治理和社会融合与排斥"项目在处理学校中青年的社会排斥这一新概念的概念化问题上更为成熟(相较于融合而言,社会排斥与融合存在内在联系,因为社会排斥必须被视为一个双向过程)。此外,与其他两个项目不同的是,"欧洲教育治理和社会融合与排斥"项目还开创性地处理了教育机构中的治理问题,而这一点在上述重要的卷宗中并未提及。事实上,2001年欧盟委员会(European Commission)的主要报告中正式使用了治理的概念;2000年欧盟委员会关于"管理方法"的最终草案(在新公共管理权力支持下,日渐融入决策方法论的主流)的标题仍然叫《改革委员会》(Reforming the Commission),但在2001年发布白皮书时,他们决定将标题改为《欧盟的治理》(Governance in the European Union)(Tarschys, 2010: 37)。

第六框架计划(2002—2006)的重点是知识型社会中的公民与治理,其中包含了对教育领域治理问题的适度研究。第七框架计划中与教育有关的项目也没有考虑学校中的排斥问题,但"消除年轻无家可归人口中的社会排斥现象"(Combating Social Exclusion among Young Homeless Populations, 2008—2011)项目和"欧洲的青年、失业和排斥"(Youth, Unemployment and Exclusion in Europe, 2008—2011)项目的重点是社会排斥问题。

7.3.1 研究主题、青年特征与家庭背景

2000年进行的调查是"欧洲教育治理和社会融合与排斥"项目的第三阶段,作为一项比较研究的一部分,四个欧盟国家(芬兰、瑞典、葡萄牙和西班牙)和一个非欧盟国家(澳大利亚)参加了调查[青年调查(Youth Survey),由芬兰图尔库大学

（University of Turku）的里恩（Risto Rinne）协调］（Rinne，Aro，Kivirauma，& Simola，2003）。① 西班牙的被试样本包括安达卢西亚自治区（458 名学生）和加那利群岛（330 名学生）的 788 名中学义务教育阶段（Educación Secundaria Obligatoria，ESO）三年级和四年级的学生。其中一些参与者参加了 1990 年《教育系统总体规划法》规定的社会保障方案和课程多样化方案这两项关注多样性的措施。在所有参与国中，样本都是即将结束义务教育的学生，共有 3 008 个样本。

参与调查的青少年主要生活在传统核心家庭模式中，大多数父母只接受过小学教育，少数父母接受过高等教育或获得大学学历。一般来说，父亲具有大学学历，而且在家庭结构中存在父亲学历越高母亲学历就越高的相关性。在这种家庭模式中，父亲从事有偿工作，而 55.3% 的母亲是家庭主妇。不过，也有一些母亲是工作的，她们的教育水平基本上都较高。父母大多从事白领工作、服务业和手工艺行业，以及技能和非技能体力劳动（蓝领）。

在比较研究中发现，葡萄牙和瑞典是传统家庭模式，而芬兰和澳大利亚青年人的家庭结构更为多元。关于教育水平，数据显示，在葡萄牙，父母只接受过基础的初等教育，而在芬兰，特别是在瑞典，父母都受过高等教育。与西班牙的情况不同，在这些国家，家庭主妇并不多见。南欧国家的家庭失业率高于北欧国家。

与南欧国家不同，北欧国家的父母主要从事白领工作。受教育机会、家庭结构以及生产和生育领域角色的不同分配，都可以用埃斯平－安德森（Esping-Andersen，1996，1999）界定的不同福利国家模式中国家、家庭和市场所发挥的作用，特别是天主教会在家庭主义②或以家庭为中心的福利国家（如西班牙）中所发挥的作用来解释。

中学义务教育阶段是学校生活和青年人生活轨迹中一个关键的阶段。随着入学机会的民主化，中学义务教育已覆盖 100% 的人口，但由于难以强制学生留在

---

① 从年龄分布来看，西班牙的研究对象包括 14—19 岁的青年，其中大部分是 14—16 岁的青年，但在 16 岁以上的青年人中，有 19% 仍处于义务教育阶段。从性别分布看，女生占 54.3%，男生占 45.7%。调查在 15 所学校进行，其中 11 所公共学校（4 所在安达卢西亚自治区，7 所在加那利群岛），4 所国家补贴的私立学校（2 所在安达卢西亚自治区，2 所在加那利群岛），抽样调查采用配额制，抽取来自不同地区和教育背景（城市或农村，并考虑学生的社会经济和文化地位）的学生。

② 家庭主义强调家庭的社会结构模式，在福利供给过程中，家庭作为主要责任者为家庭成员提供福利。 ——译者注

学校,因此也存在一些问题。中学义务教育阶段也很重要,因为完成学业后获得的毕业证书是西班牙教育系统颁发给学生的第一张证书,是继续义务教育后的学习或进入劳动力市场的必要条件。缺少该证书会使学生陷入学业失败或辍学的境地,随之而来的是教育和社会排斥的风险(Jiménez,2015)。

调查的目的是发现和描述青年人关于教育治理形式之间关系的叙事、传奇和神话的话语,以及它如何影响教育和工作中的社会融合和排斥过程。具体而言,我们有兴趣了解青年对教育系统发生的变化的看法,他们的社会、教育、文化和经济背景是否与其在学校的成功或失败有关,他们未来在就业市场上融入或被排斥的可能性,以及他们对自己作为跨国环境(欧盟)的正式成员的看法,这种身份通常可以为他们提供更好的培训和工作机会。

7.3.2 精英政治座右铭: 相信学校是实现平等的一种手段

青年人是教育系统的主要行动者,他们意识到教育和社会正在发生的变化,也意识到教育和他们进入就业市场的机会所带来的并不总是积极的结果。然而,在他们的话语中,保留了一些关于教育系统中的平等以及满足不同学校轨迹的学生多样性的需要,以保障他们的受教育权。调查分析发现,青年人高度重视教育,因为他们坚信教育能够带来社会平等。他们认为,为了人生的成功而学习是值得的(90.8%),教育是一种公益事业(87%),而且,尽管选择的比例较低,但还是有一部分人认为,教育是解决青年失业问题的一个办法,但这与"教育水平低"等同于"找工作困难"这一事实是一致的。大多数人(女生多于男生)赞成这样的观点,即学校是平等的,如果一个人努力学习,那么个性和个人特征(努力和坚持)是在学校取得成功的关键因素。

这些评论表明,在西班牙青年人的大众意识里有一种精英的理想,根据这种理想,教育能够消除不平等(Jiménez,Castillo,Torres,& Pereyra,2003)。这种想法也是基于他们认为,教育应该给有困难的学生提供更多的支持。在欧洲青年人中,西班牙青年人的突出特点是坚信选贤任能(meritocracy)①和平等主义,尽管西班牙并不是一个以福利国家民主原则的发展达到北欧等国水平的国家,但西班牙青少年的这种教育信念与所分析的其他国家的青年人是一样的(Rinne,

---

① meritocracy,又译"精英政治""贤能政治"。——译者注

Kivirauma，Aro，& Simola，2001）。

当青年人几乎一致表示倾向于为贫困学生、有特殊教育需要的学生提供更多机会和支持的制度时，他们也考虑到了平等的神话。这种声援可能是由于已经习惯于《教育系统总体规划法》（1990）提出的将有特殊需要的学生纳入学校的一贯政策。从比较的角度看，葡萄牙和瑞典的青年人也非常重视平等，不过芬兰的青年人和澳大利亚的青年人一样，不太相信可能的社会平等。女生对平等有着强烈的信念，而男生对此则有所保留。在理解对有特殊教育需求的学生的支持方式上也存在差异：瑞典和葡萄牙的青年人赞成稳固的教育制度，给有困难的学生更多的支持。但澳大利亚和芬兰的青年人不太倾向于团结困难学生，特别是澳大利亚的青年人非常重视对高天赋学生的支持。

接受调查的青年还认为，教师倾向于给予学习较好的学生和学习进步较快的学生以更多的支持和关注（72.3%）。但是，他们不是很认同教师更偏爱女生的观点，认为教师因学生的社会和家庭出身不同而对学生区别对待的情况很少。他们还认为，不平等更多的是个人努力的问题，而不是性别或家庭出身的问题，在这一点上，他们不同意欧洲和澳大利亚学生的观点，他们认为，家庭对学校的成功和自己的未来有决定性的影响。尽管如此，虽然他们重视选贤任能，但也认同个人能力应该是学校文化的关键这一观点。

选贤任能和平等的神话与克里亚多（Martín Criado，1998：172－173）的重要研究形成鲜明对比，该研究表明，尽管学校证书贬值，但"青年人仍然对学校资本是社会晋升的一种手段抱有信心……他们基于自己的信心和对学校资本投资的回报，共同开展社会促进项目。有了选贤任能的社会观念，就不会有不可逾越的障碍，一切都可以通过个人的意志和努力来克服"。

7.3.3 西班牙的国际化：对欧盟优势的怀疑

西班牙加入欧盟后，极大地改变了国家与公民之间的社会、经济、政治和教育关系。青年对于加入欧盟的期望和要求，以及在共同市场上作为公民、学生和工作者未来可能会受哪些机会或限制的影响，也有自己的看法。

普拉茨等人（Prats，et al.，2001：148）对这一问题进行了研究，得出结论："大多数青年人对'欧盟是什么'有一个非常不准确的和遥远的看法，此外，尽管欧盟的决定对他们的生活很重要，但他们并不关心。""欧洲教育治理和社会融合与排斥"项目的受访青年人在回答"对欧盟的态度"时持怀疑态度,尽管在另一项研究(Elzo,et al.,1999)中,青年人认为欧盟机构具有合法性,但还是有相当多的人选择了"不知道"这一选项。无论如何,他们认为欧盟促进了欧洲的和平,增加了公民之间的平等,因为它创造了一个让个人拥有更多机会的条件。但是,他们并不都认为这种机会与创造更多的工作机会有关,而且他们对其他欧洲公民来西班牙工作也都持保留态度。受访的欧洲青年和澳大利亚青年也表达了同样的观点,他们不接受外国工作者到他们的国家工作。

西班牙青年人的犹豫不决和缺乏意识,可能是由于教育系统提供的关于欧盟和西班牙国际化的信息不足,导致他们对欧洲一体化的利弊知之甚少。学生和工作者流动的机会对这些青年人来说有不同的价值。女生特别赞成(58.7%)出国留学,并接受(58.2%)外国学生来西班牙学习,这已经在"伊拉斯谟计划"(Erasmus Programme)下进行。然而,在工作问题上,调查结果显示出不同的情况。出国工作的想法并不受欢迎,50.4%的人不接受去其他国家工作,而30.3%的人愿意在欧洲寻找工作机会。年龄稍长的青年人不接受(53.5%)欧盟工作者来西班牙工作,不过还有近25%的人不反对,其余人无意见。女生最赞成外国工作者来西班牙。因此,年轻的西班牙人对欧洲一体化进程持怀疑态度,在他们的回答中,选"不知道"的选项占30%—60%。普拉茨等人(Prats,et al.,2001:157)指出:"青少年赞成与欧盟合作,但他们中的很大一部分人(大约十分之四的人)对此漠不关心。他们不反对,但也不表示坚决支持。"

在这一背景下,正如社会学研究中心(Centre for Sociological Research,西班牙文缩写为 CIS)的研究结果所示,欧洲形象与西班牙青年人"融入欧洲"理念的最新变化,与其他欧洲国家的情况有一定的关联性。该研究中心多年来一直是西班牙的权威机构,致力于定期就各类问题对西班牙人进行调查,使用的样本在参与人数和研究技术的复杂性方面具有很大的优势,其结果可供公众充分查阅。因此在 2009年,社会学研究中心对西班牙的亲欧情绪进行了初步调查。在对 3 459 人的调查中发现,西班牙公民非常重视加入欧盟,18—34 岁的西班牙青年人中,有 17.5%的西班牙青年人觉得自己是纯欧洲人,对原籍国的忠诚度较低。然而,当被问及对欧洲和西班牙的感觉时,这一比例上升到 65.1%,而 13.4%的青年人对西班牙或欧洲都没有特别的认同感。2014 年,西班牙国家青年研究所(National Institute of Spanish Youth,西班牙文缩写为 INJUVE)遵循这一研究思路,将欧洲的问题转移到西班牙青年人身上，围绕西班牙青年人对欧盟的兴趣进行了分析。结果发现，51.5% 的西班牙青年人对欧盟相关问题感兴趣，而不感兴趣的西班牙青年人占 48.4%。[①]

然而，随着 2008 年经济危机的到来，以及 2013 年后人民党的回归及其在劳动力市场上的灵活政策，新自由主义一揽子结构性调整方案的出台变得更加严厉，青年人失业问题使西班牙青年人产生了"新观点"。失业率已经逐渐上升到令人震惊的水平（与经济衰退或全球金融危机之前相比，失业率飙升，临时和兼职工作激增）。[②] 这就是为什么我们可以说，青年人更容易失业、工作条件更差和更不稳定是西班牙就业市场的结构性问题，危机只是让事情变得更糟。

欧洲和西班牙方面的调查不仅证实了青年人（16—29 岁）与整个人群相比处于弱势地位，而且也证实了在危机到来前后，青年人之间存在严重的不平等现象，在这方面，青年人与妇女因其不同的工作特点更不稳定，也更需要帮助和支持。[③]

---

① 西班牙国家青年研究所得出的结论是：亲欧情绪不那么强烈的西班牙青年人受教育程度较低，而深造过和接受过高等教育的西班牙青年人往往更关心和了解欧洲的事件。同样的情况也出现在那些将自己归为左翼的西班牙青年人身上，尽管他们都认为自己是西班牙公民，但他们比右翼的西班牙青年人有着更强烈的亲欧情绪。因此，我们可以得出这样的结论：西班牙青年人在劳动力市场上仍然举步维艰，他们将欧盟视为摆脱这一困境的出路。34.7% 的西班牙青年人认为，欧盟是国家间合作和援助的途径与手段；13.9% 的西班牙青少年强调到欧洲国家旅游和学习的重要性。总之，西班牙青年人对欧盟的观念和态度是积极的，高达 86.6% 的人相当重视欧盟。

② 研究报告西班牙青年人失业率为 37%（在欧盟 28 个国家中仅次于希腊，位居第二）。根据欧盟统计局的数据，就整个欧盟而言，15—29 岁长期失业的青年人比例从 2000 年初的 6% 下降到 2008 年的 3%，此后逐渐上升，到 2013 年达到最高的 7%（Echave & Echave，2017）。就西班牙而言，受长期失业（12 个月或以上）影响的青年人比例从 2007 年的 15% 上升到 2015 年的 50%。在西班牙青年人中，这一社会现象的发生率几乎没有性别差异（Montero González，2017）。遗憾的是，这其实是南欧模式（被理解为历史和比较政治经济学）的特征之一，其社会人口模式的特点是，在家庭政策薄弱的背景下，加强了青年人的居住、工作和家庭依赖性（Domínguez-Mujica & Pérez García，2017：18）。

③ 西班牙青年人失业率居高不下（1999 年失业率达到 25%，随后几年缓慢下降，直到 2008 年出现经济大衰退，2015 年西班牙全国平均失业率逐渐上升到近 48%）（OECD，2018）。这种引发全社会广泛关注的戏剧性现象也造成人才外流，因为很多西班牙专业人才在国内找不到就业机会（Aguilar-Palacio，Carrera-Lasfuentes，& Rabanaque，2015；Nelson，2015）。此外，2007—2013 年间，15—24 岁既不学习也不工作的青年人增加了 18.5%（参见：https://data.oecd.org/youthinac/youth-not-in-employment-education-or-training-neet.htm）。其中，希腊、爱尔兰或西班牙等国家失业率的增长（超过 50%）与仅出现在卢森堡、马耳他和德国的下降趋势形成鲜明对比。最显著的例子是意大利（22.2%）、保加利亚（21.6%）、希腊（20.4%）、塞浦路斯（18.7%）和西班牙（18.6%），而卢森堡（5%）、荷兰（5.1%）、丹麦（6%）和德国（6.3%）的比例较低（Ramos，Vicent.，& Recuenco，2015）。

在这一背景下,近年来,西班牙青年移民人数增加,英国、德国和法国成为这些西班牙青年人为寻找工作而移居的三个主要国家(Caro, Cavasola, & Fernández, 2018)。

7.3.4　对学校成功的自信与对学历证书的认可

西班牙青年人认为自己是积极向上的学生,他们努力学习,争取获得学历证书,以此来获得教育机会(如义务教育后的学习)和就业机会。他们说,获得学历证书使他们有更好的进入就业市场的机会。总体来说,青年人认为教育是解决一切社会弊端的灵丹妙药,当然也是解决失业问题的良药。青年人社会意识中的这种话语和论调在20世纪70年代很普遍,与发达国家扩大义务教育的做法一致。现在,面对义务教育后学习机会的大众化、对积累学历证书的日益痴迷,以及高等教育过剩[与此相反,选择职业教育与培训的人数不足,尽管职业教育已成为义务教育中等教育和高等教育后更受欢迎的选择(Homs, 2009)],我们可能会问,延长义务教育年限是有助于改善平等,激励并确保青年人晋升和提升社会地位,还是恰恰相反,导致了资质过剩(over-qualification)。

这些坚信选贤任能的青年人认为,学业成功需要某些独特的品质。具体而言,在这种选贤任能观念的影响下,他们高度重视每个人在学校获得学业成就的个人品质,而不是可能对学校表现产生影响的其他家庭因素的积极价值。学习上勤奋或持之以恒(97.6%)、在校态度积极(94.4%)、天赋和个人能力(80.3%),甚至快速适应能力,都是在学校获得学业成就最重要的特征,这些都是女生比较看重的。而其他方面,如教师所希望的行为、有雄心壮志和与人竞争的意志、父母受过良好的教育、在同学中很受欢迎或父母很有钱等(8.6%),虽然被男生认为更重要,但总体受重视程度较低。这些结果与瑞典、芬兰和葡萄牙的青年人对教育的评价不谋而合。他们也相信选贤任能,重视个人素质和在学校学习的坚定决心,而不是家庭的影响。男生比女生更相信竞争,在同龄人中更受欢迎。澳大利亚青年人也认为,努力工作和拥有个人技能是很重要的,不过与欧洲青年人相比,他们更重视竞争和野心。这个问题受父母教育水平的影响,也就是说,那些父母只受过初等教育或职业教育的青年人认为,竞争和抱负远没有那么重要。

很明显,以一种方式思考并不意味着以同样的方式行事,而且,正如其他问题一样,话语与实践之间的矛盾可以在年轻一代的西班牙人身上看到,但在其他欧洲人和澳大利亚人中就不那么明显了,因为他们的想法与行为更为一致。几乎所有的西班牙人都表示,学校的成功在于努力学习,但只有三分之二的人表示,在日常的学校生活中把这一点付诸实践。女生的这一比例要高得多,她们的成绩也是最好的,工作态度也比较积极。除了个人成绩外,学习成绩似乎与家庭的文化教育有一定的关系。具体来说,父亲和母亲的教育水平以及他们的工作状况对学生的学业成绩有积极的影响,尽管我们不能忽视这样一个事实,即数据显示,父母有工作的学生取得低分段或不满意成绩的比例最低。与学生们提出的观点(教育差异取决于个人品质)相反,这些数据似乎表明,家庭出身会影响学校成功的程度,也会影响社会教育融合和排斥的过程,这与卡莱罗(Calero,2006)和塔拉比尼和库兰(Tarabini & Curran,2015)的研究结果是一致的。

7.3.5 动荡时期关于理想工作的神话: 工作稳定性与报酬

青年人失业是最明显的社会问题之一,因为很难找到工作(Moreno Mínguez,2012),西班牙青年人离开家去实现个人独立的年龄日趋变大(Benedicto,2017)。接受调查的青年人也非常重视个人通过工作谋生的责任和义务(93.3%),尽管工作可能并不意味着让一个人感到满足。但是,与失业相比,他们更喜欢枯燥、单调的工作。女生更看重通过工作获得成就感,男生则更希望能够不劳而获。欧洲和澳大利亚青年参与者的态度基本与此相同。

为进入就业市场并有所成就,青年人认为某些特征是基本的,所有这些特征的重要性均超过75%,它们是:工作经验丰富、接受过良好的教育、有修养、有沟通能力、有灵活性、有能力和天赋,以及在较小程度上接受过特定领域的职业培训,还有与他人竞争的雄心和能力。这再次印证了教育认同中已经体现出的选贤任能的倾向,不过女生更看重的是努力和适当的个人能力,男生则更看重职场上的野心和竞争,这也与那些在学习中拿高分的人有关。也许是抱着进入职场的想法,职业教育与培训是那些仍处于义务教育阶段、学习成绩低于平均水平的大龄男生的首选,他们来自父母是小学文化、从事蓝领职业的家庭。在比较分析中,除了澳大利亚青年人重视竞争力(Aro,Rinne,& Kivirauma,2010)和葡萄牙青年人表现出对职业教育与培训的偏好外,其他青年人的看法并无差异。然而,选择未来就业的最重要特征与青年人的实际愿望或选择并不一致。

尽管他们认为个人特点非常重要,但在实践中,在选择工作时,最高价值的工作往往与外在利益有关,即拥有一份稳定的工作(96.2%)和良好的报酬(95.1%),这些条件普遍存在于接受调查的欧洲和澳大利亚青年人身上。因此,终身稳定工作的"神话",使你能够拥有一个经济上有良好回报的职业生涯,往往比具有学习和发展的可能性,以及与其他人的互动更占优势。尽管如此,我们还是质疑理想工作的这些特征是否仍是真实的(尤其是如果我们考虑到青年人失业率高、工作弹性大、工作合同不稳定、基准收益等因素重塑了这种稳定工作和高薪的"神话")。虽然许多青年人都提到了这个"神话",但男生们更看重工作的丰厚报酬,而女生们更看重个人和职业的发展。

7.3.6　社会融合和排斥：个人行为的结果,而非家庭或社会影响的结果

我们还想了解西班牙青年人对可能导致他们在未来生活中受到社会融合或排斥的社会因素的认识。他们认为,人生成功的品质是在工作中勤奋或努力工作,有能力与其他人打成一片,以及尽可能多地学习。大多数女生都认同这些品质。但是,除了澳大利亚青年人外,大家都不太关心是否拥有与他人竞争的能力、父母是否受过良好的教育以及是否富有(占比更低)。我们再次发现,具有基本价值的个人能力以及选贤任能的重要性,以及低估家庭的文化、经济和教育资本的重要性。我们也发现对语言学习的某种倾向和对新技术的兴趣。

与其他政治、教育和社会行动者不同,参与调查的西班牙青年人认为,社会排斥的原因是教育质量低下、安于现状并缺乏冒险精神、过于逆来顺受、没有竞争意识或失业。欧洲和澳大利亚青年人认为,失业这个原因最为重要。但是,西班牙青年人并不认为一个资源匮乏的家庭能够影响他们,成为他们社会融入或排斥的决定性因素,在这一点上,他们与其他青年人并无不同。这也说明西班牙青年人对教育的高度信心,家庭背景对他们在生活中获得成功和不被社会排斥的影响很小。此外,这一解释与其他教育行动者所作的"家庭和社会背景是造成社会排斥的主要原因"的论述几乎没有关系。

对西班牙青年人来说,失业并不是社会排斥的决定性因素,尽管他们认为拥有一份稳定的工作对其未来是最重要的。正如克里亚多(Martín Criado,1998)所指出的那样,就业市场中涉及的不同主体和群体在评估失业等不同情况时,给出了不同的象征性观点和策略。根据学生们的说法,来自"资源匮乏家庭"不是造成社会排斥的决定性因素。在他们看来,学校是促进社会发展的宝贵手段。

西班牙学生直接从改革言论中获得平等、团结的话语，他们首先基于最为（个人）独特的文凭主义，表现出一种选贤任能、务实的态度。他们甚至解构出这样的信念，即相信个人努力的巨大可能性，并举出无数例子来证明学校制度的培养能力，因此，也证明了社会出身的决定性。

7.3.7　义务教育后的学习：对进入大学或职业教育与培训的不同教育期望

在青年人身份构建的过程中，重要的是要了解他们是如何在义务教育后继续学习的情况下塑造自己的未来形象的。在接受调查的西班牙青年人中，过半数的青年人选择了传统的先读大学再专攻某个专业领域的方式。事实上，只有14%的青年人选择职业教育培训作为完成义务教育后的深造方向。这一观点与青年人在其他方面表现出的实用主义有一定冲突，但这也符合西班牙的教育传统。在西班牙，职业教育与培训一直没有多少社会声望，一直是"体制内的穷亲戚"（Lorente García，2012）。[①]

对学生学习成绩的估计也制约学生对未来学习的选择。只有18%承认成绩低于平均水平的学生选择了高中教育（Bachillerato）[②]，49.1%的学生选择了职业教育与培训，只有11%的学生选择了大学教育。尽管历次教育改革都试图提高职业教育的价值与形象，但高学历学生对职业教育的需求仍然很少（只有9.5%）。这种对称性令人不安，因为它表明，辍学和社会排斥的风险是一对看似合理的组合。众所周知，这种关系多年来一直是科学界关注的焦点。根据布迪厄和帕塞伦

---

① 然而，我们发现男生和女生之间确实存在显著的差异，女生更倾向于考虑大学和学士学位，而男生则更多地选择了职业教育与培训。选择职业教育与培训的学生，父母都是从事蓝领工作的，受过基础教育。相反，中专以上学历和从事白领工作的父母，其子女基本都会选择读大学。我们还必须提到，研究表明，母亲就业情况和教育程度可以预测子女继续接受教育的选择，很多母亲是家庭主妇或母亲只受过小学教育的学生，对自己要学习的课程有很大的疑虑，其中很多人选择职业教育与培训而不是大学课程。同样，大多数母亲受过中等教育的学生，一般都选择读大学，选择职业教育与培训的较少。因此，正如其他关于西班牙青年人的研究所指出的那样，继续教育类型的选择似乎随父母的职业和受教育程度不同而不同（Fernández de Castro, 1990; Martín Criado, 1998; Carabaña, 1999; Calero, 2006）。

② 西班牙的高中教育是在义务教育后进行的为期两年的教育（16—18岁）。高中教育的课程分为两部分：强制科目的核心课程和预先选择的分支课程。核心课程如西班牙语言文学、哲学、物理、造型艺术、雕刻、艺术、设计、信息和通信技术、表演艺术、音乐和舞蹈、生物学、化学、数学等。——译者注

（Bourdieu & Passeron，1977）、伯恩斯坦（Bernstein，1988）的经典论述，有两种机制可以解释这些社会再生产过程。第一，学校有一种明显的文化偏见，这体现在一种"精心制定的法规"中，它赋予某些类型的内容以特权，这些内容更具有中上层阶级的典型特征。因此，文化能力是塑造和决定学校成功的价值观。第二，社会差异与各个社会阶层的地位有关，获得某种文凭的期望通过个人习性与社会阶层紧密相连。

芬兰、瑞典、葡萄牙和澳大利亚的青年人对义务教育后继续学习的认识表明，他们都选择了义务教育后的培训。在芬兰和瑞典，所有青年人都会在义务教育后继续学习。对于芬兰、瑞典、西班牙和葡萄牙的青年人来说，进入大学是一种途径，没有性别差异。虽然澳大利亚学生也选择大学学习，但他们表现出更强的职业教育与培训选择倾向。所选择的知识分支将使他们在未来从事白领工作。

7.4　讨论：西班牙青年的政治、政策和教育改革的优势与不足

西班牙现在是一个从长期法西斯独裁统治中崛起的国家，法西斯独裁系统地利用社会变革的修辞与象征性幻象进行操纵，而没有引入和实施深刻的政治和社会经济变革。在这种背景下，对 20 世纪 90 年代社会主义改革中的行动者的话语分析表明，这是一种含糊不清的、矛盾的叙述，是由少数具有启发性的知识发现与黑暗的实践意义之间的差距引起的。他们对这十年间发生的社会变化所表现出的乐观态度，转为对学校所经历的变化的怀疑态度，他们认为，这些变化并不完全是教育改革造成的。

一方面，这些反差可能最能体现在教师队伍中。例如，在职教师培训有了很大的改善，但是教师的社会声望下降了，从业情况恶化了（工作量过大、难以接受的社会期望等），与政治管理部门的关系日益紧张。民主化、自主权和官僚化已成为学校管理者意象与叙事中的典型因素。尽管教育改革本应意味着更大的民主化和管理自主权，但教师们却不断抱怨教育的官僚化和行政组织的不健全。

另一方面，《教育系统总体规划法》在制度结构方面的一个根本变化是将义务教育延长至 16 岁，随后，又开创了中等教育的新阶段，即大力推动综合性学校的发展。然而，这一决定导致了许多问题。在 1995 年后保守派政府短暂的经济扩张时期，甚至在 2004 年后社会党人重新执政时期，直到 2008 年出现更臭名昭著的

危机时,这些问题都很突出。这些问题与一些学生希望在 16 岁之前离开学校有关。早早辍学的人,甚至反对学校的人,都想在蓬勃发展的房地产行业工作——这种现象在欧盟的教育话语中也能发现,这是由不同的融合或补偿方案导致的学生过度多样化。[①] 许多学校的管理者认为,这种综合教学时间的增加仅对最弱势的学生有利,实际上就是为最弱势的学生发明的,而没有考虑那些"高于平均水平"的学生。这些论述非常清楚地表明了全面性(福利国家中教育政策的典型选择)与效率(近几年来非常活跃的新自由主义政策的优先目标)之间的张力(Simola,Rinne,& Kirivauma,2002)。

同样的常态也适用于家庭及其与学校的关系。家庭自然被视为社会化的关键,因此对于新教育体系的发展至关重要。然而,家庭对学校生活的参与(受到改革的高度重视)却没有达到预期。如果家庭不参与,这个体系就会开始崩溃——这是访谈分析中反复出现的结论之一,尤其是当访谈的对象被融合和排斥时。对许多人来说,造成排斥的原因不在学校,而在于家庭、社会和遭受排斥的人本身。正如我们在《认知性无意识》(*Cognitive Unconscious*)(Lakoff & Johnson,1999)中所记录的,学校本身很少排斥。事实上,在西班牙,家庭制度是青年人的一个关键制度[②],实际上也是最受重视的制度。然而,与此相对应的是,青年人认为家庭不会影响他们的社会排斥和融合过程,因为他们是年轻的精英,一切都取决于他们的努力和他们在学校的参与情况。

这种为学校开脱的说辞其实早已存在于叙事中,被认为是象征主义或社会想象的(也就是说,主体和社会是在想象中构成和建立的,因此它们的意义是被感知和想象的)(Castoriadis,1997)。所有这些都使这个被称为"学校"的制度具有某种"魔力光环",刻在一个"救赎的故事"中,所有人,无论出身和条件如何,都会被召唤到这里来,并且在这里,他们参与地方决策,使政府的政策更贴近个人(Lindblad & Popkewitz,2004:84)。尽管我们首先要承认,接纳被排斥者的效果不等同于融

---

① 我们必须牢记,西班牙当代的增长模式是建立在附加值较低的部门(旅游业和技术发展水平低的建筑业)基础上的。 1995年后,随着保守派人民党执政,房地产业务带来一定程度的经济复苏,不过当房地产泡沫破灭,社会党人再次执政时,房地产业务确实掩盖了经济危机的持续性(Buendia & Molero-Simarro,2018)。

② 家庭制度(family institution)是关于家庭的性质、关系、功能、权利和义务的一套规范体系,是整个社会制度体系的重要组成部分。 ——译者注

合。正如古德温(Goodwin,1996)所言,边缘化的边界或界限是流动的,总是发生变化的。

那么,真实发生的情况实际上是社会政治问题去自然化,变成了一个道德或伦理良知的个人问题。这种转变的叙事效果是一系列微弱而散漫难解的形象[正如西班牙著名社会学家卡斯特尔斯(Manuel Castells)所说的"人道主义鸡汤"],这些形象并不能促进反思,也不会使新的可能有助于克服学校系统中根深蒂固的分类和规范化空间的全新治理模式出现。事实上,这些形象作为意识形态规范化的一部分,正是通过"制造不公平公正的人类形象,使人们安分守己地待在自己对应的位置上"发挥作用,维持原有社会等级秩序(Beach,2017:199)。

从更普遍的角度来看,我们可以说,教育领域的社会融合与排斥导致了不同的、被社会扭曲的学校文化的出现。盛行的模式(话语与想象)是那些基于成功和结果选择的学校模式,在这里,与其他强调社会和经济因素的模式和传统相比,个人的努力和学习的毅力没有不可克服的障碍(Silver,1994)。公平问题被转化为一种理性体系,按照一定的规范化程序对教育管理者和个体作用者的主体性进行标签化、差异化和分类。

也就是说,学校教育使学生获得资格和能力,但同时也使他们正常化,这取决于他们对这种新的、包罗万象的,但同样也是矛盾的合法性的理解。这种"新的合法性"受到了教育界人士的各种质疑,他们对学校形象的理解与20世纪90年代社会主义改革所呈现的乐观主义形象截然不同。他们中的许多人感到疲倦与失望,因为他们看到在所有关于效率和质量的现代华丽辞藻的背后,仍然存在着一个在传统模式和价值观指导下的缺乏创造性的学校。大家都觉得前途未卜。自由和自主是海市蜃楼,学生的成绩水平继续以令人跌破眼镜的速度不断卜降(特别是中学教育)。教师被教育主管部门、家庭和社会的要求所限制,但最重要的是,他们感到自己的价值被低估了,在面对超出自己能力范围的任务时,他们孤立无援。教育改革、社会和教师所想象和期望的"理想"学生与课堂上不思进取的甚至具有攻击性的"真实"学生完全不一样(González Faraco,2003)。学校已经发生了变化,但它的未来却是最模糊的。

这种怀疑和不确定性与绝大多数教育界人士对当今学校平等状况所抱有的非凡信心形成鲜明对比。在明确失败和被排斥的原因时,情况并非如此。对学生来说,这本质上是一个个人过程,而对其他教育管理者来说,它的起源本质上是社会的。后者承认自我排斥，但认为排斥是社会生产的产物（Jamrozik & Nocella，1998），只有社会才有能力将其纠正过来。因此，最初对学校融合能力的信心，现在变成怀疑了。然而，没有人质疑公立学校和私立学校（西班牙教育体系中一个决定性的二元性存在）在社会融合和排斥以及其他密切相关的概念（如"机会均等""关注多样性""学校自治"）方面存在差异。

考虑到这些差异，人们最普遍的印象仍然是，学校不能解决迄今为止社会无法解决的问题，学校还没有准备好接受各种各样的学生，学校几乎没有什么可以提供给有困难的学生，而这些学生最终被排斥在外。所以，学校只是印证了那些已经被社会边缘化了的学生的边缘化。然而，对许多教育工作者来说，迈向文化多元化的进程[这个进程不应该是文化的多元化，而应该是界定社区的文化的多元化（Bauman，2000：86）]不过是一个美丽的梦。

这种混乱的景象呈现了许多问题，但与教育及其与社会融合和排斥的关系直接相关的一个最重要的问题，也是我们特别担忧的问题是：如果不公开承认学校制度的排斥、分化和种族隔离能力仍然存在，那么即使它被粉饰和隐藏在华丽的辞藻之下，学校制度和那些参与其中的人将会变成什么样子？

7.5 结束语：教育研究在欧盟政策制定中的相关性

本章所研究的"欧洲教育治理和社会融合与排斥"项目的主要贡献之一，是从比较的角度描述了青年学生在完成义务教育时的社会想象。尽管青年学生是新制度的主要参与者，但从他们作为教育实践主要参与者的角度的深入探讨并未见到。义务教育阶段的结束是青年向成年过渡的关键时期，这是由对教育和培训、工作的重要性，以及人生成功所需素质的话语想象的构建决定的。这些方面赋予了非标准化过渡的意义，这些过渡并不遵循典型的线性轨迹，除非在不断变化的社会结构背景下加以解释，否则就无法理解这些变化，因为在这种背景下，加入欧盟似乎是发展青年人过渡期望的一个可能的起点。与分析的其他国家相比，西班牙的情况尤其如此。即使在今天，人们也可以说，西班牙人总体上仍然将欧洲和欧洲人想象为很有吸引力，远比其他欧盟国家加在一起更有吸引力。这种想象中的吸引力远比其他欧盟国家大得多。

在本研究的理论框架中，我们采用了三个分析范畴来描述青年人的社会想象,我们认为,这给分析带来了理论上的一致性。就在 21 世纪开始之前,"叙事、传奇和神话"的范畴描述了青年人如何构建和理想化他们希望实现的学校生活计划的变化,考虑到这些变化是在官方话语的语境下实现的,这些官方话语将学校视为一个提供更好社会机会的空间。青年人对教育系统的这种信念被一种话语合法化,在这种话语中,学校的平等和信任符合他们社会想象的神话。

主体建构(subject construction)这一范畴为确定青年人在过渡过程中所拥有的或理想化的形象、观念和品质奠定了基础,以暗示他们在学校和工作上的成功。在这种情况下,他们对在学校和工作中获得成功表现出了一种"选贤任能"的观念。在经历了西班牙尚未完全摆脱的长期危机之后,这些形象已被严重侵蚀并贬值了。近年来,年轻的西班牙人选择离开西班牙寻找工作,这不是没有道理的。这种普遍向欧洲移民与他们的祖父母或父母的移民不同,那一代人许多是出生在国外的,而现在许多青年人是大学毕业后才移民。

无论如何,我们必须指出,"欧洲教育治理和社会融合与排斥"项目中的"治理和社会融合与排斥"指的是青年人所接受的学校教育和教育中的治理形式,这些治理形式建立并赋予了他们行动和参与的身份,自然也影响了这些青年人的社会融合和排斥过程。在西班牙,这一问题还没有得到充分研究,但了解和理解当今西班牙青年人对于从青年成功过渡到成年所需素质的看法,个人、家庭和社会因素的影响,以及他们对未来的期望,仍然是一个有趣的问题。

作为关于教育政策的重要出版物的一部分,本章呈现了一个科学文献案例,该案例在欧洲并不为人所知,并且以各种方式从那些为人熟知的政策分析研究中删除,这些案例在几个方面受到传统北美方法的影响。正如我们已经说过的,"欧洲教育治理和社会融合与排斥"项目是 1984 年建立的欧盟"科研框架计划"(Framework Programmes for Research,FPR)的一部分。在过去 30 余年里,这些计划使欧洲研究政策的具体目标和优先事项得到明确和发展。这些计划最初深受北美"研究与创新"(research and innovation,简称"R+I")政策的影响,后来开始鼓励欧洲工业和技术的竞争,并将其优先事项扩大到社会科学议题,而这些议题直到"第四框架计划"于 1994 年在"有针对性的社会经济学研究"项目(包括"欧洲教育治理和社会融合与排斥"项目)下获得批准才成为优先事项。这个"科研框架计划"影响最为深远(Finnegan,2015),因为它提出了需要分析正在发生技术变革的经济和社会的影响,包括对劳动力市场和失业的影响。

在随后的"科研框架计划"中，有影响力的领域继续考虑支持政策导向的研究，这些研究影响这些问题以及其他新出现的问题的解决办法。通过这些"科研框架计划"，欧盟委员会发挥了政策企业家的作用［"既保持长期泛欧目标（pan-European goals）的技能，同时，利用形势的'机会之窗'来扩大其政治领域和能力的范围"（Kaiser & Prange-Gstöhl，2012：60）］。此外，随着 2000 年"里斯本战略议程"（Lisbon Strategy Agenda）的启动，欧盟制定了构建知识型社会的目标，通过三种知识工具，即教育、研究与创新，使欧盟成为最具竞争力和活力的经济体。欧洲研究区（European Research Area，ERA）的建立，教育和培训标准的提高，对社会阶层流动性的强调，促进终身学习项目的发展，在凝聚力政策背景下通过促进经济增长来减少不平等，这些一直倡导在研究和创新领域使用结构性资金（Milio，2012）。

"地平线 2020"（2014—2020）［Horizon 2020（2014—2020）］方案包括欧盟对研究的最大财政贡献。最终的预算是：七年内，有 8 000 万欧元用于研究与开发。在过去十年中，平均约有 9% 的欧盟预算用于研究和创新。欧盟要求其大多数成员国在国内"研究与创新"系统上投入更多的资金，即使在预算紧缩政策下也是如此。①

2017 年，欧洲议会批准了 2017 年 6 月 13 日关于"地平线 2020"执行情况评估的决议，以及对即将到来的"地平线欧洲——第九科研框架计划"的建议。其中指

---

① 与注重技术研究的"科研框架计划"政策不同，为了寻求创新的话语框架，"地平线 2020"展示了欧盟的科学政策寻求将创新、经济增长和政策改进放在优先位置的语义优先。事实上，这个方案有三个主要的研究领域，被称为"三大支柱"：第一个是"卓越科学"（excellent science），旨在鼓励基础研究；第二个是"产业领导力"（industrial leadership），旨在鼓励产业创新战略；第三个是"社会挑战"（societal challenges），占预算的 39%，旨在制定改善社会和经济问题的政策。在这个新的话语框架下，"基础研究"被重新定义为"前沿研究"，并通过成立欧洲研究理事会（European Research Council）而实现了制度化。应用研究则与"巨大挑战"的修辞联系在一起（Kaldewey，2013）。

尽管如此，整个"科研框架计划"政策的一个弱点是缺少评估。直到近些年，才出现相关的实质性研究，一般是独立性研究。欧盟委员会接到呼吁，"要求提供一个更广泛的'影响'的定义，同时考虑经济和社会的影响，强调对基础研究项目影响的评估应保持灵活……并保持自下而上和自上而下的信息之间的平衡，分析哪种评估程序更有助于避免超额申请和开展高质量研究"（参见"地平线 2020"实施情况评估，其中包括中期评估和第九科研框架计划，以及关于评估的 16 点意见，http：//www. europarl. europa. eu / sides / getDoc. do?pubRef=- / EP // TEXT +REPORT +A8-2017-0209 +0 +DOC +XML +V0 / EN ）。

出的一些横向问题是,需要促进大学、研究中心、产业和其他行动者在科研方面的合作,即三螺旋模型(triple helix model)①和"卓越"②成就作为该计划三大支柱的基本评价标准。

在这种情况下,社会科学、教育科学和人文科学在不同的科研框架计划中的地位一直没有得到充分体现,欧盟也承认这一点。然而,要考虑它们,就必须将它们纳入跨学科研究的设计中,而不仅仅是作为技术项目事后才予以考虑,在科学的概念中也不仅仅是将其作为传统学科的一部分或与传统学科有关的一部分,而是"在跨学科参与领域进行探索(更准确地说是呼吁),大大拓展研究方法,尽管在这种方法中,互动研究将占据突出地位。这代表了对我们未来的一种投资,因为如果我们能更好地了解跨学科研究是如何进行的,我们就能找到更好的研究方法,而在这一过程中,我们就能增加其对世界的贡献"(Seongsook & Richards,2017:267)。

扎普等人(Zapp,Marques,& Powell,2018)对欧洲教育研究进行了分析,指出政治利益深刻改变了本应发展的研究目标和类型。一方面,政府干预在教育研究的规划和计划中被合法化;另一方面,研究表明,欧盟和国际组织正在影响国家政策的制定。③ 这样一来,"科研框架计划"就代表了研究政策欧洲化的核心动力,因为它影响了研究议程的确定,并为构建欧洲教育研究的学术网络创造了条件。简言之,这一举措旨在提高研究类型和形式的同构性。

"欧洲教育治理和社会融合与排斥"项目是由欧盟委员会资助的唯一一个专门的教育研究项目,即由教育学者和学术团体在扩展观点和灵活性的框架内(最新批准的"科研框架计划"并未充分享受到这一点),试图阐明并拿出复杂但有效的答案,以解决变革时期的紧迫问题。这项研究有助于明确在日益复杂的社会背景下推动排斥和使得青年难以融合的多重机制。无论这些机制是否具有内在的

---

① 三螺旋模型(triple helix model)的概念由埃茨科威兹(Henry Etzkowitz)在1997年首次提出,用以解释大学—产业—政府三者在知识经济时代的新关系,三者相互作用,同时,每一方都保持自己的独立身份。具体可参见[美]亨利·埃茨科威兹的《三螺旋:大学·产业·政府三元一体的创新战略》一书。 ——译者注

② 弗林克和彼德(Flink & Peter,2018)分析了"卓越"和"前沿研究"的概念是如何构建欧洲研究的政治议程、财政和评估的。

③ 更具体地说,卡尔杜威(Kaldewey,2013)同样建议,德国教育部提出的问题清单与欧盟委员会的问题清单不谋而合,并成为欧洲科学政策的中心议题。 从类型上看,贫困、教育或失业等议题排在第二位。

修辞性质,这些机制实际上已经加剧了经济不平等,并将其转化为教育不平等——这也是政治不平等——两者是相辅相成的。

在筹备"欧洲教育治理和社会融合与排斥"项目时,国际上教育系统的治理还只是处于早期阶段。事实上,该项目在2000年对28个经合组织成员国和4个额外合作伙伴的26.5万名青年男女学生进行测试后,在国际上首次推出国际学生评估项目(Programme for International Student Assessment, PISA,简称"PISA"或"PISA测试")结果的那一年年初就已经完成,并送往布鲁塞尔。十年后,"数据生产和管理"已经成为新的治理的核心,直到今天转变为真正的"网络治理",它将纵向的、脊椎式、官僚的方法与横向的、蜂窝式的、跨部门的媒体网络结合起来,并在全球化的背景下实现跨规模、跨空间(Ozga,2012;Ball & Junemann,2012)。总之,在教育领域引入新的管理技术和治理领域,以数字治理模型,通过列表排名显示的大规模国际研究评估结果(这不仅包括PISA,目前形式更为多样)(Pereyra, González-Faraco, Luzón, & Torres, 2009; Pereyra, Kotthoff, & Cowen, 2011; Lindblad, Hultqvist, & Popkewitz, 2018),催生了一个"跨国治理时代"。

作为一项优先发展的知识事业,所有这一切给我们最大的启示是"要对教育知识的前提和教育变革的策略进行批判性分析……［目的］是捕捉不同行动者之间的互动,他们在跨国与国家治理和决策中,在利益和知识政治方面的互动"(Lindblad, Hultqvist, & Popkewitz, 2018:18)。在这个意义上,我们认为,我们自豪地参与的"欧洲教育治理和社会融合与排斥"项目是一项严谨的学术研究工作,也是一次知识全球化的体验。

致谢　感谢西班牙教育部研究员、格拉纳达大学(University of Granada)高级博士胡安·加西亚-丰特斯(Juan García-Fuentes)为我们提供了关于西班牙青年及其形象与融入欧洲的最新研究材料。

 参考文献

Aguilar-Palacio, I., Carrera-Lasfuentes, P., & Rabanaque, M. J. (2015). Youth unemployment and economic recession in Spain: Influence on health and lifestyles in young people (16—24 years old). *International Journal of Public Health*, 60(4), 427 – 435.

Aro, M., Rinne, R., & Kivirauma, J. (2010). Northern youth under the siege of educational policy change: Comparing youth's educational opinions in Finland, Sweden, Spain, Portugal and Australia. *Scandinavian Journal of Educational Research*, *46*(3), 305–323.

Balfour, S. (2000). The *desarrollo* years, 1955—1975. In J. Alvarez Junco & A. Shubert (Eds.), *Spanish history since 1808* (pp. 277–288). London: Arnold.

Ball, S. J., & Junemann, C. (2012). *Networks, new governance and education*. Chicago: University of Chicago Press.

Bauman, Z. (2000). What it means "to be excluded": Living to stay apart or together? In P. Askonas & A. Stewart (Eds.), *Social inclusion: Possibilities and tensions* (pp. 73–88). London: Macmillan.

Beach, D. (2017). Justice in education in the Nordic countries: Perspectives, challenges and possibilities. In K. Kantasalmi & G. Holm (Eds.), *The State, schooling, and identity: Diversifying education in Europe* (pp. 193–212). Basingstoke: Palgrave MacMillan.

Benedicto, J. (2017). *Informe Juventud en España 2016*. Madrid: INJUVE.

Bernstein, B. (1988). *Clases, códigos y control*. Madrid: Akal.

Bolívar, A., & Rodríguez-Diéguez, J. L. (2002). *Reformas y Retórica: La reforma Educativa de la LOGSE*. Málaga: Aljibe.

Bonal, X. (1998). La política educativa: Dimensiones de un proceso de transformación (1976—1996). In R. Gomá & J. Subirats (Eds.), *Políticas públicas en España. Contenidos, redes de actores y niveles de gobierno* (pp. 153–175). Barcelona: Ariel.

Bourdieu, P., & Passeron, J. C. (1977). *Reproduction in education*. London: Sage.

Boyd, C. P. (1997). *Historia Patria: Politics, history and national identity in Spain, 1875—1975*. Princeton: Princeton University Press.

Boyd-Barrett, O., & O'Malley, P. (Eds.). (1995). *Education reform in democratic Spain*. London: Routledge.

Buendia, L., & Molero-Simarro, R. (Eds.). (2018). *The political economy of contemporary Spain: From miracle to mirage*. London: Routledge.

Calero, J. (2006). *Desigualdades tras la educación obligatoria: Nuevas evidencias*. Madrid: Fundación Alternativas.

Camprubí, L. (2014). *Engineers and the making of the Francoist Regime*. Cambridge: MIT Press.

Carabaña, J. (1999). *Dos estudios sobre movilidad intergeneracional*. Madrid: Argentaria-Visor.

Caro, R., Cavasola, S., & Fernández, M. (2018). Back to (a different) emigration? Mobility from Spain and Italy during the economic crisis. *Iberoamerican Journal of Development Studies*, *7*(1), 30–55.

Casanova, J. (1982). *The Opus Dei Ethic and the Modernization of Spain* (PhD dissertation). University Microfilms International.

Casanova, J. (1983). The Opus Dei Ethic, the technocrats and the modernization of Spain. *Social Science Information*, *22*, 27–50.

Castoriadis, C. (1997). *The imaginary institution of society*. Cambridge: Polity Press.

Cuesta, R. (2005). *Felices y escolarizados: Crítica de la escuela en la era del capitalismo*. Barcelona: Octaedro.

de Puelles, M. (2016). Reflexiones sobre cuarenta años de educación en España o la irresistible seducción de las leyes. *Historia y Memoria de la Educación*, *3*, 15 – 44.

Domínguez-Mujica, J. , & Pérez García, T. (2017). The economics crisis and the Southern European migration model. In B. Glorius & J. Domínguez-Mujica (Eds.), *European mobility in times of crisis: The new context of the European South-North migration* (pp. 17 – 48). Bielefeld: Transcript Verlag.

Echave, A. , & Echave, C. (2017). Jóvenes aún más precarios: Crisis económica y desigualdad laboral en España. *Cuadernos de Investigación en Juventud*, *2*, 1 – 19.

Echevarría, J. (1999). *La movilidad social en España*. Madrid: Istmo.

Edelman, M. (1988). *Constructing the political spectacle*. Chicago: University of Chicago Press.

Elzo, J. , et al. (1999). *Jóvenes españoles 99*. Madrid: Fundación Santa María.

Escolano, A. (2002). *La educación en la España contemporánea. Políticas educativas, escolar-ización y culturas pedagógicas*. Madrid: Biblioteca Nueva.

Esping-Andersen, G. (1996). *Welfare States in transition: National adaptations in global economies*. London: Sage.

Esping-Andersen, G. (1999). *Social foundations of postindustrial economies*. Oxford: Oxford University Press.

Estruch, J. (1995). *Saints and Schemers: The Opus Dei and its Paradoxes*. Oxford: Oxford University Press.

Fairclough, N. (2003). *Analysing discourse: Textual analysis for social research*. London: Routledge.

Fernández de Castro, I. (Ed.). (1990). *El mercado educativo de las enseñanzas medias*. Madrid: MEC – CIDE.

Fernández-Mellizo, M. (2003). *Igualdad de oportunidades educativas: La experiencia socialdemócrata española y francesa*. Barcelona-México: Ediciones Pomares.

Fernández-Mellizo, M. , & Martínez-García, J. S. (2017). Inequality of educational opportunities: School failure trends in Spain (1977—2012). *International Studies of Sociology of Education*, *26*(3), 267 – 287.

Finnegan, G. (2015). Social sciences can unlock the full value of new technologies. *Horizon Magazine* (special issue March), 19 – 20.

Flink, T. , & Peter, T. (2018). Excellence and frontier research as travelling concepts in science policymaking. *Minerva*, *56*, 431 – 452.

Fundación Encuentro. (1998). La evaluación necesaria de los centros educativos. In *Informe España 1997: una interpretación de su realidad social*. Madrid: Fundación Encuentro.

García Garrido, J. L. , Gimeno, A. B. , Anleo, J. G. , Ibáñez-Maitín, J. A. , Hoz, A. D. L. O. , Iriarte, J. L. P. , Diéguez, J. L. R. (1998). *Elementos para un diagnóstico del Sistema Educativo Español*. In *Informe global*. Madrid: Instituto Nacional de Calidad y Evaluación.

García Yanes, F. J. (2017). *Lengua e ideología en la política educativa española* (PhD dissertation). Universidad de La Laguna.

Gillespie, R. (2017). Party funding in a new democracy: Spain. In P. Brunell & A. Wave (Eds.), *Funding democratization*. London: Routledge.

Goguel d'Allondans, A. (2003). *L'exclusion sociale: Les métamorphoses d'un concept (1960—2000)*. Paris: L'Esprit Économique.

González Faraco, J. C. (2003). Paradoxical Images of the Student in Spanish Educational Reforms (1990—2002). *Mediterranean Journal of Educational Studies*, *7*(2), 37 – 60.

Goodwin, R. (1996). Inclusion and exclusion. *Archives Européennes de Sociologie/European Journal of Sociology*, *37*(2), 343 - 371.

Homs, O. (2009). *La Formación Profesional en España: Hacia la sociedad del conocimiento*. Barcelona: Fundación la Caixa.

Jamrozik, A., & Nocella, L. (1998). *The sociology of social problems: Theoretical perspectives and methods of intervention*. Cambridge: Cambridge University Press.

Jiménez, M. (2015). Citizenship, education and social exclusion: Good practice in teaching and the risk of educational exclusion in compulsory secondary education. *Educational, Cultural and Psychological Studies*, *12*, 117 - 141.

Jiménez, M., Castillo, P., Torres, M., & Pereyra, M. (2003). Belief in equality: The Spanish case. In R. Rinne, M. Aro, J. Kivirauma, & H. Simola (Eds.), *Adolescent facing the educational politics of the 21st century: Comparative survey on five national cases and three welfare models* (pp. 139 - 180). Turku: Finnish Educational Research Association.

Jover, G., Prats, E., & Villamor, P. (2017). Educational policy in Spain: Between political bias and international evidence. In M. Y. Eryaman & B. Schneider (Eds.), *Evidence and public good in educational policy, research and practice* (pp. 63 - 78). Cham: Springer.

Judt, T. (2006). *Postward: A history of Europe since 1945*. New York: Penguin.

Kaiser, R., & Prange-Gstöhl, H. (2012). European growth policies in times of change: Budget reform, economic crisis and policy entrepreneurship. In G. Benedetto & S. Milio (Eds.), *European Union budget reform: Institutions, policy and economic crisis* (pp. 59 - 78). London: Palgrave MacMillan.

Kaldewey, D. (2013, April 8 - 9). *Tackling the Grand Challenges: Reflections on the responsive structure of science*. Paper for the Early Career Research Conference "Science dynamics and research systems: The role of research in meeting societal challenges", Madrid, April 8 - 9, 2013. Retrieved from https://www.researchgate.net/publication/320196539_Tackling_the_Grand_Challenges_Reflections_on_the_Responsive_Structure_of_Science

Kieselbach, T. (2000). *Youth unemployment and social exclusion comparison of six European countries*. London, New York: Springer.

Krasikov, A. (1983). *From dictatorship to democracy: Spanish reportage*. Oxford: Pergamon.

Lakoff, G., & Johnson, M. (1999). *Philosophy in the flesh: The embodied mind and its challenge to western thought*. New York: HarperCollins.

LODE. (1985). Ley Orgánica 8/1985, de 3 de julio, reguladora del Derecho a la Educación. *Boletín Oficial del Estado*, *159*, 1 - 21.

LOGSE. (1990). Ley Orgánica 1/1990, de 3 de octubre, de Ordenación General del Sistema Educativo. *Boletín Oficial del Estado*, *238*, 28927 - 28942.

Lindblad, S., Hultqvist, E., & Popkewitz, T. (2018). Critical analyses of educational reform: Writing a title and editing a book. In S. Lindblad, E. Hultqvist, & T. Popkewitz (Eds.), *Critical analyses of educational reforms in an era of transnational governance* (pp. 1 - 19). Cham: Springer.

Lindblad, S., & Popkewitz, T. S. (Eds.). (1999). *Education governance and social integration and exclusion: National cases of educational systems and recent reforms*. Retrieved from https://files.eric.ed.gov/

fulltext/ED462740. pdf

Lindblad, S., & Popkewitz, T. S. (Eds.). (2000). *Public discourses on education governance and social integration and exclusion: Analyses of policy texts in European contexts.* Retrieved from https://files. eric. ed. gov/fulltext/ED473414. pdf

Lindblad, S., & Popkewitz, T. S. (Eds.). (2001). *Education governance and social integration and exclusion: Studies in the powers of reason and the reasons of power.* Retrieved from https://repositorio. uahurtado. cl/bitstream/handle/11242/8856/9395. pdf

Lindblad, S., & Popkewitz, T. S. (2004). Education restructuring: Governance in the narratives of progress and denials. In S. Lindblad & T. S. Popkewitz (Eds.), *Educational restructuring: International perspectives on traveling policies* (pp. 69 - 96). Greenwich: Information Age.

Lindblad, S., Popkewitz, T. S., & Strandberg, J. (1999). *Review of research on education governance and social integration and exclusion.* Retrieved from https://files. eric. ed. gov/fulltext/ED473413. pdf

Littlewood, P., & Herkommer, S. (1999). Identifying social exclusion. In P. Littlewood et al. (Eds.), *Social exclusion in Europe: Problems and paradigms.* Aldershot: Ashgate.

Lorente García, R. (2012). *La formación profesional según el enfoque de las competencias.* Barcelona: Octaedro.

Luengo, J. (2005). *Paradigmas de gobernación y de exclusión social en la educación: Fundamentos para el análisis de la discriminación escolar contemporánea.* Barcelona-México: Ediciones Pomares.

Martín Criado, E. (1998). *Producir la juventud.* Madrid: Istmo.

McAll, C. (1995). Les murs de la cité: Territoires d'exclusion et espaces de citoyenneté. *Revue internationale d'action communautaire/Internacional Review of Community Development, 34*(74), 81 - 92.

McNair, J. M. (1984). *Education for a changing Spain.* Manchester: Manchester University Press.

Milio, S. (2012). Challenges for the future of the structural funds. In G. Benedetto & S. Milio (Eds.), *European Union budget reform: Institutions, policy and economic crisis* (pp. 122 - 150). London: Palgrave MacMillan.

Montero González, B. (2017). *Juventud y mercado laboral: La segregación ocupacional y sus consecuencias económicas* (PhD dissertation). University of Granada.

Moreno, L. (2000). *Ciudadanos precarios: La "última red" de protección social.* Barcelona: Ariel.

Moreno Mínguez, A. (2012). *La transición de los jóvenes a la vida adulta: Crisis económica y emancipación tardía.* Barcelona: Fundación La Caixa.

Morgenstern de Finkel, S. (1991). The scenario of Spanish educational reform. In M. Ginsburg (Ed.), *Understanding educational reform in global context* (pp. 151 - 178). New York: Garland.

Morgenstern de Finkel, S. (1993). Teacher education in Spain: A postponed reform. In T. S. Popkewitz (Ed.), *Changing patterns of power: Social regulation and teacher education reform* (pp. 87 - 122). New York: SUNY Press.

Nelson, O. (2015). The social effects of the Spanish Brain Drain. *Social Impact Research Experience,* 35. Retrieved from http://repository. upenn. edu/sire/35

OECD. (2018). *Getting skills right: Spain.* Paris: OECD.

Ortega, F. (1994). *El mito de la modernización: Las paradojas del cambio social en España.* Barcelona: Anthropos.

Ozga, J. (2012). Governing knowledge: Data, inspection and education policy in Europe. *Globalisation*, *Societies and Education*, *10*(4), 439–455.

Pereyra, M. A., González-Faraco, J. C., Luzón, A., & Torres, M. (2009). Social change and configurations of rhetoric: Schooling and social exclusion-inclusion in educational reform in contemporary Spain. In R. Cowen & A. M. Kazarmias (Eds.), *Second International Handbook of Comparative Education* (pp. 217–238). London, New York: Springer.

Pereyra, M. A., Kotthoff, H.-G., & Cowen, R. (Eds.). (2011). *PISA under examination: Changing knowledge, changing tests, and changing schools*. Rotterdam: Sense.

Peruga, R., & Torres, J. A. (1997). Desigualdad educativa en la España del siglo XX: Un estudio empírico. In J. Calero et al. (Eds.), *Educación, vivienda e igualdad de oportunidades* (pp. 43–152). Madrid: Argentaria-Visor.

Popkewtiz, T. S., & Lindblad, S. (2000). Educational governance and social inclusion and exclusion: Some conceptual difficulties and problematics in policy and research. *Discourse: Studies in the Cultural Politics of Education*, *21*(1), 5–44.

Prats, J., et al. (Eds.). (2001). *Los jóvenes ante el reto europeo. Conocimientos y expectativas del alumnado de educación secundaria*. Barcelona: Fundación La Caixa.

Rambla, X. (2006). Marketing academic issues: To what extent does education policy steer education research in Spain. In J. Ozga, T. Seddon, & T. S. Popkewitz (Eds.), *World yearbook of education 2006: Education research and policy* (pp. 246–258). London, New York: Routledge.

Rambla, X., & Bonal, X. (2000). La política educativa y la estructura social. In J. Adelantado (Ed.), *Cambios en el Estado del Bienestar: Políticas sociales y desigualdades en España* (pp. 285–312). Madrid: Icaria.

Ramos, J., Vicent, L., & Recuenco, L. (2015). *Desempleo juvenil en España Vol 1: Empleo juvenil en España o de cómo hemos hecho de la juventud un problema económico estructural* (Working Papers). Instituto Complutense de Estudios Internacionales.

Rinne, R., Kivirauma, J., Aro, M., & Simola, H. (2001). Liberal, conservative and nordic: Opinions of the youth and the new educational policies of five post-industrial countries in a comparative perspective. *Uppsala Reports on Education*, *39*, 377–420.

Rinne, R., Aro, M., Kivirauma, J., & Simola, H. (Eds.). (2003). *Adolescent facing the educational politics of the 21st century: Comparative survey on five national cases and three welfare models*. Turku: Finnish Educational Research Association.

Rozada, J. M. (2002). Las reformas y lo que está pasando (De cómo en la educación la democracia encontró su pareja: el mercado). *ConCiencia Social*, *6*, 15–57.

San Segundo, M. J. (1998). Igualdad de oportunidades educativas. *Economia*, *40*, 82–103.

Saz Campos, I. (2004). Fascism, fascistization and developmentalism in Franco's Dictatorship. *Social History*, *29*(3), 342–357.

Seongsook, C., & Richards, K. (2017). *Interdisciplinary discourse: Communicating across disciplines*. London: Palgrave Macmillan.

Sevilla, D. (2003). La educación comprensiva en España: Paradoja, retórica y limitaciones. *Revista de

Educación, *330*, 35 – 57.

Silver, H. (1994). Social exclusion and social solidarity: Three paradigms. *International Labour Review*, *133*(5 – 6), 531 – 578.

Simola, H., Rinne, R., & Kirivauma, J. (2002). Abdication of the education state or just shifting responsibilities? The appearance of a new system of reason in constructing educational governance and social exclusion/inclusion in Finland. *Scandinavian Journal of Educational Research*, *46*(3), 247 – 264.

Tarabini, A., & Curran, M. (2015). El efecto de la clase social en las decisiones educativas: Un análisis de las oportunidades, creencias y deseos educativos de los jóvenes. *Revista de Investigación en Educación*, *13*(3), 7 – 26.

Tarschys, D. (2010). Policy metrics under scrutiny: The legacy of new public management. In B. Klein & H. Joas (Eds.), *The benefit of broad horizons: Intellectual and institutional preconditions for a global social science* (pp. 33 – 50). Leiden: BRILL.

Torres, J. (2007). Las reformas contribuyeron a la desprofesionalización del profesorado. In J. Varela (Ed.), *Las reformas educativas a debate (1982—2006)* (pp. 114 – 143). Madrid: Morata.

Tzortzis, I. (2017). Fake or failed? A Greek would-be reforma pactada. *Southeast European and Black Sea Studies*, *12*(2), 315 – 333.

Varela, J. (1991). Una reforma educativa para las nuevas clases medias. *Archipiélago*, *6*, 65 – 71.

Weiler, H. N. (1983). Legalization, expertise, and participation: Strategies of compensatory legitimation in educational policy. *Comparative Education Review*, *27*(2), 259 – 277.

Zapp, M., Marques, M., & Powell, J. (2018). *European Educational Research (Re)constructed*. In *Institutional change in Germany, the United Kingdom, Norway and the European Union*. Oxford: Symposium Books.

作者简介

玛格达莱娜·希门尼斯-拉米雷斯（Magdalena Jiménez-Ramírez） 西班牙格拉纳达大学（University of Granada）教育科学学院副教授。主要研究领域：青年及其脆弱的过渡期，与儿童教育有关的教育政策分析，处于弱势和社会排斥风险中的青年人。

安东尼奥·卢森（Antonio Luzón） 西班牙格拉纳达大学比较教育系副教授，西班牙安达卢西亚地区政府"教育政策和改革"课题组协调员。参与多项国家级和国际级教育政策研究项目。

米格尔·A. 佩雷拉（Miguel A. Pereyra） 西班牙格拉纳达大学比较教育系主任，欧洲比较教育协会（Comparative Education Society in Europe）前主席。作为一名教育学家和历史学家，其研究聚焦于教育比较史、教育文化史、教育改革和教育政策。

莫妮卡·托雷斯（Mónica Torres） 西班牙格拉纳达大学国际与比较教育系副教授，美国威斯康星大学麦迪逊分校访问学者［获得西班牙教育和文化部何塞·卡斯蒂列霍（José

Castillejo）研究项目的资助 ］、格拉纳达大学"课程与教师教育的研究与创新"硕士课程协调员。在西班牙和国际期刊上发表多篇文章并参与多部著作的编写。

（孙会平　邓晓莉 译）

Part III
Government, and
Education Governance

第三编

政府与教育治理

第 八 章

回眸与前瞻：中国教育体制改革 30 年概观

劳凯声

（中国　首都师范大学）

教育体制改革是宏观社会变迁中一种具体的、关乎教育制度安排的历史过程，是人们基于某种目的对现行社会制度的改造和创新。对既成的教育制度所作的这种改造和创新，从根本上说是人们的一种理性选择。因此，在这一选择的背后，必定会涉及改革的合理性问题，并以某种伦理思想为其价值依据。就此而言，任何一种有关社会变革的理性选择，最终都可以归结为某种价值选择。公平、正义、公共理性、公共利益就是考量当前教育体制改革的重要的价值尺度，这些价值尺度体现了社会的主导价值指向，不仅反映人们的现实需要，而且决定着人们的主动追求，因而是评价教育改革的基本依据。

中国的教育体制改革从 1985 年至 2015 年，已走过 30 年的改革历程。这是跌宕起伏的 30 年，是风起云涌的 30 年，改革已经彻底改变了现代中国教育的面貌，人们在认同这种变化的同时，也在思考教育的未来发展之路。梳理这 30 年的教育体制改革历史，不仅有助于客观全面地把握改革脉络，从中总结历史经验，而且有助于预见改革的未来发展方向，理性地引领改革前行。

8.1　全球性的公共教育重建运动

全世界的公共教育制度在过去 20 余年间发生了极大的变化，这一变化的动因来自人们对公共教育发展的规模、速度、质量和效益的不满，以及人们对教育更平等、更普及、高质量和高标准的追求。各国教育改革普遍把矛头指向了由政府主导、通过纳税人税负维持的庞大的公共教育机构，因此公共教育机构面临着越来越大的压力。20 世纪 80 年代，许多国家同时出现了极其相似的教育改革，并且改革的重点都集中在公共教育的国家垄断上。各国制定了一系列用市场化、民营化的方式改造公共教育制度的政策,试图重构国家与教育、政府与学校,以及学校与学生或学生与家长之间的关系。这可以理解为是更为广泛的经济、政治、文化全球化过程的一部分。在这一过程中,各国教育面对更多的是一些共同的问题,国别差异从未有过地被放到了次要的位置(惠迪,鲍尔,哈尔平,2003;贺武华,2008)。

8.1.1 各国教育面对共同的问题

教育自产生以来,社会对教育的需求一直通过两种不同的途径得到满足,即正式途径和非正式途径。在人类社会发展的早期,在教育还没有从社会生产和社会生活中分化出来的时候,尽管人们已经有意识地按照一定要求对下一代进行最初的劳动技能和生活规范的教育和训练,但这种教育和训练是同社会生活原始地结合在一起的。因此,最初的教育主要通过非正式途径,即代际口耳相传的形式来提供。随着人类知识不断丰富和成熟,知识的传授日显其重要,这时,自发的教育活动开始从社会的生产和生活过程中分离出来,形成一个专门化的人类活动领域,教育在相当大的程度上由原先的非正式途径转向正式途径,即由专门的教育机构和教师职业为主要形式来提供。随着教育的逐步发展,教育提供的正式途径又逐步演变为公共途径和市场途径两种不同的形式。公共途径是由国家、市政当局或教会提供的教育;市场途径则是以实施营利性行为的个人或营利性组织为基础的市场提供的教育。

在教育发展史上,承担普及教育功能的公共教育制度的产生与社会现代化进程相互交织、相互促进。19世纪,以家庭为基础的教育遭遇严重挑战,公立学校大量出现,学校的重心由民间转向公立,由此奠定了公共教育制度的基础,这是社会现代化进程中一个理性的选择。大多数国家在第二次世界大战后确定的公共教育制度,都是由政府主导,通过一种非市场的途径向社会提供教育服务。因此,公共教育制度深深地植根于国家的政治社会生活,被国家主义的政治法则驱动,影响着学校的办学质量和办学效率。教育的国家主义对教育的影响是双重的,就其正面影响而言,由于国家对教育的强势干预,大大加快了教育普及,保证了受教育机会的平等分配;而就其负面影响而言,教育的国家主义造成了国家对教育的垄断,给教育带来了一系列弊端,如机构臃肿、效率低下,民间力量被遏制,学习者只能被动接受教育而无自主选择的权利等,因此公共教育制度的问题最终还应归结到体制性问题本身。主张对公共教育制度进行改革者认为,尽管传统的公共教育制度解决了教育的普及与发展问题,但这种教育制度形成了一套僵化的规范要求和严格的等级结构,使公立学校成为结构臃肿、效率低下的机构,而学校机构往往背离它的初始目标,无法满足学生及家长不同的教育需求和自主的教育选择。到 20 世纪八九十年代,人们普遍认为这种公共教育制度已到了非改不可的地步。

8.1.2　政府教育职能的重新定位

20 世纪七八十年代,世界范围内的政府机构变革促使各国政府反思过去那种无所不能、无所不包的"大政府"模式,开始理性地调整自己,更好地处理政府与市场、政府与社会的关系。以现代观点来看,政府的职能主要在于以下两个方面：解决市场失灵和促进社会公平。在解决市场失灵方面,主要包括：提供公共物品,解决各种公共性问题,规范垄断企业行为,克服信息不对称问题,协调民间领域的行为,保障市场的发展等。在促进社会公平方面,则主要体现为：保护社会弱势群体,实施各种社会保障计划,建立和提供社会福利制度,进行主动的资产再分配等。

政府的这两大基本职能又可以进一步分解为基础性职能、中介性职能和积极职能。政府的基础性职能在解决市场失灵方面,应包括提供纯公共物品,如国防、立法、公共卫生系统和宏观经济管理系统等；在促进社会公平方面,则应保护社会弱势群体,实施诸如反贫穷计划、消灭疾病运动等。政府的中介性职能在解决市场失灵方面,应包括解决各种公共性的问题(如提供基础教育、保护环境等)、规范垄断企业行为(如制定垄断法规、实施反垄断政策等)、克服信息不对称问题(如建立社会保险体系、金融法规制度、消费者保护体系等)；在促进社会公平方面,则应提供社会保险,如建立养老金制度、失业保险制度、妇女维权体系等。政府的积极职能在解决市场失灵方面,应包括协调民间领域的各种活动、促进市场的发展、集中并形成各种社会举措等；在促进社会公平方面,则应进行更主动的资产再分配。

上述的政府职能体现在教育方面,主要包括：拨款举办各级各类教育,并促进教育机会的公平分配；建立并实施国家教育标准,鼓励各种社会力量举办教育；建立专门化的学校运行机制,保证学校教育机构的自主办学地位；培养师资并建立教师专业化管理的机制等(世界银行,1997：26 - 27)。

从以上列举的政府职能看，虽然在提供教育特别是基础教育方面，政府仍发挥着主导的作用，但这并不表明政府是教育的唯一提供者。事实上，政府对教育的资金供给和调控管理必须放在与市场和社会所构成的既相互制约又相互促进的格局中来考虑。可以这样认为，世界性的政府改革导致了各国公共教育体制的重构，政府的教育职能在这场变革中发生了根本性的变化，学校和政府正在构成一种全新的关系。

8.1.3　市场化、民营化的改革思路

对公立学校而言，国家与民间、政府与市场构成了社会控制的两极。为此，许多人认为，在学校教育中引进非政府的民间力量以及市场经济的机制，可以改变消极的教育局面（惠迪，鲍尔，哈尔平，2003：3-4）。他们希望通过市场化和民营化改革，引入市场经济要素，夯实市场经济基础，提升学校独立性，打破科层制的束缚（闫凤桥，2011）。

在重建公共教育体制的过程中，各国制定并实施了一系列相关的教育政策，其主要措施是将广泛的社会参与机制和市场自由竞争机制引入学校，推行"教育的市场化重建"。为了摆脱政府对教育的过度控制，彻底解决公立学校存在的问题，各国普遍对政府的教育管理职能实行了根本性的调整，从传统的直接办学转变为间接调控，同时引入市场机制，建立一种以学校自主权和家长、学生的选择权为中心的公共教育体系，改造原先国家垄断的公立学校运行模式，最终改善公共教育的绩效。美国公立学校改革在很大程度上得益于私营公司的加盟，在政府为公立学校变革提供强有力支持的前提下，私营公司的参与为改革注入了新鲜血液，特许学校就是美国公立学校私有化运动推动下发展起来的典型。私有化的主张者认为，这一做法可以改变政府办学的单一局面，引进政府以外的社会团体、企业及个人来承办公共教育，为广大学生和家长提供多样化的学校教育服务，能保证学校更好地满足学习者的不同教育需求。公立学校私有化还使学校可通过凭单制或政府间协议的方式向教育机构购买公共服务，使政府摆脱举办公立学校的大量繁琐的事务。

因此可以说，推行市场化和民营化是提高公共教育体制效率和质量的一个相当重要的改革思路；"更小的政府、更好的服务、更广泛的社会参与、更公平和更有效的教育"是各国教育改革的共同主题；重塑政府与公立学校的关系，帮助公共教

育体制提高效率和质量已成为教育改革的主要特色。

8.1.4　重建公共教育的主要举措

一是学校自主。为了建立能有效适应市场的学校,许多国家的改革通过分权把财政、人员调配和政策制定等权力下放给公立学校,使公立学校成为能自主办学的教育实体。推动学校自主权发展的第一个理由是：教育服务有一定的技术要求。因为教育是基于人与人之间的关系、沟通和反馈,基于教师的知识、技巧和经验而展开的,因此学校教育所需的大部分技术资源都在学校自身,而不是在学校之上的决策和管理层。第二个理由是：科层制管理下所形成的明确的行为要求和奖惩分明的纪律规范,与高质量教育之间存在极大冲突。教育活动的不确定性使教育管理很难以一种客观的、量化的方式对学校的具体工作进程和效果进行衡量和控制,结果影响到教育管理者对整个工作进程的控制。第三个理由是：市场提出了要求,学校的首要目标是满足客户的要求。学校的教职工每天与学生及家长打交道,他们比决策和管理层更了解他们的客户,也更能采取灵活机动的措施改进学校的服务,提高学校质量。在分权方面,最有创意的政策思路就是校本管理和教师赋权,即通过向学校乃至教师放权,为低效率的学校教育创设比原先更优良的环境。所谓的"特许学校"是典型的自主管理的学校模式,这是一类经过法律授权而产生的新型学校。这类学校虽然由政府负担教育经费,却交给私人经营,除了必须达到双方约定的教育成效之外,不受一般教育行政法规的限制。特许学校改革通过特别允许的方式把公立学校转变为民营的、自主管理的教育机构,促使公立学校为教育消费者提供更好的服务(冯大鸣,2004：135)。

二是择校。公立学校典型的指导思想是政府本位,旨在使政府的管理更加便利,而不是学生本位,使教育更有利于学生的成长,因此这种管理体系是以政府垄断的形式运作的。所有的学习者都必须按地方政府的要求,就近到一个指定的学校就读,学习者没有任何自主选择的权利,即便在地方政府垄断的范围内也无择校的权利。许多家长出于自身情况的考虑不得不为自己的孩子选择私立学校,但这种选择受私立学校的录取标准,如智力、特长、出身和就学距离等约束。此外,选择了私立学校的家庭必须向私立学校缴纳学费,从而让许多人感到不公正,因为这些家庭已经以纳税的形式为公立学校缴了学费,现在他们又一次为他们所选择的私立学校缴纳学费,因此是为自己的孩子缴纳了两次学费。为此,人们要求把自主选择学校纳入受教育权利的范围,在就学时能够自主选择学校而非政府指派。择校政策包括了一系列以提高学生及家长的自主性为目的的具体举措,如开放招生、特许学校、凭单制、学费税收扣除和针对教育的免税储蓄等,强调教育的提供者和消费者双方在教育领域中的义务和责任,尤其是让教育消费者(学生、家长和社会)可以自由选择,让个人的选择在重要的人生决策方面发挥作用。因此,择校政策极大地动摇了带有强制性的传统公共教育体制,并成为公立学校改革的一面旗帜(弗里德曼,1986: 96 - 111)。

三是竞争。把竞争引入教育领域,这意味着不再通过传统的政府指令,而是通过市场的竞争机制对教育进行调节。过去通常由政府出面做的事情,现在在许多情况下会由教育机构或者一些新的中间机构,如信托机构、代理机构以及准自治机构来做,并通过一种竞争的新机制来实施。政府从过去那种提供教育服务的地位中摆脱出来,通过政策杠杆保持全面的策略性控制权限,从而更加有效地调节和分配教育机会。竞争有效地降低了教育成本,同时确保较高的教育质量,提高学校的绩效。竞争机制使学习者真正获得了一种自主选择的可能性,从而促使学校教育机构以更为灵活的方式来满足消费者的不同需求。在这种机制下,经济目标将受到最大的关注,市场将居于支配地位。如出国留学作为一种境外消费形式,已经具有一种全球贸易与出口商品的性质,许多在高等教育方面具有优势的国家纷纷把眼光投向这一市场,各国留学生的规模以极快的速度在翻倍增长,高等教育以更大的涵盖面普及全球。仅仅这一点就将使各国的高等教育机构为谋取更多利润而进行激烈竞争,并使教育与市场的关系更趋复杂(石邦宏,2005)。

四是凭单制,或称教育券。这是由美国著名学者弗里德曼(Milton Friedman)于1955年提出的。他最早意识到并揭示了垄断性的公共教育体制所存在的不公平问题,即不愿进公立学校的人只能为自己的选择而向私立学校缴纳第二次学费,而他在之前已经以税负的形式预先向公立学校缴纳了学费。为消除这种不公平,弗里德曼提出将凭单制作为体现教育公平的手段(弗里德曼,1986: 87 - 96)。凭单制在20世纪80年代的公共教育重建运动中被运用于实践,在这一制度下,适龄儿童或少年都可得到一份凭单,持有凭单的家长可以把子女送到任何一类学校就读。家长在将子女送入学校的同时,将凭单交付学校,学校则凭此单到发出凭单的机构兑换相应数量的资费。凭单制的优点是,解决了教育消费者重复缴纳学费的不合理问题,保证了教育的公平。同时还可体现学习者自主选择的权利,学习者依据凭单自主择校,迫使学校在吸引学生方面作出更大的努力,在教育中引入竞争并提高教育质量。

8.2 中国 20 世纪 80 年代以来的教育体制改革

中国公立学校的出现比西方国家晚了近一个世纪,但经过 100 年左右的时间,也已形成了以公立学校系统为基础的公共教育制度。就其正面作用而言,这一制度充分动员了各方面的资源和力量,使教育普及在短短 100 年间有了大发展,教育的面貌由此发生了根本性的变化。然而,中国的公共教育制度也经历了一个与西方国家类似的历史轨迹,在发展过程中逐步产生国家垄断的问题。

发生于 20 世纪 80 年代中期的中国教育体制改革针对的是中国自身的问题,因此有着自己的独特发展逻辑,但与世界上其他国家的教育改革有着很大的相似性。这表明,20 世纪 80 年代以来世界各国教育所遭遇的超越国界和文化差异的全球性问题,不单单是一种历史的巧合。

8.2.1 教育体制改革的发端

中国公共教育制度经过 100 年的大发展,已经形成了一个完备的公共教育制度,教育面貌由此发生了根本性的变化。与西方国家相似,中国的公共教育制度同样是在国家主导下发展起来的,因此国家对教育的垄断问题一直是公共教育发展中的一个大问题。特别是 1949 年以后,计划经济对教育的运行产生了强大而顽固的影响,公共教育制度被改造成为与计划经济相适应的政府举办、计划调控、封闭办学、集中统一的教育制度。因此,20 世纪 80 年代初,当中国走上改革开放之路后,教育要解决的基本问题就是如何打破旧体制,构建一个既利于政府统筹管理,又利于调动各方面社会力量,积极参与办学,同时学校又具有较大的办学自主权的新型体制。

教育体制改革是从释放活力开始的。1979 年底,上海四所大学的校长在《人民日报》上发文,呼吁改革高等教育体制,给高等学校以办学自主权,在社会上引起了强烈反响(苏步青,李国豪,刘佛年,邓旭初,1979),并由此形成了以扩大学校办学自主权,激发社会各方面力量办学积极性为突破口的教育改革要求。

如何准确理解教育领域释放活力? 有两对基本关系是必须把握的。

一是政府与学校的关系。在中国长期的计划经济体制下，对社会的控制与调整主要依靠一个超经济的政治体制。这一体制使社会的各个领域都被置于政府之下。政府的过分强化导致了社会自主力量的萎缩。教育领域的状况也基本如此。因此，20世纪80年代中期开始的教育体制改革的基本问题就是如何通过一种权力的再分配来重构政府与学校的关系。为此，政府必须转变职能，在加强宏观管理的前提下向学校放权，这势必会使政府和学校的主体地位及职权职能都发生很大的变化，并且使原先相当大的一部分具有行政性质的法律关系发生变化。这种体制性的改革导致了政府与学校这两个主体之间的角色分化，在改革的过程中逐步演变为举办者、办学者和管理者三个主体之间的关系，从而深刻触及国家教育权的传统格局，对现行的政府角色构成了新的挑战。

二是教育与市场的关系。推动中国教育体制改革发展的一个重要动力是由计划经济向市场经济过渡的社会进程，这一进程导致原先的总体性社会结构开始向多元化的社会结构转换，在这一过程中，分化出一个新的社会领域，即市场。调整这一领域运行的是建立在等价交换、公平竞争基础上的市场经济规则，而不是超经济的政治力量。因此，在教育体制改革中，公共教育制度面对的是一个不同于原先计划经济体制的新社会体制——市场经济体制。市场介入教育领域使教育的各方主体地位由此发生极大变化，尤其是导致政府与学校关系的调整出现新的情况，分化出政府、市场和学校这三种既互相联系又互相制约的力量，各方的权责须在新的体制条件下进行再分配。

8.2.2　教育体制改革的三个发展阶段

依据教育体制改革动力机制的变化，可以对30年的改革进程作如下分阶段的描述：1985年到1995年的十年构成中国教育体制改革的第一阶段，可称为"前十年"；1995年开始到2005年是教育体制改革的第二阶段，可称为"后十年"；2005年至2015年的十年是教育体制改革的第三阶段，改革中的矛盾开始爆发，出现了许多与之前的改革不同的复杂情况，可以用"后改革时代"来表征这一阶段。

8.2.2.1　教育体制改革的"前十年"

1985年5月27日，《中共中央关于教育体制改革的决定》颁布，要求"从教育体制入手，有系统地进行改革"，这标志着教育体制改革的开始。《中共中央关于教育体制改革的决定》特别提出了在加强宏观管理的同时，坚决实行"简政放权"，扩大学校办学自主权的改革目标。由此可见，为了打破建立在计划体制基础上的教育制度，重构国家与教育的新关系，"简政放权"成为教育体制改革的重要改革目标，并在《中共中央关于教育体制改革的决定》规定的具体改革举措中得到了进一步落实。《中共中央关于教育体制改革的决定》规定，在基础教育方面，实行基础教育由地方负责、分级管理的原则，并将其作为发展教育事业、改革教育体制的基础一环；在职业技术教育方面，提出要充分调动企事业单位和业务部门的积极性，并且鼓励集体、个人和其他社会力量办学，这些学校除了为本单位和部门培训人才外，还可以接受委托为其他单位培训人才并招收自费学生；在高等教育方面，改变政府对高等学校统得过多的管理体制，在国家统一的教育方针和计划的指导下，扩大高等学校的办学自主权，加强高等学校同生产、科研和社会其他各方面的联系，使高等学校具有主动适应经济和社会发展需要的积极性和能力。

值得注意的是，由大学校长提出的"办学自主权"第一次见于官方文件中，从一个民间用语变成了官方用语，这意味着在"简政放权"的改革中，《中共中央关于教育体制改革的决定》提出的"简政放权"实际上包括了两个向度的改革目标，即中央政府向地方政府的放权和政府向学校的放权。政府权力的再分配不仅是指国家权力系统内部，即中央政府和地方政府之间的权力再分配，同时还包括国家权力系统外部，即政府和学校之间的权力再分配。

然而，"简政放权"并非一个一帆风顺的过程。事实上，在改革的不同阶段都曾出现过反向的权力回收，因此，"放"与"收"在"简政放权"的过程中其实是一个博弈的过程。1985 年开始的"简政放权"到 20 世纪 80 年代末出现了权力失控的局面。例如，在高等教育领域，高等学校规模急剧膨胀，以至于政府必须加以控制。所以，放权并不是简单的权力转移，它会有一系列的后续问题。这时就出现了一个控制教育规模，注重内涵发展的控制性措施，教育的权力转移出现了一个反向运动过程，权力开始回收。"简政放权"的改革经过一个循环往复，似乎又回到了它的原点。由此可见，这一阶段的改革尽管表现为以"简政放权"为基本目标，但从改革的动力机制看，权力的"放"与"收"，其动力并非来自下层，而是来自国家的决策层。因此，这一阶段改革是由中央决策层设计、规划和推行的，表现为一种自上而下、一体遵行的强制性特征。

8.2.2.2　教育体制改革的"后十年"

1993 年的《中国教育改革和发展纲要》是中央决策层有关教育改革的第二部文件,可以看成是"后十年"改革的标志。与 1985 年的《中共中央关于教育体制改革的决定》相比,《中国教育改革和发展纲要》显然有着某种政策上的一致性和延续性,但同时又有政策取向上的重大变化。从 1985 年教育体制改革开始后,改革规定的放权目标并未完全实现,这不仅是因为政府与学校之间的权力关系尚未完全理顺,还因为出现了市场经济体制这一新的因素,使这一关系变得更加复杂和扑朔迷离。因此,在《中国教育改革和发展纲要》中,如何坚持"简政放权"的改革目标就成了一个非常尖锐的问题,因为改革似乎正进入一个"放、乱、收、死"的怪圈。而与此同时,中国的总体改革大环境开始发生重大变化,进入到构建市场经济体制这样一个新阶段。宏观环境的变化导致教育改革开始出现了新情况,市场经济成为教育不能不面对的一个新因素,传统的较为简单的政府与公立学校的关系开始分化,形成了政府、市场、学校三者之间的关系。在教育界,大家热烈讨论教育和市场经济的关系,各种期望都寄托于市场经济这一新事物,这种变化鲜明地反映在 1993 年的《中国教育改革和发展纲要》中。如果对比 1993 年《中国教育改革和发展纲要》和 1985 年《中共中央关于教育体制改革的决定》中规定的改革目标取向的话,我们可以发现,《中国教育改革和发展纲要》规定改革的目标除了与 1985 年《中共中央关于教育体制改革的决定》保持了某种一致性外,一个重要的变化是提出了建立与社会主义市场经济体制相适应的教育体制,这是过去未曾有过的。《中国教育改革和发展纲要》还提出了运用金融、信贷手段融通教育资金,发展校办产业和社会服务、后勤社会化、教师聘任制、高等学校收费制度等一系列市场化的改革举措。可以说,《中国教育改革和发展纲要》对教育与市场关系的规定是第一次官方表态,这一规定给公立学校利用市场机制提供了政策依据。

这一阶段改革的另一重要变化是,改革的动力机制开始出现重要的转向。如前所述,在这之前,改革是由中央决策层设计和推进,是自上而下一体遵行的,因而表现出一种强制性制度变迁的特征。而从 1995 年开始,在公立学校系统中开始出现若干与之前的改革截然不同的重要特点。公立学校经过了 10 年时间的持续变革,开始出现某种深刻的甚至是根本性的分化与改组,其行为能力和行为方式都发生了某种实质性的变化。在这种情况下,学校内部开始出现一种自发性的体制改革行动,这些改革的动因不再是来自自上而下的政府决策意志,而是由制度不均衡所产生的获利机会。在经济利益的驱动下,改革的目标发生偏移,改革的路径开始转向。这样一种变化使公立学校的改革具有了诱致性制度变迁的某些特征。国家垄断的公共教育制度的根基至此终于被撼动。1949年以后曾经维持了几十年之久的国家垄断的公共教育制度局面,在20世纪80年代末被逐步打破。首先打破这种国家垄断的公共教育制度局面的是私立学校。1949年后被取缔的私立学校在20世纪80年代后期重新萌芽,由于私立学校在满足社会各种教育需求方面的作用日趋重要,因而在短时间内获得迅速发展。到20世纪90年代中期,私立学校成为一股不可忽视的教育力量。自此,政府和社会力量开始成为举办学校的两类重要主体,由社会力量提供的教育有两种不同的途径——公共途径和市场途径,这两种途径在相互竞争中呈现出一种复杂多变的关系状态。与公立学校不同,私立学校利用民间资本举办,市场机制是其办学的主要形式;而公立学校则利用公共财政经费维持,通过非市场的公共机制向社会提供教育服务。两种机制并存带来了制度的不均衡问题,私立学校与政府构成的新关系模式推动了公立学校与其举办者——政府之间关系的分化和改组,并给了公立学校一种借此营利的可能性。从1995年开始,一批对市场经济充满热情的公立学校管理者提出,在公立学校中引入市场经济力量可以弥补公共教育体制的缺陷,市场的资源配置方式和管理方式是可供选择的另外一种学校运营方式。基于这种观点而产生的改革行动出现在一些公立学校领域,改革的先行者自发创造出了不同以往的新办学体制,不同程度地把公立学校与市场联系在了一起。在这些新办学体制中,有一些做法是在1993年的《中国教育改革和发展纲要》中规定的,但也有相当多的改革举措不是由中央决策层设计和推行的,而是由学校界的某些个人或群体自发倡导、组织和实施的。这些新的改革举措充分利用了《中国教育改革和发展纲要》带来的政策空间,去寻找由制度不均衡带来的机会。由于这些新的办学体制能给学校带来明显的经济效益,因此,这些做法在短时间内就在各级各类学校中迅速铺开。

市场的介入使教育领域中原有的社会关系以及由此产生的利益关系和利益机制开始变化,"简政放权"的改革目标因此有了新的含义,即除了"中央向地方放权"以及"政府向学校放权"这两个向度的放权之外,政府还面临着与市场的权力再分配,相当一部分在计划经济时代属于政府管辖范围的权力和事务开始逐步向市场转移,成为市场调节的对象。以"简政放权"为核心的教育体制改革发展到此时,所面临的问题已不是简单的"中央向地方放权"以及"政府向学校放权"这两个向度的放权了,随着市场经济体制的建构,还有一个国家向社会、向民间、向市场放权的问题。由此,一种新的关系格局正在形成。

8.2.2.3 教育体制改革的"后改革时代"

2005年至2015年是教育体制改革的第三个十年,改革的重点以及改革的路径都有了新的变化,出现了许多与之前的改革不同的复杂情况。"后改革时代"并没有终结改革,甚至还要继续坚持先前改革尚未实现的改革目标,但这一改革阶段所要面对的问题,大都属于改革中引发的问题,是在社会变革进程中,由旧的社会运行模式与新的社会结构格局之间的矛盾和冲突所产生的问题。这些问题就其性质而言,既不同于中国历史上的问题,也不同于其他国家的问题,而有着自己的特点,因此,从某种意义上说,我们可以把"后改革时代"看成是对改革的改革。

在改革的第二个十年,一种新的对公立学校具有深刻影响的社会关系,即教育的自由交易关系正在出现。一些公立学校利用自己掌握的公共教育资源,通过收费、择校、改制、"一校两制"、名校办民校等方式,使教育的自由交易关系逐步延伸到了公立学校领域。与以往具有特别权力性质的教育关系不同,教育的自由交易关系更多体现的是一种私法自治的精神,这就在学校、教师与学生之间形成了一种全新的权利与义务关系:作为消费者一方,学习者有权根据自己的需要和满意度来选择某类学校、某类教育内容,甚至选择某位教师。与之相对,学校和教师作为这项服务贸易的提供者,在获得利润的同时,有义务按照国家的教育标准和自己对学习者的承诺,来提供合格的教育服务。教育的自由交易关系使教与学蜕变为一种交换过程,并逐步植根于消费文化。课程和学历以社会需求为前提逐渐统一起来,以有偿服务的方式提供给社会上有这种需求的人。这种做法使学校更专注于那些具有商业价值和市场效应的教育产品,如学业成绩、学历证书、热门专业等,而忽视教育中极其重要的方面,即对个人和社会的发展所具有的基本价值,其结果是把教育这一复杂的社会现象简化为一种"投入—产出"和"成本—效益"的过程。

历经了两个十年的改革历程,在"后改革时代",教育的公平性开始成为一个不容回避的问题。在公立学校领域,某些改革举措的取向片面强调效率而忽视了教育的社会公平,某些改革政策的实际效果有利于富人而不利于穷人,某些人假公立学校之名牟取私利等。这些现象表明,教育的公益性正在经受挑战。教育已成为一个涉及社会公平的敏感领域,人们关注着教育的平等与效率问题、教育的公益性与营利性问题、大众教育与精英教育问题、素质教育与应试教育问题,等等。历经两个十年后,教育体制改革的重心转向如何深入理解当代教育的基本价值,把握教育改革和发展的复杂性,特别是其中所涉及的复杂的利益分配关系,提升教育改革的道德水准和改革决策的伦理质量。概言之,改革所要解决的问题是"要实现什么样的教育发展和怎样发展教育"。这一问题如不能在改革中得到妥善解决,就有可能限制中国教育改革的发展空间,甚至对中国社会的进程产生消极影响。

8.3　教育体制改革走向的若干思考

在教育体制改革 30 年后的今天,如何推进公共教育体制改革已成为未来改革中牵动全局的大问题。中国的公共教育改革必须重新审视自己的功能及运行方式,必须对社会发展所带来的新经济、新技术和新观念作出及时的回应。尽管我们对当下教育的这种变化还缺乏精确的把握,但从当前中国社会变迁的实际状况,从社会对教育的功能要求及其发挥的实际可能性来看,传统的学校界限将被打破,一种多元化的、更灵活的教育制度将会替代现行的教育制度,给每一个学习者提供更多的发展可能性。

8.3.1　如何处理国家与教育、政府与学校的关系

在公共教育制度产生以前的很长一段时间里,教育主要是一种民间的职能。公共教育制度是在国家主义的主导下发展起来的,因此有两个问题一直是各国不得不面对的,即教育是应当出国家举办还是由社会举办,教育是应当在学校进行还是在家庭进行。有关这两个问题的讨论一直贯穿 200 年公共教育制度发展的全过程,而且在不同时期又演变成一系列更为具体的问题,例如,国家与民间、公立学校与私立学校、学校与家庭,等等,从而使问题更加复杂化。20 世纪 80 年代以来的教育体制改革可以看成是 200 年以来这两大基本问题逻辑上的延续。各国的改革普遍采取了民营化和市场化的改革思路来改造公共教育制度,这是教育体制改革的一个重要动向,是教育史上从未有过的现象。经过 30 年的改革,国家与教育的关系已发生了深刻变化。各级各类学校具有了一种非政府和非企业的组织特征。公共教育体制向社会提供的教育产品正在发生某种变化,在一定的条

件下被转化为私人物品或准私人物品,通过市场的途径向社会提供。这一变化正逐步改变着国家与教育的关系。

如何理解和评价这一发展趋势？我们可以从政府与学校关系的视角来观察。在现代社会中,政府的基本职能有两个：一是提供市场不能提供的产品；二是保证社会公平。以此观点看今天的公共教育现状,一个基本判断就是政府干预过度的问题仍未彻底解决。这不是一种个人的或民间的判断,而是官方的判断,因为中国30年来的教育体制改革一直在坚持"简政放权"的改革目标,可见这是一个共识。我们可以这样来理解国家与教育的关系：在现代社会中,如果没有国家的力量,教育难以普及,因此,现代教育不可能是一种纯民间的事业和活动；但教育就其本质而言又具有民间性,所以不能排斥民间对教育的权利。因此,教育体制改革的问题就在于,如何通过一种制度形式,在发挥国家对教育的正面作用的同时,能真正使教育回归民间。

为此,未来的教育体制应当是多元化的,构成公共教育体制的各级各类学校教育机构应当是一种非政府的和非企业的社会组织,从事的是公益性事业,提供的是公共物品。由于教育的非垄断性质,教育产品在一定的条件下可以转化为私人物品或准私人物品,通过政府和市场两种途径来提供。提供公共教育的机构是具有独立法人资格的社会机构,根据举办者的不同,可以是公益性机构,也可以是营利性机构。政府的功能除了保障教育机会的公平分配外,主要在于提供市场不能提供或不能有效提供的教育产品,如义务教育等。

8.3.2　如何坚守教育的公共性质

中国教育在历经30年改革发展之后,现正面对改革进程中出现的一系列以社会公平为基本特征的矛盾,这些矛盾从根本上说都关系到教育体制改革近年来的发展与变化。面对这种发展与变化,教育的属性问题已成为一个不容回避的问题。尽管社会在发生飞速变化,但一些有关教育的基本价值准则并没有变化,也不应当变化。教育从根本上说是培养人的一种社会活动,通过向个体传递社会生产和生活经验,促进个体身心发展,使个体社会化,并最终使社会得以延续和发展。因此,举办学校从根本上说不是为了谋求经济利益,获得利润,而是为了造福他人、社会乃至整个人类,是从文化、精神、体质、社会诸方面开发人的潜能,为人类社会生存和发展创造各种基本条件的事业。因此,用公共性取代以往教育的私事性就是现代教育区别于以往任何一种教育的一个基本的价值前提。特别是进入现代社会以后,教育已经成为一项关系国计民生的宏大事业,因此,教育的公共性也是现代教育区别于以往任何时代教育的一个基本的价值前提。

教育的市场化和民营化带来的负面结果就是导致高收费、乱收费、贵族学校、转制学校、择校问题、贫困学生的辍学问题、弱势群体的"国民待遇"问题等一系列不公平的问题。这些问题还直接导致了教育城乡差距、地区差距和学校差距的扩大化,造成了受教育权利分配的实际上的不平等,损害了教育的公共性质。在这种情况下,本应通过政府的干预手段来保障教育的社会公平,但由于一些地方政府部门放弃了自己在教育方面应尽的责任,结果导致了教育公共性的扭曲。

教育的公共性决定了教育不可能像商品一样完全通过市场来提供,而必须通过市场以外的资源配置机制来提供,在现代国家,则主要通过政府举办的公立学校系统来提供。公立学校之所以会成为提供教育的主要形式,是因为通过公立学校可以有效解决由教育产品的非排他性带来的无人付费消费的问题。同时,通过无偿或低价提供教育服务产品,政府还可以解决由教育产品的非竞争性所带来的定价问题。因此,可以说公立学校系统是实现教育公共性最重要的保障机制。尽管教育也可以通过市场向社会提供,但一旦采用市场机制,教育这种公共物品就会转化为私人物品或准私人物品,这必然使教育在某种程度上具有了可分性和竞争性,从而使教育变成一个具有营利性质的领域。这时,如果市场不能得到必要的限制,教育的公共性就会受到损害。

可以说,未来中国教育能否走出改革瓶颈,将取决于公立学校能否保证其应有的公共性质。甚至可以这样说,公立学校在改革过程中如能保证公共性的实现,则教育休制改革就成功;反之,教育体制改革就有可能停滞甚至倒退。

8.3.3　如何处理教育与市场的关系

由于教育能给学习者带来巨大且明显的回报,原先由政府包办并根据社会需要来发展的教育,正在出现某种私人消费的倾向,教育市场初见端倪。市场的介入使中国教育的面貌发生了深刻的变化,并由此产生了两种不同的影响。一方面,人民群众对教育有了更多的选择机会,享受到了更多受教育的机会;另一方面,人们在逐步认同这种新的消费文化的合理性的同时,开始对切身利益的得失越来越敏感,并成为对社会现实满意程度的一个重要评价尺度。教育市场的形成导致了消费文化向学校领域的渗透，从而引起一系列的教育伦理问题。由于市场的驱动机制是私益而不是公益，如果缺少对教育市场必要的限制，对私益的追逐就会演变成为一种无序状态，甚至改变教育的公益性质。因此，教育不能简单地等同于一般的商品，单纯依赖市场渠道不能平衡社会与教育的供求关系。为了保证教育的公益性质，必须对市场的介入作出必要的限制。

首先，为了更明确地规范学校的行为，必须对学校保持一种不同于企业等其他社会组织的法律监督。具体地说，由于学校属于公益性机构，因此，在遵循教育规律，独立自主办学的同时，必须对其权能作出必要的限制。在制度安排上，不应简单地把学校这种社会组织与企业相等同。政府对学校的作用不能因市场的介入而弱化，甚至退出。相反，在这里，政府的监控功能是相当重要的一个遏制因素。

其次，对营利性组织的办学行为必须作出明确的价值定位。营利性组织的介入必须首先满足社会成员对教育的多元化需求，实现社会的公益。对营利性组织举办的教育必须制定明确的法律规范，使教育这种公共物品在严格的条件下经过转化，进入市场，实现市场运作。营利性组织在介入教育市场时，其所具有的资格和能力与其他市场是不同的，因而所享有的权利也是不同的。特别是对资本的寻利性应作出必要的限制并保持有效的法律监督。所有这些特点的体现都必须通过一种确定性，即法律的形式来实现。

再次，对政府和市场的相互关系以及各自的作用领域应有明确的界定。在教育的发展过程中，市场和政府都会有"失灵"的情况，因此，二者不是互相排斥的关系，而是一种互相补充和交替发挥作用的关系。同时，不同的教育领域，政府与市场的作用又是很不同的。例如，义务教育是人人都必须接受的，只有经历了这样一个教育阶段，个人才能服务社会、实现自我价值。因此，义务教育的公共性程度就远远高于其他教育领域，是由国家承担主要责任的一个领域，应当强化国家的教育职能。在义务教育阶段，应当更多地体现实质上的社会公平，使人人都接受一种条件基本相同的教育。所以教育的供给在更大程度上只能依赖于国家。而义务教育以外的其他各级各类教育，如职业教育、高等教育等，并不是社会成员普遍享有的，在这里，所谓的教育公平主要体现为一种形式上的社会公平，即机会均等。机会均等保证受教育权利分配上的程序平等，并不保证结果的平等。

8.3.4　如何设计未来的教育体制改革

应该说,公共教育制度并不是固定不变的,它总是要根据社会的变化,根据社会对教育的要求,根据学校的功能及其发挥状况而不断地适时应变。对于这样一种变化,人们还远未达成一种共识。在这种情况下,如何对教育体制改革的发展变化及时作出反应,如何设计未来的改革,就是当前教育体制改革面临的一个新课题。

大致而言,当前的教育体制改革存在两种并列的思路:一是公法学的改革思路;一是民商法学的改革思路。简单地说,前者更强调公立学校的公共性质,即国家的教育责任。按这种思路,公立学校应被设计成一种由国家举办,通过公共财政经费来维持的公共服务机构,具有公务法人的法律地位。后者更强调学校的办学自主权,这种思路从企业制度中获得改革的灵感,试图以一种法人治理结构来重构公立学校运行机制,调节利益相关者的不同利益关系。

但这两种思路都有其致命缺陷。公法学改革思路有可能使中国的公立学校改革倒退到计划经济的老路上,民商法学的改革思路又可能使公立学校这种具有公共性质的公共服务机构蜕变成企业或以盈利为目的的社会组织。就公立学校当前的改革和发展而言,它面临两个基本的改革目标:一方面要维护教育改革三十余年所取得的学校自主办学的改革成果;另一方面又要坚持公立学校办学的公共性质。从某种意义上说,这构成了一个两难的问题,两种改革取向的追求甚至具有不可通约的性质。而要兼顾这两个基本的改革目标,则在改革设计上既不应使公立学校的改革倒退到国家垄断的老路,也不应把其完全推向市场。为此,公立学校因其活动目的和服务对象的特殊性而应成为一类介乎公法与私法之间的非政府、非企业的特殊的社会组织,应赋予其特别的法人地位,并以此为依据对其权利和义务作出必要的规定,使公立学校既能成为独立自主的办学实体,又能体现这类社会组织所特有的公共性质。

参考文献

冯大鸣. (2004). 美、英、澳教育管理前沿图景. 北京:教育科学出版社.

贺武华. (2008). 新自由主义主导下的学校重建研究. 北京:光明日报出版社.

[美] 弗里德曼. (1986). 资本主义与自由. 张瑞玉,译. 北京:商务印书馆.

石邦宏. (2005). 国际教育服务贸易的相关理论及其解释力. 教育研究, (6), 54–61.

世界银行. (1997). 1997 年世界发展报告：变革世界中的政府. 北京：中国财政经济出版社.

苏步青, 李国豪, 刘佛年, 邓旭初. (1979 年 12 月 6 日). 给高等学校一点自主权. 人民日报, 第 3 版.

闫凤桥. (2011). 教育私有化改革的演进逻辑. 中国人民大学教育学刊, (2), 16–26.

[英] 惠迪, 鲍尔, 哈尔平. (2003). 教育中的放权与择校：学校、政府和市场. 马虎忠译. 北京：教育科学出版社.

作者简介

劳凯声　首都师范大学教育研究特聘教授、首席专家、学术委员会主席。中国教育学会教育政策与法律研究分会理事长，北京市政府教育顾问，教育部基础教育课程教材专家工作委员会委员。曾任北京师范大学教育系主任、北京师范大学教育政策与法律研究所所长。

第 九 章

从统治到治理： 以色列教育部管理规制的整合

朱莉娅·雷斯尼克

（以色列　耶路撒冷希伯来大学）

9.1 引言

许多国家的公共部门正在从官僚制转变为后官僚制的管理模式,这一变化也影响到教育部门(Maroy,2012)。一个重要变化是,基于新公共管理(New Public Management,NPM)的观点,世界各国政府都在引入市场化的公共服务观,以改进公共服务并提高其效率。评估公共机构活动的绩效指标采用的是远程控制指导模式,而不是传统的公共行政模式(Ball,1998)。另一个重要变化是,纳入了新公共治理模式(New Public Governance,NPG)(Osborne,2006),从"纯粹的"统治控制向治理范式转变,治理范式的重点是加强公共、私人和民间行动者之间的伙伴关系,同时更多地利用网络而不是市场或等级制度,并依靠谈判磋商而不是"命令和控制"(Ferlie & Andresani,2006)。

根据新公共管理与后官僚制的相关观点,公共行政部门必须制定新的措施和规章制度,以提高效力:基于项目的工作,合同,设立独立(或准独立)机构;制定基准,将责任下放给下级管理者,包括地方议会;使用新的管理工具和管理知识;通过量化绩效指标进行管理。这些新的措施和规章制度意味着知识在政策中的作用(和形式)发生了变化,并制定了新的以知识为基础的管理手段。受新公共管理的启发,管理的修辞(managerial rhetoric)和新工具不仅有助于建立一个共同的认知和语义世界,而且有助于建立一个新规范秩序和新制度参照物(Maroy,2012)。

在后官僚制下,政府必须发展新的技能:新的治理技能(Salamon,2002),以谈判磋商和说服为基础的新的"语言运用技能",以及激活解决公共问题所需的行动者网络的"激活技能"（Pons & van Zanten，2007）。新知识和新技能也意味着行政部门中会出现新知识推动者和新行动者（Mahon，2008）。顾问是公共服务领域普遍存在的新行动者之一，他们被认为是外部知识行动者，可以交易知识、专业技能和经验（Gunter，Hall，& Mills，2015）。

由此产生的问题是，这些变化究竟是如何发生的？官僚制如何转变为后官僚制？新公共管理和新公共治理的工具是什么？将后官僚叙事和治理精神纳入公共服务的行动者是谁？如何避免或克服行政单位变革的阻力？我们打算通过研究以色列教育部的转型来回答这些问题。

自 1948 年以色列建国以来，以色列教育体系所特有的官僚制和中央政府模式正在迅速向后官僚制治理模式转变。教育部的彻底转型是公共部门重大改革的一部分，这些改革侧重于两种公共行政管理模式：基于绩效和考核体系的新公共管理模式，以及力求将不同利益相关方（公共、私人和民间行动者）纳入公共管理的新公共治理模式。

由新公共管理激发的改革反映了一种准市场模式或一种评估性的国家规制模式，而每一种模式都代表着不同的"后官僚制转向"（Maroy，2012）。哪种"后官僚制转向"代表了以色列教育部正在发生的转型？鉴于新公共治理工具和新公共管理工具对未来发展的重要意义，以色列的情况可能是第三种模式，即新的后官僚"非政府组织化"。

按照行动者网络理论（actors-network theory，ANT）的方法，我们能够追踪 2000 年末教育部的发展情况以及为改变其管理模式作出的努力。通过跟踪由管理集群和跨界合作集群①组成的治理网络，我们打算了解后官僚主义修辞和政策是如何引入教育行政部门的，其中包括不同的人类行动者（教育部总司长、跨界合作股股长、民间组织的首席执行官、研究人员和顾问）和非人类行动者（战略规划、招标、圆桌会议、规划指南、咨询磋商和在线外部项目数据库等）。

对治理网络的研究基于对教育部和总理办公室官员的访谈，以及对官方网站和文件的分析。大多数文献关注的是将新公共管理和新公共治理模式纳入教育体系的结果，以及在教育部门引入新公共管理和新公共治理模式后所衍生出的不同模式。与之不同，本文侧重于关注官僚公共服务转变为后官僚公共服务的复杂

---

① 此处的"集群"意指管理和跨界合作中人或物的组合、集合、聚集。 ——译者注

过程，以及为重塑教育部的职能而制定新的工具、机制、修辞和伦理规范所作出的努力。以色列的情况之所以引人关注，就是因为其教育行政部门有着浓厚的官僚传统。

9.2 理论背景

学者们一致认为，新公共管理模式的引入已经改变了世界上许多国家的公共部门。20 世纪 80 年代中期开始的改革是由更大程度利用市场和类似市场的机制、更强有力的部门管理（较弱的工会和专业团体）以及更完善的绩效管理和考核制度推动的（Ferlie & Andresani，2006）。这些变化尤见于治理的形式和机制，将私营企业的管理概念纳入公共领域（如绩效考核、客户和底线导向、激励机制的重组），以及促进这一进程的条件，如监管、外包、招标和私有化。公共管理改革的核心是通过更多地强调"结果导向"来取代"以规则为基础、以程序为驱动"的常规做法（Hood & Peters，2004）。

有学者认为，这些基于新公共管理的转型是官僚制向后官僚制的转变（Maroy，2012）。这包括：通过外包和签订合同的方式来进行项目重组；通过招标、基准管理和合同制定来加强行政部门之间的内外部竞争；改善自治和问责制；通过裁员、设定开支上限和确定目标来建立更严格的公共支出制度；运用成熟的私人管理工具来量化绩效，加强问责制并强调结果评估（Pons & van Zanten，2007）。后官僚制的转变与政策实施过程所带来的知识种类变化有关，更具体地说，与基于知识的监管工具的发展有关。基于知识的监管工具还与政策实施过程中不同行动者（即研究人员、专家、智库、政策机构、专业人员和客户）之间新形式的知识流通相联系。这种知识流通形式与传统的官僚制大不相同，后者强调法律知识和包括来自系统内长期经验的"隐性"知识在内的其他形式的"国家知识"（Pons & van Zanten，2007）。

其他学者认为，将新公共管理纳入公共行政，主要是从统治向治理的转变。治理意味着国家是与其他行动者（企业和民间社会）相关联的伙伴，为促成一项行动，各方都为此分担责任、权力、风险和投资的资源。换言之，治理将决策权从国家扩大到其他行动者、部门或组织。各方之间的合作有助于加深人们对所做决定的合法性的认知，也有助于提高这些决定的效力和效率（Lessard & Brassard，

2005）。治理涉及从自上而下的等级政治组织向强调促进和/或指导组织间关系的自我组织以及更大程度地利用网络的转变。在公共、私人和民间行动者之间不断扩大的网络和伙伴关系中，官方机构充其量是个对外发言人。公共资金和法律在支持其运作方面仍然很重要，但其他资源（如私人资金、知识或专业技能）也是成功的关键。从这个意义上说，国家的参与将趋向于淡化等级制度、中央集权和统治特征（Jessop，1995）。

学者们还认为，治理是一种新的公共行政管理模式，新公共治理源于人们对新公共管理模式提出的批评，以及认为有必要超越"行政"与"管理"这种刻板的二分法。新公共治理模式结合了公共行政和新公共管理的优势，认识到政策制定和实施/服务过程的合法性和相互关联性。新公共治理提出一种"多个相互依存的行动者为提供公共服务作出贡献"的多样化国家的概念，还提出另一种"多个过程为决策机制提供信息"的多元化国家的概念。由于这两种形式的多元化，新公共治理的重点大部分放在组织关系和过程治理上，并且强调服务的有效性和结果（Osborne，2006）。

治理文献中强调的一个重要方面是，公民在组织/官僚层面和社区/政治层面的参与，可能会增加公民对政府和行政机构的信任。此外，公民的直接参与或通过民间社会组织在行政层面的参与可以改善公共部门的绩效，并敦促决策者推进创新战略（Vigoda-Gadot & Mizrahi，2007）。经济合作与发展组织（Organisation for Economic Co-operation and Development，OECD，简称"经合组织"）大力鼓励公民参与，认为这是恢复政府合法性和减少对民主信任侵蚀的一种手段。为此，经合组织出版了《作为合作者的公民：政策制定中的信息、磋商及公众参与（*Citizens as Partners: OECD Handbook on Information, Consultation and Public Participation in Policy-Making*）》（OECD，2001）。

从统治向治理的转变，以及以色列教育部采用后官僚制，预示着一系列重大变革，包括新的治理结构、新的协调和控制模式、新知识、新技能和新伦理标准。

从结构上看，在"专业—官僚"的监管模式中，教育的组织方式或多或少是集中的、有区别的，其基础是该系统所有组成部分的标准化和相同的规范（Maroy，2012）。相比之下，后官僚制行政管理的特点是网络组织形式，在这种组织形式中，等级制度或独裁式的领导就不那么重要了。作为网络的一部分，我们会发现向外部成员开放的顾问委员会、与学术研究人员和智库建立联系的合同，以及跨界跨小组的项目(Pons & van Zanten,2007)。典型官僚制模式的协调和控制模式可确保实践符合规则和程序。在后官僚制中,协调和控制是通过新的复杂工具实现的,例如外部评估、审计、目标、合同、基准和竞争措施(Maroy,2012)。典型的官僚制强调法律知识和包括来自系统内长期经验的"隐性"知识在内的其他形式的国家知识,这种知识集中在主管部门内部。后官僚制的特点是思想的多向流动和使用技术手段,这些技术手段为许多成员的信息流通、获取、使用和控制提供了便利,并通过使用互动式网站、焦点小组①等方式对其他行动者相对开放(Mahon,2008)。与传统的管理技巧(即控制、胁迫和命令)不同,新的治理涉及谈判、调解、协调、合作和形成联盟等技巧的发展。在新的监管模式中,行动者应该发展出相应的特征:有自主权、有责任心、有竞争力,以及能被问责(Pons & van Zanten,2007)。"专业—官僚"的监管模式的伦理和共同利益以合理性为名,以民族国家规模的需要为理由,最大化规则的普适性,从而提供平等的待遇和均等的受教育机会(Kersbergen & Waarden,2004)。后官僚制监管模式规定了一种基于绩效、问责制、企业家精神、用户选择等的新规范参照体系(Maroy,2012)。

采用后官僚制意味着公共行政结构的深度转型,纳入了新知识、新工具、新技能和新伦理标准。行政机构的变革可能会在行政单位和公务员中造成对新的绩效和治理文化及新伦理标准的抵制。所有这些变革如何在公共部门实施? 如何处理变革的阻力?

官僚制转型引发的问题之一是所需的文化方面的改变,特别是行政和职能人员的动机方面的改变。例如,政府为加深与英国第三部门的关系所进行的改革工作一直存在问题。由于中央和地方政府内部并没有发生所需的必要的文化改变,而且在全成本合同、问责制和产能过剩之间仍然存在尖锐的问题,因此政策愿景与政策实施之间存在相当大的差距(Kelly,2007)。当目标群体甚至行政部门拒绝承认改革的合法性时,动机问题就会增加(Mayntz,1993 in Pons & van Zanten,2007)。为了避免动机问题,确保公共服务人员支持组织变革是至关重要的(Ferlie & Andresani,2006)。然而,当拥有新技能的新行动者参与实施一项新的监

---

① 焦点小组是指小组访谈,其成员来自各类人群。 成员们被召集在一起测试一个概念,看看它在不同的人口统计学上是如何发挥作用的。 焦点小组的反馈结果适用于市场研究和政治形式分析。 这是一种定性研究的形式,以访谈形式进行。 ——译者注

管工具时,政府职能部门可以将此项实施视为维护其自身行动垄断的社会空间（Buisson-Fenet,2007）。

政府通过外包给私营部门和征聘官僚机构以外的行动者（主要是咨询顾问）来实现公共服务的现代化。事实上,咨询公司（主要是大型国际咨询公司）致力于重大改革（Ball,2012）。咨询公司的作用有三方面：参与代表企业或非政府组织利益相关者的治理模式;通过将新的行动者纳入以绩效为基础的伦理标准和文化,来传播新的监管文化;绕过阻力,因为行政部门以外的新行动者被认为是中立的,不参与原来那些地位之争。尽管如此,咨询顾问的作用和贡献日益增加,这鼓励了咨询业的发展（Lubienski,2016）,并预示了"顾问制"的出现（Gunter, Hall, & Mills,2015）。

大多数关于新公共管理和教育治理改革的文献都探讨了政策方面发生的变革,以及后官僚制转向出现的两种模式：准市场模式或评估性国家监管模式。本章意在了解教育部是如何引入这些变革的,新公共管理和新公共治理是如何真切融入那些负责制定教育政策的官僚机构的。我们将看到,因治理网络（包括管理规制网络和跨界合作网络）的形成而展开的以色列教育部变革研究指出了第三种监管模式——后官僚主义的"非政府组织化"模式。

9.3 方法论

基于行动者网络理论的方法论与其理论方法紧密相连。行动者网络理论由拉图尔（Latour,1987）和其他一些学者提出,直到后来才引起教育学者的关注（Fenwick & Edwards,2010）。对于行动者网络理论来说,社会只是一个异质的（人类和非人类）模式网络,其核心目标是理解权力和组织的机制,更准确地说,其核心目标是说明规模、权力或组织是如何产生的（Law,1992）。网络（network）和集群（assemblage）由异质的人类和非人类事物组成,是通过大量不断工作相互联动起来的共同行动实体。在对"网络"概念所预设的边界进行批判之后,行动者网络理论随后优先考虑将"集群"①一词作为分析的核心概念（Fenwick,2011）。在本章

---

① 在行动者网络理论下,事物不是一个完成的产品,而是一个不断集群的过程。 该理论强调每一个节点的主观能动性。 ——译者注

中，我使用了"网络"和"集群"这两个概念，但对它们进行了区分。治理网络（governance network）指的是更广泛的后官僚制度，而"集群"指的是较小的网络——管理集群和跨界合作集群，它们是全球治理网络中大型后官僚治理网络的一部分。

通过追溯以色列中央政府和教育部的管理集群和跨界合作集群的形成，以期探析以色列的教育治理网络是如何扩大的，有什么特点。我们根据对以色列总理办公室和教育部高级官员的访谈、官方文件和在线网站的分析，以及对圆桌会议的观察，跟踪了解以色列中央政府人类和非人类行动者以及他们之间建立的联系。

9.4 以色列公共行政部门治理网络的出现：政府治理网络

以色列的治理网络由两个截然不同但又部分重叠的集合构成：管理集群和跨界合作集群。管理集群旨在灌输一种问责制、基准化和量化绩效的规制机制，而跨界合作集群旨在建立国家、企业和民间社会之间的伙伴关系。正如我们将看到的，国际组织是鼓励管理规制和第三部门治理的核心行动者。与许多国家一样，以色列教育领域制度性规制的演变是由重大立法来推进的（Maroy, 2012）。事实上，尽管在不同行动者的推动下，管理规制和跨界合作的变革在几年前就已经开始了，但在以色列公务员制度的深度转型进程中发挥决定性作用的还是2008年通过的两项政府决议：（1）2008年2月24日第3190号政府决议，"有助于实现公共目标的政府、民间社会和商业部门之间的关系"；（2）2008年9月14日第4085号政府决议，"有关规划、测量和调控，以及供政府讨论的建议等方面"。

多名受访者指出，2006年第二次黎巴嫩战争是向管理集群和跨界合作集群转变的主要转折点，因为这场战争反映出第三部门协调机制缺失，政府规划不到位。然而，政府管理机构和跨界合作机构的组建在2006年之前就开始了，许多行动者为加强和扩大这些机构作出了贡献，其中包括阿里多尔委员会（Aridor Committee，2004年任命）。作为阿里多尔委员会主席，阿里多尔（Yoram Aridor）指出，设置委员会的原因是"在缺乏可靠数据的情况下，政策制定者已经习惯于凭直觉行事，从而损害了他们遵循专业管理规范的能力。虽然全世界的非营利组织在政策制定过程中都得到了可靠数据的帮助,但以色列的非营利组织未能达到这"标准"
(Limor,2004)。

9.4.1 政府管理集群

科贝尔斯基委员会(Kobersky Committee)是管理型政府网络的一个重要行动者,该委员会对公务员制度和由国家基金资助的其他机构进行全面审查。1989年提交的《科贝尔斯基报告》(The Kobersky Report)被政府采纳,但其中大部分建议当时没有实施。《科贝尔斯基报告》的主要建议如下:通过将大部分活动外包,将政府转变为"一个紧凑和高质量的机构",缩小政府行政管理的规模;将决策权集中在上一级,并根据专业数据和专业支持来制定中央政府政策;加快各部委及其服务的计算机化,大幅提高公务员素质和为公民提供服务的质量。①

全球行动者,主要是经合组织提出了实施管理规制模式的必要性,以及政府必须发展新技能以使工作更有效的想法(OECD,1995,2000,2001)。经合组织文件显示,自20世纪90年代中期以来,75%以上的经合组织成员国对政府工作成果进行了评估,近40%的经合组织成员国在10年前就开始了这项评估。经合组织的一份比较研究报告指出,各国政府根据产出和工作成果指标作出决策,得出的结论是:没有"正确"的方法来评估产出,因此各国政府选择了更适合其政治和文化背景的模式。经合组织明确指出,建立一个政府规划和报告的总体框架是评估工作成果过程中的一个重要因素,而指标应作为构建部级预算编制的基础(Limor,2010)②。

实际上,作为2010年将以色列纳入经合组织进程的一部分,以色列中央行政部门审查了经合组织建议的一些评估政府工作成果的措施。2008年,通过了"有关规划、测量和调控以及供政府讨论的建议等方面"的政府决议(2008年9月14日第4085号)。该决议指出,"以色列政府认为,在政府工作和各部委的工作中,

---

① http://csc.gov.il/DataBases/Reports/Documents/Helek1.pdf, pages 4-5.

② OECD, Performance Budgeting in OECD Counties, 2007. 更多信息可以在OECD政府技术文件中找到:《如何为什么应该评估政府活动》(How and Why Should Government Activity Be Measured)、《产出评估中的问题》(Issues in Output Measurement)和《成果评估中的问题》(Issues in Outcome Measurement)。http://www.pmo.gov.il/Secretary/GovDecisions/2008/Pages/des4085.aspx.

重要的是改善规划、筹资和调控程序，通过经合组织界定的产出和成果指标，使之尽可能向公众开放并且公开透明"。

政府决议还决定，政策规划司（Policy Planning Section）[后来成为治理与社会事务部（Department of Governance and Social Affairs）]"应指导各部委在其提交给政府的决议提案中确定目标、组织指标、产出和成果指标，并通过指标确定预算资源及其用途……总理办公室将主导全过程，即通过政策规划司向各部委输出基于成果和产出的规划、测量和调控方法……"

治理与社会事务部（政策规划）包括两个单位：治理司（Governance Division）和社会事务司（Social Affairs Division）。治理司开展了若干旨在转变政府工作方式的进程，其中包括：

- 通过《政府规划指南》（Governmental Planning Guide）输出政府规划方法，发展各部委的规划技能，集中和监督政府计划。
- 加强公务员制度改革，以改善其人力资本。
- 在治理和公共管理方面，集中政府与经合组织的活动，并参加经合组织的同名委员会。

如前所述，2006年夏季第二次黎巴嫩战争是促成管理集群的导火索。当以色列总理办公室打算拨款20亿新谢克尔（以色列的法定货币）用于重建在战争中遭到破坏的以色列北部地区时，其总干事迪努尔（Raanan Dinur）意识到，以色列中央政府没有任何规划。迪努尔与2006年调入总理办公室的政策规划司副司长（现为治理和社会事务部部长）普拉尔[Ehud（Udi）Prawer]一起，决定编写《政府规划指南》。2007年出版的第一版《政府规指南》的编写小组包括总理办公室、财政部、卫生部、经济工业部、福利部、外交部和环境保护部七个部委的代表。编写小组的主要任务是翻译《英国政府规划指南》，并增加以色列的观点（与总理办公室一名高级公务员的访谈）。

三个主要行动者参与了以《政府规划指南》为基础的管理规制的实施：战略规划、工作规划和"整合规划、测量和评估文化的投标"。战略规划是指三年规划，而工作规划与年度规划相对应。2009年，通过将规划、测量和评估文化融入各部委，战略规划和工作规划开始被纳入总理办公室政府部门负责的不同部委。如何做到这一点呢？该部门的一名高级公务员解释道：

它基于一种干预模式。首先，通过语言，也就是《政府规划指南》中的语言。我们是怎么进行的？我们向各部委提出了两项激励措施——一项是在部委设立政策规划司，另一项是利用咨询公司。我建议临时招聘一家咨询公司……咨询公司擅长使用这种语言。

正是通过"整合规划、测量和评估文化的投标"，总理办公室选定了一些咨询公司。在这个历时两年准备的"通用"投标的基础上，各部委根据自身具体情况制定新的投标，以便从预选的公司中选择一家在其办事处编制《工作计划》（Work Plan）。

当被问及各部委是否无法自行处理这些变革时，这位高级公务员解释道："不可能！这是一种新的思维方式，一种全新的视角。有时你需要一个专业领域（比如，管理规制）的专家。"他补充道：

使用这种语言将使各部委能够围绕预算核算、基于成果和产出而不是根据估算彼此交流沟通……必须使各部委习惯这种语言。

当被问及利用咨询公司是否是减少开支的一种方式时，这位高级公务员明确表示："不……它不会减少开支……我不认为这是出于经济考虑"（采访自总理办公室的高级公务员）。选定的九家咨询公司中，有五家是国际咨询公司——德勤（Deloitte）、弗雷斯特（Forrest）、帕累托（Pareto）、马滕斯矩阵（Martens Matrix）和霍夫曼（Hoffman）。

9.4.2 政府跨界合作集群

自 2000 年以来，国际组织大力促进了工商界和民间社会治理并参与提供社会服务。2000 年，在联合国千年首脑会议上通过的联合国千年发展目标（Millennium Development Goals）鼓励各国政府与民间社会和工商界合作，以确保建立一个可持续、公正和平等的社会（Limor，2010）。经合组织还重申了《作为合作者的公民：政策制定中的信息、磋商及公众参与》（OECD，2001）。欧洲联盟（European Union，EU，简称"欧盟"）促进民间社会全面、逐步参与国家发展进程和更广泛的政治、社会和经济对话。"……与民间社会定期对话和磋商是《里斯本条约》（Lisbon Treaty，2009 年 12 月）中规定的原则之一，旨在确保欧盟政策的一致性和透明度。"

2008 年 2 月，以色列总理办公室通过了一项"有助于实现公共目标的政府、民间社会和商业部门①之间关系"的政府决议。② 该决议指出，"各部委将与有助于实现公共目标的民间社会和商业界成员保持持续对话"。该决议还设立了一个处理跨界对话的特别单位："……作为规划和实施政府政策过程的一部分，公共政策部将设立一个'合作咨询单位'（Advisory Unit on Cooperation），负责处理公共部门、商业部门和第三部门之间的合作和持续对话。"③值得注意的是，2009 年，主要从事卫生、教育和研究的非营利机构总收入的 54% 来自政府转移支付（government transfers）④，而根据另一种计算方式，这一比例甚至可以达到 75%—80%（Asban，2010：29）。与世界其他国家相比，以色列的政府转移支付比例高于世界发达国家的平均水平（36% 的政府转移支付）（Salamon，2010）。

关于跨界对话的政府决议借鉴了题为《以色列政府、民间社会和工商界：伙伴关系、赋权和透明度》（2008）的政策文件，该政策文件构成决议的一部分。该政策文件明确阐述了跨界伙伴关系的愿景："以色列政府将为促进公共目标而开展活动的民间社会和工商企业视为伙伴，以建立更好的以色列社会……政府拥有制定政策、提供核心服务和监督政策的权力和责任，将存在利害关系的民间社会视为提供社会服务的合作伙伴……政府呼吁商人和私营企业继续以体现社会责任的方式行事，认识到社区和社会的重要性，并为此大力支持此类活动。"该决议规定了第三部门的面貌："政府正在寻找一个负责任和独立的第三部门，该部门依法行事，并遵循适当的行政管理、透明度和专业精神的准则。"该决议还规定了政府在伙伴关系中的作用："作为政府作用的一部分，政府将继续履行其规制和监管的职责。"⑤

---

① 民间社会（civil society）是各式各样的民间组织的组合体，也是各式民间组织追求和倡导的不同价值观，以及形成社会文化群体的总称。"商业部门"是一个劳动术语，指的是一种经济部门或国内经济的一部分。 当用所有制为基础的体系来衡量经济时，它被认为是一个经济体的四个部分之一。 商业部门包括经济中以盈利为目的的部分。 它不包括政府或非营利组织中的私人住户。 其他所有制经济部门包括私营部门、社区部门以及公共部门。 ——译者注

② 该决议（第3190号政府决议）于 2008 年 2 月 24 日获得一致通过。

③ http：// www. pmo. gov. il / Secretary / GovDecisions / 2008 / Pages / des3190. aspx

④ 政府转移支付（government transfers）是一种收入再分配的形式，指政府或企业的一种不购买本年的商品和劳务而支付的费用，即政府或企业无偿支付给个人或下级政府，以增加其收入和购买力的支付费用。 ——译者注

⑤ http：// beinmigzari. pmo. gov. il / Documents / Policy_English. pdf

在 2008 年政府决议通过之前,各方行动者促进了跨界的合作。跨界决议主要是以三个公共委员会的工作为基础。第一,"以色列政府第三部门政策审查委员会"（Galnoor,2003）,由曾于 1994 年至 1996 年间任公务员制度委员会（Civil Service Commission）主席的耶路撒冷希伯来大学（Hebrew University）政治学教授加尔努尔（Izthak Galnoor）领导。[1] 该委员会是本古里安大学（Ben Gurion University）第三部门研究中心的创始人兼主任吉德罗（Benjamin Gidron）教授的独立倡议。[2] 该中心是以色列唯一拥有第三部门组织数据库的机构。该委员会的目标是：加强这些组织,使其能够在一个游戏规则明确、透明和预先确定的框架内运作,并敦促政府制定一项针对第三部门的政策。该委员会的主要建议是在明确、透明和一贯的政策基础上规范政府当局与第三部门之间的关系,政策不得以任何方式侵犯第三部门组织的独立性（Limor,2004）。该委员会的主要建议还包括："政府承认跨界组织对以色列社会和以色列经济的特殊贡献" 和 "认识到公共资金对跨界组织的重要性以及规制这种资金的迫切需要"[3]。值得注意的是,这些建议的措辞与政府跨界决议的措辞相似。

由以色列财政部前部长阿里多（Yoram Aridor,1981 年至 1983 年在任）领导的第二个委员会旨在审查国家对公共机构的援助[4][作者澄清,公共机构在这里指的是非营利组织],该委员会是在以色列国家审计长谴责以色列缺乏决策所需的专业工具和数据之后,由政府于 2004 年组织成立的。由利莫尔（Nissan Limor）撰写的报告《以色列的第三部门》（Limor,2004）是委员会工作的背景资料。来自耶路撒冷希伯来大学的利莫尔博士是第一个委员会成员之一,也是第三个委员会的成

---

[1] 值得注意的是,加尔努尔（Galnoor,2011）写了一本名为《以色列公共管理：发展、结构、功能和改革》（*Public Management in Israel: Development, Structure, Functions and Reforms*）的书,他在书中指出,政府的集体导向使命不能由私营部门或民间社会的非营利组织来完成。

[2] 委员会成员有：加尔努尔（Yitzhak Galnoor）教授、主席,奥菲尔（Ariella Ophir）顾问,阿尔农（Arie Amon）教授,巴尔（Michal Bar）,加拜（Yoram Gabai）,吉德罗（Benjamin Gidron）教授,加塔（Bassel Ghattas）博士,西尔伯斯坦-希普施（Sara Silberstein-Hipsh）,卡茨（Ophir Katz）顾问,利尔（Rachel Liel）,利莫尔（Nissan Limor）博士,穆拉（Walid Mulla）,马胡拉（Amir Machul）,阿尔莫尼（Avi Armoni）,卡坦（Yosef Katan）教授,希费尔（Varda Shiffer）博士以及沙龙（Emmanuel Sharon）博士。委员会在 2003 年 6 月发表了它的结论报告。

[3] http：// in. bgu. ac. il / en / fom / lctr / Site%20Assets / Review%20Committee. pdf, p. 7.

[4] 2004 年 2 月 12 日第 1506 号政府决议和 2004 年 3 月 4 日第 1595 号政府决议。

员之一。他指出，有必要为以色列的非政府组织建立指导星（Guidestar）网站，并提出了建立该网站的建议。

第三个委员会旨在"审查以色列第三部门的职能及其在第二次黎巴嫩战争期间的运作情况"，其建议于 2007 年公布①，由吉德罗教授提出，吉德罗教授主张成立一个特别委员会，特别委员会随后发展为加尔努尔委员会。加尔努尔委员会是应总理办公室主任迪努尔（Raanan Dinur，2006—2009）的要求组织成立的，成员包括跨界组织和志愿组织的负责人。该委员会提交了"制定志愿者和第三部门国家政策"的一些建议。

如上所述，受访者指出，2006 年奥尔默特（Ehud Olmert）担任总理期间发生的第二次黎巴嫩战争是这一进程的主要转折点，最终致使政府于 2008 年通过了关于跨界合作的决议。正如一位受访者告诉我们的：

> 以色列这个国家没有满足以色列北部居民的需要，许多非政府组织也向他们提供了援助，这是一项大规模的志愿活动。以色列议会外交和安全委员会成员维尔奈（Matan Vilnai）抵达北部，问道："是谁协调了所有活动？"他被告知没有人协调。维尔奈注意到各组织之间缺乏协调，不存在任何合作……人们看到的是一片混乱，一切杂乱无章，国家没有发挥作用，第三部门根本没有组织起来!!!［谢图菲姆（Sheatufim）的一位顾问］

政府决议批准后，决定跨界对话应通过圆桌会议的讨论小组进行。包括加尔努尔教授、吉德罗教授和利莫尔博士在内的一个学术小组制定了"三方对话的第一份框架文件"。根据这份文件，第一次圆桌会议［后来成为"基础圆桌会议"（constitutive roundtable）］于 2008 年在以色列总理办公室举行，直到今天，它仍是以色列"构成和管理三方对话"的国家平台。跨界合作集群必须解决以色列政府对志愿者组织的支持政策、对第三部门的监督、民间社会的透明度，以及敦促捐赠等问题（Blum，2009）。第一份框架文件明文规定，将为每个基础圆桌会议指定一名技术方面的操作员。文件还明确指出，操作员不应在讨论中表态，操作员的职能主要是技术性的，目的是促进讨论并协助工作组取得成功。关于基础圆桌会议职能的其他具体规定参照了经合组织的建议，这些建议已作为附件列入框架文件。②

---

① 这些建议发表在：Katz, et al. （2007）.

② OECD 2001 Citizens as Partners：Information, Consultation and Public Participation in Policy-Making, p. 15. Retrieved from http：// beinmigzari. pmo. gov. il / Documents / Agol. pdf, Annex 2 p12－13.

　　基础圆桌会议成为跨界合作集群的核心行动者，是其他领域跨界对话的主要基础平台，也是其他部门（福利和社会服务部、环境保护部和教育部）跨界对话的平台。内塔尼亚胡（Binyamin Netanyahu）总理根据学术小组的建议任命了基础圆桌会议的成员。其中包括高级公务员、参与慈善事业的商界重要人士和民间社会组织的代表。总理以及总理办公室主任迪努尔（Raanan Dinur）一起领导了第一届基础圆桌会议，该会议在 2008 年举行了三次，并形成了第二份框架文件。[①]

　　以色列总理办公室治理和社会事务部（政策规划）社会事务司负责"巩固和执行一项加强跨界合作和公众参与政府工作的政策"。社会事务司的网站指出，跨界对话的好处是"它为决策建立了一个大型商定的基础结构，致力于推进所有合作伙伴在执行和整合对话方面取得成果，并培养从不同角度看待问题的能力"。

9.5　以色列教育部的治理网络

9.5.1　管理集群

9.5.1.1　规划战略司的建立与管理文化的融合

　　作为 2008 年以色列政府决议的一部分，以色列政府决定在所有"行政"部委设立一个规划战略司。《政府规划指南》还包括设立该部门的具体指示。事实上，2009 年，副总干事兼行政和人力资源高级副总裁托默（Zik Tomer）博士在萨尔（Gideon Saar）担任以色列教育部部长期间（2009—2013），设立了一个小型规划部门。此前，整合管理文化的工作也已经开展了，主要由以色列外交部规划事务副司长沃兰斯基（Ami Volansky，1986—1988）负责。然而，直到 2014 年，以色列教育部才设立了规划战略司。以色列教育部已经存在测量文化，主要由以色列国家教育测量和评估管理局（National Authority for Measurement and Evaluation in Education）[②]发展而来。但是，根据规划战略司的官员 2 所说的，当时并不存在一种规划文化。

　　政治或社会事件可以加速本质上缓慢而复杂的进程，例如，将管理规制纳入

---

　　① http：// beinmigzari. pmo. gov. il / Documents / Agol. pdf

　　② 据多夫拉特委员会（Dovrat Committee，2004）的记录，以色列国家教育测量和评估管理局于 2005 年成立。

行政管理。一位公务员告诉我们，2011 年的抗议活动①加快了行政管理的变革：

> 直到特拉赫滕贝格委员会（Trachtenberg Committee）②和以色列政府 2011 年第 4028 号政府决议取代 2008 年第 4085 号"有关规划、测量和调控，以及供政府讨论的建议等方面"的政府决议之前，我们的办公室确实完全处于边缘地位。特拉赫滕贝格委员会鼓励并加强了我们（规划战略司），从那时起，规划部门在教育部各办公室变得越来越强大。（规划战略司，官员 2，访谈 2）

塔比安-米兹拉希（Michal Tabibian-Mizrachi）曾在以色列总理办公室的政府和社会事务司工作，并参与了不同部委的许多规划部门的创建，2014 年被任命为以色列教育部新成立的规划战略司的负责人，这个部门由规划司及战略政策司组成。其中一名官员解释说："规划和战略是什么？规划与学习是规划部分的基础，基于数据的决策是我们开始研究的领域，也是系统性变革的领域。战略就是提高效能，信任长期思考。"（规划战略司，官员 2）当被问及部内职能部门对规划司举措的配合程度时，该职能部门的回答是："总的来说，中央单位的人和各地区的负责人都很配合，他们很高兴在规划方面得到协助。起初有一些阻力，因为他们并不真正相信我们会认真对待他们的工作计划。"（规划战略司，官员 1）一位官员表达了对该部门乃至整个教育系统管理文化演变的看法："教育规划是一个新事物……我们三年前就开始了……但现在学校校长、该部的地区主任和中央行政机构，他们都知道如何规划，如何为这一年甚至是接下来的两年思考。"（规划战略司，官员 1）

在这个部门设立该司是当时总干事科恩（Michal Cohen）的倡议，并得到了皮龙（Shai Piron）部长（2013—2014 年在任）的支持。他们任命了几个中央部门的新负责人，他们分享管理文化，并愿意配合新部门和部里组织文化的转型。其中，教育工作者管理局（Education Workers Administration）的领导同时也是两位教育部副

---

① 以色列社会正义抗议活动始于 2011 年 7 月的一系列示威活动，来自不同社会经济和宗教背景的数十万抗议者参加了抗议活动，他们反对生活成本（特别是住房）的持续上涨以及卫生、医疗和教育等公共服务的恶化。

② 由特拉赫滕贝格教授主持的经济和社会变革委员会被委任回应 2011 年夏季"帐篷抗议"（tents' protest），这是一场针对以色列高生活成本的大规模、长期的抗议运动。

部长之一、教育办公室主任、教育行政主管、社会和青年行政主管、首席科学家以及研究与发展处主管。

新部门负责人塔比安-米兹拉希的做法是,逐步纳入管理规制,并取得中央行政部门副部长的支持,以避免阻力。她在工作的第一年里,了解局势,并与中央行政部门接触,以获得他们的信任。中央行政部门的支持是必不可少的,因为该部门提出的每个项目都需要一个或几个单位的合作。

中央行政部门的主要目标之一是促进基于数据的决策过程。该部门的一名官员道出了在没有所需信息的情况下作出决策的困难:"以一个有许多学校的教育网络为例,你认为我可以告诉你,与具有同样特点的地方当局相比,这个教育网络到底多有效吗? 不可能,因为我们没有数据。"规划战略司计划进行研究,以评估不同类型的学校、教育网络和地方当局的效率,据该官员透露,这将使他们能够在教育方面作出适当的决策。

战略政策司负责系统性变革,例如,鼓励组织间联系。管理规制强调跨组织的联系、项目工作和公共服务部门各单位之间知识的横向流通(Jessop,1995)。正是通过所谓的"参与关系"(Involving Relationships)的倡议,战略政策司试图鼓励跨组织的联系和各单位在项目中的合作。通过灌输共同的管理语言和促进跨组织的联系,战略政策司旨在使该部的活动合理化。规划战略司的一名官员向我们讲述了他们是如何进行干预,以理顺部属关系,消除不必要的平行活动的。教育行政部门(Pedagogic Administration)和教育办公室(Pedagogic Office)这两个单位都致力于研究学生的能力,但一个讲的是"21世纪技能"(skills of the 21th century),另一个讲的是"学习者的能力"(learner abilities),我们正在努力统一这两个单位的用语。战略政策司主导这项活动,因为正如这位官员所解释的:"我们有能力举办研讨会,领导思考过程,这是我们了解的必须要做的事情,在这种情况下,我们可以找到一种共同的方法,一种关于有意义学习的共同语言。"他(她)补充道:

> 我想……这些单位了解我们的价值和我们对他们决策的贡献,也知道他们获得了其他单位的信息。通过我们,他们得到了一个系统的画面,这是很重要的,因为他们想要系统地运作,以取得成功。

教育办公室的一位高级官员对于语言统一进程持不同意见。关于教育行政部门的语言,他(她)称:

他们谈论思想，与学科无关。我们并不相信这种将一般思想和学科分开的做法。如果你和一个教师谈起"有意义的学习"，与他们夸夸其谈，但并没有将其与学科联系起来，这对他们来说是没有意义的！但是（这个过程）是一场斗争，是一场权力斗争！

当被问及规划战略司的活动时，他（她）的回答是："我认为有目标和计划是好事……但试图量化教学问题是非常困难的。不清楚他们是否知道如何做。"（教育办公室前高级官员，访谈2）

规划战略司的一名官员讨论了以色列教育部和整个公共服务部门管理文化的演变。这位官员过去每年都参加经合组织的公共治理委员会（Public Governance Committee，PGC），该委员会"通过改善决策制度和公共机构的绩效，帮助各国加强其治理能力"①。据这位官员说，这是"为了学习其他国家的经验，主要是向丹麦、奥地利和荷兰这样的国家学习，这些国家的规模和人口与以色列相似。"2010年，当时在以色列总理办公室工作的塔比安-米兹拉希，通过协调磋商促使以色列加入了两个委员会——一个是经合组织的协调委员会，另一个是公共服务小组委员会。这位官员（规划战略司，官员1）评论说："我们原来认为以色列的局势非常糟糕，但当我参加了公共治理委员会时，我感觉好多了，大家开始向我们学习，比如《政府规划指南》已被翻译成挪威文。"

这位官员（规划战略司，官员1）强调管理文化在以色列中央政府眼中的重要性，并向我们讲述了以色列总理办公室每年组织的规划会议在结束时举行的仪式。"不同部委的总司长被请到台上，向听众讲话，"他（她）明确指出，"此举旨在加强规划和执行新的技能。"

9.5.1.2 主要行动者："教育图景""当下""工作计划"和"战略规划"

新部门开展的第一个项目是"教育图景"（education picture）和"当下"（Matana——"编制、规划和管理"的缩写）。"教育图景"是通过学生成绩、志愿服务、参军、毕业证质量、特殊教育一体化等来衡量学校质量的指标。这是在与3 500个不同的人进行在线咨询后制定的，受访者包括教育网络和非营利组织参加的焦点小组。"当下"作为学校和幼儿园的年度指南，内含教育部的规划框架，并交付

---

① http: // www.oecd.org / gov / public-governance-committee.htm

给学校，以便据此规划具体目标和实现预期成果。① 该方案是在与教育行政当局密切协作下制定的，包括与全国各地许多学校校长和地区主任（前教育行部门负责人）对话的复杂过程。

"教育图景"和"当下"成为管理集群的主要行动者，同时，"规划日"（planning days）和"形势评估"（evaluation of the situation）等其他行动者也为向教育部灌输数字规制作出了贡献。

规划司每年都为教育系统的所有机构举办共同规划日，中央行政官员、各区办事处主任和校长代表参加。正如一位高级公务员所言："这些规划日的共同点体现了我们规划工作的高度综合性，以及在整个系统中实现一体化的希冀。教育系统每3年必须编制一份'形势评估'的文件，这需要规划战略司的工作人员工作2—3个月，在以色列和世界各地研究的基础上，通过规划战略司确定的参数，了解以色列教育系统。"

战略政策司的职责包括制定政府部门的工作计划。每个单位将其工作计划送交战略政策司，然后会收到关于该工作计划的反馈意见。目前，战略政策司与19个单位合作，包括10个中央行政单位和9个地区单位。战略政策司成立了一个规划委任者论坛（planning appointees forum），委任者实际上相当于上述所有单位的第二人。规划战略司的一名官员解释说："他们很快便明白，不参加论坛的人不会参与该部的工作计划，也不会参与总理办公室的战略规划。"工作计划是构建新技能的工具，也是不同单位之间建立联系的工具。正如这位官员所说："如果说过去人们习惯于根据他们认为好的东西来规划自己的工作，那么今天你必须根据共同的目标、指标，并与其他单位合作来规划。"

管理集群的另一个重要行动是战略规划（strategic plan）。为了制定战略规划，战略政策司召集了所有中央行政工作人员以及一些教师和校长。他们共同构思了一个有目标、有指标、有任务的战略规划，第二年还增加了指标。当被问及过去的情况时，这位官员回答说："的确，过去也有目标，但那是以教育界人士喜欢的方式制定的目标，是以非常全面的方式制定的。"他补充道："只是在去年，我们几乎给每个目标都增加了一个指标。我们有十个关键指标，还有几个指标是可选的。"

---

① 这是一个有效管理学校的工具，旨在帮助你和你的团队明确共同愿景，从课程建设到资源管理，再到教学团队发展，让你看到实现这些目标最有效的行动是什么。

规划战略司负责的阿图多教育系统高阶项目（Atudot program for the senior level in the education system）是一项针对中级官员的在职培训项目，是以色列阿图多项目的一部分，该项目方案由总理办公室制定，目的是为公共行政部门培养一批专业公务员。

9.5.1.3 具有公共政策背景的青年官员、规划委任者论坛与咨询公司

正如我们所看到的，将以绩效为基础的文化纳入以色列教育部是设立规划战略司的首要职责。这是以色列教育部之外的一个高级部门，正如该部门的一名官员所解释的："这是一个年轻和充满活力的机构，但教育部不依赖它，它也不参与教育部的内部政治。"（规划战略司，官员1）作为一个高级部门，规划战略司享有独立性；作为一个新部门，规划战略司可以绕过教育部内传统的权力斗争，促进新法规的出台。

规划战略司试图在不使用强制手段的情况下植入绩效文化。"我们试图引领一个学习过程，一个通过学习来发展和改变的过程，但这只适合一些人，我认为这是一种更现代的管理，它适用于新一代工作人员。"（规划战略司，官员1）规划战略司的官员信奉的是一种对话式、非强制式、渐进式的行动模式，这种管理文化很难把教育部所有的职工都团结到他们的项目中来。

作为一个新部门，规划战略司（包括规划司和战略政策司）的工作人员有着相似的背景：他们相对年轻，大部分毕业于公共政策大学。评估、绩效衡量和基于结果的规划是学生在公共政策学习中获得语言方式的基础。许多三四十岁有公共政策背景的人被聘为部门负责人，保证了教育部中的新生代工作人员共享管理文化。但正如规划战略司的一名工作人员所说："仍然有很多负责人观念陈旧。"此外，年轻的部长们意识到了培训的局限性："我们没有任何教育学专业知识，但是，随着时间的推移，我们的教育学专业知识也逐渐在积累。"（规划战略司，官员1）

推动规划教育司管理规制的动力是什么？首先，在规划战略司工作的官员和其他密切协作者讨论项目和交换意见。工作团队详细阐述项目的主要思路，然后由上面提到的规划委任者论坛将项目传达给各单位。规划战略司的一位官员解释说，规划委任者是传播管理话语的载体。

首先，他们负责在他们的单位进行规划，我们则与他们一起规划项目。但我们的初衷是利用他们来影响变革的进程。比方说，现在我们要启动一个关于学校自治的进程，那么我们就会把他们纳入到这个进程中

来，并通过他们将学校自治或其他变革纳入他们的单位。我们几乎不站在前线，也就是说，我们只是通过其他中央部门来工作。（规划战略司，官员2，访谈2）

规划委任者论坛由35名成员组成，他们是不同单位的副部长。他们平均每月碰一次面，战略政策司为他们安排了为期一天的学习活动。"他们每年都会探讨不同问题，他们参加的目的在于传播论坛上阐述的新办法，并引入各自的单位。"（规划战略司，官员1）

除了作为传播管理话语的载体之外，规划委任者论坛还参与了一个社会化进程，旨在向不同单位的官员传输工作团队和对话精神。规划战略司司长解释说：

> 如果你问我的话，最重要的是在这里建立一个非常强大的人际网络。这是来自非正规教育的人突然与负责处境不利儿童和青年的人第一次坐在一起交谈，在此之前，他们从来没有这样的交集。来自中区的人从南区的人那里学到了一些东西，以前没有这个论坛的时候，大家没有机会坐在一起学习。论坛确实加强了这个系统。

尽管转变教育部组织文化的任务艰巨，但新部门规划战略司能依靠的只有不到10名工作人员，而且其中一部分是来兼职的学生。这意味着向教育部传输管理规制的任务主要由咨询公司来完成。教育部的一名官员评论说："与其说咨询服务关乎思考，不如说是关乎技术。"并举例说明，教育部的"形势评估"——正如我们在上文所看到的，就是比较以色列教育制度与其他国家教育制度，了解两者的不同——将由一家外包公司塔克-托瓦诺（Tack-Tovanot）管理，这是一家中标的以色列公司。"塔克-托瓦诺提供了一个我们没有的平台，这是参加教育部规划战略司招标的五家咨询公司之一，这五家公司是从总理办公室提供的名单中挑选出来的。"（规划战略司，官员2，访问2）

咨询顾问的参与使教育部能够启动一些早已蓄势待发的项目，同时减少雇员人数，在新的管理文化推动下，缩小国家官僚机构规模。正如部门负责人所解释的，咨询公司提供临时劳动力的同时，也提供了新的想法，并加强了政府政策的合法性。

> 当你与外包公司（有些是非营利组织，有些是商业实体）合作时，你会得到更多的"士兵"，也会得到更具体的价值。我认为在咨询顾问的帮助下，你有机会接触外界那些与你不同的人。咨询顾问的价值既在于他

们的专业知识，也在于他们是中间人。由于他们不来自政府，因此可以建立信任关系，从而使政府的政策得以实施。

规划战略司的部分工作是通过与不同利益相关方协商来进行的。规划战略司的一位官员告诉我们："为了影响教育，我们必须让尽可能多的利益相关者参与进来，不仅要让校长和家长参与进来，还要让地方当局和主要的非政府组织参与进来。"他（她）进一步说明："'教育图景'就是这样，它是通过公众咨询形成的，而塔克-托瓦诺再次提供了平台。"但正如这位官员所阐明的，即使有咨询公司的支持，公众咨询过程也是一项艰巨而复杂的工作，"成功的咨询需要全面的准备，包括准备周详的背景文件，以及挑选参与咨询过程的专家，这并不是一个简单的过程"（规划战略司，官员1）。

在2016—2017学年，围绕着学校自治开展了一次大规模的咨询工作。2012年，教育部总干事组织成立了一个学校自治审查委员会。该委员会由哈雷尔（Shimon Harel）①先生领导，由规划战略司牵头，内含教育部、第三部门、市政当局和校长的代表。学校自治审查委员会举办了一个大型在线咨询会，邀请了2万人参加，包括以色列所有校长、所有视察员和几千名教师。学校自治审查委员会综合各方意见后提出了问题。

不同的教育利益相关者参与决策，反映了规划战略司所体现的管理规制和跨界合作的文化。同时，咨询模式还带来了额外的好处："这是一种从公众那里获得行动合法性的方式，避免了来自当地的阻力，同时也能阻碍来自教育部这样的中央行政部门的反对。"（规划战略司，官员1）

当被问及规划战略司的作用时，这位受访的工作人员总结道："我们不是教育部的'大脑'，但可以说我们是教育部这个庞大机构的'神经元'。"

9.5.2　跨界集群

9.5.2.1　外部项目：不受规制和调控的非营利组织和营利组织的教育活动

自20世纪90年代以来，第三部门在以色列教育系统中的参与度大幅提高，这一趋势一直持续到现在。据以色列中央统计局报告，2009年第三部门负责资助的

---

① 哈雷尔2000年任以色列教育部人力教学资源主管，2006年任以色列教育部耶路撒冷区区长。

教育项目相当于以色列全国学前教育支出总额的 17%、小学教育总支出的 13%、小学之后教育总支出的 44%。2010 年，非营利和商业组织资助了以色列全国教育支出总额的 7%，这一比例大大高于其他经合组织成员国（OECD，2003）。①

在 2007 年，非营利性机构的雇员有 35.3 万人，约占以色列所有工作岗位的 13%。大部分工作集中在教育和研究领域（49%）（Asban，2010：15）。

几十年来，我们目睹了越来越多的非营利性和营利性组织参与到教育项目中，然而直到后来，以色列才制定了规范这些外部项目的政策。司法部部长早在 1988 年就指出了对非政府组织缺乏规制管理的事实，并颁布了"各部委与非政府组织合作的程序"。

自 2000 年以来，以色列教育部已多次尝试对外部项目进行摸底和管理，其中一些尝试收效甚微，但仍有部分尝试是有助于加强跨界集群的。

2003 年，以色列教育行政部门要求各部门和各单位的负责人提供教育部各单位或外部机构实施的所有项目清单。由于在收集关键性资料方面存在困难，因此获得的项目清单是不完整的。2004 年，总干事要求教育部 10 个单位的负责人拿出一份外部项目清单，但提供的信息仍然不完整。在 2006 年 6 月，总干事要求各单位和地区的负责人提交一份与教育部有联系的外部机构的名单。同样，这一要求也只得到部分落实。2007 年，一个"确定干预机构介入标准和教育系统第三部门活动的公共委员会"[扎伊勒委员会（Zailer Committee）]提交了报告，主要建议包括：对现有项目进行全面规划并制定一项程序，确定一套标准，使有意在教育机构中经营的人能够在这些标准的观照下获得授权。②

自报告提交以来，为落实报告中的建议，以色列教育部做了一些尝试。其一，分别在 2008 年和 2009 年开展了两项关于外部项目的调查；其二，总干事在 2010 年发布了一份通知，对学校引进外部项目给出了明确的指示和标准；第三，根据该通知，在教育部设立一个审批外部项目的部门。

基于上述第一项关于外部项目的调查，2008 年 8 月以色列教育部首席科学家发表了一份报告。这篇报告总结了一项以这位首席科学家的名义进行的调查，调

---

① 2014 年 7 月 29 日，以色列议会，研究和信息中心，教育系统中的外部教育项目。

② http：//www.mevaker.gov.il/he/Reports/Report_117/ReportFiles/fullreport_2.pdf?Aspx AutoDetectCookieSupport=1

查对象是小学和初中的校外活动项目。该报告建议，着手监测和管理在教育机构中运作的外部机构的活动，并建立一个囊括外部项目信息的数据库。[①]

第二项调查是以色列教育部指派给贝特贝尔学院（Beit Berl Academic College）温伯格（Bat-Chen Weinberg）领导的教育创业研究所（Institute for Educational Entrepreneurship）的外部项目调查。这项调查是"跨界网络"的一项重要行动，已于2009年告一段落，它使人们了解了非营利组织和营利组织在教育系统的活动范围。调查发现，在68%的学校中，协会、基金会和商业组织经营的教育项目多达3个，在21%的学校中，至少经营6个教育项目。他们还发现，大多数项目都是在没有教育部任何监督或调控的情况下整合到教育机构中的（Weinberg，Ben-Nun，& Shifman，2008）。此外，调查显示，外部机构缺乏透明度，无法在系统基础上管理资源，导致教学和预算均出现扭曲，而这种管理本应保证社会分配的平等性（Dagan-Buzaglo，2010）。

本次调查的主要建议如下（Weinberg & Shifman，2008）：

教育部与不同的利益相关方一起制定关于与在教育机构中运作的外部机构建立伙伴关系的政策。

- 开发现有外部程序的详细通用数据库。
- 界定跨界合作的责任范围。
- 系统专业地评估。
- 鼓励和指导跨界合作。

温伯格和她的同事进行的这项调查是跨界集群的一项关键行动。这是与以色列教育部合作发布的第一份官方文件，明确强调跨界合作的必要性，反映了以色列总理2008年的办公室决议。

以色列教育部总干事于2010年发布的《通知》（The circular）也采用了类似的论述，支持教育系统与第三部门的合作。"第三部门组织和企业进入教育系统有助于实施教育政策、调动外部资源和创造新的专业知识。因此，以色列教育部鼓励来自这些组织的项目。"[②]总干事的通知为外部项目的审批制定了一套明确的标准和有序的机制，并设立了一个负责这项任务的新机构，即教育部"教师专业培训

---

① 2014年7月29日，以色列议会，研究和信息中心，教育系统中的外部教育项目。

② Circular of the Director General of the Ministry of Education, 2010 / 4（A）63 - 1.3, para. 1.1.

与发展管理局"下的"第三部门和企业界项目审批单位"。《通知》还提到,教育部打算建立一个电子的方案数据库。[1] 正如我们将看到的那样,后者在几年后演变成为外部项目的在线数据库。

在 2012—2013 学年,名为《课程选择的教学基础》(*Tafnit*[2])的手册出版。这本手册描述了与教育部总部代表合作开展的 211 个外部项目,给定了教学和组织标准,呈现出一个适合的方案、工具和模式,旨在帮助校长选择合理方案。

面对对外部项目缺乏监管规制、公众反响甚微的局面,以色列国家审计长开始对这些项目进行审查。2012 年颁布的第 62 号报告总结道:"每年都有成千上万的外部项目在教育系统中进行。各种各样的项目被整合到学校中,很多时候没有经过任何规范的申请、审查和批准程序。由于缺乏关于这些项目运作的明确政策,过去几年在教育机构中发生的一切事务都是由第三部门和工商部门的实地行动决定的……本报告的结论表明,中央行政部门必须对整个外部项目的主题进行全面和深入的规制,而要做到这一点,首先要制定出部级政策。"[3]以色列国家审计长发现,多年来,在以色列教育部中,外部项目的审批权到底归属何方一直悬而未决。

因此,以色列国家审计长及其年度报告成为跨界网络的一个重要角色,因为报告中的批评促使以色列教育部成立了一个全新的单位,以纠正长期混乱、不受控制的外部项目运作。

9.5.2.2 跨界项目与合作单位——咨询磋商、圆桌会议、集思广益

2012 年底,以色列教育部教育行政部门成立了负责规制和监测外部项目的专属机构——跨界项目与合作单位。该单位的成立是时任教育部副总干事,后升为总干事的科恩倡议的。没有以色列教育部工作经验的校长被任命为该单位的负责人。从一开始,该单位的运作方式就不同于传统模式,它旨在制定一项基于跨界对话的对外项目政策。选择的工具是咨询磋商(consultation)、圆桌会议(roundtables)和工作小组(work teams),所有这些都得到了咨询公司的技术支持。

第一步是与不同的利益相关者(包括副总干事)进行大规模咨询磋商。2013

---

① 2014 年 7 月 29 日,以色列议会,研究和信息中心,教育系统中的外部教育项目。

② Tafnit 是希伯来语"课程选择的教学基础"的首字母缩略词。

③ http: // www. mevaker. gov. il / he / Reports / Report _ 117 / ReportFiles / fullreport _ 2. pdf?
AspxAutoDetectCookieSupport=1

年举行了 4 次咨询磋商会议,与会的有数百名非营利组织、基金会和工商界的首席执行官,以及监察员、负责人和商务部的代表。会议的目的是听取非营利组织和基金会的首席执行官们的意见,试图了解他们对教育部外部项目运作的看法,以及他们在这个问题上对教育部的期望。事实上,通过咨询磋商,我们明确了教育部与外部项目运作机构互动的主要问题。正如跨界项目与合作单位负责人告诉我们的:

> 他们说,你们教育部行动迟缓,等你们行动了……我们……协会……已经在这个领域当中了……教育部的每一个办公室、每一个部门都各说各的,告诉我们该怎么样,教育部想要什么。您是教育部的,我们真心希望您能成为我们的指导者,您需要成为脊梁骨……我们希望您能够坚强,成为我们的灯塔。

当被问及预期目标时,非营利组织的首席执行官们强调了两个主要问题:第一,"有一个进入教育部的入口",这意味着教育部要有一个专门的单位负责对外项目;第二,"让校长……成为一个专业的把关人……给他专业的工具,通过摸清已有的项目来选择项目"(跨界项目与合作单位负责人,访谈 1)。

第二步是圆桌会议。2014 年举办了 4 次基础圆桌会议,由教育部总干事主持,教育部代表(来自中央行政部门和地区的代表,以及校长和教师),各市、第三部门组织和工商界代表参加。基础圆桌会议的主要建议如下:

(1) 建立外部项目数据库——与教育部信息和通信技术科合作,为教育系统中的外部项目互联网数据库提供政策建议。

(2) 提出在学校一级建立最佳伙伴关系的商定工作流程——在学校内整合外部方案的商定工作流程。这个工作流程是根据从规划小组成员,包括地方当局教育部门的负责人、学校校长、非营利组织的管理人员和其他人员处收集到的知识拟定的。

(3) 拟订一项跨界公约,以确定跨界对话与合作的规则。

第三步是组织由不同利益相关方组成的工作组,讨论基础圆桌会议上决定的每一项任务。2014 年年中,完成了三大任务:明确了数据库的原则,确定了学校整合外部项目的流程,制定了跨界公约。

外部项目数据库是一个复杂且耗资不菲的高科技项目。最初,第三部门的代表要求将这项工作外包,因为他们不相信部属单位能够快速高效地完成一项重大任务。然而，教育部的计算机化单位在短时间内圆满地完成了该项目。

经决定，在外部项目运作的第一阶段，由营利或非营利组织在教育系统中运作的每个项目都应在外部数据库中登记备案。每个项目都有专业的反馈，小部分反馈来自部级工作人员，大多数反馈来自校长。校长应该对在他们学校运作的外部项目提供反馈，评估项目的质量。这项基于群众（校长）智慧的规定，有助于解决缺少部级工作人员控制和评估的已经在教育系统中运作的数千个外部项目的问题。我们的想法是，在2015—2016学年，校长只能选择出现在外包项目数据库中的项目，次年，未注册的外部项目将被禁止运作（跨界项目与合作单位负责人，访谈3）。

外包项目数据库是规范项目、规制非营利组织和营利组织的一种革新方式。截至2017年11月，已有2 365个外部项目在外包项目数据库中注册①，但只有230个外包项目被评级并获得反馈。② "校长们声称他们没有时间，但在我看来，问题是在以色列我们没有发表意见的文化氛围，而形成这种氛围需要一些时间。"（跨界项目与合作单位负责人，访谈3）

由于跨界项目与合作单位所开展的工作取得了成功，教育部部长鼓励单位负责人将活动推广到其他单位。"我们成为流程专家、跨界对话专家和合作专家，我们帮助其他单位规划和组织跨界项目。"跨界项目与合作单位负责人提到了他们正在组织不同的基础圆桌会议，其中，有依托于教育部卫生司的健康项目，计划让许多机构（健康基金会、营养师、体育中心、健康非政府组织和心理健康组织等）参与进来，还有心理服务管理局要求的同性恋、双性恋或跨性别族群项目[简称"LGBT项目"，LGBT是女同性恋者（lesbians）、男同性恋者（gays）、双性恋者（bisexuals）与跨性别者（transgenders）的英文首字母]。

此外，跨界项目和合作单位积累的专业知识又促成了教育部以外的一个项目。由教育部总干事主持、6个社会部（其中包括卫生部、教育部、福利部和司法部）参与的部级"政府与民间社会倡议"（Government and Civil Society Initiative）打算将教育部跨界对话的成功经验推广到其他部门。"教育部是这个项目的牵头部门，也是唯一拥有跨界合作单位的部门。"（跨界项目与合作单位负责人，访谈2）

此外，跨界项目和合作单位计划将活动扩大到新的领域，即培训和调查。跨

---

① http：// cms. education. gov. il / EducationCMS / Applications / TYH / hp. htm
② http：// cms. education. gov. il / EducationCMS / Applications / TYH / hp. htm

界项目与合作单位负责人解释说："我们也希望为校长开设跨界合作培训课程，并计划进行调查和研究，以了解外部项目的地域布局、数量和质量之间的关系及其对学校绩效的影响。"

9.6 谁管谁：政策制定中的"非政府组织化"与"咨询化"

非营利组织和营利组织越来越多地参与教育，这反映了以色列教育部的非政府组织化（Yacobi, 2007），同时也反映了以色列教育部面临的新挑战。一位科学界的高级官员解释说："与非政府组织合作是一种非常微妙的博弈，即那些想根据自己的条件提供资金的人与以色列教育部的需要之间的博弈。"他（她）指出："非政府组织项目中的一个问题是匹配度，他们要求市政当局对等，有时接受对等条件的市政当局（或资金充裕的市政当局）并不是我们认为适合该项目的那些市政当局。"（前教育办公室高级官员，访谈2）这是教育部在政策决策上控制力减弱的一个例子。由于职能部门不是唯一的行动者，他们的政策必须考虑到非政府组织的条件。

通过公众的智慧来规范外部项目，对大多数非政府组织来说都是可行的。然而，对拉什基金会（Rashi Foundation）和特朗普基金会（Trump Foundation）等大型组织施加规制与调控则更为困难。这些大型组织和其他在以色列投资数百万美元用于教育的慈善组织，可以绕过教育办公室或避免在外包数据库中登记。拉什基金会在地区层面运作，它"直接进入某些地区，不经过教育部。"（前教育办公室高级官员，访谈2）同样，特朗普基金会不受教育办公室的规制，这让高级官员疑惑："到底是谁管谁？是我们管理他们，还是他们管理我们？"他解释道：

> 特朗普基金会是一个非常强大的基金会，基金会负责人赫维茨（Eli Hurvitz）①与教育部部长和总干事有直接联系，他们可以在完全不咨询我们（教育办公室）的情况下"做生意"。在一些问题上，他们会征求我们的意见，有时也只是告知一下他们的活动，在另一些问题上，他们直接与教育部部长和总干事决定。在总干事缺少1000万美元时，她知道特朗普

---

① 在2000年到2011年间，赫维茨担任了罗斯柴尔德家族（Rothschild Family）亚德·哈纳迪夫（Yad Hanadiv）基金会副主任（"哈纳迪夫"这个名字在希伯来语中是对恩人的称呼），该基金会是教育领域又一个非常大的基金会。

基金会会提供资金。如你所知,谁出钱谁就可以决定做什么。有时候我们觉得他们变成了教育部,在我看来,他们的权力太大了。

这些文献还指出,慈善家的角色正在不断演变,他们决定并控制着捐什么和怎么捐。这种演变通过埋下发展的种子和塑造非层级结构,增强了他们在教育政策制定中的影响力(Lubienski,2016)。

一旦我们认识到,在提到民间社会组织时,越来越难区分非营利组织和营利组织,那么谁控制教育政策的问题就更加严峻了。有一些庞大的商业实体通过非政府组织在包括教育在内的公共领域运作并开展业务。因此,非政府组织活动背后的动机并不纯粹是慈善性的,也可能是经济性的(Rose,2009)。各部委越来越多地采用招标方式提供服务,这意味着第三部门必须把自己当成一个企业,准备提案、安排担保人等。因此,随着招标制度使用的增加,志愿行为与商业行动之间的界限变得模糊了(Limor,2004)。此外,社会影响力投资(social impact investment,SII)作为风险慈善事业或慈善资本主义的一种变体,其日益突出的地位更模糊了非营利组织和营利组织之间的界限。社会影响力投资的运作理念是:通过做好事来做好生意,更确切地说,"通过做好生意来做好事"是解决根深蒂固的社会问题的最佳途径(Mitchell,2017)。

启动跨界对话需要复杂而精密的人力和技术平台。这些工具由咨询公司提供,咨询公司负责基础圆桌会议和咨询磋商过程中各个阶段的运作。咨询公司是通过投标的方式从以色列总理办公室选定的公司中挑选出来的。谢图菲姆(Sheatufim,字面意思是"合作")咨询公司赢得了在教育部建立跨界对话的投标。有趣的是,谢图菲姆及其执行董事杜什(Shlomo Dushi)领导了以色列总理办公室的第一次基础圆桌会议[1](与谢图菲姆顾问的访谈)。此外,巴特-陈·温伯格领导了教育创业研究所,并编制了外部项目调查,该调查是跨界集群的一个至关重要的行动者,他成为谢图菲姆的高级顾问并主持了教育部的基础圆桌会议。

正如我们在教育部管理组合中看到的,咨询公司是跨界集群的主要行动者。这反映了教育部的多元化,即咨询公司越来越多地参与教育部开展的各种活动。看一下已在教育部开展业务的公司,我们发现了几家著名的国际咨询公司,如塔

---

[1] 该组织网站(http://sheatufim.org.il/en/subject/cross-sector-dialog/)提到,"谢图菲姆自2008年以来一直领导公众参与进程和政府跨界圆桌会议。"

斯克(TASK)、塔克(TACK)、德勤(Deloitte)、德莱维特(De Levitt)、触发森林(Trigger Forest)，以及以色列的一些公司，如洛特姆(Lotem)、泰丰(Tefen)、埃尔比勒管理(Arbiv Management)、洞见(Tovanot)、教育洞见(Tovanot Bechinuch)(总理办公室，官员1)。向各部提供咨询服务的需求日益增加，这有助于咨询公司成为以色列一个独特的经济成分。在以色列，咨询公司(如国际公司、在当地设有分支机构的国际公司和以色列本土的公司)的数量一直在成倍增加。

商业咨询公司发展的后果之一是教育专业人员向私营企业流动，这也是利用公共服务经验为咨询业服务的一种方式(Ball，2008)。事实上，在以色列，许多离开公务员队伍的专业人员都被吸引到咨询行业。曾经在总理办公室工作的阿隆(Gal Alon)博士就是这样，他后来创立了一家非常成功的名叫"洞见"的咨询公司。① 当被问及提交标书的各家咨询公司时，总理办公室的一位官员回答说："我们的国家没有那么大，我认识所有的公司和它们的总经理，他们曾在政府部门工作。"(总理办公室，官员1)

部委职能外包的另一个后果是咨询对决策的长期影响。在外包过程中，有一种理解是，公共机构承担主要责任，私营企业只是根据预先确定的标准执行政策。私有化的支持者认为，有可能以封闭的方式真正分离知识领域，并在个案的基础上有效地处理问题，脱离总体上的、系统性的、制度上的或时间尺度的语境。然而，他们忽略了外包过程对系统整体知识造成的损害。在很重要的知识领域，比如规划，外包导致咨询公司多年来积累了比公共机构更多的专业知识。在这种情况下，政府越来越难以规划和规制政策(Paz-Fuchs，2012)。

必须指出的是，规划战略司司长认识到这一问题，并设法克服它：

> 我们确实意识到了知识保存和知识发展的问题。看一下我们发布的招标书你就会发现，我们确实在告诉各部门和咨询顾问，运营商有责任把这些知识保存在部里，因为这些知识是我们的。他们必须在各个部门培训员工，让他们在政府中发展相关知识，而且他们(各个部门)不会完全依赖于咨询公司。(规划战略司司长)

以色列教育部最大的部门——教育行政部门的前主管澄清说，诸如针对不同类型学生群体的教学或监督等"敏感"问题会倾向于交由教育部处理，以避免敏感

---

① 洞见公司网站：https：// www.insights. us

数据泄露于教育部之外（教育行政部门前主管,访谈）。尽管努力将知识纳入各单位,但经验表明,以色列在管理规制和监督私营企业方面并不占优势。因此,越来越多的外包和通过咨询公司制定政策的行为,导致国家脱离了决定政策的职责（Paz-Fuchs,2012）。

新公共管理（以及新公共治理）下的官员失去了对公共官僚机构和管理者自上而下的权力,因为它将绩效看得比对公民负责更重要,也因为很难维持和加强对所有官员（包括合同制官员）自下而上的控制（Kersbergen & Waarden,2004）。以色列教育部的调控规制失败,加上有助于教育事业发展的官员出走,以及教育管理专业知识的流失——所有这些因素从制度上削弱了以色列教育部。取而代之的是,新的行动者（尤其是私营企业和慈善家）催生了全球教育产业,他们寻求制定政策议程,框定政策问题,并重新塑造有利于自己的规章制度（Verger,Lubienski,& Steiner-Khamsi,2016）。

9.7 结论: 后官僚主义非政府组织化规制模式

大量文献论述了世界公共行政管理模式向受新公共管理启发的绩效管理模式的转变。然而,探索新规章制度如何融入官僚制公共行政的实证研究却很少。

本文提出的研究旨在了解这一复杂过程:通过纳入以新公共管理和新公共治理为基础的规制模式,将官僚制公共行政转变为后官僚制公共行政。我们借鉴行动者网络理论,探寻了治理网络形成的过程,首先在以色列中央政府,然后在以色列教育部,追踪了参与管理集群和跨界集群形成的人类和非人类行动者。文献指出了两种后官僚制的转变——一种是准市场模式,另一种是评估性国家规制模式（Maroy,2012）。由于在官方部门引入的新公共管理与非政府组织越来越多地参与教育供给以及与政策密切相关,我们得出结论,以色列的案例代表了第三种后官僚规制模式,即后官僚非政府组织化模式。

以色列教育部能够采用后官僚主义规制模式,主要基于三项核心战略（仍在不断发展中）。第一,设立了两个具有自主地位和相对明确的跨界任务的新单位:规划战略司（作为一个高级部门和管理集群的主要行动者）,以及跨界项目与合作单位（作为跨界集群的主要行动者）。第二,任命不属于教育部官僚体系的具有公共政策背景的官员担任主要单位负责人。我们注意到,之所以能够将新公共管理和新公共治理文化纳入后官僚制,不仅因为新的行动者在教育部没有既得利益,而且也由于教育部官员的官僚传统。即使他们不相信新的规划和绩效计量文化的好处,大多数官员也还是尊重等级和规则的,认为他们不能拒绝或批评上级的决定。第三,建立一个新的跨界的、有威望的论坛,其中包括负责在教育部各级传播管理文化的、规划任命者论坛的各单位的副主任。

除了上面提到的主要行动者、规划战略司(主要目标是将规划和评估文化纳入教育部和规划任命者论坛)之外,管理集群还包括"当下"和"教育图景",前者是将教育部的目标转移到学校一级的规划工具,后者是评估学校质量的工具。

跨界合作集群的主要行动者是跨界项目与合作单位,该单位是专门为促进非营利和营利性组织与教育部和学校合作,以及建立外部项目在线数据库而设立的,发挥规制非政府组织或商业公司在学校运营的项目的作用。

此外,两个集群共有的重要行动者是由招标选出的咨询公司,这些咨询公司向教育部灌输管理文化和治理模式,并采用新的非等级和对话技术,例如圆桌会议和公众咨询磋商。

以色列管理规制和治理模式的实施,一方面反映了全球教育治理需要提高教育质量,另一方面反映了全球教育治理需要提高公共服务的效率(Sellar & Lingard,2013)。然而,政策建议在很大程度上受制于国家如何定义社会效率以及国家政治的历史路径(Carnoy,2016)。事实上,在以色列于2010年被接纳为经合组织成员国期间,以色列中央政府通过政府决议推动将新公共管理和新公共治理纳入以色列教育部,并由以色列总理办公室直接负责。尽管国家对自己的政策有"控制权",但不可避免地要"顺应"全球制度规范,以满足一个特定的全球精英定义的"运作良好的现代国家"的概念(Carnoy,2016)。以色列是经过了经合组织对本国关于经合组织文书、标准和基准立场的评估之后,才被接纳加入经合组织的。[①]

如文献所示,全球教育政策的采纳是由当地协调的(Carnoy,2016;Mundy, Green,Lingard,& Verger,2016)。特别是在以色列,教育部的管理规制含有教育部

---

① 2010年5月10日,经合组织向以色列发出成为经合组织成员的邀请。该邀请源于经合组织理事会对色列在经合组织文书、标准和基准立场方面的积极评估(http://www.oecd.org/israel/israelsaccessiontotheoecd.htm)。

非政府组织化和咨询化之义,这两者都是对缩小公共行政机构规模任务的响应。咨询公司作为与教育部官僚文化无关的外部机构,可以"有效"地灌输一种以绩效为基础的语言,而不需要招聘新的固定员工。[①] 自以色列建国以来,非政府组织一直是教育领域的重要行动者。由于政府鼓励第三部门参与,非政府组织的影响力与日俱增,新的管理规制形成了一种独特的以色列规制模式——后官僚制的非政府组织化规制模式,在这种模式下,非政府组织在提供教育以及教育政策制定方面发挥着越来越重要的作用。

参考文献

Asban, A. (2010). *Winning the tests? What are the criteria for supporting government ministries in nonprofit organizations*(MA thesis). Hebrew University of Jerusalem (in Hebrew).

Ball, S. (1998). Big policies/small world：An introduction to international perspectives in education policy. *Comparative Education*, *34*(2), 119 – 130.

Ball, S. J. (2008). New philanthropy, new networks and new governance in education. *Political Studies*, *56*(4), 747 – 765.

Ball, S. J. (2012). *Global education inc: New policy networks and the neo-liberal imaginary*. London：Routledge.

Blum, D. (2009). The ambivalent emergence of philanthropy in Israel. *Journal of Jewish Communal Service*, *84* (1/2), 96 – 105.

Buisson-Fenet, H. (2007). L'éducation scolaire au prisme de la science politique：Vers une sociologie politique comparée de l'action publique éducative? *Revue internationale de politique comparée*, *14*(3), 385 – 397.

Carnoy, M. (2016). Educational policies in the face of globalization：Whither the Nation State? In K. Mundy, A. Green, B. Lingard, & A. Verger (Eds.), *Handbook of global education policy* (pp. 27 – 42). London：Wiley-Blackwell.

Dagan-Buzaglo, N. (2010). Privatization in the Israeli school system：Selected issues. Tel-Aviv：Adva Center.

Fenwick, T. (2011). Reading educational reform with actor network theory：Fluid spaces, otherings, and ambivalences. *Educational Philosophy and Theory*, *43*(sup1), 114 – 134.

Fenwick, T., & Edwards, R. (2010). *Actor-network theory in education*. London：Routledge.

Ferlie, E., & Andresani, G. (2006). Roundtable：Understanding current developments in public-sector management—New public management, governance or other theoretical perspectives? *Public Management Review*, *8*(3), 389 – 394.

Galnoor, I. (2003). *The Committee to Examine the Role of the Third Sector in Israel and the Policy Adopted (The*

---

① 甚至在以色列建国之前，咨询公司是由民间社会组织监管的发达教育体系，具体可参见 Gidron, Bar, & Katz (2003) 和 Young (2000)。

Galnoor Committee). Retrieved from http://web. bgu. ac. il/NR/rdonlyres/2DB60683-6DCD-4F0A-ABBD-47529F6B395D/14803/ TheReviewCommittee_Galnoor2003. pdf

Galnoor, I. (2011). *Public management in Israel: Development, structure, functions and reforms.* New York: Routledge.

Gidron, B., Bar, M., & Katz, H. (2003). *The Israeli third sector: Between welfare state and civil society.* New York: Kluwer Academic/Plenum Publisher.

Gunter, H. M., Hall, D., & Mills, C. (2015). Consultants, consultancy and consultocracy in education policymaking in England. *Journal of Education Policy, 30*(4), 518－539.

Hood, C., & Peters, G. (2004). The middle aging of new public management: Into the age of paradox? *Journal of Public Administration Research and Theory, 14*(3), 267－282.

Jessop, B. (1995). The regulation approach, governance and post-fordism: Alternative perspectives on economic and political change? *Economy and Society, 24*(3), 307－333.

Katz, H., Raviv, E., Yogev, H., Ya'acobi, M., Levinson, E., Elon, Y., & Gidron, B. (2007). *Civil Society during the Second Lebanon War.* Beer-Sheva, Israeli Center for Third sector Research, Ben Gurion U (in Hebrew).

Kelly, J. (2007). Reforming public services in the UK: Bringing in the third sector. *Public Administration, 85,* 1003－1022.

Kersbergen, K. V., & Waarden, F. V. (2004). Governance' as a bridge between disciplines: Cross-disciplinary inspiration regarding shifts in governance and problems of governability, accountability and legitimacy. *European Journal of Political Research, 43*(2), 143－171.

Latour, B. (1987). *Science in action: How to follow scientists and engineers through society.* Cambridge: Harvard University Press.

Law, J. (1992). Notes on the theory of the actor-network: Ordering, strategy, and heterogeneity. *Systems Practice, 5*(4), 379－393.

Lessard, C., & Brassard, A. (2005). *Education governance in Canada: Trends and significance.* Retrieve from http://www. icnl. org/research/library/files/Israel/third. pdf

Limor, N. (2004). Israel's Third Sector. http://www. icn/. org/research/library/files/Israel/third. pdf

Limor, N. (2010). *Civil society and third sector in Israel.* Israel Democracy Institute, Caesarea Forum (in Hebrew).

Lubienski, C. (2016). Sector distinctions and the privatization of public education policymaking. *Theory and Research in Education, 14*(2), 192－212.

Mahon, R. (2008). The post-bureaucracy shift: Between path dependency, bricolage and translation. KNOW & POL Orientation 1, Commentary. Osc, Paris.

Maroy, C. (2012). Towards post-bureaucratic modes of governance: A European perspective. In G. Steiner-Khamsi & F. Waldow (Eds.), *World yearbook of education 2012: Policy borrowing and lending in education* (pp. 82－99). New York: Routledge.

Mitchell, K. (2017). Metrics millennium: Social impact investment and the measurement of value. *Comparative European Politics, 15*(5), 751－770.

Mundy, K., Green, A. D., Lingard, B., & Verger, A. (2016). Introduction: The globalization of education policy: Key approaches and debates. In K. Mundy, A. Green, B. Lingard, & A. Verger (Eds.), *Handbook of global education policy* (pp. 1 – 22). London: Wiley-Blackwell.

OECD. (1995). *Recommendation of the council of the OECD on improving the quality of government regulation*, *OCDE/GD(95)95*. Paris: OECD.

OECD. (2000). *Regulatory policies in OECD countries: From interventionism to regulatory governance*. Paris: OECD.

OECD. (2001). *Citizens as partners: OECD handbook on information, consultation and public participation in policy-making*. Paris: OECD.

OECD. (2003). *Surveillance of public expenditure: Synthesis of findings in EDRC countries, economics department policy committee, working party No. 1 on macroeconomic and structural policy analysis*. Paris: OECD.

Osborne, S. P. (2006). The new public governance? *Public Management Review*, 8(3), 377 – 387.

Paz-Fuchs, A. (2012). The Rule of Consultants: The strategic consulting firms are reshaping us(in Hebrew). *Eretz Acheret*, 2(63).

Pons, X., & van Zanten, A. (2007). Knowledge circulation, regulation and governance. In *KNOW and POL project: Literature review* (pp. 105 – 134). Paris: Osc.

Rose, P. (2009). NGO provision of basic education: Alternative or complementary service delivery to support access to the excluded? *Compare*, 39(2), 219 – 233.

Salamon, L. M. (Ed.). (2002). *The tools of Government: A guide to the new governance*. New York: Oxford University Press.

Salamon, L. (2010). Putting the civil society sector on the economic map of the world. *Annals of Public and Cooperative Economics*, 81(2), 167 – 210.

Sellar, S., & Lingard, B. (2013). The OECD and global governance in education. *Journal of Education Policy*, 28(5), 710 – 725.

Verger, A., Lubienski, C., & Steiner-Khamsi, G. (Eds.). (2016). *World yearbook of education 2016: The global education industry*. London: Routledge.

Vigoda-Gadot, E., & Mizrahi, S. (2007). Public sector management and the democratic ethos: A 5-year study of key relationships in Israel. *Journal of Public Administration Research and Theory*, 17, 285 – 305.

Weinberg, B.-C. R. B.-N., & Shifman, E. (2008). *Survey of the Involvement of Nonprofit Organizations, Foundations and Business Philanthropy in the Education System*. Findings Report 2008. The Institute for Entrepreneurship in Education, Beit Berl Academic College(in Hebrew).

Yacobi, H. (2007). The NGOization of space: Dilemmas of social change, planning policy, and the Israeli public sphere. *Environment and Planning D: Society and Space*, 25, 745 – 758.

Young, D. R. (2000). Alternative models of government-nonprofit sector relations: Theoretical and international perspectives. *Nonprofit and Voluntary Sector Quarterly*, 29(1), 149 – 172.

作者简介

朱莉娅·雷斯尼克（Julia Resnik） 以色列耶路撒冷希伯来大学（Hebrew University of Jerusalem）教育学院副教授。 主要研究领域： 教育政策全球化、比较教育、多元文化主义、移民儿童（移民工人和寻求庇护者）、国际教育和民间社会参与教育系统。 编辑出版《数字和网络的力量： 理解教育模式的传播机制》（*The Power of Numbers and Networks： Understanding the Mechanisms of Diffusion of Educational Models*，2018）一书，同时担任以色列英语和法语杂志的编辑。

电子邮箱： julia. resnik@mail. huji. ac. il。

（邓晓莉 译）

第 十 章

治理术： 巴西政治教育话语中的进步观念①

玛西娅·阿帕雷西达·阿马多尔·马夏

（巴西　圣保罗大学）

10.1　引言

考虑到"进步话语"是我们当前教育政策的基础,本文旨在以与福柯(Michel Foucault)的权力和治理术研究趋同的话语框架为工具,探讨这一概念在教育中的基础。本研究将追随波普科维茨(T. S. Popkewitz)的脚步,进一步围绕"进步"和"课程"展开讨论。引发讨论的问题涉及构建教育"进步话语"所依据的规则,以及这些规则是如何在当地实践中被语言物化的。

本文分析的材料是巴西课程话语文献的节选,侧重于 1980 年和 1990 年进行的课程改革。我的主要观点是,这种话语是在进步/退步、成功/失败、包容/排斥的二分法下进行的,并使其顺化。我希望证明这些二分法不是自然而然存在的,而应被理解为社会建构的结果以及理性教育系统中权力影响的产物。

本文既不是讨论教育进步关系的开山之作,也不是最终定论,只是其中承上启下或独立存在的一个讨论。本文的目的是解构一些与教育相关的概念——自由主义、进步、权力和真理。本文没有讨论包容或排斥的内容,而是讨论这些话语如何在教育中创建一个包含和排斥的理性系统(system of reason)。

作为一名巴西教师,我的经验是,学校教育中的排斥和教育失败问题,以及学生、教师、方法和课程提案的合格率与不合格率,一直是人们关注的问题。几十年

---

① 本文首次发表于 Mascia, M. A. A. （2009）. Inclusion or exclusion? An analysis of the Brazilian Curriculum Discourse of the 1980s and the 1990s. In M. Kontopodis （Ed.）, *Culture and emerging educational challenges： A dialogue with Brazil / Latin America.* Berlin： Lehmanns Media.

来，我们见证了教育民主化和再民主化运动，以及无数的课程改革。有些问题已初现端倪：改革已经实施，但学校依然没有改变。"问题在哪里？"我问道。作为一名教师和研究人员，我的不安使我开始思考，我们可能一直在问错误的问题。作为一名语言学家和话语分析家，我意识到，我不应该再去追问教育中什么是有效的，什么是无效的，而应该尝试去审视教育话语，研究那些使我们能够以包容和排斥的二元对立方式思考教育的理性系统。本文的重要论点是：这个系统是一个历史建构的话语系统。

所有研究都涉及指向分析和语料的理论背景。当我们查找和观察语料时，我们会进入理论思考中，这些思考会引导选择、观察和解释的过程。

接下来，我们将探讨主要概念，相关论点也将体现在这些概念中。

10.2 理论背景

理论背景基于后批判思想家的相关观点。这一部分将介绍：进步的概念、从话语的角度来看客体和主体，以及福柯的权力和治理术。

10.2.1 作为话语的自由与进步

现代国家面临的最大挑战之一是制定社会包容的发展战略。然而，在寻求包容的发展战略时，社会政策和教育中的排斥模式仍然很突出。这些包容机制植根于自由主义思想，自由主义构成了宣称人人平等的启蒙运动的基础。启蒙运动认为，"理性的"系统知识是指导社会行动，保障社会美好未来的动力。

根据梅塔（Mehta，1997）的观点，虽然自由主义在理论上宣称是一种包容性政治，但是，实际上在实践中是排斥的。这是因为：

> 自由主义的理论主张通常倾向于超历史、跨文化，而且具有特定的跨种族性……这意味着可以提出普遍性主张，因为这些主张源于全人类共有的某些特征。（Mehta，1997：63）

> 但我认为，自由主义排斥的基础源于其理论核心……这不是因为其理想在理论上是虚伪的，也不是因为其理想不切实际，而是因为在所有人的能力背后，存在着更为深厚的社会资历，这些社会资历构成了政治包容的真正基础。（Mehta，1997：61）

从这个意义上说，自由主义忽略了人是社会的存在物，人存在于权力关系中。

当我们从自由主义的角度考虑进步的概念时，我们可以说，自由主义理论假定科学知识和自由主义意义上的进步是通过社会变革获得的。波普科维茨强调了这一观点，为美国教育制度做了一个假设，"在当代学校改革中，这些理论假定深深地嵌入信念中。主流和自由主义教育改革话语倾向于合乎逻辑地和循序渐进地组织变革"（Popkewitz，1997a：291）。

根据波普科维茨的观点，在当今社会和教育理论中，假设存在两种不同的思想形态：批判性传统和自由主义传统。这两种传统都与19世纪的启蒙思想有关。就波普科维茨而言：

> 对于批判和自由主义理论家来说，变革的前提是确定那些引导变革的主体，要么找到阻碍进步的抑制因素的根源，要么找出能够救赎世界的群体。（Popkewitz，1997a：291）

我们探究巴西的学校教育模式，可以说，批判性传统和自由主义传统提供了进步的基本假设。

我们现在将探讨一些基本概念，这些基本概念有助于将历史理解为一种理论活动。在这项研究中，讨论历史就是讨论话语，正如福柯所定义并被法国话语分析所采纳的那样：

> ……一组不具名的历史规则在某一时期的时空中通常是确定的，而且对于一定的社会、经济、地理和语言领域来说，是陈述功能运作的条件。（Foucault，1972：117）

因此，话语形式由话语实践构成，这些话语实践决定了客体和主体的陈述方式、概念和主题选择。话语可被视为时而犬牙交错，时而并驾齐驱，时而相互忽略或排斥的间断性实践。

有鉴于此，教育中的自由主义研究应对话语进行深思，即对历史构建的世界分类和秩序原则进行深思。那些进行后现代研究的人，普遍采用这一历史概念作为话语。对于后现代研究来说，客体并不预先存在，它实际上是根据某些社会历史规则、话语构成规则而建构的。这些规则规定了我们解释世界的内容和/或方式，将某些事物转化为语料，从而损害其他事物。

但是，除了把历史解释为后现代主义所采用的话语实践之外，还有另一种解释，我们可以称之为自由主义所依据的传统历史。波普科维茨（Popkewitz，1997b：

136—139）着重论述了这两种系统以及它们之间的差异。他对所谓的历史主义或意识哲学与语言学转向作了区分。[①] 前者在社会研究中占主导地位，它把事件看作是"真实的"，由"行动者"来执行；后者被谱系学研究和社会认识论采用，侧重于语言作为社会生活和"身份"（identity）建构的构成要素。在这里，两者最有趣的区别在于对进步概念的理解。历史主义者认为，进步是一种先验概念，是从恶向善的运动，适用于社会生活条件。在这种观点下，社会科学的任务是发现问题、分析问题，并提出改进的方法。然而，对于本章采用的"语言学转向"来说，"进步"是一种改革，是社会实践的组成部分，并不在于追求理想世界。"语言学转向"（Usher & Edwards，1994）侧重于语言，假设我们与世界的关系被语言阻截，也就是说，这些规则告诉我们应该在什么时候、以什么方式说话和行动，以及如何看待世界和我们自己。

我们看到的变化是以语言为中介的社会建构意象。自由主义通过改进课程来改变教育的意象，不仅涉及教育，而且涉及世界知识的政治化，即我们与语言的关系。

同一思路下，巴赫金（M. Bakhtin）对语言所跨越的符号意义进行了研究：

> 意义是特定现实与它所代表、表现或描绘的另一种现实之间符号关系的表达。意义是一种符号功能，因此，意义不可能在符号之外作为某种特定的、独立之物而存在。（Bakhtin，1973：28）

> 简言之，生物体内发生的任何事物都可以成为经验材料，因为一切都可以获得符号学意义，可以变得富有表现力。但同样，词构成了每个外部符号意义的基础和骨架。（Bakhtin，1973：29）

巴赫金区分了两种语言哲学：抽象客观主义（abstract objectivism）和个人主观主义（individualist subjectivism）。前者的基本立场之一是，语言系统构成了一个超越个体意识、不依赖于个体意识的外在客观事实。与浪漫主义相关的个人主观主义则将语言的起源置于个体意识之中。对于巴赫金来说，两个立场都是模棱两可

---

① 语言学转向（linguistic turn）是指以语言为中心的社会研究方法论。 在波普科维茨看来，"语言学转向的中心是语言的不透明性和象征性，以及语言中创造主体位置和真实效果的方式"（Popkewitz，Franklin，& Pereira，2001：50）。"语言学转向"一词是 1967 年罗蒂（Rorty）在他主编的《语言学转向》（The Linguistic Turn）这本著作中提出的，这标志着分析思维的不断突破，从语言对象转向语言本身（参见 Rorty，1997a，b）。

的,语言哲学是意识形态符号的哲学,反之亦然。从这个意义上讲,我们对世界的意识是以语言为中介的,语言不仅构成了一种联系,而且在这种意识的建构中作为一个组成部分发挥作用。

总之,我们讨论教育的进步,就是在讨论话语,换句话说,就是在讨论参与理解主体(自我)和客体(外界事物)的一种动态的"权力-知识"互动。

10.2.2　主体与客体：　话语建构

每个话语形态都有一些随历史变化的客体,我们将其理解为世界的秩序,即语料。我们将语料定义为客体的集合,这些客体在每个话语形态中都有自己的位置并创造规则。对福柯而言：

> ……我们仅仅睁开眼睛是不够的,因为新的客体突然出现,一下子冒出来……客体不会在混沌中等待秩序,即使这秩序能够将其解放并使其体现在可见的和冗长的客观性中,客体本身不会预先存在,它被最先出现的某些障碍所阻碍。它存在于一系列复杂关系的积极条件下。
>
> (Foucault,1972：45)

这些关系不在客体内部,它们并不预先存在。在某种程度上,这些关系在话语的限制范围内,话语提供了可以讨论的客体。因此,不可能在一个话语构型中讨论一切,而只能讨论那些客体构成规则所允许的东西。例如,在每一次社会变革中所体现的自由主义话语,作为对真理客体的追求,谈到了什么是问题的有序性原则,以及我们如何对社会进行分类。当一个话语构型将某些客体定义为是"进步的"并否定其他客体时,它就要统筹权力问题以便对知识进行分类。因此,应该在话语构型的规则中理解与进步概念相关的客体。一个话语构型理解为进步,而另一个则不一定这么理解。这就是库恩所说的范式的不可通约性(Kuhn,1970)。库恩提供了一个应该在同一范式内理解的进步观：一种范式的进步不是另一种范式的进步(Kuhn,1970)。库恩不是渐进地定义进步,而是在历史和社会划定的规则中定义进步。库恩的研究提出了关于进步的普遍意象的深刻问题,特别是与作为渐进演变过程的科学有关的问题。对于库恩而言,"更确切地说,我们可能不得不放弃一种观念,无论这种观念或街知巷闻,或不为人知,范式的变化都会让科学家和那些从他们那里学习的人更接近真理"(Kuhn,1970：170)。

对于库恩来说,我们应该通过另一种方式来理解进步,通过学习"把我们所知道的演变替换成我们所希望知道的演变(这种方式)，一些烦人的问题可能会在这个过程中消失"(Kuhn,1970：171)。

然而，库恩并没有走得更远，他的进步观是积极的、理想化的，他并没有对主体和客体进行解构，仍然预设了一个意识主体。

意识主体的概念与我们的研究相关。进步的话语以意识主体(一个主体)为前提，意识主体是自己行为的主人，有意识地实现目标并改变世界。当我们质疑意识主体的意向性，将其与历史背景联系起来，而不是与其行为的起源联系起来时，我们就在质疑和解构这个基础。

简言之，本文认为，主体是去中心化的，这是佩舍和富赫斯(Pêcheux & Fuchs,1975)在谈到主体和意义的两种错觉时所说的：第一种错觉是话语起源的错觉；第二种错觉是只有一种意义的错觉。我们采用的观念是，主体是去中心化的、历史性的，受意识形态影响，它无法"有意识地"改造世界，它可以引发变化，但无法控制这些变化的意义。

10.2.3　权力与治理术

如果我们通过福柯的视角来看待进步问题，我们将对社会科学提出挑战，审视现代社会由权力关系构建和构成的条件。对于福柯来说，权力是由话语实践产生并构造的。如果我们将学校教育视为一种话语实践，我们必须认识到其关系中体现的权力。

福柯的研究试图分析权力的机制，权力在日常斗争中如何运作，他称之为权力的"微观物理学"。在福柯之前，关于权力的研究都是在发现和谴责他者和对手：比如，资本主义或社会主义，但这些研究并没有分析权力的运作。

从后现代的角度来看，权力不仅集中在上层阶级、统治阶层，它渗透到整个社会，在日常生活的话语中构成了一股弥散的微观权力。

福柯为我们提供了三个关于权力的重要假设：第一，权力不是作为先验元素存在的，它是在实践或关系中构想出来的；第二，权力不仅具有压制性，而且具有生产力，它产生的知识会产生更多的权力；第三，权力不仅适用于宏观关系，也(主要)适用于微观关系。对于福柯来说，"没有抵抗就没有权力关系"(Foucault,1980：142)。从这个意义上说，福柯的权力研究策略与主体无关，而与权力的历史化有关。福柯将这种研究方式称为谱系学：

　　……一种可以解释知识、话语、客体等领域的历史形式，而不涉及主体，这个主体要么相对于事件场而言是先验的，要么在整个历史进程中保持其空洞的同一性。（Foucault，1980：117）

　　主体的去中心化使我们能够将构建进步概念的原因问题化。从谱系学的视角来看，我们可以看到变革的可能性，变革可以被理解为话语场中的"断裂"或"运动"。与把进步看成是走向真理的线性运动的传统历史不同，我们现在拥有的谱系学，将变革视为特定话语中的断裂和权力/知识斗争。如果我们将这个想法移植到学校教育中，我们就应该研究社会和概念条件，通过这些条件，我们可以按照我们的方式来理解学校教育的进步。

　　大多数关注教育课程进步的研究都认为，进步是一种先验概念，学生和教师是稳定的范畴。考虑到上面的情况，批判性研究发现了一个问题，即避免走向理想学校，在给定的范畴中分析这个问题，最后试图干涉给出可能的解决方案。与此相反，我们认为，进步的概念与教师和学生的范畴是社会结构，他们是建构"自我"的话语实践。

　　当论及福柯的权力概念时，我们可以引用他称之为"治理术"的内容，这引起了我们的兴趣。在福柯看来，可以这样理解治理术：

　　治理术就是由制度、程序、分析和反思、计算和策略组成的总体，它使这一非常特殊而又复杂的权力形式得以实施，这种权力形式的目标是人口，主要知识形式是政治经济学，主要手段和方式是安全配置[①]。（Foucault，1991）

　　在现代化进程中，治理术发生了变化，从统治领土的主权到关注人口的治理术模式。我们可以将治理术视为以人口为目标，以经济知识为行动策略的多元治理实践。

　　政治教育话语的进步概念可以被描述为一种治理术形式，其目标是人口，而课程则是安全配置。

[①] 安全配置（apparatuses of security）是福柯在《必须保卫社会》（*Society Must Be Defended*）和《性经验史（第一卷）：求知意志》[*History of Sexuality*（*Volume I*）：*The Will to Knowledge*]中讨论生命政治时提出的。福柯认为，19世纪"权力负担起生命的责任"。生命权力根本上由两种基本模式构成：一是对个体身体的规训，二是对人口的调节。"对人口的调节控制"后被福柯称为"安全配置"，也就是对人口的生物安全的维护，抵御各种偶然性。——译者注

在展示了我们所处的范式后，接下来我们将致力于描述方法论，即语料库的产生条件，并把法语领域的话语分析作为一种分析工具。

10.3 方法论与生产条件

本研究的语料由巴西圣保罗州 1980—1990 年出版的课程文件构成。

话语分析方法论需要检验构建话语的社会历史背景，然后对文本进行微观分析。对社会历史语境的描述，也可以理解为对"生产条件"的描述，旨在将课程文件的社会表征（在本研究中的社会表征），以及主体在这种话语中占据的位置作为重点。在对某种话语的产生进行语境化之后，分析者将注意力集中在话语的属性上。话语的特点是具有结构异质性的，这意味着话语分析从根本上就是要找到某种话语内部的东西。任何话语都被视为某些话语构型内部的事件，或者用佩舍的话来说：

> ……任何既定的话语都是身份认同的社会历史渊源中运动的潜在迹象，因为它同时构成了这些渊源的结果以及空间内移位性①。
> (Pêcheux,1988:648)

我们的语料库的生产条件，即课程文件，涉及与 20 世纪 70 年代末、80 年代和 90 年代有关的社会历史时刻，无论是在圣保罗州还是在世界范围内。在全球范围内，我们经历了一个全球化进程，在 20 世纪的最后几十年里，工业化国家（主要是美国）的科学和技术（甚至文化）主导地位越来越高。这一过程导致了第一世界国家在科学、技术、文化和语言方面对巴西等新兴国家的统治。这就造成了一种被排斥国家的情绪，这种情绪会在教育中体现。

20 世纪 70 年代末 80 年代初期，在巴西，我们可以看到一个政治开放的过程，随着许多政党的兴起和教育的民主化，军事独裁政权垮台。这一时期最大的问题是，在开办大量新学校的同时，教育质量却在下降，尤其是公立学校的教育质量，因为教育质量的提升是针对私立学校的精英的。

---

① 移位性（displacement）是指人类语言可以让使用者在交际时用语言符号表达在当前时间和空间中不存在的物体时间和观念，即打破了时空限制。 例如，恐龙、龙，或是历史上的秦始皇、孔子，在当今社会都已经不存在了，但我们仍可以用语言来形容和表述。 ——译者注

1982 年,巴西民主运动党派(Partido do Movimento Democrático Brasileiro, PMDB)的蒙托罗(Franco Montoro)当选圣保罗州州长。考虑到他的民主政治话语,教育工作者期望这位新州长能够改善民主状况。他的座右铭是"走到黑板的尽头"(Caminhando para o fim do quadro-negro),又可以理解为"走到一个糟糕的情况的尽头"。这里重要的是要让给读者注意葡萄牙语中"quadro-negro"的两种可能含义。"quadro-negro"是一个复合词,第一个词"quadro"的意思是"图片",在隐喻意义上也可以理解为"情境"或"背景"。第二个词"negro"既可以让人联想到教师上课时写字的黑板,也可以让人联想到蒙托罗当选后发现教育所处的可怕处境,他所暗示的就是"黑暗的"。可以说,在这种情况下,对话者正在以这种双重意义作为教育方面政治变革的说服策略。这种同时使用既属于学校又属于社会情境的话语形态的话语策略,引起了读者(这里指教师)的注意,教师们指出了学校的恶劣环境。当然,蒙托罗作为州长会施以援手。

正是在这种变革的影响之下,我们选择了一些课程文件摘录来分析。

10.4　微观分析

我们对话语的摘录进行微观分析,以确定意义的影响并指出语言的物质性。这些摘录被认为是在生产条件,也就是它们出现的社会历史时刻内。正如理论背景部分所述,在我们的案例中,当前是政治和教育的变革时刻。

例如,如果以巴西的课程改革为例,我们就会发现,巴西的课程改革是建立在新旧两分法之上的。"旧的"是坏的、有害的和失败的,"新的"是现代的、完整的,简言之,就是有希望的。变革总是由政府发起,是自上而下的变革,变革的话语体现在政治话语中。

政治话语以政治参与的方式运作:发言者(X)打算让听众(Y)参与政治意识形态(Z)。例如,巴西的课程改革经常发生在政府换届的时候,作为重新建立政府标志、特色和治理风格的一种方式。政治问题意味着行动,教育中的行动意味着课程改革发生变化。

巴西改革政治话语的一个特点是使用隐喻。这些隐喻是基于二分法构建的。教育作为一个"过程"就是一个隐喻的例子。下面,我们将呈现由圣保罗州两位教育行政长官签署的《课程》(Curriculum)提案的两封介绍信的部分内容。

现在正在向各公立学校团队提供的课程提案是长期建设过程锻造的产物，由无数教育工作者鼎力合作，已形成连续的版本。

来自圣保罗州不同地区的专家通过辩论，提出不同意见和建议，为教育研究与规范协调委员会（Coordenadoria de Estudos e Normas Pedagógicas，CENP）的技术团队提供了修改和改进这套教学指导文件所需的背景资料。

因此，它是一个集体建设但尚未完成的提案。（Modern Language Curricula Proposal，1988）

公立学校应与现行模式保持距离……它应该将自身转变为一个活生生的、积极的有机体，成为社会生活的一部分。（Modern Language Curricula Proposal，1992）

在这两个例子中，教育改革作为"过程"的隐喻是沿着两个维度来构建的：（1）空间维度；（2）时间维度。在空间维度上，教育被视为一座"大楼"，此次变革是"大楼"建设中迈出的一步。我们可以从以下词语的使用中直观地感受到一步步建设"大楼"并使之成为典范的空间意象：建设、过程、锻造、连续的版本、合作和集体建设。似乎每个人都可以为这栋"大楼"添砖加瓦，使其趋于完备。在时间维度上，我们可以看到，有一个与教育改革相关的"前时间"（应该改变的旧模式）和一个与教育改革相关的"后时间"（有生命力的、活跃的有机体）。一方面，与"前时间"相关的意象总是不完整的，因为按要求，新模式应该与旧模式保持距离、有所区别，也就是说，学校应该及时改变；①另一方面，与改革后的时代相关的意象被视为一种社会进步（社会中有生命力的、活跃的有机体）。

教育改革的一个特点是，它针对的是教师和教育中被认为不熟悉新教育概念的人。这种话语的目的是促进改革的哲学趋向对受众的影响。作为这种建构意象的一部分，课程话语中又出现了一个步骤：向教师传播课程话语，并对他们进行后续培训。我们在这里可以看到一种意识形态的观点：教师被认为是毫无准备、不能自行参悟的，所以需要接受培训；政府的作用是赋予教师权利。这种意识形态是建立在两者理念相同的错觉之上的，同时，也为政府的权力提供了理由。举

---

① "当前的"（current）与新的相反，被理解为"旧的""死的"（non-alive，无生命力的）和"卡住的"（non-active，不活跃的）。

例说明：

> 现在开始一项新的工作：在新课程中培训教育工作者，这是教育部
> 部长的教育政治的一部分，目的是重建基础公立学校。（Modern
> Language Curricula Proposal，1988）

这座"大楼"的支柱之一是拯救公立学校的质量。在这段摘录中，值得注意
的是"追寻失去的质量"的愿望，即认为以前的教育体系不是完全没有质量（全
盘否定以前的教育体系被认为是政治上的不正确），取而代之的是，将前缀"re"
添加到从动词派生出来的名词"qualification"（资格）中，同时暗示了两个不同的
含义：有必要作出改变——通过给这个"大楼"增加一些柱子来实现改变——即
使"大楼"过去质量不理想，但也不总是不好。有必要加固地基，使建设过程保
持连续性。

正如通过构造的隐喻所设想的那样，进步的意象是建立在一种向完整性理想
迈进、线性且渐进的行动基础之上的。这种完整性的概念只能在与不完整性相对
立的情况下理解，这在我们之前的课程文件中同样适用。这就是德里达所说的
"差异的游戏"（Derrida，1968：140），西方理性就镌刻其中。在崇尚新事物的时
候，这种话语相对于旧事物而言，显示出不足和失败的痕迹。课程改革的积极意
义是在原有课程所隐含的消极失败的声音中建构起来的，在这种话语博弈中，两
种意义纵横交贯：新的铭刻在旧的领域中，一种意义依赖于另一种意义。

在思路的脉络中，下面的摘录基于二分法。例如，为了改变语言方法，课程提
案引用了布朗（G. Brown）出版的一本英文书中的以下内容：

> 所有课堂都死气沉沉？不，不是所有的。但是有太多死气沉沉的课
> 堂了……死气沉沉的课堂和活跃的课堂之间有什么区别？在死气沉沉
> 的课堂，学习是机械化、例行公事、过于仪式化和枯燥乏味的。教师被机
> 器人化，孩子们被设想为容器或集装箱，主要功能是接收和保存主题内
> 容……。活跃的课堂……充满了学生们热情的和真诚参与的学习活
> 动……每个学生都受到教师的真正尊重，并被当作人对待……。学习涉
> 及生活。（Brown，1975：1-2）

论证所基于的显式二分法是生与死的意象。死的意象与先前的（或旧的）方
法有关，而生的（活着的）意象与新的方法有关。改革意味着从死到生的过渡。为
了营造死的意象，作者使用以下词：机械化、例行公事、仪式化、沉闷的、枯燥乏味、

机器人化、容器和集装箱。生的意象由以下词语创造：热情的和真诚的参与、真正受到尊重、被当作人对待。这种从死到生的意象源于宗教话语，其中多为巴西最大的宗教——天主教的话语。

我们可以指出与教育改革相关的其他不完整意象：教师的意象是一个没有做好准备去理解课程、不按照教学大纲走，并且不会跟学生打交道的人。学生的意象是一个需要建构的空洞的个体，没有过去、没有历史。学生的概念被认为是同质的，因为教育话语中没有异质性的空间。教学的意象被视为一种使用策略的行为，而学习的意象则是整合行为（Pennycook，1994）。

但这种不完整的话语意味着什么呢？意味着存在一种完整性的无声参照，正如查克拉巴蒂（Chakrabarty，1992：337）在提到第一世界时说的，不完整话语就建立在这个世界之上。这种对完整性的渴望产生了基于向理想学校迈进的先验进步概念的教育改革。自由主义的概念预设了一个能够有意识地改变这个世界的中心主体，教育改革被视为进步的进程。

根据波普科维茨的观点，"现代教育学是在新共和国培养人的重要范例"，刻在现代教育学中的"进步"被臆造为"那些在组织传记时，能够规划和预测古往今来的路径的人，将为个人和社会带来幸福和进步"（Popkewitz，2013：136）。

10.5 结束语

我们开始这项研究的假设是，课程改革话语是建立在自由主义哲学追求进步、自由、真理和社会财富的完备性理想的基础上的，这些特征在福柯的治理术理念中都有所体现。然而，同样的话语既是包容的，也是排斥的，旨在促进教育包容的话语越多，教育中被排斥的主体似乎就越多（Kontopodis，2012）。

我们在这里的观点并不是要争论在与教学实践相关的课程改革中什么有用，什么没用。通过福柯"知识就是权力"（Foucault，1980）的信念，我们想要表明，权力体现在我们生成的关于自己的话语中，这些话语干预着社会事务。课程话语被视为学校教育的话语实践，它不仅传播思想或产生工具性的教学法，而且通过比较、区分、分层和划分教师和学生的主观性来创造现实原则。我们的方法是研究话语，特别是镌刻在政府治理概念之中"权力—知识"的关系如何为论证巴西教育的原因负责的。

在分析的语料中,意义的主要作用是将该文件作为一个建构的概念,即许多教育主体(治理者、教师等)的民主参与。这也是课程改革话语的主要论点。基于当下自由主义哲学的意象,我们从该话语的生产条件中看到了这一点。然而,分析是根据社会历史背景来考察该话语的。在此基础上,本文试图解构一些自然化的意象,并将话语视为一种历史建构,即与教育相关的话语。

关于这一点,我们引用福柯关于"我们是囚犯"的思想:

> 我的问题本质上是发现自己被囚禁的隐性制度的定义;我想要掌握的是我们在不知不觉中实行的限制和排斥制度;我想使文化无意识变得明显。(Foucault,Rituals of Exclusion,引自 Butler 1997:83)

任何进步主义的教育观都是建立在世界普遍的自由主义概念基础之上的。但是,正如我们在上面的例子中指出的那样,在这种普遍性的概念背后,在其地方性实践中,自由主义表现出另一种面貌:它保留了政治上的排他性做法。这些是自由主义的影响:在普遍性观点中包容,在地方性观点中排斥(Mehta,1997)。之所以会发生这种情况,是因为自由主义的概念被认为是跨历史、跨文化和跨种族的,但实际上,人与人之间的关系是被权力所跨越的。

用福柯的话,我们会说,从自由主义原则中构想出来的"学校教育制度"是监狱和排斥制度。上述考虑使我们将巴西课程话语视为地方排斥的一个例子。我们得出结论,巴西例子中不完整的话语对自己起了反作用;当它肯定他者的时候,它实际上是在贬低自己,使话语赖以构建的二元对立自然化。这是布迪厄(Bourdieu,1991:146)所说的"被压抑者的回归"。

这种对完整性的追求,为进步的话语提供了支撑,可以从治理术的角度来理解,就像在新的国家监管模式中所体现的那样,考虑到个人在寻求成功和卓越的过程中的自我监管,这在自由社会中成为可能。

但研究在话语范式中的作用是什么?研究的作用不是告诉读者做什么或者怎么看,而是要提出新的、想不到的问题,并让新的问题浮现在读者的脑海中。要让读者在不被告知的情况下去理解,在字里行间感悟。要看证据、去中心化、问题化和质疑化;要把熟悉的东西看成是陌生的;要打破人们的心理习惯;要重新审视规则和制度;要把教育改革看成是按照一定的社会历史和意识形态规则构建的话语;要颠覆教育的理性。在我看来,正如实证主义哲学所设想的,只有通过提问,而不是回答,才能开启不同思考教育方式的可能性,开启变革。

参考文献

Bakhtin, M. (1973). *Marxism and philosophy of language.* New York：Seminar.

Bourdieu, P. (1991). *Language & symbolic power.* Cambridge：Harvard University Press.

Brown, G. I. (1975). *The live classroom.* New York：The Press Viking.

Butler, J. (1997). *The psychic of life power: Theories in subjection.* Stanford：Stanford University Press.

Chakrabarty, D. (1992). Provincializing Europe：Post coloniality and the critique of history. *Cultural Studies*, 6 (3), 337－357.

Derrida, J. (1968). Différance. In J. Derrida (Ed.), *Speech and phenomena.* Evanston：Northwestern University.

Foucault, M. (1972). *The archaeology of knowledge.* New York：Harper & Row.

Foucault, M. (1980). *Power/Knowledge: Selected Interviews and other writings.* New York：Pantheon.

Foucault, M. (1991). Governmentality. In G. Burchell, C. Gordon, & P. Miller (Eds.), *The Foucault effect: Studies in governmentality*(pp. 102－103). Chicago：University of Chicago Press.

Kontopodis, M. (2012). *Neoliberalism, pedagogy, and human development: Exploring time, mediation, and collectivity in contemporary schools.* New York：Routledge.

Kuhn, T. (1970). *The structure of scientific revolutions.* Chicago：University of Chicago Press.

Mascia, M. A. A. (2009). Inclusion or exclusion? An analysis of the Brazilian Curriculum Discourse of the 1980s and the 1990s. In M. Kontopodis (Ed.), *Culture and emerging educational challenges: A dialogue with Brazil/Latin America.* Berlin：Lehmanns Media.

Mehta, U. S. (1997). Liberal strategies of exclusion. In F. Cooper & A. L. Stoler (Eds.), *Tensions of empire* (pp. 59－86). Berkeley：University of California Press.

Pêcheux, M. (1988). Discourse：Structure or event? In C. Nelson & L. Grossberg (Eds.), *Marxism and the interpretation of culture* (pp. 633－650). Urbana：The University of Illinois Press.

Pêcheux, M., & Fuchs, C. (1975). Mises au point et perspectives à propos de l'analyse automatique du discours. *Langages*, 37, 7－80.

Pennycook, A. (1994). *The cultural politics of English as an International Language.* New York：Longman.

Popkewitz, T. S. (1997a). Restructuring of social and political theory in education：Foucault and a social epistemology of school practices. *Educational Theory*, 47(3), 287－313.

Popkewitz, T. S. (1997b). The production of reason and power：Curriculum history and intelectual traditions. *Journal of Curriculum Studies*, 29(2), 131－164.

Popkewitz, T. S. (2013). The impracticality of practical knowledge and lived experience in educational research. *Nordic Studies in Education*, 33, 124－139.

Popkewitz, T. S., Franklin, B., & Pereira, M. A. (Eds.). (2001). *Cultural history and education: Critical essays on knowledge and schooling.* New York：Routledge.

Rorty, R. (1967). *The lingusitic turn: Essays in philosophical method.* Chicago：University of Chicago Press.

Usher, R., & Edwards, R. (1994). *Postmodernism and education.* New York：Routledge.

作者简介

玛西娅·阿帕雷西达·阿马多尔·马夏（Márcia Aparecida Amador Mascia）巴西圣保罗大学（Universidade São Francisco）教育研究生项目教授。"福柯研究和教育"巴西研究项目组负责人，该项目获巴西国家科学技术发展委员会（Brazilian National Council for Scientific and Technological Development）批准。2012—2013 年任研究生项目协调员，同时兼任多个委员会成员。擅长的研究方法：基于法语的语篇分析，福柯的考据和谱系研究，以及更广泛的后现代社会理论中的解构主义和精神分析。研究旨趣包括：教育中的话语和身份认同，特别是课程、教师教育、语言教学、聋生口语与手语的冲突、教育的排斥与抵制话语，以及 PISA 等外部评估项目。

电子邮箱：marciaaam@uol. com. br。

（朱锐锐　邓晓莉　译）

第十一章

政府资助民办教育的逻辑与实践

吴 华 王 习

（中国 浙江大学）

政府为民办教育（私立教育）提供财政资助是一个全球性的现象（Glenn & Groof,2012）。2002 年 12 月 28 日颁布的《中华人民共和国民办教育促进法》首次肯定了政府资助民办教育的合法性（第七章 扶持与奖励），其中资助对象主要是民办学校,在概念和政策设计上有很大的局限性。[①] 2010 年,《国家中长期教育改革和发展规划纲要（2010—2020 年）》第十四章四十三条第三款提出要"健全公共财政对民办教育的扶持政策",但扶持对象仍然局限于民办学校。在 2016 年 11 月全国人民代表大会常务委员会《关于修改〈中华人民共和国民办教育促进法〉的决定》中,虽然进一步明确了政府对民办教育提供财政资助的方式,但资助对象还是局限于民办学校,算是一个不小的遗憾。把政府对民办教育的财政资助等同于或窄化为对民办学校的财政资助,是目前民办教育立法和政策实践中教育财政政策的一个重要缺陷,反映出政府对于资助民办教育的政策逻辑还缺乏全面的理解和认识。

11.1 政府资助民办教育的理论基础

在中国,对于政府是否应该资助民办教育以及如何资助民办教育,一直存在广泛的争议。观察全国各地不同的政策实践,尽管国家已经在法律层面明确了政府资助民办教育的合法性和基本政策框架,但地方政府在是否资助、资助类型、资

---

① 为民办教育提供财政资助包括资助民办学校学生和资助民办学校两大类型。 资助民办学校只是资助民办教育的内涵之一,包括直接财政拨款、分担办学成本、教师资源共享等多种形式,税收减免、委托办学和政府采购等不属于典型的财政资助,但可以在广义的财政资助范畴中讨论。

助力度等方面存在明显的差异,这与各地的经济发展水平相关,更表明各地在认识政府资助民办教育的必要性与合理性方面存在的差距,系统阐述政府资助民办教育的理由有助于形成政策共识,完善相关的政策设计。本文将详细探讨政府资助民办教育的五个理由和反对政府资助民办教育的三个理由。

政府资助民办教育的第一个理由是基于学生的权利。《中华人民共和国宪法》《中华人民共和国教育法》确立了学生平等的受教育权,学校虽然有公办学校和民办学校之分,但学生平等的受教育权并不因对公办学校或民办学校的选择而享有特权或受到歧视,因此,政府以民办学校学生为资助对象是天经地义的。[①]

在各地向民办教育提供财政资助的政策实践中,基于学生权利的财政资助是目前最薄弱的。长期以来,受计划经济和公有制意识形态的影响,人们已经有意无意地把公共教育财政当成公办教育财政,把在计划经济体制下公办学校得到公共财政经费的职能关系错误地理解为公办学校与公共财政之间的权利关系;而对于民办教育,又把民办学校学生应该得到公共财政资助的权利关系狭隘地理解为民办学校与公共财政之间的职能关系。正是有关部门在这个问题上的双重认识错误,导致不应该有任何疑问的义务教育阶段的民办学校学生长期没有得到他们应该得到的公共财政资助(吴华,2006;吴华,2007b)。值得庆幸的是,这种政策偏差在2015年终于出现转机。2015年11月25日,在《国务院关于进一步完善城乡义务教育经费保障机制的通知》中,首次将义务教育阶段的民办学校全部纳入公共财政保障范畴,并明确区分了对民办学校学生免除学杂费的财政资助和对民办学校的生均公用经费资助。以此通知的发布和执行为标志,中国的教育财政开始了从"公办教育财政"向"公共教育财政"的转型,政府对民办教育基于学生权利的财政资助也正式提上议事日程。

政府资助民办教育的第二个理由是基于民办教育的财政贡献。根据《2015年全国教育事业发展统计公报》公布的数据,2015年,全国共有各级各类民办学校16.27万所,各类民办学校在校生4 570.42万人(见表11.1)。另据《教育部 国家统计局 财政部关于2015年全国教育经费执行情况统计公告》,2015年全国普通小学教育生均公共财政预算教育事业费8 838.44元,全国普通初中教育生均公共

---

① 《中华人民共和国宪法》第三十三条、第四十六条;《中华人民共和国教育法》第九条、第三十七条;《中华人民共和国民办教育促进法》第五条、第二十七条。

财政预算教育事业费为 12 105.08 元,全国普通高中教育生均公共财政预算教育事业费为 10 820.96 元,全国中等职业学校教育生均公共财政预算教育事业费为 10 961.07 元,全国普通高等学校教育生均公共财政预算教育事业费为 18 143.57 元。2015 年全国民办教育(不含学前教育)对预算内财政性教育经费的贡献超过 2 800 亿元,如果计及学前教育,该数值还将大幅上升 1 600 亿元以上,达到 4 524.38 亿元之巨(见表 11.1)。这个数额在全国财政性教育经费中的占比 (15%)也与当年民办教育在校学生在全国在校学生总数中的占比(17%)相符,这意味着,如果当年由民办教育提供的教育服务由公办教育来提供的话,至少需要增加财政性教育经费约 4 500 亿元。

表 11.1　2015 年中国教育财政贡献概算

	学前教育	普通小学	普通初中	普通高中	中等职业学校	普通高等学校	合　计
民办学校在校生人数(万人)	2 302.44	713.82	502.93	256.96	183.37	610.90	4 570.42
公办学校各级教育生均公共财政预算教育事业费(元)	7 248.43	8 838.44	12 105.08	10 820.96	10 961.07	18 143.57	68 117.55
民办教育对预算内财政性教育经费的贡献(亿元)	1 668.91	630.91	608.80	278.06	229.31	1 108.39	4 524.38

资料来源:《教育部关于 2016 年全国教育经费统计快报》《2015 年全国教育事业发展统计公报》《教育部 国家统计局 财政部关于 2015 年全国教育经费执行情况统计公告》(教育部,2017;教育部,2016a;教育部,2016b)。其中,幼儿园数据根据《教育部关于 2016 年全国教育经费统计快报》推算,此前政府没有发布相关数据。

依据上述事实,要求政府加大对民办教育的财政资助最容易为政府相关部门所接受,这也是学界流行的观点(文东茅,2004;关慧,肖青山,2006;谢锡美,2009;陆涓,2011;李宜江,张海峰,2012;吴华,胡威,2012;方芳,2017)。

政府资助民办教育的第三个理由是基于教育的外部性。政府对公办学校提供财政资助的一个重要理由是,教育不仅使受教育者受益,而且使社会受益,即教育具有正的外部性。民办学校提供的教育活动和公办学校提供的教育活动在这个意义上具有相同的社会职能和社会价值，因此，对公办学校提供财政资助的理由同样适用于民办学校。

政府资助民办教育的第四个理由是基于民办教育的效率。以义务教育为例，2015年，全国义务教育阶段民办学校在校学生总计1 216.75万人，如果由公办学校承担这一政府责任，按当年公办学校生均预算教育事业费测算，需要公共财政支出1 239.71亿元。然而，由民办学校提供同样的教育服务，所占用的公共财政资源仅为公办学校的十分之一。[1] 既然民办教育可以更有效率的方式为社会提供同样的公共产品，那么政府基于提高公共财政资源效率的考虑，对民办学校提供财政资助就是合理的，或者说不会比政府对公办学校提供财政资助更不合理。[2]

政府资助民办教育的第五个理由是保持国家教育竞争力的战略成本。单一的公办教育体制已经被世界各国的实践和我国改革开放以来的教育发展实践证实不能适应现代社会发展和教育自身发展的需要，保障民办教育的健康可持续发展，已经超越教育本身的需要而成为国家宏观战略的重要组成部分。正如《国家中长期教育改革和发展规划纲要（2010—2020年）》所说，"民办教育是教育事业发展的重要增长点和促进教育改革的重要力量"，但是，由于教育活动具有成本持续增长的特点，如果政府不通过公共财政分担民办学校部分办学成本，绝大部分民办学校最终都无法摆脱关门的命运（吴华，2007a）。因此，可以将利用公共财政资助民办教育看成是维护现代教育制度健康运行的必要成本。

在各地的政策实践中，政府资助民办教育的理由还有很多，但在规范分析的意义上，上述五个理由已经基本涵盖了所有重要的方面。

为了更好地理解上面的理由，我们也不妨来看一下反对政府用公共财政资助民办教育的理由。需要指出的是，随着《中华人民共和国民办教育促进法》的贯彻实施和民办教育对教育和社会发展的价值日渐显现，在民办教育发展早期，基于

---

[1] 按最乐观情况［各地严格执行了《国务院关于进一步完善城乡义务教育经费保障机制的通知》（国发〔2015〕67号）］估计，政府对民办教育的财政资助不超过公办学校生均公用经费标准，据此推算，实际情况只会更糟糕。

[2] 民办教育对教育公平的贡献常常被人们忽视和误解。事实上，正是由于民办教育的发展，政府才可以将更多的公共教育资源用于欠发达地区、薄弱学校和弱势群体，增加对它们的教育投入，从而形成教育领域特有的基于民办教育发展的"帕累托改进"模式。与此同时，民办学校学生（家长）为获得更好教育资源而与民办学校之间发生的自由、自愿选择关系，又有益于在学生发展（结果公平）的意义上改善教育公平。

意识形态对立而直接反对为民办教育提供财政资助的意见已不常见,目前的反对意见更多地表现为质疑为民办教育提供财政资助的必要性与合理性。

反对政府资助民办教育的第一个理由是"权利自动放弃论"。这种观点认为,目前的教育财政体制并没有歧视民办教育,公办学校也为民办学校学生提供了开放的入学机会,任何学生只要进入公办学校都能得到同样的财政资助。所以,不是公共财政对民办教育有歧视,而是民办学校学生主动放弃了他们在公办学校同样可以得到的权利,因此,没有必要以学生权利为理由为民办教育提供财政资助。只是持这种观点的人没有考虑到,学生得到公共财政资助的权利并不以进公办学校为前提,根据《中华人民共和国宪法》《中华人民共和国教育法》《中华人民共和国民办教育促进法》等法律,这种观点并没有法律依据。

反对政府资助民办教育的第二个理由是"财政资源不足论"。这种观点在教育行政管理部门非常流行。人们在基层常常可以听到这样的说法:"公办教育都经费不足,哪里还有余力去资助民办教育?"面对这种明显有违法律的歧视性言论,人们势必产生这样的疑问:为什么对民办教育的财政资助一定要等到公办教育经费充足以后才能进行呢?公办教育什么时候才能经费充足呢?为什么民办教育提供同样的社会价值,却不能得到同样的对待呢?

反对政府资助民办教育的第三个理由是"非营利原则论"。这种观点表面上并不反对用公共财政资助民办教育,但强调对民办学校的资助是有前提的,这个前提就是"分类管理"。认为公共财政对民办学校的资助应该区分营利性民办学校和非营利性民办学校,政府可以增加对非营利性民办学校的资助,而对于那些营利性民办学校,政府不但不应该资助,而且还要像对待企业一样向学校征收营业税和企业所得税。这种观点的主要代表是政府的财政和税务部门。在 2016 年11 月 7 日全国人民代表大会常务委员会《关于修改〈中华人民共和国民办教育促进法〉的决定》中虽然没有直截了当规定政府不得对营利性民办学校提供财政资助,但也体现了类似的倾向。[1] 但如果我们理解"政府对民办教育提供财政资助"不能局限于"对民办学校提供财政资助",那么,上述"非营利原则论"将政府对民

---

① 全国人民代表大会常务委员会《关于修改〈中华人民共和国民办教育促进法〉的决定》第七条:"县级以上各级人民政府可以采取购买服务、助学贷款、奖助学金和出租、转让闲置的国有资产等措施对民办学校予以扶持;对非营利性民办学校还可以采取政府补贴、基金奖励、捐资激励等扶持措施。"仍然隐含地体现了"非营利原则论"。

办教育的财政资助仅限于非营利性民办学校的合理性就值得怀疑了。

上面对正反两方面理由的描述和分析表明，对于"政府是否应该资助民办教育"的问题，支持者和反对者各有各的理由，因此，寻找一种超越特殊利益群体的立场，从"公共利益"的视角出发对问题进行重新分析就成为必要。这种基于"公共利益"的分析，不但是讨论"政府是否应该资助民办教育"的基本逻辑，而且也是判断一切公共政策合理性的基本出发点和最终归属。

11.2 公共财政资助民办教育的政策逻辑：公共利益

在现代民主社会，一项合理的公共政策应该基于促进"公共利益"的目的，否则它就是不合理的，或者是不必要的。[①] 从世界各国的政策实践分析，公共政策视野中的"公共利益"有三种基本类型（吴华，胡威，2012）。第一种是对大家都有好处的"公共利益"，比如，由体制变革和制度变迁带来整个社会发展环境的改善，如中国改革开放形成的市场经济转型，加入世贸组织，建立社会保障制度，以及确立免费义务教育制度等，一项公共政策如果有助于形成此类公共利益，可以认为是合理的。第二种是对部分人群有好处，对其他人群没有好处但也没有害处的公共利益，形成所谓的"帕累托改进"——有人获益，无人受损，如养老保障体制并轨，对弱势人群的社会救助和各类产业扶持政策等，此类政策的合理性虽然有争议，但如果能够在社会基本价值、社会发展整体利益和长远利益上得到说明，也是可行的。第三种是部分人群获益，部分人群受损的"公共利益"，比如，价格管制、累进税制等，此类政策的合理性最有争议。在规范分析的意义上，一项公共政策如果不能在上述任何一类"公共利益"中找到"说法"，其合理性将无法得到说明，对于"政府是否应该资助民办教育"的问题，也可以在这个框架中分析。

对民办教育提供财政资助有助于产生第一类"公共利益"吗？为了有助于说明这一点，我们把这个问题先变换一下：民办教育的存在产生了第一类"公共利益"吗？结论是显而易见的。民办教育的出现极大地增加了教育资源，提高了教育效率，改善了教育公平，扩大了教育的选择性，促进了教育体制和机制创新，使

---

① 这并不意味着对于每一个潜在的"公共利益"，政府都要出台相应的公共政策，这既无必要，也没有可能。但政府出台的每一项公共政策，都必须以"公共利益"为依据。

整个教育体系更有活力。因此,对民办教育提供财政资助,有利于民办教育的健康可持续发展,当然也就是为全社会增加了产生第一类"公共利益"的可能性。

对民办教育提供财政资助有助于产生第二类"公共利益"吗?民办教育具有的学校与学生(家长)之间双向自由选择的体制特征,保证了所有选择民办学校的学生(家长)都得到了比不选择民办学校更大的教育利益,与此同时,公办学校并没有因为有人选择民办学校而利益受损,因此这是一个典型的"帕累托改进"过程。

最后,对民办教育提供财政资助有助于产生第三类"公共利益"吗?答案也是肯定的。表面上看,政府对民办教育提供财政资助势必减少公办教育对财政资源的占有,公办教育将成为这一政策的受害者,但稍深入一点分析就会发现,政府如果不对民办教育提供财政资助,大部分民办学校难以持续发展,结果,政府最终还是要建更多的公办学校,而公办学校得到的平均资助力度也只会比民办教育健康发展时更少。[①] 特别是,政府如果对民办农民工子女学校提供财政资助,由此形成的第三类"公共利益"更是不言而喻的。

上面的讨论并没有区分民办教育的具体形态,这就难免使人产生这样的疑问:难道政府对民办教育的财政资助不需要区分学历教育和非学历教育?不需要区分幼儿教育与高等教育?不需要区分营利性教育与非营利性教育吗?这种疑问是普遍的。对此我们的解释是,第一,这里讨论的是政府是否应该资助民办教育,或者更进一步说,政府是否有必要资助民办教育?我们讨论的是政府资助民办教育的合法性与合理性问题,至于某一个具体的地方政府是否要出台资助民办教育的公共政策和出台什么样的民办教育资助政策,要受当地经济、社会、政治、文化等多种因素的制约,这不是本文的任务。上面的讨论之所以没有区分民办教育的具体形态,恰恰是因为我们讨论的是一个不受民办教育具体形态影响的问题,我们得出的结论也是一个不受民办教育形态影响的一般结论。

如果一定要对我们讨论的对象加一个限定的话,那就是:凡是与公办教育对应的民办教育形态都应该得到公共财政资助。这个理由很简单,因为政府资助公

---

① 理解这个结论只需要注意到,政府对民办教育的财政资助必定体现了一定的"杠杆效应"。比如,在应该获得最多公共财政资助的义务教育阶段,政府对民办学校只花费相当于公办学校生均经费十分之一的财政资源,社会就得到了同样多的义务教育资源。如果这些民办学校关门,除非政府投入更多的财政资源用于承担其教育责任,否则一定会导致义务教育阶段公办学校财政资源资助力度的减弱。

办教育一定是基于"公共利益"，而民办教育也提供了同样的"公共利益"，因此，也应该得到公共财政的资助。对于当前人们特别关注的营利与非营利问题，其实它与学校提供的教育服务本身无关，而只与提供教育产品的组织或机构有关。在这个意义上，我们至少不能剥夺营利性民办学校学生应有的权利。

此外，在产业政策的意义上，政府对营利性教育机构提供财政资助也不过是政府在广泛的战略产业实施税收减免等产业扶持政策的一个具体应用而已，并不构成对我们结论的挑战。同时，在方法论的意义上，有"公共利益"存在，政府是否就只有财政资助这一种政策可以选择呢？显然并非如此，比如，通过法治建设和发挥市场机制的积极作用，也许比单纯的财政资助更有利于"公共利益"的实现，这在中国四十多年来的改革开放实践中已经得到充分的验证。简言之，从"公共利益"出发对民办教育是否应该得到公共财政资助的讨论，并不会产生讨论边界不清晰的问题。

通过上面的分析，对于"政府是否应该资助民办教育"的问题，答案已经非常明确了，那就是：政府不但应该资助民办教育，而且有必要资助民办教育。但要将对民办教育的财政资助从政策理念转化为现实的政策实践，还必须讨论两个更具体的问题。

第一个问题，资助多少？这个问题相对简单。理论上，对民办教育的财政资助，只要不高于公办教育生均占有的财政资源，就都是合理的。在具体政策设计上，可以将当地各级各类民办学校在校学生的财政贡献作为政府对民办教育提供财政资助的上限。在具体的政策实践中，综合考虑既有利益格局调整的复杂性、各种社会力量的博弈格局和社会舆论的接受程度，可以从一个相对较低的水平起步，比如，从当地民办教育财政贡献的10%起步，然后逐年增加，这应该是一个可供选择的政策方案。

第二个问题，如何资助？这个问题要复杂得多，并且只能给出主要的可能和可行的选择。结合上面的讨论，无论选择什么具体的资助形式，都应该有利于"公共利益"的形成和扩张。由于这种现实或潜在的"公共利益"只能依托民办教育的健康发展而存在，因此，"如何资助"的问题可以转化为下面更容易理解的答案：具体资助形式的选择应该对促进当地民办教育发展具有现实的合理性。这意味着，对一个地方合适的资助形式，对另一个地方不一定合适；对一个时期合适的资助形式，对另一个时期也不一定合适。具体来说，从有助于民办教育健康发展的视角分析可能和可行的财政资助政策，保障民办学校学生权利和分担民办学校办学成本的政策设计应该得到优先考虑，其中，以民办学校学生为资助对象的财政资助政策应该得到特别关注。

从法理上说，公共财政对教育的支出应该为全体人民所共享，不应有人因为选择了民办学校就被排除在外。而目前的状况恰恰如此，民办学校学生正是因为他们选择了民办学校而被排除在公共财政的资助对象之外。因此，为民办教育争取财政资助的努力必须建立在学生权利的基础之上，否则其正当性就会受到质疑，建设民办教育健康发展的政策环境也就失去了最重要的观念基础。虽然《国家中长期教育改革和发展规划纲要（2010—2020年）》第四十三条第二款再次重申"依法落实民办学校、学生、教师与公办学校、学生、教师平等的法律地位，保障民办学校办学自主权"，并且第一次明确指出要"清理并纠正对民办学校的各类歧视政策"，然而在这里，政策制定者也没有太在意对民办学校学生的歧视，所以，要清理纠正的也只是对民办学校的各类歧视政策。

强调以民办学校学生为资助对象的财政政策还具有直接的市场价值。与公办学校相比，民办学校的高收费是其典型的市场特征，也因此大大削弱了民办学校的市场竞争力。但是，只要政府对民办学校学生提供不高于公办学校学生生均经费的财政资助，用于抵扣他们在民办学校的学杂费，就会大大减轻选择民办学校的家庭（学生）的经济压力，使更多的家庭不会因为经济原因放弃对民办学校的选择，从而可以极大地改善民办学校学生的生源结构，扩张民办学校的市场空间。

除了以上两个方面以外，政府对民办教育的财政资助还可以结合其他政策目标进行，比如，体现政府的产业导向政策，对不同类型、类别的民办学校，根据其教育质量和办学效益进行奖励，引导民办教育调整产业布局，促进民办学校的优胜劣汰；对具有一定资质的民办学校提供的教育产品（学位）进行政府采购，虽然只能在办学成本的边际意义上看成是财政资助，但因为这种资助方式与现行财政体制摩擦最小，因而也值得积极提倡。①

---

① 政府向民办学校采购学位，严格地说，是一种市场交易，不能算规范意义上的财政资助。由于政府实际支付的采购成本通常低于民办学校生均成本，甚至低于公办学校生均成本（我们注意到，在除此以外的几乎所有政府采购中，政府都乐意支付远高于市场平均价格水平的采购成本），所以，就常识而言，在这一市场交易活动中，是政府得到了民办学校的资助，而不是相反。但是，由此形成的"光环效应"对民办学校仍然具有很高的综合价值。

11.3　公共财政资助民办教育的政策实践：浙江省的案例

政府资助民办教育的争议将长期存在，与此同时，全国各地资助民办教育的政策实践也在积极推进。下面的案例来自浙江省各地的实践探索（浙江省民办教育协会，中国民办教育研究院浙江分院，2011），可以看成是全国相关实践的一个缩影，从中可以进一步印证上面的分析和讨论。

目前浙江省各地政府对民办教育的财政资助有三种基本模式。

第一种资助模式——学生权利保障。以各种形式的"教育券"为代表，其政策理念是受教育者权利平等，以及《中华人民共和国民办教育促进法》《中华人民共和国义务教育法》等法律法规的相关规定。该模式的基本特征是将财政资金以"教育券"的方式直接量化到民办学校学生，通过保障学生权利体现政府对民办教育的扶持政策。

浙江省长兴县是国内实施"教育券"制度的发源地。2001年《〈长兴县教育局关于使用"教育券"办法〉的通知》规定，自2001年起，凡就读民办学校的新生可获得一张面额为500元的教育券，就读职业类学校的新生可获得面额为300元的教育券。2002年出台的《长兴县贫困学生助学互助会经费补助实施细则》规定，自2002年秋季起，小学阶段的贫困生每学期可获得200元的教育券，初中阶段的贫困生每学期可获得300元的教育券。在长兴"教育券"的影响下，浙江省各地纷纷出台各种直接资助学生的"教育券"，如杭州上城区的"社区教育券"，衢州的"农民工培训券"，宁波北仑区的"学前教育券"，温州瑞安市的"教育助学凭证"等，虽然数额都不大，却广泛传播了学生权利平等和民办教育也应该分享公共财政资源的公共政策理念，对于改善民办教育发展的舆论环境发挥了积极作用（吴华，胡威，2012）。

第二种资助模式——学校办学成本分担。以《宁波市民办教育促进条例》和浙江省宁波市人民政府《关于贯彻实施〈宁波市民办教育促进条例〉的若干规定》（甬政发〔2007〕58号）的相关规定和政策实践为代表，其政策理念是民办教育和公办教育一样具有相同的教育职能，公共财政资助公办教育的理由，于民办教育同样成立。《中华人民共和国民办教育促进法》《中华人民共和国义务教育法》等法律法规的相关规定也表明，该模式的基本特征是将财政资金按一定标准直接划拨给民办学校,通过降低民办学校办学成本体现政府对民办教育的扶持政策。

2006 年颁布的《宁波市民办教育促进条例》规定,市和县(市、区)人民政府应当设立民办教育发展专项资金。目前,该市政府对民办学校的财政资助主要是两个方面:一是对符合规定条件,实施义务教育和中等职业教育的民办学校,按照同类公办学校生均教育经费的 1/4 标准给予补助;二是对符合规定条件,为具有专业技术职务的教师按规定缴纳社会保险费用的实施学历教育和学前教育的民办学校,按学校缴纳部分的 1/2 给予补助。2007 年、2008 年和 2009 年,该市本级财政资助 5 所市直属民办学校的经费分别达到 1 010 万元、1 200 万元和 1 430 万元。

上述制度设计思想在其他县市也得到体现。《安吉县人民政府关于促进民办教育发展的意见》(安政发〔2010〕62 号)规定,对各项社会保险学校缴纳部分,县财政按民办学校实际缴纳数给予补助,其中高中段学校补助 30%,受政府委托承担义务教育任务的民办学校和符合省定标准的幼儿园补助 50%。

《丽水市人民政府关于进一步促进市区民办教育发展的若干意见》(丽政发〔2010〕41 号)规定,在学校做好教职工参加各类保险的基础上,对具有专业技术职称的教师,按规定缴纳的社会保险费中学校承担部分,由政府给予 30% 的补助。评上省等级的民办幼儿园,在其做好本园教职工各类保险工作的基础上,对符合教育行政部门聘用标准,经教育行政部门审核备案,持有教师资格证的非公办教师(含具有相应资质的卫生保育员、保洁员)按规定缴纳的社会保险费中幼儿园承担部分,由政府给予 30% 的补助。

第三种资助模式——绩效奖励。对优秀民办学校提供奖金,其政策理念是发挥政策引导作用,通过奖优引导民办学校优胜劣汰。该模式的基本特征是通过对民办学校的办学质量和办学效益进行评估,发放与评定等级对应的奖金,这也是目前政府对民办教育提供财政资助的主要方式。

2001 年,台州市政府发文规定:凡被评为国家级、省级和市级优秀学校的民办教育机构,每年度分别按应使用教师数的 2/3、1/2 和 1/3,给予相当于公办教师平均基本工资数额的奖励。自建校舍举办学历教育和学前教育的教育机构,在学校规范招生、规范办学的前提下,可以采取以奖代补的办法给予鼓励支持,在校生超过 1 000 人的,每年奖励 5 万元;在校生超过 1 500 人的,每年奖励 10 万元;在校生超过 2 000 人的,每年奖励 15 万元。

2005 年,丽水市政府发文规定：被评为国家级民办学校,一次性奖励 50 万元；被评为省一级重点、省二级重点、省三级重点和市级优秀的民办学校,一次性奖励 30 万元、20 万元、10 万元,并每年度分别按应使用教师数的 2/3、1/2、1/3 给予相当于当地上年度公办教师统发工资数额的奖励。

2010 年,《安吉县人民政府关于促进民办教育发展的意见》(安政发〔2010〕62号)规定,从 2010 年起,县财政每年安排民办教育发展专项奖励资金 100 万元,主要用于对管理好、质量高、有特色的民办学校以及为民办教育事业作出贡献的集体和个人的奖励。凡被教育行政部门授予国家级、省级和市级优秀民办学校称号的分别给予一次性奖励,其中国家级奖励 50 万元,省级奖励 30 万元,市级奖励 10万元。民办教育发展专项奖励资金随财政收入的增长而逐年增加。从 2010 年起,对民办学校实施"以奖代补"投入制度。

从 2011 学年起,温州市财政每年安排 3 000 万元作为民办教育专项奖补资金,用于全市民办学校升等创优、年检优秀的奖励,全市年度优秀举办者、校长、教师的奖励和民办学校教师培训培养的补助,市本级民办学校教师人事代理、贷款贴息的补助,以及中职、高职学校毕业生培养的奖励等。

与上述财政资助相比,政府向民办学校购买服务是扶持民办学校的另一种方式,这在浙江省温州市、宁波市、台州市等地均有实践。相对而言,财政资助面向的是全部或大部分民办学校,体现的是民办教育的权利,而购买服务一般只面向少数优质民办学校,是一种市场交易关系,两者可以相互补充,共同发挥引导民办教育发展的积极作用。

11.4 公共财政资助民办教育的国际经验：以美国、澳大利亚、荷兰为例

与中国的民办/私立学校相对应,不同国家的民办学校以不同的名称和形式存在,如独立学校(independent schools)、非公立学校(non-governmental schools, non-state schools, non-public schools)等,并且西方国家的私立学校通常与宗教相关。西方国家政府运用公共财政资助民办教育的政策可以追溯到 20 世纪初。近20 年来,许多国家关于学校选择方面的诉求越来越强烈,使得各国政府必须在公共财政的框架下回应公民的择校诉求,以公共财政资助民办教育的政策实践也越来越多。

11.4.1 全球范围内公共财政资助民办教育的政策逻辑

前文已经讨论过,使用公共财政资助民办教育所基于的政策逻辑是公共利益。根据对其他国家资助形式的考察,这一逻辑主要体现在两个方面:一是促进教育公平和减少社会阶级分化;二是保障公民尤其是弱势群体选择学校的自由。目前,这两个方面已经有一些政策分析的实证报告。

从促进教育公平和减少社会阶级分化的层面来看,经济合作与发展组织(Organisation for Economic Co-operation and Development,OECD,简称"经合组织")曾经利用 2009 年国际学生评估项目(Programme for International Student Assessment,PISA,简称"PISA"或"PISA 测试")所获得的统计数据,对参与测试的 65 个国家和地区的学校管理和经费情况进行了分析,这对于理解这一政策逻辑大有裨益。经合组织将学校分为公共管理的学校和私人管理的学校,这种划分也能够对应中国民办教育的现实复杂性。该报告探讨了公共财政资助与社会经济阶层分化之间的关联,结论是,公共财政对私人管理的学校的资助方式和额度与社会经济阶层分化相关,对于私人管理的学校提供越多公共财政资助的国家,社会经济阶层分化程度越小,同时,选择合适的公共财政资助的方式极为重要(OECD,2012a,b:47)。

从促进公民尤其是弱势群体选择学校的自由层面来看,经合组织报告中对公共财政资助民办教育的一种重要形式——教育券在各国的政策实践进行了分析。结果显示,不区分发放对象、面向全体的教育券政策,往往会进一步拉大本国的社会经济阶层分化(OECD,2012a,b:36),因此,各国在实施教育券政策保障公民的择校自由时,通常面向弱势儿童、低收入家庭和需要特殊教育的儿童等群体。

11.4.2 国际上公共财政资助民办教育的具体政策和准则

根据经合组织(OECD,2012a,b)报告中的数据,在经合组织成员国及其合作国家和地区,私立学校得到政府资助的差别很大,在学校一学年经费总额中的平均占比约为 58%。在瑞典、芬兰、荷兰、中国香港等国家和地区,公共财政资助达到 90% 以上;而在英国、希腊、美国、墨西哥的私立学校,只得到 1% 甚至更少的公共财政资助;在新西兰、巴西、中国台北、中国上海等国家和地区,公共财政资助在 1%—10% 之间(OECD,2012a,b:21)。这里提到的公共财政资助还不包括一些灵活的学费抵税等资助方式,只反映面向私立学校的整体公共财政资助(OECD,

2012a,b：32）。

总结国际上通行的资助政策和中国的经验,可以看出,公共财政资助非公立学校的形式主要可以分为以下四种类型：

（1）直接的公共财政拨款,通常参照公共财政对公立学校的拨款形式和额度。

（2）通过税收减免等政策分担非公立学校的办学成本。

（3）根据非公立学校的办学情况给予绩效奖励。

（4）为就读非公立学校的学生或家长提供替代性的资助方式,如教育券、学费抵税等。

在各国的政策实践中,通常会根据国情对以上四种形式进行组合,如在中国浙江省的案例中,就涉及以上全部四种资助类型。除了中国之外,在此我们选出三个较具代表性的国家,分析其公共财政资助民办教育的政策和准则,分别为美国、澳大利亚和荷兰,其公共财政资助民办学校经费金额占比分别约为0%、55%、97%（OECD,2012a,b：21）。

11.4.2.1 美国

根据2013—2014学年的数据,美国的私立学校占比约为25%,学前至高中阶段私立学校的入学人数占比约为10%（Council for American Non-Government Education,2015）。虽然在经合组织的统计中,美国公共财政资助民办教育的金额几乎为零,但是实际上在以其他的形式资助。总的来说,美国对非公立学校的财政资助主要涉及上述资助方式的第二和第四两种,即通过税收减免政策为非公立学校分担办学成本,为就读这类学校的学生或家长提供教育券等替代性资助方式。

对于美国本土的非营利性私立学校,美国国内税收法（Internal Revenue Code,IRC）501(c)款规定,教育类的非营利性组织享受联邦所得税的减免（Internal Revenue Service of the United States,2017）；对于营利性私立学校,根据各州对私立学校的管理规程汇总报告,50个州中,包括堪萨斯、科罗拉多、伊利诺伊等在内的21个州对营利性私立学校的动产和不动产也免除财产税,一些州对营利性私立学校售卖的餐食、教科书、通勤校车等相关的行为和收入免税。在美国联邦、州、地方三级税收系统中,公立中小学的主要收入来自地方税收,20世纪60年代之后,来自地方和州的税收的投入才逐渐持平,而财产税是支撑地方公立教育系统的最重要的税收来源。以 2012—2013 学年为例,公立中小学的资金来源有 45.5% 来自地方拨款,其中,在地方对公立学校的拨款中,36.8% 来自地方政府所收的财产税(Snyder, de Brey, & Dillow, 2016)。财产税作为地方政府的主要收入来源,也是公立学校系统重要的资金来源,对营利性学校免收财产税在一定程度上体现了地方政府对于私立学校的财政支持,特别是很少获得税收优惠的营利性私立学校。

此外,尽管美国宪法和其他法律规定都禁止公共学校的资金用于宗教类学校和其他私立学校,但是在现实中,对于私立学校的资助更多的是通过如教育券、学费抵税、教育储蓄账户等项目来完成的,目的是保障学生和家长的择校权。

其中,教育券项目是施行最早、在全球范围内影响最大的资助私立学校、保障择校权的项目。从 1990 年威斯康星州密尔沃基市通过教学券项目给儿童提供逃离失败公立学校的途径开始算起,到 2016 年 11 月,美国有 14 个州和哥伦比亚特区在运行教育券项目,来自低收入家庭的学生、在失败的公立学校接受教育的学生、有身体残疾的学生,以及居住在乡村地区的学生是教育券项目的主要目标群体(National Conference of State Legislatures, 2017),也有一些州开始对中等收入家庭的学生开放教育券发放。以密尔沃基市为例,从 1990 年至今,因其教育券项目,即密尔沃基家长选择项目(Milwaukee Parental Choice Program, MPCP)而受益的学生每年持续增长,在运行了 25 年后,2015—2016 年度有 117 所私立学校参与,约 2.7 万名家庭收入不高于联邦贫困线 300% 的学生因此受益,平均每个学生拿到约 7 537 美元的择校教育券(低年级与高年级教育券金额相差约 600 美元)(Wisconsin Department of Public Instruction, 2016)。

学费抵税则起源于 1998 年的亚利桑那州,因其能够在税收变成公共财政经费之前用于教育选择,给私立学校带来政府监管的威胁更小而备受欢迎。以亚利桑那州为例,该州的家长可以通过将部分所得税捐赠给非营利性的学校学费组织,将这部分税收转化为学费,甚至可以获得来自不同学费组织的比捐赠金额更多的钱,这些钱会以奖学金的形式支持孩子入读私立学校。个人除了可以向学费组织捐赠所得税之外,还可以向特定群体(如残疾人家庭)或者机构捐赠。在 2014—2015 财年,亚利桑那州所得税捐赠的总金额达到 1.4 亿美元,一对夫妇所能够抵扣的最高额度为 1 070 美元。同时,亚利桑那州税务局规定每个学费组织 90% 的收入必须用于为 1 个以上的私立学校的学生提供奖学金,奖学金的接受者可以是家庭收入为贫困线水平的 185% 及以下、185%—342.25%,以及 342.25% 及以上的孩子,因此该年度学费组织给出的平均奖学金额度为 1 846 美元,每一部分家庭的适龄儿童大约占比 1/3。截止到 2015 年,亚利桑那州的学校学费组织共收到 9.5 亿美元的所得税抵扣捐赠,共有 7.8 亿美元的所得税用于支持家长和儿童选择私立学校就读(Arizona Department of Revenue,2016)。

宾夕法尼亚州从 2001 年开始实施改善教育税收抵免项目(Educational Improvement Tax Credit Program,EITCP),企业可以向非营利性的奖学金组织、教育提高组织等捐款,为本州家境贫困的学生选择任何公立或私立学校提供奖学金,企业所捐金额的 75%—90% 可以用来抵扣税负,上限为 75 万美元(Pennsylvania Department of Community and Economic Development,2017a)。2012 年,该州又增加了机遇奖学金税收抵免项目(Opportunity Scholarship Tax Credit Program,OSTCP),特别为州公立学校测试系统中位列倒数 15% 的中小学校的学生选择其他公立或私立学校提供奖学金(Pennsylvania Department of Community and Economic Development,2017b)。通过各类学费抵税项目,2015 年美国有 17 个州将总计约 8.3 亿美元的个人和企业税负通过学费和奖学金的形式转化为对私立学校的财政支持,有 23.4 万学生因此受益(The Foundation for Opportunity in Education,2013)。

相比之下,教育储蓄账户项目是最新的、目前覆盖范围最小的资助项目。2011 年发端于亚利桑那州,截止到 2016 年仅有包括佛罗里达州、亚利桑那州在内的 5 个州在施行,北卡罗来纳州在 2017 年启动了 2018—2019 学年的教育储蓄账户项目(EdChoice,2017)。这一项目只面向有特殊教育需要的儿童,如残疾儿童、有各种学习障碍的儿童或公立学校学习成绩不佳的学生,也有的州面向所有在公立学校读满 100 天而不适应或不满意的儿童,如内华达州。该项目允许家长将孩子从学校中转出,因未参与公立学校教育而未使用的公共财政资金部分,将以奖学金的形式存放在一个由州政府授权的银行借记卡账户中,家长可以持此账户支付各种与孩子的教育相关的支出,包括私立学校学费、辅导费用、在线教育课程费、书本费、特殊的矫正或辅训项目费,等等。虽然这一类项目的初衷是帮助有特殊教育需要的儿童获得合适的教育,但是在有些州,教育储蓄账户项目的对象逐渐扩展到整个公立学校系统的适龄儿童,如亚利桑那州(EdChoice,2016)。

11.4.2.2　澳大利亚

根据澳大利亚课程、评估与报告局(Australian Curriculum, Assessment and

Reporting Authority,ACARA)的数据,2016 年澳大利亚共有 9414 所初级、中等及特殊学校,其中私立学校约占 30%(ACARA,2016a),私立学校学生数约占 35%(ACARA,2016b)。澳大利亚政府用公共财政经费资助所有的公立和非公立学校,资助方式主要为上述分类中的第一种类型,即直接进行公共财政拨款。《澳大利亚 2013 教育法案》(Australian Education Act 2013)规定,公立学校由州和领地政府拥有和管理,澳大利亚政府(联邦政府)提供补充性财政支持;非公立学校的公共资助主要来自联邦政府,所在州或领地给予补充性财政支持。从 2014 年起,对非公立学校的资助改为根据生均学校资源标准(schooling resource standard,SRS)及学校每年的额外负担金额来确定,学校额外负担包括学校承担教育残疾学生、低经济社会水平家庭的学生、低英语专业水平的学生等所产生的额外费用(Australian Government Department of Education and Training,2017)。根据《澳大利亚 2013 教育法案》《澳大利亚教育管理规定 2013》(Australian Education Regulation 2013)等法律法规,澳大利亚联邦政府向符合《澳大利亚 2013 教育法案》规定的公立学校和非公立学校的拨款遵循相同的准则,公式如下(Australian Government,2013):

{[学校年度人数×SRS×(1-学校有能力担负的年度基本支出比例)]+学校年度额外负担总额}×联邦为学校承担的资助比例

2013—2014 年度,联邦、州和领地政府对教育的总拨款是 504 亿美元,其中,联邦政府的拨款占比 27.2%,绝大部分用于资助非公立学校。从获取的资助金额来看,公立学校获取公共财政资助总额为 385 亿美元,生均经费 16 177 美元,较 2012—2013 年度上涨 4.5%;而非公立学校获取公共财政资助总额为 119 亿美元,生均经费 9 327 美元,较 2012—2013 年度上涨了 7.2%(ACARA,2014)。因此,虽然公立学校和非公立学校的生均经费差距较大,但是非公立学校获取公共财政资助的金额涨幅远超过公立学校。

11.4.2.3 荷兰

荷兰的整体教育水平在欧洲位居前列,根据 2015 年 PISA 的结果,荷兰 15 岁青少年的科学成绩排名位列第 17 位,阅读第 15 位,数学第 11 位(OECD,2016a:35)。在教育机会均等和保障择校权方面则位居世界前列,在荷兰,任何人都可以在符合荷兰教育系统基本要求的条件下开办基于各种宗教信仰、教育理念的学校,无论是教会私立学校还是世俗私立学校,都和公立学校一样接受政府资助,这一政策来源于 1917 年《荷兰王国宪法》（Constitution of the Kindom of the Netherlands）第二十三条。自此,荷兰结束了教育由国家垄断的历史,在 100 年的教育发展进程中,荷兰私立学校的优势逐渐显现（Patrinos,2013）。2011 年,荷兰的初等教育阶段有 1/3 的学生就读于公立学校,剩余 2/3 的学生均就读于私立学校（OECD,2016a：29-30）,形成了私立学校占绝对优势的局面。

荷兰的公立学校和私立学校均按照学生数量进行拨款,但会根据消费情况、学校地理位置（是否为农村学校）、弱势群体学生的教育需要等因素进行较大的调整。在荷兰,政府的一揽子拨款（block grants）根据学校学生人数分拨给学校董事会,如果学校中有社会经济条件较差或有特殊教育需要的儿童,学校还会从市政府那里获得额外的拨款（OECD,2016a：34）。因此,荷兰以公共财政资助私立学校的方式也属于类型一,只不过是与对公立学校的拨款一样,属于全比例拨款（Patrinos,2013）。

在教育决策和管理方面,荷兰是高度分权的国家。同样是采用分权管理的机制,芬兰的教育系统将权力全部下放到地方市政机构,学校没有自主权,荷兰则将 86%以上的关键事务决断权下放给学校,国家层面仅有 14%的教育政策决策权,学校决策权所占比重是经合组织成员国中最高的（OECD,2012b：500）。同时,荷兰也没有国家课程,在教学组织、人员管理和资源调配方面,学校拥有 100%的决定权。这也体现了对上文提到的 1917 年《荷兰王国宪法》"教育的自由"原则的坚守。除此之外,荷兰的私立学校拥有比公立学校更大的自主权,在学生选拔方面,公立学校必须向所有学生开放,除非已无空余学位,而私立学校则可以拒绝接收不符合学校理念或标准的学生（OECD,2016a：29）。这种政策虽然给私立学校以更大的自主权,但在一定程度上也加深了学生表现的校际差距,导致学生过早分流,使得荷兰成为经合组织成员国中学生表现校际差距最大的国家（OECD,2016b：226）。

总体来看,全球范围内国家和政府对私立学校的资助以前述第一、三、四类为主,也有些国家的政策是几种资助类型的结合。其中,根据私立学校的办学绩效给予奖励的资助方式比较少见,从中国的经验来看,这一类的资助数额相对较少,也非周期性资助。大多数国家不认为政府应该承担为不是自己开办、不由政府管理的学校提供公共财政资助的责任,但是现实中的确存在各种资助的政策和项目。根据学者格伦和格鲁斯（Glenn & Groof,2012）的研究,除了上面提到的荷兰和澳大利亚之外,在奥地利、比利时、卢森堡、丹麦、芬兰、瑞典、爱尔兰、挪威、冰岛、德国、新西兰、俄罗斯、加拿大的大多数省以及南非等地,公共经费都可以用于资助被认可的非公立学校,而包括美国在内的许多西方国家,以促进教育公平、减少社会阶级分化和保障公民自由择校权为政策目的的资助项目还在继续扩大影响力和版图。以教育券项目为例,根据近 20 年来教育券项目的实证研究成果,并无证据表明教育券项目能够有效提升学生的表现水平,但是确实有证据表明:参与教育券项目的学生与未参与教育券项目的学生相比,高中毕业率更高;受到教育券项目影响较大的公立学校会比其他公立学校在学生学业成绩提高方面更为显著;参与教育券项目的家长对孩子就读学校的满意程度更高(Center on Education Policy,2011)。关于学费抵税、教育储蓄账户项目的实证分析也获得了类似的结论,公民对于本国或本地的教育满意度提高了。正是这些积极的信号,使全球范围内向私立学校提供财政资助的政策及项目越来越多。

11.5　结论

民办教育能够带来广泛的公共利益,它能使教育系统更加健康和更有活力,能够为社会提供更加丰富的教育产品和更加多样化的教育机会,能够为教育公平作出非常积极的贡献,能够使公共财政资源得到更加有效的利用,能够使教育发展更加适应经济社会发展的需要。一句话,民办教育是国家教育事业适应社会发展需要不可缺少的重要组成部分。如果我们希望民办教育健康可持续发展,就必须为民办教育提供财政资助。

一个设计合理的民办教育财政资助体系有助于增进民办教育带来的公共利益。如果这个资助体系包含了对民办学校学生权利保障的内容,将会有助于公民社会的建设,同时也将极大扩张民办教育的生存空间,正如中国浙江省的案例所示。如果这个资助体系能够为民办学校教师提供良好的就业保障和社会保障,民办教育将会与公办教育一起更有效地向社会提供优质教育服务,正如荷兰的案例所示。总的来说,设计合理的民办教育财政资助体系能够帮助政府有效实现多重政策目标。

参考文献

ACARA (Australian Curriculum, Assessment, and Reporting Authority). (2014). *National report on schooling in Australia 2013*. Retrieved from http://www. acara. edu. au/reporting/national-report-on-schooling-in-australia-2014

ACARA. (2016a). *Number of schools by school type and school sector-Australia 2016*. Retrieved from https:// www. acara. edu. au/reporting/displayviewreport?cubeid=1&viewid=1

ACARA. (2016b). *Number and proportion of full-time students enrolled in schools by school level and school sectors, Australia, 2016*. Retrieved from https://www. acara. edu. au/ reporting/displayviewreport?cubeid=13&viewid=1

Arizona Department of Revenue. (2016). *Private school tuition organization income tax credits in Arizona summary of activity: FY 2014/2015*. Retrieved from https://www. azdor. gov/Portals/0/Reports/FY2015%20Private% 20School%20Tuition%20Org%20Credit%20Report. pdf

Australian Government. (2013). *Australian Education Act 2013*. Retrieved from https://www. legislation. gov. au/ Details/C2015C00112

Australian Government Department of Education and Training. (2017). *Funding for schools*. Retrieved from https://www. education. gov. au/funding-schools

Center on Education Policy. (2011). *Keeping informed about school vouchers: A review of major developments and research*. Retrieved from http://files. eric. ed. gov/fulltext/ED522161. pdf

Council for American Non-Government Education. (2015). *Council for American Non-government education: Facts and studies*. Retrieved from http://www. capenet. org/facts. html#public

EdChoice. (2016). *Education savings accounts policy handout*. Retrieved from https://www. edchoice. org/wp-content/uploads/2015/02/2016-8-EdChoice-ESAs1. pdf

EdChoice. (2017). *School choice: North Carolina-personal education savings accounts*. Retrieved from https:// www. edchoice. org/school-choice/programs/ north-carolina-personal-education-savings-accounts/

Glenn, C. L., & Groof, J. D. (2012). Freedom and accountability: An International overview. In P. E. Peterson (Ed.). *The future of school choice*. Stanford: Hoover Institution Press Publication.

Internal Revenue Service of the United States. (2017). *Exemption requirements-501(c)(3) Organizations*. Retrieved from https://www. irs. gov/charities-non-profits/charitable-organizations/exemption-requirements-section-501-c-3-organizations

National Conference of State Legislatures. (2017). *School vouchers: What states have done*. Retrieved from http:// www. ncsl. org/research/education/school-choice-vouchers. aspx

OECD. (2012a). *Public and private schools: How management and funding relate to their socio-economic profile*. Retrieved from https://doi. org/10. 1787/9789264175006-en

OECD. (2012b). *Education at a glance 2012: OECD indicators*. Retrieved from https:// doi. org/10. 1787/eag-2012-en

OECD. (2016a). *Netherlands 2016: Foundations for the future, reviews of national policies for education*. Retrieved from https://doi. org/10. 1787/9789264257658-en

OECD. (2016b). *PISA 2015 results (volume I): Excellence and equity in education*. Retrieved from http://www. oecd-ilibrary. org/docserver/download/9816061e. pdf?expires=150 4103318 & id=id & accname=guest & checksum=35A6D101A9BAB3A118E2962520C8C26F

Patrinos, A. H. (2013). Private education provision and public finance: The Netherlands. *Education Economics, Taylor & Francis Journals, 21*(4), 392 - 414.

Pennsylvania Department of Community and Economic Development. (2017a). *Educational Improvement Tax Credit Program (EITC)*. Retrieved from http://dced. pa. gov/programs/educational-improvement-tax-credit-program-eitc/

Pennsylvania Department of Community and Economic Development. (2017b). *Opportunity Scholarship Tax Credit Program (OSTC-Previously Known As EITC 2. 0)*. Retrieved from http://dced. pa. gov/programs/opportunity-scholarship-tax-credit-program-ostc/#. WKYz3RhY7BK

Snyder, T. D. , de Brey, C. , & Dillow, S. A. (2016). Digest of Education Statistics 2015 (51th ed.). Retrieved from https://nces. ed. gov/pubs2016/2016014. pdf

The Foundation for Opportunity in Education. (2013). *Education tax credit programs: An analysis of provisions by state*. Retrieved from https://1library. net/document/qv66110y-education-tax-credit-programs-analysis-provisions-state. html

Wisconsin Department of Public Instruction. (2016). *MPCP facts and figures for 2015—2016*. Retrieved from https://dpi. wi. gov/sites/default/files/imce/sms/pdf/MPCP_Jan_Facts_and_Figures_2015-16. pdf

方芳. (2017). 政府"为何"和"如何"资助民办高等教育——来自美国的经验和启示. *国家教育行政学院学报*, (3), 89 - 94.

关慧, 肖青山. (2006 年 1 月 18 日). 民办教育: 政府资助渐成风尚. 人民政协报, 第 C01 版.

国家中长期教育改革和发展规划纲要工作小组办公室. (2010). 国家中长期教育改革和发展规划纲要 (2010—2020 年). 2010 - 07 - 29. http://www. moe. gov. cn/srcsite/A01/s7048/201007/t20100729_171904. html

李宜江, 张海峰. (2012). 公共财政扶持民办教育发展的法规基础、局限与完善. *复旦教育论坛, 10*(3), 72 - 76.

陆涓. (2011). 民办教育发展的政策制约与调整. *教育发展研究, 22*, 18 - 21.

全国人民代表大会. (2016). 全国人民代表大会常务委员会关于修改《中华人民共和国民办教育促进法》的决定. 2016 - 11 - 07. http://www. npc. gov. cn/npc/c30834/201611/11fc7afa565847edb577c2a08436 9425. shtml

文东茅. (2004). 调整财政政策促进民办教育发展. *民办教育研究*, (5), 5 - 8, 107.

吴华. (2006). 重新认识民办教育在义务教育中的权利义务. *新教育*, (12), 1.

吴华. (2007a). 关注"周口经验"对中国民办教育长期发展的价值. *民办教育研究*, (3), 21 - 25.

吴华. (2007b). 义务教育阶段民办学校学生应享受财政资助. *教育发展研究, 29*(7b), 6.

吴华, 胡威. (2012). 公共财政为什么要资助民办教育? 北京大学教育评论, (2), 43 - 55.

谢锡美. (2009). 政府公共财政支持民办教育发展的政策创新. *教育发展研究*, (15), 30 - 34.

浙江省民办教育协会, 中国民办教育研究院浙江分院(2011). *浙江省民办教育发展报告(2004—2010)*. 杭州: 浙江大学出版社.

中华人民共和国教育部．（2002）．*中华人民共和国民办教育促进法*．2002－12－28．http：//old. moe. gov. cn//publicfiles/business/htmlfiles/moe/moe_619/200407/1317. html

中华人民共和国教育部．（2016a）．*2015 年全国教育事业发展统计公报*．2016－07－06．http：//www. moe. gov. cn/srcsite/A03/s180/moe_633/201607/t20160706_270976. html

中华人民共和国教育部．（2016b）．*教育部国家统计局财政部关于 2015 年全国教育经费执行情况统计公告*．2016－11－04．http：//www. moe. gov. cn/srcsite/A05/s3040/201611/t20161110_288422. html

中华人民共和国教育部．（2017）．*教育部关于 2016 年全国教育经费统计快报*．2017－05－03．http：//www. moe. gov. cn/jyb_xwfb/moe_1946/fj_2017/201705/t20170503_303596. html

作者简介

吴　华　浙江大学教育学院教授。现任中国民办教育协会常务理事。浙江大学民办教育研究中心创始人、主任。主要研究领域：地方教育政策体系创新、义务教育均衡发展政策体系设计、教育公平、现代学校管理体制、教育公私合作、学校合作理论与政策设计和教育决策理论等。

电子邮箱：wuhua413@sina. cn。

王　习　浙江大学教育学院博士研究生。主要研究领域：比较教育政策研究、民办教育、教育公平和学校选择。

第十二章

中国学前教育变革中的政府责任转变及教育政策动向

李 琳 范洁琼

（中国 华东师范大学）

当前,中国正处于由政府转型带动社会转型的关键期,任何一项社会事业的发展均与政府定位及政府责任转变密切相关,学前教育事业的发展与变革也是如此。纵观中华人民共和国成立以来学前教育事业发展的历程,任何一次跨越、前进、停滞、倒退,究其源头和关键因素,无不是政府定位是否准确、政府责任履行是否到位的问题,具体来说,是政府制定与实施教育政策的问题。因此,从政府转型中政府责任转变的视角探讨中国学前教育事业改革与发展,能从整体和全局把握中国学前教育事业发展的脉络与走向,具有重要意义。正如世界银行在《1997 年世界发展报告：变革世界中的政府》(*The World Development Report 1997: The State in a Changing World*)中所言,"在世界各地,政府正在成为人们瞩目的中心,全球经济具有深远意义的发展使我们再次思考关于政府的一些基本问题——它的作用应该是什么,它能做什么和不能做什么,以及如何最好地做好这些事情"(世界银行,1997：25 - 26)。以下将首先以中国学前教育事业发展现状与政府转型概况为基础,重点探讨政府的价值取向选择、责任边界划定、责任履行方式对学前教育事业发展产生的影响,进而结合当前出现的新情况与新问题,初步构建政府发展学前教育的未来制度框架。

12.1 背景与焦点：基于中国学前教育发展现状,聚焦政府责任转变问题

经过半个多世纪的改革与发展,中国学前教育事业取得了巨大的进步,同时也存在诸多深层次的问题。而学前教育的每一次变革均与其背后的根源性问题——政府责任密不可分。以下就学前教育事业发展背景以及政府责任转变这一核心问题进行阐述。

12.1.1 推动普惠、提升质量： 当前中国学前教育事业发展现状

经过七十多年的改革与发展，中国学前教育事业取得了巨大的成就。根据教育部统计数据，截至 2016 年，全国共有幼儿园 23.98 万所，在园幼儿规模 4 414 万人，分别比 2013 年增长了 20.6% 和 13.3%（教育部，2017a，b）。全国学前三年毛入园率以每年大约 4 个百分点的速度快速提高[1]，2014 年达 70.5%，提前 6 年实现《国家中长期教育改革和发展规划纲要（2010—2020 年）》确定的到 2020 年达到70%的普及目标。至 2016 年毛入园率已达 77.4%，比《国家中长期教育改革和发展规划纲要（2010—2020 年）》颁布前的 2009 年提高了 27 个百分点（教育部，2017a，b）。

同时，随着《幼儿园教师专业标准》（教育部，2012a）、《幼儿园园长专业标准》（教育部，2015）相继出台，各地在进一步学习并贯彻《3—6 岁儿童学习与发展指南》（教育部，2012b）的过程中，不断健全教研指导体系，幼儿园保教质量也得到了明显的提升。与此同时，我们还应清醒地看到，学前教育事业发展中仍然存在体制机制上的痼疾，学前教育城乡之间、区域之间、人群之间不公平的状况仍然严峻，应对新的人口形势和城镇化发展新趋向等挑战，学前教育仍有很长的路要摸索。

中国学前教育变革与发展的根源，归根结底在于政府责任的转变。学前教育之所以实现大踏步的跨越，与 21 世纪以来尤其是近些年政府出台一系列高层次的政策法规，大幅度提高财政性学前教育经费投入，着力于管理体制与办园体制改革，加强幼儿教师队伍建设等密不可分；学前教育之所以出现诸多棘手难题，也与政府发展学前教育的体制机制尚未健全，政府履职不到位密切相关。因此，回归转型过程中的"政府责任"这一根本性问题，才是思考解决一切问题的核心与关键。

12.1.2 政府转型与责任转变： 中国学前教育事业变革与发展的源头与起点

探讨政府责任离不开社会、政治和经济发展的大背景以及政府转型。从全球范围来看，政府从"统治型政府"向"管理型政府"再向"服务型政府"转变是一个

---

[1] 在园幼儿人数除以 3—6 岁适龄儿童总人数所得，即学前三年毛入园率。

发展趋势,相应地,政府责任重心从"统治"向"管理"再向"服务"转变也是行政改革发展的必然。当今,在经济全球化和政治民主化的后工业时代,全球正在酝酿或发生着政府模式的大变革——向服务型政府转变。服务型政府将公共服务作为目标和价值导向,并以制度的形式加以强化,以实现从控制导向向服务导向、从效率导向向公正导向的转变,强调将核心社会公共服务作为政府职能的重心,形成以社会公共服务为主导的政治、经济、社会职能全面协调发展格局,同时,强调政府与社会多元化主体治理是实现政府职能的基本形式(高小平,王立平,2009:44 - 45)。

中国政府治理模式的转变也大致经历了统治型、管理型和服务型三个阶段:新中国成立初期,政府责任仍然以统治型为主;改革开放之后,伴随着六次大规模的政府机构改革,政府治理模式由计划经济体制下全能型、管制型政府向市场经济体制下有限型、服务型政府转型(何颖,2008)。① 政府责任重心则逐步从政治统治为主转向经济建设为主,经历经济与社会职能并重继而向以社会管理和公共服务为重的转变。在此过程中,政府一方面继续调整其在经济领域中的越位问题,另一方面则积极解决其在社会管理和公共服务领域中的缺位问题,通过调整政府责任结构、施政方式和运行机制,着力推进包括教育、卫生、文化等社会事业的发展,以构建公平公正、惠及全民、水平适度、可持续发展的公共服务体系。中国政府转变的这一大背景对于探讨当前我国各项事业改革与发展中的政府责任定位、政策制度出台及其对事业发展的影响至关重要。

具体到政府转型对学前教育事业发展的影响,下文将重点从政府价值观的转变、政府责任范围的框定,以及政府发展学前教育的体制机制角度进行具体阐述,并结合政府转型各个时期所颁布的学前教育政策进行重点分析,并在此基础上,基于当前发展阶段面临的新问题与新挑战,分析政府所做的回应及未来发展趋向。

---

① 中华人民共和国成立初期至改革开放前,政府治理模式主要为统治型;1979 年至 1994 年,基本为计划经济体制下的全能型、管制型;1995 年至 21 世纪初为市场经济体制下有限型;21 世纪初至今向服务型转型中。虽然全能型、管制型政府与有限型政府在管理范围和管理方式方面有所不同,但两者可统称为"管理型政府"。

12.2 蜕变与转型：政府不断精准定位以推动学前教育事业跨越式前进

中华人民共和国成立以来历次政府转型对社会事业的影响主要集中在三个方面：政府价值观的转向——政府以何种理念为指导发展社会事业；政府责任边界的框定——在该项社会事业的发展中政府应承担多大的责任，发挥多大的作用；政府责任作用的方式——政府构建何种体制机制发展该项社会事业。就学前教育事业发展而言，下文也将分别从以上三个方面进行重点阐述。

12.2.1 从效率优先到公平至上：政府发展学前教育价值观的基本转向

政府转型对社会事业发展影响的第一个方面在于"政府价值观的转向"。在政府学研究中，所谓政府价值观指的是政府的政治信念与追求，集中体现为政府的价值目标。一个价值目标的形成与当时的政治、经济、文化以及国家建设重心密切相关，并经过政府内部充分讨论，得到国家和社会的广泛认可，最终成为政府统一意志的思想基础。而这一思想基础一旦形成，必将成为政府活动的约束与激励机制，直接影响政府过程，进而通过一个个具体的决策和政策来逐步实现，从而使得各项政策也具有了"价值"这一核心灵魂（商红日，2002：62–63）。

在从"统治型政府"向"管理型政府"再向"服务型政府"转变的过程中，价值观起到了根本的决定性作用。统治型政府以统治阶级自身利益为核心，为实现统治阶级的自身利益，可以完全限制或牺牲公共利益；管理型政府则更加注重统治阶级与公众的共同利益，但其根本价值仍然是维护统治阶级的自身利益；而公共服务型政府则秉承公共性、普惠性和公平正义的价值观，以实现公共利益最大化为根本价值追求，以实现公平正义为核心目标，真正实现"为了公众"的治理理念（李军鹏，2004：30）。这一价值理念体现在学前教育中则表现为"关注公平均衡，重点扶助弱势"。

12.2.1.1 从城市优先到农村优先：政府发展学前教育事业领域重点的转移

政府在不同时期对城乡学前教育的价值认识不同，从而导致了不同的发展定位。长期以来，中国政府不仅在经济领域，也在社会生活、文化教育领域采取了"强城市、弱农村"的发展思路（王海英，2015）。尤其是中国在从农业大国向工业大国转向的过程中,城市建设被视为重要且优先于农村建设,不管是统治型政府时期,还是管理型政府时期,都采取以征收赋税为核心的"行政汲取"或"多取少予"政策加强农村向城市的供给与输入(徐勇,2009:15-17)。

这一政府价值观导向也体现在城乡学前教育中。在重视程度上,以财政投入为例,政府实行的是城市教育区县办、农村教育人民办的策略;① 在发展的先后顺序上,政府实行的也是先城市后农村的发展策略。如 1988 年国务院办公厅转发原国家教育委员会等八部门《关于加强幼儿教育工作的意见》,以政策的形式明确规定,"幼儿教育事业的发展应把重点放在城市以及经济发展快、教育基础比较好的农村地区"。因此,在这种政策导向下,农村学前教育一直成为学前教育事业发展中的洼地。"十一五"规划期间,2007 年全国城镇学前三年毛入园率为 55.6%,而农村只有 35.6%,两者相差近 20% 且有不断拉大趋势(庞丽娟,2009);2009 年农村普惠性幼儿园只有 2.76 万所,比 1995 的 10.67 万所减少了近 3/4(张志勇,2010),且农村园所通常规模小,安全和卫生条件有限,教育教学存在明显小学化倾向。农村学前教育与其所承担的奠基最广大儿童基础素质的地位极不相称,并已严重影响到学前教育可持续发展与整体质量提高。

近年来,我国正处于以教育公共服务优先增长为显著特征的"公共服务职能扩张期"(国家行政学院课题组,2008)。② 这一时期政府职能转变的核心是不断扩大基本公共服务普惠面,合理配置教育资源,优先保障农村、边远贫困地区和少

---

① 最为典型的一个政策规定是: 1988 年 8 月 15 日国务院办公厅转发原国家教育委员会等八部门《关于加强幼儿教育工作的意见》,第一条指出,"城镇街道举办的集体性质的幼儿园(班)……地方人民政府可酌情对其开办、添置大型设备及房屋修缮等开支,从地方财政的自筹经费中给予适当补助。 乡、村举办的集体性质幼儿园(班),其经费由举办单位自筹解决,并可按有关规定适当向家长收费"。

② 从西方资本主义国家构建公共服务体系的历程来看,其经历了三个时期:(1)自由竞争市场经济时期(19 世纪上半叶以前,人均国内生产总值 1 000 美元以下),政府以少干预、充分发挥市场机制作用为核心宗旨,主要提供维护性公共服务,被称为"守夜型政府";(2)混合经济时期(20 世纪 30—60 年代,人均国内生产总值 1 000—8 000 美元),又称公共服务型政府构建期,主要体现在公共服务职能大力扩张、公共支出占国内生产总值比重不断增加、教育公共服务优先增长等方面,是福利国家建立与经济增长的黄金时期;(3)市场经济全球化时期(20 世纪 60 年代至今,人均国内生产总值 8 000 美元以上),此阶段为"核心公共服务"型政府构建期,重点提供以教育等人力资本为重点的核心公共服务。 我国 2014 年国家统计局公布的人均国内生产总值为 46 629 元(相当于 7 092 美元),正处于混合经济时期,其突出特征是公共服务尤其是核心公共服务由辅助地位提升为主体性地位。

数民族地区的公共服务供给。而农村学前教育是学前教育公共服务中最薄弱的环节，在这一时期受到党和国家的高度重视，并举一国之力予以优先重点发展。2010 年发布的《国家中长期教育改革和发展规划纲要（2010—2020 年）》明确提出"重点发展农村学前教育"；2010 年颁布的《国务院关于当前发展学前教育的若干意见》（简称"国十条"）进一步对如何重点发展学前教育作出了具体规定，如将农村学前教育作为社会主义新农村建设的重要内容，各级政府加大对农村学前教育的投入，并实施国家层面的学前教育项目，重点支持中西部地区。其后，从 2011 年开始至 2020 年，国家已经推进四期"学前教育三年行动计划"以落实"国十条"的政策规定。可以说，当前农村学前教育在中央和各级政府的高度重视下获得了跨越式、补偿式发展，而这些发展与服务型政府构建中以公平均衡为首要目标的价值观定位是密切相关的。

12.2.1.2 从精英群体的示范园到普通民众的普惠园：政府发展学前教育事业群体重点的转移

中华人民共和国成立以来，学前教育的办学思路一直贯彻"两条腿走路"的方针，即由政府与社会力量，如企业事业单位、社会团体、居民委员会、村民委员会、公民等举办者共同举办学前教育。而在此过程中，政府的责任几乎一直被定位为"办好示范性幼儿园"。应当说，在新中国成立初期至改革开放初以巩固政权、恢复生产为主要任务时期，政府举办少量的示范园主要是出于实际能力和便于管理的考虑，如 1956 年教育部、卫生部、内务部发出《关于托儿所、幼儿园几个问题的联合通知》指出，"教育行政部门在可能条件下应有计划地办一些幼儿园""卫生、教育行政部门并应办好几个托儿所和幼儿园，使它们起到示范作用"；1983 年教育部发布的《关于发展农村幼儿教育的几点意见》中指出，"各县要从实际出发，采取措施办好一所示范性幼儿园，并分期分批地办好公社（乡）中心幼儿园"（教育部，1983：2129）。即便如此，政府对其他各部门举办的幼儿园仍行使管理权。

在计划经济向市场经济过渡，以及社会主义市场经济体制建立并不断完善的时期，管理型政府秉承的是"效率优先、兼顾公平"的价值原则，办好少量示范园以带动更多园所的发展，是政府设计的一条高效发展学前教育的道路。典型政策如 1987 年国务院转发原国家教育委员会等部门《关于明确幼儿教育事业领导管理职责分工请示的通知》中，首次将"办好示范性幼儿园"作为教育部门的职责；1997 年原国家教育委员会《全国幼儿教育事业"九五"发展目标实施意见》中进一步强调了政府的责任是"办好教育部门举办的幼儿园,使其逐步成为当地的骨干和示范"。然而,由于学前教育实行的是"谁举办、谁负责"的原则,因此在相当长一段时期内,政府将有限的公共资源投入到为少量的精英群体服务的示范幼儿园中。有一段时期,办好示范园甚至成为地方政府发展学前教育的唯一工作,而对广大其他性质和类型的幼儿园几乎没有任何扶持。事实上,这仅有的示范园也没能起到示范和辐射的作用,从而造成了极大的不公平,甚至导致了"好园更好、差园更差"的马太效应。

近些年来,在服务型政府的构建过程中,政府的价值观从"效率优先、兼顾公平"转向"面向大众、公平至上",将构建"广覆盖、保基本、有质量"的城乡学前教育公共服务体系作为根本目标,将公办园的建设标准从原来的特权型、贵族型、奢华型向平民型、标准型、实用型过渡(王海英,2015)。如"国十条"特别强调"不得用政府投入建设超标准、高收费的幼儿园",并指出要"积极扶持民办幼儿园特别是面向大众、收费较低的普惠性民办幼儿园发展",从而构建惠及大众的以公办园和普惠性民办园为主体的学前教育办园体系。在具体实施举措上,三期"学前教育三年行动计划"为落实"国十条"中对普惠民办园的支持,还规定政府在"购买服务、减免租金、以奖代补、派驻公办教师、培训教师、综合奖补、教研指导"方面给予政策倾斜与投入保障,从而使得体现政府新价值观的各项惠民政策得以实施与落地。

综上可见,从城市优先到农村优先,从示范园到普惠园,政府一系列政策举措的演变归根到底取决于不同价值观导向的政府转型、职能转变、行政管理方式的转变,是围绕"教育公平、普惠公众"这一条主线而实施的一套"政策组合拳"。而这些政策举措的实施,旨在建立以权利公平、机会公平、规则公平为主要内容的社会公平保障体系,努力营造公平的社会环境,保证人民平等参与、平等发展的权利。

12.2.2 从"参与"到"退位"到"主导": 政府发展学前教育的责任边界逐渐清晰

政府转型对社会事业发展影响的第二个方面在于"政府责任边界的框定",即政府在与社会各种力量共同发展学前教育的格局中,政府承担多大的责任、发挥了多大的作用,政府与其他各种社会力量的关系如何,在很大程度上决定了学前教育事业发展的方向与质量。纵观近现代世界范围内的政府改革浪潮，政府经历了从承担底线责任到承担全面责任，再到市场与社会积极参与的变革历程，而政府责任边界在不同的社会事业中有所不同。受社会事业的性质、政府能力大小，以及当时社会经济发展状况的影响，中国政府发展学前教育的责任边界"从'参与'到'退位'到'主导'"逐步明晰，这是学前教育事业未来向着正确、可持续方向发展的重要前提。

12.2.2.1 政府统筹、社会参与：政府与社会力量共同参与学前教育事业发展

中华人民共和国从成立初期的动荡曲折逐渐走向改革开放时期各项事业稳步发展，学前教育中政府与社会的关系也在不同时期经历了不同变化，但总体来说，仍是政府统筹下的社会参与。

第一阶段是新中国成立初期到改革开放初期。这一时期学前教育的核心任务是"最大限度地保障妇女恢复生产劳动"，政府充分认识到学前教育具有"地方性和群众性"，应由"地方政府统筹与依靠群众办学相结合"（韦悫，1951：109）。这一思路到1979年被再次强化为"两条腿走路方针"。其中"一条腿"为"积极恢复和发展教育部门办园"，"另一条腿"为"社队或机关、厂矿、街道集体办园和个人办园"。这一时期政府虽然强调社会参与，但总体来看，仍然是政府统筹，具有显著的计划经济体制下"计划—调控"的特点。一方面，政府要求各级教育行政部门"在地方教育事业经费中列幼儿教育专项""教育基建投资也应包括幼儿教育项目"，确保经费来源并严格执行，并给工矿企业等社会力量办园以教师或经费配置上的支持（国务院，1955：409）；另一方面，这一时期的社会力量更多是以"集体"而不是"个体"的形式参与，而集体（如厂矿等公营企业、农村社队等）绝大部分与政府调控密切相关，仍然具有很强的公有性质。

第二阶段是从20世纪80年代中期到90年代中期。这一时期中国社会最大的变革是确立社会主义市场经济体制的新思路，全面推进改革开放，政府责任的重心从政治斗争转到经济建设上。体现在学前教育领域，就是开始改变以往的"计划—调控"的管理方式，开始将更多的权力下放给更多的社会力量，而这时的社会力量已经不仅是具有公有性质的"集体"，还可以是逐渐富裕起来的私人或私人团体。如1988年由国务院转发、原国家教育委员会等八部门联合颁布的《关于加强幼儿教育工作的意见》中明确指出，"幼儿园不仅有全民性质的，大量应属集

体性质的,以及由公民个人依照国家法律及有关规定举办的",甚至政府开始主要依靠社会力量举办幼儿园。总体来看,这一时期政府仍在政策制度管理上统筹学前教育发展,但开始出现越来越明显的权力下放的社会化倾向。客观地说,这一时期是学前教育快速发展的黄金期,不管是入园率还是幼儿在园数,都有大幅增长。但与此同时,我们也应看到,由于这一时期学前教育管理体制刚有雏形,对各种社会力量办园(集体办园和个人办园为主)的规范管理制度尚未建立,[①]因此,如雨后春笋般涌现的幼儿园仍存在诸多管理和质量问题。

12.2.2.2　政府退位、社会进位:　政府将发展学前教育的责任推向社会

这一时期从 20 世纪 90 年代中期至 21 世纪最初几年。这一阶段是中国进入第九个"五年计划"时期,也是政治体制改革力度加大、经济体制改革进入深水区的关键时期。总体上看,这一时期政府的经济职能正在从"直接调控"的微观干预向"间接调控"的宏观干预转变。与此相适应,政府在社会管理领域也因循了这一改革思路,即政府开始从某些"其认为不需要过多干预的领域"退出来,并将责任让渡给社会。

在教育领域,当时处于边缘地位的非义务学段——学前教育正符合上述特征,同时,该时期颁布的两项政策——1995 年原国家教育委员会等七部门颁布的《关于企业办幼儿园的若干意见》[②]、1997 年原国家教育委员会颁布的《全国幼儿教育事业"九五"发展目标实施意见》[③]对整个学前教育加速朝着政府退位、社会进位的社会化方向发展起到助推作用:在城市,国有企业深化改革打破"企业办社

---

① 1989 年,原国家教育委员会颁布《幼儿园管理条例》,首次明确我国学前教育管理体制为"地方负责、分级管理和各有关部门分工负责"的雏形;同年,《幼儿园工作规程(草案)》颁布,但其更多的是对幼儿园的办园规范作出基本规定,并未建立针对各种类型园所的管理制度。

② 该政策影响最大的一点是,"积极稳妥地推进幼儿教育逐步走向社会化",这一点对公有性质幼儿园转制作出了规定,即"本着平稳过渡的原则,可在政府统筹下,将所办的幼儿园交给当地教育行政部门规划,以多种形式继续办好,或由社区办,或由具备条件的团体、个人承办"。这一规定虽然提到了应在"政府统筹""教育部门规划"下进行平稳过渡,但在实际操作中,幼儿园被当作"包袱"或"营利工具"抛向市场是非常普遍的。

③ 该政策影响最大的一点是,"应积极稳妥地进行幼儿园办园体制改革,进一步明确各级政府的责任,探索适应社会主义市场经济的办园模式和内部管理机制,逐步推进幼儿教育社会化",实际上加快了幼儿园社会化的进程。

会"的桎梏,大量国有企业办的幼儿园被当作"包袱"流向市场;在农村,长期以来以集体为主办的幼儿园也开始走上"私营化"道路。这一时期政府在与社会发展学前教育(包括农村学前教育)的博弈中几近全面退出,而对以私人为代表的社会力量的兴起并未制定相应的管理方略。由此,我国学前教育开始经历了一个艰难曲折的大倒退阶段,尤以农村下降最为严重:农村园所数与在园幼儿数从 1997 年到 2002 年分别降了 54.23% 和 30.48%。

12.2.2.3 政府主导、社会共治: 政府与社会力量共同治理,推动学前教育事业发展

21 世纪初至今,随着经济体制与管理体制改革的深入推进,我国综合国力迅速得到增强,政府正向着公共服务型政府的方向迈进。这也就意味着政府将更加清晰地界定自己的职能范围,公共服务型政府的责任更多的是"掌舵",而不是"划桨"。具体到学前教育领域,政府应当吸取"退位"后产生诸多方向性偏差的教训,切实回归主导责任,与社会力量共建学前教育的治理格局。

首先,2010 年以来,政府主导回归趋势愈加明显。2010 年发布的《国家中长期教育改革和发展规划纲要(2010—2020 年)》为未来教育发展勾勒了蓝图。同年,学前教育领域也颁布了迄今为止具有最高法律效力的"国十条"。为进一步贯彻落实"国十条"的政策精神,2011 年,国家成立由教育部副部长为组长,教育部基础教育二司等十一个司(室)领导为成员的工作领导小组[①],倾全力推行"学前教育三年行动计划",至 2020 年已完成圆满完成三期,正推进第四期"学前教育三年行动计划"。可见,这一时期的显著特点是中央政府高度重视,政府责任强势回归。具体而言,这一时期政府首先正确认定学前教育的性质为公益性,并将政府主导以政策形式予以强化。如"国十条"中明确指出,"学前教育是国民教育体系的重要组成部分,是重要的社会公益事业""必须坚持政府主导……落实各级政府责任"。

其次,在财政投入上,政策明确"各级政府要加大对农村学前教育的投入""各

---

① 2011 年 3 月 8 日,教育部办公厅发布《教育部办公厅关于成立教育部学前教育三年行动计划推进工作领导小组的通知》,领导小组的人员组成如下: 组长,教育部副部长;成员包括教育部基础教育二司司长,教育部办公厅副主任、新闻办主任,教育部政策法规司副巡视员,教育部发展规划司副司长,教育部人事司副巡视员,教育部财务司副司长,教育部基础教育一司副巡视员,教育部教育督导团办公室副主任,教育部民族教育司副司长,教育部师范教育司副司长,教育部体育卫生与艺术教育司副司长。

级政府要将学前教育经费列入财政预算。新增教育经费要向学前教育倾斜",且
"中央财政设立专项经费,支持中西部农村地区、少数民族地区和边疆地区"学前
教育的发展。2014—2016 年,中央财政投入 518 亿元,支持各地扩大普惠性资源,
带动地方投入超过 2 000 亿元。2017 年,全国财政性学前教育经费占财政性教育
经费比例达 4% 左右,是 2010 年的 2.5 倍(姜瑾,2017)。

再次,在办园体制上,政策指出要"建立以公办园和普惠性民办园为主体的办
园体制",在农村尤其要"加大公办园建设力度"。此外,政府还着力加强督导评估
建设,不仅督学,而且督政。例如,2014 年颁发的《教育部国家发展改革委财政部
关于实施第二期学前教育三年行动计划的意见》中明确指出,"教育部、国家发展
改革委、财政部将对各地行动计划的编制实施情况进行专项督察。各地要建立督
导检查和问责机制,将行动计划目标任务和政策措施落实情况纳入地方各级政府
教育工作实绩的考核指标"。从政策制定到督导评估,处处可见政府主导责任的
强势回归。

综上可见,在不同的社会政治经济发展背景下,在政府对学前教育事业性质
认识逐渐精准的前提下,政府与社会力量的博弈从"参与"到"退位",再到"主导"
责任的回归,符合中国学前教育事业发展的状况,并切实有效地推动着中国学前
教育事业的健康、可持续发展。

12.2.3 从"划桨"到"掌舵"和"服务": 政府发展学前教育的体制机制日臻完善

政府转型对事业发展影响的第三个方面在于"政府责任作用的方式"。具体
到学前教育事业发展方面,就是政府通过构建怎样的体制机制以促进学前教育的
发展。换句话说,就是政府责任是如何体现的、发挥了怎样的作用。"划桨""掌
舵""服务"是不同时期不同类型政府在发展公共事业上所扮演的不同角色。结合
新中国成立至今政府在公共事业中的作用,我们认为,新中国成立初期至 20 世纪
80 年代中期,政府在公共事业发展上具有典型的"全能型政府"特征,其核心是政
府秉持公平性和统一性的原则,对公共事业进行全面干预,通过制定政策、计划与
管理、财政投入、监管评估等宏观调控和资源配置手段,使得公共事业实现公平化
和平等化,以供给有助于公民福祉的社会服务(高小平、王立平,2009:75)。

20 世纪 90 年代至今,政府在发展学前教育的过程中,"掌舵者"与"服务者"

这两种角色和作用同时存在，无法分裂开来，只是呈现出从"掌舵者"向"服务者"发展的趋向。具体而言，政府"掌舵"与"服务"职能主要依靠的是政府两大体制和两大机制的不断建构与完善。

12.2.3.1 体制革新：以管理体制和办园体制为两翼，凸显政府"掌舵"职能

政府在发展公共事业中的"掌舵"职能，指的是政府在该项事业发展的核心职能方面起到导向性、引领性和决定性作用，而不是政府全包。具体到学前教育领域，政府的掌舵职能主要体现在管理和办园两大体制的建设与革新上。

就管理体制而言，新时期政府进一步清晰框定了各级政府的权责划分，逐步构建日渐成熟的督政管理体系，从根本上为政府领航学前教育事业发展打下基础。1989 年颁布的《幼儿园管理条例》首次界定了中国学前教育实行"地方负责、分级管理、各有关部门分工合作"的管理体制。这一管理体制在当时中央向地方放权的大背景下，有利于调动地方发展学前教育的积极性，具有积极意义。但这一管理体制的界定并不清晰："地方负责"并未明确何级政府为责任重心，"分级管理"并未明确各级所应承担的主要责任，"各有关部门分工合作"也未明确各有关部门及部门间的合作机制。由此导致在实施过程中，学前教育发展的责任重心在城市下降为区级，在农村下降为乡镇，而实际上区级层面和乡镇层面无论是统筹协调还是在财力人力保障方面均存在困难，致使学前教育事业发展处于落后状态。近年来，有关学前教育管理体制这一笼统说法得到了进一步明晰与修正，如2017 年《教育部等四部门关于实施第三期学前教育行动计划的意见》中明确指出，应"建立健全'国务院领导，省地（市）统筹，以县为主'的学前教育管理体制。省级、地市级政府加强统筹，加大对贫困地区支持力度。落实县级政府主体责任，充分发挥乡镇政府的作用"。这一修订进一步框定了各级政府的权责定位，对政府通过管理进行"掌舵"的职能是一个极大的强化，对学前教育事业发展必将具有里程碑意义。

就办园体制而言，政府进一步明确构建以公办园和普惠性民办园为主体的办园格局，各种社会力量在政府主导下共同参与学前教育的治理与发展。21 世纪以来，政府充分吸收上一时期政府退位的转制风潮所导致的事业发展偏离的教训，新时期尤其加强了政府在办园体制方面的"掌舵"功能，如"国十条"和《教育部等四部门关于实施第三期学前教育行动计划的意见》中均提出"大力发展公办园"，

尤其在农村地区构建以公办园为主的办园格局是政府的重要任务。同时,"引导和支持民办幼儿园提供普惠性服务"至关重要。《教育部等四部门关于实施第三期学前教育行动计划的意见》将这一发展趋向进一步落地,提出"各省(区、市)制定普惠性民办幼儿园认定标准,逐年确定一批普惠性民办幼儿园",并通过"减免租金、以奖代补、派驻公办教师、培训教师、综合奖补、教研指导"等政府购买服务的举措,切实扶持普惠性民办园发展。

12.2.3.2 机制革新: 以教师队伍建设机制和成本分担机制为抓手,凸显政府"服务"职能

政府发展公共事业中的"服务"职能,指的是政府通过提供保障性的条件和资源为事业发展服务。具体到学前教育领域,政府的"服务"职能主要体现在人力和物力两方面的机制调节,即教师队伍建设机制和成本分担机制的革新上。

就教师队伍建设机制而言,当前各级政府已经充分认识到数量充足、质量较高的教师队伍是学前教育从普及拓展向质量提升迈进的关键一环,尤其在面对当前巨大、强烈的入园需求时,更需要用非常规的思路和举措加以保障。在基础性保障机制方面,"国十条"明确指出要"核定公办幼儿园教职工编制""依法落实幼儿教师地位和待遇";而在《教育部等四部门关于实施第三期学前教育行动计划的意见》中进一步规定,"采取多种方式切实解决公办幼儿园非在编教师工资待遇偏低问题,逐步实现同工同酬。引导和监督民办幼儿园依法配足、配齐教职工并保障其工资待遇。幼儿园教职工依法全员纳入社保体系",由此确保了民办园及公办非在编教师的稳定性。在提升性保障机制方面,《教育部等四部门关于实施第三期学前教育行动计划的意见》指出,应"根据普及学前三年教育的要求,确定高等学校、中等师范学校学前教育专业的培养规模和层次,加大本专科层次幼儿园教师的培养力度",同时政府还应广开招纳大门,通过招考符合条件的人员,对其进行分层分类的入职培训或转岗培训,合格后上岗。此外,政府还应继续推广各类被实践证明有效的教师补充机制,如特岗教师补充机制、"三定向"补充机制等(庞丽娟,王敬波,常晶,2017)。[①]

就成本分担机制而言,成本分担是在非义务教育学段,由教育资源的提供者和受益者共同分担教育成本的一种合理机制。具体到学前教育,一般是指政府财

---

① 所谓"三定向"补充机制,是指根据地方的教师需求总量、层次、类型,向高师、高专、幼师等实施订单式的对口合作,定向招生、定向培养、定向上岗。

政（或举办者）与家庭共同分担学前教育经费。一直以来，家庭（甚至农村家庭）是学前教育费用的承担者，甚至是主要承担者。20 世纪 80 年代在"人民教育人民办"和"取之于民、用之于民"的原则下，农村学前教育主要由农民集资、家长付费来实现。在政府主导下，这一成本分担机制发生了实质性的转变：如"国十条"中规定"家庭合理分担学前教育成本"，并对家庭经济困难、孤儿或残疾儿童建立"学前教育资助制度"；《教育部、国家发展改革委、财政部关于实施第二期学前教育三年行动计划的意见》中进一步明确应"按规定程序调整保教费收费标准，将家庭负担控制在合理范围"，同时，加大对弱势儿童的资助力度；《教育部等四部门关于实施第三期学前教育行动计划的意见》中一个最大的变化就是，并不是根据园所的收费标准确定家庭应负担的比例，而是应"根据经济发展状况、办园成本和家庭经济承受能力，对公办幼儿园的保教费收费标准进行调整"，越来越体现政府履职的力度及其普惠倾向，以及政府发展学前教育是为家庭服务的职能倾向。

综上所述，政府以管理体制和办园体制为两翼，以教师队伍建设机制和成本分担机制为抓手实现政府发展学前教育职能，体现了从最初更多强调"划桨"，到目前"掌舵"与"服务"并重的趋势。这一发展趋向不仅与政府从统治型政府向管理型政府和服务型政府转变密切相关，也与中国不同时期学前教育事业发展的需求相关，实践证明是科学有效的。

12.3 挑战与回应：面向未来的学前教育事业发展中的政府责任及制度建构

中华人民共和国成立后，尤其是 21 世纪以来，在服务型政府高度重视并切实承担主导责任的背景下，中国的学前教育事业取得了大踏步的发展和实质性的跨越。但与此同时，我们也应清醒地看到，正如《教育部等四部门关于实施第三期学前教育行动计划的意见》所说，"学前教育仍是教育体系中最薄弱的环节"，普惠性资源供给不足、公民办幼儿园结构不调仍是各地政府面临的普遍问题，农村学前教育发展滞后仍未得到全面、根本的改善，学前教育"仍处于爬坡过坎的关键期"。随着人口老龄化压力加大、三孩政策全面放开、流动人口入园需求不断增长，学前教育正面临前所未有的压力，也面临着前所未有的机遇。

12.3.1　面对挑战：社会事业发展过程中学前教育面临的新问题与新挑战

近些年来,中国经济社会发展出现了新的状况,给学前教育事业发展带来了新的挑战。典型的如中国从人力资源大国向人力资源强国目标的发展过程中,老龄化加速所导致的有效劳动力供给不足等问题使得国家全面放开生育三孩;又如城镇化的不断加速使得当前的留守儿童和流动儿童受教育问题产生了一些新的特点。以下将以这两方面为例进行重点阐述。

其一,三孩政策的全面放开给学前教育带来新挑战。在经历了从高生育率到低生育率的迅速转变之后,中国人口的主要矛盾已经不再是增长过快,而是人口红利消失、临近超低生育率水平、人口老龄化、出生性别比失调等新问题。为此,在大量研究与论证基础上,政府决定对人口政策尤其是生育政策进行调整。继2011年的"双独二孩"政策、2013年的"单独二孩"政策和2015年的"全面二孩"政策之后,2021年7月,国家开始推行"三孩生育"政策。这一政策的大面积推行将对社会各方面都产生广泛影响,其中影响最大的领域之一无疑是学前教育。有诸多研究者对未来的人口增长作出预测,如认为在园幼儿规模"从2019年开始将出现大幅度增加,持续增加到2021年达到最大值,约为5 750.82万人,之后又开始逐步减少,到2035年只有大约4 254.78万人"(杨顺光,李玲,张兵娟,殷新,2016)。又如研究者按照人口预测的高、中、低三种子方案对某一地区(北京)学前适龄人口预测也发现,"到2023或2024年将达到峰值,此后逐步回落,将呈现倒U型曲线发展"(洪秀敏,2017)。新增人口不仅将扩大资源供给不足的缺口,还极有可能放大资源配置不均衡的问题。

其二,留守儿童与流动儿童的时代特点给政府带来新挑战。不管是留守儿童还是流动儿童,其产生的原因是相同的,那就是城镇化进程中劳动力从农村向城市的转移。截至2020年11月,全国流动人口总量已达3.75亿人(国家统计局,2021)。

就流动儿童而言,根据近年来中国流动人口动态监测数据及分析报告,流动儿童数量近年来呈现如下新的变化:其一,低幼流动儿童占比逐渐增大。1—14岁的流动儿童平均年龄为7.02(±4.525)岁,其中2岁和3岁儿童的占比最高(黄颖,2015)。其二,流动儿童在外流动时间呈现上升趋势,尤其是0—4岁的幼龄儿童,他们生命历程中的大部分时间是在流动中度过的。其三,从受教育机会上看,第六次人口普查统计的未在校学龄流动儿童中,学龄前占比最高,为40.2%。且随着年龄的增大,这些流动儿童将面临更高的失学风险(黄颖,2015)。研究发现,这些儿童已经出现流入地特征明显,与流出地文化疏离的现象,但由于社会保障等一系列问题无法及时跟上等原因,可能导致其无法在流入地生根,从而可能产生诸多社会问题。

12.3.2 迎接挑战: 政府的回应及未来学前教育制度建设的思考

面对一系列新问题与新挑战,政府在梳理地方成功经验和借鉴国际经验的基础上,对其职责定位不断作出调整与变革,力求在确保正确方向的前提下,推动学前教育事业可持续、健康发展。以下将重点结合政府对上述新问题的回应,对未来的制度建设提出框架性思考建议。

12.3.2.1 政府主导、坚持公益: 服务型政府发展学前教育的核心价值理念

服务型政府的核心价值理念是追求实现最大化的公众公共利益,这一核心价值理念体现在学前教育事业发展上,是政府重新认识到学前教育的公益本质,认识到投资儿童是增强国家未来竞争力的基本战略,并切实承担起主导责任。这点也已经在国际上达成共识,成为国际学前教育事业发展的成功经验。

发达国家如美国的《不让一个儿童落后法》(2001)明确规定,政府要"确保所有儿童都拥有获得高质量教育的公正、平等和重要的机会"(The US Congress,2001)。发展中国家如印度,早在1974年《国家儿童政策》中就明确提出,"国家的政策目标应该是在所有儿童成长的所有阶段为其提供平等的发展机会,以服务于更大范围减少不平等和促进社会公平的目的"(Indian Social Welfare,1974)。各国不仅通过政策法律明确规定政府发展学前教育的主导责任(庞丽娟,孙美红,夏靖,2014),还通过兴办公办园、建立免费制度等政策举措确保其主导地位的落实。

统计显示,北美、拉美/加勒比海、欧洲80%以上的国家,其公立机构在园儿童比例超过50%,甚至更高;经济合作与发展组织(Organisation for Economic Co-operation and Development,OECD,简称"经合组织")中卢森堡、法国、匈牙利等国,其公立机构在园儿童比例甚至接近100%。很多国家和地区还通过构建免费制度凸显政府责任,如瑞典、比利时、法国、英国、荷兰、新西兰、中国澳门特别行政区等经济较发达的国家和地区,以及墨西哥、巴西、古巴等发展中人口大国将学前教育纳入免费教育范畴(庞丽娟,夏靖,2013)。可见,由政府主导学前教育并通过政策

法规和具体方略来落实,是学前教育事业发展的国际经验和趋势。

12.3.2.2　着眼普惠、公平均衡：构建政府与社会力量共同供给、治薄扶弱的新格局

在服务型政府坚持学前教育公益性理念的指引下,构建普惠公平的公共服务体系是政府发展学前教育的首要目标,也是政府框定自身责任边界的重要指引。重点进行学前教育供给侧的结构性改革,着力扩大普惠性资源,在有效化解"欠账"的同时,积极应对三孩政策背景下学前教育新的庞大需求。

为此,研究建议:一是要全面分类收集和分析人口变化信息,建立健全人口监测系统和预警机制。以此为基础,政府才能以学前适龄人口数为基础,一方面有效调整幼儿园学位数,提高生源和学位的匹配程度;另一方面及时调整资源布局,平衡区域间学前教育资源数量并提高质量(洪秀敏,马群,2017)。

二是大力支持社会力量办普惠性民办园,形成公民办共同供给的新格局。2016 年教育部部长在全国两会答记者问时提出,扩大学前教育资源,"要大力发展公办幼儿园,积极支持企事业单位举办幼儿园,采用政府购买的措施来扶持民办幼儿园。还可以根据学龄人口变化,在有条件的小学附属办学前班"。这一政策信号表明,在应对需求增长的压力下,政府主导、调动多元主体共同办园成为时代发展的必然。在此背景下,大量公私合作形式的普惠性民办幼儿园,逐渐兴起的企业单位办园,以及以社区、家庭为依托的早教机构逐步萌芽。

新时期政府应在"治薄扶弱"方面发挥更大的责任,在优先重点发展贫困薄弱农村地区学前教育的同时,还应更多关注弱势群体的受教育权。近年来,农村学前教育受到国家高度关注,不仅有中央政府通过国家项目予以大力支持,还有不少地方政府通过国际合作形式推动农村学前事业发展。政府在加大力度填补农村学前教育这块发展洼地的同时,未来还应更多关注弱势群体——如留守儿童和流动儿童的受教育状况。就留守儿童而言,2016 年 2 月《国务院关于加强农村留守儿童关爱保护工作的意见》发布,并组建了由民政部牵头,27 个部门组成的部际联席会议,全面开展留守儿童摸底排查。这是中国首个最高层面的有关留守儿童的政策规定,也是中国最大规模的调研扶助留守儿童的政府行为,体现了国家在维护儿童权利方面的进步。就流动儿童而言,近年来,不少地方政府有了创新举措,如上海市政府设立并规范专门招收外来务工子女的民办三级幼儿园,并通过生均补助、派驻公办教师、管理教学督导、提供课程资源等政府购买服务的方式,

加强该类幼儿园的管理与发展，切实承担起政府的底线教育责任。

12.3.2.3 立法为本、制度先行：构建政策法律框架下运转有效的学前教育体制机制

当代社会正进行从经济建设为中心向制度建设为中心的战略转型，即通过制度建设、制度创新与制度实施等制度现代化举措，着力解决改革发展中日益凸显的社会公平等问题，以在最大程度上代表公共利益，维护社会和谐稳定（胡鞍钢，王绍光，周建明，2003：4-5）。教育领域也是如此。2016年1月，教育部印发《依法治教实施纲要（2016—2020年）》，提出"到2020年，形成系统完备、层次合理、科学规范、运行有效的教育法律制度体系，形成政府依法行政、学校依法办学、教师依法执教、社会依法评价、支持和监督教育发展的教育法治实施机制和监督体系"。学前教育体制机制的建构只有在法律制度的框架下才能发挥最大化作用。

首先，加快学前教育立法进程，以刚性法律从根本上保障并促进事业发展。当前制约中国学前教育实现实质性突破的一个根本原因，在于尚未出台一个直指改革深层次难题、关键性体制机制问题的《学前教育法》。学前教育也是目前各个教育阶段唯一没有出台单行法的学段。学前教育立法不仅是解决长期以来学前教育领域改革发展痼疾的需要，更是应对"全面三孩"、脱贫攻坚战略等新形势发展的必要。2020年9月，教育部已经形成了《中华人民共和国学前教育法草案（征求意见稿）》，面向社会公开征求意见。中国学前教育法是众望所归、指日可待（庞丽娟，王敬波，常晶，2017）。

其次，在政策法规背景下加大力度构建适宜国情、科学有效的学前教育体制机制。体制机制改革是当前中国学前教育事业发展的核心与关键，更是一个系统工程，研究仅从管理与投入两个方面探讨：其一，新形势下可探索建立政府主导前提下管、办、评相分离的管理体制。在"两条腿走路"的发展方针下，中国学前教育历来就是"举办者、办学者、管理者"相对分离又相互联系的共同体。当前，在各个参与主体力量逐渐壮大，政府提出构建治理格局的大背景下，可以进一步探索政府承担管理责任、多元主体作为办学主体、积极引入第三方评估的方式，促进学前教育发展。其二，积极建立以生均财政拨款为基础的投入制度和有差别的成本分担机制。在《教育部 国家发展改革委 财政部关于实施第二期学前教育三年行动计划的意见》中，政府开始倡导用生均财政拨款的方式来解决在编、非编教师的同工同酬问题，这是一个打破财政依据人员编制投入而产生的逐步不公平问题的

有力举措。同时,政府还应积极探索并形成城乡之间、不同收入家庭之间、不同地区之间、不同民族之间、不同群体之间的不同的成本分担结构,将财政投入最大限度地向弱势地区和弱势群体倾斜(王海英,2015)。可借鉴地方政府的积极尝试,如贵州建立城乡有别的成本分担机制等,加以总结推广。

参考文献

Indian Social Welfare. (1974). *Government of India Department of Social Welfare. National Policy for Children 1974*. Retrieved from http://www. childlineindia. org. in/CP-CR-Downloads/national_policy_for_children. pdf

The US Congress. (2001). *No Child Left Behind Act of 2001*. Retrieved from http://www2. ed. gov/policy/elsee/leg/esea02/index. html

高小平, 王立平. (2009). *服务型政府导论*. 北京:人民出版社.

国家统计局. (2021). 第七次全国人口普查公报(第七号)——城乡人口和流动人口情况. 2021 - 05 - 11. http://www. stats. gov. cn/xxgk/sjfb/zxfb2020/202105/t20210511_1817202. html

国家行政学院课题组. (2008). 关于公共服务体系和服务型政府建设的几个问题(上). *国家行政学院学报*. (4), 8 - 23.

国家中长期教育改革和发展规划纲要工作小组办公室. (2010). 国家中长期教育改革和发展规划纲要(2010—2020 年). 2010 - 07 - 29. http://www. moe. gov. cn/srcsite/A01/s7048/201007/t20100729 _ 171904. html

国务院. (1955). 关于工矿、企业自办中小学和幼儿园的规定(1955 年 1 月 8 日). 何东昌, 主编. (1998). *中华人民共和国重要教育文献(1949—1975)*. 海口:海南出版社.

姜瑾. (2017). 学前教育的形势与任务. 首届全国学前教育科研工作论坛上的讲话, 2017 - 06 - 22.

教育部(1983). 关于发展农村幼儿教育的几点意见(1983 年 9 月 21 日). 何东昌, 主编. (1998). *中华人民共和国重要教育文献(1994—1997)*. 海口:海南出版社.

教育部. (2012a). 幼儿园教师专业标准. 2012 - 09 - 13. http://www. moe. gov. cn/srcsite/A10/s6991/201209/t20120913_145603. html

教育部. (2012b). 关于印发《3 - 6 岁儿童学习与发展指南》的通知. 2012 - 10 - 09. http://www. moe. gov. cn/srcsite/A06/s3327/201210/t20121009_143254. html

教育部. (2015). 幼儿园园长专业标准. 2015 - 01 - 12. http://www. moe. gov. cn/srcsite/A10/s7151/201501/t20150112_189307. html

教育部. (2017a). 2016 年全国教育事业发展统计公报. http://www. moe. gov. cn/s78/A03/moe_560/jytjsj_2016/2016_qg/201708/t20170823_311730. html

教育部. (2017b). 教育部召开第三期学前教育行动计划部署会. http://www. moe. gov. cn/jyb_xwfb/gzdt_gzdt/moe_1485/201705/t20170524_305708. html

黄颖. (2015). 我国流动儿童教育现状分析——基于原国家人口和计划生育委员会流动人口监测调查. *人口与社会*, 31(4), 89 - 96.

何颖. (2008). 中国政府机构改革30年回顾与反思. 中国行政管理, (12), 21－27.

洪秀敏. (2017年5月14日). 二孩来了, 学前教育资源先测后调——以北京市学前教育资源配置分析为例. 中国教育报, 第1版.

洪秀敏, 马群. (2017). "全面二孩"背景下学前教育资源配置的供需变化与挑战——以北京市为例. 教育学报, 13(1), 116－128.

胡鞍钢, 王绍光, 周建明. (2003). 第二次转型: 国家制度建设. 北京: 清华大学出版社.

李军鹏. (2004). 公共服务型政府. 北京: 北京大学出版社.

庞丽娟. (2009). 加快学前教育的发展与普及. 教育研究, 30(5), 28－30.

庞丽娟, 夏婧. (2013). 国际学前教育发展战略: 普及、公平与高质量. 教育学报, 9(3), 49－55.

庞丽娟, 孙美红, 夏靖. (2014). 世界主要国家和地区政府主导推进学前教育公平的政策及启示. 学前教育研究, (1), 53－59.

庞丽娟, 王敬波, 常晶. (2017). 为中国学前教育发展而立法. 2017－03－15. http://www. moe. edu. cn/jyb_xwfb/xw_zt/moe_357/jyzt_2017nztzl/2017_zt01/17zt01_mtkjy/201703/t20170315_299668. html.

商红日. (2002). 政府基础论. 北京: 经济日报出版社.

世界银行. (1997). 1997年世界发展报告: 变革世界中的政府. 《1997年世界发展报告》编写组. 蔡秋生等, 译. 北京: 中国财政经济出版社.

王海英. (2015). 中国学前教育政策的转型及未来走向. 幼儿教育(教育科学版), (6), 3－11.

韦悫. (1951). 巩固和发展新中国的初等教育和师范教育——在第一次全国初等教育与师范教育会议上的报告(1951年8月27日). 何东昌, 主编. (1998). 中华人民共和国重要教育文献(1949—1975). 海口: 海南出版社.

徐勇. (2009). 中国农村与农民问题的前沿研究. 北京: 经济科学出版社.

靳晓燕(2017年4月1日). 流动儿童教育面临新挑战. 光明日报, 第6版.

杨顺光, 李玲, 张兵娟, 殷新. (2016). "全面二孩"政策与学前教育资源配置——基于未来20年适龄人口的预测. 学前教育研究, (8), 3－13.

张志勇(2010). 发展学前教育须强化政府责任. 2010－09－10. http://old. moe. gov. cn/publicfiles/business/htmlfiles/moe/s4586/201009/108111. html

作者简介

李　琳　华东师范大学教育学部学前教育系讲师。 主要研究领域: 农村学前教育、政府责任与教育政策、学前教育政策与评估。

电子邮箱: lli@pie. ecnu. edu. cn。

范洁琼　华东师范大学教育学部学前教育系晨晖学者。 主要研究领域: 家庭教育与儿童发展, 包括学习环境的有效性、以证据为基础的家庭教育、学习方式和思维方式的社会化等。

Part IV
Globalisation, Education
and Policy Reforms

第四编

全球化、教育政策与教育改革

第十三章

全球化、教育与政策改革

约瑟夫·佐伊道

（澳大利亚　天主教大学）

13.1　理解全球化：一种元意识形态

全球化和教育改革的主题在许多国际组织和机构的话语和政策中至关重要。越来越多的国家和政府认为,制定和部署全球化、教育和政策研究的学习和教学方法是今后应对某些重大问题的主要手段之一。联合国教育、科学及文化组织（United Nations Educational, Scientific, and Cultural Organization, UNESCO,简称"联合国教科文组织"）、经济合作与发展组织（Organisation for Economic Co-operation and Development, OECD,简称"经合组织"）、欧洲议会（European Parliament）、北欧理事会（Nordic Council of Ministers）和亚太经济合作与发展组织（Asia-Pacific Economic Cooperation, APEC,简称"亚太经合组织"）的政策文件和声明都体现了上述组织和机构正致力于全球化和教育改革。在南半球、发展中国家及欠发达国家,还有其他区域联盟,也在以不同的方式努力解决英国脱欧这一反全球化趋势的问题。

全球化是最复杂、最有争议的概念之一（Guillén, 2000；Stiglitz, 2006；Norris, 2015）。作为一种主流意识形态,全球化与新自由主义和经济改革的技术主义解决方案有关（Saunders, 2010；Zajda, 2015）。一方面,萨瓦尔（Saval, 2017）认为,不仅全球化话语发生了变化,而且"全球化本身也发生了变化,发展成为一个比许多经济学家预测的还要混乱和不平等的体系,全球化的整体利益在很大程度上集中在少数亚洲国家"（Saval, 2017）。

另一方面,卡努瓦（Carnoy, 1999）和弗里德曼（Friedman, 2018）强调了信息维度,这是全球经济的信息通信技术（information communication technologies, ICT）量

子式增长的结果。弗里德曼认为，全球化"从链接到超链接，从相互联系到相互依赖"（Friedman,2018）。诺里斯（Norris）认为，超链接或者说信息技术创新完美风暴的最有力证据，在这种情况下就是，"每一项都在加快速度，同时既相互作用又放大彼此：移动设备、云计算、物联网、社交网络、大数据和分析"。2018 年 1 月在达沃斯举行的世界经济论坛（World Economic Forum）上，一向支持自由贸易的莫约（Moyo,2018）表示，"全球化已经造成了巨大损失"。

安切亚（Ampuja,2015）认为，全球化现在是新自由主义资本主义全球胜利的"最重要关键词"。他认为，这些概念已经"在社会科学中占据了主导地位，以至于建立了一种新的正统理论，我们可以将其定义为全球化理论"（Ampuja,2015：18）。因此，多恩（Daun,2015）认为，全球化也已经获得了一种新的元意识形态，它带有强烈的西方意识形态的元素：

> ……新自由主义和现代社群主义共有的要素主要有个人主义、个人的独特性等，这种共性可以被称为全球霸权元意识形态（global hegemonic meta-ideology）。除此之外，这种元意识形态在很大程度上由市场观念和源自人权和公民权利的观念组成。这种元意识形态的思想融合正在发生。

全球化的多面性招致了意识形态上的争论和竞争，除此之外，还使用了从结构主义到后结构主义的许多范式和理论模型来解释全球化现象（Held, et al.,1999；Hicks & Holden,2007；Steger,2009；Rizvi,2017；Zajda,2018）。举例来说，当一位作家或研讨会发言人在教学和教育政策背景下使用"全球化"这个词时，人们不禁会质疑假设的合理性，但如若是在经济、政治、社会和意识形态方面，提到"全球化"就会被认为是理所当然的，从人们的脸上就可以看出，它是有价值的，且无须多加鉴别地作为一种既定的假设而存在。在这种情况下，出现了一种全球化（如技术官僚）现象。

需要批判性地分析全球化政治，特别是全球化话语中所描述的意识形态的含义，以避免对该术语进行肤浅、片面的解读（参见 Zajda,2014a,b）。鉴于未来全球化和教育需求将 17 个可持续发展目标（Sustainable Development Goals）作为主旨，我们需要对正在出现的 2030 年可持续发展目标、第四次工业革命和知识民主（2017）等新的转型概念进行商榷，并超越改革和经合组织模式的革命性概念。此外，关于全球化、教育和政策的研究结果表明，无论在地方还是在全球，所有公民继续接受优质教育和培训都被视为对未来的投资,这是经济进步、民主、社会团结、社会正义、平等、个人成长与和平的先决条件。然而,随着学校教育和高等教育课程不断地全球化,以及随之而来的全球卓越标准、学业成绩评估的全球化(OECD,2018;PISA,2018;World Bank,2018),开始出现全球学业成绩综合征以及全球学术精英主义和排行榜。它们共同定义和定位了杰出、特权、卓越和排他性。

13.2 全球化对教育政策与教育改革的影响

毫无疑问,全球化在经济、政治、文化和社会等方面对地方和全球的教育和社会都有深远影响。民族国家之间正在进行的经济结构调整,以及当前教育霸权正在形成关于教育政策和课程需要如何改革的主流话语,以应对无处不在的全球教育质量和标准的监测,这些都是全球化进程的一些成果(PISA,2018;OECD,2018;World Bank,2018)。在批判全球化及其对教育的影响时,我们需要了解全球化的"意识形态包装"(ideological packaging)是如何影响世界各地的教育实践的(Carnoy & Rhoten,2002;Zajda,2018)。正如卡努瓦和罗滕(Carnoy & Rhoten,2002)所写,有必要评估全球化、意识形态、教育改革及其对学校教育的影响之间可能存在的关系:

> 在评估全球化与教育改革之间的真正关系时,我们需要了解全球化及其意识形态包装如何影响学校教育的全面实施,从跨国模式到国家政策,再到地方实践。(Carnoy & Rhoten,2002:3)

世界经济的动荡导致全球高等教育部门对市场力和竞争力作出至少四项宏观社会政策的反应:

- 竞争导向的改革(由于对技能、商品和市场的需求转变而进行的改革)。
- 财政导向的改革(公共/私营部门、预算、公司收入、削减教育支出等方面的改革)。
- 市场力量推动全球主导地位的改革。
- 公平导向的改革(提高教育质量的改革及其作为向上社会流动的源泉的作用),以提高经济机会的平等。

13.2.1　全球化与竞争导向的改革

全球化、市场化和竞争驱动的地方和全球改革都以生产力为中心，涉及私有化、权力下放、标准和改进管理。

13.2.2　全球化与财政导向的改革

全球化导致各国之间竞争增强，并适应了新的由全球主导的结构现实——结构性调整，其主要目标是减少公共教育支出。竞争驱动的改革旨在提高劳动生产率和资源利用效率。

13.2.3　市场力量推动全球主导地位的改革

全球化导致各国之间争夺全球主导权。它创造了经济排行榜，对少数主要经济体有利，并促进了学术精英主义。

13.2.4　公平导向的改革

在教育和社会中，公平导向的改革的主要目标是增加所有人的经济资本和经济机会。由于教育程度是决定收入和社会地位的一个关键因素，因此平等接受优质教育可以在这方面发挥重要作用。全球化驱动的高等教育改革倾向于"推动政府远离公平导向的改革"（Carnoy，1999：46）。原因有二：其一，相对于较低水平技能，全球化倾向于增加高级别技能的回报，减少公平与竞争导向改革之间的联系；其二，财政导向的改革主导着全球经济中的教育和政策改革，从而加剧了教育的不公平。

13.3　教育政策改革中新自由主义的出现

20世纪80年代以来，新自由主义和新保守主义高等教育政策的兴起主导了全球高等教育改革，将教育和培训重新定义为对人力资本和人力资源开发的投资。人力资本理论相关研究表明，教育始终是人力资本投资的首选。人力资本是指"作为经济中创收主体的人类的生产能力"。人力资本研究发现，教育和培训可以通过传授有用知识和技能来提高工人的生产力，改善工人的社会经济地位、职业机会和收入（Carnoy，1999；Saha，2005；Zajda，2015），在推动整体经济运行方面发挥重要作用。全球化的新自由主义层面和市场导向的经济需求从四个方面影响了高等教育改革：竞争导向的改革、财政导向的改革、公平导向的改革和质量导向的改革。全球竞争力古往今来都是高等教育政策议程的重要目标。问责制、效率、学术资本主义、教育质量、市场导向和"创业型"大学模式代表了一种新自由主义的意识形态，它主要关注经济全球化的市场导向的必要性。为解决高等教育领域严重的教育不平等问题，最新的高等教育改革更多关注经济竞争力、学术精英主义、质量和标准，并不旨在解决机会和公平问题。

总体而言，高等教育政策改革中的新自由主义侧重于"满足市场需求、技术教育和职业培训以及创收"（Saunders，2010：54）。

社会、经济、教育和职业范式的人力资本理论长期占据主导地位是存在问题的。将人作为经济中的创收主体，似乎通过提高人的生产力和传授有用的知识和技能，就能提供可观的经济回报，但这里既有赢家又有输家。经济的目标是使效率、质量和利润导向的产业最大化。当生产成本因与劳动力有关的成本而增加时，产业为了保持其竞争优势，就会转移到工资和生产成本低得多的其他地区。因此，许多技术工人和高素质的专业人员变得多余。全球竞争力反映了市场力量的现实。

人力资本理论关注人类作为经济中创收主体的生产力，同时，并未考虑其他主体和力量，即社会的资本主义性质，利润驱动的文化、市场力量，关于全球经济主导权的竞争无处不在。最重要的是，人力资本理论忽视了"工作之外的教育价值"（Klees，2016：658）。

虽然人力资本理论仍然在教育政策研究中发挥其主导地位和力量，但它也并非无懈可击。克勒斯（Klees，2016：645）分析和批判了人力资本理论的理论缺陷和概念上的失败，以及收益率的逻辑。克勒斯认为，关于教育数量对收入和国内生产总值影响的研究数据往往是"完全武断的"：

> ……在估计教育对国内生产总值的影响时，不同选择会影响不同的衡量标准，因此其报告的结果完全是武断的，政策制定者当然没必要认真对待。就像衡量教育对收入的影响一样，50多年来，教育工作者和政策制定者关注的是测量教育对国内生产总值的影响，然而在现实中，这一直是一个"死胡同"，没有提供可靠的甚至是接近事实的信息来帮助社会资源的合理分配。（Klees，2016：658）

自 20 世纪 80 年代以来，在全球范围内，高等教育政策改革中的新自由主义一直是资本主义社会的特征。它导致"在教育和培训中关于标准和资助制度改变的公开辩论"（Dervis，2007：247）。因此，高等教育改革的政治反映了这种新兴的问责范式，"全球化和学术资本主义"（Delanty，2001：120）、绩效指标和"标准驱动的政策改革"（Zajda，2010：xv）。

卡努瓦（Carnoy，1999）也批评了新自由主义意识形态在教育改革中的作用，认为它要求的是问责、竞争、绩效和效率，而不是公平和社会公正：

……应当指出，由于目前全球化背景，新自由主义概念往往指导着经济和社会改革，由重要的国际行动者采取的教育政策反映并有助于推进竞争、效率和问责的原则，而不是公平或社会公正的原则。（Carnoy，1999）

全球高等教育改革的全球化、政策化和政治化表明，新自由主义和重塑的文化帝国主义在经济和政治层面无处不在（Carnoy，1977；McLaren & Farahmandpur，2005；Saunders，2010）。随着在 20 世纪 60 年代极具影响力的联合国教科文组织的人文教育模式逐渐削弱，"国际货币基金组织、世界银行和经合组织的经济和技术决定论范式越来越突出"（Zajda，2015）。

这种意识形态和政策上霸权主义的转变可能对全球高等教育改革和政策实施产生重大的经济和文化影响。全球化的力量表现为新自由主义和资产阶级霸权，倾向于使"剥削制度"合法化（McLaren & Farahmandpur，2005），并助正在高等教育领域进行的新自由主义全球化一臂之力（Rizvi，2017）。其特点是不断追求推动绩效、全球卓越和质量标准，学术评估的全球化（OECD，2018；PISA，2018）和"全球学业成绩综合征"（Zajda，2015）。全球学业成绩综合征指的是在各级教育中所享有的和已取得的地位，以及区分、特权、卓越和排他性的定位。在经合组织、世界银行和其他地方的高等教育政策文件中，政策改革似乎是一种约定俗成的回应，也是对经济全球化和全球竞争力的必要回应（Rust & Kim，2015）。

全球化对全世界教育政策和改革的影响已经成为一个具有战略意义的重大问题，因为它表达了现代性和相关的政治经济和文化变革中最常见却不被理解的现象之一。大量证据表明，全球化促成了新的社会经济分层，这为发达国家和新兴经济体，特别是在巴西、俄罗斯、印度、中国和南非（金砖国家）中的极少数经济精英提供了甚为可观的收益。与此同时，它在全球范围内造成了贫富之间日渐加深的社会经济鸿沟，从而为未来埋下了不满和冲突的种子。

13.4 教育与学业成绩的全球趋势

自 20 世纪 80 年代以来,全球化、市场化和以质量/效率为导向的全球改革已导致教育和政策在结构、意识形态和质量上发生变化。这些变化包括越来越重视联合国教科文组织的知识社会概念、全民终身学习概念["从摇篮到坟墓"(cradle-to-grave)的学习观]等代表终身学习模式的概念及知识经济和全球文化。为追求教育的卓越、质量和责任,各国政府越来越多地求助于国际和比较教育数据分析。他们认为,教育的主要目标是提高个人的社会和经济前景,且只有通过为所有人提供优质教育才能实现。目前,经合组织的国际学生评估项目(Programme for International Student Assessment,PISA,简称"PISA"或"PISA 测试")的"国际商定框架"(Internationally Agreed Framework)定期监测和衡量学生的学业成绩。这是为了应对日益增长的对教育成果进行国际比较的需求(参见 Zajda,2015)。为了衡量全球文化中的学业表现水平,经合组织与联合国教科文组织合作,采用"世界教育指标"(World Education Indicators,WEI)的方案,其中涵盖了范围广泛的比较指标,报告在教育方面投入的资源及其对个人的回报。

2016 年经合组织报告中提到,通过确保公平——定义为"资源的公平分配",重视学校投入,以实现结果公平。这已成为教育标准中的主导意识形态。该报告提到了影响教育成果的因素,包括就读于师生关系良好、拥有具备专业资格证的教师及基础设施强大的学校。此外,《教育概览》(Education at a Glance 2011: OECD indicators)早些时候强调了学校系统的包容性——支持所有学习者多样性——的重要性,其中指出:"包容性更高的学校系统,其总体结果更好,不平等现象较少"。当经验丰富的教师和物质资源在学校之间平均分配时,学校系统往往具有包容性:

> ……在一些学校系统中,通过分配学生到学校的机制而导致根深蒂固的不平等,这些机制包括根据学生先前的成绩或能力将学生分配到不同的私立学校和公共部门的特殊项目。(OECD,2011:455)

13.4.1 学业成绩的比较观点

PISA 对经合组织成员国和其他国家教育体系进行了百科全书式的比较审查。

2018 年的 PISA 是该计划的最新调查。它评估了 65 个国家和地区（涵盖世界近三分之二）的 15 岁儿童在阅读、数学和科学方面的能力。至少有一半的指标涉及教育的产出和结果，三分之一的指标侧重于公平问题（性别差异、特殊教育需求、识字技能和收入方面的不平等）。似乎只有少数国家在实现全民扫盲方面进展顺利。其他一些国家正如经合组织研究所证实的那样，文盲问题在当时基本上是一项亟待完成的议程（OECD，2016，*Education Policy Analysis*：67；也可参见 OECD，2018）。

经合组织调查的主要焦点是学习成果的质量以及形成这些成果的政策。它还载有经合组织的国际学生评价方案，这是一个绩效指标，根据性别、社会地位和其他变量来审查公平问题和结果。绩效指标根据各国的教育成果进行分组。经合组织的国际调查最后提出了一系列政策问题，这些问题可能会影响"我们学校的未来是什么？"的政策辩论。这些问题包括文化和政治视角（公众对教育的态度，对目标和结果的共识或冲突程度）、问责制、多样性与统一性、资源配置（正如经合组织一些成员国的当前趋势所证明的那样，以避免资源配置不平等的现象扩大）、教师专业化和学校作为终身学习的中心。

13.4.2　未来的学校

我们可以总结出未来学校的六种图景。前两种图景基于当前的趋势，一种是继续现有的制度化体系，另一种是应对全球化和市场化，促进以市场为导向的学校教育。接下来的两种图景涉及"再学校化"问题，学校与社区更紧密地联系在一起，成为灵活的学习型组织。最后两种"去学校化"的未来图景则表明，学校将在信息和通信技术以及网络社会的支持下，彻底转变为非正规学习网络，学校系统可能会逐渐消失或"崩溃"（OECD，2016，*Education Policy Analysis*：119）。

巴伯（Michael Barber）在经合组织/荷兰鹿特丹"明日学校教育"国际会议上的主题演讲《未见之物的证据：重新概念化公共教育》（The Evidence of Things Not Seen：Reconceptualising Public Education）①提出了未来学校的五项战略挑战和四项可交付成果的目标：

　　战略挑战

　　　　——重新认识教学

---

　　①　参见教育研究与创新中心网站：www.oecd.org / cer。

——创造高自治/高效能

——能力建设和知识管理

——建立新的伙伴关系

——重塑政府的作用

可交付成果的目标

——实现普遍的高标准

——缩小成绩差距

——释放个性

——推进素质教育

战略挑战和可交付成果的目标框架所提出的问题(有助于描述政策挑战和追求的目标)集中在教育中的平等或平等主义(而非精英主义)问题上。具体来说,问题可以指影响学校教育性质的不同的文化和政治环境(Zajda,2010)。在机会均等方面,需要考虑多样性和一致性。集中/分散、多样性/统一性和课程标准化问题,以及教育政策内容和分析中尚未解决的意识形态困境,都指向重要的公平问题。

13.4.3 教育政策目标和成果

在分析教育政策目标和成果之间的差异时,萨卡罗普洛斯(Psacharopoulos)认为,改革失败的原因是,"预期的政策从未得到实施",政策"含糊不清",所涉及的财政问题没有得到解决,政策是基于良好的意愿,而不是基于"研究证明的因果关系"。《教育政策分析》(*Education Policy Analysis*)的作者也得出了类似的结论,他们指出,改革失败的原因是政策制定者在政策结果方面"盲目行动"(缺乏能够推动进展的可靠数据)。在他们看来,几乎不可能衡量不同政策领域作为预定改革方案系统的合作效果。在比较数据(学习成本、正规教育部门以外的学习活动和成果的数量和性质)方面存在着巨大和严重的差距。此外,还需要完善比较数据,尤其是绩效指标,因为当前的结果反映了终身学习的"目标偏差"(OECD,2016:69)。

13.5 国际教育成就研究

萨卡罗普洛斯和克勒斯(Klees,2016)一样,对教育政策、标准和学术成绩的国际比较的有效性和可靠性揭出了质疑。在考察比较教育不断变化的本质时,他提供了一个更加务实的、基于解构国际比较的教育政策评价。他评论了国际成绩比较的有效性[国际教育成就评价协会(International Association for the Evaluation of Educational Achievement)和国际教育进展评估组织(International Assessment of Educational Progress)对不同国家成绩的研究],揭示了对成绩指标的错误使用(包括使用毛入学率,而不是净入学率,忽视了入学者的年龄层面),并提出各种新的数据比较分析方法:

> 自萨德勒(Sadler)时代以来,比较教育研究发生了很大变化。当时的问题可能是:应该在什么年龄教授希腊语和拉丁语? 或者,英国学校如何学习费城学校的教学本质? 今天的问题是:不同教育政策的福利效应是什么? 教育产出的决定因素是什么?

在批评全球化及其对教育改革的影响时,还需要关注以下问题:

- 全球化、民主和教育之间的矛盾关系。一方面,将民主和进步的教育等同于平等、包容、公平、宽容和人权;另一方面,一些批评者认为全球化是一种总体化的力量,这种力量正在扩大贫富差距,并带来企业精英的统治、权力和控制。

- 身份政治、性别、种族、民族、宗教和阶级政治对教育政策研究和改革的影响。

- 话语的重要性,它决定并影响着教育政策、改革和行动。

- 关注主要参与者(谁参与、如何参与、在什么条件下参与),谁在地方—国家—全球的全球化窗口中发挥了桥梁作用。

- 文化同质化与文化异质化的矛盾或全球主义与地方主义、现代与传统之间恒久的辩证关系及其对教育和决策过程的影响。

- 各种教育政策和改革与全球化多维类型之间的互动。

- 全球化政治与教育政策发展的重要意义,以及它们对积极的公民身份意识、民族国家、民族认同、语言、多元文化和多元民主等结构的跨文化认知产生的影响。

- 经合组织的知识社会模式以及相关的战略挑战和可交付的目标。

- 联合国教科文组织推动的终身学习模式及其与全球教育政策制

定者的相关性。

- 不同的政策规划模式,以及由集中/分散、多样性/统一性和课程标准化问题引起的公平问题。

- 教育质量的"危机",关于教育水平和卓越程度的争论。

- 教育改革的轨迹可能加深我们对全球化进程及其对教育机构的影响。

一些批评者(Robertson,Bonal,& Dale,2002)认为,经合组织、联合国教科文组织、世贸组织以及《服务贸易总协定》(General Agreement on Trade and Services,GATS)的政策是一股强大的力量,它们作为超越国家的组织,塑造和影响着世界各地的教育和政策。有人认为,通过作为关键的政治和经济行为体和"全球化主体"的世贸组织的《服务贸易总协定》来理解教育和政策主导意识形态的复杂变化和转变过程,有助于理解权力、意识形态以及教育和社会中的调控之间的关系。

> 审视重新规划的政治以及世贸组织作为全球行动者的出现,使我们能够看到教育系统如何既作为一种新服务提供给全球经济中的贸易,又迫于应对全球自由贸易的逻辑……世贸组织成为一个强大的国家能够主宰和塑造游戏规则的场所,在全球经济中,一些国家越来越多地把向全球市场开放教育系统视为吸引外国投资的一种手段。(Robertson,Bonal,& Dale,2002:495)

上述对全球化、政策和教育的批判暗示了新经济和认知形式的文化帝国主义。这种意识形态和政策上的霸权转变可能对国家教育体系和政策实施产生重大的经济和文化影响。例如,鉴于《服务贸易总协定》的限制,以及跨国教育公司和组织在全球市场上的持续统治,"在知识驱动经济的自由市场环境中,国家知识生产政策的基础可能会受到侵蚀"(Robertson,Bonal,& Dale,2002:494)。这种侵蚀意味着大学传统角色——为其自身(内在)的利益而追求知识——相应地被削弱:

> ……学术信条的核心是为了自身的利益而追求知识。知识和获取知识的过程本身是好的,而大学是所有机构中最重要的,现在或曾经致力于此。调查、发现、组织和思考知识,这些都是大学的意义所在……(Robertson,Bonal,& Dale,2002:494)

全球化和市场竞争力量催生了知识产业的大规模发展,对社会和教育机构产生了深远影响。在全球文化中,当前的大学与其他教育机构一样,被期望将其资本投入到知识市场中去。大学越来越像一个企业机构。这种管理化和企业化的重新定位，在过去会被视为与大学提供知识的传统精神相悖。德兰蒂（Delanty，2001）指出，"随着商学院和科学技术的兴起，创业价值正获得一种新的合法性……大学的批判精神更有可能因为全球化而被扼杀而不是加强"（Delanty，2001：115）。可以说，全球化可能会对高等教育部门乃至整个教育产生不利影响。全球化的影响之一是，大学被迫接受效率和利润驱动的管理主义的企业精神。因此，全球文化中的新企业型大学屈服于新自由主义意识形态所带来的经济收益。

从宏观社会角度看，可以说，在语言、政策、教育和民族认同等领域，民族国家可能失去其影响未来方向的权力和能力，因为知识支配、知识生产和知识传播的斗争成为一种新的文化支配形式和知识驱动的社会分层。此外，与教育政策有关的国家认同、语言、边境政治和公民身份等观念的不断发展和变化，也需要在地方—区域—国家的舞台上进行批判，因为这也是全球化的竞争。当前的教育政策研究反映了一个快速变化的世界，在这个世界里，公民和消费者正在经历越来越多的不确定性和疏离感。贾维斯（Jarvis，2002）强调了在积极公民身份中"重新发现"一个人的社会身份的必要性：

> 民主进程正在被颠覆，人们越来越需要重新发现积极的公民身份，在这种情况下，男性和女性可以为共同的利益而合作，特别是那些由于全球文化机制而被排斥在外的人。

上述情况既反映了被全球化、文化帝国主义和全球霸权主义力量入侵的世界中日益增加的疏离感，也反映了一种涂尔干式（Durkheimian）的反常感，这些力量决定了新的经济、政治和社会真理制度。教育政策中这些新构建的必要条件完全可以作为全球主宰叙事来运作，在全球化的经济、政治和文化混合体框架内发挥霸权作用（Zajda，2014a）。

13.6　标准驱动与结果定义的政策变化

全球化力量的影响之一是，教育组织的目标和战略是以企业经营模式为基础的，因此不得不接受效率、问责和利润驱动的管理主义的企业精神。因此，21世纪教育改革政治反映了这种新出现的标准驱动和结果定义的政策变革模式（Zajda，2015，2016a，b）。一些政策分析家批评全民教育框架强加的教育标准化的泛化性

和过度性(Carnoy,1999;Burbules & Torres,2000;Zajda,2018):

> 无论人们关注它们的积极影响还是消极影响,归根结底,人们一致认为,教育发展的政策和实践已经沿着多边论坛上建立的共识趋于一致。(Carnoy,1999)

教育和政策改革面临的新挑战包括提高中学的学业成绩。我们的主要研究结果表明,目前大多数金砖国家在教育治理方面的趋势依赖于问责制、绩效和产出驱动的学校教育,其特点是通过中学最后一年考试进行新的高利害测试(high-stakes testing)[①]。对全球竞争力的推动意味着,近期中学的教育政策改革往往是由标准和(全球)问责制驱动的。金砖国家政府和教育部推动中学取得高学业成绩的努力受到了新兴的全球教育治理标准化制度(如 PISA)的影响。

13.7 全球化、市场化与质量/效率驱动的改革

自 20 世纪 80 年代以来,世界各地的全球化、市场化和以质量/效率驱动的改革导致了教育和政策产生结构性的和质的变化,包括越来越重视"全民终身学习",或"从摇篮到坟墓"的学习观和全球文化中的"知识经济"。各国政府在追求卓越、质量和教育问责制方面,越来越多地求助于国际和比较教育数据分析。

各国都认为,教育的主要目标是提高个人的社会和经济前景,这只有通过为所有人提供优质教育才能实现。如今,学生的学业成绩在 PISA 的"国际商定框架"内定期进行监控和衡量。这样做是为了应对日益增长的教育成果国际比较需求[见《教育政策展望 2015:让改革成为现实》(*Education policy outlook 2015: Making reforms happen*)和《全球教育监测报告 2017》(*Global education monitoring report 2017*)]。然而,由于内部和外部的诸多因素,并非所有学校都能成功地解决新的学术标准问题。例如,科恩(Cohen,2011)将美国教育改革的失败归因于学校治理的散乱和缺乏连贯的教育基础设施。

自 20 世纪 80 年代以来,全球的高等教育政策和改革受到全球化、新自由主

---

① 当一项标准化的考试的结果被看作一个重大决策的唯一决定因素时,这项标准化考试便可被称作"高利害测试"。高利害测试(high-stakes testing)最初是美国联邦政府和各州政府为对学校进行教育问责而开展的统考,后由于该测试项目导致管理者过于看重分数,过于关注考试内容等消极影响引发热议。——译者注

义、人力资本和经济理性主义等宏大叙事的影响（Sabour，2005；Zajda，2018）。20世纪80年代的高等教育政策改革是对经济理性主义的推动，其中大学这一传统的角色被市场导向和企业型大学取代。这导致了企业型大学奖的出现。例如，哈德斯菲尔德大学（University of Huddersfield）被授予2013年度《泰晤士高等教育》创业大学年度奖。正如桑德斯（Saunders，2010：60）等人所指出的，新自由主义大学强调"教师的角色不是教育者、研究者，或者更大社区的成员，而是企业家"。据此，目前将学者重新定义为"企业家"的现象非常普遍，这与新自由主义意识形态以及教师劳动成果的商品化、商业化和市场化相一致（Saunders，2010：60）。

13.8　全球化与社会不平等

德尔维（Dervis，2007）讨论了解决经济和社会不平等问题的必要性，他认为全球化通过创造赢家和输家改变了世界经济：

> 全球化从根本上改变了世界经济，创造了赢家和输家。减少国家内部和国家之间的不平等，建立更具包容性的全球化是我们这个时代最重要的发展挑战……解决这些不平等是我们这个时代最重要的发展挑战，并强调了包容性发展为何是联合国和联合国开发计划署的核心使命。（Dervis，2007）

国际货币基金组织负责人拉加德（Lagarde，2018）批评全球化和社会不平等，认为需要"更多的再分配"，这是国际货币基金组织一项彻底的经济政策改革（Lagarde，2018）。萨瓦尔（Saval，2017）使用米兰诺维奇（Milanovi，2016）书中的数据指出，相对而言，全球化的最大好处已累积到崛起的"新兴中产阶级"身上：

> 但弊端也存在：从绝对意义上说，最大的收益已经达到通常所说的"1%"——其中一半是在美国。经济学家鲍德温（Richard Baldwin）在他的新书《大融合》（*The Great Convergence*）中指出，全球化带来的几乎所有收益都集中在6个国家。（Saval，2017）

克勒斯（Klees，2016）对人力资本话语及其在回报率逻辑中的使用，或教育数量对收入的影响进行了有根据的批判，证明了人力资本理论及其与教育和生产力之间的联系是由精英资本主义的意识形态，以及新自由主义的意识形态所定义和驱动的,其"回报或多或少是应得的"(Klees,2016:259)。因此,自 20 世纪 80 年代以来,由于缺乏教育和就业机会,使用人力资本和技能话语来"责怪个人"而不是社会结构和组织这一现象很流行:

> ……他们缺乏对人力资本的"投资",因为他们没有上学,因为他们辍学,因为他们没有学习"正确"的专业,因为他们缺乏企业家精神。
> (Klees,2016:259)

在人力资本理论合法化下,资本主义的意识形态永远无法解决社会不平等和贫困问题,因为更大的经济平等、就业和社会正义不是资本主义的目标。在利润最大化激励的推动下,资本主义使得社会不平等,缺乏充分就业和地方性贫困是不可避免的(Bardhan,2005;Franzini & Pianta,2015;Klees,2016)。

里兹维也认为,当前在新自由主义意识形态推动下的教育改革话语加剧了"社会不平等"(Rizvi,2017:10)。他认为,全球化在给"大多数社会带来巨大利益"的同时,也加剧了不平等:

> 人员、思想和媒体的全球流动为大多数社区带来了巨大的利益,但显然是以不平衡和不平等的方式进行的。(Rizvi,2017:12)

全球化的影响之一是,高等教育部门的目标和战略是以反映新自由主义意识形态的市场导向和企业经营模式为基础的,不得不接受"效率、问责和利润驱动的管理主义的企业精神"(Zajda,2014b)。这必然产生社会和经济分层的社会和教育体系。

由于私有化/市场化的影响导致多维的不平等,并对社会正义产生影响,同时,由于贫富地区间经济和社会差异,导致地方教育/地区当局之间的资金供应日益不平等。教育经费方面的地区不平等对获得优质教育产生了不利影响。一些较贫困的农村地区在社会、经济和教育方面处于劣势,很少有机会接受优质教育。目前,政府根据中学国家考试结果支持表现最佳的学校的政策,将继续对"这些贫困地区所有人获得优质教育的机会产生不利影响"(Dervin & Zajda,2018:7)。从批判理论的角度来看,全球化促成了贫富经济体之间根深蒂固的社会分层的新形式(Milanovic,2016)。

13.9　结论

教育部门、联合国教科文组织、经合组织和世界银行的政策文件反映了以下主题：人们开始认识到知识社会和学习型社会的重要性；认识到需要新的教育和培训理念，必须确保在义务教育和义务教育后教育阶段为所有公民奠定全球教育的基础；认识到强调全球化、教育和政策改革，可能会挑战现有的不平等、权力和特权的社会分层模式（Apple，2004；Franzini & Pianta，2015；OECD，2018；UNESCO，2017a，b，c；World Bank，2017，2018；Zajda，2018）。

上述对教育政策改革的分析以及由此产生的全球文化中社会分层的分析显示了全球化、意识形态和教育改革之间的复杂关系：一方面，民主和进步的教育等同于平等、包容、公平、宽容和人权；另一方面，至少一些批评者认为，全球化是一种总体化的力量，这种力量正在扩大贫富差距，并带来企业精英的统治、权力和控制（Milanovic，2016）。因此，我们需要继续批判性地探索"地球村"所面临的新挑战，提供真正的民主、社会正义和跨文化的价值观，真正促进变革性的教学（Zajda，2015）。如何使以智慧、同情心、平等和跨文化理解为特征的真正的学习和变革文化成为现实，而不是一种政策言论，我们就需要关注当前和正在进行的教育改革的核心问题，即公平、社会正义和人权（Daun，2015；Zajda & Ozdowski，2017）。

参考文献

Ampuja, M. (2015). Globalisation and neoliberalism: A new theory for new times? In J. Zajda (Ed.), *Second International handbook of globalisation, education and policy research* (pp. 17 – 31). Dordrecht: Springer. Retrieved from http://www.springer.com/gp/book/9789401794923

Apple, M. (2004). *Ideology and curriculum* (3rd ed.). New York: Routledge.

Bardhan, P. (2005). *Globalization, inequality and poverty: An overview.* Berkeley: University of California.

Burbules, N., & Torres, C. (2000). *Globalisation and education: Critical perspectives.* New York: Routledge.

Carnoy, M. (1977). *Education as cultural imperialism.* New York & London: Longman.

Carnoy, M. (1999). *Globalization and educational reform: What planners need to know?* Paris: International Institute for Educational Planning.

Carnoy, M., & Rhoten, D. (2002). What does globalization mean for educational change? A comparative approach. *Comparative Education Review*, 46(1), 1 – 9.

Cohen, D. (2011). *Teaching and its predicaments.* Cambridge: Harvard University Press.

Daun, H. (2015). Globalisation, hegemony and education policies. In J. Zajda (Ed.), *Second International handbook of globalisation, education and policy research* (pp. 32 – 51). Dordrecht: Springer. Retrieved from http://www.springer.com/gp/book/9789401794923

Delanty, G. (2001). *Challenging knowledge: The University in the knowledge society*. Buckingham: The Society for Research into Higher Education & Open University Press.

Dervin, F., & Zajda, J. (2018). *Governance in education: Diversity and effectiveness*. Report to UNECO on governance in education. Paris: UNESCO.

Dervis, K. (2007). Inclusive globalization. In United Nations Development Programme. *UNDP Annual Report 2007: Making globalization work for all*. New York: UNESCO.

Franzini, M., & Pianta, M. (2015). *Explaining inequality*. London: Routledge.

Friedman, T. (2018). *Conversation with Hon. Secretary John Kerry and Thomas Friedman*. Retrieved from https://som.yale.edu/event/2018/10/conversation-with-hon-secretary-johnkerry-and-thomas-friedman-pulitzer- prize-winning-journalist-and-author

Guillén, M. (2000). Is globalization civilizing, destructive or feeble? A critique of six key debates in the social-science literature. *Annual Review of Sociology*, 27(1), 235 – 260.

Held, D., et al. (1999). *Global transformations: Politics, economics and culture*. Stanford: Stanford University Press.

Hicks, D., & Holden, C. (Eds.). (2007). *Teaching the global dimension: Key principles and effective practice*. London: Routledge.

Jarvis, P. (2002). *The Changing University: Meeting a need and needing to change*. Retrieved from https://onlinelibrary.wiley.com/doi/abs/10.1111/1468-2273.00144

Klees, S. (2016). Human capital and rates of return: Brilliant ideas or ideological dead ends? *Comparative Education Review*, 60(4), 644 – 672.

Lagarde, C. (2018). *The world economic forum, January 2018*. Retrieved from https://www.weforum.org/events/world-economic-forum-annual-meeting-2018

McLaren, P., & Farahmandpur, R. (2005). *Teaching against global capitalism and the new imperialism*. Lanham: Rowman & Littlefield.

Milanovic, B. (2016). *Global inequality: A new approach for the age of globalization*. Retrieved from file:///J:/Globalisation%20book%20series/volume%2019%20globalisation%20and%20education%20reforms/milanovic20160509ppt.pdf

Moyo, D. (2018). *The world economic forum, January 2018*. Retrieved from https://www.weforum.org/events/world-economic-forum-annual-meeting-2018

Norris, P. (2015). *Is globalization getting more complex?* Retrieved from http://insights.som.yale.edu/insights/is-globalization-getting-more-complex

OECD. (2011). *Education at a glance 2011: OECD indicators*. Paris: OECD.

OECD. (2016). *The OECD education policy outlook National Survey for comparative policy analysis*. Paris: OECD.

OECD. (2018). *The OECD education policy outlook: Putting student learning at the centre*. Paris: OECD.

PISA. (2018). *Global Competence*. Paris: OECD. Retrieved from www.oecd.org/pisa/pisa-2018-global-competence.htm

Rizvi, F. (2017). *Globalization and the neoliberal imaginary of education reforms*. Paris: UNESCO.

Robertson, S., Bonal, X., & Dale, R. (2002). GATS and the education service industry: The politics of scale and global re-territorialisation. *Comparative Education Review*, *43*(3), 472 – 496.

Rust, V., & Kim, S. (2015). Globalisation and global university rankings. In J. Zajda (Ed.), *Second international handbook of globalisation*, *education and policy research*. Dordrecht: Springer.

Sabour, M. (2005). The impact of globalisation on the mission of the university. In J. Zajda (Ed.), *The International handbook of globalisation and education policy research* (pp. 189 – 205). Dordrecht: Springer.

Saha, L. (2005). Cultural and social capital in global perspective. In J. Zajda (Ed.), *International handbook of globalisation and education policy research* (pp. 745 – 755). Dordrecht: Springer.

Saunders, D. (2010). Neoliberal ideology and public higher education in the United States. *The Journal for Critical Education Policy Studies*, *8*(1), 42 – 77.

Saval, N. (2017). The rise and fall of an idea that swept the world. *The Guardian*. Retrieved from https://www.theguardian.com/world/2017/jul/14/globalisation-the-rise-and-fall-of-an-idea-that-swept-the-world

Steger, M. (2009). *Globalisation: The great ideological struggle of the twenty-first century*. Lanham, MD: Rowman and Littlefield.

Stiglitz, J. (2006). *Making globalization work*. New York: Norton and Company.

UNESCO. (2017a). *World education report*. Paris: UNESCO.

UNESCO. (2017b). *UNESCO and education*. Paris: UNESCO.

UNESCO. (2017c). Global education monitoring report 2017/2018. In *Accountability in education: Meeting our commitments*. Paris: UNESCO.

World Bank. (2017). *End poverty: Annual Report 2017*. Washington: World Bank.

World Bank. (2018). *World Development Report 2018: Learning to realize education's promise*. Washington: World Bank.

Zajda, J. (2010). Credentialism and skills in the 21st century. *Educational Practice and Theory*, *32*(2), 99 – 114.

Zajda, J. (2014a). Ideology. In D. Phillips (Ed.), *Encyclopedia of educational theory and philosophy*. Thousand Oaks: Sage.

Zajda, J. (2014b). Globalisation and neo-liberalism as educational policy in Australia. In H. Yolcu & D. Turner (Eds.), *Neoliberal education reforms: A global analysis*. New York: Taylor & Francis/Routledge.

Zajda, J. (2015). *Second International handbook of globalisation*, *education and policy research*. Dordrecht: Springer. Retrieved from http://www.springer.com/gp/book/9789401794923

Zajda, J. (2016a). Globalisation, ideology and education reforms. In J. Zajda (Ed.), *Globalisation*, *ideology and politics of education reforms* (pp. 1 – 10). Dordrecht: Springer.

Zajda, J. (2016b). Globalisation, ideology and politics of education reforms. In J. Zajda (Ed.), *Globalisation*, *ideology and politics of education reforms* (pp. 153 – 162). Dordrecht: Springer.

Zajda, J. (2018). *Globalisation and education reforms: Paradigms and ideologies*. Dordrecht: Springer.

Zajda, J., & Ozdowski, S. (Eds.). (2017). *Globalisation and human rights education*. Dordrecht: Springer.

作者简介

约瑟夫·佐伊道（Joseph Zajda）　澳大利亚天主教大学（墨尔本校区）（Australian Catholic University, Melbourne Campus）教育与艺术学院副教授。 研究领域： 全球化和教育政策改革、社会公正、历史教育和价值观教育。 在全球化和教育政策、高等教育和课程改革领域撰写和编辑出版了 32 部专著和 100 多篇文章。

电子邮箱： joseph. zajda@acu. edu. au。

（刘　艳　邓晓莉　译）

第十四章

跨国教育治理中的相互依存

索蒂里亚·格雷克

（英国 爱丁堡大学）

14.1 引言：复杂世界中的相互依存

　　国际组织在制定全球指标方面的主导地位渗透到跨国社会和政策领域中,数字已经成为国际组织自身结构中不可或缺的一部分。然而,令人惊讶的是,在狂热的批评者和理直气壮的拥趸中,人们对于全球量化过程是如何重构这一领域的却知之甚少。指标不仅渗透到组织文化和这些组织所处的环境中,至关重要的是,它们正在重塑国际组织在一个日益量化但不确定的世界中共存、竞争和生存的方式。近几十年来,国际组织为寻求"全球危机"的"全球解决方案"建立了合作伙伴关系和广泛的联盟。这些合作的财政投资正在增加,希望也在增加:如果我们早知道,我们早就可以行动了。鉴于这些新的进步指数所具有的道德意味,以及其失败所带来的巨大的人力和环境代价,人们越来越认识到有必要研究各国际组织在制定跨国治理的量化指标方面的相互作用。[①]

　　本章以国际关系理论、科学与技术研究为基础,运用组织社会学的理论链以及计量学社会研究的新兴领域,探讨国际组织在全球计量领域建设中的相互关系。由于国际组织在通过数字进行标准化、去背景化和绩效管理的过程中举足轻重,因此教育是此次考察的重点。同时,各国际组织一直共商改变政策领域。

---

　　① 在这里,我们遵循了杰里奇（Djelic）和萨林-安德森（Sahlin-Anderson）在"全球"和"跨国治理"中对"跨国治理"这一术语的偏好,因为"跨国"含有"纠结和模糊的边界"的意味,而"全球"则无法表示这个含义（Djelic & Sahlin-Anderson, 2006: 4; 关于更为完善的论点,另见 Hannerz, 1996）。

此外,由于教育逐渐被视为经济繁荣和社会凝聚力的核心,因此教育具有更大的政策意义。基于此,探究量化如何影响国际组织重新配置其治理工作,意义重大。

本章的主旨是,在数字的诱惑下(尽管不那么引人注目),大型国际组织的行动不仅通过与政府和地方机构的联系建立合作伙伴关系,更加巩固了彼此之间的联系。这些合作所要求的数据编码过程和组织文化编码(以便共享数据和共同产生数据),允许对跨国治理的量化工作进行全面分析。换言之,在国际组织的最初形成状态(而不是更加成熟的状态),对其相互作用进行考察,是打开全球监控领域另一个"黑箱"的独特机会(Bhuta,2012)。

这是一个簇新的、以问题为导向的视角,超越了国际组织在"数字治理"中的作用。本章汇集了各种不同的知识体系,以便阐明指标在重塑数据收集者之间的关系中所扮演的角色。在量化之风盛行但不确定的世界中,研究侧重关注量化对改变国际组织竞争、生存、共存方式的影响。尽管已经有一些关于计量对各个政策场域改革影响的深入研究,但鲜有人关注到早期却很关键的部分——那些决定问题化("问题"的构建)和制度化("问题"进入制度议程的那一刻)的场地、行动者和活动。本章的出发点和重中之重是数字和(国际)组织已经开始相互建构、共同演进。数字移动这个看似简单但又独特的特质,在内部组织安排和外部环境之间,以及国际组织本身之间创造了流动性。因此,本章超越了经典组织社会学关于内部结构与外部突发事件和环境的区分,指出通过数字简化、稳定和流动的特性,以崭新且具有政治意义的方式重新构造了组织和场域之间的关联、依赖和结构。换句话说,数字成了治理者。

尽管国际组织重新突出了成立联盟的必要性,但合作始终是其业务的中心,因为它们传统上需要与政府、非政府组织和私营部门密切合作。然而,棘手问题①的繁复、"供体重复"(Ringel-Bickelmeier & Ringel,2010)、资源池数据过载已经成为国际组织日趋被迫合作的最常见原因之一。事实上,大多数重要的全球战略,如联合国千年发展目标(2000—2015)、2015 年后发展议程或主要的教育评测机制,如经济合作与发展组织(Organisation for Economic Co-operation and Development,

①　棘手问题(wicked problems)指的是一类难以被程序式化的社会系统问题,在这些问题中,信息是含糊不清的,存在着多方利益冲突的决策者,并且结果在整个系统中(的影响)是难以琢磨的。——译者注

OCR,简称"经合组织"）、国际学生评估项目（Programme for International Student Assessment,PISA,简称"PISA"或"PISA 测试"）,这些都是依赖资源和专业知识而进行的协作性项目。这些国际组织如何相互学习？在产生统计数据的过程中,它们是如何协商财政资源和处理知识争议的？它们如何积极地形成集体意义（Weick,1995）和问题框架策略（Baumgartner & Jones,1993）？我们对它们的专家网络了解多少？最终,如果评级和排名实践对于被评估者来说是一个"零和"游戏,我们对评估者的游戏规则又了解多少？

根据经验,正如上文提到的,本章研究了教育场域两个独立的案例,无论是在南半球还是北半球,教育政策都越来越倾向于通过衡量绩效来提高人力资本。由于绩效评估和量化在教育中历史悠久,因此教育可以成为一个有利的生产点。它是新出现的福祉和改善生活战略的关键要素,这些战略在金融危机后盛行于统计管理项目中。教育与使用软数据①集来计算社会效应是完全一致的。最后,也是最重要的一点,就是自 20 世纪中期以来,联合国教育、科学及文化组织（United Nations Educational, Scientific, and Cultural Organization,UNESCO,简称"联合国教科文组织"）、经合组织、欧盟委员会和世界银行等大型国际组织在这些政策场域投入了大量数据和专业知识。

本章是基于当前欧洲研究委员会资助项目"国际组织和全球计量场域的崛起"（International Organisations and the Rise of a Global Metrological Field）的研究。文章首先简要回顾了量化政治的文献,然后澄清分析的理论基础,接着介绍正在研究的两组个案,最后通过对跨国教育治理场域及其以外场域的国际组织、相互依存和计量的讨论得出结论。

14.2 跨国治理中的"数字治理"

关于数字在社会治理中的作用的研究非常丰富,吸引了社会学、历史学、政治学、地理学、人类学、哲学、科学与技术研究等多个场域的学者。杰出的学者们清楚地描述了数字在现代国家形成中的作用以及计量机制在公共政策和社会生活

---

① 软数据一般指较为主观的调查类的指数, 如某个城市的幸福指数; 硬数据则是指客观的数据指数, 如国内生产总值、工业增加值等。 ——译者注

各场域的治理作用（Alonso & Starr，1987；Hacking，1990，2007；Porter，1995；Power，1997；Desrosiéres，1998；Rose，1999；Espeland & Stevens，2008）。数字人类学（anthropologies of numbers）暗示我们的生活越来越多地受数字、指标、算法、审计以及对风险管理的持续关注所支配（Shore & Wright，2015：23；也可参见 Merry，2011；Sauder & Espeland，2009；Strathern，2000）。此外，关于指标的重要见解和观点主要来自科学与技术研究（Bowker & Star，1999；Lampland & Star，2009；Latour，1987；Saetnan，Lomell，& Hammel，2011），还有行动者网络理论（actor network theory）（Latour，2005）。最后，有关在跨国治理背景下具体使用指标和量化的研究成果正在不断增加（例如，Bogdandy，Dann，& Goldmann，2008；Palan，2006；Martens，2007；Fougner，2008；Bhuta，2012）。

尽管如此，有关全球数字治理的各类专著和文章数量迅速增加，但我们对计量政治与跨国治理的关系的理解却未得到充分检验。正如杰里奇和萨林-安德森（Djelic & Sahlin-Andersson，2006）所说，由于主导跨国空间的密集跨境网络（intense cross-boundary networks）和软监管机制（soft regulation regimes）的流动性和复杂性，在跨国治理这一场域中研究数字在治理中的作用，将卓有成效。这种关注的缺乏可能是由学科界限造成的，例如，尽管有关数字在全球政治经济中作用的有趣研究正在不断涌现，但国际关系和国际法学者至今没有对这一场域给予太多关注（例如，Palan，2006；Martens，2007；Fougner，2008）。

数字的哪些特性体现了它在跨国治理中的重要作用呢？汉森和波特（Hansen & Porter，2012：410）将数字与语言进行对比，认为虽然学者们花了很长时间才认识到语言的构成本质，但我们现在已经很清楚语言在塑造现实中的作用。然而，他们认为，数字具有附加特征，例如，有序性、流动性、稳定性、可结合性和精确性，这些附加特征使数字的影响比语言更普遍。通过使用条形码的事例，他们清晰地说明了"不同层次的数值运算如何有力地促进国家、企业和人民跨国活动的秩序化"。他们建议，不仅需要关注数字本身的质量，还要根据哈金（Hacking，2007：295）的说法，关注"被分类的人，对他们进行分类、研究和提供帮助的专家，专家与其研究对象互动并通过官方对其进行控制的机构"。

本章重点关注的正是作为数据专家的国际组织。继有关数字既能保持稳定又能快速无国界地传播的叙述之后，本章揭示了拉图尔（Latour，1987：245）所称的"为数不多的强制性通过点"（obligatory passage points）①：在数字的运动中，数据的复杂性不断降低，达到足够简化的状态，直到可以"从野外到实验室，从遥远的土地到制图者的桌子"（Hansen & Porter，2012：412）。

14.3　理论框架与关键中介概念

本章遵循"建构主义—制度主义"（constructivist-institutionalist）的方法（Smith，2009），采用了拉格罗伊（Lagroye，1997：25）对治理的定义，即"参与组织和社会生活方向的一系列实践"。因此，它建立在这样一个前提下，即跨国治理远不是一个仅仅由"国家"和"跨国"机构组成的系统，而是一个由参与全球问题建构和制度化的行动者组成的"制度秩序"（Smith，2009）。反过来，跨国治理在概念上指的是使治理得以实现的"设备、过程和实践的组合"（Clarke & Ozga，2011）。

如前所述，大量的研究都在探讨国际组织在跨国治理中的作用。本项研究通常将国际组织视为单一的机构，或在类似背景下有着相似利益的行动者，而没有将视角转向它们组合在一起后随着时间推移又日趋分离的复杂现实（当然也有一些例外，比如，Cini，2008；Cram，2011）。国际组织通常也被认为是内部稳定的——这意味着权威的划分、制度化的规范、期望和价值观被认为是国际组织内部所有行动者共有的。然而，"大多数时候，至少一部分国际组织中的行动者将试图改变其中的一些机构，而其他人则会努力保持现状"（Jullien & Smith，2010：4）。因此，为了理解上游（即制定规则和问题框架）以及下游（即所有有竞争关系的行动者之间规则的应用和维护），考察行动者联盟的形成和动员至关重要（Jullien & Smith，2010）。实际上，一部分行动者动员和联盟的形成不是通过内部联系，而是通过网络和其他国际组织实现的。

这项研究的关键概念之一是"政治工作"的概念（Smith，2009），因为它在与拟议项目的研究议程相关的多个层面上都非常丰富。研究政治工作时，制度本身并

---

①　强制性通过点（obligatory passage points）是行动者网络理论的概念，是行动者网络核心行动者根据网络发展的目标而设置的，能够使其他行动者通过强制性通过点消除困难，把利益和目标转化为与核心行动者一致。简言之，就是各方行动者的共同利益诉求。法国社会学家卡龙（Michel Callon）在《行动者网络的社会学：电动车案例》中对这一概念作了详细解读。——译者注

不是研究对象。相反,研究的重点是有关组织内思想和价值观的制度化、去制度化和再制度化的持续循环过程。将量化作为一种政策工具的研究,可以成为这种分析的一个内容翔实的语境,因为人们将政治工作看作产生新的论据,激活新的联盟的过程。随后,人们要么进行变革,要么照搬制度,即行动者的规则、规范和期望(Jullien & Smith,2010)。

在继续讨论之前,需要更明确地阐释所使用的两个中间概念:"场域"和"知识争议"。先说后者,巴里(Barry,2012:324)用"政治形势"的概念解释了科学与技术研究在知识争议的定义中可能被误导的方式,因为争议主要与科学证据和思想的冲突有关。他认为,"争议的意义需要结合其他地方、其他时间发生的其他争议,以及事件的变化和争议场域来理解"。科学与技术研究最初通过研究可信度、客观性和可靠性问题来关注科学的"黑箱"(Shapin & Schaffer,1985),随后,转向分析公共知识争议,即专家知识与公众知识、非专业知识的冲突(Wynne,2003)。但巴里认为,尽管跨国标准化进程不断发展,但无论是国际关系,还是科学与技术研究的相关文献,都尚未涉及知识争议问题,似乎数据的简化(以及涉及的已达成共识的专家实践)非但没有增加,反而减少了知识争议和失败的可能性。众所周知,实现跨国标准化举步维艰,而政治争论往往被淹没并隐藏在专家、极客型教授普遍的想象中。于是,知识争议被视为采取紧急行动的障碍,因此需要国际组织迅速成立另一个委员会,达成共识并迅速继续前进。事实上,如果人们的目的是理解简化的过程、排除笨拙或多余的数据(或者笨拙的专家),那么这恰恰是人们必须关注的知识争议。回到巴里的话题,"政治形势所体现的是,一场争议的重要性不是由其具体的焦点决定的,要从争议与其他过去发生的和将来可能发生的不断变化的争议、冲突和事件之间的关系来考虑争议本身"(Barry,2012:330)。

本章建议,在构建"全球计量场域"时,有必要研究国际组织的相互作用。场域概念最早来自物理学,后在社会科学中被用来广泛指称行动者的关系地形。然而,这一概念往往只是简单关注特定的地理和关系空间。然而,正如杰里奇和萨林-安德森(Djelic & Sahlin-Andersson,2006)所提出的,这样的场域概念化忽略了场域运作方式中的一个重要因素,那就是将场域理解为权力场域。跨国治理似乎是一个由行动者组成的场域,这些行动者不断地协商和推进自己的议程——根据布迪厄(Bourdieu,1993)的观点,立场性的逻辑是赋予场域概念意义的原因。换言之,不同个体作用者(agents)①在场域中所占据的地位、他们的进退留转都与他们在该场域内为杰出成就所付出的努力有关,以此表达其专业性、教育性或其他利益诉求。同时,场域的结构既不是静态的,也没有任何系统的变化。恰恰相反,它是根据个体作用者为获得认可并改善自己的处境进行的斗争而无休止地重新制定的。个体作用者利用自身经济、社会和文化的力量,或者利用本章提及的知识资本的力量,来提高博弈能力并推进阵线。正是这些进步的关系本质赋予了场域解释性意义。因此,在布迪厄之后,本章采用了杰里奇和萨林-安德森(Djelic & Sahlin-Andersson,2006:27)关于场域的观点,即"空间和关系地形的复杂组合,具有强大的结构力量,以文化框架或意义模式的形式存在"。因此,有必要对国际组织在全球计量场域的崛起中的相互作用进行研究,不能简单地把跨国治理看作一个数字场域或行动者场域,跨国治理与两者均息息相关。

综上,本章基于建构主义的观点,着眼于影响数字产生的社会和政治条件,采用本体论的立场,即数字的存在不是有机的,而是国际组织相互关系的产物。本章考察了两类人:对于第一类人来说,跨国博弈是为他们而存在的,这就是他们的生活(就像布迪厄所说的那样,"跨国博弈让他们不停地运转");第二类人只是将跨国博弈作为地方政治斗争的工具。

14.4 教育与计量研究

教育场域是研究国际组织相互作用的宽阔舞台。早在 20 世纪 30 年代,教育场域就建立了第一个发展考试的国际网络,因此在计量研究方面有着悠久的历史。国际组织,如经合组织早在 20 世纪 60 年代就开始开发教育绩效的国际比较数据。近几十年来,由于教育与人力资本的发展和经济繁荣的关系越来越密切,各大国际组织在教育场域的指标开发都出现了井喷式的发展。从全球大学排名(Kauppi,2013)到全球成人能力测试(Grek,2014)的发展,这一场域尽管有初步确定的国家法律框架,但在很大程度上还是由国际组织的评估议程支配。

① "agents"一词在布迪厄著作的其他译本中也被译为"参与者"和"能动者"。 在本书中,我们将其翻译为"作用者"。 布迪厄认为, 每个场域都是由个体作用者之间的相互关系组成的,焦点是个体作用者之间的关系。 ——译者注

与他们的通约过程(commensuration processes)类似,教育场域大型国际组织的意识形态波动和联盟建设战略令人震惊。经合组织公开使用了一种经济学的教育话语,认为如果教育体系要在全球经济中具有竞争力,比较研究是必不可少的。有趣的是,随着 PISA 大获成功,经合组织开始扩大其在南半球的研究,而这以前是世界银行和联合国教科文组织的势力范围。尽管三大国际组织都在争夺稀缺资源,其世界观也存在冲突,但它们还是合作开展了一系列大型统计项目。例如,与经合组织不同,联合国教科文组织引以为荣的是人本主义教育方法,但这是联合国教科文组织统计研究所向经合组织"学习"如何进行教育统计而来的。在欧洲,欧盟委员会也在和经合组织形成类似的联盟。这两个组织在 2013 年签署了一份合作备忘录,表示它们将在成人技能分析和预测、国家分析和国际评估方面进行合作。事实上,正如我们将进一步看到的,欧盟委员会教育与文化总司(Directorate General Education and Culture)至少在十年前就已经是经合组织在欧洲开展研究的主要资助者。

为了研究国际组织在制定量化项目中的相互依存关系,本章重点研究了两个共同构建的数据和指标项目的发展,即欧盟委员会和经合组织在欧洲教育治理场域的新兴合作数据,以及由许多专家参与共同构建的《世界教育指标》(*World Education Indicators*),我们将在下文中看到。

14.4.1 "教育与技能合作协议"

2013 年,欧盟委员会和经合组织签署了"教育和技能合作协议"(Education and Skills Cooperation Arrangement),按欧盟委员会的话说就是,欧盟委员会负责协调成员国之间的政治合作……经合组织评估欧盟委员会在分析和评估教育体系方面的专业知识和能力。经合组织的评估范围还包括欧洲以外的国家,这些国家作为欧盟的合作伙伴和同行,具有重要的战略意义。签署合作协议的目的是协调,以帮助两个组织为成员国提供更好的服务,并避免重复工作。这份合作协议的成果是开发了"教育与技能在线"(Education & Skills Online, ESO)数据门户网站,将在"技能战略、国家分析、评估与调查三个关键领域加强合作"。

教育与技能在线由国际成人能力评估项目(Programme for the International Assessment of Adult Competencies, PIAAC)演变而来,这是一个主要由欧盟委员会资助的经合组织项目。正如我们将要看到的,这种合作充满了冲突——哪个组织的专业知识将为此"增添"更多的利益，以及最终这两个行动者中哪一方将在成员国中拥有更大的政策影响力（Grek，2014）。尽管如此，欧盟委员会并没有放弃合作，而是与经合组织签署了合作备忘录并同意在大多数关键政策领域分享专业知识，欧洲教育治理现在进入了一个新阶段。我们是如何做到这一点的呢？

这里对"教育与技能在线"评估的分析建立在之前研究（Ozga，Dahler-Larsen，& Segerholm，2011）的基础上，该研究表明，在国家层面，欧盟委员会和经合组织的建议往往是同质的（Grek，2009）。因此，关于这两个组织在政策方向上的关系问题就出现了。更具体地说，所讨论的案例表明，我们要超越政策自上而下单向地从国际到国家的转移，转向更加关注"层面"和行动者之间的互动（interaction）和调节（mediation）。实证研究的重点主要是通过考察 8 个关键文本，通过关注其"变形"效应和在建立新的话语秩序中的作用、它们的连接，以及边界类型产生的程度来分析话语。我们对来自欧盟委员会和经合组织以及其他有关研究机构的15 名行动者进行了访谈，访谈集中于行动者在协调（会议、项目工作）过程中的作用，他们与组织内外的其他行动者的互动，以及通过数据、思想和/或物质资源的流动渠道将他们与其他行动者联系起来的其他关系纽带。这里的分析主要通过对关键政策的行动者进行访谈的方式。本章访谈和所引用的文本内容，均来自身居高位和有重要决策影响力的政策行动者，因为他们拥有第一手经验，并参加了欧盟委员会教育与文化总司和经合组织之间关于资助和开展大型国际评估的会议和辩论。

之前的研究呈现了经合组织是如何成为欧洲的主要行动者的，它不仅进入了欧洲的教育政策领域，事实上还垄断了对欧洲教育政策的关注和政策影响力（Grek，2009）。本章在此基础上又向前迈了一步，结合国际比较测试的具体案例，探究了经合组织是如何在欧盟委员会教育与文化总司①的运筹帷幄下成为一个占有主导地位的教育政策行动者的。欧盟委员会发现，经合组织不仅有丰富的数据资源可用于治理（这是欧盟委员会以前所没有的），还有将欧盟委员会自己的政策议程向前推进的作用，同时仍然保留欧盟委员会旧的辅助性规则。正如我将要展示的，测试之所以重要，是因为它产生了数字，进而产生了评级和排名。一旦经合组织在欧洲教育中创造了这种前所未有的"比较"景象，任何系统都不能再隐藏和

---

① 关于欧盟委员会，本章更多的是指欧盟委员会教育与文化总司。

分离。测量的场域立即成为各国博弈和比较的地方。

尽管 PISA 已成为经合组织成功的标志,但从历史上看,自 20 世纪 90 年代初以来,经合组织就开始组织一系列此类研究,其中大部分是成人识字研究,接着是 PISA 和国际成人能力评估项目(2011)。例如,首个扫盲研究——国际成人识字率调查(International Adult Literacy Survey, IALS)是第一个也是最大规模的同类国际比较测验研究。这项研究从 20 世纪 90 年代初开始,是一项创新的研究,也是有史以来第一次在扫盲调查工具的构建中增加了国际比较的层面。由于这是一项独创性的新研究,开始时进展略显缓慢,但之后步伐逐渐加快,国际成人识字率调查增强了人们对构建测量工具的信心,提高了它们在有效性和透明度方面的说服力,并为管理这些工具的研究机构创造了大量收入。最后,也许最重要的是,它创建了一个由志同道合的专家团体组成的圈子,专家们在这些研究中找到了一个平台,用于促进具体问题的问题化,通过各自的交流和研究使其制度化,并在结果公布后,以向"失败"国家提供咨询的形式使其合法化。

在国际成人识字率调查大获成功之后,PISA 已不仅仅是一个测试制度了——作为一个在明确且具体的政策框架下建立和运作的项目,如果参与国要改进自己国家未来 PISA 的结果,提高其在吸引经济和人力资本投资方面的地位,就必须采用这一框架。换句话说,经合组织参与指导各国教育政策的步伐,并没有因为评估结果的公布戛然而止。相反,这可能只是一个开始。专家组撰写专家报告,由其他国家和地方的专家进行分析和推进,同时欧盟委员会的专家也参与其中,以保持对博弈的洞见并使其正常运行。

尽管如此,但经合组织是如何成为欧洲教育治理中如此强大的行动者的呢?正如在那里工作的一些人所认为的,驻扎在巴黎的教育局工作人员很少作出决定,甚至不做任何决定。正如他们所说,经合组织除了参与国和派往经合组织委员会和会议的国家行动者和专家之外,也别无其他了。仅仅关注一个单薄的国际行动者,来研究这个新政策舞台的出现有多准确,这就是知识争议概念的用武之地,因为经合组织作为一个有影响力的行动者(主要是在其大型国际测试的基础上)的出现又是一个扣人心弦的故事——一个关于专家之爱和专家之争的故事,书写了十多年来学业表现衡量在国际层面上比较的历史。

因此,大约在 2003 年至 2004 年,我们(经合组织和欧盟委员会)开始更多地参与进来。世界各地都在召开会议,我已经记不清我到过多少个国家,但重要的是,欧盟委员会在那儿……欧洲成员国应该看到欧盟委员会的存在,因为从一开始针对欧盟委员会的批评之一,便是我们没有把经合组织所做的一切工作都考虑进去。他们说错了。向他们展示的方式是真正地扎根在那里——而不是独留一把空椅子。(EC4)

一方面,虽然欧盟委员会和经合组织一直走在不同的思想体系的道路上,但新的更密切的关系开始出现。这种关系将逐渐加强,并最终成为欧洲教育体系治理的必要条件。另一位受访者在讨论这种蓬勃发展的关系时,更是滔滔不绝:

过去这两个机构(经合组织和欧盟委员会)之间存在激烈的竞争,因为他们是以研究为基础的,我们是以政策为基础的,我们需要研究基础,他们需要在政策方面去调动欧洲意识……与我们合作符合他们的利益……我们之间存在一些分歧,但我们的合作越来越密切,我们现在是非常非常好的朋友,没有冲突。(EU3)

另一方面,经合组织行动者对欧盟委员会也持开放态度,他们从自己的角度强调了教育总局与他们密切合作的原因:

首先,我认为我们非常幸运,欧盟委员会非常重视技能问题……所以我认为我们很幸运,我们在国际成人能力评估项目中做的工作与欧盟委员会的研究旨趣和研究重点相当契合……欧盟委员会一直在参加这些国际专家会议,这些会议是为国际成人能力评估项目制定提案的,欧盟委员会已经加入了……因此,欧盟委员会作出了直接的贡献,包括对国际成本的实际贡献,并最终同意补贴一些欧盟国家,他们也要为经合组织支付费用。所以,我们为一些国家赢得了一些直接资金和间接资金,同时,欧盟委员会也必须向我们支付国际费用。这在财务方面作出了巨大贡献,当然,也提高了该项目的利益。(OECD3)

另一个经合组织行动者也提到两者间的关系不是敌对的,而是更为密切的,实际上是"携手并进"的:

我们和其他国际组织一样认为,我们必须共同努力,避免重复劳动,我们知道其他组织正在做什么以及经常做什么,而且在某些情况下,我们联合起来能做的事情往往比我们单独做的事情要多。我认为我们一直都知道这一点,随着我们有一些共同的目标,携手合作变得越来越重要。经合组织在一段时间内有自己的工作战略,欧盟委员会有自己的工作战略和里斯本目标(Lisbon goals),两者有很多相互重叠的地方。所以在很多方面进行合作是很正常的。(OECD5)

最后,另一位受访者——欧盟委员会研究机构的一位骨干工作人员讲述了在欧洲为获得教育研究合同而发生的冲突和竞争:

> 我认为,经合组织非常希望成员国为每项独立的研究活动提供补贴、赠款以及财政支持,他们也热衷于告诉大家,他们为了获得这样的资金而做了一些独特且创新的事情。因此,在某种程度上,他们是在和我们竞争。例如,他们进行了一项名为"为就业而学习"(Learning for Jobs)的政策调查,主要涉及职业教育与培训。他们没有邀请我们参加一些国家专家小组,也很少使用我们的工作成果,因为他们想做一些不同而又具体的事情,以便打动成员国。当然,这只是我的看法。但是,我认为欧洲机构之间存在这种竞争和差异化,因为我们正在争夺资金。(EC3)

上述引文告诉我们,一个场域的行动者经常以平等的姿态聚集在一起,为推动某些议程而达成共识这样的描述是错误的。相反,有必要将我们的注意力和研究重点集中在那些从未举行的会议,以及那些始终未被邀请参加专家会议的行动者身上。在紧缩时期,国家预算减少的时候,他们引导我们了解一个充满内部和外部资金竞争的场域。

14.4.2 国际教育体系指标和世界教育指标的发展

作为联合国教科文组织统计研究所和经合组织的一项联合合作项目,来自占世界人口 70% 以上的 19 个中等收入国家的国家协调员共同制定了国际教育体系指标。该项目是大型国际组织的首批合作项目之一。为了解这段历史,我们需要考察促使它发展的历史阶段,而这正是经合组织在筹划国际教育体系指标项目时所做的工作。接下来,我们将简要介绍一下这段发展历史。

第一卷《教育概览》(*Education at a Glance*)(国际教育体系指标官方出版物)于 1992 年出版,旨在让人们深入了解各成员国教育体系的比较运作情况。它的 36 个关键指标提供了三个领域的信息:教育的人口、经济和社会背景,成本、资源和学校运行过程,以及教育成果。随后的各卷继续提供反映教育投入资源及其回报的数据,阐明了"教育体系的相对质量"(OECD,1996:9)。到 1998 年,围绕 6 个主题对原来的类别进行了调整和拓展:教育的人口、经济和社会背景;对教育投入的财政和人力资源;受教育机会、参与和进步;从学校到工作的过渡;学习环境和学校组织;学生成绩与教育的社会、劳动力市场成果。

经合组织认为,这种国际比较的做法是为了协助成员国的政策制定,并促进教育体系的公共责任。

> 在教育日益受到重视,但与其他领域一样,公共支出面临资金有限的前景时,更好地了解决定教育开支与教育成果之间关系的内部过程尤为重要。(OECD CERI,1995: 7)

因此,我们看到,即使在教育体系比较分析的早期,效率(efficiency)和效能(effectiveness)视角不仅为成员国提供了相关的比较信息,而且还制定了政策议程和优先事项。因此,正如亨利等人(Henry,Lingard, Rizvi,& Taylor,2001)所论述的,国际教育体系比较分析生动描绘了经合组织从技术专家组织到政策工具和论坛的角色转变过程。也就是说,经合组织已成为国际知识的中介和催化剂,促进成员国的政策制定,并协助政策传播、调整和借鉴的过程。

简要回顾一下经合组织的历史,就可以看出该组织内部对绩效指标态度的变化。在整个20世纪70年代和80年代,在关于教育绩效指标的性质和适用性的持续的意识形态和哲学辩论中,经合组织,特别是教育研究与创新中心(Centre for Educational Research and Innovation,CERI)探讨了教育改革、社会公平和创新等问题,这些问题更多是基于概念和哲学层面,而不是评价和统计层面。这一时期,公平优先于效率,在教育研究与创新中心内部,多年来形成了一种对绩效指标不信任的文化。然而,到20世纪80年代中期,即使教育研究与创新中心也无法免于制定指标而面临的压力。亨利等人(Henry,Lingard, Rizvi,& Taylor,2001)根据访谈数据发现,美国曾多次呼吁对成果指标开展研究,特别是与学校效能有关的成果指标,并在一个阶段威胁说,如果其要求得不到满足,将撤销对教育研究与创新中心的支持。然而,亨利等人(Henry,Lingard, Rizvi,& Taylor,2001)也认为,从不同的意识形态方向来看,法国——由于其在统计数据收集方面的官僚利益——与美国一起推动经合组织朝着制定教育指标的方向发展。在美国和法国,可能还有一种共和传统(republican tradition)(在法国也可能有一种官僚主义的传统),即把数字用于进步的政策目的,有点类似于英国社会学和社会管理学中的“政治算术”(political arithmetic)传统。因此,到20世纪90年代初期,质疑者已经被说服,指标项目已在经合组织的教育工作中完全确立。

对教育指标的兴趣当然不仅限于经合组织及其成员国。其他政府间组织,如联合国教科文组织和亚太经合组织也开启了类似议程。实际上,经合组织和联合国教科文组织在指标方面的研究被认为是亚太经合组织制定学校效能指标的背景。1995 年,联合国教科文组织、经合组织和欧盟统计局携手合作,共同收集教育关键领域的数据,从而巩固了经合组织采用最初由联合国教科文组织制定的国际标准教育分类系统(International Standard Classification of Education,ISCED)时形成的联系,继而又以经合组织更早些时候的发展工作为基础(Papadopoulos,1994:53—54)。尽管如亨利等人(Henry,Lingard,Rizvi,& Taylor,2001)所指出的那样,这种合作困难重重,但这种合作还是探索了通用定义、质量控制标准的使用和改进数据文件,以改善教育统计的国际比较。1998 年版的《教育概览》反映了这一领域在不断扩大,在世界银行提供的部分资助下,通过与联合国教科文组织合作开展的世界教育指标项目,《教育概览》中包含从众多非成员国获得的数据。"世界指标"确定了经合组织和世界教育指标项目国家在学生人口、教育程度、毕业率和人均资源等方面的不同统计结果(OECD CERI,1998:29‑30)。到 1998 年,用经合组织自己的话说,这些指标已经覆盖了"几乎三分之二的世界人口"(OECD CERI,1998:6)。因此,我们现在将讨论转向世界教育指标项目。

世界教育指标项目于 1997 年开始作为一个试点项目,最初有 12 个国家应联合国教科文组织和经合组织的邀请参加。此后,该项目扩大到 19 个国家,包括:阿根廷、巴西、智利、中国、埃及、印度、印度尼西亚、牙买加、约旦、马来西亚、巴拉圭、秘鲁、菲律宾、俄罗斯、斯里兰卡、泰国、突尼斯、乌拉圭和津巴布韦。虽然该项目是运用经合组织与联合国教科文组织共享的技术专长开发的,但自成立之初,联合国教科文组织统计研究所得到了世界银行"发展补助基金"(Development Grant Fund)的支持。对于世界教育指标项目,世界银行为其组织和管理提供了财政援助,使世界教育指标项目成为由教育领域三个主要国际组织通力合作的指标统计项目。联合国教科文组织称,从 2001 年至 2004 年,联合国教科文组织得到了世界银行对该项目工作的短期支持。2005 年,两个组织之间建立的相互信任通过世界银行向联合国教科文组织作出长期承诺而得以体现。

因此,世界教育指标项目发展的联合性质为探索国际组织在全球教育指标生成中的相互作用提供了肥沃的土壤。事实上,正如联合国教科文组织统计研究所项目主页上写的:"世界教育指标项目是一个思想实验室。各国不只是收集数据,而是在这种南南合作模式下共同设计和测试创新调查和方法。"

在许多国家，这种国际视角反映在加强收集、报告教育比较统计数据和指标的工作上。在国际教育体系指标的基础上，世界教育指标项目的目标是："探索教育指标方法；就一系列可以进行跨国比较的共同政策达成共识，并就反映这些问题的一系列关键指标达成一致；审查制定这些措施所需的方法和数据收集工具；并为这一初步指标之外的其他发展和分析工作指明了方向。"（OECD CERI，2005）世界教育指标项目的报告称，在此期间，参与国家以多种不同方式推进了概念和发展工作。他们在国家层面应用了世界教育指标项目数据收集工具和方法。他们与经合组织和联合国教科文组织合作，在国家、区域和国际专家会议上进行合作，致力于在教育治理、教师和财政投资等领域共同制定指标。

经合组织/联合国教科文组织世界教育指标项目的定期统计报告包括来自30个经合组织成员国和约20个其他联合国教科文组织国家的数据。该系列统计报告重点关注教育趋势，确定哪些国家取得了进展，以及促成不同教育成果的背景和政策因素。为了制定人量的教育指标，以国际可比的方式衡量教育现状，经合组织/联合国教科文组织开展了旨在提高国际教育指标的可比性或扩大其范围的特别项目。例如，通过对参与国家的小学进行调查，对教育决策水平进行了专门研究。最后，该项目不仅比较了测量技术能力的发展，关键是，它还促成了伙伴国之间的高级别部长级合作和政治承诺（UIS/OECD，1995，2001，2003，2005）。

14.4.3 国际组织：全球计量领域的相互作用和相互依存

通过分析欧盟委员会教育与文化总司、联合国教科文组织、经合组织和世界银行之间新出现的合作，以及共同编制教育指标的情况，本章清楚地展示了国际教育组织往往不是独立构成"计算中心"。我们越来越清楚地发现，它们需要在制定全球教育指标方面进行合作。然而，根据梅里（Merry，2011）的说法，他们拥有的综合技术专长并不能说明国际组织仅在知识生产能力中具有重要意义。梅里通过考察指标在跨国治理中的具体作用，阐明了数字的治理效果。因此，如果我们认为国际组织在知识生产中起着核心作用，就可以推断出它们作为知识的收集者、控制者和传播者的运作，一定会对治理产生至关重要的影响。这些影响赋予国际组织权力，并使它们在复杂的、不断变化的权力博弈中争夺影响力和资源。通过对国际组织数据设备的相互作用和相互联系的研究，本章试图揭示的正是这种权力博弈及其规则。事实上,肖尔和赖特(Shore & Wright,2015:433)认为,"虽然数字和事实同时具有知识效应和治理效应,但也必须考虑这些数字和事实是如何产生的、由谁设计的、哪些关于社会的基本假设决定了对测量内容的选择,它们如何处理缺失的数据,服务于谁的利益"。

根据本章的案例研究,在巴尼特和菲尼莫尔(Barnett & Finnemore,1999)开创性工作的传统下,我们需要质疑早期国际关系学(International Relations)将国际组织作为被动实体的概念,这些被动实体仅提供"原则、规范、规则和决策程序",而更多的经济主义、理性理论分析会认为它们从过去到现在一直都是这样的。相反,在社会学制度主义的基础上,巴尼特和菲尼莫尔将国际组织视为强大的个体作用者,其权力独立于创造这一国际组织的国家,因此,国际组织是有目的的行动者(Cox,1992,1996;Murphy,1994;Haas,1992),"他们定义了共同的国际任务(如发展),创造和界定新的类别(如难民),创造新的利益(如促进人权),并将政治组织模式转移到世界各地(如市场和民主)"(Barnett & Finnemore,1999:699)。

鉴于国际组织在国际关系文献中的突出地位,令人惊讶的是,国际组织的相互作用、组织重叠和相互依存很少受到关注。正如本章所示,国际组织的运行越来越依赖其他国际组织,而不受国家约束。例如,我们发现,新国际组织通常由其他国际组织创建,而不是由成员国创建(Shanks,Jacobson,& Kaplan,1996)。此外,国际组织中的工作人员流动性非常大:"大部分工作人员……是按定期合同雇用的,这些合同通常可达三年,有续签的可能性,但并不一定如此。"(Ringel-Bickelmeier & Ringel,2010:525)事实上,经合组织的情况特别有趣,因为它的"某些岗位的年更替率有时高达40%"(Ringel-Bickelmeier & Ringel,2010:526)。国际组织的"旋转门"(revolving doors)①表明,工作人员经常在这些组织之间流动,甚至同时担任多个职位。

因此,本章的重点是组织间的相互作用;虽然如布罗西希(Brosig,2011)所言,国际组织依赖于国家,但全球教育政策领域兴起的案例清楚地表明,国际组织确实在开展国家不能也不会开展的业务——事实上,大多数国际组织是作为知识和规范的跨政府传播者而成立的。巴尼特和菲尼莫尔(Barnett & Finnemore,1999)再次指出,国际组织之间的合作可能会产生相互依赖,通常认为,这种情况是国际

---

① "旋转门"通常指个人在公共部门和私人部门之间双向转换角色,穿梭交叉为集团牟利的现象。——译者注

组织想要避免的。然而，鉴于跨国治理的复杂性和过去十年的技术进步，我们正面临着完全不同的情况。国际组织不可能也不会独立行动来解决重大社会问题和挑战。因此，正如教育政策领域的案例所显示的，我们越来越多地看到国际组织通过与其他具有类似知识生产能力和利益的其他国际组织的互动来调动资源——一个国际组织成功与否，可以看它对那些规模更大、致力于制定具体政策的组织体系的权力和影响力，而不是看它是否完全独立和自治（Raustiala & Victor，2004）。此外，正如前文所述，国际组织的特点是高度流动的劳动力；这种行为者密度和流动性的增加，对测量实践的协调有什么启示？事实上，各国似乎要求国际组织进行合作，因为这被视为提高效率、资源共享和协调其议程的一种方式——欧盟委员会教育与文化总司由于成员国对效率的关注而被迫与经合组织合作就是一个很好的例子（Grek，2009，2014）。

组织相互作用的概念对国际关系学来并不完全陌生，已经有一些令人兴奋的研究考察了国际组织的相互作用并尝试对其进行分类（Gehring & Oberthür，2006，2009；Raustiala & Victor，2004）。尽管如此，国际组织确实缺乏巴尼特和菲尼莫尔（Barnett & Finnemore，1999）所希望的能动性（agency）（Rittberger & Zangl，2006）。然而，即使国际关系理论承认国际组织作为行动者的构成性质，那也存在其他问题。例如，通过研究条约机制（treaty regimes），杨（Young，1996）提出了组织互动的两种类型：嵌套式和重叠式。但是，正如布罗西希（Brosig，2011）所暗示的那样，"对机构间关系如此密集的组织复合体的研究表明，将它们分开会损害这些组织所获得的集体特征"。此外，大多数研究条约机制的国际关系理论都是从理性理论的角度出发的，这种理论可以解释这种相互作用是为特定的国际组织的利益和效益服务的（Galaskiewicz，1985；Oliver，1990；Van de Ven，1976）。尽管如此，即使国际组织被赋予了能动性，不对称性和权力关系也只能在理性的、基于利益的行为基础上进行解释。然而，正如欧盟委员会与经合组织合作的例子所示（Grek，2009，2014），物质资源并不总能够解释组织间的互动。国际组织实际上可能非常富裕，但缺乏知识和专业技能，甚至缺乏推动具体政策议程的合法性。一方面，辅助性的概念表明，对欧盟委员会而言，经合组织可以作为其成员国自身政策的转义者（mediator）①。换句话说，欧盟委员会教育与文化总司缺乏进入国家政策空间的合法性，而经合组织作为一个专业机构，却没有这种情况。另一方面，像经合组

---

① 任何信息、条件在转义者（mediator）这里都会发生转化。——译者注

织这样的组织,很可能拥有资源和专业知识,但可能缺乏政策指导和影响。

综上所述,虽然在国际关系学、组织社会学和量化社会研究等领域有重要的学术研究,但对于国际组织在全球计量学生产领域中相互依赖和相互作用的政治、过程和实践,这些学术研究并没有给予我们多少启示。一方面,国际关系理论强调国际组织在跨国治理中的作用,最初关注的是条约机制,后来强调国际组织在权力博弈中的影响,该领域被理性的、基于利益的理论视角主导。因此,它未能考察国际组织的特质,即国际组织作为独立但又相互关联的行动者,运用其专业知识开展工作。在全球政策议程的制定过程中,这些特质与其构成性权力相关。另一方面,组织社会学虽然有着丰富的关于组织如何运作的知识史,但迄今尚未仔细研究数字在重塑组织行为方面的作用。坚持将内部和外部的组织生活世界分离开来的做法没有考虑数字能够做的事情(这在以前也许是不可能的),即模糊边界(diffuse boundaries),将国际组织设置在一个更复杂多变的现实中。最后,量化的研究虽然数量不断增加,而且来自不同的学科,但主要集中在数字本身作为个体作用者的作用上。对于组织这些进程,塑造这些进程并由这些进程所塑造的行动者的政治工作,则鲜有人会关注到。

因此,教育领域的跨国计量学的兴起是一个说明政策制定过程中需要流动性的极好的例子。然而,对国际教育比较的组织、准备和实施的深入研究恰恰说明,不仅需要仔细研究政策本身的动向,还需要格外留意推动政策的人。专家的作用是核心的,因为他们深入的和被认可的知识,使他们具有高度的流动性。以专业知识的名义,专家必须是众多的,他们受雇于不同的决策及研究机构,并只对这些机构负责。他们的专业知识表明,在政策制定过程的不同阶段,他们有必要在场并提供建议。然而,正是这种值得信赖的客观知识使他们变得无形。他们为政策提供证据,但他们最重要的作用是象征性的,那就是使知识合法化。

参考文献

Alonso, W., & Starr, P. (Eds.). (1987). *The politics of numbers*. New York: Russell Sage Foundation.

Barnett, N. M., & Finnemore, M. (1999). The politics, power, and pathologies of international organizations. *International Organization*, 53, 699–732.

Barry, A. (2012). Political situations: Knowledge controversies in transnational governance. *Critical Policy*

Studies, 6(3), 324 - 336.

Baumgartner, F. R. , & Jones, B. D. (1993). *Agendas and instability in American politics*. Chicago: University of Chicago Press.

Bhuta, N. (2012). Governmentalizing sovereignty: Indexes of state fragility and the calculability of political order. In B. Kingsbury, S. Merry & K. Davis (Eds.), *Indicators as technologies of global governance*. Oxford: Oxford University Press.

Bogdandy, A. , Dann, P. , & Goldmann, M. (2008). Developing the publicness of public international law: Towards a legal framework for global governance activities. *German Law Journal*, *9*, 1375 - 1400.

Bourdieu, P. (1993). *The field of cultural production*. Cambridge: Polity Press.

Bowker, G. , & Star, S. L. (1999). *Sorting things out: Classification and its consequences*. Cambridge: MIT Press.

Brosig, M. (2011). Overlap and interplay between international organisations: Theories and approaches. *South African Journal of International Affairs*, *18*(2), 147 - 167.

Cini, M. (2008). Political leadership in the European commission: The Santer and Prodi commissions, 1995—2005. In J. Hayward (Ed.), *Leaderless Europe* (pp. 113 - 130). Oxford University Press.

Clarke, J. , & Ozga, J. (2011). *Governing by Inspection? Comparing school inspection in Scotland and England*. Paper for Social Policy Association conference, University of Lincoln, 4 - 6 July 2011. Retrieved from http://www. social-policy. org. uk/lincoln2011/Clarke_ Ozga. pdf

Cox, R. (1992). Multilateralism and world order. *Review of International Studies*, *18*(2), 161 - 180.

Cox, R. (1996). The executive head: An essay on leadership in international organization. In R. Cox (Ed.), *Approaches to world order*. New York: Cambridge University Press.

Cram, L. (2011). In the shadow of hierarchy: Governance as a tool of government. In R. Dehousse (Ed.), *The "Community method": Obstinate or Obsolete* (pp. 151 - 165). London: Palgrave.

Desrosiéres, A. (1998). *The politics of large numbers: A history of statistical reasoning*. Cambridge: Harvard University Press.

Djelic, M. -L. , & Sahlin-Andersson, K. (Eds.). (2006). *Transnational governance: Institutional dynamics of regulation*. Cambridge: Cambridge University Press.

Espeland, W. , & Stevens, M. L. (2008). A sociology of quantification. *Archives Europeennes de Sociologie*, *49* (3), 401 - 436.

European Commission. (2013). *PIAAC survey of adult skills: Frequently asked questions*. Press Release. Retrieved from http://europa. eu/rapid/ press-release_MEMO-13-860_en. htm

Fougner, T. (2008). Neoliberal governance of states: The role of competitiveness indexing and benchmarking. *Millennium: Journal of International Studies*, *37*(2), 303 - 326.

Galaskiewicz, J. (1985). Interorganizational relations. *Annual Review of Sociology*, *11*, 281 - 304.

Gehring, T. , & Oberthür, S. (2006). Comparative empirical analysis and ideal types of institutional interaction. In S. Oberthür & T. Gehring (Eds.), *Institutional interaction in global environmental governance: Synergy and conflict among international and EU policies* (pp. 307 - 371). Cambridge: MIT Press.

Gehring, T. , & Oberthür, S. (2009). The causal mechanisms of interaction between international institutions.

European Journal of International Relations, *15*(1), 125 – 156.

Grek, S. (2009). Governing by numbers: The PISA effect in Europe. *Journal of Education Policy*, *24*(1), 23 – 37.

Grek, S. (2014). OECD as a site of coproduction: European education governance and the new politics of policy mobilization. *Critical Policy Studies*, *8*(3), 266 – 281.

Haas, P. (Ed.). (1992). Epistemic communities. *International Organization*, *46*, 1.

Hacking, I. (1990). *The taming of chance*. Cambridge: Cambridge University Press.

Hacking, I. (2007). Kinds of people: Moving targets. *Proceedings of the British Academy*, *151*, 285 – 318.

Hannerz, U. (1996). *Transnational connections*. London: Routledge.

Hansen, K., & Porter, T. (2012). What do numbers do in transnational governance? *International Political Sociology*, *6*, 409 – 426.

Henry, M., Lingard, B., Rizvi, F., & Taylor, S. (2001). *The OECD, globalization and education policy*. Oxford: Pergamon Press.

Jullien, B., & Smith, A. (2010). Conceptualising the role of politics in the economy: Industries and their institutionalisations. *Review of International Political Economy*, *18*(3), 358 – 383.

Kauppi, N. (Ed.). (2013). *A political sociology of transnational Europe*. ECPR: Rowman and Littlefield International.

Lagroye, J. (1997). *Sociologie politique*. Paris: Dalloz-Presses de la FNSP.

Lampland, M., & Starr, S. L. (Eds.). (2009). *Standards and their stories: How quantifying, classifying and formalizing practices shape everyday life*. Ithaca: Cornell University Press.

Latour, B. (1987). *Science in action: How to follow scientists and engineers through society*. Cambridge: Harvard University Press.

Latour, B. (2005). *Reassembling the social: An introduction to actor-network-theory*. Oxford: Oxford University Press.

Martens, K. (2007). How to become an influential actor: The comparative turn in European educational policy. In K. Martens, A. Rusconi & K. Leuze (Eds.), *New arenas of education*. Basingstoke: Palgrave Macmillan.

Merry, S. E. (2011). Measuring the world. Indicators, human rights, and global governance. *Current Anthropology*, *52*, S83 – S95.

Murphy, C. (1994). *International organizations and industrial change*. New York: Oxford University Press.

OECD. (1996). *Globalisation and linkages to 2030: Challenges and opportunities for OECD countries*. Paris: OECD.

OECD CERI. (1995). *Education at a glance. The OECD indicators*. Paris: OECD.

OECD CERI. (1998). *Human capital investment: An international comparison*. Paris: OECD.

OECD CERI. (2005). *World education indicators 2005: Education trends in perspective*. Paris: OECD.

Oliver, C. (1990). Determinants of interorganizational relationships: Integration and future directions. *Academy of Management Review*, *15*(2), 241 – 265.

Ozga, J., Dahler-Larsen, P., Segerholm, C., et al. (Eds.). (2011). *Fabricating quality in education: Data and governance in Europe*. London: Routledge.

Palan, R. (2006). *The offshore world: Sovereign markets, virtual places, and nomad millionaires*. Ithaca: Cornell University Press.

Papadopoulos, G. (1994). *Education 1960—1990: The OECD perspective*. Paris: OECD.

Porter, T. (1995). *Trust in numbers: The pursuit of objectivity in science and public life*. Princeton: Princeton University Press.

Power, M. (1997). *The audit society: Rituals of verification*. Oxford: Oxford University Press.

Raustiala, K., & Victor, D. G. (2004). The regime complex for plant genetic resources. *International Organization*, 59(2), 277–298.

Ringel-Bickelmeier, C., & Ringel, M. (2010). Knowledge management in international organisations. *Journal of Knowledge Management*, 14(4), 524–539.

Rittberger, V., & Zangl, B. (2006). *International organization: Polity, politics and policies*. Houndmills: Palgrave Macmillan.

Rose, N. (1999). *Powers of freedom: Reframing political thought*. Cambridge: Cambridge University Press.

Saetnan, A. R., Lomell, H. D., & Hammel, S. (Eds.). (2011). *The mutual construction of statistics and society*. London: Routledge.

Sauder, M., & Espeland, W. (2009). The discipline of rankings: Tight coupling and organizational change. *American Sociological Review*, 74, 63–82.

Shanks, C., Jacobson, H. K., & Kaplan, J. (1996). Inertia and change in the constellation of intergovernmental organizations, 1981—1992. *International Organization*, 50(4), 593–627.

Shapin, S., & Schaffer, S. (1985). *Leviathan and the air-pump: Hobbes, Boyle and the experimental life*. Princeton: Princeton University Press.

Shore, C., & Wright, S. (2015). Audit culture revisited: Ratings, rankings and the reassembling of society. *Current Anthropology*, 56(3), 421–444.

Smith, A. (2009). *Studying the government of the EU: The promise of political sociology*. Europa Institute Seminar Series, University of Edinburgh. Retrieved from https://oskar-bordeaux.fr/handle/20.500.12278/105581

Strathern, M. (Ed.). (2000). *Audit cultures: Anthropological studies in accountability, ethics, and the academy*. London: Routledge.

UIS/OECD. (1995). *Investing in education*. Montreal: UNESCO.

UIS/OECD. (2001). *Teachers for tomorrow's schools*. Montreal: UNESCO.

UIS/OECD. (2003). *Financing education: Investments and returns*. Montreal: UNESCO.

UIS/OECD. (2005). *Education trends in perspective*. Montreal: UNESCO.

Van de Ven, A. (1976). On the nature, formation, and maintenance of relations among organizations. *Academy of Management Review*, 1(4), 24–36.

Weick, K. E. (1995). *Sensemaking in organisations*. Thousand Oaks: Sage.

Wynne, B. (2003). Seasick on the third wave: Subverting the hegemony of propositionalism. *Social Studies of Science*, 33(3), 401–417.

Young, O. (1996). Institutional linkages in international society: Polar perspectives. *Global Governance*, 2, 1–24.

作者简介

索蒂里亚·格雷克（Sotiria Grek）　英国爱丁堡大学（University of Edinburgh）社会与政治科学学院社会政策高级讲师。研究方向：教育政策、跨国政策学习、量化政治、知识与治理。获得欧洲研究理事会启动经费（European Research Council Starting Grant，ERC StG-2016），用于研究"国际组织和全球计量场域的崛起（2017—2022）"（International Organisations and the Rise of a Global Metrological Field，2017—2022）。著有《教育欧洲：欧盟政府、知识与合法化》（*Educating Europe：EU Government，Knowledge and Legitimation*，2018）。

电子邮箱：Sotiria.Grek@ed.ac.uk。

（范　勇　邓晓莉　译）

第十五章

全球化时代背景下文化本土化教育是否必要

——基于国家主权性质的分析

姜添辉

（中国　郑州大学）

15.1　引言

随着新自由主义成为一种新的世界价值观，全球化正在把更多的国家融合到一个前所未有的连续体当中。这种融合表明，国际贸易量大幅度增加，并将产生可观的资本利益。因此，许多想要获得这种利益的国家需要遵守全球市场的新规则。有人认为，这种权力已经流向了由美国控制的国际组织，这将有助于美国占据主导地位，使其能够向其他国家输出其霸权文化；还有人认为，文化是认同的基础，这种霸权文化的输出将取代输入国家的地方文化，从而危及其国民的国家认同。为了减少这种政治危机，这些输入国家将采取文化本土化（cultural localization）的策略。在这种情况下，学校负责执行这项国家任务——文化本土化策略。然而，这一论点倾向于用一种静态的方法来界定国家主权，失之偏颇。

本章旨在勾勒国家主权在历史语境中的动态变化及其政治意图，同时探讨国家主权的核心组成部分——领土性的非稳定意义。本章的主要假设是，如果国家主权随着不同的历史背景改变其含义，同时国家构成也处于不稳定的状态，这种动态特征就会瓦解国家主权与国民国家认同之间紧密且静态之联系，因而国家主权的剩余价值将会是政治性的。换言之，虽然主权已经从服务于君主制的个人主义转变为以公民社会意义运作的集体形式，但是主权可能仍保留其政治本质，这是可以从统治者和精英牢牢掌握国家权力的现象中看出来的。这种不平衡的权力关系进一步暗示了，主权将会作为一种强大的社会话语去削弱公民的批判性思维。如果没有独立的灵魂，公民就会自愿服从由统治者和精英控制的国家命令。

15.2　全球化、国家主权与文化本土化教育

自 20 世纪 80 年代美国里根政府和英国撒切尔政府掌权并大力倡导新自由主义思想,将其输出到国际社会以来,全球化在各国间的影响力明显扩大(Chiang, 2011,2013)。这种输出极大地促进了新自由主义转变为新的普世价值,同时顺利推动扩大全球化。有学者认为,作为一个典型的资本主义国家(Wallerstein, 2004),美国在这种价值构建的过程中扮演着跨国公司的角色(Berberoglu,2003; Chiang,2011)。这种政治或经济意图得到"模仿现象"(phenomenon of modeling)的支持,即发展中国家可能会纷纷模仿发达国家(Veblen,1994)。无论如何,全球化使美国获得霸权地位,并帮助它通过经济合作与发展组织(Organisation for Economic Co-operation and Development, OECD, 简称"经合组织")(Rizvi & Lingard,2006)、世贸组织(Robertson,Bonal,& Dale,2006),以及世界银行和国际货币基金会(Stiglitz,2002)等机构,向国际社会输出新自由主义的意识形态。随着全球化已经成为不可逆转的世界潮流,新自由主义成为一种强有力的话语,使人们相信仅全球化就可以为大家带来一个充满希望的未来(McCarthy & Dimitriadis, 2006;Popkewitz,2000;Säfström,2005)。

> 国家不仅是一个具有合法性的行政机构,还是政治体制中身份认同的重要场所,正是这一联系将我们引向公共领域的广阔空间,在公共领域里,公民秩序是建立在话语中的,话语管理构成了社会不同阶层人群的需求、利益和欲望。(McCarthy & Dimitriadis,2006:201)

在这个新的普世价值影响下,全球化通过将许多国家融合到全球化市场中,从而大大扩大了全球化的范围。有人认为这种一体化融合会侵蚀国家主权。例如,大前研一(Ohmae,2000)认为,这种一体化融合会带动作为经济区的区域国家的发展,以提供更好的服务与商品。由于全球经济是调节这一发展的主要力量,东道国可能会削弱对区域国家的控制与影响。鲁宾逊(Robinson,2004)也对建立国际机构以协助全球市场运作这样的类似情况进行了梳理。如今各国逐渐被迫将权力让渡给国际机构,各国的角色从自我决策者变为国际机构所制定的政策的执行者。这些变化表明,世界各国的主权在全球化时代下正在被弱化。

此外,信息通信技术的发展也重新强化了全球化的力量,从而对国家主权产

生了深远影响。正如瑟罗（Thurow，2000）所论述的，这种发展使企业能够采用一种新的运作方式，既可以节省成本、实现高效，又可以避免政府控制和干预。这一趋势限制了各国在市场中扮演发起人或指挥者的角色，使全球化助力国际经济成为一股独立的力量，并在全球化市场中弱化国家主权。随着互联网的先进技术在全球化市场中为资本家增光添彩获得成功，跨国企业的规模也在不断发展壮大。三好将夫（Miyoshi，1996）认为，20 世纪 80 年代之后这种发展变得更加明显，企业的重心开始从国内领域转向国际舞台，导致企业需要忠于国际股东或客户，而不是自己的国家。这种去国家化的现象在资本、个人、技术甚至整个商业体系的流动中表现得很明显，它断开了资本财富与其母国之间的联系，进而严重损害了国家主权。

> 跨国公司不受任何民族国家的影响，而是在全球范围内寻求自己的利益与利润。他们既不代表自己的国家，也不代表他们的东道国，而只代表企业自身。无论如何，产品都是在全球范围内进行广告宣传和分销的，只标注品牌名称，不标注原产国。事实上，原产国变得越来越没有意义。（Miyoshi，1996：88—89）

这种去国家化也使得跨国公司要求其员工对公司身份的忠诚度高于对自己国家身份的忠诚度。因此，跨国公司的扩张凸显帝国主义的主导影响，逐渐取代了原有的殖民主义模式，将民族国家推向一个空洞的实体。

上述所有论述都在告诉大家，全球化变得比以往任何时候都更占主导地位。作为新自由主义（Friedman，2002；Hayek，2007）的核心要素之一，自由的概念认同个人主义，全球化有助于个人获得更大的权力来影响市场和国家。这种新的背景催生了一种新的精英形式，他们的权力和财富都是在国际市场上获得的。最终，他们将内化自由市场逻辑，从而坚定地支持全球化市场的议题。这种倾向将促进全球化的扩大和国家主权的衰败。这场政治危机甚至会进一步加剧，因为政府试图在全球化市场中获得可观的资本利润（Mittelman，1996）。这种经济需要促使许多国家自愿遵守全球化的规则，因为它们已经降低了对进口商品税收政策的控制（Dale，2003），建立国际机构，支持扩大世界贸易，处理跨国问题，导致国家主权进一步恶化（Stiglitz，2006）。

所有这些变化都表明，虽然全球化削弱了许多国家的主权，却给美国带来了更多的权力。全球化强化了美国的霸权地位，有利于美国向国际社会输出其霸权文化,"麦当劳化"现象可以说明这个问题(Ritzer,2000)。一些学者认为,由于文化是国家认同的基础,文化贬值将危及对公民国家认同的培养,为了解决这样的政治危机,一些国家被迫采取文化本土化的策略,以抵抗强势文化的入侵(Lingard,2000;Rizvi,2000)。格林(Green,2006)认为,文化本土化将深度依赖于学校教育,因为学校是文化培养和传播的主要场所。此外,由于学校教育与全球化相结合,全球化规范和规则往往会影响学校的课程内容(Bakeri & LeTendre,2005;Cha & Ham,2014)。

15.3　文化本土化论点的评析

从本质上讲,上述论点假定霸权文化能够取代输入国文化,这种替代的假定可能忽略了文化之间的相互作用。姜添辉(Chiang,2014)从文化建构论视角进行分析,认为文化本土化是互动发展的结果,其过程涉及文化的同化,而这主要由消费者决定,不是由政治意图决定。因此,主动积极的努力能够将结构性限制转化为有利的文本,这种双向交换可以显著削弱自我与他人之间的界限。当消费者成为主人主宰文化与身份之间的相互作用时,美国化就成了一种预设性的意识形态。伯格翰(Berghahn,2010)反对美国化的概念,他指出,在大西洋两岸的文化交流中,混合或融合化始终是双向的,以往西欧向美国输出上流文化,这种上流文化的影响力在20世纪30年代达到顶峰,因为此时受法西斯迫害的欧洲难民迁居美国。直至1945年情况才开始逆转,因为美国的大众文化在西欧取得霸权地位。此时,上流文化与大众文化的界限开始消失。这种现象表明,文化的双向交流有助于文化创新,但很难确定现代文化中某些特定元素最早起源于何处。

由于本土化与全球化同时存在,因此一些研究者发明了"全球在地化"(glocalization)的概念来解释普遍主义与特殊性的兼容性(Robertson,1992)。研究者认为,尽管全球化影响着国家内部结构,但国家仍是全球化的执行者,这些互动最终将全球化推向新的形态(Hong & Song,2010)。因此,我们需要全球思考并在地行动,以便将世界重建为一个有助于缩小全球化与本土化差距的全球社会。全球在地化包含了文化互动和本土化的特征,正如孔德克(Khondker,2004)所说的,好莱坞电影和麦当劳被误认为是美国化的象征。事实上,为了满足当地的需求,美国文化已被重新诠释并且本土化。这种本土化有助于输入国家以文化融合与吸收的方式进行动态性的社会转化。因此，全球在地化体现特定情境化文化的相互渗透，这就赋予了宏观本土化和微观全球化的意义。

15.4 主权的动态意义

根据建构主义的观点，文化本土化应该被解释为文化发展的结果，而不是文化替代的结果，因为消费者是决定文本价值的主人。由此，全球化开辟了一个帮助输入国家进行文化阐释的门户。全球在地化的概念进一步突出了全球化与本土化之间的相互渗透，这种双向交换澄清了全球化与本土化之间的关系。尽管建构主义和相互关系的视角给出了关于全球化与本土化之间相互作用的见解，但文化、国家认同和国家主权之间的关系在很大程度上被忽视，可这却是文化替代模式的核心要素。为了厘清全球化与文化本土化之间的关系，探索国家主权的本质便意义非凡。

国家主权通常被视为公民社会中保护共同利益的集体意识。然而，根据福柯（Foucault，2003）的说法，主权的最初含义是个人的，并且服务于国王的利益。法兰克人征服了高卢，在这片新领土上成为法国的统治者。为了使自身政治利益合法化，他们声称自己像罗马人一样是特洛伊人的后裔，从而获取合法性，引进了支持君主制的罗马法律体系。然而，法国国王牢固地抓住这个合法的权柄。为了能够分享这种权力，一些王族批评继任国王治国无方，以动摇其统治地位。这场政治危机促使这位国王建立地方官员制度，通过赞颂国王的功绩来使国家专制合法化。历史上对此描述如下：

> 路易十四命令他的行政部门与地方行政长官或管理员，为他的继承人和孙子——勃艮第公爵（duc de Bourgogne）——创造知识……目的是建构国王的知识（knowledge of the king），或者说是统治的知识，利用知识来扩大社会控制。（Foucault，2003：127）

作为国王和王族之间的政治缓冲，地方行政长官获得了权力并扩大其规模。最后，这个行政长官制度成为公务员制度，为公民服务。因此，政府权威逐渐从国王下放到市间社会，这种转变改变了主权的表现形式，将其专制形式重新构建为公民社会的观念。在公民社会中，政府权力是为共同利益而建立的。这种变化也发生在英国，国家主权是为了保护君主制而建立的，这是有目共睹的。以威廉

（William）为例，他不是英格兰的征服者，但在《圣·爱德华法》（Laws of St Edward）或撒克逊政权（Saxon regime）的法律中，他被指定为王位的合法继承人。法律成为一种权力工具，为诺曼君主制和贵族利益服务。他们不但没有实践正义的统治，反而压制了人民的声音。

> 社会主体不是由一个金字塔或一个等级制度组成的，也不是一个连贯统一的有机体。它是由两个群体组成的，它们不仅区别显著，而且存在冲突。（Foucault，2003：88）

这种政府不公正引发了人们的反抗。换句话说，市民社会为了争取市民的权利发动了反政府的叛乱，以将正义放入主权之内。这个历史运动记录了一个事实，即主权是一种具有政治意图的人为概念，服务于社会精英的利益。

> ……任何法律，任何形式的主权，以及任何类型的权力都不能根据自然权利和主权建立的视角进行分析，而必须根据永无止境、没有历史终点的运动和不断变化的关系进行分析，它们使某些人凌驾于其他人之上。（Foucault，2003：109）

这种关系表明，在不同的历史语境下，主权具有不同的含义。国家主权现在不再为了谋取国王或王族的个人利益而保留个人主义，而是由所有社会成员以集体意志共享和支配。换言之，主权的性质从原始的个人主义转变为现代的集体主义。与此类似，莫斯卡（Mosca，1962，1971）认为，主权的概念最初旨在服务于统治集团的利益，其明显的特点在于保护国家免受敌人的攻击，并有权成为政治阶级的成员，可以拥有统治国家的合法权利并享有特权。为了保证他们的后代也拥有这些特权，他们创造了社会规范或价值观，创造了继承的概念，这进一步导致封建制度的建立，这种制度化环境有助于统治集团维持其代代相传的特权地位。因此，虽然主权现在以公民的集体形式存在，但历史建构的过程表明，主权体现了为统治阶级利益服务的政治意图。所有这些关系都表明，主权在不同的历史语境中有着不同的含义。

这种动态发展表明，主权可能会（例如，通过改变其核心要素——领土）改变其结构。通常，主权是由其他国家正式承认的国家之间的边界决定的（Giddens，1990）。然而，在阿格纽（Angew，2009）看来，主权的定义旨在服务于皇室制度的利益，这种社会建构的情况可能会在全球化时代再次改变其形态，虽然权威与内政之间的结合使得主权成为国家本位或领土本位的观念，但这种领土取向关联于以国王为首的国度，国王具有指挥其人民的至高无上权威。君主制在一个确定的领土施行，这使国家主权和领土之间建立了紧密的联系。保护主权不受侵害是维护君主制权威的重要途径，因此国家需要被平等对待。这一"平等"的概念象征性地反映在司法或法律主权上，为国家主权的运作提供了必要的地理条件。因此，国家主权传统上被理解为政治权威的绝对领土组织。然而，强大的国家可能会否认这种平等承诺，正如帝国主义或殖民主义那样，由西方国家发起侵略，在各国之间造成了非领土融合，因此主权从君主的个人性格转移到分立的国家人口。在全球化的竞技场，主权可以共享或合并。在此处，新的全球安排有利于政治权威的网络化体系，将主权从国内转移到主要受发达国家影响的国际机构。这种关系表明，政治控制和权威不再限于领土制度，主权需要被视为国家实践产生的一个社会事实，全球化将抹去"主权—领土"的传统定义。

事实上，移民也模糊了国家间的地理疆界，进而可能损害主权领土的政治定义。

> 因此，如果没有对领土资格的限制，人们的跨境流动将破坏国家的基础设施力量，以及依赖于它的国家所发挥的自主作用……然而，领土和国家主权（专制和基础设施）之间的紧密联系不必那么近。（Angew，2009：207）

大城市的发展表明，移民流动的速度和规模不断增加。全球化进一步加剧了这一现象，因为它要求许多国家实行宽松的政治和经济管制的政策（Florida，2008）。由于人口和地理空间被视为国家主权的核心组成部分，大规模的移民将分解国家的领土边界。如果所有或大多数公民从一个国家迁移到另一个领土空间，该国的主权将不可避免地萎缩，甚至被腐蚀。在部落占主导地位的野蛮社会阶段，原始的地理边界是不透明的，甚至是毫无意义的。有些部落并没有居住在某个地区，因为他们经常搬家以便生存下去。这一迁移瓦解了主权、领土和地理边界之间的联系。这种现象在现代的某些地理空间中仍然存在，例如因纽特人。显而易见的是，任何国家都不会正式承认因纽特人的主权，尽管他们数千年来居住在北极地区，且创造了一些主权的核心组成部分，例如人民和领土。如前所述，这种衰落意味着主权是一种带有某些政治意图的人为概念。也许，一些怀疑论者可能会声称这是因为因纽特人没有建立自己的政府，然而这样的预设观点缺乏充分的论据。虽然野蛮社会可能缺乏集中形式的官僚制度，但这个社会仍然包含权威并以不同的方式运用它。马林诺夫斯基（Malinowski，1926）的研究显示，权力和权威并没有被酋长独占，而是由他的同胞共享，他们的合作至关重要，因为捕鱼是岛上部落粮食供应的重要来源。显然，在这样一个原始社区内流传的权威与现代主权的定义不同。然而，它的使用为其成员带来了比现代国家更多的优势。

这种差异表明，主权体现了为社会精英服务的政治意图。海特雷克和曾格拉夫（Hytrek & Zentgraf，2008）认为，由于国内政策通常由国家统治者操纵，以满足其政治利益，因此国家成为影响资本家和大企业利益的政治政策斗争的主要场所。哈维（Harvey，2005：27）认为，全球化体系与国家不同，因为"资本家在连续的空间和时间中运作，而政治家则在一个地域化的空间中运作"。这种差异使得各个国家采取积极的策略以赋予自己权力，以便在全球化创造的新环境中将利益最大化（Olssen，2006）。在这个环境中，管理权被视为一种可行的途径，而不是传统的角色，它解决了信任、服务和问责制之间的整合问题。在这种全球在地化的情境中，各国中央政府必须进行有效的管辖与治理，所以各国政府往往扮演发起者、协调者与监督者的角色，这些角色使他们以不同方式调整自身权限的运作方式，这种调整无损他们的统治权（Sharma，2009）。挪威教师的案例印证了这种转变，知识社会产生技术与政治的开放，为了应对这样的挑战，挪威的课程强调学生基本能力的重要性，因此挪威教师必须以反思途径进行自我提升。然而，这种开放产生一定程度的风险，需要进行控制，因此挪威出台了以国家考试监督教师自我提升的框架。此种现象反映出全球化并未实质地削弱国家对教育的控制权（Trippestad，2016）。这种现象倾向于支持克拉斯纳（Krasner，2006）的观点，此观点反对当代社会中的一种流行话语，即全球化的扩张一直侵蚀着国家主权。这种话语采取1648年创建的威斯特伐利亚模式（Westphalian model），此模式强调制度化设置和规则，与适应逻辑相似，将地域性和自治性定义为国家主权构成的核心组成部分。因此，主权等于国家的独立自主权，将外部行动者排除于内部组织安排之外，众所皆知的是司法权。无论如何，这种取向忽视了在制定国内政策中起主导作用的权威。

由于国家统治者掌握着这种权威力量，他们的意图是主权性质具体化的关键因素，正如他们参与国际机构所显示的。有些人声称，这种全球化的制度安排会产生国际合法主权，因为它们违反了威斯特伐利亚模式下的独立自治原则，削弱了国家主权，例如，国际货币基金组织的例子常被人们看作是这种违反行为的典型例了,因为它坚持在国内政策形成中拥有合法角色(Stiglitz,2006)。然而,大多数政治统治者都热衷于参与这些国际组织,因为通过这些途径可以增进其政治利益,获得更大的支持。

> 因此,国际合法主权可以提升统治者的利益,使他们更容易获得国内的政治支持,这不仅是因为他们处于一个为其选民争取利益的更佳位置,而且也是认可一个政治政权及其领导人生存能力的信号。(Krasner, 2006:84)

显然,他们很高兴看到建立国际合法主权的跨国机构。这种关系表明,无论是威斯特伐利亚模式还是国际合法主权,都是由统治者决定的,他们在政治利益方面寻求最佳结果。他们才是构成主权的政策、规则与制度的选择者。随着全球化为新统治者的培养创造了新的环境,主权继续其动态发展的旅程。鲁宾逊(Robinson,2004)认为,全球化使许多国家融合成一个相互连锁体,其中,拥有跨国权威的国际机构偏好以国际团结的路径保护资本利益,而非个别国家的独立主权。这种现象有助于跨国资本精英阶级的发展,这一阶级将获得主导的权力,其行为方式与米尔斯(Mills,1951)提出的权力精英一样,一直主导着国家的运作。因此,这个跨国资产阶级将成为重塑国家主权宪法的主要动因,其他因素也有助于促进主权的动态发展。全球化往往会加剧跨国问题,例如,污染、供水和毒品,这些问题超越了地域管辖范围,无法由个别政府解决。这种情况需要国际合作,即跨政府主义,这有助于建立国际机构,这种趋势往往会破坏主权、领土和政治权力之间的关系(Held,2006)。

总之,主权不断改变其内涵和性质,使其与领土、地理边界和自主权的联系不稳定。这种关系无法支撑文化本土化教育的核心假设,即强调文化、领土、国家认同和主权之间的紧密联系。主权需要被视为一种人为的概念,具有为某些群体服务的政治意图,从而影响国家认同与文化本土化之间的对应关系。

15.5 结论

一方面,为了在全球化市场中获得可观的资本利润,成员国必须遵守其规则,这种损失被解释为主权的衰退;另一方面,这种权力流向由美国控制的国际机构,这进一步帮助美国取得霸权,将其文化输出到其他国家。对文化怀疑论者来说,这种输出文化将取代输入国家的当地文化,从而危及其公民的国家认同。为了缓解这种政治危机,这些文化输入国家将采用文化本土化教育的策略。因此,有人认为本土化与全球化同时发生。

基本上,这一论点假定文化本土化植根于主权和国家认同之间静态且紧密的联系。然而,正如上述分析所表明的,这一假设经不起论证,因为它没有考虑主权的动态性质。主权是一个人为概念,具有政治意图,服务于社会精英的利益。它最初是在个人主义中创立的,以维持皇室与贵族的制度,后来以集体形式特别是市民社会的形式重生。这种动态变化也发生在主权的另一个核心要素——领土上,它具有相似的意图,以防止君主权威被去领土化。然而,这种权威未能在威斯特伐利亚模式中保留其神圣形式,排除了外来者对国内事务的干扰,这显现于强国不断入侵弱国的现象中。这种违背行为表明权力是一个核心要素,促使主权从静态形式转变为动态发展形式。当统治者掌握权力和权威时,他们的政治意图进一步加速了全球化的发展,这体现在他们积极参与国际机构以赢得国际认可,从而可以在国内议程中发挥作用。全球化创造了一个有利于跨国阶级发展的国际环境,并将其转化为有利于全球化的跨国精英,这些跨国精英将再次重塑国家主权的本质。这种动态变化瓦解了主权、领土和国家认同之间的联系。上述种种情形表明,主权需要被视为一种社会话语,实现服务于统治者或精英的利益之政治意图。

尽管主权演化其形式、意义和结构,但主权的主人不是人民,而是统治者和精英。全球化时代加剧了这种不平衡关系,因为全球化市场强化了国际机构的发展,这些国际机构帮助那些统治者和精英在国内和国际上获得资本主义利益和合法权利。这种现象表明,主权并没有脱离政治领域的束缚,而是一直作为服务统治者和精英利益的政治工具。在过去,人们能够识破这一政治阴谋,并对政府发动叛乱,以便将正义纳入国家主权,他们最终建立了一个公民社会,在这个社会中,国家权力机构将以集体主义的形式为共同利益运作。然而,现在这种转变并不能保证公民社会的理念能够在实践中得到贯彻,公民无法发现他们服从于由统治者和精英控制的国家权力机构,这是因为统治集团已将主权转变为公民社会观念,教育人们相信他们是主权的主人,主权运作是为了共同利益。这种集体主义增加了国家主权的神圣性,维持了国家权威的中立性。这种变化有助于统治者和精英运用教育重塑人们的心灵。在没有批判性思维的情况下,社会成员无法察觉公民社会中不平衡的权力关系在很大程度上倾向于统治集团,在无意识中服从于国家的命令。这种现象进一步表明,主权应被视为一种人为概念,作为一种社会话语在统治者和精英的政治和经济利益中发挥作用。这种政治意图也凸显出,学校成为这些精英运作教化手段以获得个人利益的场所,这种未被发现的阴谋破坏了文化本土化教育的价值。

参考文献

Angew, J. (2009). *Globalization and sovereignty*. New York：Rowman & Littlefield.

Baker, D. P., & LeTendre, G. K. (2005). *National differences, global similarities: World culture and the future of schooling*. Stanford：Stanford University Press.

Berberoglu, B. (2003). *Globalization of capital and the nation-state: Imperialism, class struggle, and the state in the age of global capitalism*. Oxford：Rowman & Littlefield.

Berghahn, V. R. (2010). Historiographical review：The debate on "Americanization" among economic and cultural historians. *Cold War History, 10*(1), 107 – 130.

Cha, Y. K., & Ham, S. H. (2014). The institutionalization of multicultural education as a global policy agenda. *Asia-Pacific Education Research, 12*(1), 83 – 91.

Chiang, T. H. (2011). How globalization drives the higher education policy of the state. *Education Sciences, 1*, 7 – 20.

Chiang, T. H. (2013). Pursuing ideology or conforming reality：Why does education shift its function from equity to competitiveness in the era of globalization? *Journal of Global Economy, 9*(4), 249 – 262.

Chiang, T. H. (2014). Is the hegemonic position of American culture able to subjugate local cultures of importing countries? A constructive analysis on the phenomenon of cultural localization. *Educational Philosophy and Theory, 46*(13), 1412 – 1426.

Dale, R. (2003). Globalization：A new world for comparative education? In J. Schriewer (Ed.), *Discourse formation in comparative education* (2nd revised ed., pp. 87 – 110). Oxford：Peter Lang.

Florida, R. (2008). *Who's your city?* New York：Basic.

Foucault, M. (2003). *Society must be defended*. New York：Picador.

Friedman, M. (2002). *Capitalism and freedom*. Chicago：University of Chicago Press.

Giddens, A. (1990). *The consequences of modernity*. Stanford：Stanford University Press.

Green, A. (2006). Education, globalization, and the nation state. In H. Lauder, P. Brown, J. Dillabough & A. Halsey (Eds.), *Education, globalization & social change* (pp. 192 – 197). Oxford：Oxford University.

Harvey, D. (2005). *The new imperialism*. Oxford：Oxford University.

Hayek, F. A. (2007). *The road to serfdom*. Chicago：University of Chicago Press.

Held, D. (2006). Political globalization. In J. Krieger (Ed.), *Globalization and state power* (pp. 94 – 102). New

York: Pearson.

Hong, P. Y., & Song, I. H. (2010). Glocalization of social work practice: Global and local responses to globalization. *International Social Work*, *53*(5), 656 - 670.

Hytrek, G., & Zentgraf, K. M. (2008). *America transformed: Globalization, inequality, and power*. New York: Oxford University.

Khondker, H. H. (2004). Glocalization as globalization: Evolution of a sociological concept. *Bangladesh e-Journal of Sociology*, *1*(2), 12 - 20.

Krasner, S. D. (2006). Sovereignty and its discontents. In J. Krieger (Ed.), *Globalization and state power* (pp. 71 - 93). New York: Pearson.

Lingard, B. (2000). It is and it isn't: Vernacular globalization, educational policy, and restructuring. In N. C. Burbules & C. A. Torres (Eds.), *Globalization and education: Critical perspectives* (pp. 79 - 108). New York: Routledge.

Malinowski, B. (1926). *Crime and custom in savage society*. London: Routledge & Kegan Paul.

McCarthy, C., & Dimitriadis, G. (2006). Governmentality and the sociology of education: Media, educational policy, and the politics of resentment. In H. Lauder, P. Brown, J. Dillabough & A. H. Halsey (Eds.), *Education, globalization & social change* (pp. 198 - 211). Oxford: Oxford University.

Mills, C. W. (1951). *The power elite*. New York: Oxford University.

Mittelman, J. (1996). The dynamics of globalization. In J. Mittelman (Ed.), *Globalization: Critical reflections* (pp. 1 - 19). Boulder: Lynne Rienner.

Miyoshi, M. (1996). A borderless world? From colonialism to transnationalism and the decline of the nation-state. In R. Wilson & W. Dissanayake (Eds.), *Cultural production and the transnational imaginary* (pp. 78 - 106). London: Duke University.

Mosca, G. (1962). The ruling class. In C. W. Mills (Ed.), *Images of man* (pp. 192 - 232). New York: George Braziller.

Mosca, G. (1971). The political class. In A. Pizzorno (Ed.), *Political sociology* (pp. 96 - 109). London: Penguin.

Ohmae, K. (2000). The rise of the region state. In P. O'Meara, H. D. Mehlinger & M. Krain (Eds.), *Globalization and the challenge of a new century* (pp. 93 - 100). Indianapolis: Indiana University.

Olssen, M. (2006). Neoliberalism, globalization, democracy: Challenges for education. In H. Lauder, P. Brown, J. Dillabough & A. H. Halsey (Eds.), *Education, globalization & social change* (pp. 261 - 288). Oxford: Oxford University.

Popkewitz, T. (2000). Reform as the social administration of the child: Globalization of knowledge and power. In N. C. Burbules & C. A. Torres (Eds.), *Globalization and education: Critical perspectives* (pp. 157 - 186). New York: Routledge.

Ritzer, G. (2000). *The McDonaldization of society*. Thousand Oaks: Pine Forge.

Rizvi, F. (2000). International education and the production of global imagination. In H. Lauder, P. Brown, A. Dillabough & A. H. Halsey (Eds.), *Education, globalization and social change* (pp. 205 - 226). Oxford: Oxford University.

Rizvi, F. , & Lingard, B. (2006). Globalization and the changing nature in the OECD's educational work. In H. Lauder, P. Brown, A. Dillabough & A. H. Halsey (Eds.), *Education, globalization and social change* (pp. 247 – 260). Oxford：Oxford University Press.

Robertson, R. (1992). *Globalization: Social theory and global culture.* London：Sage.

Robertson, S. , Bonal, X. , & Dale, R. (2006). GATS and the education service industry：The politics of scale and global reterritorialization. In H. Lauder, P. Brown, J. Dillabough & A. Halsey (Eds.), *Education, globalization & social change* (pp. 228 – 246). Oxford：Oxford University.

Robinson, W. I. (2004). *A theory of global capitalism: Production, class, and state in a transnational world.* London：The Johns Hopkins University.

Säfström, C. A. (2005). The European knowledge society and the diminishing state control of education：The case of Sweden. *Journal of Education Policy*, 20(5), 583 – 593.

Sharma, C. K. (2009). Emerging dimensions of decentralization debate in the age of globalization. *Indian Journal of Federal Studies*, 1, 47 – 65.

Stiglitz, J. E. (2002). *Globalization and its discontents.* London：W. W. Norton & Company.

Stiglitz, J. (2006). Broken promises. In J. Krieger (Ed.), *Globalization and state power* (pp. 36 – 48). New York：Pearson.

Thurow, L. C. (2000). New rules：The American economy in the next century. In P. O'Meara, H. D. Mehlinger, & M. Krain (Eds.), *Globalization and the challenge of a new century* (pp. 244 – 252). Indianapolis：Indiana University.

Trippestad, T. A. (2016). The global teacher：The paradox agency of teaching in a globalized world. *Policy Futures in Education*, 14(1), 9 – 23.

Veblen, T. (1994). *The theory of the leisure class.* New York：Dover.

Wallerstein, I. (2004). *World-systems analysis.* London：Duke University.

作者简介

姜添辉　郑州大学特聘教授，联合国教育、科学及文化组织世界社会学学会教育社会学分会副会长，世界比较教育学会宪章常务委员。作为富布赖特高级学者（Fulbright Senior Scholar）访问美国威斯康星大学麦迪逊分校（University of Wisconsin-Madison）。北京师范大学客座教授，台湾教育社会学学会前理事长。获中国台湾杰出学者、希腊克里特大学（University of Crete）国际杰出教授等荣誉。任《国际教育研究杂志》（International Journal of Educational Research）副主编，同时担任国际学术论坛（International Academic Forum）、探索亚洲领导力与学习理论会议（Exploring Leadership and Learning Theories in Asia）等国际会议的国际咨询委员。主要从事教育社会学、全球化和教育政策、课程社会学、教师专业化与比较教育等研究。先后担任《跨教育对话》（Cross Education Dialogue）、《教育危机》（Crisis in Education）、《跨文化主义》（Interculturalism）的共同主编，《施普林格百科全书》（Springer Encyclopedias）教育哲学和理论、教师教育部分的编委，是鲍尔（S. Ball）教授主编的《精英、特权和卓越》（*Elite, Privileges and Excellence*）的作者，发表论文百余篇。

电子邮箱：thchiang@zzu. edu. cn。

（邓晓莉 译）

Part V

Methodology of

Education Policy Studies

第五编

教育政策研究方法论

第十六章

教育中的度量政治学：当前史的贡献

罗穆亚尔德·诺尔芒

（法国　斯特拉斯堡大学）

16.1　引言

政策工具与新治理模式的发展相关。政策工具为政策制定者提供认知性、规范化的框架以促成变革，实施新计划，并创造新型公共干预措施（Lascoumes & Le Galès，2007）。政策制定者们通过发明新的工具，特别是度量标准（metrics），使政治目标、价值观和意识形态合法化，从而促成国家转型。这些工具与新公共管理相对应，新公共管理有时通过重复使用过去的方案，假意重塑政府工具并克服官僚主义（Hood，1986）。这些工具还参与了决策的去政治化和再政治化，而政策制定者则面临来自不同利益集团的许多争论和反对意见。正如福柯（Foucault，1977）所述，这些权力和工具的技术程序是治理艺术和合理化国家发展的核心。治理术不仅建立在测量工具的基础上，而且建立在通过度量标准得以运作的知识、科学技术、思维方式与认识论的基础上（Miller & Rose，2008）。新的关系建立在科学、专业知识和政治之间，影响工具的所有权、可选择性和选择范围。

作为一项政策工具，度量标准正在侵入教育领域。测试、指标与基准是新公共管理的甲胄，而教师和学生每天都接触到问责性技术。自创建现代教育体系以来，这种在时间和空间上进行计算和比较的狂热背后隐藏着一种政治理性（Lawn，2013a，b）。援引福柯（Foucault，2002）的话，这种积极性显然是通过普遍度量科学与分类学渗透到国家行政领域而实现的合理化努力，至少当统计数据像在其他经济和社会领域一样被用于管理教育和卫生领域的人口时是如此①（Porter，1996）。今天，真理的话语抓住了数字，有时以讽刺的方式颠覆了数字的意识形态和政治目标（Berliner & Biddle，1995）。数字自己便可言说，在展示和呈现的过程中便可揭示真相，而不必面临专业知识与计算中心的质疑（Lawn，2013a，b）。正如国际学生评估项目（Programme for International Student Assessment，PISA，简称"PISA"或"PISA 测试"）调查，这种方法论基础保证了政策制定者能够借此拒绝任何超出有影响力专家圈子之外的批评（Grek，2009，2013）。然而，在度量政治中没有自然主义，没有任何话语与真理可以在教育中永远成立。长期以来，社会学与人类学质疑这些假设和陈述，这些假设和陈述显示了数据的相对性、背景嵌入性，以及它们消除文化差异的倾向。但数据化治理本身似乎是合法的，度量政治学成为国际、欧洲地区新兴的政务学（Lawn & Normand，2014）。

本章具有强烈的批判性，但不质疑数据或介入方法论的争论，也不讨论度量理由或依据的正确性。它通过作为考古学或"当前史"②的社会认识论与政治认识论，提供了关于教育中度量政治学的单一论证（Foucault，2012；Popkewitz，1997，2013）。采取批判性视角，将度量政治学、其理念与工具、分析模型与理论框架、对人类的影响进行历史化，并将教育政策视为由理性过程指导的产物（Popkewitz，2012）。

我们已经选择了一些能够展现自义务教育开始以来度量、知识和政治之间的

---

① 古典时期的认识型是通过普遍度量科学、分类学和发生学构造的系统来界定的。 换句话说，这三个概念界定了古典时期知识的普通构型。 在 17 世纪和 18 世纪，普遍度量科学、分类学和发生学通过图表来表达知识，根据一致性和差异性来组织的物的表象（表象使真实的存在变得可见）被秩序化于图表，图表成了知识的中心，自然的历史、语法以及货币科学就存在于这个图表之中。 ——译者注

② 理解福柯的批判风格的一个关键是"当前史"的概念。 这种"当前史"的批判，就是使批判的锋芒针对"当前"，但又不把"当前"视为一种普遍存在的模式或者具有必然性的趋势来看待，而是将"当前"看作一种带有偶然性的历史过程的结果，通过历史分析来揭示"当前"的"系谱"。 "当前史"的观念提供了对实践的深刻理解，而不是用结构来化减事件，这一点充分地体现在福柯各个时期的历史著作中的叙事安排上。 在"当前史"中的任何"当前"，总是以过去和未来的双重形象出现，前者作为叙事，后者作为批判，通过理论联结起来。 但理论的这种联结作用并不是暗示理论是优先和自主的，相反，它揭示理论在历史叙事和批判之间具有一种不自足性。 在这方面，福柯的历史著作既与实证史学中的编年史的叙事模式不同，更与新史学普遍采用的类型学的形式有很大区别。 无论是早期的《疯狂与文明》还是后来的《训诫与惩罚》，福柯著作的叙事时间上始终力图在历史叙事和理论以及批判中寻求一个平衡，而这种平衡的建立正是依赖福柯对理论、叙事与批判关系的复杂理解，这使他的"当前史"与布洛赫（M. Bloch）的著名公式"通过过去理解现在，通过现在理解过去"和克罗齐所谓"一切历史都是当前史"的论述相比，具有十分不同的含义。 ——译者注

关系的例子来构建当前史。我们并不追求连续性,而是用内部连贯性来分析一些历史时刻,这种内部连贯性建立在以某种影响政治的工具为基础的认识论和话语结构上。我们强调了一些塑造客观性规则的概念、理论和对象,并审视政治真理的话语。我们关注科学领域和专业领域内的变化以及其在教育政策领域引入的规范制度。

16.2　分类政治学

从福柯(Foucault,2002)开始,我们知道自然史在将人类和事物进行分类的过程中所起的作用,它们构成了科学语言并宣布了比较图表的主要应用领域。分类与比较是任何科学方法的两个基本行为,前者是度量的基础。所有可能产生差异的连续、有序和普遍的图表是分类学的理想。另外,普遍度量科学定义了一个从数学方法引出的单一法则来理解世界的视角。因为,部分教育科学已经将自然科学作为一种范本,从而试图构建真理与事实之间"完美的"对应关系(Popkewitz,2012)。分类是政治的一部分,通过武力或谈判手段,促进异质系统和不同概念之间的融合。即使它们引起了一些伦理上的关注,这些分类模式最终还是被隐藏嵌入到社会与政治生活中。从历史上看,针对低能人群的分类就是政策工具的一个例子。

16.2.1　分类作为包容与排斥的政策工具

世纪之交,不同的社会改革者出于对城市化和大规模移民造成贫困、不健康和不安全性增加的担心,开始构思对低能人群进行分类(Trent,1994)。在他们看来,低能人群成为社会的巨大负担,这些人群的增加需要一个成本合理的政治解决方案。许多社会改革者都同意建立殖民地,将患有癫痫的、低智的、残疾的和不守纪律的人群聚集到　起。低能人群必须提高生产力。政策制定者们出于对智力缺陷的担忧,开始建立专门学校。随着义务教育的到来,新人口进入学校,这对教师们提出了挑战。他们认为这些人不遵守纪律、行为不端。对有缺陷的学生的管理引发了政治上的关切,而大多数有经验的教师无法应对这些被归类为"愚蠢、无知、头脑简单、注意力不集中、笨拙、晕眩、迟钝、不开窍和呆滞"的学生。

从社会学角度来看,分类与吸纳和排斥人类的关键认知操作相关联

（Popkewitz，2013）。正如涂尔干与莫斯（Durkheim & Mauss，2009）举例说明的，原始的（primitive）和科学的（scientific）分类具有一个共同特征：它们使人际关系易于理解。分类的社会功能与获取知识的认知顺序相对应。对个人和群体之间共享的事物进行分类，有助于理解人类心智最具决定性的类别的逻辑：空间、时间、因果性等。道格拉斯（Douglas，1986）解释说，分类的设计是两极分化与排斥的具体实践，它意味着在事先不可比的事物之间描摹边界并建立等量关系。分类不仅是认知的社会等级制度化，而且对构建社会关系与社会权力具有重要影响。事实上，现代教育证书、文凭和认证一直是根据个人拥有的知识与技能对人进行分类的手段，并将其置于社会等级之中，以服务于分类、选择人才的政治目标。

在将分类转移到社会阶层问题时，布迪厄（Bourdieu，1989）通过批判现实主义和马克思主义关于生产关系的观点，提出了一种社会场域理论，其中，捍卫分类，特别是通过学校制度来捍卫分类，具有通过社会再生产机制使某些阶级、头衔和等级制度合法化的作用。根据经济、社会和文化资本的所有权，确定了一些微妙的差别，这些资本决定了社会空间内个人和群体的等级。从他们身上，整合的性情（品位、欲望、亲和力等）被组织起来，与社会阶层的实践和习惯及其相关属性性质相符。布迪厄对基于权力关系的差异化模型进行概念化时表明，分类制度是永久性斗争的产物，这些斗争重新界定了合法性的边界和模式，构建了等级制度，并服务于不平等政治。在教育方面，不平等的衡量标准已扩展到基于其他公平和绩效分类模式的国际性调查中，与社会阶层理论脱节。

16.2.2 教育领域中全球度量政策与不平等的分类

分类在时间和空间上具有一定的稳定性。除了差异象征性的神圣化和合法化之外，这种社会秩序的表现形式相当于一种社会和政治投资。统计分类在教育政治合法化方面发挥主导作用（Thévenot，2011）。它们保证了三种表现形式：科学的表现形式和技术的表现形式，通过这两种表现形式，统计工具可以通过图和表建立和展示一个简化的社会；政治的表现形式，即社会行动者为了使他们的利益能够在分类中体现而做的斗争和谈判。鲍克与斯塔尔（Bowker & Star，2000）从国际疾病分类中看出，分类是公共卫生政策中与国家和地方信息系统有关的若干利益之间妥协的结果。分类也可以作为社会现实的认知表征和心理图景，从而可以使我们识别出自己和那些与我们建立发展关系的人。

从这个角度便很容易理解作为全球政策的教育国际术语的定义中存在什么利害关系。根据国家之间的历史、社会和文化差异，即使这些教育国际术语表面上的同质性值得怀疑，术语还是强加了一个通用的分类系统。然而，从方法论和政治立场来看，联合国教育、科学及文化组织（United Nations Educational, Scientific, and Cultural Organization, UNESCO, 简称"联合国教科文组织"）的《国际标准教育分类》（International Standard Classification of Education, ISCED）或经济合作与发展组织（Organisation for Economic Co-operation and Development, OECD, 简称"经合组织"）定期出版物《教育概览》（*Education at Glance*）很少受方法论和政治立场的挑战。这些分类过程就像"黑匣子"一样，数据通过权威机构和专家得以合法化，而不质疑其"妥协"程度（Normand, 2009）。除了根据其偏向性或无偏向性的维度验证测量的现实愿景之外，社会学和建构主义者的观点认为，这种测量政策本身取决于按照某些观察、记录和编码的规则进行概念化的程序和比较。它是人与物之间复杂的网络和物质集合的结果，尤其是当需要将一种语言翻译成另一种语言或将本土的认知范畴转换为普遍的认知范畴时（Gorur, 2011, 2014）。

这些分类模式亟待解决的问题可以通过针对 PISA 关于衡量公平和绩效的调查的争论来分析。在国际调查的灰色地带背后，不同的机构、跨国专家定义了知识和思想的类别，这些类别可以在不同时间、不同空间切换转移（Pettersson, Popkewitz, & Lindblad, 2017）。这种对数字的信念是由强大的计算技术和推动教育政策最佳实践的企业逻辑支撑的。在国际和国家层面，PISA 作为一个"边界对象"（boundary object），向道德和政治企业家开放。他们利用 PISA 的结果，通过媒体宣扬自己的观点和兴趣，挑战当前的教育系统（Normand, 2014）。科学家与专家们利用这些分类来反驳关于提高教育系统效能、发展问责制和新公共管理政策的论点。基于这些数据，记者和一些知识分子试图对影响政策制定的信念关系与哲学之间的意识形态之争作出公断。政策制定者皈依伪科学实验主义，为他们不受欢迎的改革找到一些合理化和正当化的思路。一些国际机构和专家为其制作工具，撰写报告和提出建议，他们组织同侪学习活动并交流影响国家政策的最佳实践。

在这些教育分类中，新生事物就是基准（Bruno, 2017）。最初，这是由施乐公司（Rank Xerox）实施的一种管理技术。它迅速渗透到公共政策中，以确保最佳实践的客观化过程，以比较绩效并证明决策的合理性。将目标指定为无可争议的现实主义,通过探索公共政策服从于无需任何等级与规则的自愿审议过程的数据,推动治理的艺术。该政策的执行者参与到关于事实和数字的交流和辩论中,其中就隐含着一种趋同的要求。这就是为什么欧盟委员会将基准作为开放教育协调方法的工具(Lange & Nafsika,2007)。这是一种软治理,并非强加给国家,而是引导国家根据固定的、准确的目标考虑各自的排名,以改善其公平和绩效。如今,有影响力的咨询集团(如麦肯锡公司)使用这种基准技术,将绩效表现最好和最公平的教育系统进行分类,并向政策制定者提出建议(Gunter & Mills,2016)。

16.3 作为政策工具的实验

实验源于医学领域。伯纳德(Claude Bernard)打破尸体解剖原则,使解剖学成为一门科学,提出了一种反事实的实验方法来突出人体的功能和症状。而且,这种实验方法在重视实验室的同时,使临床医学重获新生,同时也影响了卫生政策。自此,在对儿童开展疫苗接种运动之前,要开展对人的实验,实验首先在罪犯身上进行,然后在残疾人身上进行(Lederer,1995)。当时,心理学受医学启发,想要促进教育政治学领域对人类行为的实验和测试,其中不乏引入一些优生学思想。现代实验政策继承了这些度量标准,以恢复转化为循证教育的实验主义。

16.3.1 从实验室研究到优生学

在医学和生理学强调实验和定量方法时,心理学也决定在实验被试、实验数据来源和操纵实验条件的实验者之间作出分工(Danziger,1994)。临床心理学将患者视为被试,将被试的行为表现与其他被视为正常或异常的人的行为表现进行比较。临床心理学旨在根据被试的个性,测量某一特定或异常的特征的影响,而实验心理学则声称要建立一个与人类心智相关的普遍性过程。

这两种方法不同于高尔顿(Godin,2007)所设想的方法。这位英国心理学家、优生学的创始人,在伦敦建立了一个实验室来测试个体的智力。这些个体是从普通人中挑选出来的。3便士的价格便可为他们提供一份有关他们智力水平的清单。心理学家的目标是建立一个人类能力数据库,为社会的、理性的和有效的人口规划提供建议。如果临床实践或实验心理学关注的是对个体过程的分析,那么高尔顿和他的优生学追随者们则希望将实验数据纳入统计序列,以大规模地制定绩效指标,并促进包括卫生和教育在内的社会政策的决策(Bashford,2007;Lowe,1998)。

为了满足教育管理者和政策制定者的需求,心理学家开发了不同的方法:首先是实验室实验法,但该方法不适应大规模的研究。其次是心理测验法,该方法通过系列统计法比较个体差异。心理学家制定成绩标准和类别,可以根据从优生学的一般智力标准到良好销售者所具备的品质标准对个人进行排名(Kevles,1985)。再次是课堂实验法,该方法为心理学家提供了新的可能性。它让学生接受不同的教学方法,同时,在实验前、后对学生的表现进行评估。课堂实验法可以比较不同教学方法和学习方法的效率,而智力测试法可以选择个人参加社会项目。在20世纪20年代至30年代,研究方法不断增多。

在收集心理数据时放弃个人主义观点,这与统计要求和更大的人口治理总量模式有关(Ramsden,2003;Soloway,2014),目的是克服传统统计方法比较人口平均数和比率的缺陷。尽管主流心理学依赖于实验模型,但人类行为统计调查试图研究实验室之外的犯罪、自杀、贫困和健康状况,以满足新兴福利国家的需要。统计协会通过收集与分析数据,为社会改革者提供信息,保证他们采用更科学的方法。关于儿童学习条件的研究可以加入学校教育研究中,学校得到的统计数据增加了(Travers,1983)。使用统计图表可以将社会问题简化为客观事实,找出统计数字变化背后的规律并解释一些心理和行为。对人类行为的研究受限于科学与数据规律,这些规律有助于心理科学收集、整合越来越多的数据。

除了开展测试以挑选人才之外,美国知识界还有这样一种看法,即认为种族和遗传在人类发展中起重要作用。优生学家对他们认为不合适的人采取限制性移民和隔离政策。他们在法庭和地方当局的影响下,支持选择性繁殖计划,要求绝育,并在学校的教科书和测试实践中传播优生学思想(Selden,1999)。在英国,优生学家研究了人口与退化之间的联系,并给出了人口数量和质量指标的合法性(Soloway,1990)。这在卫生和教育政策领域具有重要影响,而福利国家正在制定其体制和立法框架。人们讨论了预防疾病、替代劳动人口、提高人力资本、反对浪费等问题,同时,在经济效率和规划、教育和其他公共领域中的再分配和社会公正方面出现了新思想。伦敦经济学院(London Schools of Economics)积极地向科学家、知识分子和政策制定者传播这些新概念,并为新的不平等政治算术发明工具,将社会和人口调查扩展到教育议题中(Normand,2011)。

16.3.2　"对照试验"的应急政策与证据

如果研究效率的专家希望心理研究开发度量标准,比较学生成绩,他们还需要评估不同类型政策干预的影响(Danziger,1994)。对于学生成绩而言,心理学家必须对接受不同课程的学生群体进行比较(Sharp & Bray,1980),在不同的实验条件下,在干预前和干预后进行测量。根据测量所得的结果探索教室中不同条件的可能影响,是将统计数据与实验联系起来的强大动机。专业期刊上出现了一些实验研究,多关注学生的疲劳和学习问题。对照实验成为比较不同行政干预和政治干预效率的参照。

尽管随机对照试验正式起源于费舍尔(Ronald Aylmer Fisher)在农业领域的实验,但这种实验方法早在1930年以前就被应用于心理学领域(Dehue,2001)。逐步地,实验方法扩展到美国的教育研究中(Travers,1983)。心理学家们通过与行政人员和政策制定者签订合同,离开实验室,在当地学校系统内进行实验。实验处理侧重于教学方法、纪律和惩罚,以及课堂上的每一种教学和学习行为。《美国心理学期刊》(*American Journal of Psychology*)在此期间没有提及很多对照试验,《教育心理学期刊》(*Journal of Educational Psychology*)上14%的文章都在使用这种方法(Danziger,1994)。

其中一个实验是由桑代克(Thorndike)和他的学生麦考尔(William Anderson McCall)主持的,目的是通过智力测试随机评估新鲜空气或再生空气对学生成绩的影响。麦考尔在他的教材《教育实验法》(*How to Experiment in Education*)中介绍了这种方法。他以学校管理的经济效益来证明这种方法的合理性。这本书展示了在费舍尔(Fisher,1925)的经典著作出版之前不同的控制实验和随机化方法。尽管开始前景良好,但控制组与对照组的方法仍需时间来开发。然而,一种悲观主义笼罩着这些方法,它们在20世纪30年代因为效率运动而失去影响力。

在20世纪70年代的美国,对照试验重新获得了合法性,而社会干预方案被摒弃,一时间关于实验的争论再次出现。美国联邦政府对社会政策和补偿教育计划的干预受到了批评,美国联邦政府减少支出,迫使公共专家采取更短期、狭隘的干预措施。对这些社会政策和补偿教育计划的评估及其方法论长久以来存在争议(Cook,2000)。它为倡导新度量方法的专家提供了机会。坎贝尔(Donald T. Campbell)曾于1969年发表了一份影响深远的论文,呼吁美国和其他国家基于社会问题的具体处理办法,采用"一种新的社会改革实验方法"(Campbell,1969)。

"真"实验意味着一组个体接受实验干预并与对照组进行比较。如果想要对公共政策的评估有效，那么必须克服人道主义的和实际的反对，在实验中将个体随机分配到控制组。只是因为道德上的反对，这才不得不采用其他手段或统计技术。《改革即实验》（*Reforms as experiments*）并不是坎贝尔的第一本出版物，以麦考尔为参照，他早些时候主张将"实验室逻辑"扩展到社会。在统计学家斯坦利（Julian C. Stanley）的帮助下，坎贝尔撰写了一篇名为《教学研究的实验设计和准实验设计》的文章（Campbel & Stanley, 1963）。1966 年，这篇文章在另一本名为《研究的实验设计与准实验设计》（*Experimental and Quasi-Experimental Designs for Research*）的书中再次发表。后一本书很畅销，提倡社会科学研究的新标准，认为每位研究人员都是"实验社会的方法论仆人"。随后在美国，随机对照试验成为真实验，教育、卫生和社会工作中的许多公共政策都是按照这些原则和标准实施的。

20 世纪 70—80 年代，虽然美国联邦政府行动的脚步有所放缓，但坎贝尔的观点被一个右翼循证政策联盟重新拾起，该联盟通过在国会旁的一次重要游说将这些技术应用于美国教育（Normand, 2016）。受到医学方法论（随机对照试验、元分析、对研究文献的系统回顾）的启发，实验成为《不让一个孩子掉队法》（No Child Left Behind, 2001）的标准，而其原则由国际组织恢复并输出到欧洲。循证教育已成为政策制定的参考，同时也是新公共管理的参照（Wells, 2017）。发展关于"行之有效的"教育研究和实践的假设，需要创建专门机构和国际联盟（如坎贝尔国际合作组织），为政策制定者提供有影响力的专业知识，并向研究人员和实践者施加压力（Lingard, 2013; Trimmer, 2016）。随机对照实验主要由教育领域的经济学家倡导，如今被视为评价包括教育政策在内的社会政策以及为风险人群提供帮助的金科玉律。目标群体的对照试验和分类成为新自由主义国家新型社会干预模式的两大支柱，该模式逐渐放弃普遍性分配机制，通过新公共管理技术使个人对其行为负责（Cribb & Gewirtz, 2012）。

16.4 标准化的政治学

标准化允许在时间和空间上建立统一的标准，并对工作和实践社区进行远距离的政治控制（Brunsson & Jacobsson, 2000）。标准化有助于国家、公共组织比较个人和群体，并采用专业人士、政策制定者和评估人员共同使用的语言。标准假定一种分类和度量模式，它定义了形成新政策时的限制和排除项。科学或专业的公约和知识赋予标准合理性（Busch，2011）。标准的技术用语可以防止重新审议和争议，特别是当标准导致专业知识在时空方面发生很大改变时。事实上，标准化是一种权力和强制的政策工具，它有效地取代了传统的权力和等级制度。这就是为什么标准常常代表现代化和现代性的要求，而现代性在克服了以往规定时，促成了一种新理性。为了理解标准在教育政治中的基础和发展，有必要考虑美国的历史，同时不要忘记，通过国际调查、教育保障质量机制的发展和世界一流学校的推广，如今的标准已经全球化了。

16.4.1　地方政策、效能管理与标准化

前文我们已经说过，从 19 世纪 80 年代到 20 世纪 30 年代的美国，行政管理人员和政策制定者在管理效能方面拥有共同的专业知识和信念，认为以系统收集数据的科学为基础，将能够创建新的地方教育和政治秩序（Tyack，1974；Tyack & Hansot，1982）。读写算时代已经过去。所有的学生根据他们天生的才能，都能获得标准化的知识，以便在公共教育中取得成功。行政管理人员希望推行基于透明标准的新政策、分层次和层级性的学校组织，以及评估个人技能的客观标准。代表效率的标准化政策必须以来自工业社会的学术研究和方法为支撑。

那时，美国的教育辩论分为复古派与现代派（Cremin，1964）。一方面，贺拉斯·曼（Horace Mann）与普通学校的党派人士希望通过教育政策，在道德基础上巩固学校制度，强调公民原则、社群共识和地方民主；另一方面，后来被称为进步管理者（progressive administrators）或教育信托（educative trust）的专业管理人士认为，可以通过标准指导下的科学进步和专业知识手段管理教育政策。他们期望让学校脱离政治并接受新的技术（Tyack，1974）。在采用泰勒公司①的模式时，不同社区代表和学校董事会将由主管和经理取代，这些主管和经理更关注效能并反对管理浪费。

---

① 泰勒认为，"科学管理原理有四个基本组成要素：第一，形成一门真正的科学；第二，科学地选择工人；第三，对工人进行教育和培养；第四，管理者与工人之间亲密友好地合作。正是这四个要素的集成，构成了科学管理：科学，而不是单凭经验的方法；协调，而不是分歧；合作，而不是个人主义；最大的产出，而不是有限制的产出；实现每个人的劳动生产率最大化，财富最大化，而不是贫困。"——译者注

　　除了受心理学家的启发，进步管理者还受大型工业企业的科学管理的启发（Callahan，1962）。一个有效的管理者必须收集最多的数据来制定政策标准。目的是更好地了解每个学区的学生人数、校舍的数量、考试成绩等。在成本效益方面，预算必须是合理的。这些管理者和专家逐步将他们关于效率和标准化的政治观点强加在学校课程上。其中一位著名发言人博比特（John Franklin Bobbitt）倡导基于效率和标准测量的课程政策（Callahan，1962）。他定义了课程的科学概念，以提高学校效率，限制浪费，目的是将学校课程分解为精确的目标，然后将它们分成小单元来提高学习和教学回报率。许多改革者恢复了这一标准政策，他们也在利用心理研究进行心理测试。

　　效率管理的发展使我们很容易将其与目前的新公共管理进行比较。二者在为专家和政策制定者提供新机会、改变地方与国家当局的关系、将专业性确立为新的思维方式，以及通过标准承担责任方面有共同之处（Gunter，Grimaldi，Hall，& Serpieri，2016）。它们都使用泰勒原理（例如，质量保证程序）与激励措施（例如，业绩酬金）来监督教育工作者并向其施加压力（Ball，2003）。随着数字技术的发展，度量手段已经现代化了，但限制浪费和采取成本效益举措的追求仍是一样的。根据目标达成情况进行奖励和制裁，一直是实现"经济、效率、效能"的一个手段。私有化手段（合同、公私合营、外包等）有助于削弱和瓦解福利国家和政府当局遗留下来的广泛而深远的影响，可能是新出现的局面（Verger，Fontdevila，& Zancajo，2016）。

16.4.2　迈向标准与技能的国际政策

　　即使效率运动随着第二次世界大战而消失，美国也力图维持对标准的追求。将智商测试转化为知识和技能测试的心理学家之一泰勒（Ralph Tyler）在20世纪60年代就尝试对学生知识进行标准化和比较（Finder，2004）。约翰逊政府要求他制定教育贫困指标。从1964年到1968年，教育进展评估探索委员会（Exploratory Comittee on Assessing the Progress of Education）将美国国会成员、利益集团［尤其是卡内基和福特基金会（Carnegie and Ford Foundations）］和美国各州代表召集到一起，共同设计和制定了第一个基于学校课程标准的联邦评估政策（Lehmann，2004）。测试必须包括阅读、英语、数学和科学，以诊断美国教育系统的优劣。事实上，政策制定者对高中标准降低感到担忧。当务之急是培养有天赋的科学家和工程师，并为科学和数学设置标准更高的课程。1968 年，该暂时性政策条款经过调整，正式形成美国国家教育进展评价（National Assessment of Educational Progress）①，并首次推出了学生评价。

但是，来自各州的压力限制了美国联邦政策的施行范围，对数据的使用以及对学生学习进度的跟进都受到了限制。只有 1983 年《国家处于危机之中》（A Nation at Risk）报告发表后，美国联邦政府才再次注意到美国国家教育进展评价的情况，该评价没有对各州进行任何比较。美国国家教育进展评价的政治和技术结构已经完全修改，美国国会任命了一个委员会——国家评估管理委员会（National Assessment Governing Board）来制定学校成绩标准，设计测试，发布分数并确保其在联邦层面的传播。自此，美国国家教育进展评价已成为美国学生成绩的基准性政策，特别是在《不让一个孩子掉队法》颁布之后（Hursh，2007）。美国国家评估管理委员会受益于"教育测试服务"的专业知识，教育测试服务是一家专门从事测试设计的机构，由美国海军创建，最初是为了重新定义学术能力评估测试（Scholastic Assessment Test）②而建（Lehman，2001）。

在 20 世纪 80 年代，美国给经合组织施加政治压力，以发展和扩大国际调查，美国国家教育进展评价成为修订国际教育成就评价协会第一次数学调查的参考。国际教育进展评估组织的数学与科学评估重新采用了美国国家教育进展评价项目，而"教育测试服务"逐步将专业知识用于设计 PISA。PISA 从 2000 年开始，每 3 年进行一次评估，目的在于测试学生 15 岁时阅读、数学和科学方面的技能。在 PISA 沿用国际教育进展评估组织方法的同时，国际教育成就评价协会和美国教育考试服务中心（Educational Testing Service）成立了一个联盟——机构间教育研究所（IEA - ETS Research Institute），开展国际调查研究和分析，培训相关研究人员和专家，并向全球传播标准。如今，这一标准政策在学校层面应用，随着学校开始实施 PISA 测试，所获得的数据有助于向可能失败的学校或希望获得全球排名的学校提供最佳实践（Lewis，2017）。

---

① 美国国家教育进展评价也被称为"美国国家成绩报告单"，是美国国内唯一长期且具有全国代表性的教育评价体系。 ——译者注

② 学术能力评估测试是由美国大学委员会（College Board）主办的考试，其成绩是申请美国大学入学资格和奖学金的重要参考。 ——译者注

16.5 结束语

我们在教育政策度量方面描述了三个相应举措。第一，分类。通过将事物分类使世界有序化，使得教育事实可以理解，同时，分类建立了一种表征事实，特别是通过统计方法和数据收集获得的知识可以塑造和引导政治。第二，实验。在实验走出实验室并大规模发展的过程中，可以建立实验心理学和经济学所用的统计序列，以根据不同的特征和变量对人口进行定性和分类，为后福利国家政治做准备。尽管医学可以作为参考，但在教育以及其他社会政策领域，随机对照试验将实验合法化为一项基本原则，将其置于其他用于产生知识的方法之上。度量标准用于建立关于"什么行之有效"的大型数据库，算法处理被认为足以建立循证的改革主张。第三，标准化。标准化是一种政策，从度量的角度看，通过这种政策，各种实践都是统一的，并且遵循标准化或消解文化和语境差异的最佳实践。

作为政治的度量是随着教育管理的发展而诞生的，关注效率，同时也是用于大规模学校管理的技术。在全球化时代，新公共管理已经调整了泰勒的工具，使它们现代化，实验经济学和认知科学已经摒弃了生物经济学和心理测量学的优生学假设，但理性主义者和科学家的诱惑依然存在，循证政策所取得的成功印证了这一点。正如这段短暂的历史所证明的那样，工具理性的过程是一种通过政治主张对客观性和真理的永久追求，而这些政治主张经常被人类数据的不可约性所否认（Biesta，2007）。在这场对减少度量的偶然性与不确定性的注定要失败的尝试中，教育政治矛盾地支撑着政府科学，它缩小了可能的行动范围，减少了个人和集体的多元化选择（Thévenot，2007）。通过复杂的假定完美的工具的控制和严密监控，人类测量自我的潜力和能力必须以牺牲自主性和自我实现为代价。这种通过数字管控教育的做法，限制了在个人责任和竞争性选择的表现形式之外的、其他形式的道德行为的可能性。最后，杜威（John Dewey）的观点看起来已被拥护度量的学者们完全忘记了：

> ……道德平等不能在法律、政治和经济安排的基础上进行构想，因为所有这些都必然是分类性的，关注的是统一性和统计平均数。道德平等意味着不可比性，意味着共同和定量标准的不适用性，它意味着内在

的品质需要独特的机会和不同的表现。在做具体的工作方面感到优越，而不是在获得一类竞争者共同的目的的能力方面感到优越，这必然会导致特别看重对他人的掌握。这种最好的几乎是唯一活动的模式是在艺术和科学中发现的。确实有一些不太好的诗人、画家和音乐家，但艺术的真正标准不是比较出来的，而是本质上的。艺术没有大与小之分，它有好与坏之分，有真诚与虚假之分。不是所有知识工作者都可被称为亚里士多德或牛顿或巴斯德或爱因斯坦。但是，每一项诚实的探索都是有区别的、个性化的，它有自己不可比拟的质量，并发挥自己独特的作用。（Dewey，1922）

参考文献

Ball, S. J. (2003). The teacher's soul and the terrors of performativity. *Journal of Education Policy*, *18*(2), 215 – 228.

Bashford, A. (2007). Nation, empire, globe：The spaces of population debate in the interwar years. *Comparative Studies in Society and History*, *49*, 170 – 201.

Berliner, D. C. , & Biddle, B. J. (1995). *The manufactured crisis: Myth*, *fraud*, *and the attack on America's public schools.* New York：Longman Publishers.

Biesta, G. (2007). Why "what works" won't work：Evidence-based practice and the democratic deficit in educational research. *Educational Theory*, *57*(1), 1 – 22.

Bourdieu, P. (1989). Social space and symbolic power. *Sociological Theory*, *7*(1), 14 – 25.

Bowker, G. C. , & Star, S. L. (2000). *Sorting things out: Classification and its consequences.* Cambridge：MIT Press.

Bruno, I. (2017). "Silencing the disbelievers"：Games of truth and power struggles around fact-based management. In R. Normand & J. -L. Derouet (Eds.), *A European Politics of Education. Perspectives from sociology*, *policy studies and politics* (pp. 140 – 154). London：Routledge.

Brunsson, N. , & Jacobsson, B. (2000). The contemporary expansion of standardization. In N. Brunsson & B. Jacobsson. (Eds.), *A world of standards* (pp. 127 – 137). Oxford：OUP.

Busch, L. (2011). *Standards: Recipes for reality.* Cambridge：MIT Press.

Campbell, D. T. (1969). Reforms as experiments. *American Psychologist*, *24*, 409 – 429.

Campbell, D. T. , & Stanley, J. (1963). *Experimental and quasi-experimental designs for research.* Chicago：Rand McNally.

Callahan R. (1962). *Education and the Cult of Efficiency.* Chicago：University of Chicago Press.

Cook, T. D. (2000). The false choice between theory-based evaluation and experimentalism. In P. J. Rogers, A.

Petrosino, T. A. Heubner & T. A. Hasci (Eds.), Program theory evaluation: Practice, promise, and problems, new directions in evaluation. *New Directions for Evaluation*, *87*(2000), 27 – 34.

Cremin, L. A. (1964). *The transformation of the school: Progressivism in American education 1876—1957*. New York: Vintage Books.

Cribb, A., & Gewirtz, S. (2012). New welfare ethics and the remaking of moral identities in an era of user involvement. *Globalisation, Societies and Education*, *10*(4), 507 – 517.

Danziger, K. (1994). *Constructing the subject: Historical origins of psychological research*. Cambridge: Cambridge University Press.

Dehue, T. (2001). Establishing the experimenting society: The historical origin of social experimentation according to the randomized controlled design. *The American Journal of Psychology*, *114*(2), 283.

Dewey, J. (1922). Individuality, equality, and superiority. *New Republic*, *33*, 61 – 62.

Douglas, M. (1986). *How institutions think*. Syracuse: Syracuse University Press.

Durkheim, E., & Mauss, M. (2009). *Primitive classification (Routledge revivals)*. London: Routledge.

Finder, M. (2004). *Educating America: How Ralph W. Tyler taught America to teach*. Westport: Praeger.

Fisher, R. A. (1925). *Statistical methods for research workers*. London: Olivier & Boyd.

Foucault, M. (1977). *Discipline and punish*. Harmondsworth: Penguin.

Foucault, M. (2002). *The order of things: An archaeology of the human sciences*. New York: Psychology Press.

Foucault, M. (2012). *The archaeology of knowledge*. New York: Vintage.

Godin, B. (2007). From eugenics to scientometrics: Galton, Cattell, and men of science. *Social Studies of Science*, *37*(5), 691 – 728.

Gorur, R. (2011). Policy as assemblage. *European Educational Research Journal*, *10*(4), 611 – 622.

Gorur, R. (2014). Towards a sociology of measurement in education policy. *European Educational Research Journal*, *13*(1), 58 – 72.

Grek, S. (2009). Governing by numbers: The PISA "effect" in Europe. *Journal of Education Policy*, *24*(1), 23 – 37.

Grek, S. (2013). Expert moves: International comparative testing and the rise of expertocracy. *Journal of Education Policy*, *28*(5), 695 – 709.

Gunter, H., & Mills, C. (2016). *Consultants and consultancy, the case for education*. Dordrecht: Springer.

Gunter, H. M., Grimaldi, E., Hall, D., & Serpieri, R. (Eds.). (2016). *New public management and the reform of education: European lessons for policy and practice*. London: Routledge.

Hood, C. (1986). *The tools of government*. Chatham: Chatham House.

Hursh, D. (2007). Assessing no child left behind and the rise of neoliberal education policies. *American Educational Research Journal*, *44*(3), 493 – 518.

Kevles, D. J. (1985). *In the name of eugenics: Genetics and the uses of human heredity*. Cambridge: Harvard University Press.

Lange, B., & Nafsika, A. (2007). New forms of European Union governance in the education sector? A preliminary analysis of the open method of coordination. *European Educational Research Journal*, *6*(4), 321 – 335.

Lascoumes, P., & Le Galès, P. (2007). From the nature of instruments to the sociology of public policy instrumentation. *Governance Understanding Public Policy Through Its Instruments*, *20*(1), 1 – 21.

Lawn, M. (Ed.). (2013a). *The rise of data in education systems: Collection, visualization and use*. Oxford: Symposium Books.

Lawn, M. (2013b). Voyages of measurement in education in the Twentieth Century: Experts, tools and centres. *European Educational Research Journal*, *12*(1), 108 – 119.

Lawn, M., & Normand, R. (Eds.). (2014). *Shaping of European education: Interdisciplinary approaches*. London: Routledge.

Lederer, S. E. (1995). *Subjected to science: Human experimentation in America before the second world war*. Baltimore: Johns Hopkins University Press.

Lehman, N. (2001). *The big test: The secret history of the American meritocracy*. New York: Farrar, Straus & Giroux.

Lehmann, I. J. (2004). The genesis of NAEP. In L. V. Jones & O. Olkin (Eds.), *The nation's report card: Evolution and perspectives* (pp. 25 – 92). Bloomington: Phi Delta Kappa Educational Foundation.

Lewis, S. (2017). Governing schooling through "what works": The OECD's PISA for Schools. *Journal of Education Policy*, *32*(3), 281 – 302.

Lingard, B. (2013). The impact of research on education policy in an era of evidence-based policy. *Critical Studies in Education*, *54*(2), 113 – 131.

Lowe, R. (1998). The educational impact of the eugenics movement. *International Journal of Educational Research*, *27*(8), 647 – 660.

McCall, A. W. (1923). *How to experiment in education*. New York: MacMillan.

Miller, P., & Rose, N. (2008). *Governing the present*. Cambridge: Polity Press.

Normand, R. (2009). Expert measurement in the government of lifelong learning. In E. Mangenot & J. Rowell (Coord.), *What Europe constructs: New sociological perspectives in European studies* (pp. 225 – 242). Manchester: Manchester University Press.

Normand, R. (2011). *Gouverner la réussite scolaire: Une arithmétique politique des inégalités*. Berne: Peter Lang, Presses de l'école Normale Supérieure.

Normand, R. (2014). The French pinnacle of PISA. In M. Lawn & R. Normand (Eds.), *Shaping of European education: Interdisciplinary approaches* (pp. 32 – 49). London: Routledge.

Normand, R. (2016). "What works?": The shaping of the European politics of evidence. In R. Normand (Ed.). *The changing epistemic governance of European education: The fabrication of the homo academicus europeanus* (pp. 95 – 125). Dordrecht: Springer.

Pettersson, D., Popkewitz, T. S., & Lindblad, S. (2017). In the grey zone: Large-scale assessment-based activities betwixt and between policy, research and practice. *Nordic Journal of Studies in Educational Policy*, *3*(1), 29 – 41.

Popkewitz, T. S. (1997). A changing terrain of knowledge and power: A social epistemology of educational research. *Educational Researcher*, *26*(9), 18 – 29.

Popkewitz, T. S. (2012). *Cosmopolitanism and the age of school reform: Science, education, and making society by making the child*. New York: Routledge.

Popkewitz, T. (2013). The sociology of education as the history of the present: Fabrication, difference and abjection. *Discourse: Studies in the Cultural Politics of Education*, *34*(3), 439 – 456.

Porter, T. M. (1996). *Trust in numbers: The pursuit of objectivity in science and public life*. Princeton: Princeton University Press.

Ramsden, E. (2003). Social demography and eugenics in the interwar United States. *Population and Development Review*, *29*(4), 547 – 593.

Selden, S. (1999). *Inheriting shame: The story of eugenics and racism in America*. New York: Teachers College Press.

Sharp, S. A., & Bray, A. P. (1980). WH Winch: A founder of the experimental approach in education. *British Journal of Educational Studies*, *28*(1), 34 – 45.

Soloway, R. A. (1990). *Demography and degeneration: Eugenics and the declining birthrate in twentieth-century britain*. Chapel Hill: University of North Carolina Press.

Soloway, R. A. (2014). *Demography and degeneration: Eugenics and the declining birthrate in twentieth-century Britain*. Chapel Hill: UNC Press Books.

Travers, R. M. W. (1983). *How research has changed American schools: A history from 1840 to the Present*. Kalamazoo: Mythos Press.

Trent, J. W. (1994). *Inventing the feeble mind: A history of mental retardation in the United States*. Berkeley: University of California Press.

Thévenot, L. (2007). The plurality of cognitive formats and engagements: Moving between the familiar and the public. *European Journal of Social Theory*, *10*(3), 409 – 423.

Thévenot, L. (2011). Conventions for measuring and questioning policies: The case of 50 years of policy evaluations through a statistical survey. *Historical Social Research/Historische Sozialforschung*, *36*(4), 192 – 217.

Trimmer, K. (Ed.). (2016). *Political pressures on educational and social research: International perspectives*. London: Routledge.

Tyack, D. (1974). *The one best system: A history of American urban education*. Cambridge: Harvard University Press.

Tyack, D., & Hansot, H. (1982). *Managers of virtue: Public school leadership in America, 1820—1980*. New York: Basic Books.

Verger, A., Fontdevila, C., & Zancajo, A. (2016). *The privatization of education: A political economy of global education reform*. New York: Teachers College Press.

Wells, P. (2007). New labour and evidence based policy making, 1997—2007. *People, Place & Policy*, *1*(1), 22 – 29.

作者简介

罗穆亚尔德·诺尔芒（Romuald Normand）　法国斯特拉斯堡大学（University of Strasbourg）人文社科学院教授。法国国家科学研究中心（Centre national de la recherche scientifique）在该校设立的欧洲社会、学校与政府中心（Societies，Actors and Government of Europe）负责人。北京师范大学中法教育创新中心客座教授、主任。欧洲教育研究协会（European Educational Research Association）"欧洲教育社会学"分会的召集人，期刊《英国教育社会学》（British Journal of Sociology of Education）编委会成员。主要研究领域：比较教育、欧洲教育政策与终身学习、高等教育、教育新公共管理。与劳恩（Martin Lawn）共同编辑出版"欧洲教育研究"（Studies in European Education）系列图书。

电子邮箱：rnormand@unistra.fr。

（闻凌晨　邓晓莉　译）

第十七章

作为一种权力实践的教育政策人类学研究： 概念与方法

布拉德利·A. 莱文森　特蕾莎·温斯泰德　玛格丽特·萨顿

（美国　印第安纳大学）（美国　圣马丁大学）（美国　印第安纳大学）

从 2001 年我们编著的《作为实践的政策：指向教育政策的社会文化比较分析
（*Policy as Practice: Toward a Comparative Sociocultural Analysis of Education Policy*）》
（Sutton & Levinson, 2001）一书的序言开始，我们在不断地勾勒针对教育政策研究的
批判人类学方法的基本假设。到 2009 年，我们进一步拓展、深化序言中的许多要点，
更系统地介绍和定义了理论术语，并提供了一些这方面的知识谱系（Levinson,
Sutton, & Winstead, 2009）。我们还讨论了伴随理论研究方法而来的某些方法论层面
的想法，我们主张一种介入式的教育人类学，它超越了教育政策的纯"研究"，走向教
育政策的民主化和变革。在这里，我们将这套方法的最新情况做以下简述。

毫无疑问，我们这套方法与近年来出现的一系列定性分析研究教育政策的方
法有很多的相似之处。这些方法基本上都是先细致地描述教育当局如何制定教
育政策，然后由各种各样的行动者和机构以一种意想不到的方式加以解释和实
施。将政策看作权力实践以及需要统治与抵抗的治理工具，是一种特别关键的观
点（Levinson, et al., 2011）。这套方法在我们所强调的三个特定要素方面可以说是
与众不同的，三个特定要素如下所述：（1）人类学带给我们的基于史实、整体性
以及跨文化的洞见，使我们将政策理解为一种权力实践；（2）在社会实践中，非二
元论和能动性占据概念的中心地位；（3）强调以民主方式产生的社会科学知
识——除了那些我们称之为"经授权"的政策制定者之外，对各种公民公众以及学
术团体同样如此。

17.1　人类学基础

可以说，相比于其他任何领域，人类学更需要我们在历史语境下透视跨文化

差异来理解当代社会现象。于我们而言，这实际上意味着我们必须不断地审视和确保我们对于"政策"是什么或做什么有共同的假设。"政策"这个词进入英语不过 100 年左右，现在却横跨社会与政治语境，并且在世界其他语言中衍生出了大量的变体词和同源词。因此，首先要做的是认识到"政策"作为一个英语世界的词，作为（后）现代治理工具，是有其特定的历史和文化定位的。通过追溯其原义，我们可以追溯到启蒙运动时期理性社会工程的勃兴，以及在 20 世纪的进程中它逐渐成为一种技术官僚式的自由民主治理，也可以透过它在其他语言——不管是民族语言还是流行语言和社会的传播中，发现"政策"一词经常获得新的用法和变化。事实上，直到莱文森（Levinson）的小女儿们使用"政策"一词来描述她们"不要踩人行道的黑色间隙部分"这个虚构的步行游戏的规则时，"政策"这个词的全部用法才愈渐清晰。

那么，我们称之为"政策"的东西是什么呢？它在跨国组织、民族国家各省份、不同学校之间拟定和颁布，似乎囊括了一切，其共同特征是什么？我们认为，最好是将"政策"定义为一种复杂的、持续的、有关规范话语文化生产的社会实践，这种社会实践由不同背景下的不同主体构成。规范文化话语（normative cultural discourse）所引发的结果具有积极和消极的约束力，也就是一套关于事情应该或必须如何去做的组织原则，具有相应的鼓励或惩罚的作用。这样的话语可能是形式化的，也可能是不成文的（它可以是开诚布公的或不宣之于口的、清晰明确的或隐遁无形的、法律上的或事实上的）。在任何情况下，它都预先假定了一个至关重要的观点，即事物是如何"存在"的——世界是如何被建构起来的——以及"应该是怎么样的"。为了解决实际存在的问题，相应地，政策定义了现实、组织了行为并分配了资源。

人类学视角坚持认为，政策是地区或社区两种话语实践之间的一种联系，一种话语实践包括大量的法律和治理结构，另一种话语实践涉及规范组织与控制。因此，政策就处在规范和法律之间的阈限空间里，它可能比规范更容易编纂，但没有法律那么具有约束力和强制性。重要的是，政策组织了社会环境，这些社会环境的参与者可能对社会环境的组织方式有着截然不同的认识并缺少共识。一个教二年级的成年人和一个上二年级的 7 岁孩子，对这个世界的理解可能并不那么相似，也不会就他们共同生活的社会环境中应该发生什么事情达成一致，但他们都是被政策组织起来的。

政治和法律人类学领域的重要研究可以阐明我们的方法。实际上，我们刚才提及的阈限空间，一直是法律人类学领域和不断演变的法律多元主义概念的焦点。法律多元主义重视多种法律制度之间的联系，关注国家法律秩序体系与其他规范性社会秩序之间的辩证关系，通常聚焦在部落或社区层面。穆尔（Mooree，1973）描述了法律或政策是如何在一个半自治的社会领域中运作的：

> ……可以在内部生成规则和习俗，但是……也容易受其所处的更大世界中产生的规则、决定或其他力量的影响。这个半自治的社会领域具有制定规则的能力，以及诱导或强制服从的手段，但是它同时处于一个更大的社会矩阵中，有时在它自己的要求下，这个矩阵也可以并且确实会影响和侵入它。（Mooree，1973：720）

穆尔的研究阐述了政策实践的多重地域性，与我们强调的重点相呼应，即政策是权力实践，也是潜在的阻力载体。穆尔的研究让我们既注意到了更大的动态——它由国家强制性法律创造，继而创造和影响社会生活，也注意到了更小的动态——那些未被编纂的程序和脚本或在特定社会环境中参与的隐性规则——在更大的社会力量之间运作。穆尔提醒我们，这些秩序原则，在我们努力理解法律和政策如何组织社会生活的过程中，无论大小，都是相互关联、无法分开的。即使政策参与者正在误用政策，在非官方空间中运作，抵制来自更多官方政策形式的强制力，他们依然处在更大的社会矩阵中。

17.2 实践、实践、实践

正如我们现在所希望的，人类学有助于在当前的历史时刻消解政策的自然性和常态，它使我们质疑我们以为理所当然的政策。我们进一步指出，从分析角度解读政策的方法是将政策视为一种社会实践，具体而言，政策是一种在现代治理形式中运用权力的实践。把政策当作社会实践是什么意思？我们如何将行动和能动性重新纳入看似静态的政策文本，并将整个政策过程概念化为一组复杂的相互依存的社会文化实践？我们如何才能超越文本，批判性地审视官方自上而下的政策实践是如何谈判、竞争、调整或转变的？

即使政策通常采取话语或文本的形式，但我们更喜欢从动态的角度来看待政策，并始终将其作为一系列社会文化实践的具体实例加以分析。一方面，作为规范性话语的政策,可能有所谓的官方"授权",即有政府、组织或公司章程的执行机制作为后盾;另一方面,政策也可能在那些被官方授权制定明确政策的机构或办公室之外,以更自发和非正式的方式发展。那些受制于授权政策的垂直或分散权力的人,很可能会在回应中坚持自己的权力。无论哪种情况,政策都可以通过持续的制度记忆和实践被记录和编纂,或者以"不成文"的形式存在。

在任何情况下,政策制定都被认为是行使权力的一种实践。这种权力实践可能或多或少是民主的,这取决于权力精英阶层的形成和合法化的方式,以及公众参与(或不参与)政策形成的方式。在已知最常见的形式中,发达资本主义下的授权政策是十分现代的,通常以理性主义演算和代议制民主的虚假外表为特征。尽管超国家组织在全球化背景下兴起,但现代国家机构仍是政策的最高授权者。尤其是国家"公共政策"设法掩盖了其作为高度政治形式的现实,因为它被看似"客观、中立、法理化的惯用语"粉饰(Shore & Wright,1997)。

从20世纪50年代开始,传统的政策研究受政治和经济科学的严重影响,注重政策制定和实施的战略条件,以及分析政策影响的方法。我们质疑这一关注点和前景,主张关注政策形成、协商和挪用的社会实践。过程实践方法很少考虑授权政策形成中"问题识别"假定的合理性。相反,它更关注社会领域,在社会领域里,构成规范性政策话语的利益和语言通过协商变成某种政治和文化上可行的形式。

当然,协商的概念具有公开的政治含义,并且我们要承认在对立政党和利益之间经常就授权政策进行"谈判协商"。然而,我们还想强调这个术语的社会文化意义,即解释意义的形成过程。除了通过协商达成"协议"之外,被授权的决策者还围绕意义与理解的复杂领域进行协商。根据这一人类学的观点,意义的产生是社会行为的基础,因此意义在社会生活中总是"协商"的。价值观从来都不是固定的,而是随特定情况下意义的改变而改变。对我们来说,意义的协商始终是政策形成的一部分,不管是否涉及实际的政治协商。换言之,规范文化生产的过程需要积极的意义协商。

除了政策形成过程之外,意义协商还发生在政策传播和形成的不同的组织和场所之间及内部。我们不用术语"实施"来分析这个过程,而是提出了"挪用"的概念,它强调社会行动者如何把最初外部的东西放到社会背景中并理解它。"挪用"是一个历史繁复的概念。它已被发展和运用于马克思主义现象学家赫勒(Agnes Heller)的作品、媒介文化研究、巴赫金(Bakhtinian)语篇分析、知识产权法律研究等方面。除了这些不同的传统，挪用是指个人或群体在实践中重塑和再塑一些先前存在的文化产物。因此，挪用是指创造性主体"解释"和"吸收"政策要素的方式，从而将这些话语资源纳入他们自己的兴趣、动机和行动计划，也就是他们自己的"形意世界"①（Holland, Lachicotte, Skinner, & Cain, 1998）。

对政策挪用的研究倾向于突出政策实施过程的后期阶段，即授权文本或"政策信号"以各种方式在其适用的各种制度背景下传播的时候。诚然，我们先前的研究被解读为暗示政策制定过程有一个起点，而挪用只在政策实施过程的后期阶段进行（Nielsen, 2011）。然而，我们要强调的是，挪用就像谈判一样，也是在授权政策制定过程中进行的。我们坚持认为，授权决策者通过自己的权力实践挪用了话语和叙述。因此，挪用不应仅仅用来描述已正式形成的所谓政策执行者的行为。更确切地说，挪用也是授权的政策制定中权力实践的一部分。或许，授权的政策制定者可以更自由地、有选择地适应、借用、发明、掩饰或以其他方式操纵他们的政策理念，实际上，他们是从某个地方（而非空穴来风）挪用这些理念。② 正如我们所说，这是一种自下而上、自上而下、贯穿整个社会的实践，也是自下而上、自上而下、贯穿整个社会的符号指向。

挪用的概念与近年来振兴人文科学的更广泛的社会文化实践概念密切相关。我们看到有两条主要的研究流构成了这样的"实践理论"。一方面，社会学和人类学理论家，如吉登斯（Giddens, 1979, 1984, 1991）、布迪厄（Bourdieu, 1977, 1990a, b）、康奈尔（Connell, 1983, 1987）以及奥特纳（Ortner, 2006）等人发展了实践概念，以解决结构与能动性、社会与个人之间长期存在的对立关系。在他们看来，社会实践是结构和能动性、个人和社会相互构成的"场所"或"时刻"。同时，在心理学之外，关于"情境认知"和"活动理论"的研究试图解决心智与社会、认知与环境之间类似的矛盾。受俄罗斯社会历史传统的影响，尤其是以维果茨基（Lev Vygotsky）为代表的理论家，如韦特施（Janes Wertsch）、科尔（Michael Cole）、拉夫和

---

① "形意世界"最早由霍兰德（Dorothy Holland）提出，是霍兰德提出的自我和身份理论的一部分。"形意世界"中充满了"由社会产生、由文化构建的一系列活动"，在这些活动中，人们从概念和实质上对自我的身份有了新的理解。简单来说，"形意世界"就是人们弄清楚自己是谁的地方（然而，这种认识未必是正确的）。——译者注

② 例如，关于全球政策借鉴（policy borrowing）和全球教育产业的文献（Steiner-Khamsi, 2004; Verger, Lubienski, & Steiner-Khamsi, 2016）。

温格（Lave & Wenger,1991）阐明了强有力的人类思维和学习新模式,这些模式充分解释了固有和临时出现的心理的社会特性。这些研究方法旨在提醒我们,教育政策同时存在于执行该政策的教育者和学生的"内部和外部"。作为教育系统的参与者,我们通常比那些身处其中的人更容易识别政策的外部信号,因此,我们的工作可能需要在可见的政策信号和这些信号隐含的文化知识和之后的行为表现方式之间来回摇摆。此外,权力结构像政策一样,不仅从外部强加,而且常常巧妙地体现在日常信仰和实践中（Levinson,et al. ,2011）。

出于同样的原因,我们不能说在任何情况下,非授权行动者的政策挪用都会递归地联系或影响授权的政策制定。一些批评我们研究的人说,我们对社会实践的递归性,以及未经授权的行动者如何在自己的行动范围内形成自己的地方政策的强调,可能使我们对整个政策过程的理解"扁平化",并夸大了未经授权的行动者"制定政策"的权力。当然,我们需要牢记官方授权的政策制定行为（由民选和任命的官员、官僚等主持）与未经授权的行动者（如教师）的非官方行为之间的区别。我们不能对授权的决策者拥有的实权一无所知,不能对未经授权的行动者影响官方政策形成的能力过于乐观。这些是经验性的问题,需要通过研究加以考察。

的确,该领域的工作非常清楚地表明,授权对象或授权内容经常受到激烈的质疑（Lashaw,2018;Sandler,2018）。政策授权的社会动态性不能被视为理所当然,也不能简单地将其归因于占主导地位的国家和企业行动者。此外,拉图（Bruno Latour）的行动者网络理论（Actor Network Theory）也让我们越来越关注"非人"甚至非生命"行动者"对政策出现的作用（Koyama,2018）。到目前为止,我们的分析步骤一直是将非授权行动者能动性理论化,以认识到这种能动性在哪些方面会产生渐进性后果,并探讨授权与非授权政策制定者之间能够进行互动的条件,以便有效实施被授权的政策。如若这些政策被错误构思或不民主地强加于人,行动者也能够有效地加以质疑或改变。然而,这项研究要求我们不断扩大对能动性的理解,并适应权力的复杂性,特别是在合作性的行动导向的政策研究中。

17.3 一个简单的例子

温斯泰德（Winstead,2014）在美国华盛顿州开展的关于土著的教育政策（indigenous education policy）的研究中,举了一个政策行动者在政策制定过程中可能被赋予多重含义的例子。在这个例子中，一些州的政策制定者认为，将熟知土著历史纳入高中毕业要求的政策倡议（众议院法案 1495 号，简称"HB1495"①）是基于对该州部落固有主权和悠久政治历史的承认。另一些州的政策行动者以不同的方式挪用和解释了同一政策的含义。这些政策制定者和政策行动者利用自由多元文化的视角，将政策的目标理解为必须将土著历史纳入州历史的"故事"中。法律顾问建议他们推迟行动，因为这是将其他少数族裔课程列入官方政策词典的一个潜在判例。我们与那些对法案宗旨持不同看法的政策行动者进行民族志访谈，探析该法案通过立法程序后的变化，揭示了州教育政策交叉的复杂性、土著与非土著对主权概念的理解，以及为使美国印第安人教育非殖民化而作出的更广泛的努力。我们认为，这个例子说明了政策制定过程作为一套复杂的、相互依存的社会文化实践如何，通过不同的社会政治脚本来表达含义和文化认同来展开。

此外，就像熟悉我们方法的法律多元主义者一样（Merry，1992；Moore，1973；Santos，1987），我们将注意力集中在不平等但相互构成的法律秩序如何互动上。这种方法特别适合于研究美国联邦和州法律程序与下属群体的法律程序之间的关系：在这个例子中，土著主张将部落历史纳入公立学校课程。将 HB1495 置于这种结构安排的联系之中就会更清楚地看到，该法案最初的失败（它的第一种形式为 HB2406）和最终修正法案取消华盛顿州土著史的强制性教学，可以被理解为一个受霸权势力影响的意识形态再生产过程。也就是说，教授土著史（正如 HB1495 所提倡的）是反霸权主义的，通过我们建议的方式——使用实践理论的视角，有助于确定和解释为什么这一法案以这种方式演变。

桑托斯（Santos，1987：297）指出，法律运作的方式与符号系统动作相似，即"通过尺度、投影和象征机制来代表和扭曲现实"。梅里（Merry，1992）接着桑托斯的论点指出，这种方法促使研究提出这样的问题——主导系统在多大程度上能够控制从属系统，从属系统在何种程度上以及如何规避、抵制或"入侵"主导系统。

当两个法律世界观相互作用时，对于什么构成适当的政府间关系——特别是土著和非土著之间的关系——就会产生截然不同的观点。这使得有关政策意图的交流充满了潜在的误解，这可能是与意识形态和文化构成有关的差异造成的。

---

① HB1495：众议院法案 1495 号（House Bill 1495，2005），在华盛顿州通常被称为"部落历史和文化法案"。

政策作为实践方法考虑了这些相关因素，即参与 HB1495 通过和实施的政策行动者，如何与社会世界的意识形态和霸权结构相适应，以及如何影响政策实现指导学生成功、教育公众和促进政府与政府之间关系的目标。

因为在州规定的课程中要体现有关少数族裔的内容，州政策机构的逻辑集中在需要保持地方对地区和学校一级课程的控制和政策库完整性风险的控制。在公开的证词和与政策行动者的访谈中，将这项政策从"强制"改为"鼓励"的理由是，立法机构无权改变高中毕业要求，因为华盛顿州是一个地方控制州。州教育委员会（State Board of Education）的政策制定者担心，批准这一请求将为州内其他少数族裔提出此类额外请求铺平道路。也就是说，他们主要通过一个自由的多文化框架和一个承认印第安部落政治主权的框架，来考量部落改革倡议（见表 17.1）。参议院教育委员会主席麦考利夫（McAuliffe）参议员对这一证词作出了回应，解释了为什么用词从"强制"改为"鼓励"。这也是整个法案讨论过程中提供的唯一解释。

> 我们之所以改变了课本第三节的内容，让州教育委员会在毕业要求中考虑部落历史和文化，是因为州教育委员会对毕业要求负责，这不是立法机构的责任，而是州教育委员会的责任，所以我们对州教育委员会提出了适当的要求，这是他们的工作……所以，真的没有削弱它，只是把它发送到正确的机构。（Public Testimony, Senate Education Committee, March 25, 2005）

表 17.1　政策参与者对 HB1495 的看法

政策参与者（非土著）	政策参与者/土著教育倡导者（土著和非土著）
• 官僚抵制授权（反对在政策库中的纳入）	• 大力支持授权（主张在政策库中纳入）
• 理由：遵守规则和限制权威	• 理由：政治承认/自主权
• 学生成就	• 学生身份与成就
• 毕业率	• 减少偏见/刻板印象
• 殷勤好客	• 在部落与非印第安人机构和社区之间建立关系
• 社会公正/"做正确的事情"	
• ≠授权→地方控制，这可以防止国家在毕业要求上偏袒某一个特定的少数族裔而不是其他少数族裔	• ≠授权→地方控制，支持学校和部落之间建立真正的关系
• 多元文化框架	• 部落自主的代表性
• 强调法律权威	• 强调建立关系

立法演变过程中的这一时刻至关重要，因为麦考利夫的观点指出了从"授权"到"鼓励"的转变背后的官方政策推理，也指出了立法机构在这种情况下应该如何使用立法权力的官僚观点。参议员麦考利夫在这里指出，这确实是他们——授权的决策者——实现法案意图最好的也是唯一的选择，因为这在州教育委员会的权力范围内。

HB1495 的倡导者推动了这一对比框架，并强调了部落固有的主权，以及部落与州机构和学区之间建立关系的必要性（见表 17.1）。该法案的提案人麦考伊议员在立法前工作组会上向众议院教育委员会介绍了该政策的意图，他的一段话说明了这一观点。

> 华盛顿州居住着 29 个印第安部落，每个部落都有一段独特而强大的历史，对华盛顿州的影响十分深远，你们已经听我说过一遍又一遍：如果没有《史蒂文斯条约》（Stevens treaties），这个州就会有不同的面貌……
>
> 我们已经明确了一种需求，即需要在学校教授这样的历史和文化，不仅要将我们的历史带入学校系统，而且要将我们一直谈论的文化多样性带入学校系统……
>
> 社区里的每个人都加入进来，这件事才能获得成功，这就是我们在这里的目的……关于如何改善立法机构和部落之间的关系，部落首领会有一些具体的想法……多谢。（House Education Committee Work session, December 1, 2004）

麦考伊与非土著政策制定者对话，直指将土著历史和文化纳入官方政策框架的程序性要求与部落充分参与政策过程的更强有力的政治要求之间的摩擦。

最初提倡将土著历史作为可能被国家认可的课程加入华盛顿州课程的处理方式并不是武断的。这与国家的预设，以及国家官方政策对土著内容的允许空间有直接关系。这是美国定居者殖民历史（settler colonial history）的逻辑[1]，也是美国教育政策叙事的基础。这些叙述界定了关于土著教育的对话可以发生的规范范围。它们本身并不是作为完全成文的主导性叙事来运作的，但在某种意义上，布迪厄的"信念"（Bourdieu, 1990a, b）——这个在国家决策领域一向被视为理所当

---

[1] 关于定居者殖民理论的更多内容，参见 Veracini, 2010; Wolfe, 1999。

然的概念——都没有轻易将土著议程纳入其词库或叙事记录。在将土著教育纳入华盛顿州普通学校的商议的每一阶段都留下了印记，并有助于下一阶段的协调努力，以挑战华盛顿州将土著历史排除在本州普通学校的毕业要求之外的做法。

17.4 超越挑战：关于方法论与民主伦理的最后阐释

到目前为止，我们所论述的大部分内容适用于许多不同领域的政策，不仅有教育领域，还有卫生、经济、环境等领域。但教育事关人类成就，格外令人关注。教育是普遍的，也是深刻的。它涵盖了文化知识生产和代际传递，它是一个熔炉，人类通过教育学会在世界上立足，最重要的是，教育需要亲属的陪伴。每个人都会教育，但只有其中一部分人能够成为专业的教育者，这就是问题所在。可以说，是教育的专业化和学校教育作为国家政治工具的历史性崛起，将大规模的结构性要求带入了家庭的怀抱。官方的国家教育政策试图触及并组织家庭和社区及其对自身的教育。教育往往是为了国家"统一"或"安全"或"发展"，更是为了在现状中占主导地位的群体的具体利益。那么，说到教育政策的民主化，就是要设想这样一种方式，即在一个结构性不平等的社会中，普通人能够更大程度地获得其子女教育的控制权，并挑战潜在的同化或社会再生产形式。

然而，即使我们提出这样的构想，也必须警惕我们对理想化的地方主义的偏爱。正如国家并不总是制造不平等一样，地方团体也不总是解放自己或更广泛的民众。遗憾的是，家长和社区并不总是以孩子的最大利益为出发点（Lashaw，2018）。他们固执地强调地方控制或地方文化知识的优越性会导致学校提供的有价值的甚至是至关重要的知识形式被抛弃。毕竟，学校教师专业化是有充分理由的。因此，教育政策民主化是双向的。是的，它既赋予家长和其他地方行动者（包括很少被征求意见的教师本身）在国家层面的政策制定中拥有更大的发言权的承诺，又意味着专业教育工作者必须愿意与儿童、家长和社区领导进行对话，以一种谦卑的态度来调和他们对专业特权的主张。这也意味着学生和他们的家长必须致力于公共利益，并以此为准绳来衡量他们自己的利益。

在这里，我们想用杰出的人类学家赫兹菲尔德（Michael Herzfeld）的观点来为人类学教育政策辩护，这种政策经常超越批评和挑衅。在 2001 年出版的著作《人类学：文化与社会的理论实践》（*Anthropology: Theoretical Practice in Culture and*

Society）一书的序言中,赫兹菲尔德说,他为"与世界进行批判性接触"提供了一个模式。他说,这种参与可能有多种形式,从对政策或专业实践的批判,到"以民族志为导向的现象学"（Herzfeld,2001：p. x）。最能说明问题的是,赫兹菲尔德认为,人类学是一种挑衅,而不是一种处方,这就是人类学所提供的教学方式如此不被各种各样的规范主义者——官方意识形态者、计量经济学建模者、西方（或任何其他）文化优势的拥护者赞同的原因（Herzfeld,2001：p. xi）。可以肯定的是,人类学能够而且应该在社会批判和"挑衅"中发挥强有力的作用,但我们不希望点到为止。毕竟,并不是所有的规范主义者都可以如此整齐划一地用恶魔般的术语——一些是市政府中的民主社会主义者,一些是进步的学校改革者和学校管理者,还有一些是教师来描绘。他们中的一些人,天哪,正是我们!

所以,问题并不是教育人类学是否应该根据自己的研究"开出"政策变化的处方,毕竟这样的举动将是冒昧的,并且违背了我们对背景重要性的理解。但在挑衅和处方之间,可以选择提供规范易理解的知识。换句话说,教育人类学可以提供在政治和行政上可行的、可操作的知识。如果不这样做的话,仅在学术界占据批判的空间就过分舒适了,我们要么倾向于夸大学术批判的潜在力量和影响力,要么就坦然沉浸在一种自以为是的状态中,认为我们能真正看到别人背后发生的事情。通过写作和发言的方式,我们可以重现自己与更广泛的政策和实践世界毫不相关的自我实现的预言,并且在这种不相关的情况下感到自在甚至优越。

我们也不要忘记,在学术界之外,还有一整个世界的教育人类学家,他们并不奢望仅为批判而产生知识（Schensul,2011）。但对于我们这些身处学术界的人来说,当我们冒险进入政策、实践和治理的混乱世界时,会发生什么? 在哪个领域我们不能只是批判,而是要提出建议（如果不是给出规定的话）? 当我们与社会运动结盟,进行彻底的宣传和活动时会发生什么? 我们可以承担什么风险? 我们应该承担什么风险? 更重要的是,在政策精英们必然要理解地方知识并让地方利益相关者参与进来的情况下,如何才能以一种新的、从根本上说是民族地理的方法来研究"政策作为权力的实践",促进政策形成的民主化,催化地方政策? 总之,如果政策是一种权力实践,即定义现实和组织行为的实践,那么民族志如何才能成为一种质疑主流定义、提供替代定义以及重组（或称之为改造）行为和社会的实践呢?

我们认为,为了回答这些问题,必须以包容和尊重的价值观为基础,以一种折中的、务实的眼光来看。这种愿景扩大了参与自由代议制民主和正义的范围,使更多的声音和观点有可能参与审议,并在制定授权政策时得到体现。然而,我们也承认并批判了代议制民主的局限性,认为民族志有助于赋予历史上处于从属地位的人们的权力,扩大参与式民主的影响(Sader,2005)。因为通过调动民众的能动性和知识,有助于创造性的政策挪用和生产。特别是,教育政策人类学使我们能够将知识纳入挪用和社会动员的不同环节。当民主在世界范围内受到新自由主义的企业权力议程(Graeber,2009;Kirsch,2014)和公共资源市场化(Brown,2005;Giroux,2015)的威胁之际,批判性的政策挪用可以加强并改善那些努力恢复或扩大公共权力的地方团体的能动性。

在我们自己的教育人类学领域,有太多这样有希望的研究可以充分引用。冈兹莱兹和她的合作者(Gonzalez,Wyman,& O'Connor,2011)在"知识基金"(funds of knowledge)方面所做的开创性工作,使亚利桑那州和其他地方的墨西哥裔美国学生赋权前景民主化。大多数学校课程政策的缺失视角和浅薄观点受到了富裕学生和家庭"知识基金"的挑战。瓦伦苏埃拉(Angela Valenzuela)在得克萨斯州立法机构的工作(Lopez,Valenzuela,& García,2011)显示了我们如何用特定的民族志知识进行干预,以改变重要的政策辩论并重新配置教育资源分配的演算。它还显示了我们如何能够进行面向行动的民族志,以更好地理解和改变此类决策机构中民主代表权的界限。在另一个领域,青年参与式行动研究的先驱们(Ginwright,Noguera,& Cammarota,2006)展示了如何通过持续和充满激情的探究来质疑、破坏政策的稳定性,并在某些情况下以民主的方式改变政策。最后,在莱文森关于墨西哥中学改革的研究中,他在不同教育群体的访谈和著作中,试图促进教师、家长和学生的声音在政策进程中被更多地听到(Levinson,2007,2008;Levinson,Blackwood,& Cross,2013)。因此,莱文森努力将他的研究成果纳入一个问责制和标准化的新自由主义项目与长期存在的民主化项目之间的斗争中。

我们希望扩大公众的空间,与公众而不仅仅是与政策精英对话。与一些作者(Walters,2000)一样,我们认为,质疑科学或专家观点的特权地位并重振公众对政策进程的参与是至关重要的。批判性民族志学者的研究(Carspecken,1995;Madison,2011)同样包括权力和民主,实际上,我们也希望重新定义解释性研究的目标——远离严格的理论发展学术实践或影响授权政策的学术实践,转向参与民主社会运动的目标(Appadurai,2000)。这种大众民主的理论很可能将文化批判的发展作为其目标之一,并将"控制过程"限制和钝化民主参与的全部可能的方式理论化(Nader,1995)。教育政策人类学也可以为其他民主项目提供知识,为旨在复兴民主,创造多元"反公众"的教育努力(Benhabib,1996;Fraser,1989)。

我们还将我们的方法与纳德尔(Nader,1969)最初提出的关于"向上"研究权力结构与"向下"研究权力结构的早期论述联系起来。"政策作为实践"的方法认真考虑了"向上"研究的批判性研究的必要性,并揭示精英、授权政策制定过程中的战略和机制。然后,这些知识可以传播给其他社会领域和社会运动中的民主行动者,以促进更大的问责制和战略动员。然而,同样重要的是"向下"研究,以了解被边缘化的、无权的和无权制定官方政策的群体如何通过挪用授权政策来创造政策变体。最后,我们必须"通过"和"跨越"在横向和制度上都有联系的群体和组织进行研究,如泰德哈曼和布雷特巷(Hamann & Lane,2004)研究的中介机构。

巴特利特和瓦夫鲁斯(Bartlett & Vavrus,2017)精辟地比较了案例研究方法,敦促人们关注教育政策过程的"水平"、"纵向"和"横向"维度,为我们这里的研究提供了一个全面的方法论和元理论的补充。像他们一样,我们主张不断重新定义民族志的"场域",摆脱早期"有界"的案例和"地方"的概念。由于政策从根本上来说是一个规范性话语,而且往往意在命令或控制可能占据不同社会空间和规模的群体之间的关系,因此研究必须"多地点"和"多标量",与跨时间和地点的统一文本的生产、流动和占有相协调。因此,定性研究的新"领域"既不是传统的社区,也不是机构,而是一系列社交场所、背景和网络。可以肯定的是,许多社交场所在地位上可能是平行的(例如,一组类似的学校都受到相同的政策约束),从而适合巴特利特和瓦夫鲁斯所说的水平比较,或者我们所说的比较纬度法,它可以对政策挪用的形式进行抽样,例如,莱文森在墨西哥研究中提出的策略(Levinson,Blackwood,& Cross,2013)或文斯蒂德(Winstead,2014)通过华盛顿州的州立法程序追踪政策工件的研究。

同样,纵向分析要求关注跨权力和治理规模的政策过程。有许多方法可以跨规模进行定性研究,这些方法包括在一系列相互关联的社交场所(如国际组织、国家教育部、地区教育当局,以及个别学校或教室)进行观察和访谈。[1] 纵向分析要求调整那些被扩大和缩小的政策过程的结构性力量,即使我们主要从事相当地方

---

[1] 参见胡克(Hook,2018)的一项研究。

性的数据收集工作。相应地,我们敦促进行新的机构和话语映射的研究实践,在这种研究实践中,政策语言贯穿于各个文件(Lester,Lochmiller,& Gabriel,2017),并以图的形式,对制定政策的机构和行动者、挪用者之间的实际关系的质量和密度进行展示。①

最后,我们认为,现在比以往任何时候都更需要关注政策进程的历史结构(巴特利特和瓦夫鲁斯称之为"横向分析")。这既可以是长期的,也可以是短期的(3—20年)政策展开。对于后者,纵向研究设计是必要的,以充分捕捉政策形成的过程。在可能的情况下,研究人员应该从政策形成的早期阶段就在场,观察出现的关系和利益。如果不能做到这一点,则可以通过定性访谈来重构政策形成的实践。然后,根据相关政策情况,研究设计应包括至少3—4年的政策"寿命"调查,因为政策会在不同地点实施。这样一个最小时间范围有助于更好地理解政策挪用的过程以及意料之外的曲折。它考虑到政策挪用可能的反复性,这些方面可能导致对已授权批准的政策本身的修改(即"政策学习"的一种)。它将促进研究人员与政策主体之间深层关系的形成,以促进研究人员在政策民主化过程中发挥调解人和转化人的作用。

总之,这样的研究议程可以使我们超越挑衅和批判。方法上的创新、长期的承诺、倡导的知识和民主政策的(重新)形成,这些都是渐进式教育改革的关键要素。

····················· 参考文献 ·····················

Appadurai, A. (2000). Grassroots globalization and the research imagination. *Public Culture*, *12*(1), 1 - 19.

Ball, S. J. (2012). *Global Education, Inc.: New policy networks and the neo-liberal imaginary*. London: Routledge.

Bartlett, L., & Vavrus, F. (2017). *Rethinking case study research: A comparative approach*. New York: Routledge.

Benhabib, S. (Ed.). (1996). *Democracy and difference: Contesting the boundaries of the political*. Princeton: Princeton University Press.

Bourdieu, P. (1977). *Outline of a theory of practice*. Cambridge: Cambridge University Press.

Bourdieu, P. (1990a). *The logic of practice*. Stanford: Stanford University Press.

---

① 这可以采取社交网络分析的形式,也可以采取像鲍尔(Ball,2012)那样的网络化方法策略。

Bourdieu, P. (1990b). Structures, habitus, practices. In P. Bourdieu (Ed.). *The logic of practice* (pp. 52 – 65). Stanford：Stanford University Press.

Brown, W. (2005). *Edgework: Critical essays on knowledge and politics.* Princeton：Princeton University Press.

Carspecken, P. F. (1995). *Critical ethnography in educational research: A theoretical and practical guide.* New York：Routledge.

Connell, R. W. (1983). *Which way is up? Essays on class, sex, and culture.* London：Allen & Unwin.

Connell, R. W. (1987). *Gender and power: Society, the person, and sexual politics.* Stanford：Stanford University Press.

Fraser, N. (1989). *Unruly practices: Power, discourse and gender in contemporary social theory.* Minneapolis：University of Minnesota Press.

Giddens, A. (1979). *Central problems in social theory: Action, structure and contradiction in social analysis.* Berkeley：University of California Press.

Giddens, A. (1984). *The constitution of society.* Berkeley：University of California Press.

Giddens, A. (1991). *Modernity and self-identity: Self and society in the late modern age.* Stanford：Stanford University Press.

Ginwright, S., Noguera, P., & Cammarota, J. (Eds.). (2006). *Beyond resistance! Youth activism and community change.* New York：Routledge.

Giroux, H. (2015). *Education and the crisis of public values.* New York：Peter Lang.

Gonzalez, N., Wyman, L., & O'Connor, B. H. (2011). The past, present, and future of "funds of knowledge". In B. A. Levinson & M. Pollock (Eds.), *A companion to the anthropology of education* (pp. 481 – 494). Malden：Wiley-Blackwell.

Graeber, D. (2009). *Direct action: An ethnography.* Oakland：AK Press.

Hamann, E. T., & Lane, B. (2004). The roles of state departments of education as policy intermediaries：Two cases. *Educational Policy, 18*(3), 426 – 455.

Herzfeld, M. (2001). *Anthropology: Theoretical Practice in Culture and Society.* New York：Wiley-Blackwell.

Holland, D., Lachicotte, W., Skinner, D., & Cain, C. (1998). *Identity and agency in cultural worlds.* Cambridge：Harvard University Press.

Hook, M. R. (2018). *(Trans)formación Docente: Teachers and human rights education for transformative action in Peru*(PhD dissertation). Indiana University.

Kirsch, S. (2014). *Mining capitalism: The relationship between corporations and their critics.* Berkeley：University of California Press.

Koyama, J. (2018). Producing policy prescriptions in a "persistently low-achieving" school. In A. E. Castagno & T. L. McCarty (Eds.), *The anthropology of education policy* (pp. 63 – 81). New York：Routledge.

Lashaw, A. (2018). The ambiguous political power of school reform. In A. E. Castagno & T. L. McCarty (Eds.), *The anthropology of education policy* (pp. 103 – 121). New York：Routledge.

Lave, J., & Wenger, E. (1991). *Situated learning: Legitimate peripheral participation.* Cambridge：Cambridge University Press.

Lester, J. N., Lochmiller, C. R., & Gabriel, R. E. (Eds.). (2017). *Discursive perspectives on education policy and implementation*. New York: Palgrave Macmillan.

Levinson, B. A. (2007). *Estado, escuela y sociedad civil en la formación ciudadana: Reflexiones de un observador participante*. Paper presented at the Foro Internacional de Democracia y Construcción de Ciudadanía, Mexico, D. F.

Levinson, B. A. (2008). *Cultura estudiantil y el sentido de la educación escolar*. Paper presented at the Taller de Capacitación Nacional, Asesores para la Asignatura Estatal, Mexico, D. F.

Levinson, B. A. U. , Sutton, M. , & Winstead, T. (2009). Education policy as a practice of power: Theoretical tools, ethnographic methods, democratic options. *Educational Policy*, *23*(6), 767 – 795.

Levinson, B. A. U. , Gross, J. P. K. , Hanks, C. , Dadds, H. , Julia, K. , Kafi, D. , Link, J. , & Metro-Roland, D. (2011). *Beyond critique: Exploring critical social theories and education*. Boulder: Paradigm Publishers.

Levinson, B. A. , Blackwood, J. , & Cross, V. (2013). Recipients, agents, or partners? The contradictions of teacher participation in Mexican secondary education reform. *Journal of Educational Change*, *14*(1), 1 – 27.

Lopez, P. D. , Valenzuela, A. , & García, E. (2011). The critical ethnography of public policy for social justice. In B. A. Levinson & M. Pollock (Eds.), *A companion to the anthropology of education* (pp. 547 – 562). Malden: Wiley-Blackwell.

Madison, D. S. (2011). *Critical ethnography: Method, ethics, and performance* (2nd ed.). London: Sage.

Merry, S. E. (1992). Anthropology, law, and transnational processes. *Annual Review of Anthropology*, *21*, 357 – 379.

Moore, S. F. (1973). Law and social change: The semi-autonomous social field as an appropriate subject of study. *Law and Society Review*, *7*, 719 – 746.

Nader, L. (1969). Up the anthropologist: Perspectives gained from "studying up". In D. Hymes (Ed.), *Reinventing anthropology* (pp. 284 – 311). New York: Pantheon.

Nader, L. (1995). Controlling processes: Tracing the dynamic components of power. *Current Anthropology*, *38*(5), 711 – 737.

Nielsen, G. B. (2011). Peopling policy: On conflicting subjectivities of fee-paying students. In C. Shore, S. Wright, & D. Peró (Eds.), *Policy worlds: Anthropology and the analysis of contemporary power* (pp. 68 – 85). New York: Berghahn.

Ortner, S. (2006). *Anthropology and social theory: Culture, power, and the acting subject*. Durham: Duke University Press.

Sader, E. (2005). Toward new democracies. In B. de Sousa Santos (Ed.), *Democratizing democracy: Beyond the Liberal democratic canon* (pp. 447 – 468). London: Verso.

Sandler, J. (2018). Studying educational policy through its dissenters: The anthropology of U. S. education policy contestation. In A. E. Castagno & T. L. McCarty (Eds.), *The anthropology of education policy* (pp. 82 – 102). New York: Routledge.

Santos, B. D. S. (1987). Law, a map of misreading: Toward a postmodern conception of law. *Journal of Law and Society*, *14*(3), 279 – 302.

Schensul, J. J. (2011). Building an applied educational anthropology beyond the academy. In B. A. Levinson &

M. Pollock（Eds.），*A companion to the anthropology of education*（pp. 112 - 134）. Malden：Wiley-Blackwell.

Shore, C., & Wright, S.（1997）. *Anthropology of policy: Critical perspectives on governance and power*. New York：Routledge.

Steiner-Khamsi, G.（Ed.）.（2004）. *The global politics of educational borrowing and lending*. New York：Teachers College Press.

Sutton, M., & Levinson, B. A. U.（Eds.）.（2001）. *Policy as practice: Toward a comparative sociocultural analysis of educational policy*. Westport：Ablex.

Veracini, L.（2010）. *Settler colonialism: A theoretical overview*. New York：Palgrave Macmillan.

Verger, A., Lubienski, C., & Steiner-Khamsi, G.（Eds.）.（2016）. *The global education industry*. London：Routledge.

Walters, L. C.（2000）. Putting more public in policy analysis. *Public Administration Review*, *60*（4）, 349 - 367.

Winstead, T.（2014）. *Policy contestations: Making meaning in indigenous education in Washington state*（PhD dissertation）. Indiana University.

Wolfe, P.（1999）. *Settler colonialism and the transformation of anthropology: The politics and poetics of an event*. London：Cassell.

作者简介

布拉德利·A. 莱文森（Bradley A. Levinson） 美国印第安纳大学（Indiana University）教育领导和政策研究系教育学教授，人类学和拉丁裔研究兼职教授。作为一名拉丁美洲文化研究学家，其实证研究主要集中在中学生文化和身份形成、民主公民教育，以及政治文化教育改革上。莱文森还开展包括墨西哥中等教育改革、激进的公民生态认同形成模式，以及代表非传统认识论的拉丁美洲教育研究的西班牙语和英语翻译。

电子邮箱：brlevins@indiana.edu。

特蕾莎·温斯泰德（Teresa Winstead） 美国圣马丁大学（Saint Martin's University）社会与社会公正系人类学和社会学助理教授。作为一位教育人类学家，温斯泰德从教师立场和学生体验的角度关注政策如何影响教育实践。在过去的三年中，温斯泰德与华盛顿土著教育办公室（Washington State's Office of Native Education）合作开展了多个研究项目，调查了政策实施过程中各个层面的政策参与者如何解释和实施那些旨在提高华盛顿学校土著青年参与度和学生成功度的现有政策。目前，温斯泰德与华盛顿土著教育办公室和美国长青州立大学（The Evergreen State College）的"持久传承"（Enduring Legacies）①土著案例研究所合作开展项

① 美国多所大学执行的一项非常有争议的政策，即优先录取直系家族成员是校友的申请者，这些被录取的校友子弟就叫作传承者。——译者注

目，该项目将记录部落契约学校（The Tribal Compact School）立法的执行情况。

玛格丽特·萨顿（Margaret Sutton） 美国印第安纳大学教育领导力和政策研究专业副教授，全球和国际研究专业副教授。 作为人类学家和比较教育家，在教育和发展领域开展广泛研究，并撰写了多篇关于后殖民时期的社会科学知识、性别与教育以及国际和全球教育中的课程实践的文章。 目前的研究重点是印度尼西亚的教师教育和高等教育发展。

（董伟琛 邓晓莉 译）

第十八章

统计推理及其在教育政策中的"应用"

托马斯·S. 波普科维茨　斯韦克·林德布拉德
（美国　威斯康星大学麦迪逊分校）　（瑞典　哥德堡大学）

　　波特（Porter，1995：viii－ix）在他关于数字和社会事务的重要著作的开篇问道："我们应当如何理解定量方法在现代世界中的威望和力量？研究恒星、分子和细胞的方法对人类社会有何吸引力？"考虑到这些问题，波特继续说道："只有小部分数字或定量表达妄称可以描述自然规律，甚至提供对永恒世界完整、准确的描述。"波特认为，数字是交流系统的一部分，交流系统对复杂事件进行总结和处理，因而与现象产生距离。数字的客观性看起来有点儿机械，遵循公平、公正的先验规则，数字将观念、意愿等排除在外，减少了主观性。

　　具有讽刺意味的是，数字对当代社会的重要性很容易通过引用数字来证明。在第二次世界大战后的两年里，美国的教育研究通过学校的统计数据反复诉说着社会的希望与恐惧。统计叙述提到了"美国大都市的人口结构调整、技术和商业扩张"以及"关于种族隔离如何浪费非裔美国儿童潜在效用的经济协议"的失败和可能性（Hartman，2008：158）。例如，当时，由国家资助的威斯康星研究与发展中心（Wisconsin Center for Research and Development）的报告，通过将特定人群客观化为不同统计数据，表达了国家对平等的承诺。这项研究是为了将美好蓝图变成现实，而这已在高中毕业生的增加中得到了印证。1964年秋季进入五年级的学生中，75%于1972年从高中毕业，23%的高中毕业生有望完成大学学业（Klausmeier，1977：3－4）。伴随希望而来的是如下的担忧，"25%的学生有严重的阅读缺陷，失业青年中有一半是功能性文盲，全国大约有2.5%的青年辍学者"。[①]

　　当代政策研究也将统计数据作为组织问题的特定规则和标准，并将其视为判断教育变革可能性的标准。当人们审查国内、国际统计数据时，会使用"存在风险

[①]　波普科维茨（Popkewitz, 2019）在更广泛的背景下对此进行了讨论。

的"儿童的某些指标来确认应被纳入的人群。例如,英国的统计使用"存在风险的"这一类别来区分少数族裔儿童人群;用"高度危险的"类别来区分"16%的永久被排除的儿童,其中有近一半的儿童是非洲裔加勒比人,尽管他们仅占总人口的1%"(Alexiadou,Lawn,& Ozga,2001)。在统计上"存在风险的"儿童属于不同的类别,他们在教育、文化、社会、经济和性别话语方面有重叠,他们是逃学者、在学校受到排斥者、犯罪者,以及通过非裔加勒比儿童和儿童托儿所的大众话语定义的有特殊教育需求的学生。

科学和政策的交互关系中呈现的数据被多重历史实践赋予合理性和可理解性,而不仅仅是关于数字的逻辑。在本章中,我们将重点放在对人进行统计分组的理性系统(system of reason)上,该系统将人划分为不同人群,使其成为干预和社会规划的对象。我们的论点是,教育政策和变革中关于人群的"想法"导致双重姿态和悖论:将人群和生产公平纳入其中的做法本身会导致排斥的过程加倍(Popkewitz,2019;Lindblad, Pettersson,& Popkewitz,2018)。

本章内容安排如下。在第一部分,我们将现代统计报告视为治理现代社会生活的一个要素。这种治理是将数字应用到社会事务中,使其成为政策和变革的"行动者"。在第二部分,我们通过考察数据中蕴含的社会和文化原则继续探讨这一问题。这些原则不仅是描述性的,而且会引导人们注意到人类和社会实现自身发展的变化过程。在第三部分,我们聚焦数字工作,基于此引发对人的分类。

我们的方法具有诊断性和历史性:从历史的角度探究数字是如何被赋予合理性的,如何被视为一种"合理的"政策和研究的思考方式,以及这种思考方式在社会包容和社会排斥中的局限性。这种研究教育问题的范式不同于经验主义策略(被证明为有效的)以及教育批判理论的辩证法。我们并不想辩驳教育统计的善与恶、有用性和偏见,也不想谴责教育中使用的数字或统计,而是想将它们置于更广泛的文化和政治背景下,置于教育改革中规则、标准这一政治性背景下。这种政治性揭示了统计的理性如何作为规范化、划分性和排斥性的实践进入研究和政策。

18.1　作为文化实践的统计学: 政治算术与驯服偶然

通过统计推理来看待人几乎已是我们"理性"的一部分,以至于我们常常忽视这种"归属感"其实是一种历史发明。关于大规模人群的统计推理是19世纪的重要创新之一。统计学之前就存在,只不过早先只是关于个别现象的。直到 19 世纪,数学、统计学、物理学和国家行政管理等领域的不同历史发明汇集在一起,人们才有可能"思考"人群或通过数字观察大规模人群。

本章探讨了现代统计学作为一种关于人群的思考模式的两个特点:一个特点是,统计学是现代社会治理中一种特殊的推理方式;第二个特点是,数字具有情感特质,在它的语法中表达了有关人、社会和变化的真相。在思考差异是如何产生之时,哈金(Hacking,1995)将我们的注意力引向自然事物(如夸克与三肽)和人类事物(如少女怀孕与青春期)之间的区别。当比较诸如骆驼或微生物之类的事物时,它们的区别并不取决于将它们归于何种类别,但人类的情况并非如此。当分类和差别进入社会生活并创造出人们适应分类系统的能力时,可能会出现闭环。

18.1.1　作为一种治理术的统计学

在现代国家治理中,统计学与福利国家理念相结合。统计学的社会历史可以追溯到现代德国、法国和英国等国的形成时期。18 世纪,德国理论家对警察科学的关注主要集中在规范和维持秩序上。[①] 德语"statistik"在历史上是一种警务方法,是为了计算人口以确保财富安全,维持公共秩序,实现追寻美德和幸福的目的。例如,统计学可以组织人口、控制流行病和调节税收。到了 19 世纪,法语"statistique"和英语"statistics"象征国家算术,用来协调人类需求与国家干预之间的关系。例如,国家管理者用生物学术语谈论社会福利,如生育、疾病和教育(人类本性、个体发展、成长和进化)。

统计学作为社会干预工具,反映了一种特殊的理性系统,而不仅仅是关于数字本身。它与这样一种科学联系在一起:真理与概念化、分析日常生活中理性秩序的模式相关,也与人类干预和改变的可能性联系在一起(例如,Shapin,1994;Bledstein,1976)。到了 19 世纪,旨在实现进步的国家规划需要对社会生活领域进行干预,以使个人采取行动(主体),为未来幸福规划自己的生活,后者是共和与民主的核心政治主题。统计知识使人们有可能将经济和社会视为一种干预的方式。

---

① 对于感兴趣的读者来说, 统计学有丰富的历史资料。 例如, Porter（1995）, Desrosières（1998）, Hacking（1990）, Stigler（1986）和 Alonso & Starr（1987）。 也请参见: Bowker & Star（1999）, Hanson（1993）和 Gould（1981）。

福柯（Foucault，1979）认为，当人们提及警察时，他们谈论的是政府在国家框架内进行管理的具体技术，从而使个人成为有生产力的公民。统计学将人口概率论呈现为一种构成人的技术。"人口"一词的创造是一种思考和计划的方式，以纠正有害的社会和经济状况，并使个体成为能够自由行动的自治公民（Hacking，1990；Rose，1999）。

人口特征在人的统计分类和特定儿童属性之间起桥梁的作用，尽管严格来说，统计预测对个体没有影响（或预测力）。例如，第二次世界大战后美国的反贫困大战需要发明"贫困"这一类别，并将其作为一种社会管理和干预的模式。然而，贫穷在此之前就存在了，但并没有被归为一种出于道德和经济目的的类别，一种对特定人群进行干预的国家政策和研究的工具。贫困被概念化，在工具和经验术语方面与统计总量类似，人们根据统计总量可以推断个体具有某些特征，并对其成长和发展进行监测和监督。

人口的构建是一种旨在改变社会条件的社会技术，不过很少有人考虑到它也会改变人自身（Castel，1991；Hacking，1990，1991；Popkewitz，1991）。定义人如何"融入"一个群体不仅仅是一种分类方法。运用概率论来分类的人口差异与日常生活中的政治和文化重叠。从与年龄和年级相关的儿童发展的各种特征，到儿童的社会特征（城市、存在风险、弱势、有天赋、青少年、成就），当代学校教育通过人口统计衍生类别变得井然有序，并依据如美国关于高风险测试的政策讨论以及瑞典政策和研究中学生学业表现的国际比较等项目来改进。

人口推理不仅仅是国家或行政的推理，而且是政策制定者确定国家质量的"理性"，以及教师根据移民、种族或少数族裔儿童等人口类别来确定对儿童指导的理性（Popkewitz，2017a，b）。统计类别具有实质性，为问题的构成、产生原因以及社会问题的对策提供了方向。这些原则规定了学校规划中的重要事项，并对其进行排序和组织，让个人思考并采取行动，认识到教师在组织针对目标人群的教学和项目时应认识到的内容。书籍内容也是根据不同族裔来撰写的，研究者根据该群体家庭育儿实践的文化、社会模式的概念和理论来组织研究。诸如离校生、辍学者、少数族裔或特殊教育等类别，以及为社会包容而划分的重要类别，都预先假定儿童的素质、特征以及教育计划实施潜力的行政类别。

在我们自己借助大规模评估进行的国际比较研究中，人口推理尤为重要（参见 Lindblad，Pettersson，& Popkewitz，2018）。在过去的几十年里，这类研究显著增多,并且经常用于决策,以确定和找到解决教育危机的方法。例如,德国和瑞典的政策和研究就依据国际学生评估项目(Programme for International Student Assessment,PISA,简称"PISA"或"PISA测试")的结果而来。与此同时,分析此类国际比较结果的研究出版物也有所增多。林德布拉德等人(Lindblad,Pettersson,& Popkewitz,2015)发现,在2003年至2014年间,有关这一主题的已发表论文超过11 000篇。人口推理在测定国家教育系统中不同群体(性别、社会或地理起源)之间的成就差异方面发挥了至关重要的作用,通过将这些差异与学校系统的社会、制度和管理品质进行比较,可以分析教育、文化或社会中出现这种差异的原因,及其与个人特征、职业方向的关系。

通过人口推理进行思考,要树立一种特定的意识,使应用的领域可被表征,并适用于计算、审议和管理。统计知识是一种可以管理行为的内嵌装置,它先与知识保持距离,再将知识作为一套规则、标准重新附加到特定的国家空间和文化条件中来管理行为。例如,19世纪,伴随着社会、个人等概念出现的分类法和评估体系,体现了那些会对日常生活和人类体验产生影响的遥远事件的解释逻辑。通过对社会、经济和文化进行抽象,统计为人们思考不断变化的环境提供了新方法。在人群社会属性和国家经济状况的单一保护伞下,新出现的概率论对个体事件的汇编和标准化得以实现。人们被划分为人群,以识别或纠正"有害的"社会和经济状况,维持社会治安,保证人群安全。

18.1.2 对数字与成为变革行动者的信念

纵观历史,数字反映真相的能力并不总是被用来确立社会和个人生活价值观。在18世纪之前,真理是通过绅士的举止和修辞来表达的(Poovey,1998)。在瑞典,统计是官方记录人口阅读能力的组成部分,但这种记录是逐人进行的,因为概率推理到19世纪才出现。作为国家职能,英国政府在18世纪头七十余年收集了大量数字信息。然而,政府并不是在关于治国方略的连贯理论背景下收集数据(Poovey,1998:214)。由于人们给予牛顿学说的一般概念和无形的自然法则以优先权,数字作为所观察细节的代表,其价值被低估了。

随着商业中复式会计程序的出现,人们开始相信数字是一个现代"事实"(Poovey,1998)。复式会计这项创新使记录收付款项的分类账成为必需,它演化为今天的支票簿、登记簿。从18世纪90年代起,复式会计程序以不均衡的方式突变为政治经济学和道德哲学。英国的财富和社会理论家发展了一种分析模式,这种分析模式起初不需要数值数据。只有在我们稍后讨论的亚当·斯密(Adam Smith)的政治经济学理论中,数字才取代描述成为一种策略,使得市场的哲学化虚构落实为行为标准。

相信数字在评估和规划事务中的作用,使我们在一个不确定的、模棱两可的、有争议的世界里可以达成共识,和睦共处。人们使用数字和应用社会科学,是为了减少面临变化和持续不断的危机断言时的不确定性。在一个未来没有保证而只有条件的世界里,决策、人类利益和解决问题的观念均通过数字有序地规范了行动过程。

对社会和个人生活的准确量化描述以及具体描绘赋予了政府新的统治权力。数字统一性将无序的社会生活引入到一个量级系统,该量级系统能规范社会和心理成分之间的关系(Rose,1999:206)。边缘映射和空间的内部特征成为一种在主观之外作出判断的策略。对社会事务中数字的信任使得诸如透明度等概念成为可能,学校、企业和政府的表现和结果以图表、流程图的形式变得可见,这些图表、流程图是衡量变化的统计因素。

例如,现代政治民意调查的发明是对20世纪30年代美国大众型政府的回应。当时,代议制政府取代了市政厅会议,有必要在新的执政背景下象征性地重申代理机构的权威[Merelman,1976;与教育科学方法有关,Popkewitz,1981]。瓦雷拉(Varela,2000)认为,个人性格、个人主体和社会观念均形成于确定的历史时刻,当时权力的合法性在一般"意志"的基础上被建立起来。例如,18世纪法国哲学中的个体,在脱离宗教表征的过程中被"社会的发现"所束缚。尽管"社会"一词在启蒙运动之前便开始使用,但它的出现为人们提供了一种思考人类集体存在的方式,这种集体存在被确立为人类实践的本质领域。在18世纪之前,"社会"是一个关于人之间关联的概念,而不是关于集体的"家"和"归属"的概念。有关进步、文明和多元主义等观念只有在社会观念有这种隐含的意义的情况下才可能实现(Baker,1994)。

我们有必要再作三点评论。

其一,从历史角度来看,数字一直是变革过程中的行动者。数字的机械客观性进入并成为计划、评估和制定政策的行动系统的一部分。

其二,在治理社会生活的理性中嵌入数字,不是学科知识的逻辑结果,也不是单一起源进化过程的结果。正如前文所述,在 19 世纪以前,统计仅涉及个别现象。直至物理学上的一些发现以及治国方略需要监测大规模群体的税收和疾病,统计知识才以大规模群体概率论的形式出现(Desrosières,1991)。

其三,在研究中嵌入统计体现了乌托邦式的梦想。例如,经济合作与发展组织(Organisation for Economic Co-operation and Development,OECD,简称"经合组织")的 PISA 的模式变化,体现了对实现社会繁荣和人民幸福、福祉的不切实际的承诺。然而,这些以数字进行管理的乌托邦式的梦想却总是导致多重结果。例如,20 世纪法国房产税制度要计算住宅的门窗数,为了应对这一制度,农民们重新设计住宅,减少门窗数量,而这对他们的健康产生了长期影响。又如,为了树木更有效地生长,1765 年到 1800 年发展的单季科学林业,引入由笔直成行排列的树木组成的管理网格。然而,由于消除了混合生长产生的营养物质,到第二次种植时,树木生长受阻。19 世纪,将城市合理规划成网格状街道创造了一种特殊的空间秩序,随之却产生了与匿名、疏离和社区丧失感等概念有关的抽象社会关系(Scott,1998:58)。

18.2　数字的影响：数字的主体性是对未来的见证

数字会表达情感。情感不仅仅指由强烈的感情引发的、可以将我们与所谓的"真实"和"合理"的事物联系起来的依恋(参见 Ideland,2019;Ahmed,2004)。研究报告和国际评估中的排名、图表和比较所展示的数据正体现了情感维度。不同国家、文化之间差异的复杂性消失了,又重新以标准化、可比较的数字形式出现,这些数字代表了被计算差异的国家的单一的、普遍的人口。数字和比较列表充当了各国学校系统的全球定位系统。民众和政府可以立即找到自己国家的位置并识别与其他国家的差异,差异会激发人们的感情,让人们知道现状如何以及未来可能会变成什么样。数字马赛克被组合成关于学校有效运作的真实陈述,它们似乎是对"国家"及其潜力的统一抽象(参见 Popkewitz,2018)。

数字的影响具有双重性质。数字似乎将所有公民可以接触到的社会事实可视化了。在反映经合组织 PISA 结果差异的国家排名中,数字似乎能在存在差异的情况下,使国家弥合差距,并赋予所有人平等的机会和代表权。为了进一步了解我们关于国际大规模教育评估(International Large-Scale Assessment in

Education)研究综述中的例子,利乌(Liou,2014)指出,通过在全球化和国际竞争中形成的教育,国际大规模教育评估被用来代表国家进步。

> 教育不仅在减少人们的社会、经济不平等方面起着至关重要的作用,而且是一个国家经济和社会发展的基础……这一事实导致了一个国家方方面面的竞争全球化。在科学、技术、工程和数学(Science, Technology,Engineering and Mathematics,STEM)领域培养高素质人才,是实现全球经济快速发展的必备条件之一……这类国际大规模教育评估数据是许多国家制定教育政策的决定因素之一。(Liou,2014:2009f)

数字作为可视化事实,通过引入统计和人口推理,给社会事务带来改变,这对于平等和主体性来说是必要的。18世纪法国大革命前的启蒙运动者认为,除非有公平的衡量体系,否则不可能实现社会平等。在19世纪,通过数字实现客观化和标准化的目的是使新共和国政府的程序和实践公平化。数字与启蒙世界主义的思想联系起来,一同体现了人类理性和科学对人们生活条件的完美性的希望。

如果我们回过头来看测量学生表现的国际评估,就会发现变革的希望成为变革模型中影响数字质量的因素。排名和图表成为赢得未来的指标。除了在测量周期内和以国家排名记录的变化(将一个测量周期内的位置与下一个测量周期的位置进行比较)之外,当前和未来不具有史实性。系统的模型将各国在周期定义的时间之箭中实现效率、完美和平等的顺序和阶段可视化。

国际评估语言的描述特性完全不具有描述性。它在将描述与设计的干预模型联系起来方面颇有成效。例如,经合组织瑞典国家报告的作者声称,“我们从国际角度为教育政策和实践提供外部和独立的评估,以提高教育成果”(Pont et al.,2014)。它的副标题是“主要问题和下一步”,为各国改进表现指明道路。经合组织声称进程设计是为每个国家量身定制的。

未来被认为是由数字反映的自明之理,而非经过研究证实的普遍规律。利用先进的可视化技术,可将事实投射到国际图表中,这些图表被用来描述真理是什么,可用于即时操作的选项(Hansen,2015:213)。

矛盾的是,评估的成功和福祉的未来并不是从因果律或经验证据中得出的。例如,在国际报告中,评估不是衡量“成功”表现的基准和标准,而是关于未来的潜力。例如,经合组织声称,它测量的是儿童为了实现经济上的成功和福祉需要什么。考试所反映的未来是指“评估义务教育结束后,学生在多大程度上能够将知识应用到现实生活情境中,并具备完全参与社会的能力"(OECD,2015:306;另请参阅:Gurria,2016:3)。全球竞争力也是未来世界需要的潜力,"让年轻人为一个相互联系的世界做好准备,在这个世界里,他们将与来自不同背景和文化的人一起生活和工作"(新闻稿,OECD,2016a)。

统计知识为变革模式带来的预防性或先发制人的行动提供了基础(Anderson,2010:777)。预防性或先发制人的行动是对尚不明确的预期情感性威胁的反应(Massumi,2007)。如果不采取行动,可能会出现一些问题,行动为找到问题解决方案提供了依据。例如,PISA中的统计排序被置于号召各国行动的变革模式中。

在一些最发达经济体对PISA结果(这些结果"告诉"他们,他们处于危险之中)的回应中,这种预防性和先发制人的行动是显而易见的。瑞典就是其中一个例子,瑞典目前是欧洲最发达的经济体和人口受教育程度最高的国家之一,然而,决策者不停地解读经合组织的PISA排名,他们担心如果不采取与排名相关的行动,国家就处于危险之中。① 例如,基于PISA统计数据,经合组织作出瑞典学生表现变差、学校种族隔离增多的判断,瑞典政府要求经合组织就如何处理这些问题提出建议,据此再采取措施。② 预防性和先发制人的行动一方面是源于人民的恐惧,另一方面是源于拯救"人类"潜力的期望。

图18.1由瑞典教育局提供,它基于经合组织的PISA收集的一系列数据。瑞典教育局评论如下:

> 该图显示了瑞典与33个经合组织成员国的相对(标准化)位置,这些国家参加了自2006年以来开展的所有PISA测试(共4次),测试内容包括阅读理解、数学和科学。

根据瑞典学生表现的相对位置(相对于其他经合组织成员国)可以画出图中折线,瑞典教育局和瑞典政府表明,瑞典的教育水平从2006年开始下降,随后在2015年的测量中观测到进步。

由数字产生的情感的双重姿态旨在记录一种作为组织人类主体性的特定原则而发挥作用的知识。借助政治理论的语言进行历史化分析,主体性需要将制度

---

① 这并不是说瑞典学校在社会变革方面没有面临强大的挑战,例如其他地方的战争带来了大量人口,但是这些变化并没有通过PISA的模型来解决,事实上它们在模型中被抹去了。

② 议会法案(Parliamentary Bill)2017/18:182。

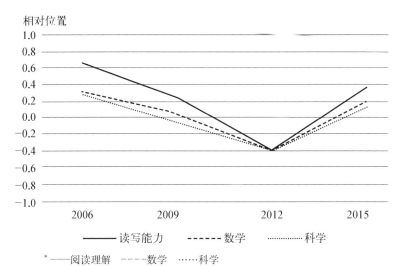

相对位置

* ——阅读理解　----数学　……科学

** 瑞典的标准化位置(Z 得分)计算方法：（瑞典平均值−33 个国家平均值的平均值）/ 33 个国家平均值的标准差。因此，到基准线的距离以标准偏差（standard deviations）表示。

图 18.1　瑞典学生表现的相对位置

的客观秩序转变为以自由名义管理的主体性领域(Pocock, 2003)。矛盾的是，主体性依据数字的真实性和合理性采取行动。欧洲改革中人的概念被修改为人类思维的范畴，其道德和理性品质使人们可以干预和改变一个人的生活(Mauss, 1938/1979)。个人主体性作为人类的干预措施被纳入进步的原始范畴，以实现未来的完美。

统计的发明是为了对大规模人群进行排序和区分，这体现了对人类主体性更广泛的历史和政治承诺。例如，我们之前曾讨论过，对于一个平等社会而言，引入度量是必要的。统计将大量个人的离散属性汇集到一个社会整体中，可以对其进行操作，以促进共同利益和个人自由。这正是政治算术给公民社会带来的东西，至少在理论上是如此。[1] 统计是为了使人群成为动机和观念的自治主体，以确定塑造未来的行动(Meyer, 1986; Wittrock, 2000a, b)。

统计蕴含的"理性"是对偶然性和变化的驯服（参见 Hacking, 1990）。从历史

---

① 国势学（Staatenkunde），即对国家的系统研究，所谓的比较政治的早期形式，于 1449 年在德国纽伦堡的市政普查中出现（Alonso & Starr， 1987： 13）。 英国政治算术的传统是将理性计算应用在理解、运用和增强国家权力中。 在 18 世纪是为了扭转国家的增长。 19 世纪的统计协会收集的客观事实主要是数字，但也包括今天被称为"定性"的数据。

角度来看,统计推理被认为与 19 世纪决定论的侵蚀有关。现代统计的历史是对"不确定性的测量"(Stigler,1986)。统计报告的特殊优点是,各种社会现象在不断变化中逐渐稳定,这使得这些现象能够被观察、计算和管理。

驯服偶然对现代治理十分重要。民主的出现,有组织的资本主义的兴起,以及社会和哲学思想,使变革和不确定性成为生活本身的先决条件。例如,"持续变化"这一概念已经融入了进步理念和共和政体理念。未来是由公民建立的,对于政府来说,公民的参与是必需的。有关自由、公民主体性的思想建立在当前发展进步的偶然性概念之上。

然而,偶然性不断地体现出确定性,这种确定性创造了人类理性的边界。20世纪初,霍尔(G. Stanley Hall)的儿童研究和桑代克(Edward L. Thorndike)的联结主义心理学展示了有关儿童的图像和叙述,这是关于"儿童应该是谁"的标准化构想。儿童的普遍化为解释移民、种族人口的增长、发展和思维方式的差异提供了比较原则(Popkewitz,2008)。概率论允许统计研究与儿童一生中任何时候的自然状态持续存在差异。

当前的国际学生表现测量在凸显主体性的同时,保持了确定性和不确定性的关系,但与 20 世纪初相比,关于性质和过程方面的原则却有着不同的组合方式。我们通常不将国际学生表现评估视为载有人的主体性的概念,或是通过确定性和不确定性关系强加的悖论,但这些评估的机构通常这样认为。这一承诺与主体性的概念有关,即学生具备未来参与的知识、技能和福祉,以及作为一个全球公民的能力(参见 Popkewitz,2019)。

随着对国际学生表现评估比较进行更仔细的研究,经合组织的统计指标被认为是基于人类主体性概念的原则,所测量的内容必然会帮助学生"了解现实生活情况,并为充分参与社会做好准备"(OECD,2016a,b,c)。确定性和不确定性体现在对学校作为一个系统进行抽象排序的评估中,该系统的期望品质被称为"国际基准",建立了有效学校理论的参考标准,基准就是学生和社会在未来要获得成功需要实现的目标。

18.3　人与传记的制造

我们在本章一开头的讨论中就认为,统计在政策制定和学校研究中体现了文化和社会差异。接下来,我们将进一步说明数字是如何传播的以及数字是如何为政策和学校改革提供可理解性的。

统计对于将人口类别变成传记中不同种类的人十分重要。数字增加了作为传记的脚本或叙述形式的定性实践，以此来衡量儿童的发展和成长。例如，第二次世界大战后美国人口普查中的描述为政策管理创造了新的人口传记，其中一些类别在以前是不存在的。例如，出现了"拉丁美洲裔"这一分类，将来自巴西、海地、阿根廷和墨西哥的人归为一个人群。今天，这类统计报告涉及社会运动和教育政策，通过理性系统将异质人口定义为同质人口。

在国际评估（如 PISA）中，对不同种类儿童的概况和清单进行了汇编和标准化。组织统计数据的目的是检测学生是否准备好应对这个技术丰富型世界，或者为承担社会排斥的风险和结果（作为纵向数据的见解）做好准备（Bynner，2000）。报告辨认出失败的儿童，并为"未通过科目"以及拥有外国背景等类别的儿童制定了补救措施。摘要和图表明晰了青少年的特征，对不符合成功学生形象的儿童进行简要剖析。

然后，人们基于此类报告所描述的儿童类型，通过课程设计和教学过程，为分类所排除的目标群体制定干预计划，同时规范化和个性化特定儿童的类别与区别。在我们对 9 个欧洲国家的教育治理和社会排斥进行的一项研究中，国家和国际统计的区别与将经验解释为不同层次教育（政府部门官员、教育系统领导和教师访谈）的原则重叠。例如，瑞典政府工作报告将不良教育表现类别描述为"外国背景"或"新来的"学生，与"实地"改革计划和组织教学计划一起被传阅。①

数字和类别进入政策、研究和项目的文化和政治空间，以形成一种推理的比较模式。我们没想到的是，将人类构造为与政策、学校项目有关的某种人群，其实是一种规范化和起划分作用的做法。我们这样说，不是为了表明政策或研究的意图，而是为了让人们注意其认知规则比较的推理模式。② 人的分类是各种人的文

---

① 外国背景是构成比较概念的一个例子，即使创建这个概念是为了社会的道德和政治义务，以确保公平和正义，但也会产生偏差。 从某种意义上说，正如我们稍后将讨论的少数群体概念，只有通过某些关于公民和个人一般"存在"的假设，我们才能应用外国出生人口这一分类。

② 不仅教育理论会存在这一问题。 从拉图尔（Latour，1999）关于科学的讨论到沃勒斯坦（Wallerstein，1991）和瓦格纳（Wagner，2001）对现代社会理论的讨论，人们不断质疑现代社会理论划分现象的方式——拉图尔称之为现代主义解决方案，解决无法单独解决的没有共同尺度的问题。 拉图尔谈论了人类与非人类在科学中的关系，瓦格纳谈到了确定性与不确定性的关系。 另外，请参阅波普基维茨（Popkewitz，1998）的文献，它涉及教育研究的社会认识论。

化空间的映射,文化空间通过区分和分类形成。数字在教育领域中的作用是使差异正常归一化并且将其归于病态。

比较绝不仅仅是指那些与统计量和等值相关的数字。统计工作中包含了蕴藏在各种类别和关系中的文化原则,这些文化原则旨在描述学校如何运作,以及什么被认为是学校运作的结果,哪些与此相关。例如,关于人口的推理不仅仅是数字的,而且是通过文化原则形成的,这些文化原则刻在所提的问题、学校教育现象以及在统计测量方法的视角下被观察的人身上。群体之间的分类、联系,以及体现社会和经济群体间差异的规范,都是为了通过不同的教育措施纠正这些群体的不公平和不平等。这种推理方式被转化为教育政策话语,讨论如何提高国际排名、最小化教育赤字或应对全球竞争加剧带来的后果。[①]

将人分类会制造出差异,这体现了双重姿态。例如,将青年说成是某种特殊类型的孩子,将年轻人与医学、心理学和教育学的术语联系起来,来衡量什么是正常的,什么是病态的,来解决由计算偏差引起的问题。这是一种希望的姿态,即青年向成年过渡的阶段能够得到妥善的控制,以确保成年后的适当发展。尽管如此,在表达希望的同时,也是一种担心的姿态,即青年作为一个危险的群体,会通过性、犯罪等方式威胁道德秩序(Lesko,1995,2001)。父母、育儿书籍的作者或教师会争论是否需要关注孩子的青春期,以便培养出一个有生产力和负责任的成年人。

18.4 统计学的欲求与政策的欲求

虽然对统计数据的使用和滥用存在原则上和政治上的自我反省,但这种自我反省并未审查或质疑历史上使用统计的规则和标准。当代社会和教育研究很少质疑对课程研究的理论、概念和方法产生影响的文化原则。这在课程研究将官方类别和区别作为其调查框架的情况下尤其明显,例如,贫困、少数族裔和种族类别等官方类别构成了教育研究的核心概念假设,并成为纠正不平等研究的来源。统计理性是部署这些类别的场所,以体现社会规划,为个人创造更好生活的希望,但

---

① 有关国际大规模评估研究相关性的分析,请参阅林德布拉德和佩特森(Lindblad & Pettersson, 2019)的著作。

这种希望涉及紧张和矛盾。统计绝不仅仅是数字、数量和等值。我们认为，统计推理将社会、文化、科学和政治话语联系起来，它们一同形成了一个单一的平面以"制造"各种类别的人，这些类别的人是国家干预所在，也是个人传记所在。我们关注的是制造特殊"类别的人"的人口数据以及通过规划人来记录主体性的传记。人口数据的差异性特征具有自我指涉性，它不仅定义了个人特征，而且还确定了一个人生活的轨迹。

我们进一步认为，各种各样的人的形成，铭刻着一系列价值观和双重姿态，使得朝包容迈进的努力正常化和差异化。在寻求包容的时候，为实现包容而制定的原则反而产生了分裂，使某些群体变得不同、危险和需要干预。我们可以把为儿童和父母自由而标记的领土同时看作导致分割、排斥的牢房和围墙。

当我们应对不公平现状时，如果把重点放在测量学生表现的国际评估上，则会陷入困境。为了解决进展问题，统计报告所部署的社会管理行为需要通过一种实际的因果关系进行干预，这种因果关系以一个关于正常和异常的连续值来区分个体特征。在政策和研究中，如果不质疑统计的理性系统的类型，社会科学和教育科学就失去了批判性诊断当前情况的能力。

参考文献

Alexiadou, N., Lawn, M., & Ozga, J. (2001). Educational governance and social integration/exclusion: The cases of Scotland and England within the UK. In S. Lindblad & T. Popkewitz (Eds.), *Education governance and social integration and exclusion: Studies in the powers of reason and reasons of power* (*A report from the EGSIE Project*) (pp. 261 – 298). Uppsala: Department of Education, Uppsala University.

Alonso, W., & Starr, P. (Eds.). (1987). *The politics of numbers: For the national committee for research on the 1980 census*. New York: Russell Sage Foundation.

Ahmed, S. (2004). The politics of good feeling. *Australian Critical Race and Whiteness Studies Association E-Journal*, *4*(1). Retrieved from http://www.acrawsa.org.au/ACRAWSA1-6.pdf

Anderson, B. (2010). Preemption, precaution, preparedness: Anticipatory action and future geographies. *Progress in Human Geography*, *34*(6), 777 – 798.

Baker, K. (1994). Enlightenment and the institution of society: Notes of a conceptual history. In W. Melching & V. Wyger (Eds.), *Main trends in cultural history* (pp. 95 – 120). Amsterdam: Rodopi.

Bledstein, B. (1976). *The culture of professionalism, the middle class, and the development of higher education in America*. New York: Norton & Co.

Bowker, G., & Star, S. L. (1999). *Sorting things out: Classification and its consequences*. Cambridge: MIT

Press.

Bynner, J. (2000). *Risks and outcomes of social exclusion: Insights from longitudinal data*. London: University of London.

Castel, R. (1991). From dangerousness to risk. In G. Burchell, C. Gordon & P. Miller (Eds.), *The Foucault effect: Studies in governmentality* (pp. 281 – 298). Chicago: University of Chicago Press.

Desrosières, A. (1991). How to make things which hold together: Social science, statistics, and the state. In P. Wagner, B. Wittrock & R. Whitley (Eds.), *Discourses on society* (Vol. XV, pp. 195 – 218). Dordrecht: Springer.

Desrosières, A. (1998). *The politics of large numbers: A history of statistical reasoning*. (Trans. C. Naish). Cambridge: Harvard University Press. (Original work published 1993).

Foucault, M. (1979). Governmentality. *Ideology and Consciousness*, *6*, 5 – 22.

Gould, S. J. (1981). *The mismeasure of man*. New York: Norton.

Gurria, A. (2016). PISA 2015 results in focus. *PISA in Focus*, *67*(1). Retrieved from https://doi.org/10.1787/aa9237e6-en

Hacking, I. (1990). *The taming of chance*. Cambridge: Cambridge University Press.

Hacking, I. (1991). How should we do the history of statistics? In G. Burchell, C. Gordon & P. Miller (Eds.), *The Foucault effect: studies in governmentality* (pp. 181 – 196). Chicago: University of Chicago Press.

Hacking, I. (1995). *Rewriting the soul: Multiple personality and the science of memory*. Princeton: Princeton University Press.

Hansen, H. K. (2015). Numerical operations, transparency illusions, and the datafication of governance. *European Journal of Social Theory*, *18*(2), 203 – 220.

Hanson, A. (1993). *Testing testing: Social consequences of the examined life*. Berkeley: University of California.

Hartman, A. (2008). *Education and the cold war. The battle for the American school*. New York: Palgrave Macmillan.

Ideland, M. (2019). *The eco-certified child, citizenship and education for sustainability and environment*. New York: Palgrave Macmillan.

Klausmeier, H. J. (1977). Instructional programming for the individual student. In H. J. Klausmeier, R. A. Rossmiller & M. Saily (Eds.), *Individually guided elementary education: Concepts and practices* (pp. 55 – 76). New York: Academic Press.

Latour, B. (1999). *Pandora's hope: Essays on the reality of science studies*. Cambridge: Harvard University Press.

Lesko, N. (1995). The "leaky needs" of school-aged mothers: An examination of US programs and policies. *Curriculum Inquiry*, *25*(2), 177 – 205.

Lesko, N. (2001). *Act your age: A cultural construction of adolescence*. New York: Routledge.

Lindblad, S., Pettersson, D., & Popkewitz, T. S. (2015). *International comparisons of school results: A systematic review of research on large-scale assessments in education*. Stockholm: The Swedish Research Council.

Lindblad, S., & Pettersson, D. (2019). *On the rethorics of relevance in publications based on International Large Scale Assessment Research*. Paper presented at the 2019 AERA meeting.

Lindblad, S., Pettersson, D., & Popkewitz, T. (Eds.). (2018). *Education by the numbers and the making of society: The expertise of international assessments*. New York: Routledge.

Liou, P. Y. (2014). Examining the big-fish-little-pond effect on students' self-concept of learning science in Taiwan based on the TIMSS databases. *International Journal of Science Education*, 36(12), 2009 – 2028.

Massumi, B. (2007). Potential politics and the primacy of preemption. *Theory & Event*, 10(2). Retrieved from https://muse-jhu-edu. ezproxy. library. wisc. edu/article/218091

Mauss, M. (1938/1979). *Sociology and psychology: Essays*. London: Routledge & Kegan Paul.

Merelman, R. (1976). On interventionalist behaviorialism: An essay in the sociology of knowledge. *Politics and Society*, 6(1), 57 – 78.

Meyer, J. W. (1986). Myths of socialization and of personality. In M. S. Thomas, C. Heller & D. E. Wellbery (Eds.), *Reconstructing individualism: Autonomy, individuality, and the self in western thought* (pp. 208 – 221). Stanford: Stanford University Press.

OECD. (2015). *Improving schools in Sweden: An OECD perspective*. Paris: OECD.

OECD. (2016a). *News release*. http://www. oecd. org/education/OECD-proposes-new-approach-toassess-young-peoplesunderstanding-of-global-issues-and-attitudes-toward-cultural-diversityand- tolerance. html

OECD. (2016b). *PISA 2015 results (Vol. II): Policies and practices for successful schools*. Retrieved from http://www. oecd. org/pisa/aboutpisa/

OECD. (2016c). *PISA's 2015 assessment and analytical framework: Science, reading, mathematics, and financial literacy*. Paris: OECD Publishing.

Parliamentary Bill. (2017/18). *Samling för Skolan*. Riksdagen.

Pocock, J. G. A. (2003). *Machiavellian moment: Florentine political thought and the Atlantic Republican tradition (with a new afterword)*. Princeton: Princeton University Press.

Pont, B., Donaldson, G., Elmore, R., & Kools, M. (2014). *The OECD-Sweden education policy review: Main issues and next steps*. Paris: OECD.

Poovey, M. (1998). *A history of the modern fact: Problems of knowledge in the sciences of wealth and society*. Chicago: University of Chicago Press.

Popkewitz, T. S. (1981). Qualitative research: Some thoughts about the relation of methodology and history. In T. Popkewitz & B. Tabachnick (Eds.), *The study of schooling: Field-based methodology in educational research and evaluation* (pp. 155 – 180). New York: Praeger.

Popkewitz, T. S. (1991). *A political sociology of educational reform: Power/knowledge in teaching, teacher education and research*. New York: Teachers College Press.

Popkewitz, T. S. (1998). A changing terrain of knowledge and power: A social epistemology of educational research. *The Educational Researcher*, 26(9), 5 – 17.

Popkewitz, T. S. (2008). *Cosmopolitanism and the age of school reform: Science, education, and making society by making the child*. New York: Routledge.

Popkewitz, T. S. (2017a). Reform and making human kinds: The double gestures of inclusion and exclusion in the practice of schooling. In E. Hultqvist, S. Lindblad & T. S. Popkewitz (Eds.), *Critical analyses of educational reforms in an era of transnational governance* (pp. 133 – 150). Cham: Springer.

Popkewitz, T. S. (2017b). *Teacher education and teaching as struggling for the soul: A critical ethnography*. New

York：Routledge.

Popkewitz, T. S. (2018). Reform and making human kinds：The double gestures of inclusion and exclusion in the practice of schooling. In E. Hultqvist, S. Lindblad & T. S. Popkewitz (Eds.), *Critical analyses of educational reforms in an era of transnational governance*. Cham：Springer.

Popkewitz, T. S. (2019). *The impracticality of practical research: A history of contemporary sciences of change that conserve*. Ann Arbor：University of Michigan Press.

Porter, T. (1995). *Trust in numbers: The pursuit of objectivity in science and public life*. Princeton：Princeton University Press.

Rose, N. (1999). *Powers of freedom: Reframing political thought*. Cambridge：Cambridge University Press.

Scott, J. (1998). *Seeing like a state: How certain schemes to improve the human condition have failed*. New Haven：Yale University.

Shapin, S. (1994). *A social history of truth: Civility and science in seventeenth-century England*. Chicago：University of Chicago Press.

Stigler, S. (1986). *The history of statistics: The measurement of uncertainty before 1900*. Cambridge：Harvard University Press.

Varela, J. (2000). On the contributions of the genealogical method in the analysis of educational institutions. In T. Popkewitz, B. Franklin & M. Pereyra (Eds.), *Cultural history and education: Critical studies on knowledge and schooling* (pp. 107 - 124). New York：Routledge.

Wallerstein, I. (1991). *Unthinking social science: The limits of nineteenth-century paradigms*. Cambridge：Polity Press.

Wittrock, B. (2000a). Modernity：One, none, or many? European origins and modernity as a global condition. *Daedalus*, *129*(1), 31 - 60.

Wittrock, B. (2000b). Multiple modernities. *Daedalus*, *129*(1), 1 - 30.

作者简介

扎马斯·S. 波普科维茨（Thomas S. Popkewitz）　美国威斯康星大学麦迪逊分校（University of Wisconsin-Madison）课程与教学系终身教授。 关注支配课程改革、教育科学和教师教育的理性系统的研究。 其研究跨越了课程研究、教育政治社会学和文化史领域——考虑教育知识的政治性和旨在包容的实践中的排斥与摒弃的悖论。 目前的研究重点是国际教育测评。 该研究论述了数字如何作为文化实践表达了一些普遍原则，这些原则有关记录差异的人与社会的类型，以及关于实用和有用知识的当前教育研究的历史，并历史性地追溯了此类研究在界定变革与实现稳定（stabilize）和保存（conserve）之间的悖论。

电子邮箱: thomas. popkewitz@wisc. edu。

斯韦克·林德布拉德（Sverker Lindblad）　瑞典哥德堡大学（University of Gothenburg）教育和特殊教育系名誉教授。 曾任欧洲教育研究协会（European Educational

Research Association）和瑞典教育研究协会主席（Swedish Educational Research Association）。 主要研究旨趣为国际比较教育、教育政策分析和知识政治学，尤其是教育研究和政策制定之间相互作用的知识政治学。

电子邮箱：sverker. lindblad@ped. gu. se。

（魏晓宇　邓晓莉　译）

第十九章

"后真相"社会中的循证政策与实践

杰夫·惠蒂　埃玛·威斯比

（英国　伦敦大学）　（英国　伦敦大学学院）

19.1　引言

自从英国公投决定退出欧盟（也称"Brexit"①，即英国脱欧）和特朗普（Donald Trump）当选美国总统以来，人们开始较多地谈论，我们处在一个"后真相"②的社会，不乏一些"另类真理"之间的竞争，"专家"之言经常被嘲笑，反倒是一些自相矛盾的"常识"经常被颂扬（d'Ancona，2017）。加尔各特（Calcutt，2016）认为，"后真相"起源于拥护"后现代主义"和其他自认是自由主义派的学者。他们从国家支持的真相中寻求自由，并开始怀疑"真相"是"宏大叙事"之一，需要用那些"总是复杂、个性化、不可避免相对化的真相"来取代。虽然"后真相"的政治和学术视角都可能因为逐渐侵蚀了我们原本开展教育政策和实践的方式而受到批评，但我们在本章中建议，关于在研究证据基础上建立共识答案的可能性这样的夸张说法，同样值得怀疑和抵制。

被大肆渲染的"循证"教育研究方法让人联想到一个勇敢的新世界，在这个新世界中，强有力的研究可以为我们提供持久的社会和教育问题的答案。换句话说，"什么是有效的"就是明确的指导。人们常常暗示，这种"新经验主义"将使我们超越过去阻碍研究者和政策制定者之间合作的意识形态研究。因此，有人认为，只要我们能把证据搞清楚，我们就可以解决教育问题，教育研究者的角色就是

---

①　Brexit（British exit/Britain exiting from the EU）是对英国退出欧盟的一种戏谑说法，中文译为"英国脱欧"。——译者注

②　"后真相"意指在特定环境中，陈述客观事实往往不及诉诸情感更易影响民意。——译者注

找出证据。这已经反映在关于"基于证据的"和"有证据可循的"政策和实践的言论中，以及那些正在"产生影响"或已经"具有影响力"的研究的重要性上。

关于什么可以算作证据以及如何使用证据，一直存在争议。实际上，历史表明政策制定者和研究者（当然，这两个类别不是同质的）之间很难达成一致。正如格拉斯（Gene Glass）当时所评论的，里根政府在一份题为《什么是有效的》（US Department of Education, 1986）的研究报告中使用的证据并不是不寻常的，因为它试图通过呼吁教育科学化来使意识形态立场合法化：

> 选择使政治观点合法化的研究是政府在政治指南针的每一点都参与的一项活动……"什么是有效的"不是综合研究，而是在现代仪式中援引并寻求使里根政府政策合法化的研究……并且，别忘了，之前的政府也是这样做的。（Glass, 1987: 9）

随后的美国政府虽然也接受了"什么是有效的"的言论，但在使用证据时同样具有讽刺意味。例如，在审查了奥巴马政府（Obama, 2010）的一系列具有里程碑意义的蓝图报告后，马蒂斯（Mathis）和韦尔纳（Welner）得出结论：

> ［研究］总结的总体质量远远低于就关键问题进行国家政策讨论所需的质量。所概括的发现都对复杂问题给出了较为简化、富有偏见和过于简短的解释。（Mathis & Welner, 2010: 3）

在批评意识形态使用证据来支持有利政策的过程中，研究者有时候似乎接受了"超理性主义的技术专家"的教育研究方法，在这种方法中，研究者提供证据来支持政策，如果实施政策，将在教学方面带来显著和持久的改进（Gewirtz, 2003）。当然，一些研究者确实接受了这一立场，这反映在当前开发教育研究医学模型的热情中，其中，实验方法，特别是随机对照试验（randomised controlled trials, RCTs）（Goldacre, 2013），以及对证据的系统评价（Gough, Oliver, & Thomas, 2012），用于建立和传播"什么是有效的"的证据。

然而，这种立场的当代警示由来已久。早在 1974 年，当时的英国教育研究协会（British Educational Research Association, BERA）主席尼斯贝特（John Nisbet）声称："我们需要摆脱教育研究可以解决问题的天真观念。"相反，他将研究与政策之间的关系描述为"间接关系"，更多的是让政策制定者对问题"敏感"，提出问题，而不是解决问题。他警告说，教育研究可能无法提供问题的最终答案，也无法提供客观证据来解决争议，因此他对一系列研究类型的支持可能需要我们重新对其加以注意。

继尼斯贝特之后,我们认为,那些被称为"医学模式"研究的倡导者们正在让自己走向失望,因为在一个民主国家,政治必然受各种影响因素的驱动,而研究结果往往排在较后的位置。其他更为重要的影响因素通常包括当下的变幻莫测、选举周期的要求,以及政策制定者及其顾问和选民的价值观、偏好。同样,我们还要强调,研究者对证据的性质以及如何观察和处理证据不止有一种想法。有些人希望他们的研究能够超越"什么是有效的"的研究,探索为什么有效的方法不起作用,询问哪些方面有效,谁做得比较有效,以及为什么有效。此外,研究还可以在解构所有这些问题所依据的假设或帮助人们思考政策制定者做什么是值得的,以及什么在社会公正教育方面发挥重要作用起作用。"什么是有效的"议程往往会过滤掉这些对教育政策和实践更具结构性和批判性的观点,以及对其发展方式更广泛的理解。

因此,即使技术主义的乌托邦是可取的,在什么是有价值的教育研究以及与政策的正确关系方面达成共识,也不太可能是一个可实现的目标。这并不是说在教育研究中不存在可行的方法,而是一些倡导者认为这是唯一应该被鼓励或支持的研究类型,这种观点当然需要抵制。没有必要采用通常与"后结构主义"和"后现代主义"相关的那种相对主义来支持更多元化的教育研究方法,尽管我们认为这些研究方法本身就是应该支持的。

为了说明我们的关切,有必要简要介绍过去20年来英国"基于证据"的政策。1997年,当时即将上任的新工党政府官员布莱尔(Tony Blair)热情地采纳了"什么是有效的"的研究方法,该方法从那时起被各国政府以各种名义采用。除了展示这种方法在研究与政策之间关系上的局限性外,我们还探讨了在教育领域开展循证实践的热情是否更具可行性。最后,我们要考虑,在所谓的"后真相"社会,为这类研究提供信息的"新经验主义"是如何发挥作用的。

19.2 "循证"政策在英国教育中的局限性

在布莱尔政府早期,1997年至2001年担任教育和就业事务大臣的布伦基特(David Blunkett)支持以证据为基础的政策制定,并在题为《影响力还是无关紧要:社会科学能改善政府吗?》(Influence or irrelevance: Can social science improve government?）的演讲中批判地审视了研究与政策的关系（Blunkett，2000）。虽然他承认二者都存在缺陷，但他仍然向整个社会科学界提出了挑战，要求社会科学界对政策制定作出更直接、更有成效的贡献。一些学者将他的讲座解读为要求研究应该支持政府的政策（例如，Hodgkinson，2000）。

布莱尔政府组织的国家教育研究论坛（National Educational Research Forum，NERF）在2000年编写的一份咨询文件中，似乎主张对研究持一种特别有限的、具有工具性的观点。一位看到该咨询文件草案的教育研究者认为，该咨询文件草案将研究视为"提供无人机的使用说明一般"，预示着"研究目的、程序、报告和传播的绝对标准化"（Ball，2001：266－267）。强调系统审查的做法也受到了类似的批评（例如，MacLure，2005）。国家教育研究论坛的咨询工作实际上使人们认识到有必要采取多元化的研究观点，但它也继续主张以研究为基础，对教育作出有价值的贡献，并以最大限度地发挥作用为基础，确定资源的优先次序（NERF，2001）。

布伦基特本人也认识到，政府需要对"困难"的调查结果给予更认真的考虑，但这切实可行吗？即使研究结果可信度高并为特定问题提供了有力的证据，政府是否会充分利用这些研究结果，从而使研究结果真正能在政府决策方面发挥作用？新工党政府的各种例子表明，不会有人，而且很少会有人给出明确的建议。他们指出，即使研究证据似乎很清楚，但在政治中，其他因素往往比研究证据重要（Wilkes，2014）。

一个例子就是新工党在1997年大选期间利用班级规模研究的证据。众所周知，关于班级规模影响的证据是难以解释和富有争议的，该争议一直持续至今（例如，Blatchford，et al.，2004；Blatchford，2015）。即便如此，新工党减少班级规模的承诺还是非常有意识地利用了大多数研究人员和教师接受的研究结果——研究证据表明，如果较小的班级规模有明确的积极影响，那么这种影响在学校教育的最初几年和社会最贫困的地区最为显著。因此，在竞选宣言中承诺，把以前用来将有学业能力的孩子送到私立学校的资金用于将学校教育早期的班级规模减少到30人以下，这看起来像是一项基于强有力研究结果的社会进步的政策。然而，作为一项政策，选举的民意调查结果的影响跟教育研究结果的影响一样大。班级规模大于30人的大多在偏远的郊区选区，而不在市中心选区，市中心选区的班级规模都已经小于30人。在贫困地区将班级规模减少到15人是非常有益的，然而，一些更强有力的研究结果并没有对政策产生影响，这可能是因为按照那些研究结果去做的成本极高,也可能是因为即使增加这些市中心选区的选票也不会改变选举结果(Whitty,2002)。

争夺公职是一回事,在这种争夺公职的情况下以这样一种方式使用研究证据又是另外一回事。不过,一旦执政,新工党又继续有选择性地使用研究证据,而且只要研究能为政策服务,就不总是关注研究的质量。一个例子是 2001 年英文白皮书《学校:取得成功》(Schools: achieving success)(DfES,2001)中使用研究的方式。白皮书的一个核心内容是,鼓励中学在课程的某些领域进行专业化研究,以提高成绩。在提及专业学校(specialist schools)的例子时,白皮书提到了当时科技学院信托基金(Technology Colleges Trust)开展的大量研究,该信托基金声称,与其他学校相比,这些专业学校提高了学生的成绩。问题是,这项研究没有接受同行评审,实际上,这项研究后来受到教育统计学家的公开批评。正如其中一位统计学家所说:

> 目前尚不清楚白皮书的作者是否在使用之前就研究充分性征求过意见,但……在英国的教育与技能部(Department for Education and Skills, DfES)内部已经有人提醒不要轻信这项研究的结果。鉴于该研究支持政府的政策,也许这就是决定将其用作"证据"的原因了。(Goldstein, 2001)

学业计划提供了另一个例子,在学业计划中,给自治学校提供的政治承诺是解决贫困地区学业成绩差的问题,这意味着新工党政府再次偏离其"基于证据的政策制定"的公开承诺。它在很大程度上继无视自己委托的普华永道会计师事务所出具的一份重要报告后(DfES,2005),继续无视学术界提出的关键问题,即新工党政府如何使用成绩数据来声称,这些学校的学生总体上比被取代的学校的学生成绩好,因此有理由继续执行该政策。戈拉德(Gorard,2005:376)评论说:"根据迄今为止所发生的事情来扩大(学院)计划,与当今政府'基于证据的政策制定'的口号相去甚远,几乎不值得指出。"

下议院教育和技能特别委员会(House of Commons Education and Skills Select Committee,2005:17)的职责是让政府对教育政策和支出负责,同样,它利用专业学校和学业计划辩称,尽管政府宣布重视基于证据的政策制定,但是与其他成本较低的替代方案相比,成本相对较高的方案在没有经过充分测试和评估之前就被排除了。

在 2005 年英国教育研究协会主席的讲话中，我们对布莱尔政府的政策议程表达了一些怀疑，并强调了由它推动教育研究未来方向的危险性（Whitty，2006）。尽管如此，政府对教育领域循证政策言论的热情持续了整个新工党时代，并一直延续到下一届政府，即 2010—2015 年执政的保守党自由民主党联盟（Conservative-Liberal Democrat Coalition），以及 2015 年当选的保守党政府。

2016 年，我们发表了《教育研究与政策：证据、意识形态和影响》（*Research and policy in education: Evidence, ideology and impact*）（Whitty, et al., 2016），其中开篇第一章题为"一个不完美世界中的教育研究和教育政策"［Education（al）research and education policy in an imperfect world］。在这章中，我们审视了英国教育研究协会主席讲话后十年的情况。我们得出的结论是，在这十年里，如果说言辞有什么变化的话，那就是变得更加强烈了，因为循证政策的倡导者鼓励教育研究者采用随机对照试验和系统评估的医学模式。

我们认为，在政策和证据之间建立更密切关系的可能性方面，所确定的过分主张，以及为此目的推动特定种类研究的做法，仍然是不现实和不可取的。在教育研究证据与教育政策辩论之间建立密切而无中介的关系方面仍然存在许多障碍，更不用说政策制定所面临的困难了，因此有必要防止按照这一模式缩小教育研究的范围。

这一点在"脱欧"后的背景下似乎更加重要，特蕾莎·梅（Theresa May）在"脱欧"公投后接替戴维·卡梅伦（David Cameron）担任首相，她宣布建立一些新的学术选择性文法学校①（selective grammar schools）。在这种情况下，对研究证据的一些高度选择性的、即使不是完全误导性的使用，在政策制定中似乎远不如首相的个人经历和偏好以及满足一些后座议员的需要重要。正如英国广播公司教育编辑当时所言，"文法作为完善自我机会的象征地位，已经超过了专家对证据权重的共识"。因此，关于"文法学校广泛而有力的研究告诉我们什么"这样的争论几乎已经无关紧要了（Jeffreys，2016）。最终，无论证据是支持还是反对，对这项政策本身来说已经变得无关紧要了，因为在 2017 年大选中失去多数席位后，特里萨·梅

---

① 文法学校（grammar school）：西方一种历史悠久的普通学校类型，英国近现代主要的中等教育机构。文法学校发源于古代希腊雅典，为私立初等学校，招收 7—14 岁儿童，收取学费，学习简单的读、写、算，以荷马史诗《伊利亚特》《奥德赛》及赫西奥德的诗篇为主要教材，学习计算常利用手指、卵石制作的计算板、算盘等演算工具。学生可同时进入以学习音乐为主的弦琴学校。——译者注

（Theresa May）总结说，她无法通过议会进行必要的立法。

因此，虽然我们总体上支持"各种证据应成为政策制定的一部分"这一原则，但我们在此关切的是，请大家注意这样一种风险，即对这一原则在实践中可能或应该是什么样子的不切实际的期望，会以无益的方式使研究经费和委托工作倾斜。特别是，我们看到一种风险，即与"循证"和"什么是有效的"的潮流（随机对照试验和系统性审查）相关的相对狭窄的方法论可能会受到过度青睐，用迪克格拉夫（Dijkgraaf）在 2017 年发表的《无用知识的有用性》（*The Usefulness of Useless Knowledge*）（Flexner & Dijkgraaf，2017）中的说法，这将使其他类型的教育研究预算成为"整体预算一减再减后剩下的那一点点"。我们认为，这本身就有问题，缩小了正在进行的研究的范围。反过来，它也提供了一个不那么丰富的资源，供政策界本身使用。以教育社会学为例（尽管同样适用于教育哲学），现在的教育社会学往往与政策业务无关，这通常与对它的批评相反。我们最好记住克拉克（Fred Clarke）爵士在 20 世纪 40 年代的警告："教育理论和教育政策不考虑（社会学见解）不仅是盲目的，而且是相当有害的。"（Whitty，1997：4）

19.3 "循证实践"的转向

自 2016 年出版《教育研究与政策》（*Research and Policy in Education*）以来，人们越来越倾向于将影响政策的重点转向影响专业实践，将循证的方法引入到专业实践中。在英国，2017 年 11 月的《专业机构证据宣言》（*Evidence Declaration for Professional Bodies*）（AfUE，2017）就是一个典型的例子。

以证据为基础的循证政策的倡导者本身也承认，这种转变至少部分是由将政策和研究团体联合起来的困难所致。对于一些人来说，这反映在难以找到正面的循证政策的例子，以及有很多政策制定者使用证据不当的例子上（Halpern，2016）。对于另一些人来说，循证政策的宏大主张需要被更温和的野心取代，至少目前是这样，部分是因为更多研究者往往"对沉溺于自己的学术兴趣更感兴趣，而非提供有用的和实际的结果"（Turner，2015）。更重要的是，"有用证据联盟"（Alliance for Useful Evidence）负责人布雷肯（Jonathan Breckon）现在已经认识到，"虽然政治家不应该不了解证据，但是他们有权忽视它""技术主义不应该凌驾于民主之上""政治家们'利用自己的直觉'是正确的、恰当的"，甚至"其他的决策方式都是真正有价值的"（Breckon，2016）。那些在政治圈子里的人也认识到循证政策的局限性——有人指出，被称为"循证政治家"是一种侮辱，这表明他们对治理政治缺乏兴趣（Higher Education Policy Institute，2017）。

然而，在某种程度上，将重点转移到循证实践是一个项目，通过"让专业人员参与"并建立更广泛的联盟，将更多的循证方法嵌入到政策中。在 2016 年伦敦教育学院的讲座中，行为洞察团队的首席执行官兼"什么是有效的"工作国家顾问哈尔彭（David Halpern）表示，他的目标是建立一个"实证主义的黄金时代"，以便回答下一代人"在制定政策之前，你为什么不先测试一下"的追问（Halpern，2016）。诚然，哈尔彭的重点往往是"小 p 政策"（policy with a small p）——已经决定的政策方案执行的可行性，很可能主要是出于意识形态的原因。问题在于，循证或"什么是有效的"的修辞很少对这两者进行区分。

强调实践也就是强调循证实践本身，没有完全避开政客，如 2015 年联合政府早早就决定为英国教育捐赠基金会（Education Endowment Foundation，EEF）提供种子基金，促进其增长，该基金会是一个"致力于通过分享有效实践的证据来挑战英国中小学教育劣势"的慈善机构。[①] 教育捐赠基金会寻求实现这一目标的方法之一是教学工具包（Teaching and Learning Toolkit）。该工具包将系统评价和试验的结果综合到在线设施中，使学校领导能够比较不同类型教育干预的估计影响和成本。它已经包含了 10 000 多项研究，并且是一个定期更新的实时资源（Education Endowment Foundation，2012）。[②] 教育捐赠基金会还负责资助研究，主要资助和评估随机对照试验类型的研究。

然而，任何关于循证实践的概念比循证政策的概念（至少在其最热心的倡导者所设想的条件下）更有吸引力的说法仍有待检验或证明。教育捐赠基金会本身意识到知识动员和证明循证实践影响的问题（Collins，2016）。它自己的一项研究已经强调了在证明证据使用与改善学生成绩之间存在因果关系方面存在挑战

---

① 英国教育捐赠基金会由教育慈善机构萨顿信托基金会（Sutton Trust）创立，作为牵头慈善机构与动力信托（Impetus Trust，现更名为"动力"私募股权基金会）合作，英国教育捐赠基金会从英国教育部获得了 1.25 亿英镑的创始拨款。加上投资和筹款收入，英国教育捐赠基金会计划在其 15 年的周期内，发放高达 2 亿英镑的资金。

② 工具本身与海蒂（John Hattie）的研究，特别是海蒂（Hattie，2008）的相关研究有异曲同工之妙。

（Speight，Callanan，Griggs，& Farias，2016）。同样，在审查了政府的现有证据后，科尔德威尔等人（Coldwell et al.，2017：22）得出结论说："我们对基于证据的方法对学校、教师和学生的影响，特别是对提高学生获得更好成绩的可能性仍然知之甚少。"

教育捐赠基金会首席执行官柯林斯（Kevan Collins）指出，即使研究证据明确，也不一定会影响学校的决策。他还指出，学校领导者（就像政治家一样）经常可以选择性地使用研究来证明已经作出的决定是正确的（Collins，2016）。与政策一样，如果研究证据与实践背景下的假设和信念相吻合，那么研究证据可能会有更大的吸引力。

在关于循证实践的文献中，有一条线索反映了它不能更牢固和广泛地嵌入学校系统的原因。它确定了一些现在已经被人们理解的循证实践的障碍和促进因素。主要因素似乎是：

- 获取研究文献（现在可以说比以前的障碍小得多）。
- 研究文献的相关性、可信度和可用性。
- （教师）参与的意愿。
- 有时间、有技能和有信心参与的教师。
- 为教师的参与提供组织上的支持。

针对以上所列，布朗和张（Brown & Zhang，2016）添加了来自心理学关于个体决策的研究发现，即个体倾向于使用"足够好"的解决方案，倾向于依靠直觉或感知，而不是分析数据，也依靠情感、感觉、瞬间决策和无意识动机的力量。

然而，仍有一种观点认为，这些问题偏离了而不是提出了有关理性—线性模型的基本问题。柯林斯（Collins，2015）再次呼吁提供更多证据，有些人会认为这些证据旨在为教师提供处方："长期以来，太多的教师像政治家一样，按照自己认为有效的方式行事，而不是按照已经证明有效的方式行事。"那么，似乎还有一个潜在的假设，即认为假以时日，关于理性—线性模型的循证实践就会"成熟"起来。

虽然有一些人继续努力，使学校系统尽可能接近以试验证据为基础的实践，但另一些人则呼吁，承认和接受更广泛的观点，强调当地性的、小规模的行动研究结果更接近教师的经验，对教师更有吸引力，也更有用。例如，英国教育研究协会和皇家艺术学会（British Educational Research Association and Royal Society for the Arts，BERA‐RSA）（BERA‐RSA，2014）报告更关注教师主导的探究，而不是教师使用其他地方或其他人的证据开展的工作。桑德斯(Saunders,2017)也认为,这种基于教师自身情境创造的知识,由教师基于专业经验和专业知识共同创造新知识的"探究式教学",对使用外部证据的教师同样有效。她指出,教师参与研究的价值在于,让隐性内容变得明确,从而使教师能够明确地阐述他们在任何一节课上作出的决定到底是出于道德的、情感的原因,还是出于智力的原因。无论采用何种方法,这都要求教师成为有关研究的一部分,而不仅仅是研究对象。纳特利等人(Nutley,Jung,& Walter,2008)同意,只要参与研究项目,不论是作为研究对象还是作为研究者,都能改变思维和行为方式。

尽管如此,围绕教师参与外部试验和将这些结果转化为实践,倡导和追求一些本应更坚实的研究结果的工作仍在继续。英国教育捐赠基金会目前正致力于为此目的调动知识。不过,早期的情况并不特别令人鼓舞。虽然已经解决了这种方法的更直接、实际的障碍(例如,获取研究摘要),但教师的技能和参与的信心仍然不强(Sharples,2017)。

然而,这不仅仅是克服实施一种缺乏证据的实践模式的障碍问题。正如我们在前面提到的2005年英国教育研究协会主席讲话中所指出的,教师的专业素养肯定不仅仅涉及纯粹的工具性知识。还有人指出,回避教育的道德目的,过分夸大某种形式的"证据"在决定教育实践方向上的承诺是很危险的(例如,Biesta,2006;Hammersley,2005)。与这一观点相呼应,温奇等人(Winch,Oancea,& Orchard,2013)强调了更丰富的教师专业概念的三个相互关联和互补的分支,它们是:实践智慧(practical wisdom)、技术知识(technical knowledge)和批判性反思(critical reflection)。

面对官方对教育实践研究作为狭隘的工具的支持和资助,教育研究者本身似乎需要为维持广泛的教育研究组织提出论点,并付出更大的努力,向外部受众尤其是教育从业者展示他们的专业精神如何通过广泛参与而得到增长。正如一些人热衷于让教师能够更好地参与和判断定量研究的结果一样,定性方法和批判性观点在他们的工作中也有一席之地。这不一定要被视为一个问题,不断滑向理性—线性模型以及相关的过度主张,需要让位于更具包容性的方法,即基于证据的实践。

19.4 结束语:基于"后真相"的经验启示

具有讽刺意味的是,迄今为止,几乎没有证据表明,与研究证据和政策之间的密切联系相比,循证实践的理性—线性模型更可行或更可取。在我们的结束语中,我们反对将更广泛的证据观点置于确立"什么是有效的"的直接要求之上,我们还反思了"后真相"现象,因为它涉及研究证据问题和循证政策与实践的原因。

在一个自由的社会,我们要就什么构成适当的目的和手段、构成的原因和方式进行对话,这一点非常重要。这适用于教师行业,也适用于整个公民社会。我们需要一个处理此类问题的教师队伍,看到新的问题,并且寻求如何解决这些问题。在这个过程中,学术观点很重要。正如贝亚特(Biesta,2007)所述,实践者或政策制定者提出问题的方式,阐明了所谓的"研究需求",但可能不一定是解决问题的最佳方式。研究者需要质疑所提出的问题及原因,以形成更广泛的观点。在这方面,他们的观点与政策制定者、实践者一样有效。贝亚特认为,研究人员需要在自己和"受众"之间保持一定的距离:他们拥有不同的专业知识和不同的责任。

同样,社会——尤其是政策制定者——需要了解通过(高质量的)学术研究的视角来观察世界的附加目的和价值。像艺术一样,不受约束的学术研究"提升了精神,提升了我们对日常生活的看法,并向我们展示了一种看待熟悉事物的新方式"(Flexner & Dijkgraaf,2017)。在"什么是有效的"和循证政策与实践议程中,缺少了对这一附加目的的庆祝。

以下是一个需要在有证据的政策或实践议程的有趣时刻进行的案例。英国教育捐赠基金会的首席执行官柯林斯(Collins,2016)质疑政治支持对采取循证方法的言论和实践的安全性,他问道,这是否只是另一个政策阶段或时尚?与此同时,至少在英国和美国,情况似乎已经变得不那么友好了。我们已经看到,克林顿(Clinton)和布莱尔(Blair)时代"历史终结"、中心立场和焦点团体主导的政治走向更具意识形态和阶级基础的政治。再加上在政治辩论和政治修辞中,以及在政策上也越来越忽视证据,这在美国尤其明显。一种可能性是,至少以目前的形势来看,以证据为基础的政策和实践将成为世纪之交的一种反常现象。另一种可能性是,在更明显的意识形态斗争中,循证运动的主张以及批评者的声音更为清晰了。

在《专业人员之死:反对既定知识的运动及其重要性》(*The death of expertise: The campaign against established knowledge and why it matters*)中,尼科尔斯(Tom Nichols)表达了这样的担忧:"普通美国人"不是简单地"不知情",而是走向"大错特错"。尼科尔斯断言,除了表现出无知之外,美国人还在积极抵制可能威胁到他们信仰的新信息。他谈到了信息、知识和经验的混淆,以及谷歌的普及如何强化了这一点。他还谈到了情感战胜专业知识的胜利。他所处的文化无法接受一个人比另外一个人知识渊博所隐含的不平等（Nichols，2017）。这本著作只是众多反映所谓的"后真相"的出版物之一，"后真相"这一术语在欧盟公投和英国脱欧投票以及特朗普在美国大选中获胜后逐渐成为焦点（例如，d'Ancona，2017；Davies，2017）。

本章认为，"后真相"与政治旋转在接受不真实性方面是不同的，可被称为"认知上的认命"（cognitive resignation）。这导致政治家和公众很少考虑他们所说的是否真实，而只关注其他人是否被说服。它将真实性与影响，事实和故事与人们的情感联系，诚实的复杂与欺骗的简单，理性与内心，真实性与团结和认同进行了对比。感知就是一切，而这场战斗变成了一场界定现实的战斗。与之相伴的是传统权威知识来源的失信。主流媒体通常在这里被提到，但也可能包括学术界所谓的"专家"。人们甚至可以说，用杨（Young，2013）的话说，学者群体所产生的"强有力的知识"（powerful knowledge）正受到一种新的"权威知识"（knowledge of the powerful）的挑战，强有力的不是过去的统治精英，而是各种"民粹主义"运动（Muller，2017）。在这种情况下，"检验真理"，而非学术学科公认的惯例，最终是受欢迎的。

互联网，尤其是社交媒体的影响，再一次受到牵连——加剧了人们退回到回声室①和过滤泡沫②的倾向。算法正在使这一点复杂化。与此相关的还有弗洛伊德（Freud）和治疗范式、行为经济学和决策中对心理冲动和情商的强调，以及情绪能力在社会关系中的作用。如前所述，后现代主义和社会建构主义导致了犬儒主义、相对主义和超现实主义，这有时被说成是因为其自身的腐蚀作用，即"使受意识形态驱动的外行人有了学者的优势"。加尔各特（Calcutt，2016）认为，需要对此负责的人包括（后现代主义）学者、记者、创意人士和金融交易员，甚至包括由于反事实的兴起而受到沉重打击的中左翼政客。德安科纳（D'Ancona）认为，所有这一切加起来，是情感上的必要性胜过了坚持真理的必要性。

然而，尼科尔斯、德安科纳和其他人可能对科学和学术界过于乐观，忽视了学

---

① 回声室是指一个没有冲突意见的环境。换句话说，就是一个安全的地方，人们不会有不同意见。——译者注

② 过滤泡沫是指在算法推荐机制下，高度同质化的信息流会阻碍人们认识真实的世界。——译者注

术界自身回到回音室和过滤泡沫的倾向,以及科学研究本身的局限性。因此,尽管对"后真相"的一种回应可能是向事实和技术官僚主义的撤退,似乎证明了循证实践的野心是正当的,但这将是采用一种不切实际且无法实现的,甚至是不可取的计划。在实践中,应对措施需要更加细致入微。正如德安科纳提出的,"逆火效应"(backfire effect)①表明,"后真相"时代不会在不断重复、无所不在的新验证信息的重压下崩溃。数据不应该与真相混为一谈,它无法捕捉公共政策问题的复杂性,也无法捕捉价值观或情感。证据提供者既要有情感上的智慧,又要有严谨的理性——具有科学可信度的魅力型领导者,能够围绕偏见和启发式方法进行交流,根据经验、记忆和希望对话。

在《教育研究与政策》一书中,我们主张教育和社会科学领域要有更多的公共知识分子,因为政治往往遵循公众舆论,而非听从专家建议。因此,学术界需要成为超越政策制定者和专业人士之外的更广泛对话的一部分。这一点让我们认识到,寻求对政策和实践产生影响的学术界的任务,要比循证政策和实践的倡导者经常暗示的复杂和不确定得多。在目前的形势下,循证运动夸大了"专家"对持久教育问题的回答的可能性,并被那些容易对所有研究产生怀疑的人利用。其他一些研究传统更好地反映了"后真相"时代所隐含的一些不确定性。认识到这一点并不意味着"什么都可以",但需要认真对待一系列不同的研究传统,采用不同的真相检验和质量标准。在高标准的情况下,各种类型的研究可以为政策制定者和实践者以及更广泛的政体提供重要的见解。但是,这些研究都不可能成为教育政策和实践的唯一的或主要的决定因素。

参考文献

AfUE(Alliance for Useful Evidence). (2017, November 7). *Evidence declaration for professional bodies.* Retrieved from http://www.alliance4usefulevidence.org/event/evidence-declaration/

Ball, S. J. (2001). You've been NERFed! Dumbing down the academy. National Educational Research Forum "A national strategy: Consultation paper": A brief and bilious response. *Journal of Education Policy*, 16(3), 265-268.

---

① 在相反的证据面前,错误的信息被更正,然而,如果更正的信息与原本的看法相反,那么人们对原本的错误的信息的信任会变得更加根深蒂固。

BERA – RSA(British Educational Research Association and Royal Society for the Arts). (2014). *Research and the teaching profession: Building the capacity for a self-improving education system.* Retrieved from https://www.bera.ac.uk/project/research-and-teacher-education

Biesta, G. (2006). *Beyond learning: Democratic education for a human future.* Herndon: Paradigm Publishers.

Biesta, G. (2007). Bridging the gap between educational research and educational practice: The need for critical distance. *Educational Research and Evaluation*, *13*(3), 295 – 301.

Blatchford, P. (2015). *Moving on from the class size debate: A new project with a practical purpose.* Retrieved from https://ioelondonblog.wordpress.com/2015/02/17/ moving-on-from-the-class-size-debate-a-new-project-with-a-practical-purpose/

Blatchford, P., Bassett, P., Brown, P., Martin, C., & Russell, A. (2004). *The effects of class size on attainment and classroom processes in English primary schools (years 4 to 6) 2000—2003.* London: Department for Education and Skills.

Blunkett, D. (2000). *Influence or irrelevance: Can social science improve government?* London: Department for Education and Employment.

Breckon, J. (2016, July 11). *Is evidence-informed policy just a pipe dream?* Lecture at the Royal Statistical Society, London. Retrieved from http://www.alliance4usefulevidence.org/event/ is-evidence-informed-policy-just-a-pipe-dream/

Brown, C., & Zhang, D. (2016). Is engaging in evidence-informed practice in education rational? What accounts for discrepancies in teachers' attitudes towards evidence use and actual instances of evidence use in schools? *British Educational Research Journal*, *42*(5), 780 – 801.

Calcutt, A. (2016, November 18). *The surprising origins of "post-truth" and how it was spawned by the liberal left: The conversation.* Retrieved from https://theconversation.com/ the-surprising-origins-of-post-truth-and-how-it-was-spawned-by-the-liberal-left-68929

Coldwell, M., et al. (2017). *Evidence-informed teaching: An evaluation of progress in England.* London: Department for Education.

Collins, K. (2015). Dylan Wiliam is wrong to imply that teachers should shut the door to evidence. *TES Opinion.* Retrieved from https://news.tes.co.uk/b/opinion/2015/04/13/39-dylan-wiliamis-wrong-to-imply-that-teachers-should-shut-the-door-to-evidence-39.aspx

Collins, K. (2016, September 27). *Disciplined innovation: Harnessing evidence to support and inform improved pupil outcomes.* Lecture at the what works global summit, UCL Institute of Education.

d'Ancona, M. (2017). *Post-truth: The new war on truth and how to fight back.* London: Ebury Press.

Davies, E. (2017). *Post-truth: Why we have reached peak bullshit and what we can do about it.* New York: Little, Brown.

DfES(Department for Education and Skills). (2001). *Schools achieving success.* London: The Stationery Office.

DfES. (2005). Academies evaluation: Second annual report. London: The Stationery Office.

Education Endowment Foundation. (2012). *Teaching and learning toolkit.* Retrieved from http://educationendowmentfoundation.org.uk/toolkit/

Flexner, A., & Dijkgraaf, R. (2017). *The usefulness of useless knowledge.* Princeton: Princeton University Press.

Gewirtz, S. (2003, September 17 – 20). *Enlightening the research policy relationship: Issues and dilemma for educational researchers.* Paper presented at the European conference on educational research, University of Hamburg.

Glass, G. V. (1987). What works: Politics and research. *Educational Researcher, 16*(5 – 1). Retrieved from https://doi. org/10. 3102/0013189X016003005

Goldacre, B. (2013). *Building evidence into education.* London: DfE. Retrieved from www. gov. uk/government/news/building-evidence-into-education

Goldstein, H. (2001). *The 2001 Education White Paper and evidence based policy: A commentary.* Retrieved from http://www. mlwin. com/hgpersonal/educationwhitepaper2001. pdf

Gorard, S. (2005). Academies as the "future of schooling": Is this an evidence-based policy? *Journal of Education Policy, 20*(3), 369 – 377.

Gough, D. , Oliver, S. , & Thomas, J. (Eds.). (2012). *An introduction to systematic reviews.* London: Sage.

Halpern, D. (2016, September 26). *The rise of experimental government.* Lecture at the what works global summit, UCL Institute of Education.

Hammersley, M. (2005). The myth of research-based practice: The critical case of educational inquiry. *International Journal of Social Research Methodology, 8*(4), 317 – 330.

Hattie, J. (2008). *Visible learning: A synthesis of over 800 meta-analyses relating to achievement.* Abingdon: Routledge.

Higher Education Policy Institute. (2017). *Higher Education Policy Institute university partners' annual policy briefing day.* London: King's College.

Hodgkinson, P. (2000). *Who wants to be a social engineer? A commentary on David Blunkett's Speech to the ESRC.* Retrieved from http://socresonline. org. uk/5/1/hodgkinson. html

House of Commons Education and Skills Select Committee. (2005). *Secondary education: Fifth report of session 2004—2005.* London: The Stationery Office. Retrieved from http://www. publications. parliament. uk/pa/cm200405/cmselect/cmeduski/86/86. pdf

Jeffreys, B. (2016, September 9). Grammars debate trumps expert consensus. *BBC News.* Retrieved from www. bbc. co. uk/news/education-37315832

MacLure, M. (2005). "Clarity bordering on stupidity": Where's the quality in systematic review? *Journal of Education Policy, 20*(4), 393 – 416.

Mathis, W. , & Welner, K. (2010). *The Obama education blueprint: Researchers examine the evidence.* Boulder: National Education Policy Center.

Muller, J. -W. (2017). *What is populism?* London: Penguin.

NERF(National Educational Research Forum). (2000). *A national strategy.* Consultation paper issued by the National Educational Research Forum. London: NERF.

NERF. (2001). *A research and development strategy for education: Developing quality and diversity.* London: NERF.

Nichols, T. (2017). *The death of expertise: The campaign against established knowledge and why it matters.* New York: Oxford University Press.

Nisbet, J. (1974, April 5). *Educational research: The state of the art.* Address to the inaugural meeting of the British Educational Research Association, Birmingham.

Nutley, S., Jung, T., & Walter, I. (2008). The many forms of research-informed practice: A framework for mapping diversity. *Cambridge Journal of Education*, *38*(1), 53–71.

Obama, B. (2010). "A letter from the President". In United States Department of Education. (2010). *A Blueprint for Reform: The Reauthorization of the Elementary and Secondary Education Act.* Washington: United States Department of Education.

Saunders, L. (2017). *Just what is "evidence-based" teaching? Or "research-informed" teaching? Or "inquiry-led" teaching?* Retrieved from https://ioelondonblog. wordpress. com/2017/03/23/just-what-is-evidence-based-teaching-or-research-informed-teaching-orinquiry-led-teaching/

Sharples, J. (2017). *How can research truly inform practice? It takes a lot more than just providing information.* Retrieved from https://ioelondonblog. wordpress. com/2017/12/14/how-can-research-truly-inform-practice-it-takes-a-lot-more-than-just-providing-information/

Speight, S., Callanan, M., Griggs, J., & Farias, J. (2016). *Rochdale research into practice: Evaluation report and executive summary.* London: Education Endowment Foundation. Retrieved from https:// educationendowmentfoundation. org. uk/public/files/Projects/Evaluation _ Reports/ EEF _ Project _ Report _ ResearchintoPractice

Turner, J. (2015). *Weighing up the evidence.* Retrieved from http://www. suttontrust. com/newsarchive/weighing-up-the-evidence/

US Department of Education. (1986). *What works: Research about teaching and learning.* Washington: United States Department of Education.

Whitty, G. (1997). *Social theory and education policy.* London: Institute of Education.

Whitty, G. (2002). *Making sense of education policy: Studies in the sociology and politics of education.* London: Sage.

Whitty, G. (2006). Education(al) research and education policy making: Is conflict inevitable? *British Educational Research Journal*, *32*(2), 159–176.

Whitty, G., et al. (2016). *Research and policy in education: Evidence, ideology and impact.* London: UCL Press.

Wilkes, G. (2014). *The unelected lynchpin: Why government needs special advisers.* London: Institute for Government. Retrieved from https://www. instituteforgovernment. org. uk/ publications/unelected-lynchpin-why-government-needs-special-advisers

Winch, C., Oancea, A., & Orchard, J. (2013). *The contribution of educational research to teachers' professional learning: Pphilosophical understandings.* Report for Research and Teacher Education: The BERA – RSA inquiry. Retrieved from https://www. bera. ac. uk/wp-content/uploads/2014/02/BERA-Paper-3-Philosophical-reflections. pdf?noredirect = 1

Young, M. (2013). Powerful knowledge: An analytically useful concept or just a "sexy sounding term"? *Cambridge Journal of Education*, *43*(2), 131–136.

作者简介

杰夫·惠蒂（Geoff Whitty, 1946—2018） 英国伦敦大学（University of London）教育学院院长（2000—2010）。曾在中小学任教，后来在英国巴斯大学（University of Bath）、美国威斯康星大学麦迪逊分校（University of Wisconsin-Madison）、英国伦敦国王学院（King's College London）、英国布里斯托尔理工学院（Bristol Polytechnic）和英国伦敦大学金匠学院（Goldsmiths College, University of London）从事高等教育工作。曾任英国巴斯大学、英国伯明翰大学（Universities of Birmingham）、英国贝德福德郡大学（Universities of Bedfordshire）客座教授，北京师范大学名誉教授，英国牛津大学（Oxford University）名誉研究员。在成为英国伦敦大学教育学院院长之前，杰夫担任卡尔·曼海姆（Karl Mannheim）教育社会学教席，并任研究部主任。随后，杰夫任英国伦敦大学学院教育学院（Institute of Education, University College London）名誉所长，英国巴斯斯巴大学（Bath Spa University）兼职研究教授以及澳大利亚纽卡斯尔大学（University of Newcastle）全球创新主席，在那里，他参与指导高等教育公平卓越中心的工作。杰夫的大部分研究都是关于教育中的中产阶级优势和工人阶级劣势之间的动态关系，他主持完成了一系列与此相关的重大研究项目。杰夫担任英国议会教育专责委员会的专家顾问（2005—2012），他与政策界合作的丰富经验使他对目前"循证"政策的热潮持怀疑态度。杰夫是英国文化协会教育和培训咨询委员会主席（Chair of the British Council's Education and Training Advisory Committee, 2002—2006），教师学院院长（President of the College of Teachers, 2005—2007），还是英国教育研究协会主席（President of the British Educational Research Association, 2005—2007），两次参与了英国教育研究协会研究和教师教育调查。同时，杰夫是英国社会科学院（Academy of Social Sciences）、英国教育研究学会和美国教育研究协会（American Educational Research Association）的研究员。2009年，因对教育的杰出贡献，杰夫被授予"普洛登女士纪念奖章"（Lady Plowden Memorial Medal）。2011年，因对教师教育的突出贡献，在女王生日授勋仪式上，杰夫被授予"大英帝国司令勋章"（Commander of the Order of the British Empire）。2017年，为表彰其对教育研究的杰出贡献，杰夫被授予英国教育研究协会约翰·尼斯贝特奖学金（British Educational Research Association John Nisbet Fellowship）。

埃玛·威斯比（Emma Wisby） 英国伦敦大学学院（University College London）教育学院政策和公共事务主管。在这一职位上，她支持学院的战略规划，与相关机构和学术界保持良好的沟通与交流，并围绕教育政策特别是学校政策等相关主题发表文章。在此之前，曾任英国下议院教育专责委员会专家，该委员会负责审查英国国家教育政策和资金。在获得博士学位后，就继续教育和教师教育政策等主题，为政府部门及跨学校机构提供咨询服务。

电子邮箱：e. wisby@ucl. ac. uk。

（黄晓茜　邓晓莉 译）

图书在版编目（CIP）数据

教育政策研究手册.上卷，价值、治理、全球化与方法论 / 范国睿，（美）托马斯·S.波普科维茨（Thomas S. Popkewitz）主编；邓晓莉等译.— 上海：上海教育出版社，2022.11
ISBN 978-7-5720-1726-1

Ⅰ.①教… Ⅱ.①范… ②托… ③邓… Ⅲ.①教育政策 – 世界 – 文集 Ⅳ.①G510-53

中国版本图书馆CIP数据核字(2022)第248693号

Handbook of Education Policy Studies: Values, Governance, Globalization, and Methodology, Volume 1, Edited by Guorui Fan & Thomas S. Popkewitz, Springer Nature Singapore Pte Ltd., 2020, ISBN: 978-981-13-8346-5.
All Rights Reserved.

责任编辑　王　蕾
封面设计　郑　艺

教育政策研究手册（上卷）：价值、治理、全球化与方法论
范国睿　[美] 托马斯·S.波普科维茨（Thomas S. Popkewitz）　主编
邓晓莉　等译

出版发行　上海教育出版社有限公司
官　　网　www.seph.com.cn
地　　址　上海市闵行区号景路159弄C座
邮　　编　201101
印　　刷　山东韵杰文化科技有限公司
开　　本　700×1000　1/16　印张 31.75　插页 4
字　　数　519 千字
版　　次　2023年8月第1版
印　　次　2023年8月第1次印刷
书　　号　ISBN 978-7-5720-1726-1/G·1583
定　　价　145.00 元